Joachim Steinheuer

Chamäleon und Salamander

Joachim Steinheuer

Chamäleon und Salamander

Neue Wege der Textvertonung bei Tarquinio Merula

Bärenreiter
Kassel · Basel · London · New York · Prag

Meinen Eltern

Die Deutsche Bibliothek - CIP-Einheitsaufnahme

Joachim Steinheuer, **Chamäleon und Salamander - Neue Wege der Textvertonung bei Tarquinio Merula,**
Kassel; Basel; London; New York; Prag:
Bärenreiter, 1999
ISBN 3-7618-1428-3

Umschlaggestaltung: Jörg Richter, Bad Emstal-Sand
ISBN 3-7618-1428-3

Abbildungen auf dem Titelblatt:
Notenblatt mit der Hand des Komponisten,
Detail aus: Anonymus, ›Porträt Tarquinio Merula‹, 1655, Palazzo Vescovile di Cremona
›Chamäleon‹, Detail aus: Nicolas de Bruyn nach Marten de Vos, ›Aer‹
›Salamander‹, Detail aus: Nicolas de Bruyn nach Marten de Vos, ›Ignis‹

INHALT

Teil III
Ikonographische und ikonologische Studien zu ausgewählten Vokalwerken Tarquinio Merulas

Notenteil

Weltliche Kompositionen von Tarquinio Merula

Vergleichskompositionen

Vorwort

Das einzige bekannte Porträt von Tarquinio Merula (1595-1665) im bischöflichen Palast von Cremona zeigt den zu diesem Zeitpunkt sechzigjährigen Komponisten bei der Niederschrift eines sechsstimmigen Rätselkanons. Der daraus für das Titelbild gewählte Ausschnitt mit der demonstrativen Geste der linken Hand hin zum Notenblatt läßt auch jene zweifellos ganz bewußt gewählte Überschrift über dem Kanon erkennen, die einen ebenso selbstgewissen wie elitären Anspruch formuliert: ›Non omnibus clarum est‹. Die scharfsinnige Verrätselung kompositorischer Kunst betrifft dabei wohl nicht allein den hier abgebildeten Kanon, sondern ganz programmatisch ein Werk, das zumindest im Bereich der weltlichen Vokalmusik zu den intellektuell anspruchsvollsten der gesamten Epoche gehören dürfte, indem es auf höchst unterschiedliche literarische, poetologische, ikonographische, emblematische und musikalische Traditionen verweist und diese in spielerischem Witz in häufig unerwarteter Weise in neue Deutungszusammenhänge stellt. Merulas weltliches Oeuvre ist generell durch ein weit mehr als rein handwerkliches Können, eine Modernität und Komplexität der formalen Disposition, eine häufig bereits tonal konzipierte Tonsprache und einen immer wieder aufs neue ungewöhnlichen und auch im Kontext der Werke seiner Zeitgenossen durchaus extravagant zu nennenden Scharfsinn der musikalischen Erfindung (*acutezza*) gekennzeichnet, dessen Implikationen und zuweilen Hintersinn sich zumindest heutigem Verständnis nicht selten erst auf Umwegen zu erschließen vermögen. Gleichsam ›pars pro toto‹ stehen dafür die beiden für den Titel gewählten Kriechtiere Chamäleon und Salamander ein, deren Bedeutung in einer von Merulas Kompositionen im dritten Teil dieser Arbeit nachgegangen wird und die zudem in Ausschnitten aus zwei Stichen mit allegorischen Darstellungen der Elemente Luft und Feuer von Nicolas de Bryun nach Maerten de Vos auf dem Einband dargestellt sind.

Die vorliegende Arbeit stellt eine in einzelnen Abschnitten umgearbeitete und erweiterte Fassung meiner Dissertation dar, die unter dem Titel *Un ›grande e stravagante ingegno‹ - Studien zur weltlichen Vokalmusik von Tarquinio Merula (1595-1665)* im Januar 1998 vom Fachbereich 4 Kunst, Musik, Gestaltung der Universität-Gesamthochschule Paderborn angenommen wurde. Dieser ursprüngliche Titel ging auf eine vermutlich in die Jahre 1624-25 zu datierende Eintragung des Cremoneser Stadthistoriographen Giuseppe Bresciani (1599-1670) zurück, der darin von Tarquinio Merulas »grande e stravagante ingegno« sprach,[1] eine Charakterisierung, wie sie der Chronist weder in dieser noch in annähernd vergleichbarer Weise für einen der zahlreichen anderen Musiker der Stadt in seinen Aufzeichnungen verwendete. Größe und eine übliche Konventionen überschreitende *stravaganza* des Geistes – hierunter mag eine Außergewöhnlichkeit, aber auch kritisch eine gewisse Überspanntheit oder Verstiegenheit gemeint sein –

[1] Pontiroli (1964), S. 166.

stehen in dieser Eintragung in einer Mischung aus Achtung und Distanzierung nebeneinander und scheinen mit dem Bild, das der Komponist in seinem Porträt der Nachwelt von sich selbst zu vermitteln suchte, ebenso vereinbar wie mit den komplexen kompositorischen Verfahren und wohl auch Intentionen in einigen der hier besprochenen Werke.

Die folgende Darstellung ist in drei größere Teile gegliedert: Der erste Teil versucht, auf der Grundlage aller bislang bekannten Quellen und unter Einbeziehung von Ergebnissen musikalischer Lokal- und Institutionengeschichte an den verschiedenen Orten seines Wirkens eine nach derzeitigem Kenntnisstand möglichst umfassende Biographie Merulas zu entwerfen, die in einer Reihe von Punkten bisherige Sichtweisen in ein neues Licht rückt. Im zweiten Teil soll dann das Repertoire der weltlichen Vokalmusik Merulas, wie es in den unterschiedlichen Tabellen des Anhangs nach verschiedenen Gesichtspunkten verzeichnet und aufgeschlüsselt worden ist, im Überblick beschrieben und in den gattungs- und stilgeschichtlichen Kontext eingeordnet werden, dabei wird gerade im Zusammenhang mit Gattungsfragen nicht länger ein an Besetzungsgröße und Besetzungsart orientierter Ansatz gewählt. Der ausführliche dritte Teil schließlich erprobt einen weitgehend neuartigen interpretatorisch-analytischen Zugang zu ausgewählten Kompositionen Merulas und einiger seiner Zeitgenossen, der in Anlehnung an die in der Kunstgeschichte bewährte ikonographische und ikonologische Methodik Anhaltspunkte für eine umfassendere Deutung einzelner Kompositionen aus einer Einbeziehung literarischer, philosophischer, emblematischer oder auch in anderen Künsten anzutreffender Formulierungen der gleichen oder zumindest verwandter Thematik zu gewinnen sucht. Darin soll am einzelnen Werk nachgewiesen werden, daß wenigstens einzelne Komponisten in den ersten Jahrzehnten des 17. Jahrhunderts durch unterschiedlichste außermusikalische Diskussionen der Zeit wichtige Anregungen erfahren und diese in ihren Werken verarbeitet oder sich auch bewußt von derartigen Traditionslinien abgesetzt haben. Anhand der diskutierten Beispiele rücken in diesem dritten Teil zugleich Fragen nach den Möglichkeiten musikalischer Metaphern- und Allegoriebildung, nach konzeptistischen Kompositionstechniken, nach der Differenzierung von Stilhöhenmerkmalen und dem Spiel mit entsprechenden Konventionen und Erwartungshaltungen im musikalischen ›Capriccio‹ ins Zentrum der Untersuchung.

Die vorliegende Arbeit hätte nicht geschrieben werden können ohne die vielfältige Unterstützung durch zahlreiche Institutionen und Personen, denen ich an dieser Stelle Dank sagen möchte. Die Staatsbibliothek Berlin, das Museo Bibliografico Musicale und die Accademia Filarmonica in Bologna, das Archivio di Stato in Cremona, die Biblioteca Jagiellonska in Krakau, das Archivio I.P.P.A.B. in Mailand und die Christ Church Library in Oxford ermöglichten mir den Zugang zu jenen musikalischen und archivalischen Quellen, die Grundlage dieser Arbeit bilden. Valeria Carlotti und Gunther Morche stellten mir ihre unveröffentlichten Transkriptionen weltlicher und geistlicher Vokalwerke Merulas, Antonio

Vassalli seine gleichfalls nicht publizierten Erkenntnisse zu den Textdichtern der Vokalwerke Merulas zur Verfügung, und Marco Fracassi, Maurizio Padoan, John Whenham, Giuseppe Vecchi und Pietro Zappalà machten mir schwer erreichbare Dokumente und Veröffentlichungen zugänglich.

Für die Diskussion ungeklärter Fragen, vielfältige Anregungen wie auch offene Kritik danke ich Marius Flothuis und Reinhold Hammerstein sowie Norbert Dubowy, Marc Föcking, Hermann-Josef Röllicke, Anna Szweykowska, Crawford Young und Gunther Morche, ohne dessen Pkw ich zudem nicht nach Fontaine de Vaucluse gelangt wäre und im dortigen Petrarca-Museum den antipetrarkistischen Hintergrund von *Sempre terrò memoria* erkannt hätte. Den beiden Betreuern der Arbeit, Silke Leopold und Gerhard Allroggen, gilt mein besonderer Dank für ihr ebenso geduldiges wie kritisches Vertrauen in die allmähliche Verfertigung der Gedanken wie auch für die sanfte Bestimmtheit, mit der sie schließlich den Abschluß des Manuskripts einforderten; meine Doktormutter ermutigte mich zudem in vielfältiger Weise, das Wagnis der vorliegenden Untersuchungen einzugehen, nicht zuletzt durch das Beispiel ihrer eigenen Forschungen, in denen sie nicht selten eingefahrene Denkmuster überschreitet.

Dem Bärenreiter-Verlag möchte ich Dank aussprechen für die rasche Übernahme der Arbeit in sein Programm und insbesondere Jutta Schmoll-Barthel für die engagierte Zusammenarbeit bei der Vorbereitung des Bandes. Ilse Baltzer übernahm dafür das ebenso aufwendige wie undankbare Setzen des Notenteils und trug dabei den Sieg in so manchem Kampf gegen die vereinigte Phalanx von Maus, Notenprogramm und Drucker davon. Mirko Arnone, Birgit Becher, Doris Blaich, Ludger Funke, Ruth Hildebrandt, Anja Kleinschnittger, Katharina Kost, Philine Lautenschläger, Kara Kusan-Windweh und nicht zuletzt mein Bruder Heribert Steinheuer halfen mir in vielfältiger Weise bei formaler Einrichtung und Korrektur der Druckvorlage sowie der Erstellung des Registers.

Mit ihrem künstlerischen Einsatz für Merulas weltliche Vokalmusik haben mich Isabelle Poulenard, Jill Feldman, Montserrat Figueras, Jordi Savall, Ton Koopman und die Mitglieder des Ensembles *Tragicomedia* unter Steven Stubbs in meiner Arbeit angeregt und bestärkt. Meine Freunde in den Ensembles *I Filomusi* in Berlin, *L'Arminio armonico* in Detmold und in der *Capella Augustiniana* in Heidelberg haben durch ihre Bereitschaft, zahlreiche Werke Merulas für Konzertaufführungen gemeinsam zu erarbeiten, mehr zu meinem Verständnis einzelner Kompositionen beigetragen, als dies in den Seiten eines Buches nachzuklingen vermag.

Heidelberg, im April 1999

Joachim Steinheuer

Teil I

Merulas Leben und die Stationen seiner musikalischen Laufbahn

Seine berufliche Laufbahn führte Tarquinio Merula - mit Ausnahme der Jahre am polnischen Königshof in Warschau und einer erst kürzlich bekannt gewordenen Anstellung in Padua - kaum aus der Lombardei hinaus. Politisch bildete die Region damals keine Einheit - von den Städten, in denen Merula hauptsächlich wirkte, gehörten Cremona und Lodi zum Herzogtum Mailand, Bergamo hingegen zur venezianischen Republik. Die drei lombardischen Städte wie auch das vom benachbarten Venedig dominierte Padua zählten zu den vielen mittleren und kleineren Zentren Oberitaliens, die zwar politisch nicht selbständig waren, in denen sich aber dennoch ein reges kulturelles Leben auf zeitweise sehr hohem Niveau nachweisen läßt. Im folgenden soll versucht werden, die Darstellung von Merulas Leben und Werk mit derjenigen der institutionellen Gegebenheiten und Möglichkeiten an den Orten seines Wirkens zu verbinden. Dabei soll erstmals auch eine Einordnung seiner weltlichen Vokalmusik vorgenommen werden, die für die bisherigen Biographen[2] nur von peripherem Interesse gewesen ist. Im Rahmen dieser Arbeit ist abgesehen von einer Durchsicht des gemeinsamen Nachlasses von Merulas Bruder Pellegrino und seinem Neffen Nicolò im Archivio di Stato in Cremona auf neue Archivforschungen an den verschiedenen Orten von Merulas Wirken verzichtet worden, dennoch führt bereits die genaue Lektüre und Neubewertung der bekannten, zum Teil weit verstreut veröffentlichten Quellen[3] in einer Reihe von Punkten zu einem weitergehenden Verständnis der Zusammenhänge und zuweilen auch zu einer Korrektur der bislang in der Sekundärliteratur anzutreffenden Deutungen. Aus der Fülle der hier aufgezeigten Beziehungen des Komponisten zu Kollegen, Literaten, Mäzenen und Institutionen soll nicht nur ein Mosaik seines äußeren Werdegangs entstehen, sondern zugleich etwas von den erstaunlichen Möglichkeiten kulturellen Austauschs erfahrbar werden, die im Italien der ersten Hälfte des 17. Jahrhunderts bestanden haben.

---

[2] Zwei Versuche einer zusammenfassenden Darstellung finden sich bei Padoan (1972) und Wilkinson (1978). Bislang weitgehend unbeachtet geblieben sind die Eintragungen zu Merula im *Dizionario Bibiografico dei musicicisti e fabbricatori di strumenti musicali cremonesi*, die kürzlich erstmals nach den Aufzeichnungen von Giorgio Sommi Picenardi ediert wurden; vgl. Sommi Picenardi (1997), S. 198-202. Wichtige bislang z.T. unbekannte Hinweise auf den familiären Hintergrund, die Jugend, die verschiedenen Ehen und Nachkommen Merulas liefert ein schwer zugänglicher Aufsatz von Giazzi / Manfredini (1994). Auf weitere Beiträge zu einzelnen Abschnitten in Merulas Leben wird in den entsprechenden Zusammenhängen verwiesen.

[3] Es ist das Verdienst von Maurizio Padoan, in mehreren Veröffentlichungen einen wichtigen Teil des Quellenmaterials aus den Archiven bezüglich der Anstellungen Merulas in Lodi, Bergamo und Cremona zugänglich gemacht zu haben; vgl. hierzu insbesondere Padoan (1972), S. 229-329. Seine Angaben sind vor allem hinsichtlich des familiären Hintergrunds zu ergänzen um die Angaben in der in diesem Zusammenhang wichtigen Veröffentlichung von Giazzi / Manfredini (1994). Darüber hinaus finden sich vor allem in den Ausschnitten aus Brescianis Schriften, die Pontiroli veröffentlicht hat, und im *Dizionario biografico dei musicisti e fabbricatori di strumenti musicali cremonesi* von Sommi Picenardi (1997) wertvolle Hinweise auf das zeitgenössische Musikleben in Cremona, die bislang noch nicht umfassend ausgewertet worden sind; vgl. Pontiroli (1964), S. 149-92. Antonio Lovato hat zudem unlängst auf ein bislang unbekanntes Kapitel in Merulas Biographie in Padua hingewiesen und die entsprechenden Quellen veröffentlicht; vgl. hierzu Lovato (1992), S. 181-202.

Cremona - bis 1616

Erst in jüngster Zeit konnte erstmals ein wenig Licht in die ersten beiden Jahrzehnte von Merulas Leben gebracht werden. Das Auffinden des Taufeintrags im *Libro secondo dei battezzati* im *Archivio dell'Insigne Collegiata Parrocchiale di S. Bartolomeo apostolo di Busseto* hatte zweifelsfrei das Jahr 1595 als Geburtsjahr von Tarquinio Merula erweisen können,[4] das in der älteren Literatur zumeist auf etwa 1590 datiert worden war.[5] Allerdings war dabei zunächst das Taufdatum mit dem 27. November angegeben worden,[6] vermutlich weil bereits das Datum des vorangehenden Eintrags im Taufregister als 27. November gelesen wurde. Diese Datierung wurde erstmals in einer Neuinterpretation des Taufeintrags von Seydoux korrigiert, der das Geburtsdatum des Komponisten mit dem 24. November und das Datum der Taufe für den darauffolgenden Tag ansetzte.[7] Zumindest das Taufdatum geht eindeutig aus dem Register hervor, wo es heißt:

> »A di 25 9bre 1595
> Tarquinio figliolo di m.[r] Giovani di Merla et di m.[a] Hortensia sua moglie fú batezato da me do Hippolito Gualbero Curato fú Compadre il S.[r] otavio guenario Comadre la sg.[a] Malgarita del pre rogs. a di 24 del sudeto m.«[8]

Demnach waren die beiden Taufpaten bereits am 24. November bestellt worden, woraus jedoch nicht notwendig folgt, daß die Geburt zu diesem Zeitpunkt bereits tatsächlich erfolgt war; möglicherweise waren die Paten bereits bei Eintreten der Wehen benachrichtigt worden. Dies könnte zumindest eine ansonsten bestehende geringfügige Diskrepanz zum *Libro di Casa di me* erklären, in dem Tarquinio Merulas Bruder Pellegrino gleich an zwei Stellen vermerkt, sein zweitjüngster Bruder sei am 25. November 1595 geboren worden.[9]

Der familiäre Hintergrund des Komponisten, der mit vollem Vornamen Giovanni Tarquinio hieß, kann zumindest ansatzweise durch die Angaben von Tarquinio Merulas 25 Jahre älterem Bruder Pellegrino in dessen genanntem *Libro di Casa di me Don Pellegrino Merula* rekonstruiert werden, das heute im Archivio di Stato di Cremona aufbewahrt wird.[10] Tarquinio war ein Sohn von Giovanni

---

[4] Nach Angaben bei Carlotti von Goffredo Crema entdeckt und erstmals veröffentlicht im *Bollettino ufficiale* der Diözese von Cremona, Heft Juli-August 1979, S. 493; vgl. Carlotti (1986), S. 339.
[5] So in der Nachfolge von Monterosso (1949) noch Padoan (1972), S. 231.
[6] Ebenda; auch Colzani übernimmt diese Datierung, vgl. Colzani (1987), S. 195.
[7] Seydoux (1997), S. 135, Fußnote 17.
[8] »Am 25. November 1595 / Tarquinio, der Sohn von Messer Giovani di Merla (sic) und von Madama Hortensia, seiner Gattin, wurde von mir, Pfarrer Don Hippolito Sualtone, getauft; Pate war Signor Otavio Gusnario, Patin die Signora Malgarita, die von dem Unterzeichnenden am 24. des besagten Monats gefragt worden waren.«
[9] »Tarquinio nacque adi 25 Novembre 1595 in Buseto« (S. 5) sowie »Tarquinio mio fratello nacque il 25 di Novembre 1595 in Buseto« (S. 7), zitiert nach: Merula, P. (1620); diese Datierung wurde auch von Giazzi und Manfredini übernommen, vgl. Giazzi / Manfredini (1994), S. 5.
[10] Merula, P. (1620).

Merula, der wohl 1541 oder 1542 geboren sein muß, wenn Pellegrinos Angabe zutrifft, sein Vater sei am 21. Februar 1602 im Alter von 60 Jahren gestorben,[11] und dessen Ehefrau Ortensia Rinaldi, deren Lebensdaten unbekannt sind. Offenbar besaß sie Land in Zibello[12] und war wohl bereits vor Juli 1614 verstorben, als Pellegrino ihre Mitgift an seine beiden jüngsten Brüder auszuzahlen begann. Da Pellegrino sein eigenes Geburtsdatum mit dem 12. Oktober 1570[13] und das seines Bruders Pietro Martire mit dem 24. August 1578[14] angibt und von Tarquinios Mutter ausdrücklich als Stiefmutter (»matregna Hortensia«) spricht,[15] kann davon ausgegangen werden, daß der Vater zumindest zweimal verheiratet war, doch ist der Name seiner ersten Frau und Mutter der beiden älteren Söhne unbekannt. Mit Ortensia hatte Giovanni Merula noch einen vierten Sohn Ottavio, der nach Angaben Pellegrinos am 13. März 1598 in Zibello bei Busseto geboren wurde, wo der Vater, über dessen Lebensweg und -umstände ebenfalls nichts weiteres bekannt ist, wohl vier Jahre später auch starb. Bis 1602 dürfte Tarquinio im väterlichen Hause in Busseto oder Zibello aufgewachsen sein, in der Folgezeit hat er dann vermutlich jedoch in Cremona gelebt, wo er - wie Giazzi und Manfredini aus vereinzelten Hinweisen Pellegrinos schließen - vermutlich im Hause des ältesten Bruders Aufnahme fand; Tarquinios jüngster Bruder Ottavio scheint dagegen bei dem zweitältesten Bruder Pietro Martire untergebracht worden zu sein.[16] Seit längerem ist bereits bekannt, daß Tarquinio wohl spätestens seit 1607 in Cremona lebte, denn am 23. April 1607 wurde er dort von Bischof Cisari gefirmt, wie den *Atti parrocchiali* der früheren Pfarrei S. Nicolò in Cremona zu entnehmen ist.[17]

Pellegrino Merula hatte schon früh die Priesterlaufbahn eingeschlagen, war seit Juli 1576 *curato* an der Kirche S. Nicolò in Cremona und wurde im Mai 1597 dort zum *rettore* erhoben, eine Position, die er bis zu seinem Tode Anfang August des Pestjahres 1630 innehatte.[18] Im Januar 1624 erhielt er darüberhinaus seine Ernennung zum *protonotario Apostolico*, ein Amt, das er offenbar dem Einfluß des polnischen Königshauses und damit vermutlich einer Initiative seines Bruders Tarquinio verdankte, der sich zu diesem Zeitpunkt in Polen aufhielt.[19]

---

[11] »Nostro Padre morse alli 21 febraio 1601 d'anni 60. -« Merula, P. (1620), S. 5.

[12] Merula, P. (1620), S. 9.

[13] Merula, P. (1620), S. 5; bei Sommi Picenardi heißt es, er sei im Alter von 63 Jahren gestorben, dies würde sein Geburtsdatum auf 1567 vorverlegen.

[14] Merula, P. (1620), S. 5.

[15] Merula, P. (1620), S. 9.

[16] Dies geht aus einer Stelle in Pellegrinos Haushaltsbuch innerhalb der Ottavio betreffenden Eintragungen hervor; Merula, P. (1620), S. 9.

[17] Wiederveröffentlicht bei Padoan (1972), S. 246. Bereits Stephen Bonta hatte auf Grund des Firmungsdatums 1594 oder 1595 als Geburtsjahr angenommen, da die Firmung gewöhnlich im Alter von 12 Jahren erfolgte; vgl. hierzu Bonta, Stephen, *Merula, Tarquinio*, NG, Bd. 12, S. 191.

[18] Bei Sommi Picenardi ist der 4. August angegeben, Sommi Picenardi (1997), S. 201, doch erhielt Tarquinio bereits am 1. August einen Teil des ihm zugedachten Erbteils.

[19] Dies läßt sich aus der folgenden Eintragung Pellegrinos schließen: »Adi 16 Gen.o 1624 / Io D. Pellegrino Merula ho fatto la professione della / fede, p(er) il mio protonotariato Apostolico, in mano del Sig. Abbate di S. Antonio Gio. Batt.a Stanga, rogati instrumenti, come di sopra, p(er) il D. Felippo Mozzi not.o pub.o nel prato del Vescovo. il Privilegio è nella cassa, et è venuto da

Pellegrino Merula muß eine umfassend gebildete und vielseitig interessierte Persönlichkeit gewesen sein, davon legen insgesamt 21 Buchveröffentlichungen in italienischer und lateinischer Sprache Zeugnis ab, deren Titel Arisi in seiner *Cremona Literata* von 1741 auflistet, vor allem stadt- und kirchengeschichtliche Werke sowie religiöse Erbauungsliteratur.[20] Er sorgte auch dafür, daß die Kirche S. Nicolò hinter dem Hauptaltar mit einer kleinen Orgel mit drei Registern ausgestattet wurde, für deren Ankauf er selbst zusammen mit den Gemeindemitgliedern aufkam. Das Instrument war bereits bei einer bischöflichen Pastoralvisite im Jahre 1600 vorhanden und wurde von Pellegrino selbst gespielt.[21] Insofern ist anzunehmen, daß Tarquinio zumindest seine erste musikalische Unterweisung durch Pellegrino erhielt und wohl schon früh auf diesem Instrument seine Fähigkeiten auf der Orgel auszubilden begann, die später seine ersten Anstellungen als Organist in Cremona, Lodi und Warschau ermöglichen sollten. Auch von den vielfältigen intellektuellen Interessen und der umfassenden Bildung des älteren Bruders dürfte Tarquinio in nicht geringem Umfang profitiert haben.

Im Alter von knapp 19 Jahren wurde Tarquinio am 2. November 1614 in S. Nicolò von Pellegrino in erster Ehe mit Valeria Bordigalli, einer Tochter von Tomaso Bordigallo aus der Pfarre S. Vincenzo in Cremona getraut,[22] die eine Mitgift von »moneta lunga in denari £ 3000: in pagni, et altre cosette in c.ª £ 200« in die Ehe mitbrachte. Von diesen 3000 Lire und weiteren 800 Lire aus Tarquinios eigenem Besitz kaufte das Paar in der »contrada d.ta Borghetto in vicinanza S.n Sepolcro« ein Haus von M. Giulio Monino und seiner Frau Caterina,[23] das später als »Prima casa in Borghetto verso a' S.to Vittore, quarter oltra aqua« beschrieben wurde.[24] In dieses Haus sollte Merula bis 1646 nach seinen zahlreichen Aufenthalten an anderen Orten immer wieder zurückkehren. Fast genau neun Monate nach der Hochzeit wurde am 6. Juli 1615 das erste von insgesamt sieben heute nachweisbaren Kindern des Komponisten aus der ersten Ehe mit Valeria Bordigalli geboren,[25] ein Sohn, der nach Merulas ältestem Bruder Giovanni Pellegrino

---

Polonia gratis da quell Ill.mo Nanini, come in d.o Privilegio appare. / Io D. Pelleg. ho scritto manu propria«; Merula, P. (1620), S. 6; die Identität dieses Nanini ist bislang ungeklärt, in der polnischen Hofkapelle ist zumindest kein Nanino oder Nanini nachweisbar, doch dürfte es sich auch eher um einen Diplomaten oder Geistlichen gehandelt haben; vgl. Szweykowska / Szweykowski (1996), S. 120-121.

[20] Arisi (1741), Tomus Tertius, S. 254-55.

[21] In den *Atti della Visita Pastorale di Cesare Speciano del 1600* heißt es: »Organum adest ex tribus registris post altare maius factum impensa viciniae et rectoris; pulsatur a rectore«; zitiert nach Giazzi /Manfredini (1994), Fußnote 13.

[22] Der Auszug aus dem *Registro degli Atti Parrocchiali di S. Nicolò* ist wiederveröffentlicht bei Padoan (1972), S. 246.

[23] In zwei Eintragungen seines *Libro di Casa di me* wird das Datum des Kaufvertrags mit dem »6. marzo 1615 a nativitate Domini« angegeben; vgl. Merula, P. (1620), S. 7 und 128.

[24] Giazzi / Manfredini (1994), S. 7.

[25] Aus zweiter Ehe sind noch weitere vier Töchter nachweisbar, so daß Merula mindestens elffacher Vater war; allerdings scheint die überwiegende Zahl seiner Nachkommen bereits im Kindesalter gestorben zu sein.

genannt wurde. Nicht einmal ein Jahr darauf erblickte am 29. Mai 1616 die erste Tochter Clara Ortensia das Licht der Welt.

Über die mit guten Gründen anzunehmende musikalische Unterweisung durch Pellegrino Merula hinaus sind bisher keinerlei Einzelheiten über Tarquinios musikalische Ausbildung bekannt, einzig in dem im Alter von nicht ganz 20 Jahren veröffentlichten op. 1 von 1615 findet sich der Hinweis, er habe »... da primì anni dedicato il studio, et opera mia alla compositione / musicale, essercitandola anche di continuo nell'arte de sonar organi ...«,[26] jedoch nennt Merula weder hier noch an anderer Stelle einen Lehrer.[27] Die Widmung war offenbar von Pellegrino entworfen worden, dies legt eine Eintragung von der Hand Pellegrinos in den *Catalogo dell'anime della parocchia di S.to Nicolò et S.to Michele nuovo in Cremona* nahe, die in die später gedruckte Widmung des Bandes übernommen worden ist.[28]

Wenn auch die musikalische und insbesondere die kompositorische Ausbildung Tarquinio Merulas noch weitgehend im Dunkeln liegt, so läßt sich das musikalische Umfeld, in dem er aufwuchs, das ihn geprägt hat und dem er Zeit seines Lebens verbunden blieb, recht gut beschreiben. Cremona war seit 1535 Teil des unter spanischer Herrschaft stehenden Herzogtums Mailand und besaß insofern keine fürstliche Hofhaltung, wie dies in zwei Nachbarstädten - im Mantua der Gonzaga und im Parma der Farnese - der Fall war. Dementsprechend bestand hier auch für aufwendige Ballett- oder Opernaufführungen kein Anlaß, und das erste Theater der Stadt wurde erst 1670 gebaut. So waren es vor allem drei Bereiche, die das Musikleben der Stadt prägten - der Instrumentenbau, die geistliche Musik an der Kathedrale und den kleineren Kirchen der Stadt sowie die weltliche Musik, gefördert von einzelnen Patriziern und der örtlichen Akademie.

Berühmt war Cremona schon im 16. Jahrhundert für die Qualität seines Instrumentenbaus; insbesondere im Bereich der Streichinstrumente waren die hier ansässigen Werkstätten führend, und nur die Instrumentenbauer im nahegelegenen, zur venezianischen Republik gehörenden Brescia (Gasparo da Salò und dessen Schüler Giovanni Paolo Maggini) waren bis zur großen Pest 1630-32 ebenbürtige Konkurrenten. Die Werkstatt der Familie Amati gehörte zu den wichtigsten der Stadt; bereits Andrea Amati (ca. 1505-1577) werden bedeutende Verbesserungen im Bau der zur Violinfamilie gehörenden Instrumente zugeschrieben.[29] Seine Söhne Antonio und Girolamo I führten die Firma weiter und Girolamos

---

[26] Zitiert nach Padoan (1972), S. 303.

[27] Daß Merula an gleicher Stelle bekundet haben soll, »that he spent little time in the company of skilled organists«, ist ein Mißverständnis des italienischen Originals, in dem es heißt, »benche io minimo sia tra quelli, che di tal arte sono periti«, was nichts anderes besagt, als daß er sich im Rückgriff auf einen gängigen Bescheidenheitstopos selbst nur für einen der Geringsten unter den in der Kunst des Orgelspiels Kundigen betrachtet - vgl. Wilkinson (1977), S. 68 sowie Padoan (1972), S. 303.

[28] Giazzi / Manfredini (1994), S. 6 und Fußnote 15; die beiden Autoren haben allerdings den Zusammenhang mit der Widmung des op. 1 nicht bemerkt.

[29] Vgl. Charles Beare, *Amati*, NG, Bd. I, S. 307.

Sohn Nicolò, der 1596 geboren und damit nur ein Jahr jünger als Merula war, wurde der wohl einflußreichste Geigenbauer des 17. Jahrhunderts und lebte bis 1684.[30] Die seinen Schülern Antonio Stradivari und Andrea Guarneri zugeschriebenen Instrumente haben bis heute einen geradezu legendären Ruf bewahrt. Merula dürfte durch die Arbeit der Amatis in Cremona über die neuesten Entwicklungen auf dem Gebiet der Streichinstrumente gut unterrichtet gewesen sein, und die Vorstellung, er könnte seine eigene instrumentale Ensemblemusik direkt für die Möglichkeiten der Instrumente des lokalen Marktes konzipiert haben, wo die einheimischen Patrizier und Musiker ihre Instrumente zumindest teilweise bezogen haben werden, ist durchaus naheliegend, wenn auch konkrete Hinweise fehlen.

Den Mittelpunkt der geistlichen Musik in der Bischofsstadt Cremona bildete die Kapelle an der Kathedrale, die offenbar erst im Laufe des 16. Jahrhunderts zu einer regelmäßigen Pflegestätte von Figuralmusik wurde[31] und dann innerhalb kurzer Zeit während der dreißigjährigen Amtszeit des reformorientierten Bischofs Nicolò Sfondrato - 1590 im Jahr vor seinem Tode noch als Gregor XIV. zum Papst gewählt - eine weit mehr als nur lokale Bedeutung erlangte. Bis 1571 war die Kapellmeisterstelle durch Hector Bidua (Ettore Vidue) besetzt, dann hat nach eigenen Angaben Hippolito Chamaterò für kurze Zeit die Stelle innegehabt.[32] Dessen Nachfolger wurde im Jahr 1580[33] Marc' Antonio Ingegneri, der wohl schon vor 1570 in Cremona war[34] und seit 1578 als Sänger eine Anstellung erhalten hatte.[35] Schon im gleichen Jahr hatte er die eigentlich dem Kapellmeister vorbehaltene Auszahlung der Gehälter an die Kapellmitglieder vorgenommen und leitete von seiner Ernennung an bis zu seinem Tod im Jahre 1592 die Kathedralkapelle. Ingegneri war mit dem Bischof befreundet und widmete diesem nicht weniger als vier Sammlungen mit geistlicher Musik. In Übereinstimmung mit den nachtridentinischen Reformbestrebungen von Sfondrato bemühte sich Ingegneri besonders in seinen Messen - ähnlich wie gleichzeitig in Mailand Vincenzo Ruffo - um eine einfache, betont textverständliche Schreibart. Der Einfluß seiner an

---

[30] Vgl. Giacomo Fornari, *Cremona*, MGG-II, Spalte 1044.

[31] Erstmals ist 1526 mit Cesare Zocco ein Kapellmeister mit einer Gruppe von 12 Sängern an der Kathedrale von Cremona nachweisbar, Giacomo Fornari, *Cremona*, MGG-II, S. 1042; offenbar hatte es auch Widerstände gegen die Einführung von Figuralmusik auf Seiten der Kanoniker gegeben; vgl. dazu: Coro Polifonico Cremonese (1989), S. 57.

[32] Fiorentini (1989), S. 34-35.

[33] Der erste erhaltene archivalische Eintrag, der Ingegneris Position als *maestro di capella* in Cremona bezeugt, ist am 23.8.1580 datiert; die betreffenden Quellen sind abgedruckt bei Mischiati, Oscar, *Marc' Antonio Ingegneri nei documenti della cattedrale di Cremona,* in: Delfino / Rosa Barezzani (1995), S. 48. Paget hat zudem nachweisen können, daß Ingegneri weitaus früher geboren wurde, als bisher angenommen, und zwar 1535 oder 1536 in Verona; Laurie Paget, *Marc' Antonio Ingegneri: New Biographical Information*, in: Delfino / Rosa Barezzani (1995), S. 6.

[34] Mischiati nennt als frühestes nachweisbares Datum seiner Anwesenheit in der Stadt einen Eintrag aus dem Jahre 1566, der sich auf eine ihm zugestandene Präbende bezieht; Mischiati, Oscar, in: Delfino / Rosa Barezzani (1995), S. 48.

[35] Giacomo Fornari, *Cremona*, MGG-II, S. 1042.

Cipriano de Rore orientierten Madrigale[36] ist in den frühen, noch in Cremona entstandenen Madrigalen Claudio Monteverdis spürbar, der vermutlich im Umkreis der Kapelle an der Kathedrale bis 1591 Ingegneris Schüler war. Für einige Zeit scheint nach Angaben des Cremoneser Stadthistoriographen Giuseppe Bresciani (1599-1670) auch Benedetto Pallavicino an mehreren Kirchen der Stadt als Organist tätig gewesen zu sein[37] - dieser selbst bezeichnet sich in seinen frühen Madrigaldrucken von 1579 und 1581 als *cremonese* - bevor er nach 1579 in den Dienst des Herzogs Vespasiano Gonzaga von Sabbioneta eintrat und später nach Mantua wechselte.[38]

Als Nachfolger Ingegneris hatte Rodiano Barera seit 1592 für 30 Jahre das Amt des Kapellmeisters an der Kathedrale von Cremona bis 1622 inne, also bis etwa ein Jahr vor seinem Tode im Alter von achtzig Jahren im September 1623.[39] Als solider, aber eher konservativer Komponist[40] besaß Barera offenbar jedoch weit weniger als zuvor Ingegneri eine überregionale Ausstrahlung. Am 24. November 1596 wurde er auch zum ersten Kapellmeister der neu geschaffenen *Capella delle Laudi della Madonna*[41] bestimmt, einer institutionell und finanziell eigenständigen zweiten Kapelle an der Kathedrale mit eigenen Sängern, Instrumentalisten sowie Kapellmeister und Organisten, von denen viele in der Realität aber auch in der Kathedralkapelle eine Anstellung besaßen; die *Capella delle Laudi* wurde verwaltet von einer *fabbriceria* oder auch *fabbrica*, einer unabhängi-

---

[36] In der Widmung des *Primo Libro de Madrigali a sei voci* von 1586 an den Herzog von Parma erinnert Ingegneri mit Dankbarkeit daran, daß er zu Lebzeiten de Rores zu jenen gezählt habe, die am Parmenser Hof dessen Belehrungen erfahren haben: »Ma quelli più particolarmente, et maggiormente de gli altri devono per tal conto restare a V.A. obligatissimi; li quali poterono in quel particolar tempo, ch'egli fiorì nella felicissima Corte di lei, essere con M. Cipriano familiarmente, et ricever dalla conversatione, et dalla viva voce più espressi i suoi ammaestramenti«; zitiert nach NV 1349. Bereits für 1580 ist ein autographer Brief Ingegneris an den Herzog Ottavio von Parma belegt, in dem er diesem die Übersendung seines soeben gedruckten dritten Madrigalbuches und zweier weiterer Madrigale ankündigt, so daß auf zumindest zeitweilig intensive Bindungen Ingegneris an den Parmenser Hof geschlossen werden kann; vgl. hierzu Laurie Paget, in: Delfino / Rosa Barezzani (1995), S. 10. Ledbetter sieht das Madrigalschaffen Ingegneris als »clearly influenced by Rore's style« an, allerdings hält er es im Vergleich zu Marenzios während der achtziger Jahre entstandenen Madrigalen für »somewhat anachronistic«; vgl. Steven Ledbetter, *Ingegneri, Marc'Antonio*, in: NG, Bd. 9, S. 228; Fenlon vergleicht Ingegneri hinsichtlich seines Madrigalschaffens in seiner historischen Position mit Lasso und bezeichnet ihn als einen »compositore tra due mondi«, vgl. Iain Fenlon, *Marc'Antonio Ingegneri: Un compositore fra due mondi*, in: Delfino / Rosa Barezzani (1995), S. 133. Eine umfassende Würdigung des umfangreichen Werkes von Ingegneri steht noch aus, wird aber durch die kürzlich begonnene Gesamtausgabe seiner Werke erleichtert werden; vgl. Ingegneri, Marc'Antonio - *Opera omnia*, Libreria Musicale Italiana, Lucca 1995ff.

[37] Nach Pontiroli (1964), S. 162.

[38] K. Bosi Monteath, *Benedetto Pallavicino*, NG, Bd. 14, S. 140.

[39] Er soll zuvor an der Kollegiatskirche S. Agata in Cremona Kapellmeister gewesen sein, nach Pontiroli (1964), S. 163-64; Sommi Picenardi gibt sein Geburtsdatum mit etwa 1543 an, Bresciani nennt als Todesdatum den 15.9.1623, Bazzi dagegen den 29.9.; Sommi Picenardi (1997), S. 61.

[40] So sieht ihn zumindest für den Bereich der weltlichen Musik in seinem kurzen Eintrag Harry B. Lincoln, *Barera, Rodiano*, NG, Bd. II, S. 155.

[41] Colzani (1972), S. 334 und Sommi Picenardi (1997), S. 61.

gen Körperschaft. Dieser zweiten Kapelle kam die Aufgabe zu, nach der Vesper jeden Samstag und an den Vorabenden der großen Feste vor dem Hauptaltar der Kathedrale vor allem in Form der lauretanischen Litanei das Lob Mariens zu singen. Deren dortige Statue, die sogenannte *Madonna del Popolo*, war im Zuge der Gegenreformation zum Gegenstand einer neuen Welle der Verehrung geworden, die zunächst zu regelmäßigen Predigten des Kapuzinermönchs Girolamo Paiolucci da Forlì geführt hatte und dann, wohl unter Mitwirkung der *Compagnia della SS. Vergine del Popolo*, als *Capella delle Laudi* institutionalisiert worden war.[42] Die meisten seiner im Druck überlieferten geistlichen Werke hat Barera für diese Anlässe geschaffen,[43] die immer stärker ins Zentrum der Musikpflege an der Cremoneser Kathedrale rückten.

Aufführungen seiner Kompositionen sind nicht zuletzt bei den großen öffentlichen Feierlichkeiten in Cremona belegt, so erklang eine feierliche Messe und ein sechschöriges *Te Deum* 1616 anläßlich der Bischofsernennung von Pietro Campori, bei der Kardinalsernennung von Desiderio Scagli 1621 eine vierchörige konzertierende Messe und bei der Cremoneser Trauerfeier für den spanischen König Philipp III. im Juni 1621 eine doppelchörige Messe, »la cui armonia rendeva una gran mestitia ne' cuori degli ascoltanti«.[44] Noch nach seinem Tode wurde 1628 anläßlich der Kardinalsernennung von Girolamo Vidoni in S. Agata auf eine festliche vierchörige Messe von ihm zurückgegriffen; Bresciani urteilte über ihn, seine »opere sono stimate tante gioie per la grata armonica consonanza che apportano nel cantarle ripiene di vero studio, e contraponto bellissimo«.[45]

Nach seinem Tod übernahm zunächst Galeazzo Sirena[46] beide Aufgabenbereiche Bareras, das Kapellmeisteramt an der Kathedrale[47] übte er offenbar bis zu seinem Tod am 11. November 1636,[48] die Stelle als Kapellmeister für die Lauden aber nur bis 1626 aus,[49] als die für die Lauden zuständige *fabbrica* der Kathedrale sich mit seinen Diensten unzufrieden zeigte und Merula mit dieser Aufgabe betraute. In einem sehr ausführlichen Brief vom 10. September 1609 an Alessandro Striggio hat Claudio Monteverdi ein Porträt Sirenas gezeichnet,[50] der demnach 1572 geboren war, verschiedene Instrumente gebaut hatte und zu diesem Zeitpunkt Organist an der Kirche *S. Agostino* in Cremona war. Monteverdi hatte

---

[42] Hierzu vor allem Sommi Picenardi (1997), S. 109-110.

[43] Die Titel der beiden Sammlungen mit Lauden von 1620 und Vespern von 1622 - beide zum Lob der Jungfrau Maria - weisen auf eine Entstehung im Zusammenhang mit der *Capella delle Laudi* hin; vgl. Fiorentini (1989), S. 40-42.

[44] Sommi Picenardi, S. 61.

[45] Pontiroli (1964), S. 156.

[46] Sirena war insgesamt dreimal verheiratet und hatte mehrere Kinder, Sommi Picenardi (1997), S. 252.

[47] Der Hinweis von Wilkinson, Ignazio Donati sei zwischen 1618 und 1623 Kapellmeister an der Kathedrale von Cremona gewesen, beruht auf einem Mißverständnis: Donati war während dieses Zeitraums im nahegelegenen Casalmaggiore tätig; Wilkinson (1978), S. 69.

[48] Pontiroli (1964), S. 157 und Sommi Picenardi (1997), S. 252.

[49] Padoan (1972), S. 341-42.

[50] Monteverdi (1989), S. 82-85.

selbst geistliche Werke sowie einige Instrumentalkanzonen von ihm gehört, doch hatte er von Sirenas Persönlichkeit eine eher ungünstige Meinung. Belegt ist am 6.9.1627 die Aufführung einer feierlichen *Messa dello spirito santo con cinque chori di Musica, e suoni di trombe* von Sirena sowie am 5.1.1628 die einer sechschörigen konzertierenden Komposition anläßlich eines Festes in der Stadt, bei dem ein »apparato con la Pianeta e Tonicelle di brocato simile al Palio detto di 5.a« eingesetzt wurde.[51]

Die Organistenstelle an der Kathedrale war seit 1561 mit Giambattista Morsolino[52] und seit 1591 durch dessen Sohn Uomobono besetzt,[53] der in seiner Jugend nach Brescianis Zeugnis als Kammermusiker am kaiserlichen Hof Rudolfs II. gedient hatte[54] und seit dem 2. Mai 1596 bis zu seinem Tode am 15. Juli 1611 ebenfalls den zusätzlichen Orgeldienst an der *Capella delle Laudi* versah. Morsolino unterhielt Kontakte zu Monteverdi auch nach dessen Wechsel in den Dienst der Gonzaga aufrecht; dies belegt die Veröffentlichung eines Bandes mit dreistimmigen Kanzonetten bei Ricciardo Amadino in Venedig 1594, der Kompositionen von Monteverdi, Uomobono und Antonio Morsolino sowie Orazio Vecchi vereint.[55] Andere Werke Morsolinos sind nicht überliefert, doch hat er nach eigenem Zeugnis wohl für die *Capella delle Laudi* zahlreiche Motetten und Litaneien komponiert in »quella maniera di musica vaga«.[56] Bresciani nennt ihn einen wichtigen Musikerzieher für die Jugend der Stadt.[57]

Sein Schüler Nicolò Corradini[58] hatte bereits vor Morsolinos Tod seit Ende 1610 dessen Aufgaben als Organist an der Kathedrale wahrgenommen, trat nach einem ›concorso‹, an dem auch andere Cremoneser Musiker wie Giovanni Battista Cavazzocchi und Giovanni Battista Mincio teilnahmen,[59] 1611 die Stelle offiziell an und wurde gleichfalls mit der Organistenstelle an der *Capella delle Laudi* betraut.[60] Corradini komponierte zahlreiche geistliche Werke für eine Aufführung

---

[51] Diese wie auch andere Werke Sirenas scheinen sich nicht erhalten zu haben, vgl. Sommi Picenardi (1997), S. 252-53. Ein *Giostra della Quintana* genannter sportlicher Wettkampf findet heute noch im umbrischen Foligno statt.

[52] Giovanni Battista Morsolino war dann aber für einige Jahre bis 1571 unter Lasso Mitglied der Münchener Hofkapelle und ist auch in Massimo Troianos 1569 veröffentlichtem Sammelband mit Madrigalen von Mitgliedern der bayrischen Hofkapelle vertreten - vgl. hierzu Lasso (1982), S. 225 sowie Leuchtmann (1976), S. 158 - und hat später lange Jahre in Cremona unterrichtet, dies besagen zwei Eintragungen von Bresciani, in: Pontiroli (1964), S. 160-162.

[53] Sein Bruder war vermutlich Antonio Morsolino, der 1594 eine Sammlung mit Kanzonetten herausgab, in die neben eigenen Werken u.a. auch solche von Claudio Monteverdi und Uomobono Morsolino aufgenommen wurden (NV 1961).

[54] Pontiroli (1964), S. 156.

[55] Der genaue Inhalt ist angegeben in: NV 1961.

[56] Sommi Picenardi (1997), S. 209.

[57] Pontiroli (1964), S. 166.

[58] Er war Sohn von Giovanni Angelo Corradino, doch ist sein Geburtsdatum bislang unbekannt; bevor er an der Kathedrale Organist wurde, war er viele Jahre lang in gleicher Funktion an S. Pietro in Cremona tätig; Sommi Picenardi (1997), S. 109-120 und Corradini (1997), S. VII.

[59] Sommi Picenardi (1997), S. 110-111; Corradini (1997), S. VIII.

[60] Colzani (1987/88), S. 340.

in Rahmen der Musikausübung an der Kathedrale[61] und steuerte 1615 ebenso wie Sirena eine Motette zum *Parnassus musicus Ferdinandeus* bei.[62] Im Jahre 1625 scheint Kaiser Ferdinand II. versucht zu haben, ihn als *organista di capella* nach Wien zu holen,[63] vermutlich nach dem Tod von Alessandro Bontempo im gleichen Jahr[64] oder bereits im Zusammenhang mit der bevorstehenden Beförderung des bisherigen Organisten Giovanni Valentini zum Kapellmeister als Nachfolger von Giovanni Priuli; doch ist Corradini bis zu seinem Tod am 7. August 1646 in Cremona geblieben,[65] wo er nach Merulas Entlassung seit dem 14. April 1635 die Stelle des Kapellmeisters an der *Capella delle Laudi*[66] und nach Sirenas Tod 1636 auch die Stelle des Kapellmeisters an der Kathedrale innehatte. Von Corradinis Werken sind drei Drucke erhalten;[67] sein *Primo Libro de' Canzoni Francese à 4 & alcune Sonate* von 1624 weist ihn mit Stücken wie *La Sincopata* und *La Bizzarra* als einen originellen Komponisten von Instrumentalmusik aus, der nicht nur durch seine Biographie, sondern zumindest im Bereich der Instrumentalmusik auch auf Grund stilistischer Ähnlichkeiten in Nähe zu Merulas Werken steht.[68] Ein bei Bresciani aufgeführtes *Libro di Madrigali a cinque e ad otto voci con sinfonie di viole* aus dem Jahre 1620 ist heute nur noch dem Titel nach bekannt.[69]

Unter den Musikern an den anderen Kirchen der Stadt ist zunächst Lodovico Viadana zu erwähnen, der 1602 als Kapellmeister am Konvent von *S. Luca* bezeugt ist.[70] Bernardo Corsi, ein Priester und Schüler Bareras, spielte seit 1598 viele Jahre lang in der *Capella delle Laudi* das Regal und die kleine Orgel[71] und war an der Kollegiatskirche *S. Agata*, einer der wichtigeren unter den zahlreichen Kirchen der Stadt, zunächst Organist und bis zu seinem Tod am 17. April 1629 Kapellmeister. Nach dem Zeugnis Brescianis hat Corsi mindestens 18 Bände mit eigenen Werken im Druck herausgegeben.[72] An der Kirche *S. Agostino* wirkte

---

[61] Aus dem Jahre 1614 sind die Aufführung des Responsoriums *Sanctificamini vos Sacerdotes et Levitae* sowie einige Monate später die einer vierchörigen konzertierenden Messe belegt. Nicht zuletzt deshalb, so vermutet Antonella Soana, sei im gleichen Jahr seine Eingabe um Erhöhung seines Gehalts vom Kapitel positiv beschieden worden, Corradini (1997), S. VIII.

[62] RISM 1615[13]

[63] Pontiroli (1964), S. 156.

[64] Saunders (1995), S. 225.

[65] Padoan (1972), S. 280.

[66] *Storia delle Laudi e strumenti relativi*, in: Coro Polifonico Cremonese (1989), S. 171.

[67] Ein Band mit *Ricercari a 4 voci* von 1615 (RISM C 3954), die Partitura *Primo Libro de' Canzoni Francese à 4 `& alcune Sonate* von 1624 (RISM C 3955) sowie aus dem gleichen Jahr ein Band mit *Motetti* für eine bis vier Stimmen (RISM C 3953).

[68] Der Druck liegt in zwei vollständigen modernen Editionen vor, und zwar in: IIM Bd. 29, S. 95-208 sowie Corradini (1997).

[69] Der Druck wird unter Berufung auf Bresciani genannt bei Sommi Picenardi (1997), S. 115-16.

[70] Federico Mompellio, *Viadana, Lodovico*, NG, Bd. 19, S. 692.

[71] *Storia delle Laudi e strumenti relativi*, in: Coro Polifonico Cremonese (1989), S. 159 und 163; Sommi Picenardi (1997), S. 120.

[72] Pontiroli (1964), S. 160; an anderer Stelle nennt Bresciani im einzelnen elf Drucke mit geistlicher und drei Bücher mit weltlicher Vokalmusik, veröffentlicht zwischen 1597 und 1624, von denen heute noch acht Bände erhalten sind, darunter ein nur unvollständig überliefertes Buch mit acht-

wirkte wenigstens zwischen 1608 und 1630 Cristoforo Faletto als Kapellmeister, nach Brescianis Zeugnis ein in der ganzen Region geschätzter Orgelbauer,[73] der 1630 ebenso wie Francesco Abrembio - Organist an derselben Kirche und ein Schüler Corradinis[74] - ein Opfer der Pest wurde, die in Cremona wie in weiten Teilen Norditaliens wütete.

Auch im Bereich der weltlichen Musik begann für Cremona mit dem Amtsantritt von Bischof Sfondrato 1560 eine Blütezeit, denn im gleichen Jahr gründeten die Patrizier der Stadt mit ausdrücklicher Billigung des Bischofs die *Accademia degli Animosi*,[75] eine Institution, die trotz mehrerer Unterbrechungen das geistige Leben der Stadt für mehr als ein Jahrhundert prägen sollte.[76] Neben literarischen und philosophischen Fragestellungen spielte die Musik von Anfang an eine zentrale Rolle, deren Ausübung zumeist den an der Kathedrale angestellten Musikern anvertraut wurde. Bereits Ingegneri hatte Verbindungen zur *Accademia degli Animosi*, und vermutlich sind wenigstens Teile der sechs während seiner Cremoneser Zeit gedruckten Madrigalbücher bei den Akademiesitzungen erklungen - zwei davon sind Patriziern aus der Stadt gewidmet. Der Druck von Pallavicinos weltlicher Vokalmusik fällt vermutlich erst in die Zeit nach seinem Weggang aus Cremona, dennoch könnte zumindest ein Teil der 1579 veröffentlichten vierstimmigen Madrigale bereits dort entstanden sein; noch das Buch von 1581 ist dem *Barone Sfondrato* gewidmet, also einem Mitglied jener Familie, der auch der Bischof angehörte.[77] Ob die beiden ersten Madrigalbücher von Flaminio Tresti - gedruckt in den Jahren 1585 und 1587 und mit in Cremona verfaßten Widmungen versehen - eine Beziehung zur Akademie aufweisen, ist nicht geklärt; ähnliches gilt für Lucrezio Quinzianis fünfstimmiges Madrigalbuch von 1588 und seine dreistimmigen *Kanzonette* aus dem darauffolgenden Jahr.[78] Auch Claudio Monteverdi hat seine frühen Werke noch in Cremona verfaßt - die *Madrigali spirituali* von 1583, die *Canzonette* von 1584, die Pietro Ambrosini, einem Cremoneser Patrizier, gewidmet sind, und die ersten beiden Bücher mit fünfstimmigen Madrigalen von 1587 und 1590. Die Veröffentlichung seines zweiten Madrigalbuchs fällt in die Jahre nach 1588, als die Akademie zeitweilig wegen erheblicher politi-

---

stimmigen Madrigalen von 1607; vgl. Pontiroli (1964), S. 164-65 sowie die weniger umfangreiche Werkliste bei John Whenham, *Corsi, Bernardo*, NG, Bd. 4, S. 805-806.

[73] Pontiroli (1964), S. 165 und S. 157; Sommi Picenardi (1997), S. 136-37.

[74] Pontiroli (1964), S. 169 und S. 157.

[75] Lancetti nennt als Initiatoren der Akademiegründung Pietro Martire Ponzoni, Sigismondo Picenardi und Giovanni Battista Mainoldi und führt auch die Namen der *Principi* bis zur ersten Unterbrechung Ende der achtziger Jahre auf; vgl. Lancetti (1820), Bd. I, S. 19-20.

[76] Nach Maylender waren dies die Jahre 1588-1606, 1610-1612, eine starke Einschränkung der Aktivitäten zwischen 1628 und 1642, anfänglich bedingt durch Krieg und Pest, eine Reorganisation 1644, die durch neuerlichen Kriegsausbruch bereits 1647 zum Stillstand kam. Maylender (1926-30), Bd. I, S. 189-94; Bresciani spricht von einer völligen Schließung zwischen 1630 und 1642 sowie zwischen 1648 und 1656, vgl. Pontiroli (1964), S. 185-86.

[77] Vgl. NV 2105.

[78] Vgl. NV 2747 und 2748 sowie NV 2298 und 2299.

scher Spannungen unter den Mitgliedern aufgelöst worden war.[79] Dies gilt ebenso für das vierte Madrigalbuch von Tiburtio Massaino aus dem Jahre 1594 - dieser stammte aus Cremona und wirkte zeitweilig auch dort - sowie für das einzige erhaltene Madrigalbuch von Barera aus dem Jahre 1596;[80] doch spricht die Widmung von Bareras Buch an Giovanni Battista Stanga, Conte di Castelnuovo, für eine Fortsetzung des Mäzenatentums einzelner Patrizier der Stadt.

Allerdings führten zur gleichen Zeit in Cremona die Bemühungen der Gegenreformation zu in ihrem Ausmaß nur schwer abzuschätzenden Einschränkungen im Bereich der weltlichen Vokalmusik. Belegt ist, daß der später heiliggesprochene Carlo Borromeo 1575 bei einer Pastoralvisite in Cremona dem Kanoniker an der Kathedrale Orfeo Motaro unter Auferlegung einer Strafe von 50 Scudi untersagte, »di tenere e leggere libri profani et obsceni, né tampoco libri di canto, nei quali vi siano canzoni medesimamente profane et obscene, si come ha costumato fare per il passato«.[81] Ob neben dem Klerus auch Laien von derartigen Maßnahmen betroffen waren und eventuell auch mehr oder weniger freiwillige Einschränkungen in der Ausführung weltlicher Madrigale im privaten Rahmen anzunehmen sind, bleibt fraglich.

Auf ein anderes Mitglied der Familie Stanga, den Marchese Camillo Stanga, geht die Initiative zur Neugründung der Akademie unter dem alten Namen Anfang Dezember 1606 mit zunächst nur zwölf Mitgliedern zurück. Gemeinsam mit dem Arzt Gaspare Aselli und zwei Musikern, dem bereits erwähnten Galeazzo Sirena und Giovanni Battista Pellegrino, wurden die Statuten erarbeitet und nach mehreren vorbereitenden Sitzungen am 2. April 1607 verabschiedet. Die wiedergegründete Akademie wählte als Wappen Herkules mit den Symbolen Keule, Fackel und Speer sowie dem Wahlspruch *In casus omnes.*[82] Mitglieder konnten laut Statuten sowohl *nobili di sangue* als auch *nobili di virtù* werden;[83] während der Akademiesitzungen sollte soziale Gleichheit herrschen, der Vorrang des Alters jedoch gewahrt bleiben.[84] Zweck der Treffen war es nach den Statuten, »di pascere l'intelletto e di regolare la volontà«, weshalb Spiele und ähnliche Unterhaltungen verboten waren.[85]

Noch im Sommer des Jahres 1607 wurde ein Vertrag mit einer Gruppe von Musikern ausgehandelt, die bei den wöchentlichen Treffen am Donnerstag für jeweils eine oder zwei Stunden singen und spielen sollten - das namentlich bekannte Ensemble bestand aus einem Knabensopran, einem Tenor und zwei Bäs-

---

[79] Vgl. Lancetti (1820), Bd. I, S. 20.

[80] Bresciani verzeichnet ein zweites Madrigalbuch zu fünf Stimmen von 1615 sowie eine posthum von Bareras Sohn Giovanni Battista herausgegebenes Sammlung mit vierstimmigen Madrigalen von 1624, die beide verloren sind; Pontiroli (1964), S.160-61 und S. 164.

[81] Zitiert nach Sommi Picenardi (1997), S. 210.

[82] Santoro (1968), S. 267-68; die Statuten der Akademie sind in der Libreria Civica di Cremona unter der Signatur Ms.Civ.55 aufbewahrt und wurden bereits von Lancetti (1820), Bd. I, S. 21-23 wiederveröffentlicht.

[83] Santoro (1968), S. 269.

[84] Santoro (1968), S. 271.

[85] Santoro (1968, S. 270.

sen, sowie Orgel, Laute und Viola bzw. Violine.[86] Auffällig ist, daß die Instrumentalisten eine deutlich höhere Vergütung erhielten als die Sänger, vielleicht weil neben Madrigalen auch Instrumentalmusik aufgeführt wurde;[87] doch ist über das Repertoire während der Sitzungen im einzelnen nichts bekannt. Daß Claudio Monteverdi - mittlerweile selbst ein berühmter Komponist - gleichfalls Mitglied der Akademie wurde, hat Grund zu der Annahme gegeben, einige seiner Kompositionen könnten hier erklungen sein.[88] Später war Nicolò Corradini *Mastro* (sic) *di Musica* der Akademie, sein Name erscheint zwar erstmals am 1. Dezember 1622 in den erhaltenen Unterlagen, doch wird er hier als bereits seit einiger Zeit in regelmäßigen Diensten stehend geführt;[89] auch Corradini hat immer wieder Werke für die Zusammenkünfte der Akademiker komponiert.[90]

Vincenzo Lancetti[91] hat in seiner *Biografia Cremonese* den Bericht des Akademikers D. Carlo Cocchi von der Amtseinführung des Arztes Alessandro Bonetti als *Prencipe* der *Animosi* am 7. November 1619 wiedergegeben, der Aufschluß über die Rolle der musikalischen Beiträge zumindest für solche feierlichen Anlässe gibt.[92]

»Venne dalla casa sua il signor Prencipe al luogo dell'Academia accompagnato da molti gentilhuomini, et giunto, i trombettieri diedero nelle trombe in segno di allegrezza, fin tanto che fu collocato nella sua sedia: dopo le trombe segui un bellissimo concerto di voci et di stromenti musicali, il quale finito porse occasione al sig. *Sigismondo Picenardi*, apparecchiato per questo effetto, a dar principio al suo discorso. L'argomento di cui fu la precedenza tra le lettere et l'armi: et, se bene la materia è trita, la trattò nondimeno con tanta leggiadria et facondia, che l'uditorio numerossissimo et di letterati rimase compitamente: il che si puotè conoscere dall'applauso universale et dalle parole di tutti, che celebravano il valore del sig. Discorrente *Sigismondo Picenardi*, il quale ac-

---

[86] »Galeazzo organista L. 70; don Alessandro della viola L. 56; Spadarino dal leuto L. 42; don Batta Aglio tenore L. 35; d. Bartolomeo da Soresina basso L. 35; don Vincenzo da Viadana basso L. 35; il Mincio soprano L. 35«, zitiert nach Santoro (1968), S. 271.

[87] Bereits bei der vorbereitenden Sitzung vom 20.12.1606 ist die Aufführung von Madrigalen am Ende des Treffens belegt; Santoro (1968), S. 268.

[88] Monteverdi war u.a. bei einer Sitzung der Akademie am 27.9.1609 anwesend, vgl. Pontiroli (1964), S. 153; Sommi Picenardi weist - allerdings ohne Angabe von Belegen - darauf hin, Monteverdi habe bei Sitzungen der *Animosi* zu allgemeiner Bewunderung eigene Werke aufführen lassen; Sommi Picenardi (1997), S. 112.

[89] Er erhielt eine »gratificazione di 6 ducatoni pei lavori straordinari del 1621 e gli si manteneva per l'avvenire il normale stipendio pattuito, non sappiamo in qual somma«; Sommi Picenardi (1997), S. 112-113; Corradini (1997), S. X.

[90] Pontiroli (1964), S. 166; Soana gibt eine Reihe von Hinweisen auf einzelne solcher Werke in: Corradini (1997), S. X-XI.

[91] In seinem die Akademie betreffenden Eintrag wird insbesondere die Geschichte der Akademie zwischen 1607 und 1628 recht ausführlich dargestellt, ohne allerdings die Rolle der Musik bei den Sitzungen zu würdigen; vgl. Lancetti (1820), Bd. I, S. 23-27.

[92] Der Beitrag Lancettis über die Cremoneser Familie Bonetti aus dem zweiten Band seiner *Biografia Cremonese* von 1820 ist nachgedruckt in IBI, Fiche 178, Kopien 336-360.

coppiando nel fine le lodi della famiglia BONETTI, et accennando il merito del sig. Prencipe, fece conoscere con quanta ragione fosse stato eletto da li sigg. Accademici per suo Prencipe. Finito il discorso parve al sig. Prencipe di dire quattro parole in rendimento di grazie a chi l'haveva eletto a tal dignità, ed in significare la sua buona volontà per il mantenimento et accrescimento della ra(d)unanza *Animosa.* Tacendo il sig. Prencipe, s'empì l'aria di armonia tale, che rapì le menti di tutti intentissimi ad udirla et goderla. Si lessero poi alcuni componimenti poetici all'usanza. Ma non ebbe fine qui il diletto; perchè havendo il sig. *Gio. Paolo Tonsis* dedicato all'Accademia nostra un libro di *Giovanni di Ver* francese, intitolato: *della costanza et consolatione nelle pubbliche calamità*, da lui tradotto nella lingua italiana, lo fece presentare al sig. Prencipe da un suo figlio di età di dieci anni in circa, il quale accompagnò l'attione con un breve giro di parole in maniera tale, che non saprei ben dire se fosse maggior il gusto del Prencipe, o pure il piacere degli uditori et spettatori insieme. Tal fine ebbe il felicissimo giorno.«[93]

Während die einleitenden Trompetensignale wohl ausschließlich in Zusammenhang mit dem zeremoniellen und feierlichen Anlaß zu sehen sind, dürften die anderen von Cocchi beschriebenen Teile der Amtseinführung nach dem Muster der üblichen Akademiesitzungen aufgebaut gewesen sein: Demnach hätte zu Beginn einer Sitzung jeweils ein musikalischer Beitrag der beteiligten Sänger und Instrumentalisten gestanden, der allerdings im Unterschied zu solch offiziellen Anlässen mit vermutlich erweitertem Musikeraufgebot wohl bei den regelmäßigen Treffen nur in der regulären kleinen Besetzung von vier Sängern und drei Instrumentalisten zu denken ist; daraufhin wäre an Stelle der hier beschriebenen *laudatio* für den neuen *Prencipe* ein *discorso* von einem der Akademiker gefolgt - so berichtet Lancetti von Alessandro Bonetti, dieser habe seit 1614 mehrfach Vorträge zu einzelnen Kapiteln der Ethik des Aristoteles bei Akademiesitzungen gehalten.[94] Nach einem weiteren Teil mit musikalischen Darbietungen bildete dann offenbar die Lesung bzw. Rezitation einiger ›componimenti poetici‹ jeweils den Abschluß einer Sitzung, denn Cocchi schreibt ausdrücklich, dieser Teil der Amtseinführung entspreche den üblichen Gepflogenheiten (»all'usanza«), während die Überreichung des der Akademie gewidmeten Buches durch den Knaben nach Beendigung der Lesungen von Gedichten eine Abweichung vom üblichen Rahmen darstellte - »ma non ebbe fine qui il diletto«. Die Amtseinführung des neuen *Prencipe* Carlo Lodi am 9. November 1621 fand in vergleichbarer Weise statt:

»... la musica corrispose degnamente e con soavità mirabile apportò grandissimo godimento à tutta l'atione e non mancarono trombe e altri strumenti Musicali che accompagnarono il Prencipe nella venuta e ritorno che fece con molta comitiva di nobiltà, e si vedeva nel volto di ciascuno un giubilo straor-

---

[93] Lancetti (1820), Bd. II, S. 402; zitiert nach IBI, Fiche 178, Kopien 344-45.
[94] Vgl. IBI, Fiche 178, Kopien 343-44.

dinario concepito dalle virtù del Prencipe, dall'eloquenza e dottrina del discorso, della dolcezza delle composizioni, e della suavità della musica«.[95]

Für eine der regelmäßigen Zusammenkünfte der Akademiker am 23.2.1623 sind sogar noch weitere Details überliefert: Nach einem »discorso elegantissimo con dir bene della mal lingua di quella però che dice il vero, e fa che'l vitioso s'avvede de suoi vicii«[96] rezitierten verschiedene Akademiker eigene Gedichte, die zumindest teilweise mit dem Thema des ›discorso‹ in Zusammenhang standen, wie etwa eine Kanzone »nel medesimo sogetto del discorso« und ein Sonett zum Lobe der Sprache; zwischen den Gedichtvorträgen wurde Musik aufgeführt, so auch bei dieser Gelegenheit, die

> »Musica fu tutta di compositioni nove del nostro Musico Corradino con scelte voci con tiorbe, violini, e viuola di basso che diede giocondissimo trattenimento a tutto l'Auditorio che mostrava di partirsi tutto consolato«.[97]

Es ist denkbar, daß von den bei dieser Gelegenheit gespielten Instrumentalwerken einige Eingang in Corradinis im Jahr darauf veröffentlichtes *Libro primo de canzoni francese & alcune suonate* fanden, die in den *Atti* beschriebene Besetzung scheint immerhin recht genau derjenigen des Druckes zu entsprechen. Doch von den Vokalwerken, dem Madrigal *Bella lingua mordace* und der *ottavarima*-Strophe *La lingua io son, che fra soavi accenti*, deren beide Strophen im Wechsel mit einem kanzonettenartigen Refrain und von einer Sinfonia unterbrochen aufgeführt wurden, hat sich nur der Text erhalten.[98]

Wenigstens bei einer Zusammenkunft der Akademie war die Musik nicht nur Umrahmung, sondern selbst Gegenstand des akademischen Diskurses; am 22. November 1622 vermerken die *Atti dell'Accademia* einen »discorso in lode della Musica fatto, e recitato hoggi nell'Academia dal S.r Bartolomeo Sfondrati«.[99] Dieser war nicht nur ein Liebhaber der Musik, sondern nahm zumindest bei der Akademiesitzung am 23.9.1627 auch als Ausführender an den musikalischen Aufführungen teil, zu diesem Zeitpunkt war er zugleich *Prencipe* der *Animosi*.[100]

Die Akademie nahm auch am öffentlichen Leben der Stadt Anteil und beteiligte sich mehrfach federführend an den aufwendigen Feierlichkeiten anläßlich von Kardinalsernennungen, den wichtigsten repräsentativen Ereignissen dieser Art in der Stadt. Als Gieronimo Vidoni der Kardinalspurpur verliehen wurde,

[95] Zitiert nach Sommi Picenardi (1997), S. 113.
[96] Sommi Picenardi (1997), S. 113.
[97] Sommi Picenardi (1997), S. 113.
[98] Sommi Picenardi (1997), S. 113-14; bereits Sommi Picenardi äußerte die Vermutung, in Corradinis verlorenem *Libro di Madrigali a cinque e ad otto voci con sinfonie di viole* von 1620 könnten einige der für die *Accademia degli Animosi* komponierten Stücke enthalten gewesen sein; ebd. S. 116.
[99] Zitiert nach Sommi Picenardi (1997), S. 251.
[100] Merula widmete ihm 1628 sein *Secondo Libro de concerti spirituali.*

ließ man bei den *Solenni Allegrezze* in Cremona am 5. Januar 1627 ein doppelchöriges *Te Deum* sowie von Corradini eine sechschörige Messe aufführen. Anschließend wurden von den Mitgliedern der Akademie »recitati molti encomij Anagramma Canzoni Sonetti e Madrigali fatti in lode di questo Ill.mo Heroe con una Musica concertata di varie voci framezzata con diversi jstrumenti di Tiorbe e viole«, darunter auch eine *Canzonetta* von Corradino auf einen Text des Akademikers Carlo Cocchi, den Bresciani ebenso überliefert hat wie ein eigenes, von Corradini vertontes Poem, allerdings wurde dieses aus Zeitgründen nicht mehr aufgeführt.[101] Obwohl der Anlaß der Kardinalsernennung sicherlich in der Hierarchie der Feierlichkeiten noch vor den Amtseinführungen des *Prencipe* anzusetzen und damit ein weit höherer Aufwand anzunehmen ist, dürfte Brescianis Beschreibung doch auch Rückschlüsse auf die bei Cocchi nicht näher genannte Besetzungsgröße bei akademischen Feierlichkeiten wie der Einführung Bonettis zulassen.

Leider gibt es über Tarquinio Merulas Beziehung zu den verschiedenen Institutionen in Cremona und zu den mit diesen verbundenen Musikern für die Zeit seiner Jugend so gut wie keine Hinweise. Wenn man jedoch bedenkt, wie überschaubar der gesamte kulturelle Bereich in einer Stadt von der Größe Cremonas gewesen sein muß, dann ist mit großer Wahrscheinlichkeit davon auszugehen, daß Merula die meisten wichtigen Musiker jener Jahre gekannt hat, auch wenn daraus noch nicht auf engere Beziehungen geschlossen werden kann. Selbst seine einzige erhaltene Veröffentlichung aus den frühen Jahren gibt darüber nur beschränkt Auskunft. Die *Canzoni A Quattro voci per sonare / Con ogni sorte de strumenti Musicali* von 1615 verweisen sogar nach Parma, sie sind Giovanni Pietro Ghirardello gewidmet, der eine hier nicht näher bezeichnete öffentliche Aufgabe für den Herzog von Parma wahrnahm und als Liebhaber ein durchaus fähiger Violinist gewesen sein muß.[102] Merula gibt in der Widmung an, mehrmals von ihm beschäftigt worden zu sein und würdigt ihn noch einmal im Titel der ersten Kanzone (*La Ghirardella*).

Mehrere der Überschriften dieser Kanzonensammlung lassen sich darüber hinaus mit Cremoneser Musikern in Verbindung bringen, eine Art der Huldigung, die Merula auch in vielen späteren Werken verwenden wird:[103] Neben Claudio Monteverdi (*La Monteverde* – die Überschrift findet sich ein weiteres Mal in Merulas op. 17 von 1651, hier vielleicht als eine Art Nachruf gemeint), den Me-

---

[101] Pontiroli (1964), S. 171-73.

[102] Ghirardello sind auch die 1616 erschienenen *Canzoni da sonare* für 4 – 13 Stimmen von Pietro Lappi gewidmet, der nicht, wie Stevens ausführt, in Cremona, sondern als Kapellmeister an S. Maria delle Grazie in Brescia wirkte. Wie in Merulas Band trägt auch eine der Kanzonen bei Lappi die Überschrift *La Monteverde*; vgl. Monteverdi (1989), S. 127 sowie Jerome Roche, *Lappi, Pietro*, NG, Bd. 10, S. 467.

[103] Besonders in den Instrumentalsammlungen ist dieses Phänomen zu beobachten, am deutlichsten in derjenigen von 1631 oder 1632, die nur in einem Nachdruck von 1639 erhalten ist; im einzelnen dazu im Abschnitt über Merulas Zeit in Bergamo, vgl. S. 34.

rula während dessen Besuchen in Cremona möglicherweise sogar persönlich kennenlernte, kann mit einiger Sicherheit »L'orbino del cornetto« (*L'Orbina*), ein nur unter diesem Namen bekannter Kornettist aus der *Capella delle Laudi*, identifiziert werden, der bereits 1597 dort seinen Dienst versah.[104] Mehrdeutig sind jedoch einige andere Überschriften: Es liegt nahe, in *La Pellegrina* eine Huldigung an seinen älteren Bruder Pellegrino Merula zu sehen, doch könnte sich die Überschrift auch beziehen auf den bereits genannten Giovanni Battista Pellegrino, der an der Neugründung der *Accademia degli Animosi* beteiligt war,[105] oder aber auf Vincenzo Pellegrini, Kapellmeister am Mailänder Dom seit 1612, der sowohl in seinen *Canzoni de Intavolatura D'Organo* von 1599 als auch in Lomazzos Sammlung von 1617 (RISM 1617^2) jeweils eine Kanzone mit dem Titel *La Pellegrina* veröffentlichte, die beide motivisch mit Merulas Stück allerdings nicht verwandt sind.[106] Ebenso uneindeutig ist die Überschrift *La Loda*, da mindestens vier Träger dieses Namens in Betracht kommen - Alessandro Lodi, den Santoro mit jenem *Alessandro della viola* gleichsetzt, der 1607 von der Cremoneser Akademie angestellt wurde,[107] ein Gerolamo Lodi, 1602 in der Liste der Musiker der *Capella delle Laudi* und möglicherweise identisch mit dem 1599 dort genannten *Gerolamo dal violino*,[108] des weiteren ein Demetrio Lodi, den Bresciani in sein Verzeichnis Cremoneser Musiker aufgenommen hat[109] - er soll dem Orden der Kamaldulenser angehört haben, ein bekannter Violinist gewesen sein und wie noch Walther bestätigt, 1623 eine Sammlung von Violinsonaten veröffentlicht haben[110] - und zuletzt auch Carlo Lodi, 1620 Sekretär und 1621 dann *prencipe* der *Accademia degli Animosi*.[111] Daß dieselbe Überschrift in späteren Instrumentalsammlungen von Merula noch zweimal wiederkehrt, läßt wie im Falle Monteverdis eine besondere Huldigung an den nicht genau zu ermittelnden Widmungsträger als denkbar erscheinen. Auf eine Hommage an Rodiano Barera könnte schließlich Merulas Neuvertonung des leicht abgewandelten Textes von dessen *Canta Laura la parte* hindeuten, die er 1624 im Jahre nach dem Tod des langjährigen Kapellmeisters veröffentlichte.[112] Doch läßt sich allein auf Grund solcher Indizien kein direktes Lehrer-Schülerverhältnis mit einem der Genannten annehmen.

---

[104] *Storia delle Laudi e strumenti relativi*, in: Coro polifonico Cremonese (1989), S. 152.

[105] Santoro (1968), S. 267.

[106] Pellegrinis Orgelstück ist ediert in Pellegrini (1972), S. 49-53; das vierstimmige Stück aus Lomazzos Sammlung in der Fassung der Tabulatur von Pelplin in: Pelplin (1970), S. 309-312.

[107] Santoro (1968), S. 271-72.

[108] Coro Polifonico Cremonese (1989), S. 159 und S. 152.

[109] Pontiroli (1964), S. 168.

[110] Walther, J.G. (1732), S. 367.

[111] Maylender (1926-30), Bd. I, S. 194 sowie Pontiroli (1964) S. 185.

[112] Der Text wurde auch in leicht abgewandelter Form von D. Brunetti vertont; vgl. hierzu auch S. 41.

Lodi - Die Jahre zwischen 1616 und 1621

Nach dem Zeugnis Brescianis soll Merula bereits in jungen Jahren für längere Zeit den Dienst als Organist an der Karmeliterkirche *S. Bartolomeo* in Cremona versehen haben;[113] vermutlich handelte es sich dabei um seine erste Anstellung an einer der weniger bedeutenden Kirchen der Stadt, bevor er - wie den Quellen gesichert zu entnehmen ist - im November 1616 als Organist an die Kirche *S. Maria Incoronata* ins lombardische Lodi wechselte, wo er Nachfolger von Alexander Pinchirolli wurde, der aus Krankheitsgründen den Dienst nicht mehr versehen konnte.[114] Kapellmeister war zu dieser Zeit mit einiger Sicherheit noch Giulio Osculati, der aus Lodi stammte, aber spätestens seit 1601 mehrere Jahre als Tenor in der Hofkapelle Zygmund III. in Polen gesungen hatte,[115] daher sind die Widmungen seiner Drucke mit Messen von 1604 und Motetten von 1609 an polnische Mäzene gerichtet. Vermutlich ist durch Osculati, der nach 1609, spätestens aber 1614 nach Lodi zurückgekehrt war, der Kontakt Merulas nach Warschau vermittelt worden.[116] Auch Giovanni Valentini, zu jener Zeit Organist und später Kapellmeister am Kaiserhof in Wien, mit dem Merula in den folgenden Jahren nachweislich in Kontakt gestanden hat,[117] könnte der junge Komponist auf Osculatis Vermittlung hin kennengelernt haben, denn Valentini und Osculati standen längere Zeit gemeinsam in Warschau in Diensten des polnischen Königs.[118]

Die Musikgeschichte Lodis ist bisher noch nicht zusammenfassend dargestellt worden, sogar in den einschlägigen Lexika fehlen entsprechende Artikel.[119] Doch muß an den Kirchen der Stadt schon seit dem Mittelalter ein ausgeprägtes Musikleben geherrscht haben. Franchinus Gaffurius erhielt im nahegelegenen Kloster von Lodivecchio seine Ausbildung und war einige Zeit Sänger an der Kathedrale, bevor er 1474 nach Mantua und später nach Mailand ging. Zeitlebens scheint er seiner Vaterstadt verbunden geblieben zu sein, denn er schenkte »viele seiner Bücher der Kirche dell'Incoronata in Lodi, wo sie auch heute noch aufbewahrt werden«.[120] Die kleine oktogonale *Chiesa dell'Incoronata* war nach einem Marienwunder am Ende des 15. Jahrhunderts an der Stelle eines Bordells errichtet

---

[113] Pontiroli (1964), S. 166.

[114] Padoan (1972), S. 283.

[115] Szweykowska (1974), S.147.

[116] Diese Vermutung äußert auch Wilkinson (1978), S. 72.

[117] Das belegt Valentinis Widmungssonett im Druck von Merulas komischem Dialog *Satiro e Corisca*, Venedig 1626.

[118] Beide lieferten auch Beiträge zum *Parnassus Musicus Ferdinandeus*, gedruckt 1615, im Jahr nach Valentinis Wechsel von Warschau nach Graz in den Dienst des Widmungsträgers, des späteren Kaisers Ferdinand II.

[119] Mit einem späteren Kapitel in der Musikgeschichte von Lodi beschäftigt sich Marozzi (1989), S. 111-22.

[120] Zitiert nach Claudio Sartori, *Gaffurius, Franchinus*, MGG-I 4, Spalte 1239; Marozzi berichtet dagegen, daß ein Großteil der Bände bereits am Ende des 17. Jahrhunderts verloren gegangen zu sein scheint, Marozzi (1989), S. 114-15.

und 1494 geweiht worden.[121] Als *tempio civico* genoß sie die besondere Vorliebe der Bürger von Lodi, wurde in den folgenden Jahrzehnten mit qualitätsvoller Malerei lombardischer Meister und reichem Goldschmuck ausgestattet und erhielt mit einer noch heute erhaltenen Orgel des Luccheser Orgelbauers Domenico di Lorenzo jenes Instrument, an dem auch Merula gespielt haben muß.[122] Eine Geschichte der Kapelle fehlt bislang; vor Osculati war möglicherweise Nicolò Parma dort Kapellmeister, da er sich in einem heute verlorenen Madrigalbuch von 1606 ohne Ortsnennung als *maestro di Capella dell'Incoronata* bezeichnete.[123] Ob Flaminio Tresti, der aus Lodi stammte und die Widmungen seiner *Canzonette* von 1594 und seines 4. Madrigalbuches von 1596 hier verfaßte, eine Position an einer der Kirchen der Stadt innehatte, ist nicht nachgewiesen; dagegen waren Orazio Scaletta um das Jahr 1590[124] und Tiburtio Massaino wenigstens zwischen 1600 und 1608 Kapellmeister am Dom, die Dedikationen seines dem Herzog von Mantua gewidmeten ersten Madrigalbuchs zu sechs Stimmen wie auch des dem Conte Horatio Anguisciola gewidmeten zweiten Buches sind am 10. Februar bzw. am 30. August 1604 in Lodi abgefaßt.[125] Ignazio Donati scheint neueren Forschungen zufolge nicht zwischen etwa 1616 und 1618,[126] also in der Zeit von Merulas Aufenthalt, sondern erst 1629-30 Kapellmeister an der Kathedrale in Lodi gewesen zu sein - so nennt er sich jedenfalls in den 1630 bei Vincenti erschienenen *Le Fanfalughe.*[127]

Auch Akademien spielten im Kulturleben der Stadt eine wichtige Rolle, so nennt Maylender die 1604 gegründete *Accademia della Quercia*, der städtische Patrizier und Mitglieder des Domkapitels angehörten, sowie die 1613 nachweisbare *Accademia degli improvvisi*, die sich bei ihren Versammlungen u.a. der Aufführung von Pastoralen und Komödien widmete; möglicherweise stellen die *Improvvisi* eine Fortführung der erstgenannten Akademie dar, denn die Mitglieder sind teilweise identisch.[128] Ob auch Musik bei den Zusammenkünften aufgeführt wurde, ist bisher nicht erforscht. Aus der am 15. April 1608 in Lodi verfaßten Widmung von Maffeo Cagnazzis *Passatempi a due voci* (NV 457) an »Ugoloto Bononi, Decurione di Lodi«, geht jedoch hervor, daß hier - wie etwa auch in Cremona und Parma - Patrizier der Stadt in ihren Häusern private Akademien unterhalten haben müssen. Bei Bononi, einem laut Vorrede des Druckes fähigen Dilettanten auf Chitarrone und Laute, wurde offenbar bereits in den ersten Jahren des Jahrhunderts geringstimmige Musik wie die in Cagnazzis Sammlung aufgeführt.

---

[121] Vgl. Bottini (1994), S. 5-6.
[122] Vgl. Bottini (1994), S. 15-17.
[123] Iain Fenlon, *Parma, Nicolò*, NG, Bd. 14, S. 237.
[124] In seinen Madrigaletti a cinque voci von 1590 bezeichnet sich der 1585 noch in Mailand tätige Scaletta als »mastro di capella nel domo di Lodi«; vgl. NV 2575.
[125] NV 1751 und NV 1752.
[126] Andrea Della Corte, *Donati, Ignazio*, MGG-I, Bd. 3, Sp. 654.
[127] Vgl. Jerome Roche, *Donati, Ignazio*, NG, Bd. 5, S. 542 sowie NV 844.
[128] Maylender (1926-30), Bd. 3, S. 179/80 sowie Bd. 4, S. 353.

Von Merulas Aufenthalt in Lodi sind nur die reinen Daten bekannt, und es gibt es keinerlei gesicherte Erkenntnisse über eventuelle Kontakte zu den verschiedenen Institutionen in der Stadt. An der *Chiesa dell'Incoronata* erhielt er zunächst einen Dreijahresvertrag als Organist. Der Vertrag wurde im Februar 1620 um weitere drei Jahre verlängert, doch kehrte Merula bereits im Februar 1621 auf eigenen Wunsch nach Cremona zurück.[129] In die Zeit des Aufenthaltes in Lodi fällt die Veröffentlichung von zwei geistlichen Kompositionen Merulas in Lorenzo Calvis Sammlung *Symbolae* (sic) *diversorum musicorum*, die 1620 im nahegelegenen Mailand erschien und Werke vor allem lombardischer und venezianischer Komponisten vereinigte.[130]

Obwohl Merula gemeinsam mit seiner Ehefrau Valeria Bordigalli nach Lodi umgesiedelt war, wurde am 11. April 1619 das dritte Kind dieser Ehe in Cremona geboren und am gleichen Tag in der Pfarre S. Vincenzo mit ausdrücklicher Genehmigung höherer Kirchenstellen getauft, und zwar erneut - wie zuvor der wohl inzwischen verstorbene Erstgeborene – nach Merulas ältestem Bruder auf den Namen Giovanni Pellegrino.[131] Als einer der Taufpaten fungierte dabei Alessandro Bonetti,[132] der – wie erwähnt – im gleichen Jahr zum *Prencipe* der *Accademia degli Animosi* gewählt wurde.[133] Als am 9. Juni 1621 wenige Monate nach der endgültigen Rückkehr aus Lodi mit Camilla Isabella eine zweite Tochter des Paares in der Pfarrkirche *SS. Siro e Sepolcro* getauft wurde, stand mit Bartolomeo Sfondrato ein weiteres bedeutendes Mitglied der Akademie Pate – er sollte einige Jahre später ebenfalls deren *Prencipe* werden - und auch die Patin Bianca Stanga stammte aus einer wichtigen Patrizierfamilie der Stadt.[134] Dennoch gibt es für musikalische Aufgaben Merulas innerhalb der Cremoneser Akademie oder eine Teilnahme an deren Sitzungen für diesen Zeitraum keine Anhaltspunkte.

Ob Merula in der Zeit unmittelbar nach der Rückkehr aus Lodi Anfang 1621 eine Anstellung in Cremona oder anderswo gefunden hat, ist ungewiß; auch ist nicht zu entscheiden, ob die Kontakte zu Cesare Gonzaga, dem Thronfolger von Guastalla und Prinz von Molfetta,[135] in diese Zeit oder bereits in die Zeit seines Aufenthaltes in Lodi fallen, denn in der an den Fürsten gerichteten Widmung des ersten Buches von Motetten 1624 bezeichnet Merula sie als viele Jahre zurückliegend.[136] Die vielfältigen musikalischen Interessen Cesare Gonzagas, Sohn von Ferrante Gonzaga (1563-1630), sind bislang noch wenig erforscht: Als der Prinz 1612 Isabella Orsina, Herzogin von Bracciano, heiratete, komponierte Francesco Rasi zu diesem Anlaß den Dialog *Tu, ch'hai l'alba ne' lumi*, der vermutlich von

---

[129] Padoan (1972), S. 232 und 284-286.

[130] RISM 1620^2.

[131] Vgl. hierzu die Wiedergabe des Taufeintrags bei Monterosso (1949), S. 51.

[132] Padoan (1972), S. 238-39, Fußnote 41.

[133] Pontiroli (1964), S. 184.

[134] Giazzi / Manfredini (1994), S. 6 und Fußnote 23, wo der Wortlaut des Taufeintrags wiedergegeben ist; bei Sommi Picenardi ist der Name mit Camilla Elisabetta angegeben; vgl. Sommi Picenardi (1997), S. 198.

[135] Wilkinson (1978), S. 76.

[136] Padoan (1972), S. 308.

Andreana Basile gesungen und dann 1620 in den Druck von Rasis *Dialoghi rappresentativi* (NV 2314) aufgenommen wurde.[137] Neben Merulas Motetten sind Cesare Gonzaga noch andere Drucke aus diesen Jahren gewidmet, so bereits im Jahre 1612 das dritte Madrigalbuch von Lucretio Ruffulo - wie schon dessen 1598 Cesares Vater Ferrante zugeeignetes erstes Madrigalbuch mit einer in Guastalla aufgesetzten Widmung versehen[138] - sowie zwei Bände von Orazio Modiana aus den Jahren 1623 und 1625,[139] der in Guastalla auch in Diensten des Prinzen stand und unter dem Namen *Il Pellegrino*[140] Mitglied der *Accademia de' Filomeni* in Casalmaggiore war - doch ist nichts bekannt darüber, ob Merula zeitweilig engere Beziehungen nach Guastalla und eventuell Casalmaggiore unterhalten hat. Cesare Gonzaga und seine Gemahlin waren Ende Mai 1623 gemeinsam mit dem Mantuaner Herzogspaar in Venedig[141] und nahmen dort an den rituellen Feierlichkeiten des sogenannten *sposalizio* der Lagunenstadt mit dem Meer sowie den offiziellen Empfängen teil. Im mantuanischen Erbfolgekrieg machte Cesare Gonzaga mit Waffengewalt seine Ansprüche auf das Herzogtum Mantua gegen Carlo Gonzaga von Nevers geltend und besaß dabei die Unterstützung von Kaiser Ferdinand II. und Spanien. So mag es nicht verwundern, daß Cesare Gonzaga in der Folgezeit häufig am Wiener Hof anzutreffen ist, wo er erstmals 1627 mit einer am 27. November im Rahmen der Krönungsfeierlichkeiten Ferdinands III. zum König von Böhmen im Hradschin in Prag aufgeführten *Pastorale in musica*, vermutlich *Calisto, et Arcade*, als erster namentlich erwähnter Librettist musikdramatischer Werke am Kaiserhof in Erscheinung tritt.[142] Im Karneval 1629 folgt am 18. Februar eine ansonsten unbekannte »Operetta in musica« aus seiner Feder.[143] 1631 ist der inzwischen seinem Vater als Herzog von Guastalla nachgefolgte Cesare Gonzaga nicht nur als Autor einer *Inventione del balletto nelle reali nozze* genannt, eines allegorischen höfischen Balletts mit Chören und solistischen Gesangsszenen, das am 27. Februar anläßlich der Hochzeit von Ferdinand III. mit der Infantin Maria Anna von Spanien gegeben wurde,[144] sondern nur wenige Tage später auch als Librettist der Hochzeitsoper *La caccia felice*, die am Abend des 9. März im großen Sitzungssaal des niederösterreichischen Landhauses zur Aufführung kam.[145] Zu keiner dieser musikdramatischen Dichtungen von Don Cesare Gonzaga ist allerdings Musik erhalten.

---

[137] Kirkendale (1993), S. 586-587.
[138] NV 2495 und 2496.
[139] Die beiden Veröffentlichungen sind die *Primitie di sacri concerti a voce sola* von 1623 und die *Filomenici concenti di madrigali concertati* von 1625 (NV 1868bis).
[140] Modiana wäre insofern eventuell als weiterer Kandidat für die Widmung von Merulas Kanzon *La Pellegrina* von 1615 in Betracht zu ziehen.
[141] Ademollo (1888), S. 277.
[142] Seifert (1985), S. 432.
[143] Seifert (1985), S. 29 und 434.
[144] Seifert (1985), S. 30-31 und 434.
[145] Seifert (1985), S. 207-209 und 435.

Warschau - Die Jahre zwischen 1622 und 1625

Was den Zeitraum bis zum Juni 1624 angeht, herrscht aufgrund der lückenhaften Quellenlage Unklarheit in einer Reihe von Punkten, die zudem in der bisherigen Sekundärliteratur noch widersprüchliche Deutungen erfahren haben. Die Veröffentlichungen der folgenden Jahre bilden dabei auch für die Biographie des Komponisten die wichtigsten Zeugnisse: Bresciani führt in einem undatierten Eintrag insgesamt vier Bände mit weltlicher Vokalmusik sowie eine Motettensammlung an, die alle zwischen 1622 und 1624 im Druck erschienen sind, darunter zwei heute verlorene Drucke, die Solosammlung *Il Canoro Aprile* (op. 2) und die *Canzonette a tre voci* (op. 3).[146] Zudem gibt er auch einen Hinweis auf den Zeitpunkt, zu dem Merula Italien verlassen habe, wenn er schreibt: »finalmente l'anno 1622 e andato organista di chiesa e di Camara (sic) del sereniss.o Re di Polonia alla servitù del quale ritrovasi hora con honoratissima provigione«.[147] Da Bresciani den Dialog *Satiro e Corisca* von 1626 noch nicht nennt - zum Zeitpunkt von dessen Veröffentlichung war Merula bereits nach Italien zurückgekehrt - läßt sich Brescianis Verzeichnis der Drucke Merulas wohl mit einiger Sicherheit zwischen Sommer 1624 und Anfang 1626 datieren.

Brescianis Hinweis auf das Jahr 1622 als Beginn von Merulas Anstellung in Polen ist bisher nicht in die Sekundärliteratur übernommen worden, obwohl es sich dabei um die einzige Datierung handelt, die - wie im folgenden gezeigt werden soll - mit keiner der Quellen im Widerspruch steht: Sicher wußte man bisher nur, daß Merula spätestens seit Juni 1624 in polnischen Diensten stand, denn innerhalb von wenigen Tagen datierte er die Dedikationen zweier Sammlungen, des *Primo Libro di Madrigaletti* (op. 4) am 14. Juni und des *Primo Libro de Madrigali concertati* (op. 5) am 10. Juni, in denen er seine Stellungen zu diesem Zeitpunkt angibt: In beiden Bänden bezeichnet er sich als *Organista di Chiesa, e Camera* des polnischen Königs Zygmund III., dem er sein op. 5 widmet, im op. 4 darüberhinaus als Kammermusiker des Kronprinzen Wladyslaw, dem Widmungsträger des Bandes. Die Daten der beiden Dedikationen haben dazu geführt, daß in der Literatur gemeinhin der polnische Aufenthalt Merulas zwischen 1624 und 1626 angesetzt wurde.[148]

Die beiden Widmungsdaten fallen in die Zeit der berühmten, triumphalen Europareise des polnischen Kronprinzen, zu der dieser am 16. oder 17. Mai desselben Jahres von Warschau aus aufgebrochen war, und die ihn nach Österreich, Süddeutschland, in die Niederlande, nach Frankreich, in die Schweiz und schließlich nach Italien führte, wo er Mitte November in Mailand eintraf. Zum Zeitpunkt von Merulas Dedikationen befand sich der Kronprinz demnach erst auf

---

[146] Pontiroli (1964), S. 166-67; in der Literatur zu Merula ist auf diese beiden Sammlungen erstmals von Carlotti hingewiesen worden; Carlotti (1983), Fußnote 74, S. 131.

[147] Vgl. Pontiroli (1964), S. 167.

[148] Ferrari-Barassis Deutung, nach der von zwei polnischen Aufenthalten auszugehen sei, ist bereits von G. Vecchi als nicht haltbar kritisiert worden; vgl. Vecchi, G. (1977), S. 156-57.

dem Hinweg, und zwar genauer gesagt in Breslau und Neiße,[149] so daß eine Begegnung mit dem Kronprinzen in Italien als Anlaß für Merulas Anstellung am polnischen Hof definitiv ausgeschlossen werden kann. Sein Dienstantritt - denn er ist dem Wortlaut der Widmung gemäß zu diesem Zeitpunkt bereits Kammermusiker des Kronprinzen - muß deshalb vor den Beginn von dessen Reise datiert werden. Einiges spricht sogar dafür, daß Merula bereits im Laufe des Jahres 1623 oder sogar früher in Warschau war.

Nachdem der Warschauer Kapellmeister Asprilio Pacelli, der diese Stelle seit Anfang 1603 bekleidet hatte, am 4. Mai 1623 verstorben war, lassen sich innerhalb der Hofkapelle personelle Veränderungen feststellen. Zumindest verließ der Hoforganist Paul Siefert spätestens im September des Jahres den polnischen Hof, um am 23. September 1623 die Organistenstelle an der Danziger Marienkirche anzutreten.[150] Der notorisch streitsüchtige Siefert,[151] seit 1616 in Warschau, hatte kein besonders einvernehmliches Verhältnis zu Pacelli gehabt[152] und kam anscheinend für den König auch nicht als dessen Nachfolger in Frage, so daß sein Weggang aus persönlicher Verbitterung erfolgt sein könnte. Daß Merula schon vorher in Warschau gewesen sein muß, ergibt sich aus einer von Seiffert wiedergegebenen Eingabe von Sieferts Schüler Andreas Neunaber[153] an den Danziger Rat mit der Bitte um Verlängerung seines Aufenthaltes in Warschau, die zwar kein Datum trägt,[154] jedoch fraglos vor Herbst 1623, den Zeitpunkt des Weggangs Sieferts, zu datieren ist.[155]

> »... Alß hab ich mich, weil ich in der Music und singenden kunst, bey Matthias Ledern, domaln Organisten zu St. Peter [in Danzig], in die zwei Jahr, itzo aber zu warschaw bey Paul Siefert auch über zwei Jahr gelernet. Weil aber Paul Siefertt seinen Abscheid (wie man sagt) von Kön. May. nehmen wird, woltte ich nicht gerne, dieweil ich einen zimlichen anfang gemachet, auch es meinem lieben Vater schon etwas gekostet, ablaßen, besondern viel mehr der

---

[149] Schweinitz (1988), S. 38-39.

[150] Martin Geck, *Siefert, Paul*, MGG-I, Bd. 12, Spalte 675.

[151] Vgl. hierzu Seiffert (1891), S. 397-428.

[152] Jedenfalls berichtet Seiffert von späteren Tiraden Sieferts in Danzig gegen Pacelli, vgl. hierzu: Seiffert (1891), S. 400.

[153] Neunaber wurde 1603 in Danzig geboren, 1635 ist er als Organist der Chororgel zu St. Marien in Danzig, 1640-63 als Organist an der Danziger Katharinenkirche nachgewiesen; Rauschning (1931), S. 178, 220-22.

[154] Das von Seiffert vorgeschlagene Datum von 1620 ist sicherlich zu früh angesetzt, da Merula noch bis 1621 in Lodi war und Siefert den polnischen Hof erst 1623 verlassen hat (beide Daten waren Seiffert nicht bekannt); es gibt außerdem keinen Anlaß anzunehmen, daß bereits Jahre zuvor Gerüchte über Sieferts Fortgang aus Warschau kursiert haben könnten; Seiffert (1891), S. 400.

[155] Rauschning erwähnt, Siefert habe sich zum Zeitpunkt, als er von Michael Weydas Tod erfahren habe, nicht in Warschau, sondern in Prag aufgehalten, und sei direkt von dort nach Danzig aufgebrochen, um sich um Weydas Nachfolge zu bewerben. Doch bezieht sich Rauschning hier auf einen Brief Sieferts, der nicht 1623, sondern 1611 entstanden sein dürfte, da Siefert sich darin auf den Tod Schmiedtleins bezieht, was Rauschning als Fehler Sieferts zu erklären sucht; vgl. Rauschning (1931), S. 133-34.

kunst weiter nachtrachten, mich auch nicht gerne von hinnen [Warschau] weg begeben, nach dehme man alhier viele gute und kunstreiche Musicanten hatt, und sonderlich den Italianischen Organisten Tarquinium Meruli, welcher offtmalen zu meinem Herrn, dem H. Modlisefsky, Kö. May. Küchenmeister kompt, bei welchem Herrn ich gute gelegenheitt zum studiren habe. Ist derohalben mein unterdienstliches bitten, Ewer E. Hk. wollen ... bei einem E.H. Rath, meiner geringen person im besten gedencken, damitt ich (weil meinem vater wegen der andern kinder die hand zu kurtz feltt, mir mehr Zuschub zu thun) mich alhier bei gedachtem Organisten noch eine zeittlang zu lernen mir ... ein lehrgelde, so ich monatlich geben muß, großgönstig zusteuer kommen ...«.[156]

Merula scheint demnach bereits in Warschau gewesen zu sein, als Siefert noch die Stelle eines königlichen Hoforganisten innehatte, also mit Sicherheit vor Herbst 1623, denn er wird von Neunaber bereits zu einem Zeitpunkt als Habitué im Hause des Küchenmeisters[157] geschildert, als nur Gerüchte über Sieferts Weggang kursierten, also vermutlich bereits einige Zeit vor Sieferts Antritt der neuen Stelle Ende September, doch läßt sich der genaue Zeitpunkt von Merulas Ankunft aus Neunabers Brief nicht schließen.[158]
Eintragungen in Pellegrino Merulas *Libro di casa di me* bestätigen jedoch zweifelsfrei, daß Merula bereits im Sommer 1623 in Polen gewesen sein muß. Mit dem 16. August 1623 datiert Pellegrino den folgenden Eintrag:

»Adi 16 d'Agosto 1623 - Il S. Marchese Vidoni hà havuto libre settecento cinquanta da Tarquinio Merula nostro fratello a cento con patto di dargli ogni sei mesi lib. 26:5 ...«.[159]

---

[156] Zitiert nach: Seiffert (1891), S. 401; die Zusätze in eckigen Klammern stammen von Seiffert.
[157] Ferrari-Barassi hält es für denkbar, daß Merula als Kammermusiker, der für die Tafelmusik zuständig war, seine engen Kontakte zum Küchenmeister des Königs entwickelt haben könnte; Ferrari-Barassi (1972), S. 2.
[158] Die zu frühe Datierung des Briefes von Neunaber in das Jahr 1620 hat für Verwirrung unter den Biographen gesorgt, so bei Ferrari-Barassi, die aufgrund einer irrigen Datierung des Madrigalbuches von 1633 in das Jahr 1623 von zwei unterschiedlichen polnischen Aufenthalten auszugehen gezwungen ist; vgl. Ferrari-Barassi (1972), S. 2. Falsche Schlüsse finden sich auch bei Wilkinson, der aufgrund eines Übersetzungsfehlers behauptet, Merula sei bereits 1624 aus Polen endgültig zurückgekehrt. Die Widmung an Cesare Gonzaga besagt nicht, Merula habe seine Verpflichtungen in Polen gelöst, sondern im Gegenteil, er habe daneben auch noch die Freiheit, dem Thronfolger von Guastalla seine Reverenz zu erweisen; vgl. hierzu: Wilkinson (1978), S. 76-77, und Padoan (1972), S. 308. Bereits Carlotti hatte auf den Widerspruch zwischen den Datierungen Ferrari-Barassis und Wilkinsons und den neueren Archiveinträgen aus Lodi hingewiesen, so daß für sie das Jahr 1621 als frühester möglicher Zeitpunkt für Merulas Wechsel nach Polen erscheint; allerdings weist sie in diesem Zusammenhang nicht auf die Notiz Brescianis hin, die sie gekannt haben könnte, da sie die dort erwähnten fehlenden Drucke Merulas erwähnt; vgl. Carlotti (1983), Fußnote 94, S. 133-34.
[159] Libro di Casa di me, S. 17.

Am 16. Februar und am 16. August des folgenden Jahres erhält Tarquinios Ehefrau vereinbarungsgemäß jeweils Zinszahlungen von »26:5 libre«.[160] Der Hintergrund dieser Geschäfte wird allerdings erst in einer nur vier Tage nach dieser letzteren datierten weiteren Eintragung deutlich, in der Pellegrino notiert:

> »Adi 20 di Agosto 1624 - Si sono dati al d.(etto) D. Vidoni altre lib. 1250, ... si che sono in tutte lib. 2000: et ogni semestre si riceveranno d'utile 270: qua tutti denari sono di Tarquinio nostro fratello mandati dal servizio (quella - ausgestrichen) Corte di Polonia ...«[161]

Aus diesen Eintragungen geht zweierlei hervor: Valeria Merula war ihrem Ehemann offenbar nicht nach Polen gefolgt und vermutlich mit den Kindern im Haus der Familie in Cremona zurückgeblieben; zugleich müssen die Bedingungen seiner Anstellung am polnischen Hof so vorteilhaft gewesen sein, daß Merula zweimal eine bedeutende Geldsumme nach Cremona senden konnte, von der sein Bruder Pellegrino[162] insgesamt 2000 Lire an den Marchese Vidoni zu einem Jahreszinssatz von etwa 4,2% verlieh. Daß die beiden Übersendungen offenbar genau im Jahresabstand erfolgten, läßt auf eine regelmäßige jährliche Zahlung des polnischen Hofes an Merula schließen und zudem vermuten, daß die erste Zahlung nach Ablauf des ersten Jahres erfolgte. Demnach wäre Merula seit Sommer 1622 in polnischen Diensten und noch zu Lebzeiten Pacellis Mitglied der Hofkapelle gewesen, was eine Vermittlerrolle Osculatis, der jahrelang unter Pacelli gesungen hatte, noch wahrscheinlicher macht. Diese Datierung bestätigt die bereits zitierte Eintragung von Bresciani, Merula sei im Jahre 1622 nach Polen gegangen.[163] Auffällig ist jedoch auch, daß im August 1625 offenbar keine vergleichbare Überweisung mehr in Cremona eintraf, ein Hinweis darauf, daß Merula zu diesem Zeitpunkt entweder den polnischen Hof bereits verlassen hatte oder seine Abreise bereits abzusehen war. Demnach dürfte Merula insgesamt etwa drei Jahre in polnischen Diensten gestanden haben.

Mit dieser Neubewertung der Quellen hinsichtlich des Beginns von Merulas Tätigkeit am polnischen Hof erscheinen auch die Drucke jener Jahre in einem

---

[160] Zwischen dem 24. November 1623 und dem 15. Juni 1624 lieh Pellegrino 18 Mal kleinere Geldbeträge an Valeria Bordigalli, insgesamt eine Summe von 264:2 (Libre); diese Gesamtsumme wurde getilgt am 16. August 1624 durch einen Teil des aus Polen geschickten Geldes; Merula, P. (1620), S. 16.

[161] Merula, P. (1620), S. 17; noch mehrfach ist in den folgenden Jahren von diesem Leihgeschäft die Rede, und erst in einer Eintragung unter dem Datum 29. Januar 1630, also wenige Monate vor Pellegrinos Tod, wird das Geschäft für endgültig beendet erklärt, wenn es heißt: »Adi 29 di Genaio 1630. il Sr Marchese Vidoni si è liberato del capitale et censo sodetto, et mi ha restitutio il capitale ...«; Merula, P. (1620), S. 21.

[162] Die bereits erwähnte, im Januar 1624 erfolgte Ernennung Pellegrinos zum *protonotario Apostolico* ging offensichtlich auf die Vermittlung des polnischen Hofes zurück, da von dort das ›patente‹ eintraf; Merula, P. (1620), S. 6.

[163] Pontiroli (1964), S. 166-67.

anderen Licht: Die beiden erhaltenen Sammlungen mit Madrigalen und Kanzonetten bzw. Madrigaletti von 1624 sind nun nicht mehr als Huldigungen an die neuen Dienstherren vor oder kurz nach Dienstantritt zu sehen, sondern ganz offensichtlich nach einer längeren Zeit als Mitglied der Hofkapelle zusammengestellt worden und insofern wohl zumindest zum Teil auch in Polen für die Kammermusik bei Hofe entstanden. Auch der Druck mit dreistimmigen *Canzonette* von 1623 und eventuell sogar die Solosammlung *Il Canoro Aprile* von 1622, von denen wir überhaupt nur durch Bresciani Kenntnis besitzen, könnten demnach im Zusammenhang mit Merulas Tätigkeit am polnischen Hof zu sehen sein. Dies ist nicht zuletzt auch deshalb zu vermuten, da anderweitige Hinweise fehlen, die für die vorangegangenen Jahre eine Verbindung Merulas zu einer Akademie, einem höfischen Kontext oder einem privaten Auftraggeber annehmen lassen, woraus sich ein Anlaß zur Komposition oder Veröffentlichung weltlicher Vokalmusik hätte ergeben können. Da Merula 1626 in der Widmung zu seinem Dialog *Satiro e Corisca* überdies deutlich macht, daß dieser noch während seiner Zeit im Ausland entstanden ist, ist es nicht unwahrscheinlich, daß der Komponist in Polen kompositorisch überwiegend im Bereich der weltlichen Kammermusik tätig war. Wenigstens zwei, vielleicht aber alle fünf Drucke mit weltlicher Vokalmusik aus den Jahren 1622-26 wären demnach in Verbindung mit dem polnischen Hof zu bringen und bildeten damit zugleich ein einzigartiges Konvolut von Werken, die Rückschlüsse auf die weltliche Vokalmusikpraxis am polnischen Hof in jenen Jahren erlauben.

Der einzige andere Druck aus der Zeit Merulas in Polen ist das erwähnte *Primo Libro de Motetti, e Sonate concertate* von 1624, das allerdings mit seinen geringstimmigen Besetzungen im Kontext der bisher bekannten geistlichen Musik in Polen während der ersten Jahrhunderthälfte eher isoliert dazustehen scheint und vielleicht nicht zufällig einem italienischen Fürsten anstelle eines Mitglieds der polnischen Hofgesellschaft gewidmet ist. Die einzigen geringstimmigen Motetten, die zuvor nachweislich in Polen komponiert worden waren, bilden die dreiundsechzig Stücke für eine bis sechs Vokalstimmen und einen polyphonen Orgelpart in den *Communiones totius anni* von Zielinski, die 1611 parallel mit dessen *Offertoria totius anni* in Venedig veröffentlicht worden waren und stilistisch den Reduktionen polyphoner Motettensätze für geringstimmige Besetzungen bei Lodovico Viadana oder Giovanni Bassano ähneln. Erst aus den dreißiger und vierziger Jahren sind wieder vereinzelte geringstimmige Motetten polnischer Provenienz erhalten, etwa Franciszek Lilius' Duette *Haec dies* und *Tua Jesu dilectio,*[164] Marco Scacchis Duett *Osanna, Alleluia* oder Mielczewskis Terzett *Veni Domine.*[165] Das geistliche Repertoire der polnischen Hofkapelle scheint während der gesamten Regierungszeit König Zygmunts insgesamt eher von großbesetzten mehrchörigen Werken bestimmt gewesen zu sein. Allerdings ist dennoch nicht

[164] Er war einer der in Polen geborenen Söhne des aus Rom in Warschauer Hofkapelle gekommenen Vincentius Lilius (Vincenzo Gigli); vgl. Hieronim Feicht, *Lilius (Lilio, Gigli), Vincenzo*, MGG-I, Bd. 8, Spalten 870-71.

[165] Vgl. Brough (1989), S. 294 und 303.

unwahrscheinlich, daß auch venezianische Drucke mit geringstimmigen Motetten oder Psalmvertonungen - etwa die Werke des bei Hofe wohlbekannten Giovanni Valentini - in Warschau zugänglich waren und aufgeführt wurden. Ähnlich wie zur gleichen Zeit in Wien dürften ohnedies auch am polnischen Hof je nach Aufführungsanlaß und -kontext unterschiedlich besetzte und auch in der musikalischen Faktur bzw. stilistisch höchst unterschiedliche Kompositionen Bestandteil des liturgischen Repertoires der Kapelle gewesen sein.

Ob Merulas geringstimmige Motetten aus dem Band von 1624 zum Repertoire der liturgischen Musikpraxis bei Hofe gehörten und in welchem Umfang der Komponist überhaupt geistliche Vokalmusik für die Kapelle schrieb, ist bislang ungeklärt - die Aufführung eigener Werke könnte auch eine den jeweiligen Kapellmeistern vorbehaltene Domäne gewesen sein. Immerhin mag Merula in Polen zumindest vereinzelt größer besetzte geistliche Kompositionen geschaffen haben, auf die sich nur in polnischen Quellen Hinweise finden und für die es unter seinen gedruckten geistlichen Werken keine Parallelen gibt: So sind das *Kyrie* und das *Gloria* aus einer bei Westlund und Wilkinson nicht aufgeführten zwölf- bzw. siebzehnstimmigen Messe unter Merulas Namen in einem Danziger Manuskript überliefert, das aus der dortigen protestantischen St. Johanniskirche stammt, allerdings mit einem Entstehungszeitraum zwischen 1688 und 1690 lange nach Merulas Tod zu datieren ist und mit einiger Sicherheit eine Bearbeitung einer ursprünglich weitaus kleiner besetzten Komposition darstellt, die mit zusätzlichen vokalen Ripieno- und Instrumentalstimmen versehen wurde.[166] Die Handschrift enthält daneben vier weitere Meßfragmente polnischer Komponisten, die wie Merula in der königlichen Kapelle gewirkt hatten, und zwar auch hier - entsprechend den Aufführungsgepflogenheiten an St. Johannis - in allen Fällen jeweils nur *Kyrie* und *Gloria*: von Marcin Mielczewski die entsprechenden Sätze aus der 12 bzw. 18-stimmigen *Missa Cerviensiana* und aus der 14-stimmigen *Missa Triumphalis*[167] sowie von Bartlomiej Pekiel aus einer um eine einleitende instrumentale *Sinfonia* erweiterten 15-stimmigen Messe und aus der dreizehnstimmigen *Missa concertata La Lombardesca.*[168] Weiterhin finden sich in dem Manuskript noch drei Psalmmotetten von Maurizio Cazzati, Jacek Rózycki und Crato Bütner, die ebenso wie die beiden *Magnificat*-Vertonungen von Rózycki und Mielczewski für Vespergottesdienste bestimmt gewesen sein dürften, sowie am Ende der

---

[166] Die entsprechende Angabe findet sich bei Brough (1989), S. 231; sie nennt als Quelle das Manuskript mit der Signatur Ms. Joh. 406 aus der St. Johanniskirche in Danzig. Im Katalog der Danziger Musikhandschriften des 16. und 17. Jahrhunderts ist das Werk irrtümlich als Werk Claudio Merulos ausgewiesen, vgl. Popinigis / Szlagowska (1990), S. 203.; vgl. auch im Anhang die Übersicht über *Werke im Manuskript.*

[167] Popinigis / Szlagowska (1990), S. 209-10.

[168] Popinigis / Szlagowska (1990), S. 227-28.

Handschrift als einzige Komposition über einen deutschen Text Bütners 14-stimmige Ostermotette *Siehe es hat überwunden.*[169]

Die beiden Meßsätze Merulas sind als Nr. 10 mit Februar 1689 datiert, doch könnten sie die ältesten Kompositionen innerhalb der Handschrift bilden, wenn sie tatsächlich bereits aus den zwanziger Jahren des Jahrhunderts und nicht aus anderen Quellen stammen. Das Deckblatt sieht eine gemischt vokal-instrumentale Besetzung für fünf Singstimmen (CCATB), sechs Instrumente - »Violone, Bassa Viola, 2 Cornettini, Bombardo è Fagotto« - sowie fünf Ripienostimmen *ad placitum* vor. Offenbar handelt es sich bei der vorliegenden Version der beiden Sätze - wie auch in vielen anderen Stücken der Handschrift - um eine grundlegende Umarbeitung durch den Schreiber Gottfried Nauwerck, den damaligen Kantor an St. Johannis, denn an gleicher Stelle heißt es: »Reparat.(um) et voc:(um) ad plac.(itum) auct:(ore) per Gottfriedt Nauwerck. moder:(num) Cant(orem) / A(nn)o. 1689. Mens.(e) Februario.« Nauwerck ist wohl zumindest als Verfasser der neu hinzugefügten Ripienostimmen anzusehen, hat jedoch vermutlich - darauf deutet das »Reparat.(um)« hin - auch in anderer Weise in die uns heute unbekannte ursprüngliche Fassung von Merulas Kompositionen eingegriffen, möglicherweise in der Erweiterung der Instrumentalbesetzung[170] und einer ›Vervollständigung‹ eines ursprünglich nur drei- oder vierstimmigen Satzes, wofür die erweiternde Bearbeitung von Merulas dreistimmiger *Messa concertata sopra l'aria del Gran Duca* aus der *Arpa Davidica* von 1640 um eine zusätzliche Altsolostimme, vierstimmigen Ripienochor und fünf obligate Instrumente ein vergleichbares Beispiel darstellen würde. Nicht auszuschließen ist sogar eine ›Modernisierung‹ der musikalischen Faktur durch den explizit als ›Cantor modernus‹ auftretenden Schreiber. Im Unterschied zu der bei Merula üblichen Zählweise ist in Nauwercks Handschrift der *Basso Continuo pro Organo* als eigene Stimme gerechnet, so daß wohl eigentlich von einer elfstimmigen Komposition zu sprechen wäre, wenn die fünf zusätzlichen Ripienostimmen nicht hinzugerechnet werden. Sollte zumindest diese Faktur tatsächlich auf Merula selbst zurückgehen, so handelte es sich bei diesen beiden Meßsätzen um die größten Besetzungen unter den erhaltenen Werken des Komponisten.

Brough hält es unter Hinweis auf Maciejewski für denkbar, daß neben diesem zweisätzigen Meßfragment die Nennung einer *Missa Concertata a 9* unter dem Kürzel *T. M.* in einem Kapellinventar der Krakauer Karmeliter aus der Zeit zwischen 1665-1685 den Verweis auf ein weiteres, heute verlorenes Werk Merulas

---

[169] Popinigis / Szlagowska (1990), S. 481-82; zu den einzelnen Stücken siehe S. 51-55, 207-08 und 272.

[170] Brough hat darauf hingewiesen, daß im Falle der beiden Sätze aus *Pekiels Missa Concertata La Lombardesca* im gleichen Manuskript Nauwercks Instrumentierungsangaben von einer vermutlich älteren Manuskriptfassung aus der St. Katharinenkirche abweichen und zugleich Ähnlichkeit mit der Instrumentierung in Merulas Meßsätzen aufweist, so daß der Schluß naheliegt, Nauwerck habe alle Stücke jeweils für die Aufführungsmöglichkeiten an St. Johannis eingerichtet; Brough (1989), S. 233.

aus seinen polnischen Jahren darstellen könnte.[171] Sollte dies zutreffen, so bildete dies ein Indiz dafür, daß auch der Organist Merula - ähnlich wie die Kapellmeister Pacelli oder Anerio - großbesetzte geistliche Kompositionen für den polnischen Königshof geschrieben hätte.

König Zygmunt III. - 1587 zum König von Polen gewählt - gehörte trotz einer langen Regierungszeit von 45 Jahren zu den politisch eher glücklosen Monarchen der Epoche. Zeit seines Lebens mit dem ebenfalls katholischen Österreich der Habsburger durch zwei Heiraten eng verbunden,[172] war er zugleich Thronerbe im protestantischen Schweden, konnte jedoch den dortigen Thron nur für kurze Zeit behaupten (1592-99). Immer erneut aufbrechende Kämpfe um die Rückgewinnung der schwedischen Königswürde, die schließlich 1629 gar zur Abtretung des zu Polen gehörigen Livland an seinen Vetter Gustav Adolph II. von Schweden führten, Expansionsversuche nach Osten, Streitigkeiten mit den Osmanen in Moldavien sowie innere Unruhen kennzeichneten die Jahre seiner Regierung. Zygmunt III. war sich bewußt, daß in diesen von konfessionellen Auseinandersetzungen geprägten Jahrzehnten sein Reich geographisch gesehen die nördlichste wie auch östlichste Bastion des Katholizismus in Europa darstellte. Vielleicht war er nicht zuletzt deshalb gerade in seiner Kulturpolitik darauf bedacht, die Verbindungen nach Italien und insbesondere zum päpstlichen Rom zu betonen. Dieses Bestreben Zygmunts III., der von Jesuiten erzogen worden war und Mitglieder des Ordens zu seinen engsten Vertrauten machte, belegt exemplarisch die glanzvolle Geschichte der königlichen Hofkapelle in Warschau während seiner Regierungsjahre.

Zwar sind die Akten des Hofes - abgesehen von den ersten Jahren seiner Regierungszeit - nur sehr unvollständig erhalten, doch läßt sich zumindest ein ungefähres Bild gewinnen, denn König Zygmunt favorisierte demnach eindeutig italienische Musiker. Während 1592 von den dreißig Musikern der Kapelle nur zwei Instrumentalisten aus Italien stammten, fand in der Zeit nach dem Umzug des gesamten Hofes von Krakau nach Warschau im Jahre 1596 eine völlige Reorganisation statt. Der König wandte sich zu diesem Zweck unmittelbar an Papst Clemens VIII., der als Kardinal mit diplomatischem Auftrag Polen bereist und dabei die Bekanntschaft des späteren Monarchen gemacht hatte und nun Kardinal Cinzio Aldobrandini mit der Anwerbung von geeigneten Musikern für den polnischen Hof beauftragte.[173] Gemeinsam mit Luca Marenzio brach eine Gruppe rö-

---

[171] Brough (1989), S. 231-32 und S. 358.

[172] 1592 heiratete er die Erzherzogin Anna und einige Jahre nach ihrem Tod 1605 deren Schwester Constantia.

[173] Diese Informationen entnehme ich der englischsprachigen Zusammenfassung aus dem soeben erschienenen *Włosi w kapeli królewskiej polskich Wasów (Italians in the Chapel Royal of the Polish Vasa Kings)* von Anna Szweykowska und Zygmunt Szweykowski, das die Geschichte der polnischen Hofkapelle unter den Wasa-Königen zum Gegenstand hat. Die Zusammenfassung wie auch die dem aktuellen Forschungsstand entsprechenden Tabellen wurden mir noch vor Erscheinen des Buches zur Verfügung gestellt, wofür den beiden Autoren mein herzlicher Dank gilt; vgl. Szweykowska / Szweykowski (1997).

mischer Musiker Mitte Dezember 1595 nach Polen auf und traf dort im März des darauffolgenden Jahres ein.

Für das Jahr 1602 liegt noch einmal eine vollständige Liste der Kapellmitglieder vor - zu diesem Zeitpunkt waren insgesamt siebenundzwanzig von vierundvierzig Mitgliedern der Hofkapelle italienischer, wenn auch nicht ausschließlich römischer Herkunft; dagegen bestand die siebzehn Bläser umfassende Militärmusik offenbar nur aus Polen und Schweden.[174] Ähnlich wie für den vokalen Bereich muß auch für das Instrumentalspiel ein hohes Niveau angenommen werden, denn zu den Instrumentalisten in der Kapelle während der ersten Jahrzehnte des Jahrhunderts zählten Organisten wie Vincenzo Bertolusi, Giovanni Valentini, Paul Siefert und schließlich Merula, der Bologneser Violinist Alfonso Pagani und der Kornettist Abraham Zitte (Sitte) sowie mehrere nur mit den Vornamen in den Verzeichnissen aufgelistete Violinisten, Kornettisten und Posaunisten. Ob der Mailänder Virtuose auf Violine, Viola da Gamba und Flöte Francesco Rognoni Taeggio, Autor der 1620 in Mailand veröffentlichten und König Zygmunt III. gewidmeten Verzierungslehre *Selva di varii passaggi*,[175] tatsächlich - wie nicht selten zu lesen ist[176] - zeitweilig in polnischen Diensten gestanden hat, ist denkbar, wird allerdings bisher durch die erhaltenen Quellen nicht bestätigt.

Erst für die Jahre 1650-51 ist erneut eine vollständige Auflistung der Kapellmitglieder erhalten - drei Sopranisten, vier Altisten, drei Tenöre, zwei Bässe, zwei Theorbenspieler, dreizehn Streicher, drei Posaunisten, zwei Kornettisten und vier Organisten sowie der Vizekapellmeister Pekiel;[177] der Anteil der Italiener ist auf dreizehn von siebenunddreißig Musikern gesunken, doch ist es schwierig, daraus genauere Rückschlüsse auf die Art der Zusammensetzung der Kapelle für die Zeit von Merulas Aufenthalt zu ziehen. Aus der von Anna Szweykowska besorgten Auflistung der Namen von italienischen Kapellmitgliedern geht hervor, daß zwischen 1622 und 1625 neben Merula und dem Kapellmeister Asprilio Pacelli bis zu zweiundzwanzig weitere Italiener zumindest für einen Teil dieses Zeitraums angenommen werden können[178] - hinzuzurechnen ist ab 1624 oder 1625 auch noch Giovanni Francesco Anerio.

---

[174] Szweykowska (1974), S. 138-39.

[175] Vgl. Barblan (1962); neben Rognoni haben nach Auskunft von Anna Szweykowska auch der in Brescia wirkende Pietro Lappi und der Wiener Kapellmeister Giovanni Priuli dem König je eine Publikation zugeeignet.

[176] So etwa Sergio Lattes, *Francesco Rognoni Taeggio*, NG Bd 16, S. 106. Im Falle von Ottaviomaria Grandi, einem Schüler Paganis, der später in Reggio Emilia wirkte, scheint bei Allsop eine Verwechslung mit einem nur dem Namen nach bekannten Violinisten Giacomo Grandi (1642-52 in Polen nachweisbar) vorzuliegen, wie Anna Szweykowska mir brieflich mitgeteilt hat; vgl. Allsop (1992), S. 6.

[177] Szweykowska (1974), S. 150.

[178] Im einzelnen sind Szweykowskas Aufstellung von 1974 sowie der erwähnten verbesserten Liste von 1997 folgende Namen mit den entsprechenden Datierungen zu entnehmen: der Sopranist Baltazzare Ferri (1625-55), die Altisten Giov. Maria Brancherini (vor 1623, gest. 1645) und Jacopo Abbates (1599- gest. 1634 - wird in der ersten Liste noch als Violinist bezeichnet), die Tenöre Joanni Marco Materanus (1602-ca.1639), Laurentio Bellotti (1602- vor 1624), Vincenzo Gigli oder Lilius (ca. 1596- vor 1639) und Pellegrino Muzzi oder Muti (1625), die Bässe Sebastiano Pika

Doch dürften die polnischen und deutschen Musiker der Kapelle aus jenen Jahren nicht ganz im Schatten ihrer italienischen Kollegen gestanden haben; einige von ihnen sind auch als Komponisten hervorgetreten, so neben Andreas Hakenberger und Paul Siefert vor allem Adam Jarzebski, der vermutlich seit 1617 am Warschauer Hof angestellt war und nach einem früheren Aufenthalt am brandenburgischen Hof in Berlin sich einige Zeit in Italien aufgehalten hatte.[179]

Unter den Italienern im Dienste Zygmunts III. nehmen die Namen von Musikern, die zuvor im päpstlichen Rom und dort überwiegend an von Jesuiten geführten Institutionen[180] gewirkt hatten, sowie Musiker aus dem ebenfalls als Zentrum der Gegenreformation hervorgetretenen Mailand und der zu Mailand gehörenden Lombardei eine bevorzugte Stellung ein, während Venezianer wie etwa der Gabrielischüler Giovanni Valentini oder sein Organistenkollege Vincenzo Bertolusi eher in der Minderheit blieben. Der Römer Luca Marenzio wurde der erste unter den italienischen Kapellmeistern in Warschau, wenn auch nur für die Zeit zwischen März 1596 und 1597-8, ihm folgte von März 1601 bis Juli 1602 der frühere Mailänder Kapellmeister Giulio Cesare Gabussi (er brachte möglicherweise auch den seit 1602 in Polen nachweisbaren Giulio Osculati als Tenor mit), bevor Asprilio Pacelli, zuvor Kapellmeister am römischen *Collegium Germanicum* und seit 1602 für kurze Zeit an der *Capella Giulia*, 1603 für zwanzig Jahre die Leitung der Kapelle übernahm. Pacellis *Sacrae Cantiones* von 1608 für fünf bis zwanzig Stimmen und die postum im Jahre 1629 veröffentlichten *Missae* zu acht, zehn, zwölf und sechzehn Stimmen werden in ihrer Synthese aus klangprächtiger Mehrchörigkeit und einer modifizierten Beibehaltung eines imitierenden Satzes in der Nachfolge Palestrinas als repräsentativ für das Repertoire der großbesetzten Warschauer Hofkapelle während der ersten Jahrzehnte des 17. Jahrhunderts angesehen.[181] Die Kompositionen in den 1604 von dem aus Rom stammenden Vincentius Lilius (Vincenzo Gigli) in Krakau herausgegebenen, aber unvollständig erhaltenen *Melodiae Sacrae*[182] sowie in der umfangreichen Tabula-

---

(1599, gest. ca. 1624 - fehlt in der neueren Auflistung von 1997) und Alessandro Paradisi (1620-1652) sowie ein weiterer Sänger, dessen Stimmlage nicht bekannt ist: Michelangolo (sic) Gelsomini (1625); im Instrumentalbereich sind zu nennen die Kornettisten Abrahamo Sitte oder Zitte (1599-1625?) und der aus Bologna stammende Ferdinando Pagani (1599?, gest. vor 1629), der Posaunist Alessandro Fortuna (1598-1627) und Hieronimo Caesari (ca. 1619-1664 ohne Instrumentenangabe - fehlt in der neueren Liste), der möglicherweise Pole war. Hinzu kommen eine Reihe von Namen, die nicht als Sänger oder Instrumentalisten zu identifizieren sind: Marco Scacchi (ca. 1621-1649, später Kapellmeister), Raffaele Veggio (1604?-24), Laurentius Bartholetti (gest. 1625), Marco / Martius Gentili (vom Anfang des Jahrhunderts, gest. ca. 1626), Marco Mercatus (1623), Alessandro Tortonius (1623-24) sowie eventuell Francesco Banni (gest. vor 1623) und Sigismondo Patart (1626 bis 1636); vgl. Szweykowska (1974), S. 147-49 sowie Szweykowska / Szweykowski (1997), S. 120-24.

179 Vgl. hierzu das Vorwort zur Neuausgabe seiner *Opera omnia*: Jarzebski (1989), S. XVI-XVII.

180 Darauf hat Aleksandra Patalas in ihrem noch nicht publizierten Vortrag *Italian ›maestri di capella‹ at the Waza Court in Warsaw (1603-1649)* während der *Seventh Biennial Conference on Baroque Music* in Birmingham, 4. - 7. Juli 1996 hingewiesen.

181 Diese Ansicht vertritt Miroslaw Perz, Artikel *Pacelli, Asprilio*, NG, Bd. 14, S. 45.

182 Vgl. die Liste in Brough (1989), S. 345 sowie RISM 1604⁷.

tur von Pelplin[183] weisen in eine ähnliche Richtung. Daneben scheinen jedoch noch während des gesamten 17. Jahrhunderts in Polen Messen in einer älteren polyphonen Schreibart entstanden zu sein, die offenbar vor allem in den kleiner besetzten Kapellen des Landes aufgeführt wurden; demgegenüber haben Messen und Motetten in geringstimmigen Besetzungen - wie bereits erwähnt - erst vergleichsweise spät in Polen Verbreitung gefunden.[184]

Wann Giovanni Francesco Anerio, bis 1620 in Rom als Kapellmeister an *S. Maria dei Monti* nachweisbar, als Nachfolger Pacellis in Warschau eintraf, ist aufgrund der Quellenlage nicht genau zu klären. Das einzige bekannte Dokument über Anerio aus dieser Zeit belegt, daß er am 9. Juni 1624 in Treviso Orgel gespielt hat,[185] so daß allgemein davon ausgegangen wird, er sei erst danach in polnische Dienste getreten. Da jedoch der polnische Kronprinz noch während seines Aufenthalts in Venedig im März 1625 Claudio Monteverdi zur Übernahme des Kapellmeisteramtes in Polen zu bewegen versucht haben soll,[186] ist nicht unwahrscheinlich, daß Anerio die Stelle erst im Laufe dieses Jahres angetreten hat. Obwohl Giovanni Francesco Anerio mit den neuesten musikalischen Entwicklungen vertraut war - wofür nicht zuletzt seine zukunftsweisende Sammlung von geistlichen Madrigalen und oratorienhaften Dialogen in italienischer Sprache steht, die er 1619 unter dem Titel *Teatro armonico spirituale* veröffentlichte[187] - ist seine liturgische Musik generell eher konservativ und weitgehend in der römischen Tradition der Palestrinanachfolge verwurzelt.[188] In Polen schrieb Anerio vermutlich wie bereits Pacelli überwiegend mehrchörige Kirchenmusik, darunter eine zwölfstimmige *Missa Constantia*, die der polnischen Königin zugeeignet ist und das Gegenstück zu einer dem König gewidmeten, heute verlorenen Zygmunt-Messe darstellte.[189] Daß die Wahl des Königs auf Anerio gefallen war, hängt möglicherweise einmal mehr damit zusammen, daß Zygmunt III. die Leitung seiner Kapelle erneut in die Hände eines Komponisten legen wollte, der im päpstlichen Rom Anerkennung gefunden hatte.

Nachfolger Anerios wurde zwei Jahre nach dessen Tod im Jahre 1630 dessen Schüler Marco Scacchi, der nach eigenen Angaben bereits um das Jahr 1621 in polnische Dienste getreten war, schreibt er doch in seinem 1649 veröffentlichten *Iudicium Cribri Musici*: »per spatium 28 annorum Serenissimae Domui Regiae Poloniae et Sueciae fideliter ... officio meo praefuerim«[190] - Scacchi wäre dem-

---

[183] Pelplin, Biblioteka Seminarium, 304-8, 308a, ca. 1620-30; für Faksimile und Neuausgabe siehe: Pelplin (1970).

[184] Vgl. hierzu die Kapitel über Meßkompositionen und Motetten im Polen des 17. Jahrhunderts bei Brough (1989), S. 202-342.

[185] Szweykowski (1975), S. 146.

[186] Vgl. Fußnote 197.

[187] Die jüngst geäußerte Vermutung, Anerio könnte diese Sammlung mit nach Polen gebracht haben, ist durchaus nicht unwahrscheinlich, vgl. Przybyszewska-Jarminska (1995), S. 9f..

[188] Dies belegt auch die kürzlich wiederentdeckte *Missa Ave Maris Stella*, vgl. Patalas (1995), S. 23-50.

[189] Vgl. Brough (1989), S. 225.

[190] Vgl. Szweykowski (1979), S. 43, Fußnote 7.

nach bereits vor Anerio und vermutlich auch vor Merula am polnischen Hofe tätig gewesen. In den Jahren nach Merulas Weggang stieg Scacchi zunächst zum Kapellmeister der privaten Kapelle des Kronprinzen und nach dessen Regierungsantritt im Jahre 1632 dann für lange Jahre zum Kapellmeister der königlichen Kapelle auf, bis er 1649 nach dem Tode des Königs angesichts des zunehmenden Verfalls der Kapelle auf Grund einer zunehmend schwierigen politischen Situation wie auch aus gesundheitlichen Gründen nach Italien zurückkehrte.

Durch die Eindrücke während der Europareise des Kronprinzen wandelte sich der musikalische Geschmack am polnischen Hofe; insbesondere brachte der zukünftige Monarch aus Italien die Begeisterung für höfische Festaufführungen und für das musikalische Drama mit.[191] In Florenz hatte Wladyslaw die *Regina Sant' Orsola* (Libretto von Andrea Salvadori / Musik von Marco da Gagliano) sowie *La Liberazione di Ruggiero da l'isola di Alcina* von Francesca Caccini[192] gesehen, in Rom Kapsbergers Vertonung von *La vittoria del principe Vladislao in Valacchia* auf einen Text von Giovanni Ciampoli[193] und in Mantua eine aufwendige Komödie mit Bühnenapparaten und vermutlich mit Musik, von der allerdings nicht einmal mehr der Titel erhalten ist.[194] In Venedig hatte er schließlich Monteverdi und dessen weltliche und geistliche Musik kennengelernt;[195] er bewunderte den Markuskapellmeister sehr[196] und versuchte, ihn an den polnischen Hof zu holen, wenn man dem Zeugnis Brescianis ein weiteres Mal Glauben schenken darf.[197] Noch 1627 hat sich der Kronprinz - möglicherweise immer noch in der Hoffnung auf einen Wechsel Monteverdis nach Warschau - in der Frage eines Kanonikats in Cremona in mehreren Empfehlungsschreiben sehr für den Komponisten eingesetzt, wie Monteverdi in einem Brief vom 10. September 1627 schreibt.[198]

---

[191] Spätestens 1628 begann mit *La Galatea*, einer *favola piscatoria*, eine intensive Pflege der italienischen Oper am Warschauer Hof, die durch die Eindrücke des Kronprinzen Wladyslaw bei seinem Besuch in Italien angeregt wurde und zu dieser Zeit außerhalb Italiens ihresgleichen sucht. Nach seinem Regierungsantritt 1632 wurden regelmäßig neue Opern auf Libretti Virgilio Puccitellis aufgeführt, von denen allerdings keine Musik erhalten ist; vgl. Szweykowska (1972), S. 182-195.

[192] Ghisi (1970a), S. 191-93.

[193] Szweykowska / Szweykowski (1989), S. 221.

[194] Fabbri (1977), S. 144-46.

[195] Der Kronprinz hielt sich vom 4.-18. März des Jahres in Venedig auf. In seinem Brief vom 15.3.1625 an Ercole Marignani erwähnt Monteverdi, er habe »molto d'affare avuto et che ho tuttavia in servire et in chiesa et in camera quest'Altezza di Polonia«; zitiert nach: Fabbri (1982), S. 34-35. Stevens ist hier wie in vielen anderen Fällen unzuverlässig, er nennt als Adressaten des Briefes Striggio, macht aus der »Hoheit aus Polen« einen »Monarchen«, den er fälschlich mit dem polnischen König Zygmund III. identifiziert; in: Monteverdi (1989), S. 319.

[196] Anläßlich der feierlichen Messe in San Marco am 9.3.1625 schreiben die venezianischen Chronisten Anzolo Contarini und Alessandro Cornaro: »La Musica di San Marco della Messa solenne, un poco più c'havesse durato, non ne haverebbe ricevuto gusto, che per esser stata modestamente breve, l'ha goduta in estremo, non satiandosi di lodar l'intelligenza del Monteverde, Mastro (sic) di Capella, l'isquisitezza de' stromenti, ed in particolare quella degli organi di San Marco«, zitiert nach: Fabbri (1982), S. 35 und auch S. 49.

[197] Pontiroli (1964), S. 159, S. 163 und S. 188.

[198] Vgl. Monteverdi (1989), S. 399.

Wladyslaw scheint schon bald nach seiner Rückkehr nach Warschau am 22. Mai 1625 auf die ersten Aufführungen italienischer Opern am Warschauer Hof hingewirkt zu haben. Bezeugt ist, daß er Ende Februar oder Anfang März 1628 »fece rappresentare in musica la favola pescatoria di Galatea«[199] und daß nach seinem Regierungsantritt 1632 zahlreiche italienische Opern aufgeführt wurden. So spricht einiges dafür, die Entstehung und Aufführung von Merulas komischem Dialog *Satiro e Corisca* am Warschauer Hof für die Zeit nach der Rückkehr des Kronprinzen aus Italien anzusetzen, insbesondere da es sich dabei um das erste Werk im neuen dramatischen Stil handelt, dessen Aufführung für den polnischen Hof angenommen wird.[200]

Das im Druck des Dialogs enthaltene Huldigungssonett an Merula aus der Feder von Giovanni Valentini, der erst kurz zuvor zum Kapellmeister am Wiener Kaiserhof ernannt worden war, belegt einen persönlichen, vermutlich sogar freundschaftlichen Kontakt zwischen beiden Komponisten, der auf Osculati, aber auch auf ein anderes Mitglied der polnischen Hofkapelle zurückgehen könnte. Das Sonett ist besonders deshalb von Interesse, weil Valentini selbst 1622 eine Vertonung desselben Dialogs veröffentlicht hatte, und zwar zu Ehren der kaiserlichen Braut Eleonora Gonzaga. Auf Grund des Widmungssonetts von Valentini kann davon ausgegangen werden, daß Merulas Version in konkreter Auseinandersetzung mit der wenige Jahre älteren Fassung von Valentini entstanden sein dürfte. Merula könnte dessen Dialog 1622 auf dem Weg nach Polen vielleicht sogar bei einer möglichen Aufführung in Wien kennengelernt[201] und seinerseits dem am Kaiserhof hochgeschätzten Valentini die eigene Version auf der Rückreise nach Italien bei einem neuerlichen Aufenthalt in Wien noch vor der Drucklegung vorgelegt haben;[202] doch kommen angesichts der sehr engen politischen und familiären Bindungen zwischen dem Warschauer und dem Wiener Hof in dieser Zeit wohl auch noch weitere Gelegenheiten für eine Begegnung der beiden Komponisten in Betracht. Daß Merula offenbar tatsächlich in dieser Zeit Kontakte nach Wien besaß, wird durch eine in ihrer Bedeutung bislang nicht geklärte Kreditaufnahme belegt, die Pellegrino Merula am ersten März 1626 in sein Haushaltsbuch einträgt, um im Auftrag Tarquinios nach Wien an einen ungenannten

---

[199] Wladyslaw ließ für die Bühnenmaschinerie einen Spezialisten aus Mantua kommen, nach Fabbri (1977), S. 146-47.

[200] Diese Ansicht wird insbesondere von Szweykowska und Szweykowski vertreten. Szweykowski (1978), S. 178 sowie Szweykowska / Szweykowski (1997), S. 394; hier findet sich auch eine Edition des vollständigen Dialogs, ebd. S. 321-339.

[201] Valentinis fraglos in Wien entstandener Dialog dürfte zu den frühesten musikdramatischen Werken am Kaiserhof gehört haben und eine Aufführung (oder sogar mehrere) im Jahre 1622 sind insbesondere deshalb nicht unwahrscheinlich, da für dieses Jahr die Nachricht von der Aufführung eines kleineren szenischen Werks mit Musik erhalten ist, vgl. hierzu Seifert (1985), S. 26 und Steinheuer (1990), S. 109-10.

[202] Es ist sogar nicht auszuschließen, daß Merula den Dialog eventuell nicht für eine Aufführung am polnischen Hof, sondern in direktem, wohl freundschaftlichem Wettstreit mit Valentini in Wien für oder auch ohne einen höfischen Aufführungskontext geschaffen hat, denn in der Widmung ist nur die Rede davon, die Komposition sei während Merulas Zeit im Ausland entstanden, ohne daß jedoch ein Ort oder ein Anlaß konkret spezifiziert würde.

Empfänger »ongari vinti che danno: £ 314:16 libre« zu schicken; diese zwanzig ›ongari‹ wurden dann tatsächlich am 21. März abgeschickt, wie ein zweiter Eintrag deutlich macht.[203]

Bisher gibt es keine gesicherten Hinweise für Merulas Motive, den Warschauer Hof zu verlassen, an dem er eine zumindest anfangs außerordentlich fruchtbare Zeit verbracht haben muß; vermutlich waren diese zumindest teilweise auch privater Natur, denn Merula hatte in Italien Frau und Kinder zurückgelassen und es ist vor diesem Hintergrund nicht unwahrscheinlich, daß er von Anfang an nur einen zeitlich begrenzten Aufenthalt in Polen eingeplant hatte. Ob Merula sich seinerseits Hoffnungen auf die Leitung der königlichen Kapelle nach Pacellis Tod gemacht hat, ist nicht bekannt - immerhin ist sogar denkbar, daß er als eines der ranghöchsten unter den Kapellmitgliedern das Amt in der Übergangszeit kommissarisch verwaltet hat. Auf Grund der Datierungsschwierigkeiten von Anerios Ankunft läßt sich nicht einmal mit Sicherheit sagen, ob Merula unter der Leitung des neuernannten Kapellmeisters noch in polnischen Diensten gestanden hat. Doch ist dies nicht ausgeschlossen, denn Merula kehrte vermutlich erst im Laufe des Jahres 1625 nach Cremona zurück.

Cremona - Die Jahre zwischen 1626 und 1631

Merula scheint nach der Rückkehr aus Polen in seiner Heimatstadt Cremona sehr bald Anerkennung gefunden zu haben, denn am 18. Februar 1626 wurde ihm eine der wichtigsten musikalischen Positionen der Stadt, die Stelle als Kapellmeister an der *Capella delle Laudi* als Nachfolger Sirenas anvertraut. Dies geschah zunächst vorläufig und zur Probe, dann jedoch verzichtete die *fabbriceria* auf die ursprünglich vorgesehene öffentliche Ausschreibung der Stelle und stellte Merula ein knappes Jahr später, am 13. Januar 1627, den Vertrag aus. Die Kapelle umfaßte zu diesem Zeitpunkt[204] sechzehn Sänger[205] sowie eine Reihe von Instrumen-

---

[203] »A di pr. di Marzo 1626 presi ad imprestito da madonna Bruna fattura M˜s. Giovanni doble di spagna 4, e d'Italia 4, cecchini 4, e ducatoni di milano 3 - / p(er) servigio di Tarquinio p(er) haverli mandato a Vienna / ongari vinti che danno: £ 314:16 / Io d. Pelegrino scritto«; die Summe wurde in fünf Teilzahlungen zwischen dem 24.10.1627 und dem 2.12.1629 an Madonna Bruna zurückgezahlt; Merula, P. (1620), S. 18; auf der folgenden Seite heißt ein zweiter, offenbar damit in Zusammenhang stehender Eintrag: »A di 21 marzo 1626 mandato a Tarquinio p(er) lettere di cambio d. C. Robiano ongari vinti, che danno £ 300:-«; ebd. S. 19.

[204] Auch zuvor blieb die Größe der Kapelle im wesentlichen konstant, die erste erhaltene Liste von 1597 nennt zwar keine genaue Zahl von Knabensopranen, sondern nur die insgesamt an diese gezahlte Summe von 50 Lire, daneben drei Altisten, vier Tenöre, vier Bässe sowie vier Posaunisten, einen Kornettisten und einen Violinisten; Coro Polifonico Cremonese (1989), S. 152.

[205] Diese sind im Vertragstext namentlich aufgeführt: »Soprani: Joseffo Bianco, Francesco Cigogna, Giacinto Superto, Francesco Calegnano; contralti: maestro Pietro Bonetti, d. Giovanni Antonio Bonisolo, maestro Giovanni Battista Occha, Oriano de Micheli; tenori: Giovanni Battista Dolara, don Aurelio Mazano, don Ferrante Lico, don Paolo Brena; bassi: don Florido Cironi, Giovanni

talisten, darunter als Organist den hier nicht genannten Corradini. Merula hatte dafür Sorge zu tragen, daß die Besetzung der Kapelle sechzehn Ausführende nicht unterschritt und konnte über die Entlassung einzelner Kapellmitglieder und die Einstellung neuer Sänger oder Spieler selbst entscheiden.[206] Eine Reihe von Stücken aus der Sammlung mit *Concerti spirituali* von 1628 sind unschwer mit der neuen Stellung in Beziehung zu bringen, darunter die fünfstimmigen *Letanie della B. V. Maria*, das vierstimmige *Nativitas tua*, das dreistimmige *Beata Dei genitrix*, sowie die Vertonungen nach Texten aus dem Hohenlied. Auffällig ist im Vergleich zu Bareras 1620 gedruckten zumeist achtstimmigen *Laudes in honorem B. V. Mariae*,[207] daß die Besetzungen bei Merula kleiner geworden sind, obwohl die Größe der *Cappella delle Laudi* anscheinend so gut wie unverändert blieb. Ein Eintrag von Bresciani über die Feierlichkeiten zur Kardinalsernennung von Gieronimo Vidoni am 5. Januar 1628[208] verweist jedoch darauf, daß Merula zu festlichen Anlässen offenbar auch größer besetzte Werke komponierte:

> »Dopo il vespro furono cantate le Letanie avanti della s.a Madre di Dio Maria Vergine a sei chori di Musica composta dal cav.r Tarquinio Merula, Mastro di Capella in essa chiesa per le Laudi della B.V. ...«[209]

In der erwähnten Sammlung von 1628 bezeichnet Merula sich darüber hinaus als Organist an *S. Agata* in Cremona, eine Stelle, die er möglicherweise vor derjenigen an der Kathedrale oder während der Probezeit angenommen hatte. Merula muß dort noch unter dem langjährigen Kapellmeister Bernardo Corsi gearbeitet haben,[210] doch ist unklar, wie lange er diese zweite Stelle bekleidet hat.

Ein weiterer wichtiger Hinweis ist dem Druck von 1628 zu entnehmen; die Sammlung ist Bartolomeo Sfondrato gewidmet, der von 1625 bis 1629 während zweier aufeinanderfolgender Amtsperioden als *Prencipe dell'Accademia degli Animosi* amtierte.[211] Ebenso läßt die Widmung von Merulas noch in Polen entstandenem und 1626 gedrucktem Dialog *Satiro e Corisca* an die beiden Cremoneser Patrizier Alessandro und Giovanni Pietro Bonetti[212] auf Kontakte zur Akademie oder wenigstens Merulas Bemühungen darum schließen, denn Alessandro

---

Battista Pollone, maestro Francesco Pollidino, Paulo Montino«; nach Coro Polifonico Cremonese (1989), S. 165; zu vielen der Genannten finden sich Einträge in Sommi Picenardi (1997).

206 Padoan (1972), S. 233-34.

207 Coro Polifonico Cremonese (1989), S. 40-41.

208 Die hier genannte Aufführung einer marianischen Litanei von Merula gehörte aber offenbar nicht zu den bereits erwähnten, ebenfalls bei Bresciani aufgeführten Feierlichkeiten, die von der Akademie aus gleichem Anlaß ausgerichtet wurden.

209 Zitiert nach Sommi Picenardi (1997), S. 202.

210 Padoan (1972), S. 311.

211 Pontiroli (1964), S. 185 sowie Sommi Picenardi (1997), S. 251.

212 Padoan (1972), S. 309-10; während Lancetti Alessandro Bonetti einen ausführlichen Abschnitt in seiner *Biografia Cremonese* widmete, ist Giovanni Pietro nicht erwähnt, allerdings nennt er dessen Bruder Giovanni Battista, ebenfalls Arzt und Mitglied der *Animosi*, der aber wohl um das Jahr 1618 verstarb; vgl. IBI, Fiche 178, Kopie 343; ob Giovanni Pietro evtl. mit dem Kapellsänger Pietro Bonetti identisch ist, bleibt unklar; vgl. Fußnote 205 und Sommi Picenardi (1997), S. 93

Bonetti, nach Brescianis Zeugnis ein Arzt, war - wie bereits beschrieben - im Jahre 1619 für die folgenden zwei Jahre zum siebenten *Prencipe* gewählt worden.[213] Ob Musik von Merula in dieser Zeit innerhalb der Akademie oder bei deren öffentlich ausgerichteten Feierlichkeiten aufgeführt wurde, ist nicht belegt, bei der erwähnten Kardinalsernennung von 1627 stammte die Musik für den von den Akademikern ausgerichteten Teil jedenfalls von Corradini.[214]

Das Jahr 1630 brachte mit seinen Kriegswirren und den Verheerungen durch die Ausbreitung der Pest auch für Merulas Privatleben einschneidende Veränderung mit sich. Nicht nur sein ältester Bruder Pellegrino starb Anfang August,[215] vermutlich wurden auch mehrere seiner Kinder Opfer der Seuche, darunter der am 5.7.1627 geborene Claudio Nicolò,[216] der am 12. Mai 1629 geborene Giovanni Tarquinio[217] und vielleicht auch der erst am 9. Juni 1630 geborene Giovanni Battista;[218] am Tage nach dessen Geburt starb auch Merulas erste Frau Valeria Bordigalli im Wochenbett oder ebenfalls an der Pest.[219] Merula muß unmittelbar nach einer kurzen Trauerzeit erneut geheiratet haben, und zwar eine Frau, von der nur der Vorname Lucia überliefert ist;[220] sie gebar am 16. Juni 1631 die Zwillingstöchter Margherita und Francesca Valeria, von denen die letztere später Nonne werden sollte.[221] Dies geht aus dem Testament von Merulas Neffen Nicolò Merula - einem Sohn von Tarquinios zweitältesten Bruder Pietro Martire - aus dem Jahre 1658 hervor; Nicolò übernahm wohl unmittelbar nach dem Tod Pelle-

---

213 Pontiroli (1964), S. 184.

214 Pontiroli (1964), S. 171-73 und S. 176.

215 Das Todesdatum ist bei Sommi Picenardi unter Hinweis auf die Kirchenbücher von S. Nicolò mit dem 4. August angegeben; vgl. Sommi Picenardi (1997), S. 198. Bereits am 1. August und ein weiteres Mal am 13. September 1630 erhielt Tarquinio Merula jedoch jeweils »ducatoni dieci di Milano« gemäß der testamentarischen Verfügung seines Bruders Pellegrino, der auch dem jüngsten Bruder Ottavio die gleiche Summe vermachte, ausgezahlt an diesen am 6.8. (3 ducatoni) und am 7.10.1630 (17 ducatoni); dies geht aus insgesamt vier autographen Zahlungsbelegen hervor, die im Nachlaß Nicolò Merulas im Archivio di Stato in Cremona zusammen mit Pellegrinos *Libro di Casa di me* aufbewahrt werden.

216 Sommi Picenardi (1997), S. 201; der Taufeintrag vom 6. Juli ist wiedergegeben bei Giazzi / Manfredini (1994), Fußnote 28.

217 Sommi Picenardi gibt den Namen dieses Sohnes Merulas mit Stefano Giobbe an, vgl. Sommi Picenardi (1997), S. 201; der Taufeintrag vom 14. Mai, der dagegen unmißverständlich von »Ioannes et Tarquinius filius Domini Tarquinii de Merula et Domine Valerie coniugum, natus die 12« spricht, ist wiedergegeben bei Giazzi / Manfredini (1994), Fußnote 29.

218 Sommi Picenardi (1997), S. 201; der Taufeintrag vom 10. Juni ist wiedergegeben bei Giazzi / Manfredini (1994), Fußnote 30.

219 Dies geht aus dem ›Registro dei morti di S. Sepolcro‹ in Cremona hervor, wo es heißt: »Valeria Merula morse e fu sepolta in S.to Francesco il di sudetto (11 giugno 1630)«; vgl. Giazzi / Manfredini (1994), S. 7 und Fußnote 31.

220 Ihr Todesdatum kann nur ungefähr im Zeitraum zwischen der Geburt der Tochter Teresa 1641 und der dritten Heirat Merulas Ende 1646 angenommen werden.

221 Archivio di Stato di Cremona, Signatur 78, 2.7-10; der Schluß von Giazzi und Manfredini, die Zwillingstöchter seien »sicuramente morte poco dopo il parto«, trifft wohl zumindest auf Francesca Valeria nicht zu, vgl. Giazzi Manfredini (1994), S. 7 und Fußnote 34, wo der Taufeintrag wiedergegeben ist.

grinos dessen bisherige seelsorgerische Aufgaben an S. Nicolò in Cremona und führte sogar dessen Haushaltsbuch weiter, dem so viele Hinweise auf Tarquinios Lebensumstände zu verdanken sind.[222]

Bergamo - Die Jahre zwischen 1631 und 1633

Im Frühjahr 1631 verließ Merula Cremona erneut, denn er war zum Kapellmeister an *S. Maria Maggiore* in Bergamo gewählt worden. Die Stelle war vakant seit dem Tode Alessandro Grandis, der im Jahr zuvor mit seiner ganzen Familie ein Opfer der Pest geworden war. Wie Cremona und Lodi war auch Bergamo Sitz eines Bischofs, doch hatte *S. Maria Maggiore* - unmittelbar zwischen Bischofspalast und der diesem unterstehenden Kathedrale gelegen - als Kirche der selbstbewußten Bürger von Bergamo im Laufe der Jahrhunderte eine sehr unabhängige Position erlangt und war seit 1453 durch päpstliche Bulle sogar von der bischöflichen Gerichtsbarkeit ausgenommen.[223] Verwaltet wurde die Kirche durch das *Consorzio della Misericordia Maggiore (MIA)*, einer aus Laien gebildeten Körperschaft, die nicht nur karitative Aufgaben wahrnahm, sondern auch eine Kapelle mit einer angegliederten Schule zur musikalischen Ausbildung junger Priester unterhielt. Die Kapelle überragte bei weitem diejenige an der Kathedrale der Stadt an Bedeutung und zählte in der ersten Hälfte des 17. Jahrhunderts zu den wichtigsten in ganz Oberitalien; ihre Geschichte ist von Roche[224] und später von Padoan[225] ausführlich dargestellt worden.

Giovanni Cavaccio hatte zunächst lange Jahre an der Kathedrale in Bergamo als Kapellmeister gewirkt, war 1598 auf die attraktivere Stelle an der Nachbarkirche[226] gewechselt und dort bis zu seinem Tod im Jahre 1626 als Kapellmeister geblieben.[227] Die Besetzung der Kapelle war während seiner Amtszeit größeren Veränderungen unterworfen; hatte sie zu Beginn des Jahrhunderts zwischen siebenundzwanzig und zweiunddreißig Mitgliedern geschwankt, so sank ihre Stärke nach 1615 (vierundzwanzig Mitglieder) - offenbar aus finanziellen Gründen[228] -

---

[222] Tarquinio bezeichnete ihn im Zusammenhang mit der zweiten Auszahlung des ihm von Pellegrino hinterlassenen Geldes am 13. September 1630 bereits als »parocchо di S. Nicolò« und am 22. Januar 1632 wird er in einem Dokument als »rettore della Chiesa di S. Nicolò di Cremona« geführt; Archivio di Stato di Cremona, Corpi sorpressi, B 78, 2.8.

[223] Zizzo (1984), S. 26.

[224] Roche (1966), S. 296-312.

[225] Padoan (1983); sowie Padoan (1990).

[226] Zu den wichtigsten Vorgängern Cavaccios an *S. Maria Maggiore* hatte Pietro Vinci gehört, der das Amt von 1568-80 versah.

[227] Offenbar unterhielt Cavaccio Beziehung nach Florenz, denn er war Mitglied der dortigen *Accademia degli Elevati*, vgl. hierzu Edmond Strainchamps, *Gagliano, Marco da*, NG, Bd. 7, S. 81; in einer Neuausgabe erschien bisher seine Sammlung *Musica*, Venedig 1597, die neben Instrumentalkanzonen auch einige vierstimmige Madrigale enthält; IIM, Bd. 10, 1994, S. 117-274.

[228] Roche (1966), S. 303.

kontinuierlich weiter: 1620 waren es noch zwanzig, 1625 dann nur noch vierzehn Mitglieder,[229] also umfaßte sie in den zwanziger Jahren sogar weniger Musiker als die *Capella delle Laudi* in Cremona.[230] Allerdings stand für alle Aufführungen noch eine größere Zahl von Gesangsschülern aus der *Accademia* zur Verfügung, und zusätzlich wurden häufig zu den hohen Marienfesttagen Musiker aus anderen Kirchen der Stadt und sogar von außerhalb zur Verstärkung der Kapelle herangezogen. Nachdem Alessandro Grandi am 18. März 1627 einstimmig zum neuen Kapellmeister gewählt worden war, betrieb man zuweilen an hohen Festtagen einen zuvor unbekannten Aufwand - die Stärke des Chores wurde durch zusätzliche Sänger auf bis zu 57 Mitwirkende erhöht[231] und Grandi hatte nun die Möglichkeit, eigene großbesetzte mehrchörige Kompositionen aufzuführen, wie sie am Markusdom in Venedig, wo Grandi zuvor Vizekapellmeister gewesen war, in Claudio Monteverdis Zuständigkeitsbereich gefallen waren.[232] Über die Art des bis zu Grandis Amtsübernahme üblichen Repertoires an der Kapelle sind wir sehr gut unterrichtet durch ein Verzeichnis des einem neuen Kapellmeister übergebenen Notenbestandes, das von Grandi am 13.1.1628 gegengezeichnet wurde - daraus geht hervor, daß zu diesem Zeitpunkt geistliche Werke im konzertierenden Stil und vor allem geringstimmig besetzte geistliche Konzerte im Notenbestand der Kapelle noch weitgehend fehlen.[233]

Durch die verheerenden Folgen der Pest in Bergamo[234] wurde nicht nur der Kapellmeister hinweggerafft, sondern auch ein Teil der anderen Kapellmitglieder; von den sechzehn Mitgliedern der Kapelle aus der Zeit unmittelbar vor Ausbrechen der Seuche sind im darauffolgenden Jahr nur noch sieben in den Annalen verzeichnet, darunter nur drei der Sänger.[235] Merula muß nach seiner Amtsübernahme Anfang Mai 1631 zunächst mit der Reorganisation der Kapelle beschäftigt gewesen sein, noch im Laufe des Jahres 1631 wurden sieben neue Sänger verpflichtet, darunter zwei aus Lodi und einer aus Cremona, so daß die Kapelle im Februar 1632 immerhin wieder zwei Soprane, einen Altisten, drei Tenöre, zwei Bässe, einen weiteren Organisten sowie zwei Violinisten umfaßte[236] - die beiden Streicher waren im Jahr zuvor aus Cremona gekommen[237] und müssen Merula

[229] Padoan (1983), S. 76 und S. 159.

[230] Roche (1966), S. 304.

[231] Roche (1966), S. 306-307.

[232] Roche (1966), S. 306-07.

[233] Das gesamte umfangreiche Verzeichnis ist abgedruckt in Padoan (1983), S. 199-203.

[234] Allsop berichtet, daß ein zeitgenössischer Bericht mehr als 9000 Pesttote bei einer Gesamtbevölkerungszahl von ca. 22000 Einwohnern vermeldet; Allsop (1992), S. 14.

[235] Die namentlichen Listen der Kapellmitglieder für die Jahre 1627-57 sind wiedergegeben bei: Padoan (1990), S. 149-157.

[236] D. Tarquinio Merula Maestro di Capella con obbligo di insegnare (...), D. Benedetto Fontana organista con l'obbligo della scola (...), D. Fermo Bresciani cantor basso et vice Maestro (...), D. Mattheo Mazza cantor basso(...), D. Giovanni Trabattoni tenore (...), D. Gio. Battista Bacchetta tenore (...), D. Bartolomeo Piegazesi tenore (...), D. Gerolamo Rossj contralto (...), Carlo Sertorio soprano (...), Antonio Lameri soprano (...), Gio. Battista Moresco sonator di violino (...), Francesco suo figlio sonator di violino (...), in: Padoan (1972), S. 294.

[237] Padoan (1990), S. 150.

bereits dort begegnet sein. Eine nicht genau geklärte Episode bildet der kurze Aufenthalt von Giovanni Battista Buonamente in Bergamo zu Beginn von Merulas Amtszeit. Merula kannte ihn möglicherweise von einem Besuch am Kaiserhof in Wien auf dem Weg von oder nach Polen, wo Buonamente vielleicht schon 1622 eine Anstellung gefunden hatte. Am 13. Juli 1631 wirkte dieser probeweise bei einem Vespergottesdienst an *S. Maria Maggiore* mit und unterzeichnete nur vier Tage später einen Dreijahresvertrag als *contralto* und Violinist. Obwohl das *Consorzio* ihm das höchste Gehalt nach dem Kapellmeister Merula und dem Organisten Fontana zugebilligt hatte, verließ Buonamente Bergamo nach nur zweieinhalb Monaten wieder am 30. September des Jahres - sein Name erscheint deshalb auch nicht mehr auf der erwähnten Liste der Kapellmitglieder vom Februar 1632. Er hielt sich für kurze Zeit in Parma auf, bevor er nach Assisi ging, wo er später die Kapellmeisterstelle übernahm.[238] Eleanor Selfridge-Field weist darauf hin, daß auch Biagio Marini sich während Merulas Amtszeit an *S. Maria Maggiore* in der Stadt aufgehalten haben soll, doch ist darüber nicht mehr bekannt, als daß er im April 1632 für eine »free-lance appearance at Bergamo Cathedral« bezahlt worden sei - leider nennt sie weder einen bestimmten Anlaß, noch wird deutlich, an welcher der beiden Hauptkirchen Bergamos Marini bei dieser Gelegenheit gespielt hat.[239]

Welch große Hoffnungen Merula in die prestigereiche Stelle an *S. Maria Maggiore* gesetzt haben muß, zeigt u.a. sein *Secondo Libro delle Canzoni da sonare*, von dem nur ein Nachdruck von 1639 erhalten ist. Es muß aber bereits 1631 oder 1632 in der ersten Auflage erschienen sein, da es sich um sein op. 9 handelt und viele der Einzeltitel auf seine neue Stellung an *S. Maria Maggiore* verweisen: Obwohl der Nachdruck keine Widmung enthält, sind eindeutig die Kanzonen *La Benaglia*, *La Caleppa* und *La Corsina* dreien der vier Präsidenten des *Consortio della Misericordia Maggiore* zugeeignet, *La Cancelleria* dürfte auf dessen *Cancelliere* Marc' Antonio Benaglia verweisen, einen Verwandten des Präsidenten Conte Guido Benaglia, und *La Fontana* dürfte sich auf Benedetto Fontana beziehen, der bereits unter Grandi Organist gewesen war.[240]

Zu Merulas Aufgaben gehörte neben der Musik bei den Gottesdiensten auch der tägliche Musikunterricht in mensurierter Musik und Kontrapunkt für die angehenden Priester der vom *Consorzio della Misericordia Maggiore* unterhaltenen *Accademia*, deren Zahl 1622 auf vierzig beschränkt worden war.[241] Zunächst scheint Merula seine Aufgaben zur Zufriedenheit des *Consorzio* erfüllt zu haben, denn nach nicht einmal einem Jahr erhöhte ihm die *MIA* - zufrieden mit dem

---

[238] Nach Stephen Bonta, *Buonamente, Giovanni Battista*, NG , Bd. 3, S. 456-57.

[239] Selfridge-Field (1975), S. 152; dort ist auch die Quelle für diese Notiz in der Biblioteca Comunale von Bergamo angegeben: Archivio Capitolare, Armadio VI #10, Busta 574, Expensae (1600-1640); bereits Carlotti hat darauf hingewiesen, daß somit auch ein längerer Aufenthalt Marinis in Bergamo und damit eventuell nähere Kontakte zu Merula zumindest nicht auszuschließen seien, vgl. Carlotti (1983), Bd. I, Fußnote 103, S. 135.

[240] Padoan (1972), S. 313 und S. 287.

[241] Padoan (1983), S. 144.

»buon servizio che presta esso Signor Tarquinio« - das Gehalt.[242] Doch kam es am 29. Dezember 1632 aus Gründen, die aufgrund der Quellenlage nicht eindeutig zu klären sind, zu einer Sitzung des *Consorzio*, bei der zwei alternative Anträge behandelt wurden: Der eine zielte auf eine deutliche Reduzierung des Kapellmeistergehaltes, der andere, der schließlich von der Mehrheit der Mitglieder angenommen wurde, sah die Entlassung des Kapellmeisters vor. Offensichtlich ist, daß dabei finanzielle Erwägungen eine wichtige Rolle gespielt haben, da beide Anträge Einsparungen in unterschiedlichem Ausmaß vorsahen, denn gleichzeitig mit der Entlassung Merulas wurde beschlossen, die Kapellmeisterstelle und die Vizekapellmeisterstelle nicht wieder zu besetzen.[243] Merula verlangte darauf in seinem Brief vom 3. Januar 1633 die Auszahlung aller bei Einhaltung des ursprünglich vorgesehenen Dreijahresvertrages noch fälligen Gehälter (d.h. für weitere sechzehn Monate) und drohte bei Nichterfüllung mit gerichtlichen Schritten gegen das *Consorzio*.[244] Einen guten Monat später beschloß das *Consorzio* daraufhin, nun seinerseits Strafantrag gegen Merula zu stellen und zwar »per li suoi mali diportamenti, et per le disonestà usate con alcuno d'essi Chierici suoi scolarj, con grave scandalo, et con pregiudicio dell'honor di Dio, et della riputatione di questo governo«.[245]

Unklar bleibt jedoch, worin Merulas schlechtes Betragen und seine Unehrenhaftigkeiten, die er Schülern gegenüber verübt haben soll, bestanden haben mögen. Die englische Übersetzung von ›disonestà‹ mit ›indecency‹ bei Roche und Bonta suggeriert - vielleicht angeregt durch die Darstellung des *Consorzio*, es habe den wahren Entlassungsgrund zunächst verschwiegen, um Merulas Ruf zu retten - sexuelle Annäherungen des Kapellmeisters gegenüber einigen der jungen Kleriker, die er unterrichtete. Doch dürfte eine derartige Annahme wohl kaum zutreffend sein, dies legt nicht nur der weder Roche noch Bonta bekannte Umstand nahe, daß Merula insgesamt dreimal verheiratet war und in einem Zeitraum von immerhin 27 Jahren insgesamt wenigstens 11 Kinder zeugte. Mehr noch sprechen dagegen einige ungleich härter geahndete Vergleichsfälle: So soll Nicolas Gombert wegen des Vorwurfs homosexuellen Umgangs mit einem Knaben der Kapelle Kaiser Karls V. um das Jahr 1540 als Sträfling auf die Galeeren verbannt, der Komponist Dominique Phinot derselben Quelle zufolge sogar hingerichtet worden sein.[246] Der Fürstbischof von Salzburg ließ 1591 Tiburtio Massaino aufgrund desselben Vorwurfs aus der Stadt verjagen[247] und Johann Rosenmüller floh 1655 aus dem Leipziger Gefängnis, wo er seiner Verurteilung aus ebendiesem Grund entgegensehen sollte.[248] Selbst einer der einflußreichsten Dichter der Zeit, Giambattista Marino, konnte nach einer bereits in Turin ver-

[242] Padoan (1972), S. 293.
[243] Padoan (1972), S. 294.
[244] Padoan (1972), S. 297.
[245] Padoan (1972), S. 294.
[246] Miller (1972), S. 412ff..
[247] Walter Pass, *Massaino, Tiburtio*, NG, Bd.11, S. 797.
[248] Kerala Johnson Snyder, *Rosenmüller, Johann*, NG, Bd. 16, S. 201f.

büßten Gefängnisstrafe der drohenden Verbrennung auf dem Scheiterhaufen - sein Geliebter war bereits hingerichtet worden - nur durch die Flucht nach Paris entgehen.[249] Angesichts dieser Vergleichsfälle erscheint es als höchst unwahrscheinlich, daß Merula - wäre dies tatsächlich der Kern der Vorwürfe gegen ihn gewesen - dann nur fünf Jahre später die Stelle als Kapellmeister und Organist an der unmittelbar benachbarten Kathedrale von Bergamo hätte antreten können, zumal Bischof Grimani, Merulas späterer Dienstherr, bereits am 10. Januar 1633 die Nachfolge seines an der Pest gestorbenen Vorgängers angetreten hatte und demzufolge über die Gründe von Merulas Entlassung informiert gewesen sein dürfte. Zudem sah das *Consorzio* offenbar schon weit weniger gravierende Fälle wie das Fehlen von Kapellmitgliedern bei hohen Festtagen als eine »scandalous action« an,[250] die dem Ansehen der Institution schadete.

Merula scheint noch einige Zeit, nachdem das *Consorzio della Misericordia Maggiore* seine Entlassung erstmalig ausgesprochen hatte, in Bergamo geblieben zu sein,[251] vermutlich zumindest solange der Rechtsstreit noch in der Schwebe war. Am 11. April 1633 wurde in seiner Abwesenheit ein Schreiben im *Consorzio* verhandelt, in dem der Komponist seine gerichtlichen Schritte gegen das *Consorzio* zurückzog und sich förmlich für sein Aufbegehren entschuldigte, woraufhin das *Consorzio* seinerseits den Strafantrag gegen Merula zurücknahm. Offenbar standen die Chancen, aus den beiden Verfahren unbeschadet oder sogar als Sieger hervorzugehen, so ungünstig, daß dem Komponisten keine andere Wahl blieb. Merula fühlte sich selbst dennoch offenbar bis zuletzt unschuldig, denn in einem nicht genau datierten Brief[252] spricht er davon, er sehe sich einer »spacatissima persecutione d'emuli con malevolenze non ordinarie« ausgesetzt,[253] die ihm eine Fortsetzung seines Dienstes unmöglich mache.

In die Zeit der Wirren vor Ende seines ersten Aufenthaltes in Bergamo fällt die am 1. März 1633 datierte Widmung von Merulas zweitem Madrigalbuch an Cosimo Borbone, der darin als *Colonello d'infanteria Italiana, del Conseglio di Guerra, per la Sereniss. / Repub. di Venezia, & Governator / Di Bergamo* bezeichnet ist. Die zusätzliche Widmung zweier Einzelstücke der Sammlung an Mitglieder der Kapelle an *S. Maria Maggiore* - *Nominativo hic haec hoc* an den Bassisten Mattheo Mazza da Pesaro und *Con nobil arte* an Angel Maria Lonati,

---

[249] Vgl. Alessandro Martini, *Introduzione* zu Marino (1982), S. 37.

[250] Roche (1966), S. 303.

[251] Westlunds Mitteilung, Merula sei »*vice-maestro* to the Archpriest of Seriate from December 29, 1632 to January 16, 1634« gewesen, ist irrig und beruht auf einem Interpretationsfehler, der auf Scotto zurückgeht, wie bereits Padoan richtiggestellt hatte. Tatsächlich ist in den Quellen davon die Rede, daß der Bassist Fermo Bresciani nun zunächst kommissarisch die Stelle des Vizekapellmeisters an *S. Maria Maggiore* ausübte; vgl. Westlund, (1977), S. 6-7 sowie Padoan (1972), S. 238, Fußnote 37.

[252] Padoan geht davon aus, der Brief sei erst nach dem Verzicht beider Parteien auf Fortsetzung des Rechtsstreits, also nach dem 11.4.1633, geschrieben, da Merula im gleichen Schreiben die ehrenhafte Entlassung sowie die Übernahme der Umzugskosten nach Cremona durch das *Consorzio* erbittet; Padoan (1972), S. 237, Fußnote 36.

[253] Padoan (1972), S. 297.

einen Falsettisten, der erst mit Beginn des Jahres von Novara nach Bergamo gewechselt war,[254] läßt auf einen letzten Versuch Merulas schließen, sich in dieser kritischen Zeit der Unterstützung einzelner Kapellmitglieder zu versichern. Wichtiger ist jedoch der Hinweis Merulas in der Widmungsrede, er sei im Hause Borbones *capo dell'Accademia di Musica* gewesen,[255] so daß davon auszugehen ist, daß zumindest einige der in der Sammlung veröffentlichen Stücke dort aufgeführt wurden - vermutlich von Sängern der Kapelle. Doch dürften die Zusammenkünfte eher informeller Natur gewesen sein, denn für die Dauer von Merulas Aufenthalt ist in Bergamo keine institutionalisierte Akademie nachweisbar. Zwar verzeichnet Maylender für frühere Jahre in Bergamo gleich mehrere Akademien, so die 1610 gegründete *Accademia Pastense*, offenbar vor allem eine Erziehungseinrichtung für Jugendliche,[256] weiterhin die 1617 vom damaligen Bischof Emo (im Amt von 1611-22) ins Leben gerufene *Accademia Ema* und eine 1618 erwähnte *Accademia Mariana*, doch ist nichts über das Fortbestehen dieser Institutionen im fraglichen Zeitraum bekannt. Erst ab 1642 wird es mit der *Accademia degli Eccitati* eine dauerhaftere Akademie in Bergamo geben, doch gibt es bisher keine Hinweise auf eine Verbindung Merulas zu ihr oder zu einzelnen ihrer Mitglieder.[257]

Cremona - Die Jahre zwischen 1633 und 1637

Merula kehrte nach Cremona zurück und konnte dort sogar seine alte Stelle als Kapellmeister an der *Capella delle Laudi* wieder einnehmen - wie ihm dies die *fabbriceria* vor seinem Wechsel nach Bergamo für den Fall seiner Rückkehr zugesichert hatte - doch mußte dafür zunächst Giovanni Battista Mincio, der zwischenzeitlich das Amt innegehabt hatte, abgewählt werden.[258] Das kulturelle Leben in Cremona hatte sich - ähnlich wie in Bergamo - noch nicht von den verheerenden Folgen der Pest erholt; so war die *Accademia degli Animosi* seit 1630 geschlossen und wurde erst 1642 wieder eröffnet,[259] dennoch ließen es sich die Patrizier der Stadt nicht nehmen, anläßlich der Ernennung des Kardinals Rozzi 1634[260] ein aufwendiges Fest durchzuführen, bei dem sogar ein Feuerwerk auf dem Platz vor der Kathedrale mit Fackel- und Schwerttänzen stattfand, wozu die Stadtpfeifer *un balletto a guisa di moresca* aufführten; daneben gab es Trommelvorführungen sowie mehrchörige Konzerte der Kathedralmusiker. Bresciani

254 Padoan (1990), S. 151.
255 Padoan(1972), S. 314.
256 Maylender (1926-30), Bd. 4, S. 230.
257 Gründungsmitglieder waren Bonifazio Agliardi, Clementi Rivola, Donato Calvi und Teodoro Albani; Maylender (1926-30), Bd. II, 1927, S. 232-35.
258 Merulas Wiederwahl wurde am 19.8.1633 von der *fabbriceria* beschlossen; Padoan (1972), S. 276.
259 Pontiroli (1964), S. 185.
260 Pontiroli (1964), S. 182.

überliefert auch für diesen Anlaß den Text einer strophischen Huldigungskomposition von Nicolò Corradini, im Wechsel von zwei Sopranen und dem ganzen Ensemble gesungen.[261] Auch in der *Capella delle Laudi* waren die Folgen der Epidemie noch spürbar, da die Mittel nun erheblich knapper waren als zuvor. Zwar war es der *fabbriceria* an der Kathedrale gelungen, die Stärke der Kapelle wieder auf den alten Stand von 16 Sängern zu bringen - die Namensliste für den 8. September 1633 zeigt wieder je vier Sopranisten, Altisten, Tenöre und Bässe an, darunter sind nur noch zwei der Sänger von 1627,[262] unter den Neuverpflichteten ist u.a. Merulas nunmehr vierzehnjähriger Sohn Giovanni Pellegrino als Knabensopran.

Gute Sänger scheinen in diesen Zeiten rar und damit zugleich teurer als vor der Pest gewesen zu sein - dies führte offenbar verstärkt zu disziplinarischen Problemen, da viele Kapellmitglieder nun die Möglichkeit ausnutzten, für ein höheres Entgelt, als sie in der Kapelle verdienten, aushilfsweise in anderen Kirchen zu singen. Jedenfalls geht das aus einem Brief hervor, den Merula an die *fabbriceria* richtete, als diese 1635 wohl wegen der allgemeinen Knappheit der Mittel beschlossen hatte, den laufenden Etat des Kapellmeisters ersatzlos zu streichen. Merula beklagt in seinem Schreiben eine solche Behandlung, denn er habe sich keine Fehler zuschulden kommen lassen und sei schon bisher nach Abzug aller Kosten, die er gemäß den Bestimmungen des Vertrages aus dem Etat zu zahlen habe, nur noch auf ein persönliches Gehalt gekommen, das unter dem eines einfachen Sängers liege. Diesen Brief, in dem Merula überdies die Neudefinition einiger seiner Dienstpflichten forderte[263]- er verlangte u.a. das Recht, sich zwei- oder dreimal jährlich beurlauben zu lassen - beantwortete die *fabbriceria* am 11. April 1635 mit seiner Entlassung. Stattdessen wurde Nicolò Corradini, der langjährige Organist an der *Capella delle Laudi*, nun auch zu deren Kapellmeister bestellt[264] und versah den Dienst auf beiden Stellen bis zu seinem Tod im Jahre 1646.

Ob Merula während der beiden folgenden Jahre eine dauerhafte Anstellung hatte, ist nicht bekannt, doch lassen sich den beiden während dieser Zeit veröffentlichten Drucken einige Hinweise auf einzelne Mäzene entnehmen. So schreibt Merula in der Widmung seines op. 12, der dritten Veröffentlichung von Instrumentalwerken unter dem Titel *Canzoni, overo Sonate concertate per Chiesa, e Camera a due, et a tre*, am 1. März 1637, die Mehrzahl dieser Stücke habe er auf Veranlassung des Widmungsträgers Giovanni Battista Visconti komponiert, und

---

[261] Pontiroli (1964), S.174-75.

[262] Padoan (1972), S. 251, die Liste umfaßt folgende Namen:
Soprani: Gio. Battista Cremasco, Vincenzo Casale, Giovanni Peregrino (sic) Merula, Alessandro Caravaggio.
Contralti: Galetto, Scarinzo, Francesco dai Mazzi, Stanolo.
Tenori: Dolara, Bresciano, Don Pauolo (sic) Brena, Belina.
Bassi: Padre Badano di Sant'Agostino, M. Domenico Perazzi, Don Benedetto Trombone, Don Ferante Licò.

[263] Abgedruckt bei Padoan (1972), S. 278/79.

[264] Padoan (1972), S. 279.

zwar vermutlich für die Musikaufführungen in dessen Haus, *ove sovente con plettro sonoro sono chiamate a soggionar le muse.*[265] Bereits in seinem op. 9, dem um das Jahr 1632 erstmals veröffentlichten zweiten Druck von Kanzonen hatte es eine *Canzon Sesta detta la Vesconta* gegeben, die Merula 1640 noch einmal in seiner unter dem Titel *Pegaso* herausgegebenen Sammlung von geistlichen Vokalkonzerten als einziges Instrumentalstück aufnahm, wohl ein Hinweis auf eine länger anhaltende Verbindung zu dem gleichen Mäzen. Giovanni Battista Visconti dürfte derselben Cremoneser Patrizierfamilie angehört haben, aus der später der Komponist und Geiger Gasparo Visconti (1683- ca. 1713) hervorging.

Mehrere andere Kanzonen der Sammlung könnten wiederum als Einzelwidmungen zu verstehen sein, was nicht notwendig auch finanzielle Zuwendungen seitens der Widmungsträger implizieren muß: Eine davon trägt den Titel *La Treccha* und dürfte sich auf ein Mitglied einer weiteren Cremoneser Patrizierfamilie beziehen, der Trecchi, die zu den politisch einflußreichsten Familien der Stadt gehörten;[266] die Kanzone *L'Arisia* war nach Monterosso dem Cremoneser Giovanni Palladino Arisi zugeeignet,[267] während die Kanzone *La Bianca* sich möglicherweise auf den Komponisten und Kornettisten Giulio Cesare Bianchi bezieht, der langjährige Kontakte zu Monteverdi unterhielt und noch 1637 als Pächter von dessen Haus in Cremona nachgewiesen ist.[268] Auch die Kanzone *La Gallina* zu Beginn der Sammlung dürfte nicht nur als ein ›Hennergeschrey‹[269] zu verstehen sein, sondern könnte zugleich eine Widmung an ein Mitglied der Cremoneser Familie Gallina darstellen, eventuell aber auch an einen weiter nicht zu belegenden Gregorio Gallino, der sich in seiner 1655 erschienenen Sammlung *Canzon Spirituale Opera terza*, einer späten dreistimmigen Vertonung der *Vergini* von Petrarca, selbst als *maestro di Capella della magnifica Communità di Cremona* bezeichnet.[270] In vergleichbarer Weise hatte auch Corradini 1624 Mitgliedern städtischer Patrizierfamilien einzelne seiner Kanzonen dediziert, darunter *La Trecca, La Visconta* und *La Sfondrata.*[271]

Von einer weiteren Cremoneser Patrizierfamilie mit Namen Barbò scheint Merula in diesen beiden Jahren mit einiger Sicherheit finanzielle Unterstützung erfahren zu haben, darauf deutet die Zueignung des *Curtio precipitato,* seines einzigen erhaltenen Buches mit Sologesängen, hin. Die Familie hatte seit langem

265 Padoan (1972), S. 319.
266 Vgl. Città di Sofonisba (1994), S. 53-55.
267 Vgl. Monterosso (1949), S. 50.
268 Vgl. Argia Bertini, *Bianchi, Giulio Cesare*, NG, Bd. II, S. 676.
269 Noch Allsop spricht von »the amusingly programmatic *La Gallina* (The Hen), with its clucking repeated quavers«, vgl. Allsop (1992), S. 130; für eine musikalische Nachahmung von Hühnern und Hähnen lassen sich zahlreiche andere Beispiele von der französischen Chanson des 16. Jahrhunderts wie etwa Passereaus *Il est bel et bon* über Pogliettis Kanzone und Capriccio *Uber dass Henner- und Hannergeschrey* bis hin zu Rameaus *La poule* finden.
270 Von diesem Druck (NV 1056), der einem Kanoniker in Cividale di Friuli gewidmet ist, hat sich nur das Baßstimmbuch erhalten; bei Sommi Picenardi ist Gallino nicht unter den Cremoneser Musikern aufgeführt.
271 Corradini (1624).

das Kulturleben der Stadt mitgeprägt. So wurde etwa Lodovico Barbò 1609 zum ersten *Prencipe* der wiedergegründeten *Accademia degli Animosi* gewählt; vermutlich war es der gleiche Marchese, der 1627 als Vertreter der *fabbriceria* die Vertragsbedingungen mit Merula ausgehandelt hatte. Der Komponist Don Lorenzo Medici da Soresina muß eine besonders enge Beziehung zur Familie Barbò unterhalten haben, Monterosso nennt ihn 1610 *maestro di Musica in casa del Marchese Barbò*,[272] und in seinem ersten und dritten Buch mit dreistimmigen Kanzonetten treten vier Mitglieder der Familie namentlich als Widmungsträger in Erscheinung.[273] Möglicherweise bezieht sich das Kürzel *L. M.* über dem Druck von Merulas *Andianne a gl'horti di Dameta andianne* von 1624 auf eine verlorene Vertonung von Marinos *Andianne a premer latte a coglier fiori* durch Lorenzo Medici;[274] im Falle der Richtigkeit dieser Annahme wäre bereits eine frühe Verbindung zwischen Merula, Lorenzo Medici und vielleicht auch den Barbò anzunehmen. Merulas op. 13 von 1638 ist Giovanni Battista Barbò dediziert, laut Titelblatt Marchese von Soresina und militärischer Befehlshaber im Gebiet von Cremona für den spanischen König.[275] Merula datierte die Widmung am 1. Juni 1638, zu einem Zeitpunkt also, nachdem er bereits in Bergamo die Stelle als Kapellmeister an der Kathedrale angetreten hatte.[276]

Trotz dieser vielfältigen Beziehungen Merulas zu Cremoneser Patrizierfamilien zwischen 1635 und 1638 steht jedoch mittlerweile fest, daß Merula nach seiner Entlassung durch die *fabbricceria* nicht mehr in seinem eigenen Haus in Cremona wohnte und insofern der Stadt vermutlich auch den Rücken gekehrt hatte. Dies geht aus den ›Libri e stati dell'anime di S.to Sepolcro‹ für die Jahre 1636 und 1637 hervor, in denen sein Haus als leerstehend geführt wird.[277] In der Folgezeit war das Haus dann bis wenigstens 1643 an Giovan Battista Arisi und dessen Familie vermietet.[278]

[272] Monterosso (1949), S. 26.

[273] Im ersten Buch von 1604 ist Henrico Barbò ein Einzelstück gewidmet, die Marchesa Isabetta Barbò Stampa war dann Widmungsträgerin des dritten Bandes, in dem zusätzlich Felice Caterina Barbò sowie Petronilla Barbò je eine Vertonung eines Marinotextes zugeeignet ist.

[274] Marenzio kommt hier nicht in Frage, da Marinos Gedicht zu dessen Lebzeiten noch gar nicht entstanden war.

[275] Padoan (1972), S. 320.

[276] Ein Dreimonatsgehalt wurde am 1.7.1638 an ihn ausgezahlt, also einen Monat nach Niederschrift der Widmung, doch da alle weiteren Gehälter jeweils rückwirkend ausbezahlt wurden, ist ein Dienstantritt bereits zum 1.4. des Jahres wahrscheinlich, obwohl dies auf dem Titelblatt des *Curtio precipitato* noch keine Erwähnung findet; vgl. Padoan (1972), S. 297f..

[277] Vgl. hierzu Giazzi / Manfredini (1994), S. 8 und Fußnote 39.

[278] Giazzi / Manfredini (1994), S. 8 und Fußnote 44; es konnte nicht geklärt werden, ob dieser mit dem zuvor genannten Giovanni Palladio Arisi verwandt war.

Verbindungen Merulas nach Bologna und Imola

Musikgeschichtlich gewichtiger als das Mäzenatentum der Visconti und Barbò dürften die in der Sekundärliteratur nur beiläufig erwähnten Verbindungen Merulas nach Bologna und Imola sein, die der Komponist in der zweiten Hälfte der dreißiger Jahren intensivierte und die schließlich zu seiner formellen Mitgliedschaft in der *Accademia dei Filomusi* in Bologna führten. Diese musikalische Akademie wurde 1622 ins Leben gerufen und kann als die Fortsetzung der von Adriano Banchieri und Girolamo Giacobbi 1615 unter dem Namen *Accademia dei Floridi* gegründeten Vereinigung verstanden werden. Die *Floridi* hatten im Olevitanerkonvent *S. Michele in Bosco*, dem Banchieri angehörte, getagt, und aus ihren Statuten[279] ist zu entnehmen, daß die Novizen des Klosters an den wöchentlichen Sitzungen teilzunehmen hatten und daß neben theologischen Disputen auch die Aufführung von Musik fester Bestandteil der Zusammenkünfte war. Als geeignet sah Banchieri dafür neben Motetten Palestrinas und Lassos auch Coppinis geistliche Umarbeitungen von Madrigalen Monteverdis an.[280] Die Nachfolgeorganisation, die *Accademia dei Filomusi*, wandte sich dann allgemeinen literarischen und musikalischen Fragestellungen zu; über einige der Sitzungen sind wir durch die gedruckten Beschreibungen gut unterrichtet, so geben Banchieris *La sampogna musicale* und Ottavio Vernizzis *Alcune conclusioni musicali* - beide aus dem Jahre 1625 - jeweils den Ablauf einer Akademiesitzung wieder; überhaupt ist ein großer Teil von Banchieris weltlicher Musik und von seinen Schriften nach 1615 in direktem Zusammenhang mit den beiden Akademien zu sehen. Als Versammlungsort wählten die *Filomusi*, deren Wahlspruch *Vocis dulcedine captant* lautete, das Haus Girolamo Giacobbis, der von 1604 bis zu seinem Tode 1628 der wichtigsten geistlichen Kapelle der Stadt an der *Basilica di S. Petronio* als Kapellmeister vorstand und als erster Bologneser Komponist im neuen musikdramatischen Stil hervorgetreten war.

Beiden Institutionen gehörten zahlreiche Komponisten und Musiker als ständige Mitglieder an, neben Banchieri und Giacobbi der Lautenist Alessandro Piccinini, Autor bedeutender Werke für Laute und Chitarrone, Domenico Brunetti, der langjährige Kapellmeister am Dom zu Bologna, Ottavio Vernizzi, Organist an *S. Petronio*, Camillo Cortellini detto il Violino, der 1627 die Musik zu einem großen öffentlichen Fest komponierte,[281] Domenico Manzolo, der bei der *Signoria* angestellt und zugleich *mastro di canto* an *S. Michele in Bosco* war,[282] der Violinist Alfonso Pagani, der wenigstens zwischen 1601 und 1609 am polnischen Hofe gedient hatte, Francesco Milani, seit 1630 Nachfolger Giacobbis an *S. Petronio*, spätestens 1640 Riniero Scarselli, Kanoniker an *S. Salvatore* in Bologna sowie Domenico Pellegrini, ein bedeutender Gitarrist und Komponist für dieses

[279] Nachgedruckt bei Vecchi, G. (1969), S. 134-41.
[280] Vecchi, G. (1969), S. 139.
[281] Vecchi, G. (1969), S. 64.
[282] Vecchi, G. (1969), S. 88.

Instrument, der sich im Druck seiner *Armoniosi concerti* von 1650 als Mitglied der Akademie bezeichnet.[283] Hinzu kommen noch die Dichter Cesare Rinaldi[284] und Roberto Poggiolini[285] sowie Rodolfo Campeggi, der als Mitglied der *Gelati* vielleicht kein formelles Mitglied der *Filomusi* war, zumindest aber in engem Kontakt zu den Akademikern gestanden haben muß.[286] Eine Reihe auswärtiger Musiker unterhielt Verbindungen zu den *Floridi* bzw. *Filomusi* - allen voran Claudio Monteverdi, der bereits 1620 bei einer Sitzung der *Floridi* zugegen war und 1627 als Mitglied der *Filomusi* aufgenommen wurde;[287] Agostino Facchi war einige Jahre in Bologna als Organist tätig, doch scheint er den *Filomusi* erst nach seinem Wechsel als Organist an die Kathedrale von Vicenza beigetreten zu sein.[288] Wilkinson nennt darüber hinaus noch Costanzo Varini, der sich im Jahre 1634 als Mitglied der Vereinigung bezeichnete,[289] und Mabbett führt einen Eintrag bei Maylender an, wonach auch Sigismondo d'India zu den *Filomusi* zu rechnen sei.[290]

Welche Gründe eine Gruppe von Musikern um Domenico Brunetti und Francesco Bertacchi im Jahre 1633 dazu bewogen, neben den *Filomusi* eine weitere musikalische Akademie, die *Accademia dei Filaschisi*, zu gründen, ist nicht geklärt. Vielleicht bestand ein Bedürfnis nach Erneuerung, denn von den beiden dominierenden Persönlichkeiten der früheren Akademien war Giacobbi 1628 verstorben und Banchieri, der 1634 starb, bereits schwer erkrankt. Als Wappen wählten die *Filaschisi* die Harfe König Davids und als Wahlspruch *Orbem demulcet attactu.* Die Aktivitäten dieser Akademie im ersten Jahrzehnt ihres Bestehens sind noch kaum erforscht, doch gehörten der Vereinigung später zahlreiche Bologneser Musikerpersönlichkeiten an.[291] 1666 schlossen sich die *Filomusi* und die *Filaschisi* zur bis heute bestehenden *Accademia Filarmonica* zusammen.

Auf welche Zeit Merulas erste Kontakte zu den Bologneser Musikakademien zurückgehen, ist bisher nicht eindeutig zu klären. Denkbar ist, daß er bereits zum Zeitpunkt der Veröffentlichung seiner ersten beiden geistlichen Vokalwerke in

---

[283] Ob Giulio Vimercati, der sich bereits in seinem Druck *Canzonette, Madrigaletti, et Arie a tre voci* von 1614 als *Filomuso* bezeichnet, mit zu diesem Kreis gezählt werden muß, konnte ich nicht nachweisen.

[284] Christian Jöchers *Allgemeines Gelehrtenlexikon* von 1751 führt unter dem Eintrag Rinaldi aus, er sei »gebohren zu Bologna 1559 den 12. Decembr., excellierte in der italiaenischen Poesie, hatte ein schoen Museum von raren Sachen gesammlet, versäumete auch im hohen Alter nicht leicht eine Comoedie (sic!), schrieb Lettere; Rime; L'Arianna; Canzoni &c und starb 1636 den 6 Febr.«; zitiert nach IBI, Fiche 848, Kopie 302. Rinaldis Gedichte wurden nicht selten von Komponisten der Zeit auch außerhalb von Bologna vertont, u.a. von Merula in seinem ersten Madrigalbuch von 1624.

[285] Über die Bedeutung Poggiolinis für Merula s.u. S. 41ff.

[286] Von Campeggi (1565-1624) stammen einige der Textvorlagen für die ersten musikdramatischen Aufführungen in Bologna mit der Musik Giacobbis, vgl. Vecchi, G. (1969), S. 66-68.

[287] Vecchi, G. (1969), S. 82.

[288] John Whenham, *Facchi, Agostino*, NG, Bd. 6, S. 354/55.

[289] Wilkinson (1978), S. 87.

[290] Mabbett (1989), Bd. II, S. 18.

[291] Vecchi nennt insbesondere Domenico Pellegrini, Francesco Prattachista, Agostino Filipuzzi, Gio. Paolo Colonna, Gio. Battista Vitali und Pietro degli Antoni; vgl. Vecchi, G. (1969), S. 89.

Lorenzo Calvis *Symbolae diversorum musicorum* Kontakt zu Banchieri und Brunetti hatte, denn auch von diesen Bologneser Komponisten sind darin Stücke abgedruckt. Ob die Tatsache der Vertonung von vier Texten Cesare Rinaldis[292] in Merulas erstem Madrigalbuch von 1624 auf bestehende Beziehungen zur Akademie hindeutet, ist fraglich, doch war einer der Texte, *Canta Urania la parte* als *Canta Euterpe la parte* bereits 1606 von Domenico Brunetti, einem anderen Mitglied der Akademie, in seiner Sammlung *L'Euterpe*, veröffentlicht worden.[293] Daß es auch während Merulas polnischer Zeit zu Kontakten gekommen sein könnte, läßt die Widmung des Drucks von Ottavio Vernizzis *Alcune conclusioni musicali* aus dem Jahre 1625 an den litauischen Fürsten Aleksander Ludwik Radziwill als möglich erscheinen, der gemeinsam mit dem polnischen Thronfolger Italien bereist und vielleicht sogar an der betreffenden Sitzung der Akademie teilgenommen hatte, bei der Vernizzis Schlußfolgerungen »in musikalischer Form öffentlich in der *Accademia dei Filomusi* disputiert« worden waren.[294] Auch über Ferdinando Pagani, einen Kornettisten am Warschauer Hof, könnte in diesen Jahren ein erster Kontakt zustande gekommen sein, denn dieser war um die Jahrhundertwende gleichzeitig mit dem Violinisten Alfonso Pagani, einem späteren Mitglied der *Filomusi*, nach Polen gegangen und vermutlich mit diesem verwandt.[295]

Die wichtigste bisher nachweisbare Verbindung bestand aber zwischen Merula und Roberto Poggiolini, einem Cavaliere aus Imola, der zum engeren Kreis der Akademiker gehörte und als Literat wie auch als Komponist hervorgetreten ist. Poggiolini war Kompositionsschüler des Franziskaners Giulio Belli, der an verschiedenen wichtigen Kirchen in der Emilia und im Veneto als Kapellmeister gewirkt hatte, darunter mehrfach auch am Dom in Poggiolinis Heimatstadt Imola. In seinen zwei- und dreistimmigen *Concerti ecclesiastici* von 1613 hatte Belli auch zwei dreistimmige Kanzonen und ein geistliches Konzert von Poggiolini veröffentlicht.[296] Auch Adriano Banchieri bezeichnete Poggiolini als früheren Schüler und nahm, ebenfalls 1613, dessen einzige andere bekannte Komposition, ein zweistimmiges *Joannes est nomen ejus*, in sein eigenes *Terzo libro di nuovi pensieri ecclesiastici* auf.[297] Als Dichter scheint Poggiolini - soweit bekannt - vor allem im engeren Rahmen der Akademie gewirkt zu haben; für die akademischen Zusammenkünfte schrieb er unter anderem »... un grazioso Idilio intitolato FLORA alludendo alla denominazione della nostra FLORIDA Academia di S. Michele in Bosco ... «.[298] Die Musik hierzu stammte von Girolamo Giacobbi,

---

[292] Nicht ausgeschlossen ist sogar, daß Merula mütterlicherseits mit dem Dichter verwandt war, denn deren Mädchenname war Rinaldi.

[293] Auch die bereits erwähnte Bezugnahme auf Bareras Komposition ist denkbar; vgl. Fußnote 67.

[294] Vgl. Schweinitz (1988), S. 254, Anmerkung 223; sowie Vecchi, G. (1969), Faksimile des Titelkupfers im nicht paginierten Anhang.

[295] Vgl. Szweykowska (1974), S. 147.

[296] Vgl. Othmar Wessely, *Belli, Giulio*, MGG-I, Bd. 15, Spalten 625-26.

[297] Als Reprint der Originalpartitur abgedruckt bei Vecchi, G. (1969), im nicht paginierten Anhang. Vgl. auch Mischiati (1971), S. 70.

[298] Vecchi, G. (1969), S. 142-43.

Domenico Brunetti und Banchieri selbst und scheint aus in den Text eingestreuten Kompositionen bestanden zu haben. Vermutlich sind einige der Stücke daraus in Banchieris Sammlung *Vivezze di Flora e Primavera* von 1622 eingegangen, denn darin findet sich nicht nur ein zweiteiliges Madrigal mit dem Titel *Flora*, sondern auch ein weiteres, das als *Fiorito Aprile* bezeichnet ist, also den gleichen Namen trägt wie eine der allegorischen Gestalten der Aufführung;[299] auch ein großer Teil der anderen Stücke des Bandes gehört thematisch in diesen Rahmen.[300]

Merula könnte Poggiolini bereits 1633 gekannt haben, denn in seinem zweiten Madrigalbuch finden sich drei Vertonungen von dessen Gedichten, die sonst im Repertoire nicht nachweisbar sind,[301] darunter an exponierter Stelle zur Eröffnung der Sammlung *Cogli, Dori gentile*, dessen Text vom Sammeln verschiedenster Blumen handelt und damit durchaus dem unmittelbaren Kontext der früheren *Floridi* entstammen könnte. Da Poggiolini fünf Jahre später eines der Lobgedichte auf Merula für die Drucklegung des *Curtio precipitato* verfaßte, liegt bereits für den früheren Zeitpunkt die Annahme von direkten Kontakten nahe; unter dieser Voraussetzung könnte Merula Banchieri sogar noch persönlich gekannt haben. Das andere der panegyrischen Gedichte im *Curtio precipitato* stammt von Claudio Sacchelli, der sich im Druck als *L'Avido* bezeichnet, doch konnte nicht geklärt werden, ob Sacchelli - was naheliegen würde - wie Poggiolini ebenfalls den Bologneser *Filomusi* oder den *Filaschisi* angehörte. Da auch der Titel der Kanzone *La Cattarina* aus Merulas 1637 gedrucktem op. 12 als eine Huldigung an die Hl. Katharina, die Schutzpatronin der *Filomusi*, interpretiert werden könnte,[302] zumal weibliche Vornamen als Überschriften von Merulas Kanzonen selten vorkommen, sind auf Grund dieser Indizien bereits in den Jahren vor seiner offiziellen Mitgliedschaft in der *Accademia dei Filomusi* engere Kontakte zu vermuten. Ob Teile des *Curtio* unmittelbar im Zusammenhang mit den Sitzungen der *Filomusi* zu sehen sind, ist derzeit nicht zu erhärten, doch läßt die auffällige Häufung komischer Stücke ebenso wie die Verwendung von Textvorlagen im Dialekt an eine Verwandtschaft zu einer Reihe von Werken Banchieris denken, nicht zuletzt, da Merulas Aria *O conza lavez* eine direkte Bezugnahmen auf Ban-

[299] Banchieri selbst spricht in einem Brief an Poggiolini von zwei Hirten, die den blühenden April (*Fiorito Aprile*) und den wonnigen Mai (*Dilettoso Maggio*) darstellen sollen. Vecchi, G. (1969), S. 143. Ob es eine Verbindung zu Merulas im gleichen Jahr veröffentlichter Solosammlung *Il canoro aprile* gegeben haben könnte, ist wegen deren Verlust nicht mehr festzustellen.

[300] Eine Edition der Sammlung ist 1971 von Elio Piatelli für die Edizioni de Santis in Rom besorgt worden

[301] Die Autorschaft Poggiolinis konnte erst in den letzten Jahren durch die Bemühungen von Angelo Pompilio, Antonio Vassalli und Lorenzo Bianconi um eine Bestandsaufnahme der Textdichter des Repertoires geklärt werden. Sie stellten mir für meine Arbeit freundlicherweise die bisher gewonnenen Erkenntnisse zur Verfügung.

[302] Vgl. hierzu Vecchi, G. (1969), S. 159; Allsop weist darauf hin, Merula zitiere in *La Cattarina* musikalisches Material aus der *Canzona 4 à 8* aus den *Sacri concentus* des vermutlich 1623 gestorbenen venezianischen Komponisten Giovanni Battista Grillo; sollte dies zutreffen, handelte es sich um einen der wenigen bislang bekannten Fälle, in denen Merula direkt ein Werk eines anderen Komponisten zitiert, allerdings liegen die möglichen Gründe dafür im Dunkeln; vgl. Allsop (1992), S. 129.

chieris dreistimmige *Mascherata* mit dem Titel *Cunza laviz* aus der 1628 erschienenen Sammlung *Saviezza giovenile* als möglich erscheinen läßt. Auch eine Autorschaft Poggiolinis zumindest für einen Teil der Texte aus dem *Curtio precipitato* ist in Ermangelung anderer in Frage kommender Autoren in Erwägung zu ziehen.

Die Annahme liegt nahe, daß durch Poggiolini, der aus Imola stammte, der Kontakt Merulas zu Ferdinando Millini, dem dortigen Bischof, vermittelt worden ist. Merula widmete diesem seine dritte Sammlung geistlicher Konzerte mit dem Titel *Pegaso*, die zwar nur in einer späteren Auflage von 1640 erhalten ist, als sein op. 11 aber zwischen 1633 und 1637, also vor dem dritten Buch der Kanzonen, erstmals gedruckt worden sein muß.[303] Leider fehlt dem Nachdruck ein Widmungstext, und die beiden panegyrischen Gedichte sind ohne Nennung der Autoren abgedruckt. Wie Wilkinson mutmaßte, mag der Komponist zeitweilig auf eine Anstellung am Dom von Imola gehofft haben,[304] denkbar wäre auch, daß er - ähnlich wie später in Padua (s.u.) - zeitweilig in einer privaten Kapelle des Bischofs tätig war, doch läßt sich Vergleichbares wegen der bislang fehlenden Aufarbeitung musikgeschichtlicher Quellen in Imola nicht feststellen.

Während seines zweiten Aufenthaltes in Bergamo muß Merula seine Beziehungen zu den Musikakademien in Bologna noch weiter intensiviert haben, schon recht bald nach der Veröffentlichung des *Curtio* wurde er selbst Mitglied der *Filomusi*, denn in seinem nächsten erhaltenen Werk,[305] einer als op. 15 gezählten Sammlung mit Messen und geistlichen Konzerten aus dem Jahr 1639, bezeichnet sich Merula mit einigem Stolz als *Accademico Filomuso di Bologna*,[306] ebenso wie ein Jahr später im Druck der *Arpa Davidica*, seinem op. 16. Unbemerkt geblieben ist bisher, daß Merula im letzteren Druck die Harfe König Davids - das Wappen der *Filaschisi* - wohl kaum zufällig zum emblematischen Titel seiner Sammlung wählte, möglicherweise zugleich ein Hinweis auf ein nicht wirklich konkurrierendes Verhältnis zwischen den beiden Bologneser Musikakademien. Ob Merula darüber hinaus unmittelbar Musik für die Zusammenkünfte der Akademiker geschrieben hat oder - was auf Grund seiner Mitgliedschaft naheliegen würde - dort einige seiner anderweitig gedruckten Werke aufgeführt worden sind, ist bisher ungeklärt. Es wäre durchaus denkbar, daß die 1642 in die erweiterte Neuauflage der *Madrigaletti* von 1624 neu aufgenommenen Stücke im Zusammenhang mit der Akademie zu sehen sind, zumal deren z.T. komischer Charakter sich sehr wohl in die Tradition von Banchieris Kompositionen für die Akademie einfügen würde und zudem aus diesem Zeitraum kein anderer konkreter Anlaß für die Komposition weltlicher Vokalmusik zu benennen ist.

---

[303] Vgl. Padoan (1972), S. 316.

[304] Vgl. Wilkinson (1978), S. 85.

[305] Von seinem op. 14 ist nicht einmal der Titel bekannt; ob es sich, wie Wilkinson und ihm folgend Bonta meinen, dabei um jenen im Verkaufskatalog von Alessandro Vincenti aus dem Jahre 1648 angekündigten Band mit Kanzonetten handelt, ist nicht zu klären, es könnte sich dabei auch um die, laut Bresciani, dreistimmige Kanzonettensammlung von 1623 handeln; vgl. Wilkinson (1978), S. 86f.

[306] Vgl. Padoan (1972), S. 323.

Bergamo - Die Jahre zwischen 1638 und 1642

Die drei Drucke, in denen sich die direkte Beziehung des Komponisten zu den Bologneser Musikakademien manifestiert, sind wie auch das verlorene op. 14 während der Zeit von Merulas zweitem Aufenthalt in Bergamo, dessen Beginn vermutlich auf April 1638 zu datieren ist, im Druck erschienen.[307] In den beiden Bänden mit geistlicher Musik bezeichnet Merula seine neue Stellung als die eines *Maestro di Capella, & Organista Del Duomo di Bergamo,*[308] obwohl er in den erhaltenen Abrechnungen der Zeit nur als Organist geführt wird.[309] Das *Concerto* op. 15 ist den Prälaten und Kanonikern an der Kathedrale, die *Arpa Davidica* op. 16 Luigi Grimani, dem Bischof der Stadt gewidmet. Die Geschichte der Kapelle an der Kathedrale *San Pietro* in Bergamo ist im Gegensatz zu derjenigen an der benachbarten *S. Maria Maggiore* nicht systematisch untersucht worden; erwähnt wurde bereits, daß vor 1598 Giovanni Cavaccio hier Kapellmeister war. Im Jahre 1600 wie auch in den Folgejahren wirkten eine Reihe von Musikern der Kathedrale beim Fest Mariä Himmelfahrt in *S. Maria Maggiore* mit, in diesem Fall je zwei Soprane, Altisten, Tenöre und Bässe sowie ein Posaunist; zwischen 1604 und 1626 ist Giovanni Agostino Pasti als Organist am Dom nachzuweisen, für das Jahr 1627 nennt Roche einen Lazerino als Kapellmeister.[310] Doch ist es nicht möglich, auf Grund dieser Angaben die genaue Größe und Besetzung der Kathedralkapelle zu bestimmen und damit die Möglichkeiten zu benennen, die Merula während seiner dortigen Anstellung zur Verfügung standen.

Nicht auszuschließen ist, daß Merula bei seinem zweiten Wechsel nach Bergamo sich erneut Hoffnungen auf die Kapellmeisterstelle an *S. Maria Maggiore* gemacht hatte. Diese war nach dem Tod von Merulas aus Verona stammendem Nachfolger Cristoforo Guizzardi, der die Stelle zwischen März 1634 und Mai 1637 innegehabt hatte, bei Merulas Ankunft in Bergamo erneut vakant und wurde erst nach gescheiterten Verhandlungen mit Galeazzo Sabbatini (1639) und einer Zeit, in der wiederum Fermo Bresciani, ein seit vielen Jahren der Kapelle angehörender Bassist, die Leitung kommissarisch übernommen hatte, mit der Berufung Giovanni Battista Crivellis im Jahre 1642 definitiv wiederbesetzt.[311] Roche und Wilkinson berichten, das *Consorzio* von *S. Maria Maggiore* habe die feindliche Haltung gegenüber Merula auch während seiner Anstellung an der Kathedrale nicht aufgegeben und den Kapellmitgliedern noch am 14. April 1642 bei Androhung der Entlassung verboten, unter diesem an der benachbarten Kathedrale zu singen, während das Auftreten in anderen Kirchen offenbar kein Problem darstellte.[312]

---

[307] Die erste, wie üblich wohl rückwirkende Zahlung an Merula ist am 1.7.1638 datiert, vgl. Padoan (1972), S. 297.

[308] Vgl. Padoan (1972), S. 323.

[309] Padoan (1972), S. 297f.

[310] Roche (1966), S. 307.

[311] Vgl. hierzu Padoan (1990), S. 120ff.

[312] Roche (1966), S. 309, Fußnote 38; sowie Wilkinson (1978), S. 87f.

Vermutlich während dieses zweiten Aufenthalts in Bergamo wurden offenbar noch zwei weitere Kinder Merulas geboren, deren Mutter wohl die genannte zweite Ehefrau Lucia war, im Jahre 1638 die Tochter Clara und im Jahre 1641 offenbar eine weitere Tochter mit Namen Teresa.[313]

Padua und Venedig - Die Jahre zwischen 1643 und 1645

Wie lange Merulas zweiter Aufenthalt in Bergamo gedauert hat, war bis vor wenigen Jahren nicht geklärt; zuletzt verweist Merula selbst im Jahre 1642 in der um einige Stücke und einen Basso continuo erweiterten Neuausgabe der *Madrigaletti* von 1624 auf seine Anstellung an der Kathedrale in Bergamo, während der Nachdruck des zweiten Madrigalbuches aus dem Jahre 1644 nicht seine aktuelle Position vermerkt, sondern das mittlerweile veraltete Titelblatt der zweiten Auflage von 1635 verwendet; auch andere Belege für ein Andauern seiner Anstellung in Bergamo sind nicht bekannt. Möglicherweise hat Merula jedoch Bergamo - ohne daß etwas über die möglichen Gründe dafür zu erfahren wäre - bereits 1643 erneut verlassen, denn seit Herbst des Jahres ist er in Diensten von Giorgio Cornaro nachzuweisen, der 1642 zum Bischof von Padua ernannt worden war und das Amt länger als 20 Jahre bis 1663 ausübte. Cornaro stammte aus einer der einflußreichsten Familien in Venedig, die nicht nur mehrfach den Dogen stellte, sondern mit Marco Cornaro (bis 1625), Federico Cornaro (1629-32) und Marc' Antonio Cornaro (1632-36) immer wieder auch den Inhaber des Bischofsamtes in Padua. Es ist bemerkenswert, daß fast alle der genannten Familienmitglieder im Bereich der Musik als Mäzene hervorgetreten sind: Bischof Marco Cornaro beschäftigte zumindest in der Zeit von 1606-08 den Komponisten und Chitarronespieler Bartolomeo Barbarino für seine Privatmusiken und 1619 widmete ihm Stefano Landi seine *Madrigali a cinque voci Libro primo.* Claudio Monteverdi gibt in einem Brief vom 17. März 1620 einen Hinweis auf Privataufführungen bei Marc' Antonio Cornaro, der vor seinem Amtsantritt in Padua zwischen 1619-32 als *primicerio* wichtigstes Mitglied des Kapitels am Markusdom in Venedig und damit auch ein Vorgesetzter des Kapellmeisters war. Monteverdi war nach eigenen Aussagen zu jener Zeit gehalten, »an jedem Mittwoch, Freitag und Sonntag in seiner privaten Kapelle« Musik aufzuführen, »zu der die halbe Nobilität kommt«.[314]

In vergleichbarer Funktion könnte Merula von dem offenbar ebenfalls musikliebenden Giorgio Cornaro zumindest zeitweise beschäftigt worden sein, denn in den Gehaltslisten der *Mensa episcopalis* der Paduaner Bischofskurie wird er -

---

[313] Dies vermerkt ohne weitere Angabe von Quellen zumindest Sommi Picenardi, der beide Töchter allerdings noch für Kinder von Valeria Bordigalli hielt; Sommi Picenardi (1997), S. 200; Merulas Tochter Clara sollte 1664 in Cremona heiraten, von Teresa fehlt jedoch jede weitere Nachricht.
[314] Monteverdi (1989), S. 221-22 sowie S. 208.

erstmals am 1. November 1643 - in der Funktion eines *mastro di capella* geführt,[315] womit nur eine Privatkapelle des Bischofs, nicht aber die Stelle an der Kathedrale von Padua gemeint sein kann, da im Zusammenhang mit deren Wiederbesetzung nach dem Tode Amadio Freddis im September des Jahres lang andauernde Kompetenzstreitigkeiten zwischen Bischof und Kapitel begannen. So gab Cornaro Merula Mitte November unter Umgehung des Kapitels die Anweisung, einige eigentlich dem Kathedralkapellmeister vorbehaltene Tätigkeiten auszuüben, etwa die festliche Musik bei der Einkleidungszeremonie für eine Nonne zu leiten oder den Seminarzöglingen Unterricht zu erteilen, doch scheint sich das Kapitel dem widersetzt zu haben.[316] Ob Cornaro letztlich beabsichtigte, Merula als Kapellmeister an der Kathedrale von Padua durchzusetzen, wird aus den Quellen nicht deutlich, jedenfalls spielte der Name des Komponisten bei der anstehenden Entscheidung im Kapitel keine Rolle. Dieses wählte am 9. Februar 1644 Giovanni Battista Marinoni, einen langjährigen Freund des kurz zuvor verstorbenen Claudio Monteverdi zum Kapellmeister.[317] Doch wird Merula am 14. März 1644 erneut im *Quaderno del Seminario* der Kathedrale von Padua im Zusammenhang mit Zahlungen für geleisteten Musikunterricht erwähnt. Die Gründe dafür liegen im dunkeln, doch dürfte die Zahlung damit in Zusammenhang stehen, daß Marinoni erst weit später, am 30. November 1644, den eigentlich zu seinen Aufgaben zählenden Unterricht aufnahm, um diese Tätigkeit dann aus ungeklärten Gründen nicht einmal drei Monate später wieder aufzugeben (am 21. Januar 1645), wodurch neuerliche und nun offenbar letztmalige Zahlungen seitens der Kathedrale an Merula vom 22. April 1645 plausibel werden.[318] In der Folgezeit wurde dann Michele Freschi als dienstältester Sänger der Kathedralkapelle mit derartigen Aufgaben betraut.

Welcher Art die musikalischen Aufgaben Merulas in Diensten Bischof Cornaros sonst waren und welches Repertoire zur Aufführung kam, ist weitgehend unbekannt. Zahlungen an vier weitere Musiker, unter ihnen ein Tenor der Kathedralkapelle und ein *contralto*, der später an *Il Santo* nachgewiesen ist, sind in diesem Zusammenhang belegt.[319] Abgesehen von Merula waren die übrigen Musiker also vermutlich, wie auch sonst in den meisten Akademien, an anderen musikalischen Institutionen in der Stadt tätig.

Ob Merula - wie der Titel *mastro di capella* nahelegt - eine dauerhafte Anstellung bei Bischof Cornaro innehatte oder ob es sich nur um die Mitwirkung bei bestimmten musikalischen Anlässen handelte, ist aufgrund der bisher bekannten Quellen kaum zu entscheiden. Zumindest scheint Bischof Cornaro, der nach zeit-

---

[315] Lovato (1992), S. 181-202, hier S. 194.

[316] Lovato (1992), S. 181-82 und S. 193-95.

[317] Marinoni gehörte 1595 zur Gruppe jener Musiker des Mantuaner Hofs, die den Herzog auf seiner Ungarnreise begleiteten, seit 1613 ist er im Umkreis des Markusdoms nachweisbar und gab nach Monteverdis Tod zu dessen Andenken die Gedichtsammlung *Fiori poetici* heraus (1644); vgl. Denis Arnold, *Marinoni, Giovanni Battista*, NG, Bd. 11, S. 688.

[318] Lovato (1992), S. 182-83 und S. 198.

[319] Lovato (1992), S. 187 und S. 194.

genössischem Zeugnis ein großer Liebhaber von Kammermusik war, derartige Privataufführungen während seiner gesamten, mehr als zwanzigjährigen Amtszeit durchgeführt zu haben. Nach Merula beschäftigte er Simone Vesi in der Funktion eines *maestro di capella*, wie dieser in drei seiner Publikationen zwischen 1648 und 1663 angibt. Auch Francesco Petrobelli, seit 1647 als Nachfolger Marinonis langjähriger Kapellmeister an der Paduaner Kathedrale, erhielt nachweislich Sonderzahlungen seitens des Bischofs und widmete diesem 1643 eine Sammlung mit Solomotetten.[320] Da sich im Nachlaß des Bischofs ein Cembalo, ein Spinett und eine *chitara alla spagnola* befanden,[321] ist durchaus wahrscheinlich, daß bei diesen Konzerten auch weltliche Musik aufgeführt wurde, doch läßt sich bisher keines der von Merula erhaltenen Werke mit diesen Aufführungen in Verbindung bringen.

Inwieweit die Musiker des Bischofs bei den Treffen der Paduaner *Accademia dei Ricovrati*, deren Sitzungen jeweils von musikalischen Darbietungen eingerahmt wurden, mitwirkten, ist noch nicht geklärt. Immerhin war Giorgio Cornaro schon zehn Jahre vor der Übernahme des Bischofsamtes nicht nur deren Mitglied, sondern sogar *soprastante*, d.h. Vorsteher der Musik innerhalb dieser Akademie. 1645 wurde der Bischofspalast selbst zeitweilig Tagungsort der nunmehr reformierten Akademie, so daß eine Überschneidung des musikalischen Personals um so eher vermutet werden kann.[322] Durch die Veröffentlichung der für die Akademiesitzungen geschriebenen *Scherzi amorosi* von Petrobelli aus dem Jahre 1652 sind wir teilweise über die Art der um die Jahrhundertmitte dort aufgeführten Musik unterrichtet, und auch darüber, daß die Sitzungen der *Ricovrati* zu diesem Zeitpunkt nicht mehr im Palast des Bischofs, sondern bei Pio Enea degli Obizzi stattfanden, einem der wichtigsten Mäzene in der Stadt.

Trotz seiner beiden bedeutenden Kirchen, der dem hl. Antonius von Padua geweihten *Basilika del Santo* und der Kathedrale, scheint Padua musikalisch in dieser Zeit weitgehend im Schatten des benachbarten Venedig gestanden zu haben. Weder Amadio Freddi und seine Nachfolger an der Kathedrale[323] noch deren Kollege Antonio delle Tavole, von 1635-1674 Kapellmeister an *Il Santo*,[324] besaßen als Komponisten eine mehr als lokale Ausstrahlung. Doch bestanden z.T. enge persönliche Kontakte von Musikern der Paduaner Kathedralkapelle zum

---

[320] Lovato (1992), S. 184.

[321] All diese Angaben finden sich bei Lovato (1992), S. 186.

[322] Vgl. Lovato (1992), S. 188.

[323] Freddi war Kapellmeister in den Jahren 1632-43, Marinoni 1644-47 und Petrobelli 1647-84. Unter Freddis Vorgängern sind zu nennen: Giordano Pas(s)etto (1520-1557), Francesco Portenari (1576-78), Giovanni Battista Mosto, der das Amt 1580-89 und nochmals 1595-96 ausübte, Costanzo Porta (1589-95), der dann wieder zurück nach *Il Santo* wechselte, Lelio Bertani (1598-1604), Bartolomeo Favoret(t)i (1604-16) sowie Gerolimo Boni (1616-23); vgl. hierzu: Massaro / Cattin (1983), S. 449-54.

[324] Zu seinen z.T. bedeutenderen Vorgängern gehörten Costanzo Porta (1565-67 und dann wieder 1595-1601), Lodovico Balbi (1585-91), Orazio Colombani (1592-95), Bartolomeo Ratti (1601-1606 sowie 1608-1613), Giulio Belli (1606-1608), Antonio da Cento (1614-15), Luigi Balbi (1615-21), Giovanni Ghizzolo (1622-23) sowie Leandro Gallerano (1623-1631); vgl. hierzu Paul Kast / Antonio Garbelotto, *Padua*, MGG-I, Bd. 10, Spalte 570. Darüber hinaus: Morelli (1990), S. 93-106, vor allem S. 100-102.

Markusdom und insbesondere zu Claudio Monteverdi. Dessen Sohn Francesco gehörte von 1631-37 und von 1638-43 als *contralto* der Kapelle an der Kathedrale an und kehrte nach dem Tod seines Vaters an den Markusdom zurück. Neben dem bereits erwähnten Giovanni Battista Marinoni unterhielt auch Giovanni Francesco Morosini enge Kontakte zu Monteverdi; Morosini war Kanoniker an der Kathedrale von Padua und wird in den zwanziger Jahren als Widmungsträger mehrerer Sammlungen von Vokalmusik genannt.[325]

Die engen kulturellen Verflechtungen zwischen den beiden benachbarten Städten werden auch am Beispiel einer frühen musikdramatischen Aufführung in Padua deutlich, dem Turnierspiel *Ermiona*, das mit einer eventuell Monteverdis *Introdutione al ballo* vergleichbaren musikdramatischen *Introdutione* am 11. April 1636 nach einem Libretto des Paduaner Patriziers Pio Enea degli Obizzi und mit der heute verlorenen Musik von Giovanni Felice Sances aufgeführt worden war. Das Stück, zu dem auch der venezianische Adel offenbar in großer Zahl erschien,[326] lieferte anscheinend im Zusammenhang mit der Entstehung der kommerziellen Oper in Venedig wichtige Anregungen.[327] Bei der öffentlichen Aufführung waren neben Monteverdis Sohn Francesco eine Reihe jener Sänger beteiligt, die im darauffolgenden Jahr in Venedig die *Andromeda* einem zahlenden Publikum vorstellen sollten. Im Jahre 1643 wurde in Padua unter dem Titel *L'amor pudico* ein ähnliches Stück mit der Musik von Antonio dalle Tavole auf der *Piazza de' Signori* aufgeführt,[328] doch blieb es im musikdramatischen Bereich bei diesen Einzelfällen.

Auch Merulas Interesse könnte in diesen Paduaner Jahren vorrangig dem musikalischen Geschehen im benachbarten Venedig gegolten haben, wo sich Bischof Cornaro regelmäßig im Palast seiner Familie aufhielt[329] und vermutlich zumindest teilweise auch dessen Kammermusiken stattfanden. Daß Merula in Venedig als Komponist tätig war, geht aus seiner Mitwirkung an dem Opernpasticcio *La finta savia* nach einem Libretto von Giulio Strozzi[330] hervor, das im Karneval 1643 *more veneto*, also zu Beginn des Jahres 1644,[331] am *Teatro SS Giovanni e Paolo* in Venedig herausgebracht wurde. Das Theater gehörte der venezianischen Patrizierfamilie Grimani, der auch Merulas ehemaliger Dienstherr Luigi Grimani, der Bischof von Bergamo, entstammte. Daß dieser bei der Mitwirkung Merulas an

---

[325] Vgl. Monteverdi (1989), S. 164-65; ich konnte jedoch nicht klären, ob Morosini in den vierziger Jahren noch an der Paduaner Kathedrale anzutreffen war.

[326] Auszüge aus der 1638 im Druck erschienenen Beschreibung durch Nicolò Enea Bartolini sind nachgedruckt bei: Brunelli (1921), S. 74ff.

[327] Petrobelli (1965), S. 125ff.; vgl. auch Rosand (1991), S. 67ff.

[328] Pierluigi Petrobelli, *Padua*, NG, Bd. 14, S. 80; vgl. auch Di Luca (1993), S. 497-508.

[329] Vgl. Lovato (1992), S. S. 189.

[330] Eine kurze Inhaltsangabe findet sich bei John Whenham, *La finta savia*, NGO, Bd. II, S. 213.

[331] In Venedig begann das neue Jahr am 1. März, so daß generell die bereits Ende Dezember eröffnete Karnevalssaison noch vollständig mit der Jahreszahl des Vorjahres nach heutiger Zeitrechnung angegeben ist. Dies trifft auch auf den Druck des Librettos von Giulio Strozzi zu, dessen Widmung am 1. Januar 1643 (*more veneto*) datiert ist, nach heutiger Zeitrechnung also am 1.1.1644; vgl. hierzu Rosand (1991), S. 27-28.

dieser Opernproduktion eine unmittelbare Vermittlerfunktion gehabt haben könnte, ist nicht unwahrscheinlich, wenn man bedenkt, daß neben Merula mit Arcangelo Crivelli ein anderweitig nicht zu identifizierender Musiker an der Komposition beteiligt war, hinter dem Osthoff wohl mit einigem Grund Giovanni Battista Crivelli, den Kapellmeister an *S. Maria Maggiore* in Bergamo, vermutet.[332] Allerdings fiel der Anteil der beiden Komponisten an *La finta savia* recht gering aus, wie sich aus den Angaben vor jeder Szene im Druck des Librettos schließen läßt. Von Merula stammten fünf Szenen im ersten Akt und von Crivelli drei Szenen im ersten und zweiten Akt; daneben steuerte Benedetto Ferrari vier Szenen im dritten Akt bei, während der weitaus größte Teil der Musik (der Prolog und insgesamt 25 Szenen) von dem jungen, 1640 mit der Sängerin der Titelpartie Anna Renzi aus Rom gekommenen Filiberto Laurenzi komponiert worden war. Mit Alessandro Leardini, der zwei weniger aufwendige Alternativfassungen für die beiden ursprünglich vorgesehenen *Intermezzi* besorgte, und Vincenzo Tozzi, der für eine *Canzonetta* Laurenzis am Ende der 6. Szene des 1. Aktes ein Ersatzstück beitrug, waren insgesamt sechs Komponisten an der Oper beteiligt.[333] Daß die Verteilung so ungleichgewichtig ausgefallen ist, hat Whenham zu der Vermutung veranlaßt, Laurenzi habe den ursprünglichen Plan, die Oper ganz zu vertonen, nicht erfüllen können, so daß kurzfristig andere Komponisten hinzugezogen wurden.[334] Möglicherweise war der Beitrag der einzelnen Komponisten auch noch deutlich kleiner, als das Libretto vermuten läßt, findet sich doch zu Beginn von dessen Druck der Hinweis von Strozzi, er habe den Text in der vorliegenden Form für eine gesprochene Aufführung konzipiert, insofern würden bei einer musikalischen Aufführung »molti versi« wegen der Länge des Werkes entfallen.[335]

Wie der überwiegende Teil der Musik sind auch die Szenen von Merula nicht erhalten, nur einige der Arien von Laurenzi sind in einer 1643 in Venedig veröffentlichten Sammlung überliefert, wobei jeweils auch die Sänger der Aufführung genannt sind.[336] Für Merula scheint es sich um ein einmaliges Gastspiel im Bereich der kommerziellen Oper gehandelt zu haben. Auch anderweitig sind nur zwei weitere musikdramatische Werke aus seiner Feder bekannt - der komische Dialog *Satiro e Corisca* von 1626 und die gleichfalls komische Szene *La Tognada*, die er 1642, also nur kurze Zeit vor der Aufführung der *Finta savia* als Zusatz zu den neuaufgelegten *Madrigaletti* in Druck gab,[337] doch ist nicht auszuschließen, daß Merula sich bei seinem Aufenthalt im Veneto Hoffnungen auf einen Einstieg ins beginnende Operngeschäft gemacht hat.

---

332 Vgl. Osthoff (1976), S. 175, Fußnote 8.

333 Eine genaue Übersicht über die Verteilung der Szenen an die verschiedenen Komponisten ist im Anhang dieser Arbeit gegeben.

334 John Whenham, *La finta savia*, NGO, Bd. II, S. 213.

335 Strozzi (1643), S. 9; vgl. hierzu auch Rosand, (1991), S. 208 und Appendix I. 18a.

336 Für eine Einordnung der Arien dieser Sammlung siehe Osthoff (1976), S. 173-97.

337 Wilkinsons Angabe, Merula habe ein drittes musikdramatisches Werk hinterlassen, eine »cantata for solo soprano, *Lasce tra amore*, included in the 1633 collection, *Madrigali et altre musiche*«, ist irrig; gemeint ist offenbar *Su la cetra amorosa*, doch handelt es sich dabei nicht um eine musikdramatische Komposition; vgl. Wilkinson (1978), S. 90 sowie den Abschnitt in Teil III dieser Arbeit.

Cremona - Die Jahre zwischen 1646 und 1665

Erst aus dem Jahr 1646 sind neue Nachrichten über den Komponisten erhalten: Spätestens im August des Jahres war er als mittlerweile Fünfzigjähriger nach Cremona zurückgekehrt und wurde, da Nicolò Corradini im gleichen Jahr verstorben war, am 16. August 1646 ein drittes Mal zum Kapellmeister der *Capella delle Laudi* gewählt, übernahm aber im gleichen Vertrag erstmals zusätzlich auch die Organistenstelle. Offenbar hatte es gegen seine Ernennung jedoch auch erhebliche Widerstände gegeben, davon zeugt eine *Relazione dei disordini seguiti alla nomina di Tarquinio Merula a maestro di Cappella delle Laudi ...* im *Liber Provisionum Fabricae Maioris Ecclesiae Cremonensis* vom 16. August 1646, die u.a. Ansprüche von Andrea Tegagni betrafen, der bereits während der Krankheit Corradinis dessen Amt versehen hatte, und bis dahin reichten, daß Merula und den anderen Musikern der Aufstieg zur Orgel verwehrt wurde.[338] Nur wenige Tage später, am 25. August wurde Merula nach seiner Ernennung als regulärer Organist an der Kathedrale angestellt und vereinte somit bis zum Ende seines Lebens alle drei Aufgabenbereiche, die schon Corradini bis zu seinem Tode wahrgenommen hatte.[339] Die Zahl der regelmäßig von der *Capella delle Laudi* beschäftigten Sänger und Instrumentalisten lag zu dieser Zeit offenbar deutlich unter der Zahl der noch in den zwanziger Jahren angestellten 16 Musiker, eine Aufstellung vom 19. November 1646 verzeichnet nur noch vier Sopranisten, zwei Altisten, zwei Tenöre und einen Baß sowie einen Violone.[340] Merula mußte am 29. Februar 1648 wegen eines offenbar beklagten »peggioramento della musica delle laudi« und den »ristrettezze economiche della Fabbrica« eine Gehaltskürzung auf 1000 Lire hinnehmen; im November desselben Jahres waren wegen des Einfalls französischer und Modeneser Truppen die finanziellen Möglichkeiten der *fabbriceria* so sehr eingeschränkt, daß die weitere Durchführung der wöchentlichen *Laudi* in der üblichen Form vorübergehend grundsätzlich in Frage gestellt war und noch bis 1650 die Auszahlung der Gehälter an die Musiker nicht regelmäßig erfolgen konnte.[341] Im Jahre 1654 handelte Merula neue Vertragsbedingungen aus,[342] wobei im Vertrag mit der *fabbriceria* zugleich einer der alten Streitpunkte von 1635 ausgeräumt werden konnte, da nun die Anstellung zusätzlicher Musiker nicht mehr Aufgabe des Kapellmeisters war und aus dessen Etat

[338] Coro Polifonico Cremonese (1989), S. 98, 140 und 173-175.

[339] Zu den Vertragsbedingungen vgl. Padoan (1972), S. 240ff.

[340] Genannt sind im einzelnen die Sopranisten Carlo Capellini, Federico Apiani, Carlo da Corte und (Andrea) Tizzone, die Altisten Pietro Paolo Calletto und Francesco Pittore, die Tenöre Marc-Antonio Lanzone und Francesco Maria S. Angelo, der Baß Domenico Sperone und der Violonespieler Bresciano; vgl. Coro Polifonico Cremonese (1989), S. 140.

[341] Coro Polifonico Cremonese (1989), S. 141-142.

[342] Die Stelle an der *Capella delle Laudi* wurde am 1. März 1654, die Organistenstelle an der Kathedrale am 13. Juni des Jahres erneuert; vgl. Padoan (1972), S. 244, Wilkinson (1978), S. 243 und Coro Polifonico Cremonese (1989), S. 143.

bestritten werden mußte, sondern direkt von der *fabbriceria* vorgenommen wurde.[343]

Aus den beiden letzten Lebensjahrzehnten des Komponisten sind eine Reihe von Veröffentlichungen in Zusammenhang mit seiner nunmehr stabilen Tätigkeit an der Kathedrale von Cremona zu bringen: Neben insgesamt sieben Motetten in zwei Sammlungen von Giorgio Rolla 1649 in Mailand und Gasparo Casati 1651 in Venedig[344] ist ein weiterer Druck mit Werken Merulas aus jener Zeit zu nennen, das *Terzo Libro delli Salmi et Messa Concertati* von 1652. Dieser letzte bekannte Druck Merulas ist dem Prior und Generalvikar der Mönche von *S. Girolamo* in Cremona, Evangelista Commenduli, gewidmet, dem Merula offenbar schon lange Jahre verbunden war.[345]

Noch eine weitere Aufgabe Corradinis, die Leitung der Musikaufführungen für die *Accademia degli Animosi*, hat Merula offenbar ebenfalls im Jahre 1646 übernommen, denn am 6. Februar 1647 erhielt er eine rückwirkende Zahlung von 254 Lire für die im Jahre 1646 in der Akademie aufgeführte Musik,[346] Bresciani bezeichnet Merulas Position später als die eines *Prefetto de Musici di quella Ill.ma radunanza.*[347] Die Akademie war offenbar nach einer längeren offiziellen Schließung seit 1630 erst im März 1642 wiedereröffnet worden,[348] und auch nach 1648 ruhten wegen der Kriegswirren bis zu einer neuerlichen Wiedereröffnung am 20. März 1656 im Hause des Conte Nicolò Ponzoni die Aktivitäten der Vereinigung von einzelnen Veranstaltungen abgesehen offenbar ein weiteres Mal.[349] Ponzoni war 1646 für die kommenden beiden Jahre zum *Prencipe* bestimmt worden. Er gehörte als Mitglied einer der wichtigsten Patrizierfamilien der Stadt auch der Versammlung an, die über die Berufung Merulas als Organist der Kathedrale entschieden hatte; auch einige andere der Akademiker waren Mitglieder der verschiedenen Gremien an der Kathedrale, so Christoforo Schinchinelli, Lodoviso Bonetti, Vincenzo Stanga und Giovanni Battista Mainoldi.[350] Merula widmete Ponzoni sein op. 17, ein 1651 veröffentlichtes viertes Buch mit *Canzoni da suonare*, in dessen Widmung der Komponist die Überwindung erheb-

---

[343] Vgl. Padoan (1972), S. 245.

[344] Vgl. hierzu Wilkinson (1978), S. 110.

[345] Padoan (1972), S. 327-29. Giazzotto hat kürzlich zwei bislang unbekannte, aus der letzten Phase von Merulas Leben stammende Dokumente veröffentlicht; es handelt sich um eine Bestätigung für Zahlungen, die Merula von der *Compagnia del SS. Sacramento* an S. Clemente am 10.9.1647 im Zusammenhang mit musikalischen Aufführungen am Tag der Hl. Maria Magdalena erhalten hat und um eine Eingabe Merulas an das Kapitel der Kathedrale, worin er mit Datum vom 24.9.1658 um Erlaß einer jährlich für die Überlassung eines Grundbesitzes in Borlenga zu zahlenden Summe von 100 Lire wegen Überschwemmungen des Po und drohender Verwüstungen der Felder durch feindliche Truppen bittet; vgl. Giazotto (1984), S. 629-30.

[346] Giazzi / Manfredini (1994), S. 14, Fußnote 49.

[347] Pontiroli (1964), S. 177.

[348] Lancetti nennt den 15.März 1642, Pontiroli dagegen den 27. desselben Monats als Anfang der neuerlichen Sitzungsperiode; vgl. Lancetti (1820), Bd. I, S. 28. und Pontiroli (1964), S. 185f., Ziffer 106.

[349] Pontiroli (1964), S. 185f., Ziffer 109.

[350] Padoan (1972), S. 252 und S. 259, sowie Pontiroli (1964), S. 185f.

licher Schwierigkeiten bei der Fortführung der Akademie durch den Widmungsträger andeutet,[351] die nicht zuletzt durch die genannten Kriegswirren ausgelöst gewesen sein dürften.[352]

Mit hoher Wahrscheinlichkeit zeichnete Merula auch für die musikalische Gestaltung der feierlichen Amtsübernahme Ponzonis am 16. Januar 1647 verantwortlich, als offenbar besonders prächtige Musik aufgeführt wurde,[353] denn am 8. Juli 1647 unterzeichnet der Komponist einen weiteren im Nachlaß von Nicolò Merula erhaltenen Zahlungsbeleg - dieser war zwischen 1644 und 1650 als ›tesoriere‹ für die finanziellen Belange der Akademie zuständig - wonach der Komponist »147 libre« für die musikalischen Aufführungen des laufenden Jahres in der Akademie erhielt.[354] Aus den *Note dei musici intervenuti all'Accademia nell anno 1647* im Nachlaß Nicolò Merulas läßt sich ersehen, daß bei den turnusmäßigen Zusammenkünften der *Animosi* üblicherweise bis zu vier Sänger mit einer Begleitung von Violine, Violone und Cembalo oder Orgel eingesetzt wurden. Wie bereits in früheren Jahren gehörten auch in dieser Zeit die Sänger üblicherweise der *Capella delle Laudi* an, in den Jahren 1646 und 1647 wirkten bei Aufführungen in der Akademie offenbar insbesondere der Sopranist Federico Apiani, der Altist Pietro Paolo Calletto sowie der Tenor Francesco Maria S. Angelo mit.[355]

Zu Merulas Aufgaben für die Akademie gehörte auch die musikalische Gestaltung der jährlich am 5. März zum Fest des Cremoneser Heiligen S. Eusebio gefeierten Messe,[356] wie aus der folgenden Verfügung in den *Atti* durch Nicolò Ponzoni hervorgeht:

> »Sr. Don Nicolò Merula Tesoriere dell'Accad.a degli Animosi V.S. pagarà lire quaranta none per la messa cantata nella Chiesa di Sto Eusebio à nome dell'Accad.a cioè s 24 al S.r Cavalier Tarquinio Merula per la musica, e s 25 a gli huomini della sod.ta ridunanza per l'elemosina, et cena.«[357]

---

[351] »Chi ben riflette alle stentose cure, dà lei superate, nel manteni-/mento dell'Academia Erculea, dicui (*sic*) con applausi di tutti sostiene / il Principato, dirà che non disconvenendoli d'esser chiamato l'Ercole di Cremona, ...«, zitiert nach Padoan (1972), S. 326. Die Stadt Cremona führte ihre Ursprünge auf Herkules zurück, und so ist mit der hier genannten *Academia Erculea* fraglos die städtische Akademie, also die *Accademia degli Animosi* gemeint.

[352] Lancetti (1820), Bd. I, S. 29.

[353] Lancetti (1820), Bd. I, S. 29 sowie Pontiroli (1964), S.185f., Ziffer 108.

[354] Der Wortlaut des von Tarquinio Merula unterzeichneten Belegs heißt: »Adì 8 luglio 1647 / Io infrascritto confesso haver riceputo dal Sign. D. Nicolò Merula Tesoriere delli Signori Accademici libre 147, et questi per pagare la Musica della Accademia dei SS.(Signori) Animosi per l'anno corrente 1647, dico £ 147, et in fede io Tarquinio Merula affermo quanto sopra«; Archivio di Stato di Cremona, Corpi oppressi, Consorzio della donna, Signatur 78, 2.7; das Dokument ist im Faksimile wiedergegeben bei Giazzi / Manfredini (1994), S. 9.

[355] Vgl. Giazzi / Manfredini (1994), S. 8-9.

[356] Dieser war bereits bei der Gründung der Akademie 1560 zu ihrem Schutzheiligen erhoben worden; vgl. Lancetti (1820), Bd. I, S. 19 und 28.

[357] Im Nachlaß von Nicolò Merula, Archivio di Stato di Cremona, Signatur 78, 2.7.

Aus dem Jahre 1650 finden sich zwei weitere Belege für die Zahlung einer Geldsumme der Akademie an Merula, diesmal anläßlich eines ›discorso‹ des Marchese von Soresina;[358] ausdrücklich wird hervorgehoben, bei dieser Gelegenheit seien neue Kompositionen Merulas aufgeführt worden und sogar die genaue Besetzungsangabe wird geliefert: Die Ausführung durch sieben Sänger und wohl Merula selbst als Organisten deutet auf überwiegend, wenn nicht sogar durchweg mehrstimmige Vokalkompositionen hin und belegt, daß zumindest bei diesem offenbar eher außergewöhnlichen Anlaß nicht wie in früheren Jahren die Instrumentalmusik bei den Akademiesitzungen weitgehend im Vordergrund stand. Merulas Bestätigung für den Erhalt der Summe heißt im Wortlaut:

> »Adi 18 giugno 1650. Confesso io infrascritto haver riceputo dal signor don Nicolò Merula doi ducatoni e mezzo per la musica fatta nel Academia per il discorso del signor Marchese di Soresina che fù di sette cantori et organista, havendo fatto alcune compositioni nove per tal effetto, et in fede io Tarquinio Merula affermo quanto di sopra«.[359]

Zumindest noch bei einem weiteren feierlichen Anlaß hat Merula in der Folgezeit Musik für die Akademie komponiert, und zwar bei den Feierlichkeiten zur Kardinalsernennung von Pietro Vidoni, die am 28. Mai 1660 wie üblich von der Akademie ausgerichtet wurden.[360] Zu diesem Anlaß brachte man zwei prächtig besetzte Kanzonetten von Merula zur Aufführung, deren Texte Bresciani vollständig überliefert hat: Die erste von beiden, *Hor ch'in sen di bella Pace*, wurde mit großem Erfolg dargeboten »con le principali voci della Citta, e Sinfonie di viole«, die andere mit dem Anfangsvers *Scherzi pur fiamma vivace* erklang während des nächtlichen Feuerwerks und war gesetzt »a due cori di voci con viole tramezzate«.[361] Vermutlich hat Merula noch weitere weltliche Gelegenheitskom-

---

[358] Es konnte nicht geklärt werden, ob dieser mit Giovanni Battista Barbò identisch ist, dem Merula seinen *Curtio precipitato* von 1638 widmete.

[359] Bereits einen Tag früher hatte Nicolò Merula einen parallelen Eintrag notiert: »17 giugno 1650. Adi 17 dato al Signor Tarquinio Merula per la musica fatta per il discorso del signor Marchese di Soresina doi ducatoni e mezzo; havuto l'ordine del Signor Principe si metterà in filza. Furono composte nove musiche. Don Nicolò Merula«; Archivio di Stato di Cremona, Signatur 78, 2.7; beide Einträge zitiert nach Giazzi / Manfredini (1994), S. 14, Fußnote 50.

[360] Bei Bresciani sind zwar Wochentag, Tag und Monat, nicht aber das Jahr der Festaufführung angegeben, doch ließ sich dies ermitteln aufgrund der Angaben in: Moroni (1860), Bd. 99, S. 246f. Demnach fand die Ernennung Pietro Vidonis zum Kardinal durch Papst Alexander VII. am 5.4.1660 statt, die Cremoneser Festlichkeiten also etwas mehr als sechs Wochen später. Dies findet Bestätigung durch einen Eintrag bei Sommi Picenardi, wonach in der Kirche S. Agata in Cremona aus gleichem Anlaß am 29.4.1660 eine fünfchörige Messe von Merulas späterem Nachfolger Giovanni Antonio Torriani aufgeführt wurde, der zu diesem Zeitpunkt Organist an S. Agata war; Sommi Pienardi (1997), S. 263; am gleichen Tag wurde nach Brescianis Zeugnis auch »una solenne Messa di cinque chori di Musica concertata de voci et jstrumenti opera del Cav.r Tarquinio Merula Organista della Chiesa Cathedrale di questa sua patria Cremona« in der Kirche S. Imerio gesungen; zitiert nach: Sommi Picenardi (1997), S. 200.

[361] Pontiroli (1964), S. 176-78.

positionen für eine Reihe von Zusammenkünften der *Animosi* in den letzten beiden Jahrzehnten seines Lebens komponiert, allerdings scheint nichts davon veröffentlicht worden oder wenigstens im Manuskript erhalten geblieben zu sein. Denkbar ist zudem, daß einige der *Canzoni* aus der erwähnten, Ponzoni gewidmeten Sammlung bei den Sitzungen der Akademiker aufgeführt worden sind.

Offenbar hat es in jenen späten Cremoneser Jahren auch unterschiedlichste Kontakte Merulas zu Personen und Institutionen außerhalb seines engeren Wirkungsfeldes in Cremona gegeben. Für den 10. November 1647 und den 30. Juni 1650 sind zwei Zahlungen des »procuratore della Compagnia del SS. Sacramento di S. Clemente« aus Brescia an Merula erhalten, die auf musikalische Aufführungen unter Mitwirkung bzw. Leitung des Komponisten schließen lassen, vielleicht auch unter Einschluß von eigenen Werken.[362] Diese Zahlungsbelege werfen insgesamt die Frage nach möglichen Beziehungen Merulas zu verschiedenen Bruderschaften und anderen religiösen Institutionen innerhalb und außerhalb von Cremona auf - vom 22. November 1657 ist gleichfalls eine Zahlung des *Hospedal della Donna* an Nicolò Merula für seinen Onkel Tarquinio belegt, der damit zumindest ein halbes Jahr lang für die musikalische Gestaltung der Messen des *Consorzio della Donna* in Cremona zuständig gewesen sein muß.[363] Nicht ausgeschlossen sind zudem persönliche Kontakte des Komponisten zum Oratorio di Filippo Neri in Chiavenna, für dessen Gebrauch 1657 bei Carlo Francesco Rolla in Mailand eine Sammlung mit ein- und mehrstimmigen Lauden und anderen volkssprachlichen geistlichen Gesängen im Druck erschien, die *Canzonette spirituali, e morali, che si cantano nell'Oratorio di Chiavenna* (RISM 1657^{1}). Merula wird in diesem Druck nicht nur als einziger Komponist namentlich im Zusammenhang mit einer dreistimmigen Bearbeitung seiner Solokanzonetta *Quand' io volsi l'altra sera* genannt, auch zwei andere Kompositionen aus seinem *Curtio precipitato* werden unzweideutig in zwei weiteren Stücken dieser Sammlung zitiert;[364] allerdings ist unklar, ob Merula selbst an der Zusammenstellung des Bandes oder auch der Komposition einzelner Stücke mit seinen teilweise durchaus ungewöhnlichen Texten beteiligt gewesen ist.

Nicht nur diese Gruppe von Bearbeitungen stellt einen konkreten Beleg für die Rezeption von Merulas weltlicher Vokalmusik seit den vierziger Jahren dar. Bereits zwischen 1641 und 1649 druckte der Breslauer Organist Ambrosius Profe in Leipzig eine Reihe von Stücken Merulas nach, darunter im *3. Theil* und im *Corollarium* auch insgesamt drei Kompositionen aus Merulas weltlichem Druck von

---

[362] Vitali (1980), S. 409.

[363] Vergleichbare frühere Zahlungen an Nicolò für abgehaltene Meßfeiern beim ›Hospedal della Donna‹ erwähnen Tarquinio nicht namentlich; der Tarquinio betreffende Eintrag in der Hand von Nicolò Merula lautet: »Adi 22. 9bre 1657. Ha pagato il D. Angelo Maria Fattor dell'Hospedal della donna in mano del D. Tarquinio Merula, che se pagò à me come sopra libre duecento cinquanta moneta longa, p(er) un semestre sudetto della missa ...«; in: Merula, P. (1629), S. 57.

[364] Vgl. hierzu Steinheuer (1997b), S. 619-22; eine Übersicht über die Vorlagen und die Textincipits der Bearbeitungen findet sich im Anhang unter der Überschrift *Geistliche Umtextierungen weltlicher Vokalwerke.*

1633, die Profe mit neuen deutschen bzw. lateinischen geistlichen Texten unterlegte. Ob Merula in unmittelbarem Kontakt mit Profe gestanden hat, ist ungeklärt; dafür könnte sprechen, daß in der ersten Sammlung Profes eine anderweitig nicht nachweisbare Motette des Komponisten abgedruckt ist;[365] doch mag es sich dabei auch um eine Komposition aus einer verlorenen Sammlung oder um ein ungedrucktes Werk etwa aus seinen polnischen Jahren handeln, das Profe auf anderem Wege erhalten hatte.

In Süddeutschland waren es dagegen insbesondere zwei der dezidiert komischen weltlichen Kompositionen von Merula, die in besonders exponierter Weise rezipiert wurden, handelte es sich doch erstaunlicherweise um die beiden einzigen Stücke aus dem neueren Repertoire der italienischen weltlichen Vokalmusik, die zwischen 1640 und 1660 überhaupt in originaler Form im Gebiet des deutschen Reiches gedruckt wurden. Die beiden Deklinationsscherzi aus Merulas op. 10 von 1633 mit den Incipits *Nominativo hic haec hoc* sowie *Nominativo quis vel qui quae quod* sind insgesamt sogar fünfmal zwischen 1643 und 1655 in Sammlungen von Erasmus Kindermann und Jacob Banwart in Nürnberg und Konstanz in Druck gegangen und dürften zumindest im Falle von Kindermanns *Bonus miles, bona ancilla, bonum vinum* ein weiteres vergleichbares Stück angeregt haben.[366] *Nominativo hic haec hoc* war auch in Frankreich bekannt, wo es als Werk Carissimis in einem 1649 datierten *Receuil de plusieurs Pièces Sainctes et Mottets et Plaisanteries composez en musique par monsieur Carissimi* auftaucht;[367] da größtenteils Werke römischen Ursprungs in dieser Handschrift zu finden sind, ist nicht unwahrscheinlich, daß auch Merulas Komposition über den Umweg nach Rom dorthin gelangte und deshalb dort als Werk Carissimis geführt wurde.

Daß Merula selbst in persönlichem Kontakt mit Kindermann, der in den Jahren 1635 und 1636 eine in ihrem Verlauf nicht bekannte Reise nach Italien unternommen hatte, oder vielleicht eher mit Banwart gestanden haben könnte, wird durch einen Manuskriptfund mit vier bisher unbekannten Orgelstücken Merulas in Solothurn nahegelegt;[368] diese Handschrift wurde 1656 von Jo(annis) Victoris Ruossingeri angelegt und enthält neben Merulas Kompositionen u.a. auch Werke von Jacob Banwart, der bereits die beiden Deklinationsscherzi in seiner Sammlung *Teutsche ... kurtzweilige Tafelmusik* (RISM 1650[10] und 1652[4]) in Konstanz nachgedruckt hatte. Auffallend ist, daß ein weiteres Manuskript mit bislang eben-

[365] Es handelt sich um die Motette *O Jesu mi dulcissime* für zwei Tenöre oder Soprane und B.c., abgedruckt in Profes Sammlung *Erster Theil Geistlicher Concerten* von 1641; die Bearbeitungen weltlicher Vokalwerke durch Profe sind im Anhang in der Übersicht *Geistliche Umtextierungen weltlicher Vokalwerke* im einzelnen aufgelistet.

[366] Vgl. hierzu im einzelnen Steinheuer (1997a), S. 150-157 und 168-169; die Sammlungen seien hier zumindest genannt: Ein in RISM fehlender *Musikalischer Zeitvertreiber* von 1643 (bis 1945 in D-B), RISM K 557, 1650[10], dessen erweiterter Nachdruck 1652[4] sowie 1655[4].

[367] Vgl. für Signatur und Seitenangabe im Anhang die Rubrik *Abschriften einzelner Werke.* Vielleicht kannte auch Marc-Antoine Charpentier das Stück, darauf mag das Aufgreifen des Ablativs dieser Deklinationsübung in seinem *Trio grotesque* aus der Bühnenmusik zu *La Comtesse d'Escarbagnas (et) Intermèdes nouveaux du Mariage forcé* (H 494) von Molière von 1672 hindeuten.

[368] Seydoux (1997).

falls unbekannten Kompositionen Merulas für Tasteninstrumente im 17. Jahrhundert in Solothurn nachweisbar ist,[369] das mit dem erstgenannten in direktem Zusammenhang stehen könnte.

Wie diese Stücke Merulas nach Solothurn gelangten, ist einstweilen nicht zu klären; denkbar wäre u.a., daß ein Schüler des Komponisten Abschriften davon anfertigte und nach Solothurn brachte. Doch handelt es sich auch hier um ein noch weitgehend unerforschtes Gebiet; einzig Giovanni Battista Mazzaferrata, ein vielseitiger Komponist, der später vor allem in Ferrara wirkte und dort 1691 starb, bezeichnete sich selbst in seinen 1661 bei Camagno in Mailand als op. 1 veröffentlichten *Sacri concerti a voce sola*[370] als Schüler von Tarquinio Merula, allerdings ist ungewiß, ob der Unterricht in Merulas letzte Jahre in Cremona fiel, denn sein Name ist in Cremoneser Quellen offenbar nicht erwähnt. Vermutlich war auch Gaspare Marenghi einer von Merulas Schülern, der als Geiger offenbar vor allem in Venedig tätig war.[371]

Bereits wenige Monate nach dem letztmaligen Antritt des Kapellmeisteramtes in Cremona im Sommer 1646 heiratete Merula am 27. November 1646 in der Unterkirche der Kathedrale in dritter Ehe Cattarina Quinzani,[372] mit der er die verbleibenden neunzehn Jahre seines Lebens zusammenlebte.[373] Offenbar wohnte der Komponist zum Zeitpunkt der Eheschließung erneut in seinem schon 1615 gekauften Haus im Borgho S. Sepolcro, darauf deutet der Wortlaut des Eintrags ins Eheregister hin, doch scheint das Ehepaar später in ein anderes Haus in der Pfarrei S. Donato umgezogen zu sein.[374] Nach dem Tode seines Neffen Nicolò Merula im Juli 1658 erbte der Komponist, wie Nicolò in seinem Testament verfügt hatte, ein Cembalo mit einem Schreibtisch aus Walnußholz und der darauf befindlichen Lederauflage;[375] im Unterschied zu zahlreichen vergleichbaren frü-

---

369 Die beiden heute in Solothurn und Altdorf aufbewahrten Manuskripte sind im Anhang unter der Rubrik *Werke in Handschriften* aufgelistet.

370 RISM M 1504; nur das *Canto*-Stimmbuch ist in I-Mb erhalten.

371 Ein obskurer Eintrag von Arisi über Marenghi ist bei Sommi Picenardi wiedergegeben: »... visse sempre a Venezia, ed oltre l'essere bravo suonatore di violino, si applicò anche alla pittura, ricevendone i primi rudimenti dal cav. Tarquinio Merula, in occasione, che istruiva l'unica di lui figlia, che si monacò in quella città.«, zitiert nach Sommi Picenardi (1997), S. 187. Daß Merula sich mit Malerei beschäftigt hätte, ist ansonsten nirgends belegt. Tatsächlich wurde Merulas 1631 geborene Tochter Francesca Valeria später Nonne, allerdings war sie nicht Merulas einzige Tochter.

372 Der Eintrag dieser dritten Heirat in den *Libri di Matrimonio del Duomo, anni 1604-1698*, ff. 106v-107r ist abgedruckt bei Giazzi / Manfredini (1994), Fußnote 54.

373 Sie sollte fast genau ein Jahr nach Tarquinio am 8. Dezember 1666 sterben; vgl. Monterosso (1949), S. 51.

374 Daß Merula zumindest am Ende seines Lebens in der Pfarrei S. Donato wohnhaft war, geht aus dem Vermerk über seine Bestattung in der Kirche S. Lucia hervor; vgl. Giazzi / Manfredini (1994), S. 14, Fußnote 60.

375 Nicolò Merula schrieb in seinem eigenhändig verfaßten Testament: »... Lascia al Sig. Tarquinio Merula, il suo Clavecimbalo, et semplicemente il suo scrittoio di noce col suo tavolino, e tappeto sopra quale si trova di presente volendo, che ciò che vi sarà entro sij di raggione di do. herede come s(opr)a. instituito«; im notariellen Verzeichnis seines Besitzes vom 23.7.1658 heißt es: »Un

heren Belegen hat Merula den Empfang des Instruments am 24. Juli 1658 jedoch nicht mit einem gänzlich eigenhändigen Schreiben bestätigt, sondern nur die Unterschrift »Io Tarqu.o Merula affo. come sopra« selbst getätigt, die in einer nun unverkennbar zittrigen Handschrift geschrieben ist.[376] Auch Merulas Tochter Francesca Valeria, mittlerweile Nonne im Kloster S. Antonio in Cansollo, wurde in Nicolòs Testament bedacht.[377] Eine weitere Tochter des Komponisten aus zweiter Ehe, die im Jahre 1638 geborene Clara heiratete dagegen am 14. Januar 1664 in Cremona Cesare Coppi aus der Gemeinde S. Sepolcro.[378]

In das Jahr 1655 ist das im Vorwort erwähnte Porträt Merulas von einem anonymen, vermutlich lokalen Maler datiert, das sich im bischöflichen Palast in Cremona befindet[379] und den in dieser Darstellung noch keineswegs hinfälligen sechzigjährigen Komponisten mit einem Federkiel in der Hand während der Niederschrift eines sechsstimmigen Kanons zeigt, der mit den bereits zitierten ironisch-selbstbewußten Worten *Non omnibus clarum est* überschrieben ist. Neben Notenpapier und Tintenfaß befinden sich zwei Drucke auf dem mit einem Orientteppich bedeckten Tisch, auf deren Kanten folgende Inschriften zu lesen sind: *Al Ser.mo et Invits.m Sigismo III. Re. Di Polonie et Svetia* sowie auf dem darunterliegenden Band *Al Ser.mo Principe di Polonia et Suetia*, wodurch die Bände unschwer als die beiden Drucke mit *Madrigali* und *Madrigaletti* aus dem Jahr 1624 zu identifizieren sind. Die bewußte Zurschaustellung dieser beiden Drucke rückt unverkennbar die ranghöchsten Patrone, bei denen Merula in Diensten gestanden hatte, in den Mittelpunkt der Darstellung, möglicherweise deutet dies aber auch darauf hin, daß Merula in späteren Jahren seine Zeit am Warschauer Hof als einen der entscheidenden Abschnitte seines Lebens eingeschätzt hat. Der Komponist trägt ein schwarzes Gewand mit einem großen unverzierten weißen Kragen, einziger Schmuck ist an einer goldenen Kette über der Brust das Kreuz der Ritter des Malteserordens (*Cavaliere di Malta*).[380] Bei der auf Fétis zurückge-

scrittorio di noce con bofetto, et tapetto di corame, et un clavecimbalo datti al Sr. Tarquinio Merula per legato facto à favor del medesmo ...«; Archivio di Stato di Cremona, Corpi sorpressi, B 78, 2.8.

[376] »Ho ricevuto io infrascritto dall' molto Rdo. Sig Hiacinto Peraniero et Sr Paulo Barbabelli esecutori testamentarij del qd. mio Rdo. Sr. D. Nicolò Merula il scrittoio di noce tavolino, et tapeto sopra quale si sonava, et Clavecimbalo lasciatimi dal do. quond Sr. D. Nicolò nel suo ultimo testamento in scriptis facto il di 18 decembre pross.o passo., et pubblicato il giorno d'heri a me p(er) mano del Sud.o Sr. Paulo Barbabelli alquales, et perfedes / Io Tarqu.o Merula affo. come sopra«; Archivio di Stato di Cremona, Corpi sorpressi, B 78, 2.8.

[377] »Lascia alla mia Reverenda. Suor Francesca Valeria Meruli, figlia del Sig. Tarquinio Merula, chiamata al secolo Isabella monaca professa nel monasterio di S. Antonio nel Cansollo, teritorio (sic) di Valsasna diocese di milano, ducatoni cento & una volta tanto«; Archivio di Stato di Cremona, Corpi sorpressi, B 78, 2.8.

[378] Vgl. Sommi Picenardi (1997), S. 198.

[379] Abgedruckt ist das Bild sowohl bei Padoan (1972), S. 281f. wie in: Coro Polifonico Cremonese (1989), S. 64.

[380] Das Kreuz wird erstmals im Cremoneser Ausstellungskatalog korrekt als Malteserkreuz bestimmt; Coro Polifonico Cremonese (1989), S. 63.

henden und immer wieder in der Sekundärliteratur wiederholten Vorstellung,[381] Merula sei Ritter des Goldenen Sporns gewesen, dürfte es sich - da keinerlei weitere Belege dafür als der von Merula geführte Titel eines *Cavaliere* vorzuliegen scheinen - aufgrund des Porträtbefundes weniger um eine weitere Auszeichnung des Komponisten als um eine unzutreffende Deutung handeln.[382] Merula verwendete den Titel eines *Cavaliere* erstmals im Titel des Drucks seines Dialogs *Satiro e Corisca* von 1626, also nach seiner Rückkehr aus Polen, weshalb schon Wilkinson vermutet hatte, daß ihm dieser Titel während seiner Zeit in Polen oder sogar vom polnischen König verliehen worden sein könnte.[383] Merula läßt sich auf diesem Bild darstellen als ein selbstbewußter, seiner Fähigkeiten und Verdienste gewisser Künstler.

Zehn Jahre, nachdem das beschriebene Porträt angefertigt worden war, starb der Komponist kurz nach Vollendung seines siebzigsten Lebensjahres am 10. Dezember 1665 in Cremona; noch am gleichen Tag fand um 23 Uhr in der Kirche *S. Lucia* am heute noch zu sehenden *Altare del Crocefisso* die Beisetzung statt.[384] Offenbar war Merula in den letzten Monaten seines Lebens in schlechter gesundheitlicher Verfassung gewesen, denn seit April 1665 vertrat sein späterer Nachfolger Giovanni Antonio Torriani seine Stelle als *maestro di capella per le Laudi* an der Kathedrale von Cremona. Torriani sollte fast 30 Jahre lang bis März 1695 in dieser Funktion tätig sein,[385] als Antonio Maria Torriani, vermutlich ein enger Verwandter, ihn ersetzte. Das Amt des Organisten hatte Merulas Nachfolger allerdings noch weit länger inne und zwar zwischen Mai 1666 und November 1708.[386] Auch die Nachfolger der beiden Torrianis, Giuseppe Gonelli, Kapellmeister bis 1744 und Giacomo Arrighi, ein Schüler Padre Martinis, der die Stelle zwischen 1745 und 1795 innehatte,[387] vermochten nicht wieder an die glanzvolle

---

[381] Wilkinson hatte zwar keinen Beleg für diese Behauptung gesehen, sie aber dennoch weiter verwendet; vgl. Wilkinson (1978), S. 77f.; gleichfalls Stephen Bonta, *Merula, Tarquinio*, NG, Bd. 12, S. 192.

[382] Auch ein Vergleich mit der bekannten Abbildung W.A. Mozarts als Ritter vom Goldenen Sporn bestätigt dies.

[383] Wilkinson (1978), S. 78.

[384] Vgl. Wilkinson (1978), S. 91 sowie Giazzi / Manfredini (1994), S. 10-11 sowie Fußnoten 59-60; bei Sommi Picenardi ist ein Eintrag Bazzis wiedergegeben, der aus den ›Atti di S. Lucia‹ zitiert: »Adì 10 di dicembre 1665. Il Sig.r Cavalliere Tarquinio Merula celebre Maestro di Musica e per tale impiegato nella nostra Cattedrale nel suonar l'organo e regolarne la musica, fu sepelito nella nostra Chiesa di S.ta Lucia all'altare del Santissimo Crocefisso dove dispose si facesse un sepolcro comune a spese dell'heredità sua lasciata universale al sud° altare«; zitiert nach Sommi Picenardi (1997), S. 199.

[385] Eitner weist zwar auf einen Eintrag bei Gerber hin, wonach 1688 in Fabriano ein Oratorium *La Conversione di San Romualdo* mit der Musik eines Giovanni Antonio Torriani aufgeführt worden sein soll, doch sind gegenwärtig keine gedruckten oder auch handschriftlichen Quellen mit Werken von ihm nachweisbar.

[386] Sommi Picenardi (1997), S. 263.

[387] Diese Angaben finden sich in: Coro Polifonico Cremonese (1989), S. 52; der dortige Hinweis, Carlo Piazzi sei zwischen 1657 und 1685 *Maestro di Capella* gewesen, ist wohl kaum zutreffend, dieser war offenbar als Sopran an der *Capella delle Laudi* angestellt, vgl. Sommi Picenardi (1997), S. 218.

Epoche geistlicher Musikausübung an der Cremoneser Kathedrale unter Kapellmeistern und Komponisten wie Marc' Antonio Ingegneri, Rodiano Barera, Nicolò Corradini und Tarquinio Merula anzuknüpfen.

Teil II

Merulas weltliche Vokalmusik im Kontext des zeitgenössischen Repertoires

Merulas weltliche Vokalmusik

Übersicht über die Quellen

Merulas weltliche Vokalmusik nimmt in der Rezeption seines Gesamtschaffens einen bisher stark vernachlässigten und in seiner Bedeutung unterschätzten Platz ein. Unter den insgesamt 18 Veröffentlichungen des Komponisten (der größere Teil davon mit Opuszahl)[83] standen seit längerem vor allem die vier Drucke mit Instrumentalmusik im Mittelpunkt des musikhistorischen Interesses, nicht zuletzt, weil Merula in seinem op. 12 von 1637 als einer der ersten Komponisten die später so bedeutsame Unterscheidung von ›sonata per chiesa‹ und ›sonata per camera‹ terminologisch eingeführt bzw. vorweggenommen haben soll;[84] doch obwohl seine Instrumentalmusik - 84 Kanzonen und Sonaten für unterschiedliche Besetzungen sowie einige Stücke für Tasteninstrumente - abgesehen von zwei neueren Manuskriptfunden in Altdorf und Solothurn[85] an verschiedenen Stellen komplett ediert worden ist,[86] fehlt selbst für diesen Bereich von Merulas Schaffen bislang eine monographische Arbeit. Immerhin hat unlängst erstmals Peter Allsop eine zusammenfassende Würdigung von Merulas Ensemblemusik im Kontext der Entwicklung der *Italian ›Trio‹ Sonata* unternommen und zeichnet ihn darin als den vermutlich sogar einflußreichsten Komponisten von Instrumentalmusik ›à 3‹ und ›à 4‹ in der Zeit nach 1630.[87] In der jüngeren Vergangenheit haben sich daneben eine italienische ›tesi di laurea‹ und zwei amerikanische Dissertationen mit Merulas geistlicher Vokalmusik beschäftigt,[88] dem quantitativ umfangreichsten Teil des erhaltenen Oeuvres, das in sechs eigenständigen Drucken aus der Zeit zwischen 1624 und 1652, einzelnen Stücken in einer Reihe von Sammelwerken sowie einer handschriftlich überlieferten Solomotette vorliegt und insgesamt 112

[83] Ein ergänztes und korrigiertes Werkverzeichnis mit der Aufstellung der eigenen Sammlungen, der Werke in Sammeldrucken sowie den darüber hinaus im Manuskript überlieferten Kompositionen Merulas findet sich im ersten Teil des Anhangs.

[84] Daß Merula seine *sonate concertate* im Titel ausdrücklich gleichermaßen für den Gebrauch in Kammer und Kirche empfiehlt, bildet gegenüber den später auch musikalisch bedeutsamen Unterscheidungen zwischen beiden Gattungen geradezu einen Widerspruch.

[85] Vgl. im Anhang, *Werkübersicht, Werke im Manuskript*, S. 396f. die Handschriften in Altdorf, Urner Staatsarchiv, Ms. 3 sowie in der Zentralbibliothek Solothurn, Ms S 609.

[86] Die Drucke (op. 1) von 1615, op. 9 (2. Auflage) von 1639 sowie op. 17 von 1651 wurden in der mittlerweile eingestellten Ausgabe der *Opere complete di Tarquinio Merula* von Adam Sutkowski ediert und vom Institute of Medieval Music zwischen 1974 und 1978 veröffentlicht; vgl. Merula (1974-78); das *Libro terzo* op. 12 von 1637 wurde dagegen von Andrea Mosconi, Pro musica studium, Rom 1978 als Bd. I der Reihe *Il Seicento musicale italiano* herausgegeben, vgl. Merula (1978); die Musik für Tasteninstrumente von Alan Curtis als: *Tarquinio Merula, Composizioni per organo e cembalo*, Paideia Brescia und Bärenreiter Kassel, 1978; vgl. Merula (1978a).

[87] Allsop (1992), vor allem S. 126-36.

[88] Colzani (1971), Westlund (1977) sowie Wilkinson (1978).

Kompositionen umfaßt.[89] Demgegenüber blieb die Auseinandersetzung mit der weltlichen Vokalmusik des Komponisten neben einzelnen Abschnitten in den drei grundlegenden Gesamtdarstellungen zur weltlichen vokalen Kammermusik dieser Zeit von Whenham, Mabbett und Leopold[90] sowie einigen Arbeiten zu einzelnen Kompositionen[91] auf die Edition des op. 10 durch Valeria Carlotti[92] und eine nicht publizierte ›tesi di laurea‹ von Laura Baldi beschränkt.[93] Die vorliegende Arbeit versucht diese Lücke zu schließen und damit zugleich einen Beitrag zu einer geeigneteren Würdigung des Gesamtschaffens von Merula zu leisten.

Von den sieben oder möglicherweise sogar acht Drucken mit weltlicher Vokalmusik, die Tarquinio Merula zu Lebzeiten veröffentlichte, sind nach derzeitigem Kenntnisstand nur noch fünf Bände erhalten,[94] von zwei verlorenen Bänden sind darüber hinaus wenigstens die Titel und das Erscheinungsjahr bekannt.[95] Es muß sich dabei um die beiden frühesten veröffentlichten Werke Merulas im Bereich der weltlichen Vokalmusik gehandelt haben: Eine Sammlung von *Canzonette et arie a voce sola* mit dem Titel *Il Canoro Aprile* von 1622 sowie eine Veröffentlichung mit *Canzonette a tre voci* aus dem darauffolgenden Jahr. Ungeklärt ist, ob die letztere Sammlung identisch ist mit dem im Verkaufskatalog Alessandro Vincentis von 1648 unter der Rubrik *XXVI. Madrigali, e Canzonette a 3 e 4 voci* verzeichneten Druck von *Canzonette di Tarquinio Merula* (ohne

[89] Wilkinsons Zählung von insgesamt 121 geistlichen Kompositionen Merulas ist zu korrigieren: Zunächst rechnet er unterschiedslos die vokalen wie auch die sechs rein instrumentalen Stücke aus den sechs Drucken zusammen, was dann jedoch inkonsequent erscheint, wenn nicht ebenfalls die *Sonate da chiesa* aus op. 12 hinzugezählt werden. Darüber hinaus hat er nicht erkannt, daß es sich bei drei der von ihm als Originalkompositionen geführten Stücke aus Profes Sammlungen um Umtextierungen weltlicher Kompositionen Merulas aus dem Druck von 1633 handelt sowie zusätzlich bei der Canzonetta *Guarda guarda peccatore* in RISM 1657^1 um eine dreistimmige Bearbeitung eines der weltlichen Solostücke aus der Sammlung von 1638; vgl. Wilkinson (1978), S. 112 - eine Liste der bisher erkannten geistlichen Umarbeitungen findet sich im Anhang dieser Arbeit im Abschnitt *Geistliche Umtextierungen weltlicher Vokalwerke.* Demgegenüber fehlen in Wilkinsons Auflistung zwei geistliche Stücke, das zweistimmige *Ecce quam bonum* aus dem *Pegaso* op. 11 sowie das *Salve Regina* aus Rollas Sammeldruck RISM 1653^1. Meine Zählung von 113 Stücken basiert hingegen ausschließlich auf einer Auflistung der ursprünglich geistlichen Vokalkompositionen Merulas mit lateinischem Text; vgl. auch Colzani (1987/88), S. 195-220.

[90] Whenham (1982), Mabbett (1989) und Leopold (1995); die Arbeit von Hall (1978) behandelt den Zeitraum der Veröffentlichung von Merulas Werken im wesentlichen nicht mehr; auf Grund gravierender methodischer Schwächen trägt sie allerdings wenig zum Verständnis des Repertoires bei, schon die Kriterien für die einzubeziehenden Werke sind nicht einsichtig.

[91] Beiträge zu einzelnen Werken haben Vecchi (1977), Ferrari-Barassi (1972), Leopold (1990), Steinheuer (1990) und Leopold (1995) vorgelegt.

[92] Carlotti (1983) sowie eine Zusammenfassung dieser Arbeit in Carlotti (1986); Carlotti wird 1999 eine Edition von Merulas *Secondo Libro* in der Reihe *Cremonae Musica* in dem Mailänder Musikverlag *La Bottega Discantica* vorlegen.

[93] Baldi (1970).

[94] Eine Auflistung der betreffenden Drucke, ihrer zeitgenössischen Nachdrucke und der Nachdrucke einzelner Stücke in Sammlungen findet sich im Anhang im Abschnitt *Werkübersicht*, S. 393-395.

[95] Die Titel sind durch Aufzeichnungen Brescianis überliefert, vgl. Pontiroli (1964), S. 166f. sowie im Anhang unter der Rubrik *Werkübersicht, Verlorene Werke*, S. 400.

genaue Besetzungangabe),[96] von dem Stephen Bonta in seiner Werkliste Merulas im *New Grove's Dictionary* - allerdings ohne Kenntnis von Brescianis Aufzeichnungen - vermutete, es könne sich um das fehlende op. 14 handeln. Da jedoch auf diesen - wie sich aus den Veröffentlichungsdaten der erhaltenen Werke mit Opuszahl schließen läßt - wohl in den Jahren 1638/39 veröffentlichten Druck ansonsten keinerlei konkrete Hinweise vorliegen, muß einstweilen unklar bleiben, ob hier eine achte Sammlung mit weltlicher Vokalmusik angenommen werden kann.[97]

Die fünf nach heutiger Kenntnis erhaltenen Drucke mit weltlicher Vokalmusik sind vollständig überliefert, obwohl in der gesamten Literatur der letzten Jahrzehnte zu Merulas Werk Teile davon als nicht mehr vorhanden angesehen wurden. So galt das *Alto*-Stimmbuch der *Madrigali concertati* op. 5 seit dem zweiten Weltkrieg ebenso als verloren[98] wie die einzige vollständige Fassung des Dialogs *Satiro e Corisca*.[99] Beide hatten zu den früheren Beständen der Preußischen Staatsbibliothek Berlin gehört und gelangten - wie sich bei den Recherchen für diese Arbeit herausstellte - mit zahlreichen anderen Musikalien nach kriegsbedingter Auslagerung aus Berlin in die Biblioteka Jagiellonska in Krakau, so daß eine Vervollständigung der beiden in der Nachkriegssekundärliteratur für Torsi gehaltenen Drucke möglich wurde und nunmehr insgesamt sechsundsiebzig weltliche Vokalwerke Merulas in vollständiger Form vorliegen.[100] Es handelt sich bei diesen fünf Drucken im einzelnen um einen 1624 im Erstdruck und dann 1642 noch einmal unter Hinzufügung von vier neuen Kompositionen und einer Continuostimme aufgelegten Band mit dreistimmigen *Madrigaletti*, dann das gleichfalls 1624 veröffentlichte erste Buch der *Madrigali concertati* für vier bis acht Stimmen und B.c., den 1626 erschienenen, durchgehend rezitativischen Dialog *Satiro e Corisca*, einen als *Libro secondo* bezeichneten Band mit *Madrigali et altre musiche concertate* von 1633 für eine bis vier Vokalstimmen und in einigen Stücken zwei zusätzliche obligate Violinen[101] sowie schließlich einen Druck mit Sologe-

[96] Vgl. Monatsheft für Musikgeschichte, Bd. 15, 1883, S. 22 sowie Mischiati (1984), S. 164. Vecchi verweist darauf, daß dieselben Angaben sich gleichfalls in Vincentis *Indice* von 1662 finden; da er die Veröffentlichung Pontirolis nicht kannte, hielt er die *Canzonette* für den Erstdruck der *Madrigaletti*; vgl. Vecchi, G. (1977), S. 167.

[97] Auf Grund der vollständigen Zählung der Bände mit Instrumentalkanzonen bis zum *Quarto Libro* von 1656 kommt wohl am ehesten eine Sammlung mit weltlicher oder mit lateinischer Vokalmusik in Betracht.

[98] Aus diesem Grund wurde der Druck bislang von keinem der Kommentatoren gewürdigt; kürzlich ist erstmals ein Stück daraus in vollständiger Form veröffentlicht worden, und zwar *Andianne a gli horti di Dameta andianne* in: Szweykowska / Szweykowski (1997), S. 340-344.

[99] Ferrari-Barassi lag für ihren Aufsatz über *Satiro e Corisca* nur der Torso aus I-Vmn vor. Nach einer ersten unveröffentlichten Edition in Steinheuer (1990) liegt nun eine moderne Neuausgabe des gesamten Dialogs vor in: Szweykowska / Szweykowski (1997), S. 321-339.

[100] Eine alphabetische Titelübersicht mit Angaben zur jeweiligen Besetzung, zu Textdichter, Textform und Reimschema sowie zu den verwendeten Taktarten und musikalischen Formen findet sich im Anhang als *Alphabetisches Verzeichnis der weltlichen Vokalwerke*, S. 408-417.

[101] Dieser Druck erlebte zwei weitere Auflagen in den Jahren 1635 und 1644.

sängen von 1638, der mit *Curtio precipitato et altri Capricci* überschrieben ist.[102] Da darüber hinaus bisher keine weiteren weltlichen Vokalwerke aus Sammeldrucken oder auch Handschriften bekannt geworden sind, bildet dieser Corpus die Grundlage für die folgenden Darstellungen, wobei insbesondere die im Rahmen dieser Arbeit unternommene Edition des bisher nur bruchstückhaft bekannten Madrigalbuchs von 1624 nunmehr eine weit breitere Basis für eine Einschätzung der weltlichen Vokalmusik Merulas ermöglicht.[103]

Zur Einordnung des Repertoires

Auffällig ist, daß die erhaltenen Drucke nicht - wie bei vielen anderen Komponisten der Zeit üblich - eine Folge von ähnlich strukturierten Veröffentlichungen bilden, sondern jeder einzelne von ihnen sowohl dem Aufbau als auch dem Inhalt nach deutlich individuelle Züge aufweist - selbst im Falle des op. 5 von 1624 und des op. 10 von 1633, bei denen Merula selbst von einem *Primo Libro* und einem *Secondo Libro* spricht, lassen sich andere Besetzungsarten, Unterschiede in Form und Art der Textvorlagen und verschiedenartige kompositorische Interessen feststellen. Das Repertoire von Merulas weltlicher Vokalmusik stellt sich in dieser Hinsicht als vergleichsweise wenig geschlossen und eher heterogen dar und entzieht sich auf den ersten Blick - wie häufig auch die vergleichbaren Werke seiner Zeitgenossen - klaren Gattungszuschreibungen. Doch soll im folgenden gezeigt werden, daß die zeitgenössische, heute zumeist als inkonsequent gescholtene Terminologie, wie sie sich in den Titeln der Drucke oder auch in den Überschriften einzelner Kompositionen bei Merula und seinen Zeitgenossen findet, noch am ehesten dazu geeignet sein dürfte, im Dickicht der vielgestaltigen Phänomene Klassifizierungen vorzunehmen, wenn sie denn ernst genommen wird. Die unterschiedlichen Benennungen wie auch die Vielfalt der Erscheinungsformen selbst scheinen mir insgesamt weniger eine Verworrenheit oder Orientierungslosigkeit in der Auffassung der zeitgenössischen Komponisten anzuzeigen als ein bewußtes Experimentieren mit unterschiedlichen Besetzungen, Texten, musikalischen und formalen Ideen.

Moderne Sichtweisen haben dieses Repertoire demgegenüber lange genug an Maßstäben früherer Gattungsnormen - insbesondere denen des polyphonen Madrigals - messen wollen und konnten dann nur einen Niedergang eben dieser älteren Traditionen feststellen - hierfür sind etwa Einstein, der im Schlußkapitel seines für das ältere Madrigal noch immer grundlegenden *The Italian Madrigal* nicht einmal Merulas Namen erwähnt,[104] oder auch Flavio Testi zu nennen, der

---

[102] Vgl. im Anhang den Abschnitt *Die weltliche Vokalmusik*, S. 398f. für genaue Titelnachweise und bibliographische Angaben.

[103] Eine separate Veröffentlichung des vollständigen Madrigalbuchs von 1624 ist geplant.

[104] Einstein (^{2}1970).

in völligem Unverständnis für die gewandelte Situation gar von bloßen »epigoni del madrigalismo polifonico« spricht[105] – eine historische Einschätzung, die bis in die neuere Sekundärliteratur nachwirkt, wenn etwa Tomlinson zu einer erstaunlich negativen Beurteilung von Monteverdis späterer weltlicher Vokalmusik im Vergleich zu dessen früheren Madrigalen gelangt.[106] Jüngstes Beispiel für diese traditionell mangelhafte Kenntnisnahme des jüngeren mehrstimmigen Repertoires in der musikwissenschaftlichen Forschung bildet der Artikel *Madrigal* des für das Madrigal des 16. Jahrhunderts höchst verdienstvollen James Haar in der Neuausgabe der Enzyklopädie *Musik in Geschichte und Gegenwart.*[107] Der Abschnitt IX. umfaßt die Zeit von 1600-1640 und stellt neben einer ausführlicheren Würdigung Monteverdis von den zahlreichen Madrigalkomponisten nach 1600 allein Marco da Gagliano und Sigismondo d'India in Kürze vor – weder Venezianer wie Grandi, Rovetta, Pesenti oder Tarditi noch nördlich der Alpen tätige Komponisten wie Valentini, Bernardi, Merula oder Marini – um nur einige der bedeutendsten herauszugreifen – finden überhaupt Erwähnung.

Andere Autoren haben umgekehrt ihre Erkenntnisinteressen und damit Wertmaßstäbe aus der Perspektive späterer Entwicklungen in jüngeren Gattungen wie vor allem der weltlichen Solokantate bezogen, ein Blickwinkel, der dem zur Diskussion stehenden Repertoire höchstens den Charakter eines Vorstadiums für erst deutlich später eintretende Entwicklungen – wie etwa der klaren Trennung von Rezitativ und Arie innerhalb eines Werkes in Textvorlage wie musikalischer Gestaltung gleichermaßen – zubilligen konnte.[108] Derartigen, in einem entwicklungsgeschichtlichen Denken befangenen modernen Interpretationen, die entweder ein ›nicht mehr‹ oder ein ›noch nicht‹ musikgeschichtlicher ›Evolution‹ konstatieren zu können glaubten, hat häufig der Sinn für die Vielfalt neuer Möglichkeiten in dieser experimentellen Phase der weltlichen vokalen Kammermusik gefehlt. Wenn auch in mancher Hinsicht die musikalische Entwicklung in der Folgezeit andere Wege eingeschlagen haben mag, so sind die unterschiedlichsten Experimente dieser Übergangszeit insofern nicht einfach als obsolet und historisch irrelevant anzusehen; sie machen vielmehr deutlich, in welch verschiedenartige Richtungen die musikalische Entwicklung unter möglicherweise nur geringfügig anderen Bedingungen hätte gehen können. Zudem hat gerade Merula – ähnlich wie in seiner Instrumentalmusik – mit seinen neuartigen formalen Lösungen auch im Bereich der mehrstimmigen Vokalmusik kompositorische Modelle entwickelt, wie sie in modifizierter Form noch in den Vokalduetten Alessandro Scarlattis, Agostino Steffanis und Georg Friedrich Händels oder den späten Madrigalkompositionen eines Antonio Lotti und Antonio Caldara anzutreffen sind.

---

[105] Testi (1972), S. 61.

[106] Tomlinson (1987).

[107] James Haar, *Madrigal*, in: MGG-II, Bd. 5, 1996, Spalten 1544-69, besonders Spalten 1554-58.

[108] Unter diesem Blickwinkel hat etwa Schmitz dieses Repertoire vor allem gesehen; vgl. Schmitz (^{R}1955).

Neben einer Reihe jüngerer Monographien zur weltlichen Vokalmusik einzelner Zeitgenossen Merulas wie Biagio Marini,[109] Giovanni Giacomo Arrigoni,[110] Domenico Mazzocchi,[111] Alessandro Grandi,[112] Adriano Banchieri,[113] Giovanni Felice Sances,[114] Antonio Rigatti,[115] Giovanni Rovetta[116] und Claudio Monteverdi[117] ist es vor allem das Verdienst der bereits erwähnten Arbeiten von Whenham, Mabbett und Leopold, mit derartigen negativen Sichtweisen gebrochen und neuartige Zugangsweisen zum Gesamtrepertoire der Zeit zwischen etwa 1600 und 1650 eröffnet zu haben[118] - auch wenn bislang die Ergebnisse dieser Arbeiten die tradierten Einschätzungen vor allem in der musikgeschichtlichen Lexikographie noch nicht definitiv abgelöst haben. Aus allen drei Arbeiten werde ich wichtige Anregungen aufgreifen: Im Anschluß an Whenham werden Fragen formaler Gestaltungsmöglichkeiten ins Blickfeld kommen, an Leopolds Untersuchungen zum Zusammenhang von Textform und musikalischer Form in Solokompositionen der Zeit knüpfen meine Überlegungen zu diesem Gesichtspunkt in Merulas Werken für unterschiedlichste Besetzungen an, und Mabbett verdanke ich die Einsicht, daß bei vielen Veröffentlichungen ein spezifischer Entstehungskontext oder Adressatenkreis als bestimmender Faktor für die Anlage der Werke und der dargestellten Inhalte angenommen werden mag,[119] eine These, die auch im Falle von Merulas Drucken zu wichtigen Erkenntnissen führt.

Aporien in der herkömmlichen Klassifikation des Repertoires nach Besetzungen

In einem wichtigen Punkt werde ich mich jedoch nicht an einer Vorentscheidung orientieren, die allen drei Arbeiten zugrunde liegt, und zwar derjenigen, die Untersuchung des sehr umfangreichen weltlichen Repertoires dieser Periode des Umbruchs in mehrere nach Besetzungsgrößen unterschiedene Segmente zu zergliedern. Die Arbeiten von Leopold und schon von Fortune über das Solorepe-

---

109 Clark (1966).
110 Morsanuto (1991).
111 Witzenmann (1970).
112 Maggs (1975).
113 Wernli (1981).
114 Cecchi (1992) oder auch Raschl (1968).
115 Roche (1994).
116 Whenham (1995).
117 Ossi (1989) sowie Ciacchi (1993).
118 Die Untersuchung von Hall (1978) über *The Polyphonic Italian Madrigal 1638-1745* befaßt sich vor allem mit einem deutlich späteren Zeitraum und kann zudem wegen methodischer und inhaltlicher Mängel nicht zu den grundlegenden Arbeiten in diesem Bereich gezählt werden.
119 Mabbett (1989), S. 13-14.

toire,[120] von Whenham über Duette und Dialoge[121] sowie von Mabbett über die größer besetzten Stücke[122] sind in dieser Hinsicht gleichsam komplementär zueinander angelegt, auch wenn sie sich hinsichtlich ihrer Schwerpunktsetzungen und der Art der Einordnung des betreffenden Repertoireausschnitts z.T. deutlich voneinander unterscheiden. Eine derartige Aufteilung des Gesamtrepertoires scheint zunächst ein relativ unproblematisches, da offenbar ausschließlich formales Kriterium darzustellen und bezieht seine Berechtigung nicht zuletzt aus dem Umstand, daß zahlreiche Drucke mit weltlicher Vokalmusik des 16. und frühen 17. Jahrhunderts jeweils für eine ganz bestimmte Besetzungsgröße konzipiert worden waren - im Bereich des polyphonen Madrigals wurden häufig ganze Bände mit ausschließlich drei-, vier-, fünf-, sechs- oder auch siebenstimmigen Madrigalen veröffentlicht, die etwa bei de Monte, Marenzio oder Pallavicino jeweils eigenständig gezählte Publikationsreihen bildeten. Innerhalb eines Bandes mit fünfstimmigen Madrigalen mußte dagegen die Art der fünfstimmigen Besetzung nicht durchgehend gleich bleiben, und Stücke für unterschiedliche Stimmgattungen oder deren Kombinationen sind häufig in einem Band mit gleicher Stimmenzahl anzutreffen. Ähnliche, nach Besetzungsgröße zusammengestellte Drucke sind noch während der gesamten ersten Hälfte des 17. Jahrhunderts keine Seltenheit, so neben den zahlreichen Bänden *a voce sola* zuweilen auch Drucke mit zweistimmigen Kompositionen wie die ersten drei Bände der *Canzonette, Madrigali et Arie alla romana* von Enrico Radesca (NV 2300, 2303, 2305) oder Giovanni Valentinis *Musiche a doi voci* von 1622 (NV 2783).

Drei der erhaltenen Drucke von Merula stehen - wie offenbar auch den Titeln zufolge die beiden verlorenen Sammlungen von 1622 und 1623 - in der genannten Veröffentlichungstradition von Drucken mit konstanter Besetzungsgröße: So stellen die *Capricij* von 1638 eine Sammlung von Soli dar, der Dialog von 1626 ist zweistimmig - da der Druck jedoch nur dieses eine Stück enthält, bildet er ohnehin im gesamten Repertoire einen Sonderfall - und die *Madrigaletti* von 1624 sind wie auch die Hinzufügungen bei dem erweiterten Neudruck von 1642 durchgängig dreistimmig, wenn man die bei Merula anzutreffende Addierung von Vokal- und Instrumentalstimmenzahl zugrunde legt (s.u.). Hingegen entsprechen die beiden übrigen Drucke nicht diesem Schema, sind sie doch für unterschiedliche Besetzungsgrößen und -arten konzipiert: Die *Madrigali concertati* von 1624 für vier bis acht Vokalstimmen und Continuobegleitung, die *Madrigali et altre musiche concertate* von 1633 enthalten dagegen neben Stücken für eine bis vier Vokalstimmen und B.c. auch drei Kompositionen für zwei bis drei Singstimmen und zwei Violinen. Neben Merulas Veröffentlichungen machen auch zahlreiche Drucke seiner Zeitgenossen deutlich, daß einheitliche Besetzungsgröße schon seit Beginn des 17. Jahrhunderts längst kein durchweg bestimmendes

[120] Vgl. Fortune (1953), Fortune (1954) sowie Fortune (1963). Mit einem von den Textvorlagen ausgehenden Ansatz stellt Leopold einen erweiterten Zeitraum von 1600-1645 ins Zentrum ihrer Untersuchungen; vgl. Leopold (1995).

[121] Whenham (1982).

[122] Mabbett (1989).

Merkmal für die Anlage von Drucken mit weltlicher Vokalmusik mehr war - erinnert sei hier stellvertretend für viele andere Werke nur an Monteverdis *Settimo Libro* von 1619 mit seinem höchst vielfältigen Inhalt - ein derartiges, immer selbstverständlicher werdendes Nebeneinander verschiedener Besetzungsgrößen in einer Sammlung mag bereits einen ersten Hinweis darauf geben, daß Besetzung spätestens seit dem Anfang der zwanziger Jahre des Jahrhunderts für Gattungsfragen höchstens eine untergeordnete Rolle spielte.

Die Probleme bei einer derartigen Aufteilung des Repertoires nach Besetzungsgrößen sind jedoch viel weitreichender: Es finden sich zunächst diverse Beispiele, bei denen die Stimmenzahl einzelner Stücke vom Komponisten bewußt nicht eindeutig festgelegt, sondern den Ausführenden freigestellt wurde, bei Stücken etwa, die alternativ für eine oder für zwei Stimmen auszuführen waren - so ist beispielsweise Bartolomeo Barbarinos *I tuoi capelli o Filli in una cistula* von 1606 (NV 240) ausdrücklich als *Aria da cantarsi con una, e con due voci* überschrieben und bei Nicolò Fonteis *So che finto è quel guardo* von 1635 (NV 1005) heißt es *à 2. nel fine se piace.* Ähnlich verhält es sich mit Kompositionen, bei denen der Baß vokal, instrumental oder auch vokal/instrumental ausgeführt werden konnte, wie vermutlich in vielen zweistimmigen Madrigalen zu Beginn des 17. Jahrhunderts, etwa in den erwähnten Sammlungen von Enrico Radesca. Auch in größer besetzten Werken liegt die Stimmenzahl bei einigen Stücken nicht eindeutig fest, so kann zuweilen eine der gedruckten Stimmen auch fortgelassen werden - wie der *Canto* in Merulas *Pur la bocca baciai. A tre o quattro* (Nr. 54), ein Aufführungshinweis, für den es auch im Bereich seiner geistlichen Musik Entsprechungen gibt;[123] ähnliches findet sich auch bei anderen Komponisten, so etwa in Galeazzo Sabbatinis *Libro Quinto* von 1636 bei *Mentre langue Maria, mentre sospira* die Angabe *A 2 e 3 se piace* (NV 2509). Bereits Einstein hatte darauf aufmerksam gemacht,[124] daß Paolo Quagliati gar im Vorwort zu seinem *Primo Libro de' Madrigali* zu vier Stimmen (NV 2294) darauf hinweist, die Stücke darin könnten ebenso als continuobegleitete Solostücke aufgeführt werden wie als vierstimmige Madrigale[125] - ein Anzeichen für das Fortleben einer bereits im 16. Jahrhundert weitverbreiteten Tradition, die klare Abgrenzungen nach Besetzungsgrößen zusätzlich erschwert und damit als eher fragwürdiges Kriterium erscheinen läßt.

Leopold hat für ihren Katalog der Soli die Entscheidung gefällt, Kompositionen mit ein- oder zweistimmiger Besetzungsalternative oder auch die genannten

---

[123] So das *Credidi propter quod locutus sum* aus der *Arpa Davidica* von 1640, wo der Altus eine *ad libitum* auszuführende Stimme mit ostinatem c.f. darstellt; vgl. die Edition von Merulas Psalmmotette im Notenanhang bei Wilkinson (1978), S. 791-805.

[124] Einstein (1934), S. 110-116; sowie neuerdings noch einmal Carter (1993), S. 127.

[125] Quagliati schreibt im Vorwort *Ai lettori*: »... Ma perche sempre non si possono trovar pronte quattro voci buone per sodisfattione de molti, che oggi si dilettano con una sola voce cantare con l'Istumenti, hò voluto affine di potersene ogn'uno prevalere, accomodar un Soprano, overo Tenore all'Ottava bassa, come si usa con il Basso seguito per sonare ...«; zitiert nach NV 2294. Der Band ist soeben mit den beiden unterschiedlichen Fassungen ediert worden in Quagliati (1996).

Stücke Quagliatis um der Eindeutigkeit willen nicht zum einstimmigen Repertoire zu zählen, doch bleibt die Schwierigkeit bestehen, daß derartige Stücke ebensowenig eindeutig zum zwei- bzw. vierstimmigen Repertoire zu zählen sind. Dagegen sind bei Leopold einstimmig notierte Stücke mit einem möglicherweise auch von einem anderen Sänger auszuführenden Echo wie Sigismondo d'Indias *Ahi chi fia che consoli il dolor mio* von 1618 (Nr. 1279 / NV 834) oder gar Santo Pietro de Negris bereits 1613 veröffentlichtes *Già vissi lieto e già d'amor cantai* (Nr. 1275 / NV 2551bis),[126] das den Hinweis *Ecco doppio se piace* trägt und damit eine Option für sogar drei Sänger nicht ausschließt, in den Katalog der Solowerke mit aufgenommen worden.

Schwerwiegender als der Hinweis auf derartige Grenzfälle ist jedoch der Einwand, daß die Angaben über Besetzungsgrößen in den zeitgenössischen Quellen auf zwei unterschiedliche Weisen bestimmt wird: Vielfach ist die Anzahl der Stimmen - unabhängig davon, ob es sich um Vokal- oder Instrumentalstimmen handelt - addiert, so daß etwa Francesco Turini eine ganze Sammlung mit *Madrigali a cinque cioè tre voci, e due violini* veröffentlichte (NV 2773). Eine Besetzungsangabe *à 4* kann entsprechend gegebenenfalls vier Singstimmen oder wie in Giovan Giacomo Arrigonis *Ciaccona ›Uscite, ó gemiti‹* von 1635 (NV 170) gleichermaßen einen Sänger und drei obligate Instrumente bezeichnen; durchweg wird hierbei die instrumentale Continuostimme - unabhängig davon, ob es sich nur um einen *basso seguente* oder um eine eigenständig geführte Baßlinie handelt - in den Quellen von Anfang an nicht als eigene Stimme gerechnet. Anders verhält es sich hingegen mit zusätzlichen instrumentalen Baßstimmen, die wie etwa der zusätzliche instrumentale *Basso* bei Arrigoni offenbar als eigenständig zu rechnende Melodiestimmen angesehen wurden[127] - auch Galeazzo Sabbatini nennt in seiner *Ciaccona à 6* mit dem Titel *Bella e vage pargoletta* neben drei Singstimmen und zwei Violinen in diesem Zusammenhang ausdrücklich einen ›Basso da sonare‹ (NV 2509) als sechste Stimme. Ähnlich wie Arrigoni und Sabbatini haben auch Giovanni Priuli in den *Delizie musicali* von 1625 (NV 2279) und Giovanni Valentini im vierten Buch seiner *Musiche da camera* von 1621 (NV 2785) instrumentale und vokale Stimmen addiert, in zwei Stücken in Valentinis Druck, in denen eine Violine ›a beneplacito‹ verwendet werden kann, findet sich ähnlich wie bei rein vokalen Stücken mit Alternativbesetzungen bei der Vertonung von Giambattista Marinos *Et ecco pur* die Angabe *A 2 e 3* bzw. bei einer Komposition über dem Ruggiero-Baß *Perchè Filli mi chiami e poi t'ascondi* dann der Hinweis *A 4 o 5* - auch dies scheint nicht ungewöhnlich gewesen zu sein, wie ein *Concerto a 3 et a 5 con 2 Violini se piace* mit dem Titel *Che farai, dolente core* in Biagio Marinis op. 16 von 1649 belegt (NV 1719).

Wie die genannten Zeitgenossen zählt auch Merula bei den drei Stücken seines op. 10 mit zwei obligaten Violinen jeweils die beiden Instrumentalstimmen

[126] Leopold (1995), Bd. II, S. 186.

[127] Allsop hat kürzlich genau auf diesen Umstand für den Bereich der *Sonata à 2* und der *Sonata à 3* hingewiesen; vgl. hierzu Allsop (1992), S. 24-26.

zu den zwei bzw. drei Vokalstimmen hinzu, so daß sich in den Inhaltsverzeichnissen der Stimmbücher die Angaben *à 4* bzw. *à 5* finden - es handelt sich um *Amo, l'è ver, nol niego* (Nr. 1)[128] sowie die strophischen Stücke *Non ha maggio seren cotanti fiori* (Nr. 43) und *Chi prend' amor a gioco* (Nr. 10); die gleiche Zählweise findet sich in den *Madrigali aggionti* im Nachdruck der *Madrigaletti* von 1642, wo es bei der Sonettvertonung *La Donna è nobil verga e leggier fronda* heißt: *à 3 Doi Canti, e Violone & anco senza (si puo far senza)* (Nr. 32) - zugleich ein weiteres Beispiel für die zusätzliche Zählung einer als eigenständig verstandenen instrumentalen Baßstimme. Auch in Merulas geistlichen Drucken ist die Addierung von Vokal- und Instrumentalstimmen durchgehend beibehalten: So findet sich etwa im *Primo Libro de Motetti, e Sonate concertati* von 1624 neben zwei Motetten *A 2* für Canto und eine Violine ein *Favus distillans* für eine Besetzung *A 4. Canto, e tre Viole, overo tromboni.* Ähnlich listet die *Tavola* des *Libro secondo de concerti spirituali* von 1628 unter der Rubrik *A tre voci* ein *Dominus illuminatio* für *Basso, con doi Violini* und unter den Stücken *A quattro voci* ein *Iesu dulcis memoria* für *Canto, con tre Instromenti* sowie ein *Ego flos campi* für *Canto, & Basso, con doi Violini* auf - eine Kategorisierung, die in Merulas späteren lateinischen Sammlungen bestätigt wird.

Im Gegensatz zu dieser bei Merula und einer Reihe weiterer Komponisten anzutreffenden Gleichbehandlung von vokalen und instrumentalen Melodiestimmen bei der Angabe der Besetzungsgröße haben vor allem venezianische Komponisten in ihren Drucken Stimmen und obligate Instrumente nicht selten getrennt gezählt und für die Besetzungsgröße oft nur die Vokalstimmen berücksichtigt. Neben zwei als *à 2* bezeichneten Beispielen für zwei Singstimmen und zwei Violinen in Orazio Tarditis op. 10 von 1633 (NV 2706) gilt dies offenbar durchgängig für Claudio Monteverdi, wie die großbesetzten Stücke des achten Madrigalbuches oder auch *Con che soavità, labbra adorate* aus dem siebten Madrigalbuch mit der Bezeichnung *à 1 - concertato a una voce e 9 istrumenti* (NV 1936)[129] zeigen. Schwankend in der Zählweise scheinen dagegen Komponisten wie Giovanni Rovetta, Biagio Marini oder Dionisio Bellante zu sein - Rovetta führt etwa in den *Madrigali concertati* von 1629 (NV 2461) die instrumentalen Stimmen getrennt von den vokalen, während er umgekehrt die Stimmen in seinem *Libro secondo* von 1640 addiert (NV 2465), allerdings mit Ausnahme einer *Ottava* und einer *Aria* mit Violinritornellen *ad libitum*, bei denen die Instrumentalstimmen jeweils nicht gezählt sind. Ähnlich verwendet Biagio Marini die addierende Zählweise durchgehend in den *Compositioni vari* von 1641 (NV 1718), während beide Zählweisen unvermittelt im op. 7 von 1634 und im op. 16 von 1649 nebeneinander stehen (NV 1716 / NV 1719). Auch in Bellantes Sammlung von 1629 stehen vier mit *A 2* bzw. *A 3* bezeichnete Canzonetten für zwei bzw. drei Singstimmen mit Begleitung zweier Violinen sowie in zwei Fällen gar eines zusätzlichen *Fa-*

---

[128] Die Ziffern beziehen sich auf den alphabetischen Katalog im Anhang unter *Alphabetisches Verzeichnis der weltlichen Vokalwerke*, S. 408-417.
[129] Zitiert nach Fabbri (1985), S. 217.

gotto dem *A 6* klassifizierten *Zeffiro mio gentil che per le selve* für *4 voci e 2 Violini* gegenüber. Erst genauere Untersuchungen könnten helfen zu klären, ob derartige Differenzen durch Unterschiede in der Anlage der Komposition und insbesondere in der Art der Instrumentalverwendung begründet sind - so deuten einige Beispiele darauf hin, daß bloße Instrumentalritornelli zwischen vokalen Abschnitten bisweilen eine andere Zählweise nahegelegt haben mögen als Stücke, in denen die Instrumente mit eigenständigen Stimmen in den Satz integriert sind.

Bei der Wahl von Besetzungsgröße als Klassifikationskriterium mußte die neuere Sekundärliteratur in diesem Punkte gleichsam eine Entscheidung fällen, da nur bei Stücken mit ausschließlicher Vokalbesetzung und Continuo wirkliche Eindeutigkeit besteht. Whenham weist selbst auf die überwiegend andersartige Zählung in den Quellen hin, wenn er schreibt, daß die von ihm ›concertato arias‹ genannten Stücke für zwei Vokalstimmen mit zusätzlichen Instrumentalstimmen bzw. Ritornellen in den Drucken aufgelistet seien «among the music for four- and five-part ensemble«[130] - darunter auch Merulas *Amo l'è ver, nol niego*, das dieser mit der Angabe *à 4* versehen hatte - doch sieht Whenham keinen grundsätzlichen Argumentationsbedarf für seine Abhandlung derartiger Stücke unter den Duetten. Seine Zählweise stellt insofern jedoch eine Interpretation dar, als dadurch den obligaten Instrumenten nicht ein gleichwertiger Platz in einem vokalinstrumentalen Ensemble, sondern ähnlich wie dem Continuo ein im Grunde nur begleitender Charakter zugestanden wird, wie er längst nicht für alle Kompositionen im Repertoire kennzeichnend ist; erst deutlich später - im Repertoire der Solokantate *con strumenti* - sollte eine generelle Trennung von Vokal- und Instrumentalstimmen bei der Angabe von Besetzungsgrößen zur Regel werden.

Im Falle von Dialogkompositionen hat Whenham dagegen sinnvollerweise nicht nur zweistimmige, sondern auch größere Vokalbesetzungen mit in seine Beschreibung aufgenommen, denn er argumentiert: »dialogues represent a literary genre in musical setting and may call for two, three, or even four voices, depending on the number of characters involved«.[131] An diesem Punkt gibt Whenham die im Falle der Kategorie Duett selbstgewählte Ausrichtung an vokaler Besetzungsgröße auf und bezieht vor allem literarisch motivierte Klassifikationskriterien mit ein.

Auch Leopold verhält sich in diesem Punkt nicht ganz konsequent, obwohl sie im wesentlichen mit Monteverdi einzig die Zahl der Vokalstimmen zugrundezulegen scheint. So hat sie häufig Stücke mit einer oder mehreren obligaten Instrumentalstimmen in ihr Verzeichnis des Solorepertoires aufgenommen, nicht nur Stücke mit instrumentalen Ritornellen aus Solosammlungen - von Giovanni Battista da Gaglianos *Filli ascoltami* (Katalog Nr. 1799) oder Vincenzo Calestanis *Damigella* (Katalog Nr. 2270) über Cherubino Busattis *Angela siete, ò come lieto ascolto* (Katalog Nr. 1086) bis hin zu Martino Pesentis *O Dio, che veggi? è mio diletto Aminta* (Katalog Nr. 1535), sondern auch Monteverdis *Con che soavità,*

---

[130] Whenham (1982), Bd. I, S. 179.
[131] Whenham (1982), Bd. I, S. 4.

labbra odorate mit neun in drei Chören aufgeteilten Instrumenten (Katalog Nr. 703) oder sein *Tempro la cetra* (Katalog Nr. 1021),[132] Kompositionen, die innerhalb des gemischt besetzten siebten Madrigalbuchs neben anderen größeren Besetzungen stehen, allerdings - wie bereits erwähnt - ungeachtet der zusätzlichen Instrumentalstimmen bei Monteverdi mit der Angabe *A 1* versehen sind.[133] Übrigens hat auch Roche beide Stücke wie auch die beiden *lettere amorose* aus der Sammlung *Lamento d'Arianna* von 1623 zu den »true monodies« gerechnet.[134] Dagegen fehlen in Leopolds Katalog Arrigonis erwähnte *Ciaccona à 4* mit Pans Lamento *Uscite, o gemiti* mit drei obligaten Instrumenten (NV 170), Lamorettis *Bell'Ilvana, tua beltade* für eine Stimme und Instrumente *à 5* (NV 1375) sowie die mit *à 2* bezeichneten Soli mit obligater Violinbegleitung aus Quagliatis *La sfera armoniosa* von 1623 (NV 2295).

In Mabbetts Arbeit, in deren Rahmen die Erstellung eines Katalogs für die mehrstimmigen Stücke des Madrigalrepertoires nicht beabsichtigt war, sind derartige Eingrenzungen nicht genau beachtet worden. Obwohl die Autorin sich in ihrer Arbeit im wesentlichen auf die Madrigale für drei und mehr Stimmen konzentriert, zieht sie etwa für die exemplarische Untersuchung verschiedener Vertonungen des Madrigals *Ite amari sospiri* auch geringstimmige Versionen heran - so Saracinis und Quagliatis Soloversionen - und macht damit an einem weiteren Punkt deutlich, daß eine ausschließliche Orientierung an Besetzungsgrößen vielfach nicht ausreichen kann. In ihrer Einleitung weist sie in diesem Zusammenhang sogar darauf hin, daß »the nature of word-setting in a madrigal does not depend upon the number of voices used. This calls into question the validity of classifications based upon features of scoring, which have hitherto been much used by musicologists«.[135]

Im Bereich größerer Besetzungen stellen sich vergleichbare Fragen nach einer genauen Abgrenzung verschiedener Besetzungsgrößen jedoch ohnehin deshalb weitaus weniger, da sich hier in der Sekundärliteratur eine weitere Auffächerung des Repertoires nach unterschiedlichen Besetzungen nie eingebürgert hatte. Nicht einmal für die häufig anzutreffenden Terzette gibt es eine gesonderte Untersuchung,[136] obwohl gerade das Verhältnis von zwei- und dreistimmigen Vokalbesetzungen mehr Beachtung verdiente - bereits Roche hatte diese als »closely related« bezeichnet.[137] Zwar haben Begriffe wie ›Triosatz‹ oder ›Trio texture‹ im Bereich der vokalen Kammermusik nie jene terminologische Verwirrung gestiftet wie im Bereich der instrumentalen ›Trio‹-Sonate, doch stehen auch im vokalen

---

[132] Vgl. Leopold (1995), Bd. II, S. 158, 171, 175, 203, 221 und 248.
[133] Vgl. NV 1936.
[134] Roche (1990), S. 156.
[135] Mabbett (1989), S. 24.
[136] Bei Buff werden zwei- und dreistimmige Besetzungen als Seitenzweig der »chamber cantata« und sogar als ein zusammengehöriges Genre angesehen, doch ist auch hier kein Versuch einer umfassenden Würdigung des dreistimmigen Repertoires unternommen worden; vgl. Buff (1973), S. 40-83; Auch Cardamones Aufsatz *Madrigali a Tre et Arie Napolitane: A Typographical and Repertorial Study* leistet dies nicht einmal ansatzweise; vgl. Cardamone (1982).
[137] Roche (1990), S. 156.

Bereich satztechnisch vielfach Besetzungen *à 2* und *à 3* in ähnlich enger Beziehung zueinander, wie Allsop dies für instrumentale ›Trio‹-Besetzungen angemerkt hat.[138] Dies trifft insbesondere dann zu, wenn es sich bei der dritten Vokalstimme um einen *Basso* handelt, der entweder durch einen instrumentalen Basso seguente verdoppelt oder als eine Art Umspielung der Continuostimme zu verstehen ist - auch bei Merula ist dieser Typus durchaus häufig. Über die eingebürgerte Trennung von Besetzungsgrößen hinaus könnte es sich auch hier - ähnlich wie bei den Dialogen - als aussichtsreich erweisen, von anderen Kriterien für vergleichende Untersuchungen und Klassifikationen des Repertoires auszugehen. Carter hat ganz in diesem Sinne in Übereinstimmung mit Mabbett kürzlich ganz generell von einer »community of discourse in early seventeenth-century secular music« gesprochen, die sich in »clear examples of cross-fertilization between polyphonic madrigals, duets and solo songs as regards declamatory, expressive and structural techniques« äußere und »potentially anachronistic stylistic, generic and medium-related criteria« in Frage stelle.[139]

Die anscheinend bloß formal zu verstehende Dreiteilung des Repertoires weltlicher Kompositionen in ›einstimmige‹, ›zweistimmige‹ und ›diverse andere Besetzungen‹ als einer Art Restkategorie beruht letztlich auf bestimmten musikhistorischen Prämissen, erklärt sich doch das bevorzugte Interesse an geringstimmigen Besetzungen aus dem besonderen Stellenwert, der insbesondere dem Sologesang und dem dramatischen Wechselgesang zweier oder mehrerer Solisten im Zusammenhang mit den musikgeschichtlichen Veränderungen um die Wende zum 17. Jahrhundert und der Entstehung der Oper eingeräumt worden ist. Hiervon zeugt auch der im englischen Sprachraum inzwischen fast unwidersprochen etablierte Begriff ›Monodie‹ für alle solistisch besetzten Stücke im Repertoire jener Zeit. Der Begriff wurde bekanntlich eingeführt, obwohl keiner der zeitgenössischen Drucke mit Sologesängen ihn jemals verwendet hat. Er findet sich - allerdings in anderer Bedeutung - in Donis vermutlich etwa zwischen 1635 und 1639 entstandenem *Trattato della musica scenica*, wo von »Monodie, o Melodìe ad una voce sola« im Gegensatz zu sogenannten »Corodie, cioè canti di una sola aria per cantarsi a Coro in ottava« die Rede ist, nicht jedoch von generalbaßbegleitetem Sologesang.[140] Der Begriff Monodie ist weit davon entfernt, ein hilfreiches oder gar vorurteilsfreies modernes Konzept darzustellen, impliziert er doch bereits von der graezisierenden Wortwahl her die lange vorherrschende, mittlerweile aber kaum mehr aufrecht zu erhaltende These von der ursächlichen Entstehung des Sologesangs im Zusammenhang mit der Antikenrezeption in der sogenannten Florentiner Camerata und der angeblich von dort ausgehenden epochalen Wirkung auf die Musikgeschichte. Die jüngste Untersuchung des solistisch besetzten Repertoires durch Leopold hat demgegenüber noch einmal eindrücklich

---

[138] Allsop (1992), S. 24-26.

[139] Carter (1993), S. 127f.

[140] Vgl. Doni (^{R}1974), Bd. II, S. 54; vgl. auch Bianconi (1982), S. 16 und Mabbett (1989), S. 20, Fußnote 22.

zweierlei gezeigt: Erstens gehörte Sologesang schon lange vor und auch neben Galilei oder Caccini zur selbstverständlichen musikalischen Praxis des 16. und frühen 17. Jahrhunderts - so veröffentlichten etwa im selben Jahr wie Caccini auch Bassano, Giancarli und Melli unabhängig von Florentiner Diskussionen und Experimenten bislang praktisch unbeachtet gebliebene Sammlungen mit Stücken für Solostimme und Instrumentalbegleitung - zweitens gestattet die Vielfalt der nachweisbaren Formen es kaum, das neue Repertoire auf ein monokausales Erklärungsmodell zurückzubeziehen. Allenfalls ein verschwindend geringer Teil der erhaltenen Stücke mit solistischer Besetzung seit dem Beginn des 17. Jahrhunderts könnte überhaupt als ›dramatischer Sologesang‹ klassifiziert werden; der übergroße Teil der bekannten Werke ist jedoch nicht rezitativisch angelegt und kann weder als Derivat oder Nebenprodukt noch als Weiterentwicklung aus den Solopassagen in den frühen musikdramatischen Experimenten angesehen werden. Textwahl und musikalische Formmodelle solistisch besetzter Kompositionen stammen im Gegenteil überwiegend aus gänzlich anderen textlichen und musikalischen Traditionen wie der weitgehend schriftlos gebliebenen epischen Rezitation, der Entstehung neuer Textgattungen, dem Singen einfacher volkssprachlicher Lauden und Villanellen oder den deklamatorischen, expressiven und verzierungspraktischen Experimenten im polyphonen Madrigal vor der Jahrhundertwende vor allem bei Ferrareser und Mantuaner Komponisten - Traditionen, die allesamt kaum Beziehungen zu den eher partikularen Diskussionsgegenständen der Florentiner Gesprächskreise um den Grafen Bardi oder später Jacopo Corsi aufweisen dürften; weit stärker hat demgegenüber die frühe Oper insbesondere seit den Mantuaner Werken eines Marco da Gagliano und Claudio Monteverdi ihrerseits aus diesen und anderen, wohl weitgehend nicht auf irgendeiner Art von Antikenrezeption beruhenden Traditionen geschöpft. Selbst in *Le Nuove Musiche*, deren absolute Neuheit Caccini so sehr hervorzuheben bemüht war, offenbaren sich - wie Carter kürzlich betont hat - »close relationships with the villanella tradition«,[141] also mit einer traditionell mehrstimmigen und nicht einstimmigen musikalischen Gattung.

Bereits Whenham hatte zurecht vor der Fortschreibung früherer, entwicklungsgeschichtlicher Sichtweisen gewarnt, wonach die Komposition von solistischer Musik nach 1600 fortschrittlich bzw. radikal, die Veröffentlichung von mehrstimmigen Madrigalen jedoch konservativ sei;[142] allerdings setzte er bei aller Betonung der innovativen Leistungen im Bereich der Zweistimmigkeit selbst im Grunde ungewollt - wie bereits Mabbet beobachtet hat - durch die Konzentration auf das zweistimmige Repertoire indirekt die alte Sichtweise vom Niedergang des mehrstimmigen Madrigals und dem Vorrang der geringstimmigen Besetzungen fort.[143] Whenham hat jedoch trotz dieser möglichen Gefahr perspektivischer Verkürzung einen unverzichtbaren Beitrag zur Aufarbeitung eines wichtigen Teils

[141] Carter (1993), S. 136.
[142] Vgl. Whenham (1982), Bd. I, S. 3f.
[143] Mabbett (1989), S. 10.

des Repertoires geleistet, auf dessen Grundlage - ähnlich wie durch die Arbeiten von Mabbett und Leopold - die Frage nach einer angemessenen Einschätzung des Gesamtrepertoires jenseits der Klassifizierung nach Besetzungsgrößen überhaupt erst möglich geworden ist. Es wäre zu wünschen, daß Mabbetts Untersuchungen zu den sozialgeschichtlichen Entstehungskontexten mehrstimmiger Werke für die nicht von ihr untersuchten Besetzungsarten ergänzt würden. Ebenso haben Leopolds Erkenntnisse über die konstitutive Bedeutung des Zusammenhangs von Textform und musikalischer Form im Bereich der solistischen Musik den Blick dafür geöffnet, wie notwendig eine komplementäre Untersuchung für die von ihr nicht untersuchten Besetzungsarten wäre; dies hat etwa Whenham kürzlich in knapper Form für Rovettas weltliche Vokalmusik unternommen,[144] und in dieser Arbeit soll dies für Merulas gesamte weltliche Vokalmusik geschehen; erst wenn solche Vorarbeiten geleistet wären, ließen sich gleichermaßen die Zusammenhänge zwischen den bisher getrennt untersuchten Bereichen wie auch Art und Ausmaß der häufig angenommenen Sonderrolle von Soli oder auch Duetten im Kontext des Gesamtrepertoires tatsächlich überzeugend belegen. Davon ausgehend wäre es insbesondere lohnend zu untersuchen, inwieweit formale Gestaltungsprinzipien über die Wahl der Textform hinaus etwa auch von der Art und Größe der Besetzung abhängig sind, eine bislang kaum diskutierte Fragestellung, die durchaus überraschende Ergebnisse zeitigen könnte.

Zur prinzipiellen Freiheit in der Wahl möglicher Besetzungsarten bei der Textvertonung

Über die dargestellten, aus der Klassifizierung nach Besetzungsgrößen selbst herrührenden Schwierigkeiten hinaus gibt es jedoch zwei weitere, entscheidende Einwände gegen diese eingebürgerte Vorgehensweise: Der erste davon beruht darauf, daß es den Komponisten im Bereich der vokalen Kammermusik offenbar weitgehend freistand, welche einzelnen Texte oder auch welche Textgattungen in welcher Besetzungsart oder -größe zu vertonen sind. Die Vorstellung, daß bestimmten Texten, Textgattungen oder Inhalten auch eine bestimmte Art oder Größe der Besetzung angemessen wäre, war im Bereich der vokalen Kammermusik den Komponisten wie auch dem Publikum zu Beginn des 17. Jahrhunderts weitgehend fremd. Während in den darstellenden Gattungen - und hier vor allem in der frühen Oper - die Forderung nach ›verosimiglianza‹ auch für die Art der Besetzung bestimmter Rollen wesentlich, wenn auch - etwa im Falle der Besetzung mit Kastraten - durchaus nicht identisch mit heutigen Vorstellungen von Natürlichkeit war, spielten derartige Erwägungen in der Kammer auch nach Entstehung der Oper kaum eine Rolle - abgesehen vielleicht von der Gattung der

[144] Whenham (1995).

solistisch besetzten und am ehesten an musikdramatischer Dramaturgie ausgerichteten Dialogen, allerdings auch in diesem Bereich nur, sofern keine epischen Textabschnitte vertont wurden. Die kompositorische Praxis im überwiegenden Teil der vokalen Kammermusik war deshalb nicht weniger modern als in der Oper, sondern folgte völlig andersartigen, nicht an szenisch-dramaturgischen Überlegungen orientierten Maßstäben. So konnte etwa ein Monolog aus dem Munde eines Mannes nicht nur von einem Tenor, sondern ebenso von einer oder mehreren Frauenstimmen wie auch von einem gemischt besetzten, beliebig großen Vokalensemble vorgetragen werden, ohne daß gegen eine solche seit langem gängige Praxis der mehrstimmigen Vertonung monologischer oder zuweilen auch dialogischer Texte Einwände erhoben worden wären - zu den bekanntesten Beispielen dafür zählen die weit über fünfhundert Vertonungen von Passagen aus Guarinis Schäferspiel *Il pastor fido* seit den neunziger Jahren des 16. Jahrhunderts. So verwundert es nicht, daß Monteverdi selbst kein Problem darin sah, das zentrale, solistische Lamento der Protagonistin aus seiner Oper *L'Arianna* zu einem fünfstimmigen Madrigalzyklus für die Kammer umzuarbeiten,[145] ähnlich wie einige seiner Kollegen Textabschnitte des Librettos zum *L'Orfeo* noch nach Erscheinen der Partitur in mehrstimmiger Form vertonten - neben Sigismondo d'Indias fünfstimmigem Madrigal *Dove, ah dove t'en vai* im dritten Madrigalbuch von 1615[146] ist etwa Francesco Turinis Tenorduett über den gleichen Text zu nennen,[147] der auf den Anfang von Orfeos Monolog aus dem dritten Akt zurückgreift. Umgekehrt konnte auch ein für einen *coro* bestimmter dramatischer Text in einstimmiger Form vertont werden, wofür noch Rigattis durchkomponierte und sogar ausdrücklich mit *coro* überschriebene Soloversion des berühmten Schlußchores aus Guarinis *Il Pastor fido* mit dem Anfangsvers *O bell'età dell'oro* aus dem Jahre 1641 ein spätes Beispiel darstellt (NV 2346). Derartige mehrstimmige Versionen waren wohl kaum -wie die solistischen Fassungen - für eine szenische Aufführung gedacht, doch besaßen sie ihr eigenes Recht im Rahmen der Tradition vokaler Kammermusik, die noch bis in die Kantaten des 18. Jahrhunderts hinein normalerweise nicht primär einer szenischen Dramaturgie verpflichtet war.

Bei nicht an eine dramatische Rolle oder Situation geknüpften Textvorlagen war eine solche Freiheit in der Wahl von Besetzungsart und -größe noch weitaus selbstverständlicher und wurde durch Tendenzen zur Aufweichung früherer Gattungskonventionen, die auch in die Wahl der Besetzungsgröße hineingespielt hatten,[148] seit Anfang des Jahrhunderts noch zusätzlich befördert. Die gleichen Madrigale, Sonette oder strophischen Texte konnten nun prinzipiell - ein besonders bei häufig vertonten Textvorlagen immer wieder zu beobachtendes Phäno-

[145] Carter hat in diesem Zusammenhang noch einmal auf den Brief Monteverdis vom 24.8.1609 an Alessandro Striggio hingewiesen, in dem Monteverdi davon spricht, einen zunächst solistisch vertonten Text gegebenenfalls in eine fünfstimmige Version umzuarbeiten; vgl. Carter (1993), S. 128.
[146] NV 827, hier allerdings nicht als Text Striggios identifiziert.
[147] NV 2769; auf dieses Stück hat bereits Whenham hingewiesen, vgl. Whenham (1982), Bd. I, S. 168.
[148] Hiervon handelt der folgende Abschnitt.

men - in jeder beliebigen Besetzungsgröße vertont werden. Dies belegen eindrücklich die Übersichten, die in jüngster Zeit zu den Vertonungen nach Vorlagen einzelner Dichter wie Ariost,[149] Tasso,[150] Chiabrera[151] und Marino[152] vorgelegt worden sind. Zusätzlich stellen Bearbeitungen derselben Komposition für unterschiedliche Besetzungsgrößen klare Zuschreibungen zu Gattungen, die an Besetzungen orientiert sind, in Frage - darauf hat kürzlich Carter etwa im Zusammenhang mit Giulio Caccinis ›Parademonodie‹ *Amarilli mia bella* und einer Reihe weiterer Stücke hingewiesen;[153] ähnliches läßt sich bei der Umarbeitung solistischer Stücke ebenfalls von Caccini für ein vierstimmiges Ensemble in *Li Madrigali a quattro voci* von Pietro Maria Marsolo beobachten (NV 1733).

Anhand einiger von Merula vertonter Texte und deren Parallelvertonungen[154] ist diese Freiheit in der Besetzungswahl exemplarisch zu belegen: Giambattista Marinos Madrigal *Tempesta di dolcezza* wurde 1614 bzw. 1623 in einstimmigen Versionen von Claudio Saracini (NV 2554) und Johann Nauwach (NV 2012) veröffentlicht, zweistimmig ist eine Fassung von Marc' Antonio Negri aus dem Jahre 1611 (NV 2015), dreistimmig jene von Leonard De Hodemont (NV 1317) aus dem Jahre 1625, Merulas Vertonung des Textes von 1633 ist vierstimmig, während von Crescenzio Salzilli (NV 2537), Gabriello Puliti (NV 2288) und Sigismondo d'India (NV 826) aus den Jahren 1607, 1609 bzw. 1611 fünfstimmige Versionen bekannt sind. Da Merulas vierstimmige Fassung (Nr. 65)[155] die letzte der bekannten im Druck erschienenen Vertonungen darstellt, läßt sich eine Vorstellung, nach der die geringstimmigen oder solistischen Versionen die ›moderneren‹ darstellen, wohl nicht ohne weiteres ableiten. Ähnliches gilt für Chiabreras Madrigal *Schiera d'aspri martiri*, von dem Franceso Rasi (NV 2316) und Giovanni Battista Camarella (NV 466) 1608 bzw. 1633 Solofassungen vorlegten, Merula noch 1642 eine dreistimmige Version in Druck gab (Nr. 58), Pietro Maria Marsolo 1614 Rasis Solo zu einem vierstimmigen Madrigal umarbeitete (NV 1733) und schließlich Sigismondo d'India (NV 826), Flaminio Comanedo (NV 604) und Giovanni Valentini (NV 2781) in den Jahren 1611, 1615 bzw. 1616 fünfstimmige Madrigale veröffentlichten. Auch im Falle anderer von Merula vertonter Madrigaltexte mit Konkordanzen wie Rinaldis *Canta Urania la parte* (Nr. 7) und *La mia Filli è fugace* (Nr. 34), Marinos *Feritevi, ferite* (Nr. 20) und *Tosco, tosco non foco* (Nr. 66) oder Cremoninis *La novella ferita* (Nr. 35) läßt sich eine vergleichbare Freiheit bei der Wahl der Besetzung konstatie-

---

[149] Vgl. Balsano / Haar (1981).

[150] Vgl. Vassalli (1988).

[151] Vgl. Vassalli (1993).

[152] Vgl. Simon / Gidrol (1973).

[153] Carter (1993), S. 127-28.

[154] Eine Auflistung der derzeit nachweisbaren Parallelvertonungen der von Merula benutzten Textvorlagen findet sich im Anhang im Abschnitt *Parallelvertonungen der von Merula verwendeten Texte*, S. 423-428.

[155] Die Numerierung bezieht sich hier wie auch im folgenden auf den im Anhang, *Alphabetisches Verzeichnis der erhaltenen Werke* abgedruckten Katalog, der alle Stücke Merulas mit zahlreichen Angaben zu Besetzungsgröße, Textform etc. auflistet, S. 408-417.

ren, im Falle von Celianos *La mia Clori è brunetta* (Nr. 33) ist allerdings nur eine leicht abgewandelte Textparaphrase bei Antonio Rigatti in einer einstimmigen Version bekannt. Demgegenüber wurden Tassos *Voi sete bella, ma fugace e presta* (Nr. 74) nur zu vier bis sechs Stimmen und auch andere, seltener vertonte Vorlagen wie Rinaldis *Di costei bello è il nome* (Nr. 16), Fiammas *Mi diè Clori un Narciso* (Nr. 39) oder Marinos *Che nove arti son queste* (Nr. 9) nur in größeren mehrstimmigen Besetzungen in Musik gesetzt, doch besagt dies nicht, daß diese Texte nicht prinzipiell auch in geringstimmiger Besetzung hätten vertont werden können.

Auch bei strophischen Texten herrschte eine vergleichbare Freiheit bei der Entscheidung des Komponisten für eine bestimmte Besetzung: Die Kanzonenstrophe *Chi prende amor a gioco* wurde nach zwei fünfstimmigen Vertonungen von Pomponio Nenna (NV 2023) und Antonio Cifra (NV 571) aus den Jahren 1607 bzw. 1615 zunächst 1617 von Guiseppe Olivieri (NV 2051) und dann 1620 von Richard Dering (NV 814) in jeweils dreistimmiger Form veröffentlicht; Merulas Fassung von 1633 (Nr. 10) sieht eine Besetzung für drei Singstimmen und zwei Violinen vor, während Lazaro Valvasensi schließlich 1634 eine einstimmige Vertonung des Textes in Druck gab. Im Falle einer weiteren Kanzonenstrophe, dem nachdenklichen *Chi vuol chi m'inamori*, steht die solistische *Canzonetta spirituale* Merulas aus dem Jahre 1638 (Nr. 11) der Fassung für drei Singstimmen und zwei Violinen in Monteverdis *Selva morale e spirituale* von 1640/41 gegenüber (NV 1955). Im Unterschied dazu ist die von einem nicht identifizierten Dichter verfaßte Kanzonenstrophe *Nova saetta mi trapassa il core* (Nr. 48) in vier ausschließlich dreistimmigen Vertonungen nachweisbar, doch gilt auch bei derartigen Gegenbeispielen, daß grundsätzlich Vertonungen in anderen Besetzungsarten denkbar gewesen wären, so daß eine Bindung bestimmter Textvorlagen an konkrete Besetzungsgrößen auch in diesen Fällen nicht anzunehmen ist.

Da bislang umfassende Untersuchungen zu den Textvorlagen im mehrstimmigen Repertoire der Zeit fehlen, muß allerdings offen bleiben, inwieweit diese prinzipielle Freiheit in der Besetzungswahl für alle Arten von Textvorlagen auch tatsächlich praktiziert wurde. Dies könnte insbesondere fraglich sein für die von Leopold so apostrophierten ›neuen Texte‹,[156] in denen auf vielfältige Weise von literarischen Gattungskonventionen abgewichen wurde. Überwiegend sind die jeweiligen Verfasser dieser oft wohl unmittelbar im Hinblick auf eine konkrete Vertonung verfaßten Texte heute nicht mehr zu benennen, auch sind Mehrfachvertonungen insgesamt erheblich weniger zahlreich als bei den ›klassischen‹ Texten. Zwar spielen solche häufig ganz irregulären Textformen im Solorepertoire eine wichtige Rolle, doch ist bislang kaum untersucht, inwieweit etwa Texte mit drei und mehr Versarten weitgehend auf einstimmige Stücke beschränkt geblieben sind oder in größerem Umfang auch in mehrstimmigen Kompositionen Verwendung gefunden haben.

---

[156] Leopold (1995), Bd. I, S. 47-68.

Während der Anteil solcher experimentierfreudiger Texte in Merulas Solosammlung *Curtio precipitato et altri capriccij* relativ hoch ist,[157] spielen vergleichbare Vorlagen unter Merulas erhaltenen mehrstimmigen Werken eine untergeordnete Rolle - so findet sich im gesamten Band von 1633 nur das Duett *Cogli, Dori gentile* (Nr. 12) auf einen Text von Poggiolini, das einen *quinario* mit den gängigen *settenari* und *endecasillabi* vermischt, demgegenüber lassen sich unter den *Madrigaletti* von 1624 immerhin drei Stücke mit eher ungewöhnlichen, aber keineswegs extrem irregulären Textvorlagen ausmachen - das strophische *Filli, deh Filli mia, vezzosa e bella* (Nr. 21) mit einem *novenario* neben drei *endecasillabi*, des weiteren *Mentre in sogno giacea m'apparve amore* (Nr. 38), das in den beiden Strophen jeweils einen kurzen *ternario* unter die *endecasillabi* und *settenari* mischt, sowie das nur aus drei Versen bestehende *Non celar tanta gioia* (Nr. 41) mit *settenario, endecasillabo* und einem abschließenden *ottonario.* Durchaus denkbar wäre, daß auch in den verlorenen dreistimmigen *Canzonette* von 1623 derartige Textvorlagen verwendet worden sein könnten. Nur weitergehende Untersuchungen zur Art mehrstimmiger Textvorlagen im Repertoire - nicht zuletzt die mehrstimmigen ›canzonette‹, ›arie‹ und ›villanelle‹ dürften hier parallel zu den von Leopold für das Solorepertoire vorgelegten Ergebnissen von Interesse sein - können klären helfen, inwieweit Merula diesbezüglich in seinen erhaltenen Werken als repräsentativ für die zeitgenössische Praxis der Textwahl angesehen werden kann. Bislang sind zumindest einige Beispiele für die Verwendung solcher Texte auch in mehrstimmigen Stücken zu nennen, mehrfach bereits 1607 in Monteverdis *Scherzi musicali*, vor allem mit einem Wechsel von *quaternari* und *ottonari* wie etwa in *Damigella, Fugge il verno dei dolori, Amorosa pupilletta* oder *Vaghi rai di ciglio ardente*, Mischung von *piano-* und *sdrucciolo*-Achtsilblern wie in *Quando l'alba in oriente, sdrucciolo*-Terzinen in *La pastorella mia spietata e rigida* und vor allem in der Reihung von Abschnitten in unterschiedlichsten Versarten in dem ›Balletto‹ *De la bellezza le dovute lodi* (NV 1950). Auch in Giovanni Priulis *Delizie musicali* von 1625 (NV 2279) basiert etwa *Pastorella* für drei Tenorstimmen, Violine, Cornetto, Viola da gamba und B.c. auf einem dieser neuartigen strophischen Texte - hier mit dem metrischen Schema 4 4 6t 9 6t, und in den zwei- bis dreistimmigen *Madrigaletti* von Salomone Rossi aus dem Jahre 1628 findet sich ein weiteres zweistimmiges Beispiel für die Verwendung eines Strophentypus mit vier verschiedenen Versarten im Duett *Vô fuggir lontan da te.*[158] Giovanni Valentini hat relativ ausgiebig Gebrauch von derartigen Vorlagen in seinen Drucken mit weltlicher Vokalmusik gemacht, so vor allem in einigen Strophenliedern der *Musiche a doi voci* von 1622 - *Col guardo altero* basiert auf *quinari* und *decasillabi, Non vuoi ch'io t'ami* weist das metrische Schema 5 5t 5 5t 5 5 7 5 auf und *Amarillide mia crudel* gar drei Versarten mit dem Schema 9t 10t 11 10 10 10. In den *Musiche di camera* von 1621 verwendet das vierstimmige *Un dì soletto* ein aus *quinari* und *set-*

[157] Vgl. die Auflistung im Anhang, S. 408-417.

[158] Vgl. Rossi (1995), Teil 3, Bd. 8, S. XXXII-XXXIII.

bestehendes Strophenlied von Chiabrera, während das dreistimmige *Uscite ò gemiti* auf einer längeren, nicht strophisch gegliederten Vorlage aus Marinos *Idillio* ›*L'Arianna*‹ beruht, in dem *quaternari, quinari* und *senari sdruccioli* miteinander wechseln. Doch ist trotz der genannten Beispiele bislang nicht zu klären, in welchem Umfang die neuen Texte in den verschiedensten Besetzungsarten vertreten sind.

Besetzungsgröße und Besetzungsart als ungeeignete Kriterien zur Gattungsdefinition

Der zweite und noch weit gewichtigere Einwand gegen die Aufrechterhaltung einer Klassifikation des Repertoires nach Besetzungsgrößen ergibt sich jedoch daraus, daß erstaunlicherweise – wie bereits eine kursorische Durchsicht des Repertoires weltlicher Vokalmusik nach 1600 ergibt – ausnahmslos alle in den zeitgenössischen Drucken anzutreffenden Bezeichnungen zur Klassifizierung von Stücken und Sammlungen für die unterschiedlichsten Besetzungsgrößen verwendet wurden, auch wenn im Zusammenhang mit einigen dieser Termini bestimmte Besetzungsarten eine zeitweilige Bevorzugung erfahren haben mögen. Bei Bezeichnungen wie ›madrigale‹, ›canzonetta‹ bzw. ›villanella‹, ›aria‹ oder selbst ›cantata‹ und sogar bei der Verwendung bestimmter, die Kompositionsart betreffender qualifizierender Zusätze wie ›recitativo‹, ›passeggiato‹ oder ›concertato‹ herrscht keine klar zu definierende Norm bezüglich der Besetzungsgröße mehr vor. Im Gegenteil, alle genannten Begriffe sind – was bislang im einzelnen höchstens als Kuriosum vermerkt oder belächelt worden sein mag – im Zusammenhang mit weitgehend beliebigen Besetzungsarten im Repertoire der zeitgenössischen Vokalmusik nachweisbar. Mir scheint gerade an diesem Punkt eines der wichtigsten modernen Mißverständnisse im Umgang mit dem zu untersuchenden Repertoire zu liegen; es rührt vermutlich nicht zuletzt daher, daß viele der jüngeren musikalischen Gattungen – hier sei nur auf Streichquartett, Klaviertrio, Violinsonate oder Klavierlied verwiesen – über eine klar definierte Besetzungsgröße und sogar Besetzungsart definiert sind. Entsprechend wurden bislang im Bereich der vokalen Kammermusik in der ersten Hälfte des 17. Jahrhunderts eher die unterschiedlichsten Gattungen innerhalb einer Besetzungsart miteinander verglichen, als daß die gleichen Gattungstypen quer durch die unterschiedlichsten Besetzungsarten untersucht worden wären, wie es weit eher zeitgenössischem Denken entsprechen dürfte.

Wie bereits dargelegt, war die Wahl einer bestimmten literarischen Textgattung in der ersten Hälfte des 17. Jahrhunderts grundsätzlich weitaus weniger an bestimmte Konventionen der Besetzung geknüpft, als dies bei der Vertonung von Texten aus dem Bereich der klassischen Dichtungsgattungen noch während des 16. Jahrhunderts kennzeichnend gewesen war – zu einer Zeit, als mit bestimmten

Formen der Lyrik auch bestimmte Vorstellungen von Stilhöhe verknüpft waren, die in der Art der musikalischen Umsetzung und der dabei verwendeten kompositorischen Mittel reflektiert wurden. Vor der Jahrhundertwende war die weltliche Kammermusik Italiens durch die beiden lange Zeit relativ homogenen Gattungen von ›madrigale‹ und ›canzonetta‹ bzw. ›villanella‹ bestimmt, die zunächst nach Art der Textformen, musikalischer Setzweise und Faktur, rhythmischer Gestaltung und sogar Größe der Besetzung recht klar voneinander unterschieden waren; dann jedoch kam es in einem wechselseitigen Annäherungsprozeß zu einer innerhalb aller Gattungen sehr großen Bandbreite in der Wahl der Inhalte und musikalischen Mittel und damit zu einer Verwischung bis dahin geltender Gattungsgrenzen. Da zudem über eine Spezifizierung der Textvorlagen durch Begriffe wie *sonetto* oder *ottava* hinaus nun auch eine Reihe weiterer Bezeichnungen zu den traditionellen hinzutreten – neben ›Aria‹ und ›Cantata‹ sind hier vor allem ›Capriccio‹, ›Bizzaria‹ oder auch ›Scherzo‹ zu nennen - scheint eine auf den zeitgenössischen Termini gründende Klassifikation nach Gattungen innerhalb der vokalen Kammermusik der Zeit nun noch weitaus schwieriger, wenn nicht aussichtslos zu werden. Doch soll im folgenden gezeigt werden, daß sich der Sinn der unterschiedlichen Bezeichnungen – wenn erst einmal ein auf Besetzungsgrößen fixierter Blickwinkel verlassen wird – mit erstaunlicher Klarheit und Kohärenz bestimmen läßt.

Gattungsbegriffe und ihre Verwendung bei Merula

Die Gattung des ›Madrigale‹ und Merulas Verwendung des Begriffs

Die überwiegend ernsthaften Sujets vorbehaltene Gattung des Madrigals griff während des 16. Jahrhunderts fast ausschließlich auf die klassischen strophischen und nichtstrophischen Formen der italienischen Lyrik zurück. Einteilige Kompositionen verwendeten dabei vor allem die irregulär gebauten, nichtstrophischen Madrigaltexte, aber auch madrigalartige Passagen aus dramatischen Dichtungen in *versi toscani*, *endecasillabi* oder *settenari*, zwei- oder mehrteilige Madrigalkompositionen bzw. Madrigalzyklen dagegen überwiegend strophische Formen wie *sonetto*, *sestina*, *ottava*, *terzetti* bzw. *capitoli* oder auch die klassische *canzona*. Gleichermaßen wurden in den ein- wie den mehrteiligen Madrigalkompositionen lange Zeit bevorzugt polyphone Techniken verwendet; die einzelnen Verse oder auch Versabschnitte wurden dabei musikalisch in weniger an melodischer Eingängigkeit als an wortausdeutender Prägnanz orientierten ›soggetti‹ umgesetzt. Diese wurden ihrerseits zur Grundlage einer zumeist primär additiven, locker gefügten und insofern zuweilen fast zufällig wirkenden Formbildung, deren unregelmäßige Fügung den keinem regelmäßigen Schema folgenden Madrigaltexten korrespondierte. Die in Kompositionsart und Charakter nicht selten stark kontrastierenden Abschnitte verwendeten dabei häufig wortausdeutend deskriptive oder gar lautmalerische Motivik, eine relativ große Bandbreite unterschiedlicher rhythmischer Werte und besonders gegen Ende des Jahrhunderts bei entsprechenden Inhalten zunehmend eine expressive, dissonanzreiche Harmonik.

Die Anzahl fünfstimmiger Madrigale übertraf zwar in der zweiten Hälfte des 16. Jahrhunderts die aller anderen Besetzungsgrößen, doch sind die Veröffentlichungen mit drei-, vier-, sechs- und siebenstimmigen Madrigalen sowie immer wieder auch größeren Besetzungen nicht als bloße Abweichungen von einer Norm der Madrigalkomposition zu begreifen, sondern als gängige Besetzungsalternativen. Sogar Drucke mit zweistimmigen Madrigalen sind schon weit vor der Jahrhundertwende im Repertoire anzutreffen, die erfolgreichste Sammlung dürfte zweifellos *Il primo Libro dei Madrigali et Canzoni francese a due voci* von Jéhan Gero darstellen, die gegen 1540 erstmals gedruckt wurde und in teilweise leicht geänderter Zusammenstellung insgesamt die höchst erstaunliche Zahl von 21 Nachdrucken erreichte, davon die ersten neun bis 1596, die restlichen zwölf jedoch bemerkenswerterweise im Zeitraum zwischen 1622 und 1687,[159] zu einer Zeit also, als der Kompositionsstil dieser Stücke längst von neueren Entwicklungen überholt war.

[159] Zu diesem zweistimmigen Madrigalrepertoire vgl. Whenham (1982), Bd. I, S. 49-68.

Seit dem Beginn des 17. Jahrhunderts gehört das Madrigal dann ganz ähnlich wie in den mehrstimmigen Kompositionen auch in den Drucken mit Sologesängen zu den wichtigsten Gattungen; Leopold weist in ihrem Katalog nach, daß mit 935 Vertonungen allein Madrigaltexte fast ein Drittel des heute erhaltenen gedruckten Solorepertoires in den ersten 45 Jahren des Jahrhunderts ausmachen - in den ersten beiden Jahrzehnten dürfte der prozentuale Anteil noch weitaus höher liegen. Auch die Komponisten zögerten nicht, ihre einstimmigen Werke ebenso wie andere Besetzungen als ›madrigali‹ zu bezeichnen und - ähnlich wie vorher mit Angaben wie *à 5* oder *à 4* - nun mit dem Hinweis *a voce sola* die Besetzungsgröße anzugeben, so bereits Luzzaschi in seiner retrospektiven Sammlung mit ein- bis dreistimmigen Madrigalen von 1601 (NV 1524). Solomadrigale stellen mit ihrer überwiegend durchkomponierten, freien Form keine neue Gattung, sondern nur eine weitere Besetzungsalternative innerhalb der Gattungstradition des Madrigals dar, auch wenn in den ersten Jahrzehnten des 17. Jahrhunderts - ganz wie im mehrstimmigen Madrigal - in der musikalischen Gestaltung teilweise neue Wege beschritten wurden.

Auffällig ist jedoch, daß im solistischen Repertoire die verschiedenen Arten von strophischen oder nicht-strophischen Textvorlagen, die im älteren mehrstimmigen Madrigal oft ohne genauere Spezifizierung Verwendung gefunden hatten, nun häufig innerhalb der Drucke mit Überschriften wie *madrigale*, *sonetto* oder *ottavarima* eigens gekennzeichnet wurden. Hatte etwa in Monteverdis *Terzo Libro de Madrigali a cinque voci* von 1592 eine größere Zahl von Madrigaltexten neben einem madrigalartigen Ausschnitt aus Guarinis Schäferspiel *Il Pastor fido*, den mehrteiligen *Ottavarima*-Strophen aus Torquato Tassos *Gerusalemme liberata* und einem Sonett wie Celianos *Rimanti in pace a la dolente e bella* gestanden, ohne daß dies in besonderer Weise deutlich gemacht worden wäre, so kündigt demgegenüber nun etwa Puliaschi bereits auf dem Titelblatt seiner *Gemma musicale* von 1618 an, diese enthalte *Madrigali, Arie Canzoni, et Sonetti, a una voce* (NV 2285); tatsächlich ist sogar der Inhalt des Druckes geordnet nach den zugrundegelegten Textgattungen: Auf sechs jeweils vierteilige *Sonetti* folgen vier *Ottavarima*-Vertonungen in Form von ›Arie di Romanesca‹, in denen jeweils eine Strophe in vier Abschnitten vertont wurde, vier weitere als *Arie* bezeichnete Vertonungen unterschiedlicher strophischer Texte (*terzetti* und 3 Kanzonenstrophen) sowie schließlich vor einem Anhang mit Solomotetten vier ›madrigali‹. Ähnliches läßt sich in dem im gleichen Jahr gedruckten *Primo Libro delle Musiche a una, e due voci* von Francesca Caccini feststellen (NV 446), die sowohl den ein- wie den zweistimmigen Stücken Überschriften wie *Sonetto*, *Aria d'Ottave* und *Aria sopra la Romanesca* (hier handelt es sich gleichfalls um *Ottavarima*-Vertonungen), *Madrigale*, *Aria allegra* sowie *Canzonetta* voranstellt[160] -

[160] In der Wiedergabe der Überschriften folge ich im Falle unzutreffender oder fehlerhafter Angaben im NV denjenigen bei Leopold (1995).

allerdings ist Caccinis Druck nicht wie bei Puliaschi durchgängig nach Textarten gegliedert.[161]

In beiden Sammlungen könnte ein erster Grund für die explizite Nennung der Textform bei den schon früher häufig verwendeten klassischen Gattungen darin liegen, daß nun Kompositionen nach Texten hoher wie niederer poetischer Gattungen innerhalb einer Sammlung nebeneinander stehen konnten, die vor der Jahrhundertwende zumeist getrennt veröffentlicht worden wären - dies betrifft etwa die Kanzonenstrophen in Puliaschis Sammlung - insofern mag in beiden genannten Drucken ein neuartiger Bedarf an Klarstellung des tatsächlichen Inhalts bestanden haben. Weitaus wesentlicher dürfte jedoch sein, daß in beiden Sammlungen die Art der Vertonung der verschiedenen hohen und niederen Textgattungen nun zum Teil ganz anderen als den bis dahin geltenden Kriterien folgte, daß insbesondere - wie im Zusammenhang mit dem Begriff ›aria‹ noch zu zeigen sein wird - die klassischen Strophenformen nun häufig nicht mehr - wie im 16. Jahrhundert durchweg üblich - in madrigalischer Form, sondern in strophischer oder strophisch variierender Form in Musik gesetzt wurden, nicht zuletzt in Gestalt auskomponierter Variationen über ostinaten Baßmodellen.

Auf diesen Umstand der Diversifikation textlicher wie musikalischer Formmodelle im Rahmen eines einzelnen Druckes dürfte auch die Wahl allgemeinerer Titel zurückzuführen sein, denn bei heterogeneren Inhalten dürfte der Sammelbegriff *Madrigali* nicht ausreichend gewesen sein - dieser findet sich auch weiterhin in zahlreichen Sammlungstiteln, die vermutlich überwiegend in der Textwahl den schon lange Zeit üblichen und am Falle von Monteverdis drittem Buch dargestellten Kriterien folgen.[162] Bei vielfältigerem Inhalt werden nun neben poetischen Umschreibungen wie *Gemma musicale* (NV 2285), *Fuggilotio musicale* (NV 2361bis), *Amorose vaghezze* (NV 2725) und *Trastulli estivi* (NV 371 und 372) bei dem ›Bizzarro Accademico Capriccioso‹[163] oder nicht selten neutrale Begriffe verwendet wie *Musiche* in den drei Bänden von Domenico Maria Melli (NV 1796-1801), bei Francesca Caccini (NV 446) oder Giovanni Priuli (NV 2283), *Nuove Musiche* bei Giulio Caccini (NV 450), *Varie Musiche* in sechs Drucken bei Raffaello Rontani (NV 2363-2372), bei Francesco Pasquali (NV 2146) oder *Musiche da camera* bei Giovanni Valentini (NV 2785), der hinzufügt, der Band enthalte *Madrigali, et altre varie compositioni*. Seltener verwendete Titel sind *Compositioni varie per musica di camera* bei Biagio Marini (NV 1718) oder *Canti accademici* (NV 2553) bei Giulio Santo Pietro del Negro.

---

[161] Auch in einer weitaus früheren Phase der Veröffentlichung weltlicher Vokalmusik scheint teilweise ein ähnliches Bedürfnis nach Aufschlüsselung des genauen Inhalts eines Druckes bestanden zu haben, hierfür ist etwa das *Libro Primo de Canti a quatro (sic) voci sopra Madrigali et altre rime con li nomi delli loro authori volgari* ... (NV 578) von Giovan Tommaso Cimello aus dem Jahre 1548 ein Beleg, in dem auch im Bereich der klassischen Textvorlagen genau nach Gattungen unterschieden wird.

[162] Dies ist bislang eine Hypothese, da z.Zt. systematische Untersuchungen zur Wahl der Textvorlagen in mit *madrigali* betitelten Drucken der Jahrzehnte nach 1600 fehlen.

[163] Vgl. Mabbett (1989), Bd. II, S. 18.

Ob in diesen Titeln von ›musiche‹, ›compositioni‹ oder ›canti‹ die Rede ist, derartige Begriffe stellen durchweg keine neuartigen Gattungsbezeichnungen dar. Gemeinsam ist ihnen wohl eher die bewußte Vermeidung einer Zuordnung des gesamten Inhalts des jeweiligen Druckes zu einer bestimmten traditionellen Gattung innerhalb der weltlichen vokalen Kammermusik, der ›musica da camera‹, zu der alle diese Veröffentlichungen teilweise ganz explizit gerechnet werden wollen.

Ähnliches gilt für den als Sammlungstitel zumeist kaum weniger neutral zu verstehenden Begriff des ›Concerto‹,[164] der bei Antonio Marastoni (NV 1569bis) im Plural ohne Ergänzung anzutreffen ist, bei Dionisio Bellante (NV 294) in der Wahl der Überschrift *Concerti accademici* auf entsprechende Aufführungskontexte verweist, bei Monteverdi durch den Zusatz *Settimo Libro de Madrigali .... con altri generi di canti* (NV 1936) und bei Filippo Vitali durch *Madrigali et altri generi di canti* (NV 2941) erläutert wird oder schließlich in zwei Veröffentlichungen von Biagio Marini, den *Per le musiche di camera Concerti* (NV 1716) und dem *Concerto Terzo delle musiche da camera* (NV 1719), als zur Kammermusik gehörig spezifiziert wird - hierzu zählt Marini im zweiten Fall übrigens auch zwei rein instrumentale *Balletti*.

Vor dem Hintergrund solcher Sammlungen vermischten Inhalts wird verständlich, wie bewußt traditionell Merula sein *Primo Libro de Madrigali concertati* von 1624 von der Wahl möglicher Textgattungen her konzipiert hat: Von den einundzwanzig Stücken des Druckes verwenden alle bis auf eine Ausnahme tatsächlich einen Madrigaltext und können insofern mit vollem Recht der Gattung Madrigal in seiner engsten möglichen Definition zugerechnet werden, auch wenn die Art der Vertonung durchaus nicht konventionellen Mustern folgt. Selbst die Vorlage des einzigen von der Textform des Madrigals abweichenden Stücks mit dem Titel *Andianne à gli horti di Dameta andianne* (Nr. 3) gehört seinerseits als Sonett zu jenen klassischen Textgattungen, die seit den Anfängen des polyphonen Madrigals mit der Vertonung von Petrarcas Sonetten zu den möglichen Textvorlagen für ›Madrigali‹ gezählt worden waren. Allerdings hat - darauf wird noch zurückzukommen sein - Merula den Text in einer Weise vertont, die nicht nur der Tradition des polyphonen Madrigals, sondern mehr noch derjenigen der ›arie per cantar sonetti‹ nahesteht und deutlich kanzonettenhafte Züge aufweist.[165]

[164] Eine Diskussion der verwandten Begriffe ›Concerto‹, ›concertato‹ oder ›da concertarsi‹, die nach meiner Auffassung spezifizierenden und nicht gattungskonstituierenden Charakter besitzen, folgt im Anschluß an die Erörterung der anderen Gattungsbegriffe, da insbesondere ›concertato‹ in Verbindung mit sämtlichen Gattungen der Zeit anzutreffen ist.

[165] Die Komposition ist irritierenderweise im Inhaltsverzeichnis des Druckes wie auch in den Überschriften innerhalb der Stimmbücher mit dem Anfangsvers eines häufig vertonten Madrigaltextes von Giambattista Marino angegeben: *Andianne a premer latte a coglier fiori*. Gleichzeitig weist Merula darauf hin, das Stück sei komponiert ›A 2 & à 4 ad imitatione d'uno del Sig. L. M.‹, doch wäre noch zu klären, inwiefern einerseits der Text auf Marino bezogen sein könnte und wer sich andererseits hinter dem Buchstabenkürzel verbirgt, im ersten Kapitel habe ich die Vermutung geäußert, es könne sich um ein unbekanntes Stück von Lorenzo Medici da Soresina handeln - sicherlich wäre ein Vergleich, wenn sich die Vorlage bestimmen ließe, besonders interessant, könnten doch

Ähnlich traditionell wie die Beschränkung der Textgattungen ist auch die Anordnung der Stücke innerhalb des Druckes nach zunehmend größeren Besetzungen vom vierstimmigen Beginn mit *La mia Clori è brunetta* (Nr. 33) bis zur achtstimmigen Doppelchörigkeit des abschließenden *Non sol rose e viole* (Nr. 46).

Diese ganz klassische Disposition des Druckes mag in Zusammenhang stehen mit der Widmung des Bandes an den polnischen Monarchen Zygmunt III., denn Merula könnte in seinem ersten Madrigalbuch dem Bedürfnis des königlichen Adressaten nach einer repräsentativen, der Erhabenheit seines Ranges angemessenen Publikation entsprochen haben. Nicht zufällig nimmt der Band auch insofern eine Sonderstellung unter den Publikationen Merulas ein, als abgesehen von nur zwei Vorlagen - *Pur la bocca baciai* (Nr. 54) und der erwähnten Marinoparodie *Andianne agli horti di Dameta andianne* (Nr. 3) - die Dichter aller übrigen Gedichte identifiziert werden konnten;[166] demgegenüber ist etwa für den Erstdruck der in vieler Hinsicht weit exzentrischeren *Madrigaletti*, die Merula nur wenige Tage später dem Kronprinzen und späteren König Wladyslaw IV. zueignete, bislang nicht ein einziger Textdichter ermittelt, ähnliches trifft übrigens auch für die Solosammlung von 1638 zu.[167]

Die Verfasser der Vorlagen für das erste Madrigalbuch gehören dagegen durchweg zu den angeseheneren italienischen Dichtern um die Jahrhundertwende und in der Zeit danach - Giambattista Marino mit fünf und Cesare Rinaldi mit vier Madrigaltexten sind die am häufigsten vertretenen, je einmal finden sich Vorlagen u.a. von Torquato Tasso, Isabella Andreini, Livio Celiano alias Angelo Grillo und Francesco Contarini, um nur die bekanntesten zu nennen - auch in diesem Punkt bestätigt sich der repräsentative Anspruch der Sammlung. Wegen der Wahl renommierter Textdichter verwundert es auch nicht, daß zu den in Merulas erstem Madrigalbuch enthaltenen Vertonungen die weitaus größte Zahl von Parallelvertonungen zu den von ihm verwendeten Texten insgesamt nachzuweisen ist.

Weder das fast vollständige Vorherrschen von Madrigaltexten noch die konventionelle Gliederung bedeuten jedoch, daß der Druck auch in anderer Hinsicht traditionell oder gar konservativ zu nennen wäre. In der Wahl der Themen und konkreten Textvorlagen, der bereits in diesem Band häufig instrumental gedachten und nicht so sehr am Textausdruck entwickelten *soggetto*-Bildung, der zuweilen höchst komplexen musikalischen Organisation auf der Grundlage weniger, immer wieder neu verarbeiteter und kombinierter Motive und dem Bemühen um eine nicht mehr eher zufällige, sondern sorgfältig geplante Konstruktion der formalen Gliederung der Kompositionen geht Merula bereits in diesem ersten Madrigalbuch ganz eigene Wege.

---

dadurch vermutlich Rückschlüsse auf die Vorstellungen Merulas von *imitatio* und *aemulatio* gezogen werden.

[166] Vgl. hierzu auch das *Verzeichnis der Werke nach Textformen gegliedert* im Anhang, S. 418-22.

[167] Die in NV 1829 vorgenommene Identifizierung von Pio di Savoia als Textdichter von *Folle è ben che si crede* hat sich als nicht zutreffend erwiesen.

Gemessen an der betont klassischen Zusammenstellung des ersten Madrigalbuches erscheint die Anlage von Merulas *Libro secondo* weitaus moderner, vielleicht nicht zuletzt deshalb, weil der Komponist diesen Band nicht für einen höfischen Widmungsträger konzipierte, sondern für den Marchese Cosimo Borbone, Gouverneur von Bergamo, und zwar als eine Art Dokumentation der in dessen Haus stattfindenden, offenbar informellen Akademien. Bereits vom Titel *Madrigali et altre musiche concertate* her läßt sich die Sammlung den genannten Drukken mit vermischtem Inhalt zuordnen: Von den vierundzwanzig darin zusammengefaßten Kompositionen für eine bis fünf vokale und instrumentale Stimmen verwendet nur noch die Hälfte klassische Textvorlagen für ›madrigali‹: Zu nennen sind insgesamt zehn Madrigaltexte - auch hier sind wiederum die Dichter von immerhin acht der Vorlagen inzwischen ermittelt - unter den klassischen Strophenformen beschränkt sich das *Libro secondo* wie bereits das *Libro primo* auf die Form des Sonetts; neben *Bianca neve, o Bianca m'avventaste* (Nr. 6) dürfte dazu vermutlich eine weitere, um eines der beiden Terzetti verkürzte Sonettvorlage mit dem Anfangsvers *Questo da te vorrei, spirto gentile* (Nr. 57) zu zählen sein - alle diese Stücke sind für zwei bis vier Vokalstimmen ohne weitere obligate Instrumente gesetzt. Diesen zwölf Kompositionen nach klassischen Textgattungen stehen ebenfalls zwölf nicht zu den herkömmlichen Texten für ›Madrigali‹ zu zählende Vorlagen gegenüber, mit denen die *altre musiche* des Titels gemeint sein dürften: Zehn strophische Texte - Kanzonenstrophen bilden darunter mit fünf Einträgen die größte Gruppe - werden ergänzt um die beiden vierstimmigen Deklinationsscherze *Nominativo hic haec hoc* (Nr. 75) und *Nominativo quis vel qui quae quod* (Nr. 76), deren Texte ausschließlich aus der Deklination der beiden lateinischen Pronomina bestehen und keinerlei metrischem Schema folgen. Nur bei einem dieser zwölf Stücke, dem Duett *Cogli Dori gentile* (Nr. 12) ist mit Roberto Poggiolini auch ein Textdichter bekannt, und ebenfalls nur in einem Fall hat Merula eines der Stücke - die solistische *Aria in ceccona Su la cetra amorosa* (Nr. 64) mit einer zusätzlichen, erläuternden Überschrift versehen, ansonsten ist die eher neutrale Bezeichnung ›altre musiche‹ des Titels im jeweiligen Einzelfall vom Komponisten nicht selbst weiter spezifiziert worden. Die Gliederung des Druckes trennt jedoch nicht ›Madrigali‹ und ›altre musiche‹, sondern folgt wie bereits im ersten Buch dem Kriterium der Besetzungsgröße, wobei - wie bereits beschrieben - die Zahl der Vokal- und Instrumentalstimmen addiert wird, so daß *Chi prende amor a gioco* (Nr. 10) für drei Stimmen und zwei Violinen als einziges Stück *A 5* den Abschluß des Bandes bildet. Die drei Solokompositionen (Nr. 14, 64 und 23) fallen insofern aus diesem Schema der Anordnung des Druckes heraus, da sie - einer häufig anzutreffenden Praxis folgend - gleichsam als Anhang in Partitur in der Continuostimme abgedruckt sind und die Vokalstimmen in den anderen Stimmbüchern nicht noch einmal gesondert erscheinen.

Noch ein weiteres Mal verwendet Merula den Begriff ›madrigali‹ im Zusammenhang mit den Hinzufügungen im Nachdruck der *Madrigaletti* im Jahre 1642. Auch hier bleibt seine Verwendung des Begriffs in Übereinstimmung mit seiner traditionellen Verwendung, bezeichnet Merula damit doch drei Vertonungen klassischer Textformen - des Sonetts *La donna è mobil verga e leggier fronda* (Nr. 32), der *ottavarima*-Strophe *Io vorrei diventar quel rossignuolo* (Nr. 31) sowie des Madrigals *Schiera d'aspri martiri* (Nr. 58); das dreistimmige *La Tognada* (Nr. 53) wird dagegen im erweiterten Titel gesondert als *Dialogo* aufgeführt.

Ob der Begriff ›madrigale‹ im gesamten Repertoire der Zeit in ähnlich konsistenter und früherer Traditionen bewußter Weise benutzt worden ist wie bei Merula, könnte erst eine umfassende Untersuchung der verwendeten Textgattungen auch bei den zwei- und mehrstimmigen Besetzungen im gesamten Repertoire klären, immerhin deuten prinzipiell auch die drei als *Madrigali concertati* bezeichneten Veröffentlichungen Giovanni Rovettas von 1629, 1640 und 1645 (NV 2461, 2465 und 2466) in diese Richtung, für die Whenham in ganz überwiegender Zahl traditionelle Textformen nachgewiesen hat - allerdings finden sich in allen drei Bänden auch einzelne, nicht immer mit Überschriften wie *Canzonetta* oder *Aria* besonders gekennzeichnete Stücke, die mit der Wahl des allgemeinen Sammlungstitels nicht erfaßt sein dürften.[168] Vergleichbare kleinere Unstimmigkeiten deuten sich auch in anderen Fällen an - so unterläßt es etwa Martino Pesenti nach einer Differenzierung des Inhalts im vierten Buch seiner *Madrigali ... alcuni concertati con Violini con alcune Canzonette ... et un ballo sopra la Gagliarda di cinque passi* (NV 2196) aus dem Jahre 1638 in seiner drei Jahre später erschienenen Sammlung mit *Madrigali concertati*, bereits im Titel auf Stücke wie *Cieco, irato e fugace*, eine dreistrophige *Canzonetta*, oder die *Canzonetta et Corrente* mit dem ersten Vers *Mentre mirava un giorno* gesondert hinzuweisen (NV 2197), die in Einzeltiteln innerhalb des Bandes vermutlich nicht zuletzt zur Differenzierung von den klassischen ›madrigali‹ gesondert gekennzeichnet werden. Doch dürften solche Unstimmigkeiten kaum dafür sprechen, daß nun generell auch strophische Texte außerhalb der klassischen, traditionell in Madrigalen verwendeten Strophenformen von den Komponisten selbst unter die Gattungsbezeichnung ›Madrigali‹ subsumiert worden wären, wie dies in der heutigen Forschung im höchst mißverständlichen Begriff des ›madrigale concertato‹ zumeist geschieht.

---

[168] Insgesamt neununddreißig Madrigalen, sieben Sonetten und vier *ottavarima*-Strophen stehen ein Dialog und insgesamt acht bei Whenham nicht näher spezifizierte strophische Texte gegenüber; in den Titeln der Drucke werden nur der *Dialogo* und zwei *Cantate* gesondert erwähnt, im dritten Buch tragen dann zwei der strophischen Gesänge den Titel *Canzonetta*, während NV 2465 zusätzlich zu Whenham noch bei dem nicht als ›Cantata‹ bezeichneten strophischen Text des zweiten Buches die Überschrift *Aria* angibt; vgl. insbesondere die Tabellen in Whenham (1995), S. 154-56.

Der Begriff ›concertato‹

Die zeitgenössische Verwendung des Begriffs ›concertato‹ korrespondiert weder mit bestimmten Besetzungsarten[169] noch auch mit einer einzelnen Gattung wie etwa dem Madrigal, sondern zielt auf einen bestimmten Typus in der Anlage des musikalischen Satzes, wie er sich in unterschiedlichsten Gattungen finden kann. Neben dem häufig verwendeten Begriff des ›madrigale concertato‹, der nicht mehr und nicht weniger als ein Madrigal in konzertierender Schreibart bezeichnet, werden immer wieder auch andere Gattungen und Genres der Vokalmusik in den Quellen explizit als ›concertato‹ ausgewiesen: Überschriften wie etwa *Villanella concertata* für das vierteilige *Sù, pastorelle* von Giuseppe Olivieri von 1620 (NV 2052), *Scherzi a sei concertati* bei Giovanni Valentini aus dem Jahre 1625 (NV 2782) oder *Scherzo da concerto* für das sechsstimmige *Fugge il verno de' dolori* von Giulio Santo Pietro del Negro (NV 2553), wie *canzoni concertate anch'esse diversamente con sinfonie, e ritornelli* aus dem Jahre 1627 bei Galeazzo Sabbatini (NV 2505, ähnlich auch in den Folgebänden NV 2507 und 2509, in denen von *canzoni* bzw. *canzonette concertate* im Titel die Rede ist), *Canzonetta concertata* für das zweistimmige *Chiome d'oro* und das vierstimmige *Amor che deggio far che non mi giova* oder auch *Ballo concertato* für den abschließenden *Ballo ›Tirsi e Clori‹* – alle in Monteverdis siebtem Madrigalbuch von 1619 (NV 1936) - machen unmißverständlich deutlich, daß der Begriff ›concertato‹ im Bereich der weltlichen Vokalmusik jener Jahre eben nicht nur im Zusammenhang mit dem des Madrigals, sondern in unterschiedlichen Zusammensetzungen auch mit anderen Termini verwendet wurde, und zwar, um Werke in verschiedenen Gattungen oder *generi di canto* als konzertierend ausweisen zu können. Die moderne Verwendung des Terminus ›konzertierendes Madrigal‹ umfaßt insofern zeitgenössischer Auffassung zufolge nur einen Teilbereich der mehrstimmigen weltlichen Vokalmusik jener Jahre und erweist sich als historisch unzutreffend und damit ungeeignet als umfassende Gattungsbezeichnung für die Gesamtheit mehrstimmiger, konzertierender Kompositionen im Bereich der weltlichen vokalen Kammermusik.

Ebensowenig ist der Begriff des ›madrigale concertato‹ deckungsgleich mit dem des continuobegleiteten Madrigals: Konzertierender Satz ist zwar grundsätzlich an eine Continuobegleitung gebunden, doch impliziert umgekehrt Continuobegleitung nicht automatisch auch eine konzertierende Anlage des Satzes. Eine Reihe von continuobegleiteten zwei- und mehrstimmigen Stücken im Repertoire sind sogar ganz explizit als ›non concertato‹ ausgewiesen – so etwa in Ignazio Donatis *Le Fanfalughe* von 1630 (NV 844), worin den beiden fünfstimmigen *O anim'amoroso* und *Ahi chi mi fa languire* mit der Überschrift *In concerto* das den

[169] Einzig im nur mit einer Continuostimme begleiteten solistischen Repertoire scheint der Begriff ›concertato‹ vollständig zu fehlen, dagegen sind Vokalsoli mit einer zusätzlichen obligaten Instrumentalstimme zumeist als ›concertato‹ bezeichnet – auch an diesem Punkt bestätigt sich, daß es sinnvoll ist, die zeitgenössische addierende Zählung der Stimmen zu verwenden.

Druck beschließende, ebenfalls fünfstimmige *Disperato dolorore* mit dem ausdrücklichen Hinweis ›Non concertato‹ gegenübergestellt ist. Eine ähnliche Differenzierung findet sich, obwohl auch hier wie bei Donati durchgängig eine Continuostimme vorhanden ist, in Adriano Banchieris fünfstimmiger Sammlung mit B.c. *Le Vivezze di Flora e Primavera* aus dem Jahre 1622, worin jeder einzelnen Komposition eine der folgenden fünf Überschriften vorangestellt ist: *concertato, concertato a chori, recitato, concertato e recitato* sowie *non concertato* (NV 215). Was hier und vermutlich in einer Reihe weiterer Stücke ohne entsprechende explizite Ausweisung unter ›non concertato‹ zu verstehen sein dürfte, macht in positiver Formulierung etwa der in Piacenza wirkende Pietro Maria Lamoretti deutlich, wenn er auf dem Titelblatt seines ebenfalls durchgängig continuobegleiteten *Primo Libro* die überwiegende Zahl von *Madrigali concertati a due, tre, e quattro voci* des Bandes von zwei weiteren, vor einem abschließenden *balletto* abgedruckten *madrigali pieni a cinque* unterscheidet (NV 1375). Demzufolge - und dies bestätigt auch die Untersuchung der entsprechend gekennzeichneten Stücke bei Banchieri - ist unter ›pieno‹ bzw. ›non concertato‹ unabhängig vom Vorhandensein einer Continuobegleitung ein durchgängig vollstimmiger Satz gemeint, während in allen mit ›concertato‹ überschriebenen Stücken solistische und vollstimmige Abschnitte wechseln, wobei der Anteil der einstimmigen Vokalabschnitte zwischen äußerst kurzen und recht ausgedehnten Passagen variieren kann, die jedoch in praktisch allen Fällen zumindest eine gewisse formale Eigenständigkeit beanspruchen. In Banchieris *Madrigale non concertato ›Queste dogliose stille inchiostri noma‹* aus den *Vivezze di Flora e Primavera* ist die instrumentale Baßstimme zwar weitgehend, aber nicht ausschließlich ein bloßer *basso seguente*, wie vor allem die Passagen deutlich machen, in denen der Vokalbaß pausiert, und kann insofern auch nicht gänzlich als eine verzichtbare Begleitung *ad libitum* verstanden werden. Das ebenfalls mit ›non concertato‹ überschriebene *Clori, per far morire* beginnt sogar mit einer solistischen Vorstellung des ersten *soggetto* im zweiten Tenor, die jedoch nur den Beginn eines imitierenden Abschnitts bildet und keine formale Eigenständigkeit erlangt, umgekehrt ist der solistische Beginn in dem als ›concertato‹ ausgewiesenen *Cor mio, perchè ti parti* durch unabhängige Gegenstimme im Continuo und vollständige Kadenzierung am Ende der Passage hervorgehoben, auch wenn anschließend das gleiche *soggetto* auch hier vollstimmig verarbeitet wird.[170]

In Merulas weltlicher Vokalmusik sind keine einzelnen Stücke durch spezielle Kennzeichnung als ›concertato‹ oder ›non concertato‹ gekennzeichnet, doch hat Merula diese Unterscheidung - und zwar in ganz ähnlicher Weise wie Banchieri - in seiner geistlichen Musik bewußt vorgenommen: Noch in *Il terzo libro delle salmi* von 1652 sind etwa die bei Wilkinson edierten Psalmvertonungen *Confitebor tibi Domine* und *In exitu Israel* mit ›concertato‹ überschrieben, denen der mit ›non concertato‹ überschriebene Psalm *Domine probasti me* gegenübersteht.[171]

---

[170] Alle Stücke sind in der Neuausgabe der *Vivezze di Flora e Primavera* ediert, vgl. Banchieri (1971).

[171] Die Edition der drei Stücke findet sich in Wilkinson (1978), S. 806-868.

Während *In exitu Israel* auf dem regelmäßigen Wechsel in sich abgeschlossener, solistischer und vierstimmiger überwiegend im Falsobordonesatz vertonter Doppelverse basiert, weist *Confitebor tibi Domine* eine weniger schematische Anlage auf, in der nicht nur einzelne Doppelverse gänzlich einem der Solisten vorbehalten bleiben, sondern andere zunächst einstimmig vorgestellt und dann mehrstimmig verarbeitet werden. In dem nicht konzertierenden *Domine probasti me* fehlen dagegen trotz fortlaufender Continuobegleitung solistische Abschnitte gänzlich, das ganze Stück wird von einem überwiegend vollstimmigen Satz bestimmt, in dem parallel deklamierte, polyphone und dialogartige Abschnitte miteinander wechseln.

Daß Merula eine ähnliche Unterscheidung in Stücke mit konzertierendem und nicht konzertierendem Satz in seinen Drucken mit weltlicher Vokalmusik nicht vorgenommen hat, liegt daran, daß die erhaltenen Drucke mit mehrstimmigen Kompositionen insgesamt nach konzertierenden und nicht konzertierenden Kompositionen getrennt sind. In der Tat tragen alle Stücke in den *Madrigali concertati* von 1624 die Überschrift *concertato* zurecht, da sich in allen zumindest kurze, selbständige solistische Passagen finden; ähnlich beschreibt der Titel des zweiten Buches den Inhalt korrekt mit *Madrigali et altre musiche concertate* - hierin hat Merula Madrigale und diverse andere Gattungen aufgenommen, die sämtlich in konzertierender Schreibart gesetzt sind. Demgegenüber fehlt bei den dreistimmigen *Madrigaletti* von 1624 nicht nur der Hinweis ›concertato‹ im Titel, die Stücke sind auch tatsächlich in einem nicht konzertierenden pieno-Satz gehalten, woran sich auch durch die späte Hinzufügung einer Continuostimme beim Nachdruck von 1642 nichts ändert.

›Canzonetta‹, ›Villanella‹ und verwandte Gattungen – Strophische Formen und Canzonettabegriff bei Merula

Die leichteren Genres wie ›Canzonetta‹ oder ›Villanella‹ - neben zahlreichen anderen Bezeichnungen wie ›Canzonella‹, ›Canzona villanesca‹, ›Napolitana‹, ›Aria alla napolitana‹, ›Toscanella‹, ›Villotta alla padoana‹, ›Villanella alla romana‹ oder ›Giustiniana‹, die bereits im Namen häufig auf inhaltliche oder regionale Besonderheiten Bezug nehmen, sind auch vokale ›Balli‹ und ›Balletti‹ zu den verwandten Genres zu zählen - benutzten seit dem 16. Jahrhundert im Unterschied zu den gehobenen Madrigalen fast ausschließlich die für weniger ernsthafte Inhalte reservierten strophischen Formen wie die Kanzonenstrophe[172] oder Strophen mit unterschiedlichen, von den klassischen *settenari* und *endecasillabi* abweichenden Versarten wie etwa *quaternari, quinari* oder *ottonari.* Kompositionen über derartige Textvorlagen waren anfangs zumeist dreistimmig, verwende-

[172] Abgesehen von der schon seit Petrarca klassischen Form der formal klar definierten *Canzona.*

ten im Unterschied zu den Madrigalen überwiegend homophone Setzweise sowie nicht selten auch perfekte Mensurvorzeichnungen, und insbesondere statt einer ausgeprägten *soggetto*-Bildung eine häufig eher liedhafte Melodik, die schließlich in der Regel durch eine deutlich geringere rhythmische Bandbreite als in Madrigalkompositionen gekennzeichnet war.

Eine neuartige, den Madrigalen vergleichbare Variabilität der Besetzungsgröße ist seit der Jahrhundertwende auch bei Canzonetten und Villanellen anzutreffen. Bereits DeFord hat schon für die Zeit davor auf vielfältige Tendenzen der Annäherung zwischen dem ernsten Madrigal und den »lighter genres« hingewiesen, die sich u.a. auch im Auftreten größerer Besetzungen bei den Canzonetten manifestieren[173] - als Beispiele wären etwa die vierstimmigen *Canzonette* von Felice Anerio (1586 - NV 54), Giovan Maria Artusi (1598 - NV 171) oder Giulio Belli (1584 - NV 315) zu nennen, die fünfstimmigen *Canzonette* von Catterino Bianchi (1588 - NV 356) und die sechsstimmigen von Giuseppe Biffi (1596 - NV 366). Nach der Jahrhundertwende werden dann auch diverse geringstimmige Besetzungen mit Continuobegleitung üblich, so veröffentlichte etwa Bartolomeo Barbarino 1616 eine Sammlung mit *Canzonette a una e due voci* (NV 238) und Johannes Hieronymus Kapsberger gab zwischen 1610 und 1640 insgesamt sieben Bände mit ein- bis dreistimmigen *Villanelle* heraus (NV 1361-1364quater). Da darüber hinaus unter den größerbesetzten ›Canzonette‹ auch häufig vokal-instrumentale Mischbesetzungen anzutreffen sind - zu nennen wären hier entsprechende Stücke mit der Überschrift *Canzonetta* in Sammlungen von Bellante (NV 294), Marini (NV 1719), Monteverdi (NV 1936) oder Galeazzo Sabbatini (NV 2505) - steht damit auch im Bereich der Vertonung nicht-klassischer Strophenformen weniger die Entstehung eines neuartigen Typs von Solokanzonetten oder -villanellen im Vordergrund, als daß gleichzeitig zu den Entwicklungen in den gehobeneren Genres eine ähnlich große Freiheit in der Wahl möglicher Besetzungen zur Regel wird.

Über die Annäherung in der Besetzungsgröße hinaus führten wechselseitige Anleihen zwischen den vorher getrennten Gattungen in der Wahl der verwendeten musikalischen Mittel zu einer weiterreichenden Annäherung - so gehören homophone Passagen, liedhafte Melodik und Passagen in perfekten Mensuren bereits vor der Jahrhundertwende nicht mehr zu Ausnahmeerscheinungen im Bereich des Madrigals - Merulas Madrigalvertonung *La mia Filli è fugace* (Nr. 34) von 1624 etwa steht sogar vollständig in perfekter Mensur und weist eine früher eher für Canzonetten charakteristische rhythmische Uniformität auf[174] - während umgekehrt auch im Bereich der nichtklassischen strophischen Formen eine zuvor eher für den Bereich des Madrigals kennzeichnende Variabilität rhythmischer Werte, eine charakteristische *soggetto*-Gestaltung oder eine reiche, expressive Harmonik nun keine Seltenheit mehr sind - so etwa exemplarisch in

---

[173] Vgl. DeFord (1985), S. 107-68.

[174] Das Stück ist im dritten Teil dieser Arbeit im Abschnitt *Ein musikalisches Perpetuum mobile - ›La mia Filli è fugace‹* ausführlich diskutiert.

Merulas durchkomponierter, höchst abwechslungreich gestalteter Kanzonenstrophenvertonung *Amo, l'è ver, no'l niego* (Nr. 1) von 1633.

Merulas Verwendung von Begriffen, die mit der Gattungstradition der ›Canzonetta‹ in Zusammenhang stehen, ist aufgrund des Verlustes von zwei oder gar drei Bänden, die derartige Bezeichnungen im Titel führten, nur noch in Ansätzen zu rekonstruieren. Da über Inhalt und musikalische Gestaltung der *Canzonette et arie a voce sola* von 1622 sowie der *Canzonette a tre voci* von 1623 nichts mehr bekannt ist[175] - in diesem zweiten Band scheint Merula noch einmal die ältere dreistimmige Besetzungskonvention aufgegriffen zu haben - beschränkt sich nach derzeitiger Kenntnis die Verwendung des Terminus ›Canzonetta‹ als Gattungsbezeichnung bei Merula auf vier strophische, kompositorisch jedoch recht unterschiedliche Stücke im Soloband des *Curtio precipitato* von 1638: *Non mi chiedete o fidi amici* (Nr. 44) basiert auf einer Textvorlage, die mit *settenari*, *ottonari* und *novenari* drei Versarten mit piano- und tronco-Endung vermischt, *Quando gli uccelli portaranno i zoccoli* (Nr. 55) verwendet in komischer Verkehrung traditioneller Strophenformen *Ottavarima*-Strophen mit sdrucciolo-Endung und wird von Merula als *Canzonetta in sdrucciolo* bezeichnet, während zwei mit *Canzonetta spirituale* überschriebene Kompositionen sicherlich zu den am wenigsten unernsten in der gesamten italienischsprachigen Vokalmusik Merulas gehören - die Vergänglichkeit aller irdischen Dinge reflektiert *Chi vuol ch'io m'inamori* (Nr. 11), eine der beiden auf einer Kanzonenstrophe beruhenden Kompositionen des Druckes, während die auf ottonario-Strophen basierende *Canzonetta Spirituale sopra alla nanna* mit dem Titel *Hor ch'è tempo di dormire* (Nr. 28) ein ergreifendes Wiegenlied Mariens für den als Säugling dargestellten Jesus zum Inhalt hat. Über diese vier, explizit als ›canzonetta‹ bezeichneten Stücke hinaus wird zudem im ersten Vers des den Druck abschließenden *Sentirete una Canzonetta* (Nr. 62) der Gattungsname innerhalb des Textes erwähnt, so daß hier vielleicht von einer weiteren ›canzonetta‹ gesprochen werden mag. Daß Merula einzelne unter den strophischen Stücken seiner Solosammlung durch die Überschrift ›Canzonetta‹ zusätzlich einordnet, scheint weniger mit einer Affinität bestimmter Textarten zu diesem Begriff zusammenzuhängen - dies dürfte etwa durch den Umstand belegt werden, daß im Unterschied zu den beiden anderen ottonario-Strophen mit piano- und tronco-Endung innerhalb des Drucks - *Quand'io volsi l'altra sera* (Nr. 56) und *Un bambin che va alla scuola* (Nr. 68) - allein *Hor ch'è tempo di dormire* (Nr. 28) als ›Canzonetta‹ bezeichnet ist, obwohl die beiden anderen genannten Strophenlieder sicherlich durch die gleiche Überschrift ebenso angemessen bezeichnet wären. Vielmehr könnte in wenigstens drei der tatsächlich so bezeichneten Beispiele in einem Fall der die Versform und damit den komischen Charakter erläuternde Zusatz ›in sdrucciolo‹, in den anderen beiden dagegen die inhaltliche Erklärung ›spirituale‹ überhaupt den Anlaß gebildet haben für die explizite Nennung des Terminus ›Canzonetta‹.

---

[175] Vgl. Anhang, *Verlorene Werke*, S. 400; sowie Pontiroli (1964), S. 166-67.

Höchst aufschlußreich ist jedoch, daß Merula selbst in den vier ausdrücklich ›Canzonetta‹ genannten Stücken mit zwei prinzipiell unterschiedlichen Arten der Textumsetzung arbeitet - während *Non mi chiedete o fidi amici* und *Chi vuol ch'io m'inamori* die strophische Vorlage auch musikalisch in Form eines Strophenliedes nachbilden, verwenden sowohl *Quando gli uccelli portaranno i zoccoli* als auch *Hor ch'è tempo di dormire* musikalisch Techniken strophischer Variation, die *canzonetta in sdrucciolo* - wie im dritten Teil dargestellt werden wird - auf der Grundlage eines Strophenbasses, das Wiegenlied Mariens *sopra alla nanna* dagegen unter Verwendung eines aus nur zwei Tönen im Halbtonabstand bestehenden ostinaten Baßmodells.[176]

Obwohl Merula den Begriff ›Canzonetta‹ dort in keinem Fall benutzt, sind - wie bereits erwähnt - auch unter den ›altre musiche‹ des Buches von 1633 überwiegend strophische Textvorlagen anzutreffen, nur im Falle von *Su la cetra amorosa* (Nr. 64) ist allerdings durch die zusätzliche Überschrift *aria in ceccona* ein näherer Hinweis auf eine mögliche Klassifikation des Stückes gegeben. Die größte Gruppe unter den strophischen ›altre musiche‹ machen fünf Kanzonenstrophen aus, die für eine bis drei Vokalstimmen sowie in zwei Fällen zwei zusätzliche Violinstimmen gesetzt sind - von diesen Stücken hat Merula erstaunlicherweise gleich vier über dem Ciaccona-Baß vertont. Unter den übrigen Strophenformen findet sich die *quinari*-Strophe *Se desiate* (Nr. 59), der aus *endecasillabi* bestehende dreistrophige Sechszeiler *Non ha maggio seren cotanti fiori* (Nr. 43) mit einer Besetzung für Canto, Alto, zwei Violinen und B.c., dann die beiden aufeinander bezogenen solistischen Strophenlieder *Con nobil arte* und *Folle chi spera* mit *quinari, senari* und *settenari* (Nr. 14 und 23) sowie das Duett *Cogli, Dori gentile* (Nr. 12), dessen Text aus *quinari, settenari* und *endecasillabi* besteht. Es ist auffällig, daß Merula in seiner gesamten erhaltenen weltlichen Vokalmusik ausschließlich unter diesen, zur Kanzonettentradition zu rechnenden strophischen Formen in drei Fällen eine Besetzung mit zwei obligaten Violinen vorgesehen hat - eine Vorliebe, die in dieser etwas einseitigen Form nicht von anderen Komponisten der Zeit geteilt worden ist, die mit vokal-instrumentalen Mischbesetzungen experimentiert haben - Giovanni Valentini etwa vertonte auch Sonette wie *Duo archi adopra e con duo archi offende* oder *Perchè Filli mi chiami e poi t'ascondi* (NV 2785) und auch Madrigale wie *Guerra, guerra tu brami* oder *In bel giardino all'aura amena e grata* für Stimmen und obligate Melodieinstrumente (NV 2781); allerdings fehlen auch zu diesem Aspekt zusammenfassende Untersuchungen.

Ähnlich wie bereits für die Canzonetten des Solobandes von 1638 stehen unter Merulas Vertonungen auch im Buch von 1633 strophische neben durchkomponierten Formen: Einzig die dreistimmige Ciaccona mit zwei Violinen *Chi prende amor a gioco* (Nr. 10) und das Duett *Se desiate* (Nr. 59) sind als mehrstimmige Strophenlieder gesetzt, in *Non ha maggio seren* (Nr. 43) wird zwar wie bei einem Strophenlied zunächst die zweite Strophe zur Musik der ersten gesungen,

[176] Vgl. Leopold (1995), Bd. I, S. 265-67 sowie Steinheuer (1997c).

doch ist dann die dritte Strophe in anderem Gewand vertont - eine Mischform, wie sie bereits zu Anfang des Jahrhunderts in Sonettkompositionen bei Eteroclito Giancarli oder Sigismondo d'India[177] und ebenfalls bei Giancarli oder Pietro Melli bei der Vertonung von Kanzonenstrophen im solistischen Repertoire anzutreffen ist.[178] Die beiden textlich wie musikalisch zusammengehörigen Soli *Con nobil arte* (Nr. 14) und *Folle chi spera* (Nr. 23) sind zwar in durchkomponierter Form im Druck wiedergegeben, doch sind die Unterschiede zwischen den jeweiligen Strophen so gering, daß kaum wirklich von strophischer Variation gesprochen werden kann. Das Prinzip strophischer Variation verwenden dagegen die beiden Kanzonenstrophenduette über dem ›ciaccona‹-Baß *Lidia ben che m'alletti* (Nr. 36) und *No, no, ch'io non mi fido* (Nr. 45), während zwei weitere Kanzonenstrophen - die Solociaccona *Su la cetra amorosa* (Nr. 64)[179] und *Amo, l'è ver, nol niego* (Nr. 1) - die beiden einzigen im vollen Wortsinn durchkomponierten Vertonungen strophischer Texte innerhalb der Sammlung von 1633 darstellen.

Im Grenzbereich zwischen den traditionellen Gattungen: ›Madrigaletto‹, ›Cantata‹ und ›Aria‹

Es erstaunt kaum, daß der beschriebene Austausch zwischen den beiden Genres von Madrigal und Canzonetta auch in der zeitgenössischen Terminologie zuweilen unmittelbar reflektiert wurde. So veröffentlichte Bartolomeo Ratti bereits 1594 und 1596 zwei Sammlungen mit *Madrigali a quattro voci ... composti in stil di Canzonette*, deren Inhalt offenbar bewußt im Grenzbereich angesiedelt wurde. Auf vergleichbare Weise sind vermutlich wohl auch einige zunächst irritierend erscheinende Überschriften bei Solomadrigalen zu interpretieren, so im Falle von Quagliatis Vertonung des Madrigaltextes *Odi che vaghi accenti* (1617 / Leopold Nr. 0638), die im Druck als *Villanella* bezeichnet wird, oder auch Gonzagas zwei Versionen von *Ritorna, invitto Dio* (1619 / Leopold Nr. 0712/13), die mit der Überschrift *Canzonetta spirituale* versehen sind. Auch der umgekehrte Fall ist anzutreffen: Borbonis zweiteilige Petrarca-Vertonung *Vergine gloriosa* (1618 / Leopold 1393) basiert zwar auf einer Kanzonenstrophe, trägt jedoch vermutlich deshalb die Überschrift *Madrigale*, weil sie nach Art eines zweiteiligen Madrigals und nicht in strophischer Form vertont worden ist.

Zu diesem Grenzbereich zwischen den Gattungen gehört eine weitere Gruppe von Stücken, die in den Drucken als *Madrigaletti* bezeichnet werden. Der Ter-

---

[177] Vgl. Leopold (1995), Bd. II, Katalog Nr. 937, 942 oder 944.

[178] Vgl. Leopold (1995), Bd. II, Katalog Nr. 1335 und 1349.

[179] Vgl. zu den beiden zuletzt genannten Stücken die ausführlichen Analysen im dritten Teil dieser Arbeit in den Abschnitten *Schlußfolgerungen eines enttäuschten Liebhabers - ›No, no, ch'io non mi fido‹* sowie *Merulas ›Su la cetra amorosa‹ - Ein Modell musikalischer Stilhöhenbehandlung.*

minus wird im Druck offenbar erstmals von Jean de Macque in seinen beiden Büchern mit *Madrigaletti et Napolitane a sei voci* (1581 und 1582) verwendet,[180] seit den drei Bänden mit *Madrigaletti* von Rinaldo del Mel (1586, 1590 und 1594) ist der überwiegende Teil der so benannten Kompositionen zwar dreistimmig, doch finden sich auch immer wieder andere Besetzungen, wie etwa Giovan Pietro Bucchiantis einstimmiges *Ard'il mio core et è sì dolc'il foco* (1627 / Leopold Nr. 1482), die *Madrigaletti a due voci* von Salomone Rossi (1628), Stefano Bernardis *Madrigaletti a due et a tre voci* von 1621 (NV 341) oder Biagio Marinis *Madrigaletti a una, due, tre e quattro voci, con alcune Vilanelle* (1635) - trotz der eher vorherrschenden Dreistimmigkeit hat Whenham auch den Begriff ›madrigaletto‹ nur im Zusammenhang mit zweistimmigen Kompositionen untersucht.[181] Für die Nähe von Madrigaletti und Canzonetten bzw. Villanellen spricht zudem, daß nicht nur bei Jean de Macque und Marini, sondern auch in den Drucken von Spano (NV 2629), Albano (NV 35), Tarditi (NV 2705) und Vimercati (NV 2908) Madrigaletti und Canzonetten bzw. Villanellen gemeinsam in einer Sammlung vertreten sind; in dem zuletzt genannten, leider unvollständigen Druck von Vimercati sind sogar fast alle Stücke, auch die hier zusätzlich noch aufgenommenen *Arie*[182], jeweils mit den entsprechenden Überschriften gekennzeichnet - ein Hinweis darauf, daß die Komponisten bestimmte, heute allerdings noch einigermaßen undeutliche Vorstellungen von den Unterschieden zwischen diesen verschiedenen Typen gehabt haben dürften.

Merulas Madrigaletti von 1624

Dies trifft offenbar auch auf Merula zu, der nach der heute verlorenen Sammlung mit *Canzonette a tre voci* von 1623 im darauffolgenden Jahr für das ebenfalls dreistimmige *Primo libro de madrigaletti* bewußt einen anderen Titel wählte und bei dieser zweiten Publikation zudem gezielt von einem ›ersten Buch‹ sprach, um die beiden Sammlungen voneinander abzuheben. Doch läßt sich auch hier wegen des Verlusts des ersten der beiden Drucke die Art der Textwahl und ihrer musikalischen Umsetzung in beiden Bänden nicht mehr konkret miteinander vergleichen.

In Merulas Sammlung von 1624 kann die Verwendung des Begriffs ›Madrigaletti‹ im Titel zu einigen der Besonderheiten des Druckes in Beziehung gesetzt

---

[180] Inwieweit eine Angabe in Antonio Barrè's *Primo Libro dell Muse ... Madrigali ariosi* von 1555 bereits als frühe musikalische Verwendung des Begriffs ›madrigaletto‹ zu verstehen ist, wenn es dort in der Widmung heißt: »... ho raccolti alcuni Madrigaletti di diversi Autori a quattro voci, ariosi, e piacevoli ...«, muß im Kontext dieser Arbeit offen bleiben; zitiert nach NV 251.
[181] Whenham (1982), Bd. I, S. 159ff.
[182] Auf dem Titelblatt und in der *Tavola* des allein erhaltenen Basso-Stimmbuchs spricht Vimercati ausdrücklich von *Madrigaletti*, in den Einzelüberschriften - im Gegensatz zu den Angaben in NV - heißen die Stücke dann jedoch *Madrigale*.

werden. Von den klassischen Textgattungen sind in der Sammlung nur - und zwar in einer eher geringen Anzahl - Madrigaltexte anzutreffen, allerdings gilt diese Aussage nur mit einer aufschlußreichen Einschränkung: Insgesamt drei der Textvorlagen - *Amor, ride il cor mio* (Nr. 2), *Fuggan gli sdegni, le noie ei pianti* (Nr. 25) und *Misero pur quel petto* (Nr. 40) - verwenden zwar die für Madrigaltexte charakteristische Mischung von *endecasillabi* und *settenari*, doch sind alle drei Texte mit jeweils nur vier Versen eigentlich zu kurz, um wirklich als ›madrigale‹ (mit etwa sieben bis zu dreizehn möglichen Versen) bezeichnet zu werden - der Begriff ›madrigaletto‹ könnte hier ganz im Sinne des Diminutivs als kleines bzw. kurzes Madrigal verstanden sein. Allerdings handelt es sich hierbei um eine Textform, wie sie zuweilen auch in der älteren Canzonetta Verwendung fand, etwa in den beiden abschließenden Stücken von Salomone Rossis dreistimmigen *Canzonette* von 1589, die im Unterschied zu allen anderen, prinzipiell ähnlich gebauten Textvorlagen von Rossis Druck wie in den genannten Stücken Merulas nur aus einer Strophe bestehen.[183] Bereits bei Rossi liegt es insofern nahe, derartige Texte nicht so sehr als Madrigal, sondern eher als unvollständige Kanzonenstrophen anzusehen, eine Interpretation, die auch in Merulas Druck von 1624 durchaus zweckmäßig erscheint, vor allem, da Merula in Übereinstimmung mit einer in der ›Canzonetta‹ üblichen Praxis alle drei Kompositionen in zwei durch Doppelstriche in den Stimmbüchern getrennten Abschnitten anlegt, von denen der zweite zumindest in *Misero pur quel petto* und *Amor, ride il cor mio* auch explizit zu wiederholen ist - nur in *Fuggan gli sdegni, le noie ei pianti* sind keine Wiederholungszeichen vorgeschrieben.

Im Falle von drei weiteren Stücken aus Merulas Sammlung - *Disse Tirsi a Licori* (Nr. 17), *Nova saetta mi trapassa il core* (Nr. 48) und *Solca la nave mia* (Nr. 63) - kristallisiert sich eine zweite Variante seiner Verwendung des Begriffs ›madrigaletto‹ heraus: Zwar handelt es sich der Textform nach um konventionelle Kanzonenstrophen, deren Einzelstrophen den beschriebenen Vierzeilern entsprechen, doch hat Merula in allen Fällen in seinen Umsetzungen keine traditionellen Strophenlieder geschaffen, sondern jeweils eine mehrgliedrige Form mit durchkomponierten Teilen, wie sie eher für einen Madrigalzyklus kennzeichnend war, so daß in Analogie zur Vertonung etwa einer klassischen *canzona* so etwas wie ein mehrteiliger Zyklus von ›madrigaletti‹ vorliegt - allerdings auch hier zumeist mit einer kanzonettenhaften Wiederholung eines zweiten Abschnitts in jedem der Teile. In ähnlicher Weise dürfte das dreiteilige *Hor chi vidde di me più fortunato* (Nr. 29) zu verstehen sein, dem ein strophischer Vierzeiler aus paargereimten *endecasillabi* zugrundeliegt, so daß *settenari* gänzlich fehlen.

Gegenüber den bisher beschriebenen Beispielen unterscheiden sich die Textvorlagen der drei verbleibenden Stücke nur in einem, allerdings wesentlichen Punkt, da hier jeweils nicht zu den klassischer Versarten gehörende Versformen eingefügt sind: Das Eröffnungsstück *Filli, deh Filli mia, vezzosa e bella* (Nr. 21)

---

183 Gemeint sind *Mirate che mi fa crudel Amore* und *Se'l Leoncorno corr'al casto seno*; vgl. Rossi (1995), Teil 3, Bd. 6, S. XXXV-XXXVI und S. 29-32.

mischt einen Neunsilbler (*novenario*) unter drei klassische Elfsilbler; in *Mentre in sogno giacea m'apparve amore* (Nr. 38) und *Non celar tanta gioia* (Nr. 41), die im Druck unmittelbar aufeinander folgen, sind zwar die üblichen Sieben- und Elfsilbler anzutreffen, doch findet sich im ersten Stück noch zusätzlich ein Dreisilbler (*ternario*), im zweiten ein Achtsilbler (*ottonario*). Abgesehen von der Verwendung nichtklassischer Versformen ähneln auch diese drei Stücke in formaler Hinsicht den anderen Werken des Bandes: Während *Non celar tanta gioia* aus nur einer dreizeiligen Strophe besteht, dem auch musikalisch nur ein Teil entspricht, sind in den beiden anderen Stücken wie bei den anderen mehrstrophigen Textvorlagen die drei bzw. zwei Strophen jeweils in einem eigenen Teil durchkomponiert.

Merula verwendet in seinem Band von 1624 den Begriff ›Madrigaletto‹ für einen hybriden Typus weltlicher Vokalmusik, der zwischen den Traditionen von ›canzonetta‹ und ›madrigale‹ steht: Mit der ›canzonetta‹ sind die Stücke durch die dreistimmige Vokalbesetzung (in der Druckfassung von 1624 noch ohne eigene Continuostimme), die Wahl kurzer Strophenformen mit überwiegend, aber nicht ausschließlich klassischen Versarten und durch die Teilung der Strophen in zwei Abschnitte, von denen der zweite wiederholt wird, verbunden; mit der älteren Tradition des polyphonen Madrigals dagegen durch das Fehlen einer Continuostimme im Druck von 1624 und eine durchgängig nicht konzertierende Satzart, durch die auf der Abfolge wechselnder soggetti basierende Kompositionsweise, die für keinen der späteren Drucke Merulas mehr charakteristische häufige Verwendung von Madrigalismen und Einzelwortausdeutung, besonders etwa im Eröffnungsstück *Filli, deh Filli mia, vezzosa e bella* oder dem fulminanten *Solca la nave mia*, durch die Durchkomposition aller Strophen in eigenständigen Teilen und nicht zuletzt durch die fast durchgängig außerordentlich hohen vokalen Anforderungen mit einem Stimmumfang von häufig zwei Oktaven und mehr in allen drei Stimmen.

Inwieweit diese spezifische Bedeutung des Begriffs ›madrigaletto‹, wie er sich in Merulas Sammlung darstellt, mit anderen zeitgenössischen Verwendungen konform geht, bedarf erst noch genauer Untersuchung – hierzu müßte nicht nur die gesamte Tradition dreistimmiger Madrigalkomposition einbezogen werden, sondern alle weiteren, offenbar eher heterogenen Sammlungen, in denen der Begriff ›madrigaletto‹ selbst Verwendung findet. Es deutet jedoch einiges darauf hin, daß Merula in seiner Sammlung ein ganz eigenes Verständnis des Begriffs entwickelt hat: Giulio Vimercatis *madrigaletti* in der Sammlung von 1614 etwa scheinen – soweit das einzig erhaltene Baßstimmbuch diesen Schluß zuläßt – ausschließlich einteilige Kompositionen über nichtstrophischen Texten ohne die Wiederholung einzelner Abschnitte gewesen zu sein, doch bestanden auch hier, ähnlich wie bei Merula, die Vorlagen zumeist aus einer geringeren Zahl von Versen als bei üblichen Madrigalen. Bucchiantis solistisches *madrigaletto ›Ard'il mio core et è sì dolc'il foco‹* von 1627 basiert auf einer Kanzonenstrophe, die im Unterschied zu Merulas ›madrigaletti‹ jedoch nicht in mehreren Teilen durchkomponiert, sondern als Strophenlied vertont wurde.[184] In Salomone Rossis Band mit zwei- und dreistimmigen *Madrigaletti* von 1628 dagegen (NV 2443) werden überwiegend klassische Strophenformen verwendet - zwölf Madrigalen, zwei Sonetten und einer *ballata* stehen nur drei strophische Texte neueren Typs gegenüber - *Gradita libertà* mit einer Mischung von Fünf-, Sieben- und Elfsilblern mit piano- und tronco-Endung, das aus *ottonari* und einem abschließenden *quaternario* bestehende *Pargoletta, che non sai* und schließlich das aus reinen tronco-Versen mit fünf, sieben, acht und neun Silben zusammengesetzte *Vò fuggir lontan da te*,[185] von denen *Pargoletta, che non sai* ein reines Strophenlied ist, während die beiden anderen nur unwesentliche Variationen zwischen den von Instrumentalritornellen unterbrochenen Strophen aufweisen. Whenham bescheinigt Rossis Kompositionen in »their brevity and dependence on melody« eine Ähnlichkeit mit »settings of single canzonetta stanzas«.[186] Auch bei Rossi ergeben sich insofern weder hinsichtlich der Textformen noch des kompositorischen Stils Übereinstimmungen mit Merulas ›madrigaletti‹.

Es wird umfassenderer Untersuchungen zum Begriff ›madrigaletto‹ und seiner Verwendung im Repertoire der Zeit bedürfen, um so unterschiedliche Phänomene wie in den Sammlungen Merulas, Vimercatis und Rossis aus einem größeren Kontext heraus deuten zu können. Die von Whenham konstatierte Unsicherheit darüber, »whether early seventeenth-century composers used the term as an indication of style and scale of their compositions, or whether they used it simply to distinguish publications containing music scored for a few voices from those containing larger-scale polyphonic madrigals«,[187] dürfte dabei nur einen Teil der zu diskutierenden Phänomene umreißen.

Der Begriff ›Cantata‹ als Kennzeichnung eines neuen Typus durchkomponierter Canzonetten

Die Tatsache der Durchkomposition nichtklassischer strophischer Texte - so auch in einigen in diesem Zusammenhang bereits aufgeführten Stücken Merulas - macht deutlich, daß die neuartige Durchlässigkeit zwischen den ehedem deutlich unterschiedenen Gattungen von ›madrigale‹ und ›canzonetta‹ nicht nur stilistische Fragen betraf, sondern sogar bis in die grundlegende formale Anlage der Stücke hineinreichen konnte, denn eine durchkomponierte Form war im 16. Jahrhundert fast gänzlich der hohen Gattung des Madrigals und damit der Vertonung der darunter subsumierten Textgattungen vorbehalten geblieben. Die

---

184 Vgl. Leopold (1995), Bd. II, Katalog Nr. 1482.

185 Vgl. den Abdruck aller Texte des Bandes in: Rossi (1995), Teil 3, Bd. 8, S. XVII-XXXIII.

186 Whenham (1982), Bd. I, S. 159.

187 Whenham (1982), Bd. I, S. 159.

Durchkomposition einer üblicherweise strophischen, aus der Kanzonettentradition stammenden Textvorlage wird seit Beginn der zwanziger Jahre des 17. Jahrhunderts jedoch zu einem der wesenhaften Kennzeichen der neuen Gattung der weltlichen ›Cantata‹. Im Solorepertoire stehen nach den noch zu erweiternden Angaben in Leopolds Katalog insgesamt 14 Vertonungen von Kanzonenstrophen[188] weiteren sieben nach anderen nichtklassischen Strophenformen gegenüber - je eine ›cantata‹ über *endecasillabo*-Strophen, Strophen aus *quaternari* und *ottonari* sowie schließlich einer Vorlage bestehend aus *senari, settenari* und *endecasillabi* mit piano- und tronco-Endungen, schließlich je zwei ›cantate‹ über ottonario-Strophen und 5 7 11 ps-Strophen.[189] Zum Umkreis dieser Stücke gehören auf Grund der übereinstimmenden Merkmale von textlicher und musikalischer Disposition auch Merulas *Su la cetra amorosa* und *Hor ch'è tempo di dormire*, ohne daß Merula jedoch - ähnlich wie eine Reihe weiterer Komponisten - den Terminus ›Cantata‹ im Zusammenhang mit ähnlich disponierten Stücken selbst benutzt hätte - im einen Fall wählte er die noch zu diskutierende Bezeichnung ›aria‹, im anderen den traditionellen Terminus ›canzonetta‹, der für sich genommen nicht auf das Phänomen der Durchkomposition zu verweisen vermag.

Abweichend von der üblichen strophischen Durchkomposition sind jedoch auch einzelne ›cantate‹ im Repertoire anzutreffen, in denen eine grundverschiedene Schreibart gewählt wurde und die ganz im *stile recitativo* gehalten sind - hier ist ebenso *Risiede più che mai dentr'il mio petto* von Giovanni Felice Sances zu nennen, eine *Cantada in stile recitativo*, deren Vorlage eine weitere zu den bereits aufgelisteten Kanzonenstrophen hinzufügt, wie Giovanni Rovettas *Cantata ›Le lagrime d'Erminia‹* von 1629, die auf fünf Stanzen aus Tassos Epos vom befreiten Jerusalem basiert und damit eine der klassischen Strophenformen verwendet. Daneben finden sich jedoch insgesamt drei weitere *cantate a voce sola*, die bereits in der Textdisposition von der Mehrzahl der Solokantaten differieren, da sie auf nicht strophisch angelegten versi toscani-Vorlagen basieren: Zwei davon - Carlo Milanuzzis *Lodato il ciel, io torno* von 1630 und Sances' *Da più profondi orrori* von 1636 - sind ebenfalls in rezitativischer Form vertont, Grandis *Amor, giustizia amor* ist dagegen durchgängig in einem kanzonettenhaften Gestus in mehreren Abschnitten im *tempus perfectum* durchkomponiert.[190] Wenn auch nicht mit Ausschließlichkeit, so läßt sich doch trotz solcher Gegenbeispiele für die Anfänge der Gattung eine weitgehende Bindung der ›cantata‹ an strophische, und zwar fast durchgängig nichtklassische Textvorlagen konstatieren.[191]

---

[188] Zu den elf bei Leopold genannten (Katalog-Nr. 1462, 1530, 1533, 1535, 1543, 1545, 1572, 1579, 1741, 1749 und 1784) sind eine Reihe von weiteren zu ergänzen, denn bei den Katalognummern 1537 und 1700 fehlt die Überschrift *cantata*; hinzu kommen die entsprechenden Stücke aus Alessandro Grandis *Cantade et Arie* von 1620 (NV 1268), von denen zumindest noch eine Abschrift Albert Einsteins existiert, sowie die *Cantade et Arie Libro Quarto*, von denen nach Auskunft von John Whenham ein vollständiges Exemplar in Leipzig erhalten ist.

[189] Vgl. Leopold (1995), Bd. II, Katalog Nr. 2130, 2131, 2223, 2336, 2851, 2855 und 2897.

[190] Vgl. Leopold (1995), Bd. II, S.188-89, Katalog-Nr. 1306, 1317, 1326.

[191] Vgl. Steinheuer (1995).

Unter den vor allem von venezianischen Komponisten als ›cantata‹ klassifizierten Stücken der ersten Jahrhunderthälfte findet sich bereits bei Alessandro Grandi, der nach heutigem Wissensstand wohl als erster den Begriff in einem seiner Drucke verwendete, neben den Solokompositionen von 1620 (NV 1268), 1626 (NV 1269) und 1629 (NV 1270) ein heute leider nur noch fragmentarisch in Form des *Violino 2*-Stimmbuches erhaltener Band mit *Cantade et Arie a doi, e tre voci concertate con doi Violini* von 1626 (NV 1267), der zeigt, daß schon Grandi nicht ausschließlich solistische Kompositionen unter den Begriff ›Cantada‹ subsumiert hat. Ob auch bei den mehrstimmigen Stücken - wie in den erhaltenen einstimmigen *Cantade* Grandis - strophische Variationsformen vorherrschten, läßt sich nach derzeitiger Quellenkenntnis nicht mehr klären. Während bei Giovan Pietro Berti (NV 350 und 351), Carlo Milanuzzi (NV 1853), Martino Pesenti (NV 2200 und 2201) oder Lazaro Valvasensi (NV 2792) nur einzelne Stücke *a voce sola* - allerdings teilweise mit zusätzlichen Instrumentalritornellen - als ›cantata‹ bezeichnet werden, tragen in den Drucken von Giovanni Felice Sances, Giovanni Rovetta oder Domenico Crivellati ähnlich wie bei Grandi auch mehrstimmige Vokalkompositionen diese Überschrift. Bei Sances handelt es sich um den gesamten zweiten Teilband seines *Libro secondo* von 1633 (NV 2546), der im Unterschied zum einstimmigen ersten Teil vollständig aus zweistimmigen *Cantade* besteht; bei Rovetta findet sich neben der genannten solistischen *Cantata in stile recitativo* mit dem Titel *Le lagrime d'Erminia* aus dem Jahre 1629 (NV 2461) zum Abschluß des zweiten Buches mit *Madrigali concertati* von 1640 (NV 2465) eine *Cantata a quattro* für zwei Canti, Tenore und Basso mit dem Titel *Spieghi i contenti suoi chi vive amando.* Domenico Crivellati veröffentlichte 1627 einen Band mit *Cantate diverse* (NV 655) für ein- bis dreistimmige Besetzungen, von denen überraschenderweise die überwiegende Zahl bloße Strophenlieder über unterschiedlichste Textvorlagen sind und damit die Herkunft der neuen Gattung aus der Kanzonettentradition ein weiteres Mal belegen, doch bilden die Kompositionen des Bandes insofern einen Sonderfall, als sie nicht der zu dieser Zeit vorherrschenden Form strophischer Variation im Bereich der frühen ›Cantata‹ entsprechen.[192] Erst seit den vierziger und fünfziger Jahren setzt dann - vermutlich ausgehend von der etwa bei Sances oder Pesenti anzutreffenden Praxis, einzelne Strophen oder Strophenabschnitte in rezitativischer Form zu vertonen - eine formale Diversifikation im Bereich der gewählten Textvorlagen ein, die allmählich zu einer Loslösung des ›Cantata‹-Begriffs von der ursprünglichen Idee strophischer Variation bei überwiegend nichtklassischen Strophenformen führte, ohne daß allerdings zu diesem Zeitpunkt bereits eine eindeutige Unterscheidung in Rezitativ- und Arienverse anzutreffen wäre.[193] Norbert Dubowy hat darauf hingewiesen, daß die im literarischen Genre der ›Idilli‹ bereits früh anzu-

[192] Vgl. hierzu im einzelnen die Kurzbeschreibungen der solistischen Stücke Crivellatis im Katalog innerhalb des zweiten Bandes von Leopold (1995).

[193] Barbara Strozzi etwa behandelt derartige textliche Vorgaben mit größter Freiheit, wofür etwa *L'Eraclito amoroso* von 1651 hier als Beispiel genügen mag, worin einige der Arienverse in rezitativischer Form vertont sind (NV 2689).

treffende Differenzierung von zumeist narrativen ›versi sciolti‹ und arienhaften Einschüben in anderen Versmaßen für die direkte Rede der Protagonisten eine der Wurzeln für die Kantatendichtung des späteren 17. Jahrhunderts gewesen sein könnte.[194]

Daß der Begriff ›Cantata‹ noch weit später im 17. Jahrhundert nicht nur im Zusammenhang mit Soli oder Duetten Verwendung fand, davon legt unter den wenigen Veröffentlichungen jener Zeit ein Druck mit *Musiche da camera* des in Padua wirkenden Komponisten Francesco Petrobelli aus dem Jahre 1673 Zeugnis ab (NV 2206), sind doch alle elf mehrteiligen Stücke des Bandes mit der Überschrift *cantata* versehen – die Mehrzahl sieht eine zweistimmige Vokalbesetzung vor, doch finden sich auch drei *Cantate a 3* und zum Abschluß des Bandes ähnlich wie bereits bei Rovetta eine *Cantata a quattro.* In diesem Zusammenhang sind auch die ca. zehn Kantaten von Antonio Draghi zu nennen, die jeweils ein Ensemble von zwei bis fünf Sängern vorsehen, darunter auch die umfangreiche *Cantata à 5* mit dem Titel *Lo specchio*, die für eine Aufführung durch Mitglieder der Wiener Hofgesellschaft komponiert wurde.[195] Eine ausschließliche Bindung der neuen Gattung der weltlichen Kantate an ein- oder zweistimmige Besetzungen ist jedenfalls während des gesamten 17. Jahrhunderts nicht auszumachen.

›Aria‹ als gattungsneutraler Terminus für Vertonungen strophischer Texte

Neben dem neuen, an der Herausbildung der Gattung ›Cantata‹ wesentlich beteiligten Typus durchkomponierter ›Canzonetten‹ bilden sich im Zusammenhang mit der Auflösung der traditionellen Gattungsgrenzen umgekehrt auch Tendenzen zur Aufweichung der traditionell durchkomponierten Form im Bereich der klassischen Textgattungen heraus. Insbesondere bei den klassischen Strophenformen wie *sonetto*, *ottavarima*-Strophe, *terzetti*, *sestina* oder *canzona*, die zuvor – wenn auch zumeist in mehrteiliger Form – ganz wie die irregulären, nichtstrophischen Madrigaltexte in einer zwar häufig mehrteiligen, aber prinzipiell freien, durchkomponierten Weise vertont worden waren, betonten die Komponisten in der Zeit nach 1600 nun häufig ganz im Gegenteil gerade die strophische Anlage, indem sie bei den genannten Textgattungen zunächst mehr als bei allen anderen Strophenformen unterschiedlichste ›Arie‹ – in der Übernahme bekannter Lied- oder Tanzmodelle oder eigens dafür komponierter Strophenbässe oder Melodien – zur Grundlage für das strophische Absingen ganzer oder auch halber Strophen oder auch für strophische bzw. halbstrophische Variation machten. Obwohl daneben auch weiterhin ›madrigalhafte‹ *sonetto*- oder *ottavarima*-Vertonungen in

[194] Dubowy (1990).

[195] Bennett (1985), unpaginierte *Introduction to this Volume* sowie S. 121-158.

durchkomponierter Form im Repertoire anzutreffen sind, rücken nun vielfach die Vertonungen klassischer strophischer Formen in der formalen Gestaltung in die Nähe der Canzonetten- bzw. Villanellentradition. Der für die Tradition des Madrigals charakteristischen Verschränkung unterschiedlicher ›soggetti‹ in einer zumeist freien, offenen formalen Anlage wird nun eine strophische Disposition mit deutlich in sich geschlossenen Abschnitten entgegengesetzt. Zeitlich gesehen scheint das Phänomen der Durchkomposition der nichtklassischen Strophenformen und damit die Entstehung der ›cantata‹ erst einige Jahre später als die Verfahren strophischer Variation bei den klassischen Strophenformen aufzutreten und dürfte unmittelbar damit zusammenhängen oder gar daraus hervorgegangen sein - darauf deutet gleichfalls die auch in diesem Bereich zentrale Verwendung ostinater Baßmodelle hin, wie etwa in den genannten Beispielen bei Merula.

Die Tendenz zur strophischen oder strophisch variierenden Vertonung klassischer Strophenformen bildete sich offenbar keineswegs im Zusammenhang mit neuartigen geringstimmigen Besetzungsarten und insbesondere nicht mit dem Sologesang Florentiner Prägung heraus, sondern ist bereits in mehrstimmigen Kompositionen aus dem späteren 16. Jahrhundert nachzuweisen: So finden sich im *Primo Libro delle Canzonette a tre voci* des römischen Komponisten Giovanni Maria Nanino von 1593 (NV 1987) am Ende des Bandes eine *Aria di cantar sonetti* und eine *Aria da cantar in ottava rima*, die mit Vorlagen von Petrarca bzw. Ariosto Texte ins Kanzonettenrepertoire einbeziehen, die zuvor allein in der Tradition des Madrigals verwendet worden wären - ein zu diesem Zeitpunkt wohl fast eklatant zu nennender Bruch mit den bis dahin gängigen Gattungs- und Stilhöhenregeln. Ähnlich wie bei Nanino weist auch das *Primo Libro delle Villanelle a tre voci* des Bologneser Komponisten Aurelio Bonelli aus dem Jahre 1596 (NV 386) eine *Aria per ottave*, eine *Aria per sonetti*, eine *Aria per sdruzoli* auf eine Vorlage Sannazaros, eine *Aria per Sestine* nach einer weiteren Dichtung aus Petrarcas *Canzoniere* sowie eine *Aria per capitoli* auf, die auch hier - dem Titel der Sammlung entsprechend - ganz aus der Tradition von ›Canzonetta‹ und ›Villanella‹ heraus jeweils für drei Stimmen gesetzt sind.[196] Veröffentlichungen wie diese bislang praktisch unbeachtet gebliebenen Sammlungen von Nanino und Bonelli sind als die unmittelbaren Vorbilder für die solistische Vertonung klassischer Strophenformen in den folgenden Jahrzehnten anzusehen, die ein ähnliches Textspektrum umfassen: Neben der großen Zahl solistischer *Arie per cantar ottave*, unter denen die ›Aria di Romanesca‹ und die ›Aria di Ruggiero‹ besonders häufig vertreten sind,[197] finden sich ausgehend von d'Indias Druck von 1609 ebenfalls zahlreiche *Arie da cantar Sonetti*,[198] eine *Aria di terzetti* von Puliaschi

[196] Ob auch in Paolo Quagliatis *Canzzonette* (sic) von 1588 (NV 2292) - laut Widmung gedacht »... per sonare, et cantare su'l cembalo« - die drei mit *Aria* überschriebenen Stücke auf klassische Strophenformen zurückgehen, konnte ich nicht überprüfen.

[197] Vgl. Leopold (1995), Bd. I, S. 189-203 sowie Bd. II, S. 176-83.

[198] Vgl. Leopold (1995), Bd. I, S. 175-88 sowie Bd. II, S. 167-75.

und gar eine *Aria per cantar Terzetti in sdruccioli* von Sances sowie eine *Aria da cantar sestine* von Stefano Landi.[199]

Dieser canzonettenhafte Typus in der Vertonung klassischer Strophenformen geht jedoch insgesamt zurück auf die noch weitaus ältere Tradition der gesungenen Rezitation nach Liedmodellen, die bereits gegen Ende des 15. Jahrhunderts unter der Bezeichnung ›l'aer‹ bzw. ›modus‹ etwa in den Frottolendrucken Ottavio Petruccis nachweisbar sind. So enthalten bereits die *Frottole libro primo* Petruccis von 1504 einen *Modus dicendi capitula* von dem im Druck nur mit ›Micha‹ bezeichneten Michele Pesenti, eine ›Weise, wie Capitoli-Strophen zu singen sind‹: Es handelt sich um einen einfachen vierstimmigen Satz, der nicht nur für den angegebenen Text *Ben mille volte al dì me dice amore*, sondern generell für metrisch gleichgebaute Capitoli-Strophen zu verwenden ist.[200] Das vierte Buch mit *Strambotti, Ode, Frottole, Sonetti. Et modo de cantar versi latini e capituli* enthält einen gänzlich untextierten *Aer da cantar versi latini* des aus Brescia stammenden Antonio Capreolo,[201] einen anonymen, ebenfalls untextierten *Modo de cantar sonetti*[202] und zwei weitere *Aer de capituli*, das anonyme *Li angelici sembianti e la beltade* sowie *Un sollicito amor una gran fede* von Philippo de Laurana.[203] Im fünften Buch von 1505 dann ein Stück und im sechsten Buch von 1506 zwei weitere jeweils anonyme Stücke *Per sonetti*,[204] im achten Buch von 1507 und im neunten Buch von 1509 je ein *Aer per Capitoli*, die Musik zur letzteren stammt von Marchetto Cara.[205] ›Aer‹ bzw. ›modo‹ sind in diesen Überschriften in derselben Art synonym gebraucht wie das deutsche Wort ›Weise‹ – sie bezeichnen gleichermaßen eine Art und ›Weise‹, wie bestimmte Textgattungen zu singen sind, als auch die konkrete ›Weise‹ oder Melodie des Liedes selbst. In der Folgezeit fanden nicht nur Liedmodelle wie die genannten für diverse klassische Strophenformen Verbreitung, sondern auch solche, die offenbar die für ganz bestimmte Anlässe, insbesondere im Zusammenhang mit dem außerordentlichen Erfolg von Lodovico Ariosts Epos *Orlando furioso* zum Singen längerer epischer Abschnitte daraus gedacht waren und deshalb *arie per cantar stanze ariostesche* genannt wurden.[206]

Die Tradition des Rezitierens von unterschiedlichen strophischen Formen über Liedmodellen muß in der mündlichen Überlieferung das gesamte 16. Jahrhundert überdauert haben, auch wenn sie durch die später aufkommende Vorliebe für madrigalische Durchkomposition bei den ernsthaften strophischen Textgattungen zumindest in den Drucken weitgehend in den Hintergrund gedrängt wurde und

---

199 Vgl. Leopold (1995), Bd. II, S. 185-86, Katalog-Nr. 1260, 1264 und 1269.
200 Petrucci (1935), S. 35 und Sartori (1948), S. 86-87.
201 Petrucci (1935), Nr. 62, S. 82
202 Petrucci (1935), Nr. 19, S. 58.
203 Petrucci (1935), Nr. 10, S. 51, und Nr. 91, S. 99; sowie unpaginiertes Blatt zwischen den Seiten 44 und 45; vgl. zu dieser und auch zu den beiden vorangegangenen Fußnoten Sartori (1948), S. 96.
204 Sartori (1948), S. 108 und 110-111.
205 Sartori (1948), S. 123.
206 Vgl. Haar (1981).

erst in den genannten dreistimmigen Veröffentlichungen von Nanino und Bonelli gegen Ende des Jahrhunderts erneut nachweisbar ist. Allerdings ist im Kontext von Madrigaldrucken um die Jahrhundertmitte zuweilen von arienhaften Madrigalen, sogenannten ›madrigali ariosi‹ die Rede, so erstmals 1555 im Untertitel von Antonio Barrès *Primo Libro delle muse* mit vierstimmigen Kompositionen unterschiedlicher Autoren (NV 251), der 1558 und 1562 eine zweite und dritte Sammlung folgen; diese Begriffskombination wird 1558 von Rinaldo da Montagnana für einige *Madrigali aierosi* (sic) im Anschluß an fünf Vertonungen von vollständigen Kanzonen Francesco Petrarcas verwendet (NV 2351), 1570 von Lancelot Fidelis für seine *Madrigali aerosi* (sic) (NV 980) und 1587 von Gasparo Pratoneri in den gleichfalls vierstimmigen *Madrigali ariosi* aufgegriffen (NV 2263). Stefano Rossettos vierstimmiges Madrigalbuch von 1560 hebt insgesamt fünf Stücke durch die Überschrift *madrigali ariosi* von den anderen Madrigalen des Bandes ab, darunter wie später bei Nanino und Bonelli drei Vorlagen aus Petrarcas *Canzoniere* (NV 2436). Noch im Jahre 1609 verwendet Camillo Lambardi in Neapel den Titel *Madrigali ariosi* für eine Sammlung vierstimmiger unbegleiteter Madrigale (NV 1369).

James Haar hat die weitgehende Beschränkung des Begriffs ›arioso‹ auf vierstimmige Madrigalkompositionen im 16. Jahrhundert hervorgehoben,[207] von der allein Cornelio Antonello da Riminis Umarbeitungen mehrstimmiger Vorlagen für eine Solostimme mit Lautenbegleitung in der Sammlung *Il Turturino / Il primo libro delle napolitane ariose da cantare e sonare nel leuto* (RISM 1570[33]) abzuweichen scheinen.[208] Zumindest in den früheren der genannten Sammlungen mit dem Titel *Madrigali ariosi* konstatiert Haar in vielen der Stücke einen Rückgriff der Komponisten auf Rezitationsmodelle, wie sie bei Petrucci als ›aer‹ bzw. ›modo‹ bezeichnet worden waren, sowie die Verwendung blockhafter rhythmischer Deklamationsschemata mit häufigen Synkopierungen: »In their use of stock melodic patterns and their choice of freely declamatory rhythmic patterns, these pieces would seem to have a special, popularesque character that justifies Barrè's use of the term arioso«.[209] Demgegenüber geht Wolfgang Ruf davon aus, die Verwendung des Attributs ›arienhaft‹ gelte in den genannten Drucken eher einem »im Madrigal unüblichen homophonen Satztypus, der deklamatorischen Rhythmik oder dem Oberstimmenprimat als der Verwendung präexistenter Melodien«.[210] Ob die Einzelüberschrift ›Aria‹ über einigen Solomadrigalen in den ersten Jahrzehnten des 17. Jahrhunderts - etwa bei Antonio Cifra in *Deh dolc'anima mia* und *Occhi, un tempo mia vita* von 1613 oder in *Se gli occhi vostri io miro* von 1614[211] sowie bei Filippo Albini in *Se di Bianca il bel nome Amor vi diede*

[207] Haar (1983), S. 205.
[208] Vgl. eine genaue Auflistung des Inhalts der Sammlung in Mayer Brown (1965), Eintrag 1570[5], S. 250-51.
[209] Haar (1983), S. 219.
[210] Ruf, Wolfgang, *Arie I*, in: MGG-II, Bd. I, Spalte 811.
[211] Vgl. Leopold (1995), Bd. II, S. 146-47, 152, Katalog-Nr. 377, 406, 524.

von 1626 und als *Aria spirituale* in *Dolcissimo uscignolo* von 1623[212] – sich auf diese ältere Tradition des ›madrigale arioso‹ zurückbeziehen läßt, ist bislang noch nicht untersucht worden. In ähnlicher Weise könnte möglicherweise auch Giovanni Girolamo Kapsbergers 1612 in Rom veröffentlichter Band mit solistischen *Arie passegiate* (NV 1357)[213] verstanden werden, dessen Textvorlagen ausschließlich die Form von Madrigalen besitzen.

Seit dem frühen 17. Jahrhundert wird der Terminus ›Aria‹ nicht nur in der dargestellten Weise für eine strophisch variierende Vertonung klassischer Strophenformen verwendet, sondern nicht weniger häufig auch für einfache Strophenlieder in der Tradition von ›Canzonetta‹ und ›Villanella‹, die später dann nicht selten auch als ›ariette‹ bezeichnet werden. Das Nebeneinander von klassischen und nichtklassischen Strophenformen wird dabei bereits unter den Arie aus Caccinis *Nuove musiche* deutlich – neben einer sapphischen Strophe, *terzetti sdruccioli* und zwei strophisch durchkomponierten Kanzonenstrophen finden sich gleichfalls eine ottonario-Strophe, eine Strophe aus *quaternari* und *ottonari*, zwei Strophen mit *quinari* und *settenari* sowie zwei Strophen mit *quinari*, *settenari* und *endecasillabi*, von denen eine auch sdrucciolo-Endungen aufweist.[214] Ein ähnliches Nebeneinander verschiedenster strophischer Formen kennzeichnet auch die Solowerke von Stefano Landi, der zwischen 1620 und 1638 insgesamt sechs Bände mit einstimmigen *Arie* veröffentlichte – die ersten und die letzten beiden davon sind erhalten (NV 1376-79). Sie umfassen – wie Leopolds Katalog deutlich macht – ein breites Spektrum von Kompositionen über unterschiedlichste Textvorlagen: Neben diversen klassischen Strophenformen wie *sonetti*,[215] *ottava-rima*-Strophen,[216] *terzetti*,[217] einer *sestina*[218] – von denen einzelne durch gesonderte Überschriften wie ›Aria per cantar sestine‹ oder ›Romanesca‹ explizit auf den strophisch variierenden aria-Typus verweisen (NV 1379) – stehen Kanzonenstrophen[219] und unterschiedliche, fast ausschließlich in Form von Strophenliedern vertonte nichtklassische Strophenformen[220] – einige der besonders im ersten

[212] NV 43; vgl. Leopold (1995), Bd. II, S. 161 und 164, Katalog-Nr. 783 und 868.

[213] Kapsbergers im Jahre 1623 erschienene Sammlung mit ein- und zweistimmigen *Arie* könnte ähnlich zu verstehen sein (NV 1358).

[214] Vgl. Leopold (1995), Bd. II, S. 184, 186, 190, 234, 249, 261, 294 und 2844; Katalog-Nr. 1250, 1270, 1336, 1337, 2024, 2294, 2470, 2471, 2752 und 2844.

[215] Leopold (1995), Bd. II, S. 171 und 173, Katalog Nr. 1024, 1028 und 1059

[216] Leopold (1995), Bd. II, S. 179, Katalog Nr. 1167, 1169.

[217] Leopold (1995), Bd. II, S. 184, Katalog Nr. 1240-41.

[218] Leopold (1995), Bd. II, S. 186, Katalog Nr. 1269.

[219] Leopold (1995), Bd. II, S. 194-95, Katalog Nr. 1409, 1411-12, 1415-17, 1584, 1587, 1589-90, 1594-95, 1597-98, 1683, 1760, 1785, 1787-88.

[220] *Settenario*-Strophen (Katalog Nr. 2001-02, 2019, 2023), *ottonario*-Strophen (2077, 2109-11, 2127, 2182), *quaternario*- und *ottonario*-Strophen (2293, 2384, 2397, 2403, 2406, 2413, 2427), *quinario*- und *settenario*-Strophen (2486), *quinario*- und *endecasillabo*-Strophen (2578-79), *senario*- und *ottonario*-Strophen (2601), *settenario*- und *ottonario*-Strophen (2625), sowie einige Strophen mit drei (2726, 2740, 2763, 2816, 2833, 2858, 2860-62, 2926) und vier Versarten (3063, 3065-66); vgl. Leopold (1995), Bd. II, Seitenzahlen vgl. Register S. 393.

Band von 1620 noch vertretenen Madrigale[221] hat Landi eigens durch eine entsprechende Überschrift vom überwiegend arienhaften Inhalt des Bandes abgehoben.

Daß der Begriff ›aria‹ jedoch auch nach der Jahrhundertwende - wie häufig unterstellt wird - nicht wie bei Caccini oder Landi auf solistische oder zumindest geringstimmige Besetzungen beschränkt blieb, dafür findet sich eine Reihe von Belegen. Unmittelbar an die ältere mehrstimmige Tradition bei Nanino und Bonelli knüpfen die beiden bislang wenig beachteten Bände mit *Arie a più voci* an, die der Neapolitaner Pietro Antonio Giramo veröffentlichte; der erste aus dem Jahre 1630 ist für zwei bis vier Stimmen gesetzt und enthält ein breites Spektrum von Stücken, darunter auch drei Dialoge, von denen der überwiegende Teil mit Charakterbezeichnungen wie ›grave‹, ›mesta‹, ›affettuosa‹, ›allegra‹ oder ›piacevole‹ versehen ist (NV 1257).[222] Wegen des Verlusts von Titelblatt und Widmung ist der zweite Band nicht mehr genau datierbar, doch sind die fast durchweg mehrteiligen Stücke für drei bzw. vier Stimmen darin über verschiedenen, auch hier *Arie* genannten strophischen Modellen gesetzt, und zwar im einzelnen *sopra la Rosa, sopra la Romana, sopra Fedele, sopra la Ciaccona* sowie *sopra la Spagnola* (NV 1258).

Der Begriff ›Aria‹ wird offenbar seit Beginn des 17. Jahrhunderts zu einem wesentlichen, zunächst möglicherweise fast ähnlich neutral zu verstehenden Terminus wie ›musiche‹ oder ›concerto‹,[223] der vor allem auf Grund der erwähnten doppelten Bedeutung als ›modo‹, als Art und Weise etwas zu singen und dabei diese Liedweise zugleich zu bezeichnen, verwendet wurde, wie bereits Pirotta vermutete.[224] Bedeutsam ist, daß der Begriff ›Aria‹ aufgrund dieses relativ

---

221 Leopold (1995), Bd. II, S. 194-95 und 206-07, Katalog-Nr. 1409, 1411-12,1415-17, 1587, 1589-90, 1594-95, 1597-98.

222 Die Hinzufügung von Charakterbezeichnungen oder anderweitigen Ergänzungen ist durchaus nichts Ungewöhnliches, im *Libro Primo d'Arie musicali* von Domenico Anglesi aus dem Jahre 1635 (NV 81) ist jeder Komposition des Bandes - ganz wie in der zeitgenössischen Instrumentalmusik üblich - ein Titel beigegeben; so stehen Arien mit der Nennung von einzelnen Widmungsträgern wie in der *Aria detta la Salviata* oder einer *Aria detta la Sfondrata* neben einer die musikalische Satzweise betreffenden Bezeichnung wie *Aria in basso* oder einer *Aria detta la Pazza* - dabei werden auch hier unterschiedlichste Textvorlagen verwendet.

223 Nicht selten ist der Begriff ›aria‹ auch im Zusammenhang mit Instrumentalmusik anzutreffen, so nicht nur im Falle instrumentaler Variationen über *arie* wie *Romanesca, Ruggiero, Passacalla* oder *Ciaccona*, sondern auch hier - wie bereits bei Ingegneri für zwei *Arie di canzon francese* - zur nationalen oder regionalen Charakterisierung.

224 Tim Carter hat für Monteverdi wenigstens drei Bedeutungsschichten des Begriffs ›Aria‹ unterschieden: »Monteverdi's term *aria* invokes a complex web of interlocking meanings that cannot always be untangled. It can indicate a genre (as in *aria per cantar ottave* or the strophic arias in seventeenth-century songsbooks); it can be used simply to mean ›melody‹; and it can (as in English) have the more general sense of demeanour, manner or character«, Carter (1993), S. 128. Von diesen drei Bedeutungsebenen sind die beiden ersten ganz unmittelbar miteinander verwandt, da der Hinweis auf ein Genre - Carter hat hier die beschriebenen strophischen bzw. strophisch variierenden Vertonungen klassischer Strophenformen im Blick - offensichtlich zurückzuführen ist auf die Verwendung von bestimmten bekannten Melodien in Form von Lied oder Baßmodellen, die dem ›Genre‹ dann schließlich ihren Namen liehen; die Verwendung der *Romanesca*-Melodie führte of-

weiten und zuweilen changierenden Bedeutungsfeldes geeignet war, als Terminus jenseits der bisherigen Gattungsgrenzen eine Vielfalt musikalischer Phänomene zu bezeichnen, und offenbar zunächst gerade nicht als neuer Gattungsbegriff, sondern ganz im Gegenteil als gattungsneutraler Terminus. Da er damit in der weltlichen vokalen Kammermusik insbesondere bei der Vertonung von klassischen wie auch nichtklassischen Strophenformen gleichermaßen Verwendung finden konnte, wurde damit - zukunftsweisend für die gesamte Musik des 17. und 18. Jahrhunderts - langfristig ein Paradigmenwechsel vorbereitet, indem die alte Unterscheidung zwischen hohen und niedrigen, klassischen und nichtklassischen Gattungen in Musik und Dichtung des 16. Jahrhunderts und den ihnen entsprechenden Stilhöhenregeln offenbar mehr und mehr aufgehoben wurde zugunsten einer im Laufe der Zeit immer deutlicher hervortretenden Trennung von Kompositionen über Strophenformen insgesamt - eben ›Arie‹, die auf diesem Wege allmählich zu einem neuen Gattungsbegriff wurden - und der Vertonung nichtstrophischer Textgattungen, die am Ende der Entwicklung zu Beginn des 18. Jahrhunderts weitgehend nur noch in Form eines ›recitativo‹ üblich war - ein Begriff, der seinerseits nicht als Gattungs-, sondern als Stilbegriff aufgekommen war. Dieser Paradigmenwechsel wurde, dies legen die vorliegenden Untersuchungen nahe, eingeleitet durch den allmählichen Zerfall der älteren Gattungstraditionen und ihrer klassizistischen Regelpoetik, die in der späteren ausgereiften Unterscheidung von Rezitativ und Arie keine Rolle mehr spielen sollte. So dürfte das Experimentieren mit geschlossenen, strophisch konzipierten Formmodellen für die Vertonung unterschiedlichster strophischer Textarten jenseits der älteren Gattungstraditionen von Madrigal und Canzonetta zu den innovativsten Leistungen der Komponisten in den ersten Jahrzehnten des 17. Jahrhunderts gehört haben.

Abgesehen von der nur dem Titel nach bekannten ersten Solosammlung *Il Canoro Aprile* aus dem Jahre 1622, die *Canzonette et arie a voce sola* enthielt und

---

fenbar dazu, daß man nicht nur diese Melodie ›Aria di romanesca‹‹ nannte, sondern in einem zweiten Schritt auch Stücke über dieser Melodie in gleicher Weise als ›Aria di romanesca‹ bezeichnete. In ähnlicher Weise dürfte auch die dritte bei Carter unterschiedene Bedeutungsebene einer bestimmten Art und Weise oder eines Charakters auf den ursprünglichen Melodiebegriff zurückzuführen sein - dies wird nicht nur deutlich, wenn offenbar im gleichen Sinne von einer ›Aria da cantar sonetti‹, bzw. einer ›Aria d'ottava‹ und einem ›modo‹ oder auch ›altro modo di cantar ottave‹ - wie bei Vincenzo Calestani (NV 462) - gesprochen wird, aber auch, wenn etwa Oratio Giaccio 1620 in Neapel unter dem Titel *Armoniose Voci* einen Band mit dreistimmigen *Canzonette in aria spagnola et italiana* (NV 1196) veröffentlichte, dann waren mit dem Begriff ›Aria‹ hier Stücke gemeint, die durch Verwendung unterschiedlicher, hier nicht konkret benannter Melodietypen spanischen und italienischen Charakter besitzen sollten. In ähnlicher Weise stehen die Begriffe ›Villanelle et Arie alla napoletana‹ in Sammlungen von Ruggiero Giovannelli, Giulio Santo Pietro del Negro und Giovanni Maria Trabaci (NV 1241, 2550, 2551 und 2745), ›Arie alla napoletana› bei Luca Marenzio (NV 1701, 1692, 1697 und 1706), ›Arie alla romana‹ bei Enrico Radesca und Orindio Bartolini (NV 2300, 2303 und 254) sowie die Überschriften *Aria alla norcina* bei Adriano Banchieri (NV 214) und *Sopra l'aria del Passa e mezzo siciliano* bei Erasmo Marotta (NV 1726) für regional geprägte Lied- und Melodietypen. Carters Unterscheidung läßt sich also auf die bereits bei Pirotta beschriebene doppelte Bedeutung des Begriffs ›aria‹ zurückführen.

damit möglicherweise nicht nur Strophenlieder, sondern auch strophische Variationsformen über modellhaften ›arie‹, hat Merula den Terminus ›aria‹ nur noch ein weiteres Mal in seinen heute erhaltenen Drucken mit weltlicher Vokalmusik verwendet, und zwar im Zusammenhang mit der *aria in ceccona ›Su la cetra amorosa‹* aus dem Band von 1633, die innerhalb des dritten Teils dieser Arbeit ausführlich untersucht wird. Merula hat daneben die *aria di ciaccona* noch in drei weiteren Kompositionen des Bandes von 1633 verwendet, doch heißt es dort jeweils nur lapidar *Sopra la Chiecona* (sic!). Darüber hinaus spielen die Techniken einer kanzonettenartigen, strophisch disponierten Vertonung aus der Tradition solcher ›arie‹ herstammend insbesondere bei der vergleichsweise geringen Zahl der Vertonungen klassischer Strophenformen eine wichtige Rolle - nicht nur im Falle der Sonette *Andianne a gli horti di Dameta andianne* von 1624 und *La donna è mobil verga e leggier fronda* von 1642, sondern auch bei der *canzonetta in sdrucciolo ›Quando gli uccelli portaranno i zoccoli‹*, die - wie noch zu zeigen sein wird - mit der Idee halbstrophischer Rezitation spielt. Selbst in nicht wirklich strophisch konzipierten Kompositionen nach klassischen Strophenformen hat Merula - in der *ottavarima*-Strophe *Io vorrei diventar quel usignolo* und in der Sonettvertonung *Bianca neve, o bianca, m'avventaste* - formale Gestaltungsideen der Komposition über ›arie‹ in die formale Anlage der Stücke übernommen.

Jenseits der Gattungsgrenzen – Zur Bedeutung von ›Bizzaria‹, ›Scherzo‹ und ›Capriccio‹

Neben einem solchen, herkömmliche Gattungsgrenzen in Frage stellenden Austausch musikalischer Charakteristika kommt es zunehmend auch innerhalb der verwendeten Texte in der Wahl der Themen und ihrer sprachlichen Behandlung bereits vor der Wende zum 17. Jahrhundert zu einer teilweisen Verwischung der Grenzen zwischen den ernsthafteren Gattungen Madrigal oder Madrigalzyklus und den leichteren von ›canzonetta‹, ›villanella‹ oder verwandten Formen. So konnten nun auch Madrigaltexte nicht ganz ernst gemeinte, ironische oder auch komische Inhalte darstellen - hierfür finden sich gerade bei Merula eine Reihe von Beispielen, von denen etwa *Egli è pur troppo vero* (Nr. 18) oder *Un bianco animaletto* (Nr. 69) im dritten Teil dieser Arbeit diskutiert werden - wie umgekehrt auch die ehemals niederen strophischen Textgattungen nun ernsthafte Inhalte bis hin zu geistlichen oder moralischen Themen behandeln konnten - hier sind bei Merula insbesondere die beiden bereits erwähnten ernsthaften *canzonette spirituali* aus dem *Curtio precipitato* zu nennen (Nr. 11 und 28). Diese inhaltliche Diversifizierung auf der Textebene führt unter anderem dazu, daß neben den bis dahin gebräuchlichen Bezeichnungen für Canzonetten und verwandte Gattungen nun einige Begriffe in den Drucken neu hinzutreten, in denen Besonderheiten auf der inhaltlichen Seite der entsprechenden Stücke betont werden – so vor allem in den Termini ›Scherzo‹, ›Capriccio‹ oder ›Bizzaria‹.[225] Gemeinsam ist den Begriffen einerseits, daß damit ein weiteres Mal in der zeitgenössischen Dichtung anzutreffende Begriffe Eingang in die musikalische Terminologie der Zeit gefunden haben, andererseits, daß alle drei Termini auch in der zeitgenössischen Instrumentalmusik anzutreffen sind.

Der Begriff der ›Bizzaria‹ ist als der am wenigsten gebräuchliche unter den drei genannten zugleich derjenige, der am eindeutigsten darauf verweist, daß hier inhaltlich-textliche Kriterien bestimmend sind; bereits Lodovico Agostini hatte in seinen vierstimmigen *Musiche ... sopra le rime bizzarre di M. Andrea Calmo, et altri autori* aus dem Jahre 1567 (NV 28) explizit die Merkwürdigkeit der Textvorlagen unter Hinweis auf die *rime bizarre* hervorgehoben und auch Nicolò Fontei ist in seinen etwa 60 Jahre später zwischen 1635 und 1639 veröffentlichten drei Drucken mit *Bizarrie poetiche poste in musica* für jeweils eine bis drei Stimmen (NV 1005-1007) ähnlich deutlich, wenn er ausdrücklich von poetischen und nicht von musikalischen ›Bizzarie‹ spricht. Der Begriff ist auch in der zeitgenössischen bildenden Kunst verwendet worden, etwa von Giovanni Battista Bracelli in seinen 1624 in Florenz gedruckten *Bizzarie di varie figure*, fast surrealistisch anmutenden aus Kuben, Ketten oder anderen Elementen zusammengesetzten anthropomorphen Figuren.[226]

Im Falle von ›Scherzo‹ und ›Capriccio‹ ist die Sachlage jedoch weitaus verwickelter, wobei zumindest der Begriff ›Capriccio‹ bereits seit dem 15. Jahrhundert ebenfalls in der bildenden Kunst anzutreffen ist[227] – hier sei nur die Tafelbilder von Arcimboldo oder die ›Capriccij‹ des Jacques Callot hingewiesen. Innerhalb der Drucke mit Vokalmusik scheint vielfach auch im Falle von ›Scherzo‹ und ›Capriccio‹ eine zunächst auf die Ebene der Texte bezogene Bedeutung impliziert zu sein, denn ähnlich wie bei den ›Bizzarie‹ wird auch hier vereinzelt explizit von poetischen ›Scherzi‹ bzw. ›Capricci‹ gesprochen – so im Titel von Carlo Milanuzzis *Aurea corona di Scherzi poetici* von 1620 (NV 1848), einem Band mit zwei- bis vierstimmigen Vokalstücken, sowie im Falle der ›Capricci‹ noch im Jahre 1649, als Giovanni Felice Sances eine Sammlung mit ein- bis dreistimmigen *Capricci poetici* in Druck gab (NV 2544) – bei Sances werden jeder der in der Gesamtüberschrift *Capricci* genannten Textvorlagen innerhalb der Sammlung so unterschiedliche musikalische Begriffe wie ›Aria‹, ›Cantata‹ und ›Dialogo‹ zugeordnet. Doch geht die Verwendung von ›Capriccio‹ bzw. ›Scherzo‹ im Repertoire weit über solch einfache Zuschreibungsmöglichkeiten hinaus.

Der Begriff ›Capriccio‹ scheint im Bereich der weltlichen Vokalmusik der Zeit durchweg nicht als musikalischer Gattungsbegriff verwendet worden zu sein, obwohl es gleichzeitig in der Instrumentalmusik üblich wurde, frei komponierte

---

[225] Ähnliches dürfte auch auf seltener verwendete Bezeichnungen wie ›Pazzarella‹ in den zweistimmigen *Madrigali, et Pazzarelle* von 1610 bei Nicolò Rubini (NV 2471) zutreffen.

[226] Der Band ist nachgedruckt in: Bracelli (1981).

[227] Vgl. hierzu den Ausstellungskatalog *Das Capriccio als Kunstprinzip*, Mai / Rees (1996).

Stücke als ›Capricci‹ zu bezeichnen, - so bereits 1564 in den *Capricci in musica a tre voci* von Vincenzo Ruffo,[228] in *Il fiore dei capricci musicali a quattro voci, per sonar con ogni sorte di stromenti* von Giovanni Bassano[229] und vermutlich auch in der gemischt vokal-instrumentalen Sammlung von Paolo Fonghetti von 1598 (NV 997), worin mit den *Capricii* im Titel der zweistimmigen *Capricii et Madrigali* die »textless duos«[230] des zweiten Teils gemeint sein dürften - eine Tradition, die bekanntlich weit über das *Capriccio stravagante* eines Carlo Farina, die *Capricci* für Tasteninstrumente von Frescobaldi und Froberger oder das *Capriccio sopra la lontananza del suo fratello dilettissimo* des jungen Johann Sebastian Bach (BWV 992) weitergeführt wurde.[231]

Bereits drei Jahre vor Ruffo hatte 1561 Jachet de Berchem den Begriff ›Capriccio‹ auch im Bereich der weltlichen Vokalmusik verwendet, als er seine in einem Band veröffentlichten drei umfangreichen Bücher mit vierstimmigen Vertonungen von *ottavarima*-Strophen aus Lodovico Ariostos Versepos *Orlando furioso* als *Primo, Secondo et Terzo Libro del Capriccio di J. B. con la musica da lui composta sopra le stanze del Furioso* bezeichnete (NV 328). Da jedoch im Titel von *Capriccio ... con la musica* gesprochen wird, ist offenbar der Begriff ›Capriccio‹ hier nicht selbst als ein musikalischer verstanden - ebensowenig bezieht er sich auf die poetische Form der gesondert erwähnten Stanzen Ariosts, vielleicht wird seine Verwendung eher plausibel im Hinblick auf die darin dargestellten, zum Teil durchaus kapriziösen Abenteuer der verschiedenen Protagonisten.

Eine Differenzierung nach unterschiedlichen sogenannten ›soggetti‹ nimmt Orazio Vecchi in der *Selva di varia ricreatione* von 1590 vor (NV 2831), wenn er erklärt, die Sammlung enthalte *varii soggetti ... cioè Madrigali, Capricci, Balli, Arie, Justiniane, Canzonette, Fantasie, Serenate, Dialoghi, un Lotto amoroso.* Der Band bietet die genannten ›Gegenstände‹ in gruppenweiser Anordnung, so auch die ›Capricci‹, die durch ihre fünfstimmige Besetzung nur mit der ersten Gruppe von ›Madrigali‹ verwandt sind, durch ihre Sujets jedoch nicht nur von diesen sondern auch von den anderen Stücken der Sammlung abgehoben sind: Zur Gruppe der ›Capricci‹ gehören zwei burleske Stücke in der Tradition der Stegreifkomödie oder auch der Moresken Orlando di Lassos - eines davon in Dialogform, daneben zwei *vinata* genannte Trinklieder sowie drei gesungene Tanzlieder - eine *Pavana*, eine *Tedesca* und ein *Saltarello*, die um einen weiteren instrumentalen *Saltarello* ergänzt werden. Ähnlich wie Vecchi könnte Giovanni Croce fünf Jahre später seine *Triaca musicale ... nella quale vi sono diversi Capricci a 4.5.6. et 7. voci* (NV 678) verstanden haben, da darin diverse komische soggetti vereint sind - von einem Streit zwischen Kuckuck und Nachtigall, bei

---

[228] Der Band ist irrtümlich als NV 2472 aufgeführt, obwohl er keine Vokalmusik, sondern nur instrumentale Bearbeitungen nach vokalen Vorlagen enthält.

[229] RISM B 1232.

[230] Vgl. Whenham (1982), Bd. I, S. 56.

[231] Vgl. hierzu auch die Zusammenstellung bei Susanne Schaal, *Capriccio*, in: MGG-II, 2, Spalten 441-452.

dem ein Papagei das Urteil verkündet, über eine *Canzon da contadini* und eine *canzonetta* von Kindern auf dem Schulweg, die das Alphabet aufsagen, bis zu den beiden Eröffnungsstücken, die mit den Charakteren des Pantalone und des Gratiano auf die Commedia dell'arte verweisen.

Vielleicht noch deutlicher als bei Vecchi und Croce wird diese auf die Sujets bzw. die Textvorlage bezogene Tradition in der Bezeichnung ›Capriccio‹ bei Adriano Banchieri, der 1597 eine Sammlung mit *Canzonette a tre voci novamente, sotto diversi Capricci, composte* in Druck gibt (NV 217) - hier wird zudem erstmals im Titel die Affinität von den ›Capricci‹ genannten Texten zur musikalischen Gattung der ›Canzonetta‹ greifbar, eine Verbindung, die auch in weiteren Veröffentlichungen hervortritt - so bereits 1584 bei Serafino Serafini in einem Band mit vierstimmigen *Canzone capricciose* (NV 2610), bei Massimiliano Nuvoloni, der 1608 einen Band überwiegend dreistimmiger Canzonetten mit einigen *Capricij, et Balletti* seines Vaters Alessandro in Druck gab (NV 2045), und schließlich noch bei Pietro Paolo Sabbatini, der 1641 einen Band mit ein- und dreistimmigen Stücken unter dem Titel *Varii Capricii, e Canzonette* veröffentlichte (NV 2513). Auffällig ist, daß weder in den genannten Bänden noch in den 1616 gedruckten *Capricci musicali per cantare, et sonare* von Giacomo Bonzanini (NV 399) oder in den *Capricci stravaganti, e musicali pensieri* von Martino Pesenti aus dem Jahre 1647 (NV 2198) im Innern der Sammlungen die Bezeichnung ›Capriccio‹ als Einzelüberschrift bzw. musikalische Gattungsbezeichnung erscheint - bei Bonzanini handelt es sich um einen Druck, der im Wechsel vierstimmige Instrumental- und Vokalkompositionen beinhaltet, deren Gattungszugehörigkeit nicht näher spezifiziert wird, während Pesenti im Untertitel des Druckes wie dann auch teilweise über den einzelnen Stücken von *Passi e mezi da cantar, Canzoni, et alcuni Madrigali* als den in der Sammlung vertretenen musikalischen Formen spricht.

Eine Bestätigung erfährt diese an den bisher besprochenen Sammlungen gewonnene Beobachtung dadurch, daß etwa im solistischen Repertoire der Zeit die Bezeichnung ›Capriccio‹ als gesonderte Einzelüberschrift bzw. als musikalische Gattungsbezeichnung fehlt - ein entsprechender Eintrag ist in Leopolds gesamtem Katalog nicht anzutreffen. Auch in Merulas *Curtio precipitato et altri Capricij Composti in diversi modi vaghi et leggiadri* von 1638 bleibt die Bezeichnung *Capricij* auf die allgemeine Erwähnung im Titel beschränkt; wie bereits gezeigt, besteht auch bei Merula eine enge Affinität zwischen dem für die inhaltliche Seite stehenden Begriff des ›Capriccio‹ und der musikalischen Form der ›Canzonetta‹, da die Überschrift *Canzonetta* als einziger musikalischer Gattungsbegriff mit unterschiedlichen Erweiterungen innerhalb des Bandes anzutreffen ist. ›Capriccio‹ - so der überraschende Befund - wurde in der weltlichen Vokalmusik der Zeit offenbar ganz generell nicht als ein ›Madrigal›, ›Canzonetta‹ oder ›Dialogo‹ vergleichbarer Gattungsbegriff verwendet, sondern als eine vor allem inhaltlich bestimmte Kategorie, deren genaue Bedeutung erst Vergleiche mit der Verwendung des Begriffs in der zeitgenössischen Literatur und Kunst genauer zu erhellen vermögen - am Beispiel zweier Stücke aus der Solosammlung von 1638

– dem gewichtigen Eröffnungsstück *Curtio precipitato* und der *Canzonetta in sdrucciolo ›Quando gli uccelli porteranno i zoccoli‹* – wird im dritten Teil dieser Arbeit an zwei ausgewählten Beispielen der Versuch unternommen, erste Ansätze für ein weiterführendes Verständnis des Capriccio-Begriffs in der weltlichen Vokalmusik jener Epoche zu entwickeln.

Auch der häufig verwendete Begriff ›Scherzo‹ dürfte ähnlich wie ›Bizzaria‹ und ›Capriccio‹ zumindest teilweise zunächst auf die Seite der Texte bezogen gewesen sein, darauf war bereits im Zusammenhang mit der *Aurea corona di Scherzi poetici* von Carlo Milanuzzi hingewiesen worden (NV 1848). Der Begriff ›Scherzo‹ hat erst nach der Jahrhundertwende – also weitaus später als die parallelen Begriffe ›Capriccio‹ und ›Bizzaria‹ – Eingang in die musikalischen Drucke gefunden, vermutlich angeregt durch literarische Verwendungen des Begriffs in Veröffentlichungen wie Chiabreras einflußreichen, 1599 in Genua veröffentlichten *Scherzi e Canzonette morali*, die unmittelbar für eine Vertonung gedacht waren, oder die lange Zeit ebenfalls Chiabrera zugeschriebenen *Scherzi de' Signor Trasformati* in der venezianischen, von Pier Girolamo Gentile herausgegebenen Sammlung *Corona d'Apollo* von 1605. Es ist sicherlich kein Zufall, daß Monteverdi im Jahre 1607 für die Veröffentlichung seiner Vertonungen jener neuartigen strophischen Texte von Chiabrera, Sannazaro und Cebà in Form dreistimmiger Strophenlieder mit instrumentalen Ritornellen die Überschrift *Scherzi musicali* (NV 1950) wählte und sich damit bewußt auf Chiabreras literarische Verwendung des Begriffs bezog.[232] Monteverdi wählte den Titel ›Scherzi‹ ein weiteres Mal für seine *Scherzi musicali cioè Arie, et Madrigali in stil recitativo, con una Ciaccona a 1. et 2 voci* im Jahre 1632 (NV 1954), worin in der gesonderten Nennung verschiedener musikalischer Formen deutlich wird, daß Monteverdi wohl hier ebensowenig wie in den dreistimmigen *Scherzi* von 1607 daran dachte, ›Scherzo‹ als einen musikalischen Gattungsbegriff zu verwenden. Ähnlich wie Monteverdi stehen auch bei Carlo Milanuzzi Strophenlieder ganz im Vordergrund jener Sammlungen, die wie etwa seine *Scherzi poetici* von 1620 (NV 1848) den Begriff ›Scherzo‹ im Titel führen. Der Band steht neben einer ganzen Serie weiterer, solistischer Publikationen Milanuzzis, von denen die vier ersten im Titel als *Scherzo delle Ariose Vaghezze* (NV 1849-53), die Bände sechs bis neun dagegen einfach nur noch als *Ariose vaghezze* bezeichnet werden (NV 1854-57) – auch hier scheint sich weniger der Begriff ›Scherzo‹ als die Bezeichnung *Ariose vaghezze* auf die musikalische Seite zu beziehen. In ähnlicher Weise stellt offenbar noch Francesco Petrobelli in seinen beiden Bänden mit zwei- und dreistimmigen *Scherzi amorosi* von 1652 und 1668 (NV 2204 und 2205) vor allem Vertonungen strophischer Arientexte zusammen.

Noch weitaus allgemeiner und umfassender als bei Monteverdi, Milanuzzi oder Petrobelli scheint der Scherzo-Begriff bei Antonio Cifra gefaßt zu sein, der zwischen 1613 und 1618 vier Bände unter dem Titel *Li diversi scherzi* (NV 563, 564, 565, 567), zwei weitere als *Scherzi sacri* (NV 566, 568) sowie einen Band

[232] Vgl. hierzu auch Sopart (1981).

als *Scherzi et Arie* (NV 575) in Druck gab. Hier hat der Begriff ›Scherzo‹ eine offenbar kaum weniger neutrale Bedeutung als etwa ›musiche‹, denn Cifra beschränkt sich nicht einmal mehrheitlich auf Strophenlieder in der Art der neuen Texte Chiabreras, wie Monteverdi dies überwiegend getan hatte, sondern zählt zu den ›Scherzi‹ auch eine nicht geringe Zahl von klassischen Texten wie Madrigale, Sonette oder *ottavarima*-Strophen mit zumindest teilweise auch ernsten und sogar geistlichen Sujets, die zumeist innerhalb der Sammlungen durch Einzelüberschriften über den entsprechenden Stücken gekennzeichnet werden. Eine besondere inhaltliche Absicht in der Wahl des Begriffs ›Scherzo‹ ist bei Cifra kaum noch zu erkennen. Ähnliches dürfte auf die Sammlung *I lieti scherzi cioè Arie, Villanelle, Madrigali* für eine bis vier Stimmen von Giovanni Francesco Anerio aus dem Jahre 1621 zutreffen (NV 70), wo von ›scherzi‹ nurmehr in einem vagen allgemeinen Sinn die Rede ist, wie er vielleicht ebenso gut von *fiori musicali* oder ähnlichen Titeln getroffen werden könnte.

Neben solchen weitgefaßten, überwiegend an der literarischen Bedeutung des Begriffs orientierten Verwendungen von *Scherzo* wird der Begriff jedoch auch nach Art eines musikalischen Gattungsbegriffs verwendet, und zwar noch vor Monteverdi in der frühesten Erwähnung in einem musikalischen Druck in Domenico Brunettis Sammlung *L'Euterpe* von 1606, einer *opera musicale di Madrigali, Canzonette, Arie, Stanze, e Scherzi diversi* (NV 436). Bereits hier – wie in zahlreichen weiteren Drucken der folgenden Jahre – steht ›Scherzo‹ in einer Reihe neben anderen musikalischen Gattungsbegriffen. So heißt es etwa im Titel des 1613 gedruckten *Fuggilotio musicale* von Giulio Cesare Romano, die Sammlung enthalte *Madrigali, Sonetti, Arie, Canzoni, et Scherzi* für eine und zwei Stimmen (NV 2361bis), und bei Giacomo Fornaci wird 1617 der Inhalt seiner ein- bis dreistimmigen *Amorosi respiri musicali* aufgefächert in *Scherzi, Arie, Canzoni, Sonetti, e Madrigali* (NV 1008). Besonders häufig findet sich der ›Scherzo‹-Begriff in dieser zweiten Bedeutungsvariante im geringstimmigen Repertoire – so begegnet die Bezeichnung etwa in drei Sammlungen von Antonio Brunelli 1613 (NV 433-435), die ähnlich wie die Drucke von Romano und Fornaci bereits jeweils im Titel *Scherzi*, *Arie*, *Canzonette* und *Madrigali* unterscheiden und dies auch durch Einzelüberschriften innerhalb der Drucke deutlich machen. Brunelli verwendet die Bezeichnung ›Scherzo‹ dabei überwiegend für solistische Stücke wie die senario-Strophen *Splendete serene*, die ungewöhnlichen *quinari* mit piano-, tronco- und sdrucciolo-Endung *L'onda che limpida* und insbesondere drei *ottonari*-Strophen,[233] doch auch in dem zweistimmigen *Già di paglia' n su la riva* aus dem *Libro Terzo* oder dem dreistimmigen *Interrotto sospir* aus dem ersten der drei Bände. Auch bei Giulio Santo Pietro de Negri kommt die Überschrift ›Scherzo‹ in insgesamt drei seiner Drucke zwischen 1613 und 1620 (NV 2551bis-2553), überwiegend für ein- bis dreistimmige Stücke, doch auch für das sechsstimmige *Scherzo da concerto* über *Fugge il verno de' dolori* vor – allerdings nicht im Titel, sondern nur in Form einzelner Überschriften über den entspre-

[233] Leopold (1995), Bd. II, Katalog Nr. 1887, 1882, 2034, 2035 und 2041.

chenden Stücken. Mit ›Scherzo‹ werden auch bei Negri durchweg Kompositionen mit strophischen Textvorlagen bezeichnet, von der sdrucciolo-Kanzonenstrophe *Bellissima vaghissima*, über die quinari-Strophen *Non voglio amare* bis hin zu den ottonari-Strophen *Ama pur ninfa gradita* und *Lascia, lascia o gentil Clori.*[234] Im bisher ausschließlich untersuchten Solorepertoire findet sich die Überschrift ›Scherzo‹ neben *ottonario*-Strophen besonders häufig bei Texten, die Vier- und Achtsilbler mischen - so nicht nur vier weitere Male bei Negri,[235] sondern auch bei Montesardo,[236] Cifra[237] und insgesamt viermal bei Giovanni Ghizzolo,[238] doch findet sich in Leopolds Katalog keine Erwähnung einer entsprechenden Überschrift im Zusammenhang mit den irregulären Strophenformen, die seit den zwanziger Jahren in Mode kommen. Während in seiner ersten Bedeutungsvariante der Scherzo-Begriff - den Bezeichnungen ›Bizzaria‹ oder ›Capriccio‹ vergleichbar - auf inhaltliche oder textliche Kriterien zurückgeführt werden kann, wird er in der zweiten, seit Brunetti anzutreffenden Variante als ein Gattungsbegriff verwendet, der wohl überwiegend zum Bereich der strophischen Formen von ›Canzonetta‹ oder ›Villanella‹ zu rechnen ist.

Ausgehend von einer teilweise grundsätzlichen Neubestimmung der wichtigsten zeitgenössischen Gattungsbegriffe wurde in diesem zweiten Teil der Versuch unternommen, Merulas weltliche Vokalmusik nach anderen als an Besetzungsgröße orientierten textlich-musikalischen Kriterien aufzufächern und damit zugleich genauer in den Kontext der weltlichen Vokalmusik der ersten Hälfte des 17. Jahrhunderts einzuordnen. Dabei ist deutlich geworden, daß Merula in seinem weltlichen Oeuvre ein breites Spektrum traditioneller wie neuartiger Gattungen und Formmodelle aufgreift und diese Vielfalt von Textformen und ihren jeweiligen musikalischen Umsetzungen in der Wahl seiner Sammlungstitel wie auch gelegentlicher Einzelüberschriften in sehr bewußter Weise reflektiert. In einigen Bereichen wie etwa den *Madrigaletti* von 1624 oder - wie noch zu zeigen sein wird - den *Capriccij* von 1638 beschreitet er dabei Wege, für die es nach bisherigem Forschungsstand im zeitgenössischen Repertoire kaum Parallelen zu geben scheint. Über generelle Feststellungen hinaus kann jedoch erst eine genauere Analyse einzelner Werke Aufschluß über konkrete stilistische Unterschiede in Merulas kompositorischem Umgang mit den verschiedenen hier skizzierten Gattungen sowie über Fragen nach Traditionsbindung und Neuorientierung in der jeweiligen formalen Gestaltung geben. Obwohl im anschließenden dritten Teil Kompositionen Merulas aus fast allen genannten Gattungen untersucht werden, bilden gattungsspezifische Fragestellungen dort nicht so sehr den Ausgangspunkt wie Fragen nach den Möglichkeiten einer umfassenden textlich-musikalischen Analyse und Interpretation der diskutierten Stücke.

---

[234] Leopold (1995), Bd. II, Katalog Nr. 1650, 1812 , 2027 und 2032.
[235] Leopold (1995), Bd. II, Katalog Nr. 2262, 2265, 2305 und 2307.
[236] Leopold (1995), Bd. II, Katalog Nr. 2303.
[237] Leopold (1995), Bd. II, Katalog Nr. 2342.
[238] Leopold (1995), Bd. II, Katalog Nr. 2260, 2303, 22341 und 2342.

Teil III

Ikonographische und ikonologische Studien zu ausgewählten Vokalwerken Tarquinio Merulas

Methodologische Fragen

Nachdem im vorangegangenen Kapitel Fragen behandelt wurden, die formale, gattungsgeschichtliche und stilistische Aspekte der weltlichen Vokalmusik von Tarquinio Merula sowie deren Einordnung in den entsprechenden musikgeschichtlichen Kontext des Schaffens seiner Zeitgenossen zum Gegenstand hatten, soll im folgenden der Versuch unternommen werden, am Beispiel einzelner Kompositionen dadurch zu einer Deutung oder in anderen Fällen auch zu einem weitergehenden Verständnis musikalischer Werke zu gelangen, daß diese nicht nur im Hinblick auf ihren historischen Ort innerhalb der Musikgeschichte untersucht, sondern vor einem umfassenderen kulturgeschichtlichen Hintergrund interpretiert werden. Ausgangspunkt dafür ist die Feststellung, daß die in musikalischen Werken der ersten Hälfte des 17. Jahrhunderts anzutreffenden Themen, Stoffe und Ideen zumeist auch in den anderen Künsten der Zeit - etwa in der Malerei oder der Literatur - behandelt wurden, daß also allen postulierten oder auch tatsächlichen ›Ungleichzeitigkeiten‹ in den Künsten zum Trotz durch die Wahl von Themen sowie deren zeitgeschichtlich geprägten Sichtweisen möglicherweise bis in die Art von deren Darstellung hinein Analogien zwischen den Künsten bestehen könnten, deren Untersuchung bisher - zumindest was den Bereich der Musik angeht - noch stark vernachlässigt ist.[1] Dabei sind insbesondere im Falle von Themen, die im musikalischen Repertoire nur vereinzelt oder sporadisch aufgegriffen wurden, durch den Vergleich mit entsprechenden Umsetzungen in Malerei oder Literatur Aufschlüsse über den genaueren historischen Kontext und die Bedeutung solcher Werke zu erhoffen. Reinhold Hammerstein hat in seinem grundlegenden Aufsatz über *Musik und bildende Kunst - Zur Theorie und Geschichte ihrer Beziehungen* auf die Notwendigkeit derartiger Forschungen hingewiesen:

> »Ein weiteres Feld der Beziehungen sei hier ebenfalls nur angedeutet: das der inhaltlichen Gemeinsamkeiten, der Verwendung gleicher Themen und Motive in Musik und Kunst. Auch auf diesem Gebiet wird es noch eingehender Untersuchungen bedürfen, etwa über die verschiedenen ›Sprachmittel‹ der einzelnen Künste für den gleichen Gehalt oder über die Wanderung solcher Motive durch die Medien und den oft differierenden Zeittakt, mit dem sie in den einzelnen Künsten auftreten«.[2]

Die folgenden Ausführungen sollen einen Beitrag zu diesem noch wenig bearbeiteten Bereich darstellen.

---

[1] Arbeiten wie die von Rorke (1988) oder La Via (1994) stehen bisher in der Musikgeschichtsschreibung des 16. und 17. Jahrhunderts noch weitgehend isoliert da.

[2] Hammerstein (1984), S. 1.

Mit dieser Fragestellung wird auch für die Musikwissenschaft eine Methode eingefordert, die - wie Horst Bredekamp es formuliert - »das Kunstwerk aus dem literarischen, philosophischen und kulturellen Umfeld zu erhellen und solcherart die Besonderheit der Form geschichtlich zu deuten sich bemüht«,[3] wobei im Falle musikalischer Werke zusätzlich zu den dort genannten Bereichen auch Darstellungen in den bildenden Künsten zu diesem Umfeld zu rechnen sind. In der Kunstwissenschaft ist ein derartiger Ansatz mit den Begriffen ›Ikonographie‹ sowie ›Ikonologie‹ verbunden und ausgehend von den Arbeiten Aby Warburgs[4] sowie dann insbesondere Erwin Panofkys seit längerem als eine der wichtigsten Methoden des Faches etabliert. In seinen *Studies in Iconology* definiert Panofsky einleitend Ikonographie allgemein als »that branch of the history of art which concerns itself with the subject matter or meaning of works of art, as opposed to their form«.[5] Im engeren Sinn verwendet Panofsky den Begriff Ikonographie für den Aufgabenbereich der ›Beschreibung und Klassifizierung von Bildern‹ und versteht darunter insbesondere eine »begrenzte und gewissermaßen dienende Disziplin, die uns darüber informiert, wann und wo bestimmte Themen durch bestimmte Motive sichtbar gemacht wurden«.[6] Demgegenüber soll die Ikonologie weniger in einer analytischen Vorgehensweise als in einer synthetischen Zusammenschau die ›eigentliche Bedeutung‹ oder den ›Gehalt‹ eines Werkes bzw. in Anlehnung an einen Begriff Ernst Cassirers dessen ›symbolische Werte‹ aus dem zeit- und kulturgeschichtlichen Umfeld heraus zu ergründen suchen, »die dem Künstler häufig unbekannt sind und die sogar entschieden von dem abweichen können, was er bewußt auszudrücken suchte«.[7] Auch in den anschließenden Untersuchungen soll - wo dies angebracht erscheint - eine grobe Differenzierung zwischen den beiden Begriffe vorgenommen werden, und zwar im Rückgriff auf die folgende Unterscheidung von Ernst H. Gombrich:

> »Not that the distinction between these disciplines is very obvious, or that it would be important to make it so: But by and large we mean by iconology, since the pioneer studies of Panofsky, the reconstruction of a programme rather than the identification of a particular text«.[8]

Unter ikonographischen Gesichtspunkten wäre also in den im folgenden zu untersuchenden musikalischen Beispielen in vielen Fällen zunächst zu klären, welche Themen in den betreffenden Werken überhaupt ›dargestellt‹ sind und in Verbindung mit welchen musikalischen Mitteln dies geschieht, während eine eher ikonologisch orientierte Fragestellung darauf zielte, die dargestellten Themen in einen größeren kulturgeschichtlichen Kontext einzuordnen und die mit ihnen

[3] Zitiert nach Heckmann (1994), S. 9-13.
[4] Zu Warburgs frühen ikonologischen Studien vgl. Heckscher (1979), S. 112-64.
[5] Panofsky (²1972), S. 3.
[6] Panofsky (1975), S.41.
[7] Panofsky (1975), S. 40-41.
[8] Gombrich (²1978), S. 6.

verbundenen Ideen, Absichten und Konnotationen zu klären, die vielfach nicht unmittelbar verständlich sind, um damit Gesichtspunkte für eine umfassendere Interpretation der Stücke zu gewinnen.

Nachdem in der musikgeschichtlichen Forschung die Begriffe Ikonographie und Ikonologie erst spät überhaupt aufgegriffen worden sind – im gesamten Register der ersten Fassung von *Die Musik in Geschichte und Gegenwart* findet sich noch kein entsprechender Eintrag – wurden sie dann zunächst nur in einer stark eingeengten Perspektive eingeführt, wofür die folgende Definition von Emanuel Winternitz nur eines unter mehreren Beispielen ist:

> »Iconology of music deals with the lessons that pictures can teach the music historian. A more sophisticated definition would be: the analysis and interpretation, by the historian of music, of pictorial representations of musical instruments, their players, singers, groups of performing musicians, and all other kinds of musical scenes«.[9]

Diese Definition entspricht weitgehend dem, was heute in der musikwissenschaftlichen Forschung unter ›musikalischer Ikonographie‹ verstanden wird (der Terminus Ikonologie wird in diesem Zusammenhang in der neueren Literatur kaum verwendet), nämlich die Untersuchung und Klassifizierung derjenigen Bilder, die musikalische Gegenstände oder Themen im weitesten Sinne darstellen. Musikalische Ikonographie wird also in dieser Sichtweise nicht als Übertragung von Methoden und Fragestellungen der Kunstgeschichte auf die musikgeschichtliche Forschung verstanden, sondern als jener thematische Teilbereich innerhalb der kunstgeschichtlichen Ikonographie, der mit Musik zusammenhängende Fragen auf Bildern und anderen Kunstwerken diskutiert, bzw. umgekehrt als jener Bereich der Musikgeschichte, der bildliche oder figürliche Darstellungen von mit Musik zusammenhängenden Themen als Quellen für musikalische Forschungen betrachtet.

Dies macht explizit auch Howard Mayer Brown in seinem Artikel *Iconography of Music* im *New Grove's Dictionary* deutlich, wo er zunächst zwar Panofskys bereits angeführte Definition von Ikonographie aus dessen *Studies in Iconology*[10] zitiert, um daraufhin jedoch die folgende Erläuterung des Aufgabenfeldes musikalischer Ikonographie zu geben:

> »The iconography of music, then, is that branch of the history of music which concerns itself with the analysis and interpretation of musical subject matter in works of art. The term ›musical iconography‹ does not describe the discipline that deals with the meaning or subject matter of music itself, even though studies like those dealing with ›Affektenlehre‹, Schweitzer's interpretation of Bach's symbolism, Smend's analysis of Bach's alleged numerological mani-

[9] Winternitz (1972), S. 80.

[10] Panofsky (^{2}1972), S. 3; vgl. Mayer Brown, Howard, *Iconography of Music*, in: NG, Bd. 9, S. 11.

pulations, Lowinsky's hypothesis concerning a secret chromatic art in the Netherland motet and Elders' exposition of symbolism in the Flemish music of the Renaissance all deal with music in much the same way that iconographers examine works of art«.[11]

Zwar sieht Mayer Brown die Differenz zur Verwendung des Begriffs in der Kunstgeschichte, doch gibt er weder eine Begründung dafür, wie und warum es zu einer derartigen Bedeutungseinschränkung der übernommenen Begrifflichkeit kam, noch schlägt er eine andere Begrifflichkeit für eine mögliche gemeinsame Art der Herangehensweise oder gar Methode in jenen genannten Untersuchungen vor, die sich mit ›meaning or subject matter of music itself‹ beschäftigen.

An anderer Stelle erläutert Mayer Brown diese vorherrschende, eingeschränkte Sicht vom Sinn musikalischer Ikonographie in der musikgeschichtlichen Forschung:

»Works of art can furnish scholars with three principal kinds of evidence. They can help to answer questions dealing with the history and construction of musical instruments, questions relating to the performance of earlier music, and questions about the relationship of music to culture at large«.[12]

Zumindest der letzte Bereich umfaßt nach seiner Auffassung auch einen Teilaspekt jener Bedeutungsanalyse, die bei Panofsky im Vordergrund steht, denn

»pictures ... also reveal the characteristic ways in which musical subjects were used symbolically or allegorically, and how music was used to illuminate the mythological, theological or educational doctrines of an age«,[13]

doch geht es auch in diesem Punkt im Grunde nur darum, ideengeschichtliche Aspekte bei der Interpretation von Musikdarstellungen auf Bildern miteinzubeziehen.

Nur gelegentlich wurden demgegenüber bisher die Termini Ikonographie oder Ikonologie auch in der musikgeschichtlichen Forschung in jenem weiteren Sinne einer Deutung musikalischer Phänomene oder ganzer Werke aus einem weiteren kulturellen Kontext heraus verwendet. Lowinskys Aufsatz *Ockeghem's Canon for Thirty-six Voices: An Essay in Musical Iconography*[14] ist dafür ein Beispiel, doch macht seine konkrete Vorgehensweise zugleich ein grundsätzliches Problem deutlich, mit dem sich ein solcher Forschungsansatz häufig konfrontiert sieht:

---

[11] Mayer Brown, Howard, *Iconography of Music*, in: NG, Bd. 9, S. 11.
[12] Mayer Brown, (1972), S. 3.
[13] Mayer Brown, Howard, *Iconography of Music*, in: NG, Bd. 9, S. 17.
[14] Lowinsky (1969), S. 155-180.

Auch wenn eine Reihe struktureller Elemente in Ockeghems Komposition[15] – insbesondere die Stimmenzahl (36) und die Konstruktion des Kanons (4 x 9) – mit zeitgenössischen theologischen Konzeptionen wie der Neunzahl der Engelschöre numerisch übereinstimmt, vermag Lowinsky weder in der Musik selbst noch auch im Text, der nur aus den Worten »Deo gratia(s)« besteht,[16] klare Belege anzuführen, die seine Interpretation des Kanons als einer »heavenly music of the angels sung in praise of God«[17] bzw. eines Versuchs »of depicting the nine angelic choirs in audible tones«[18] unzweideutig stützen.

Da in der älteren Musikgeschichte Äußerungen der Komponisten zu ihren Werken oder auch zeitgenössische Kommentare zu konkreten Kompositionen fast durchgängig fehlen, sind eindeutige Aussagen über das, was Bialostocki die »beabsichtigte (oder miteinbezogene) Ikonographie« genannt hat[19] – also den Bereich, der die Intentionen von Komponisten oder Auftraggebern in Bezug auf ein spezielles Werk betrifft, nur in den seltensten Fällen unmittelbar möglich. Doch selbst in anderen Bereichen des zeitgenössischen musikalischen Schrifttums sind – dies hat Lowinsky deutlich gesehen – wenig Hilfen für derartige Fragestellungen zu erwarten: »Since the theory of the time deals exclusively with the practical aspects of composition, not with questions of meaning, we must rely on implicit rather than explicit testimony«.[20] Musikalische Ikonographie in diesem weiteren, auch von Lowinsky intendierten Sinn gehört also fast immer zum Bereich der »interpretierenden Ikonographie«, wie Bialostocki dies genannt hat, für die »zeitgenössische oder zu dieser Zeit zumindest geläufige philosophische, theologische oder literarische Ideen« zur Bestimmung der Funktion und Bedeutung eines Kunstwerks hinzugezogen werden.[21] Dabei geht es ganz im Sinne Gombrichs nicht nur um eine »Identifizierung und Beschreibung von Darstellungen«, sondern zugleich um »die Interpretation des Inhalts (oder Gehalts) der Kunstwerke«.[22] Um Versuche einer ›interpretierenden Ikonographie‹ musikalischer Werke soll es in den anschließenden Analysen ausgewählter Werke von Merula und anderen zeitgenössischen Komponisten gehen, wobei die Art der heranzuziehenden Quellen vom jeweiligen Einzelfall abhängig sein wird.

In diesem Zusammenhang stellt sich grundsätzlich die Frage, wie Bedeutung und Themen bzw. Gegenstände von Musik (»the meaning or subject matter of music itself«, wie Mayer Brown dies genannt hat) überhaupt festzustellen seien, ob und wie also in einer Kunstform, die ihre ›Gegenstände‹, ›Sujets‹, ›Themen‹,

[15] Der Kanon wurde anonym im dritten Buch der Psalmen von dem Nürnberger Drucker Johann Petreius 1542 veröffentlicht (RISM 1542[6]) und erstmals von Eitner Ockeghem zugeschrieben; vgl. Lowinsky (1969), S. 156, Fußnote 7.

[16] Riemann (1904-13), Bd. 2/1, S. 236; eine Edition des Kanons findet sich unmittelbar anschließend auf den Seiten 237-247.

[17] Lowinsky (1969), S. 157.

[18] Lowinsky (1969), S. 160.

[19] Bialostocki (1979), S. 15-63.

[20] Lowinsky (1969), S. 160.

[21] Bialostocki (1979), S. 16.

[22] Bialostocki (1979), S. 15-16.

›Bedeutungen‹ oder ›Gehalte‹ im Unterschied etwa zur gegenständlichen Malerei nicht durchgängig durch den musikalischen Satz oder eine bestimmte Motivbildung mimetisch ›abzubilden‹ oder auch zu ›repräsentieren‹ scheint, Fragen nach Bedeutungszusammenhängen überhaupt definitiv und zufriedenstellend zu beantworten sind. Dies hängt vor allem damit zusammen, daß einzelne musikalische Themen, Motive, Figuren, harmonische Wendungen etc. zwar innerhalb eines konkreten musikalischen Zusammenhangs in einer bestimmten Bedeutung verwendet werden können, daß derartige Konstellationen jedoch nur in Ausnahmefällen zur Etablierung einer stabilen, auch in anderen Zusammenhängen wiederverwendbaren semantischen Relation führen, wie sie im Bereich der Sprache etwa Wörtern zukommt. Normalerweise hat dagegen außerhalb eines konkreten kompositorischen Zusammenhangs eine darin hergestellte Verbindung von einzelnen musikalischen Themen, Motiven etc. mit bestimmten Bedeutungen keinen Bestand, so daß dieselben Themen oder Motive - von Ausnahmen wie etwa dem absteigenden Tetrachord als Ausdruck von Klage oder anderen zu musikalischen Topoi gewordenen Chiffren - nicht ohne weiteres mit einer bestimmten Bedeutung assoziiert werden können, wenn sie in anderen Zusammenhängen auftreten.

Musikalische Phänomene sind - kontextunabhängig betrachtet - überwiegend semantisch so unbestimmt, daß von semantischer Vagheit oder bestenfalls noch semantischer Polyvalenz bzw. Polysemie gesprochen werden muß.[23] Daraus resultiert - und dies wird im folgenden an einer Reihe von Beispielen noch deutlich werden - daß einerseits die gleiche musikalische Idee in unterschiedlichen Kontexten zu ganz unterschiedlichen Zwecken verwendet werden und dann auch ganz verschiedenartige Bedeutungen annehmen kann, daß jedoch auch umgekehrt zur Darstellung eines bestimmten außermusikalischen Themas, Gegenstandes oder Motivs durchaus unterschiedliche musikalische Mittel eingesetzt werden können. Selbst innerhalb einer eng umgrenzten Epoche führt die Herausbildung von bestimmten Darstellungskonventionen nicht zu einer grundsätzlichen Änderung dieser Situation und selbst bei häufig anzutreffenden musikalischen Phänomenen kaum einmal zu einer umkehrbaren semantischen Eindeutigkeit, bei der das Auftreten einer bestimmten Wendung, Floskel oder auch ausschmückenden Figur notwendig - also etwa auch in reiner Instrumentalmusik - eine konkrete Bedeutung impliziert oder auch nur nahelegt.

Hierin liegt - neben vielfältigen bereits historisch begründeten Zweifeln an einer solchen Auffassung, die Arno Forchert zusammenfassend formuliert hat[24] - ein weiterer starker Einwand gegen Versuche, so etwas wie einen gleichsam lexikalischen Katalog taxonomisch abgrenzbarer musikalisch-rhetorischer Figuren mit weitgehend feststehender Semantik für die Musik des 16.-18. Jahrhun-

---

[23] Semantische Fragen gehen im Bereich der Musik deshalb häufig über das hinaus, was in der rhetorischen Tradition unter ›Amphibolie‹ bzw. ›Ambiguität‹ verstanden wurde, da diese mit zwei oder mehreren Bedeutungsvarianten bewußt spielt und in dieser Hinsicht dunkel genannt werden kann, doch nicht semantisch unbestimmt ist; vgl. hierzu Bernecker, R. / Steinfeld, Th., *Amphibolie, Ambiguität*, in: HWR, Bd. I, S. 436-37.

[24] Vgl. hierzu Forchert (1985), passim.

derts zu erstellen. Nicht einmal innerhalb der wohl am stärksten Bedeutungskomponenten miteinbeziehenden Gruppe der *Hypotyposis*-Figuren ließe sich dies sinnvoll argumentieren:[25] Zwar kann beispielsweise durchaus eine aufsteigende Melodielinie als Symbol für den Aufstieg zum Himmel (*Anabasis*) in einem konkreten kompositorischen Zusammenhang benutzt werden und es mag dann mit Recht davon gesprochen werden, daß sie in diesem Kontext ebendiese Bedeutung annehme, doch läßt sich daraus keineswegs in einem Umkehrschluß folgern, daß damit ›Aufstieg zum Himmel‹ auch notwendig zum semantischen Feld aufsteigender Melodielinien gehöre. Denn einerseits kann eine aufsteigende Melodielinie - und dies meine ich mit polyvalenter oder sogar indeterminierter Semantik - selbst innerhalb einer einzigen Komposition nicht nur zu zahlreichen anderen, nicht einmal notwendig semantisch determinierbaren Zwecken verwendet werden, die weder ›Aufstieg zum Himmel‹ noch andere Arten von ›Aufstiegen‹ bedeuten; umgekehrt könnte ›Aufstieg zum Himmel‹ jedoch auch durch gänzlich andere musikalische Mittel - etwa durch Modulationen oder Änderung von Besetzung, Lage, Klangfarbe etc. - symbolisiert werden. Daraus folgt, daß zwar durchaus im Einzelfall beispielsweise eine madrigalistische Ausdeutung einzelner Wörter oder Passagen beobachtet werden mag, die sich mit dem Vokabular rhetorischer *figurae* beschreiben ließe, daß aber Versuche, ›musikalisch-rhetorische Figuren‹ oder entsprechende ›musikalisch-ikonographische Topoi‹ systematisch zu klassifizieren und als kontextunabhängige, feste Bedeutungsträger zu definieren, ein fragwürdiges Unterfangen bleibt.

Einer der jüngsten Versuche in einer solchen Richtung bei Jens Markowsky macht unmißverständlich die Problematik einer solchen Auffassung sichtbar: Bereits eine Auflistung und Klassifikation musikalischer Figuren hat der Schwierigkeit Rechnung zu tragen, daß es eine einheitliche Auffassung über eine Figurentaxonomie selbst unter den Musiktheoretikern des 17. und 18. Jahrhunderts in Deutschland nicht gegeben hat, denn Markowsky muß vor der »verwirrenden Tatsache« kapitulieren, »daß es im Falle einiger Figuren bei verschiedenen Theoretikern mitunter erhebliche Abweichungen gibt, was sowohl die Benennung als auch das Definieren bestimmter Figuren betrifft«.[26] Mit Rücksicht darauf ist Markowsky gezwungen, sich für eine einigermaßen widerspruchsfreie Klassifizierung nur auf drei, dazu noch einen Zeitraum von etwa fünf Generationen umfassende Schriften von Burmeister über Bernhard bis Walther zu beziehen. Schwieriger wird die Situation noch durch das, was Markowsky von einer »mehrdimensionalen Funktion musikalischer Figuren« sprechen läßt,[27] die letztlich auf Polysemie hindeutet und damit jegliche klare Kategorisierung in Frage stellt: So mag einerseits nicht selten eine einzelne Figur zugleich unterschiedli-

[25] Für einen Überblick über die wichtigsten Figurentypen siehe etwa den Klassifikationsversuch bei George J. Buelow, *Rhetoric and Music*, NG, Bd. 15, S. 793-803; des weiteren Unger (1941) und Bartel (1985).

[26] Markowsky (1995), S. 15.

[27] Markowsky (1995), S. 29.

chen »Gestaltungsprinzipien« entsprechen, die im einzelnen erläutert werden,[28] während andererseits musikalische Strukturen »durch mehrere Figuren gleichzeitig gedeutet werden« können.[29] Markowsky stellt zudem fest, daß insgesamt das Mittel einer Figurentaxonomie für eine vollständige semantische Beschreibung der Musik unzulänglich sei, denn trotz eines häufigen Figurengebrauchs seien selbst bei dem zum *musicus poeticus* stilisierten Schütz »die Mittel der musikalischen Textbedeutung ... oft so diffizil, daß sie sich kaum noch in Figuren fassen lassen«.[30] Insofern sieht sich Markowsky genötigt, eine Gruppe ›musikalischer Zeichen ohne Figurenanspruch‹ zu postulieren, von denen er allerdings annimmt, der Unterschied gegenüber »bedeutungstragenden musikalischen Figuren« könne »als gradueller, nicht als prinzipieller aufgefaßt werden«.[31] Kriterien dafür, was unter den genannten Bedingungen eine Figur überhaupt zur Figur macht, wie sie von anderen klar abzugrenzen wäre - dies dürfte bei mehrdeutigen Strukturen noch weitaus schwieriger sein - und wie sich ihr Zeichencharakter kontextunabhängig zu etablieren vermag, auf solche Fragen bleibt auch Markowsky eine Antwort schuldig.

Derartige Versuche einer Kategorisierung musikalischer Figuren haben in der italienischen Diskussion des 16. und 17. Jahrhunderts weder bei Musikern noch bei Musiktheoretikern jemals eine Rolle gespielt,[32] und so stand auch die Entwicklung einer musikalischen ›Figurenlehre‹ südlich der Alpen nie zur Debatte. Darin zeigt sich eine Parallele zu der in der nichtmusikalischen rhetorischen Diskussion in Deutschland bereits seit Melanchthon anzutreffenden Tendenz, die Bedeutung der *elocutio* innerhalb der Rhetorik stark aufzuwerten und insofern eine immer differenziertere Figurenlehre in den Vordergrund zu stellen.[33] Die einflußreiche *Rhetorica* des Petrus Ramus war mit dafür verantwortlich, daß Rhetorik in der Folgezeit in Deutschland und Frankreich weitgehend auf eine Figurenlehre verkürzt wurde[34] - möglicherweise eine der Ursachen für die parallel dazu in der deutschen Musiktheorie seit Burmeister zu beobachtenden Versuche, ähnliches für den Bereich der Musik in Form einer Zusammenstellung musikalischer Figuren zu versuchen, die aber offenbar - dies hat Forchert hervorgehoben - für die kompositorische Praxis ohnehin weit weniger von Bedeutung gewesen ist, als häufig angenommen wurde.

In jüngster Zeit hat jedoch - unabhängig von dem Streit um musikalisch-rhetorische Figuren - eine Diskussion zu Fragen musikalischer Semantik im Zusammenhang mit Forschungen zur italienischen Musikgeschichte in der ersten Hälfte des 17. Jahrhunderts eingesetzt, in der auch eine neuartige, sehr behutsame Auseinandersetzung mit ikonographischen bzw. ikonologischen Fragestellun-

[28] Vgl. hierzu Fußnote 69.
[29] Markowsky (1995), S. 33.
[30] Markowsky (1995), S. 34.
[31] Markowsky (1995), S. 37.
[32] Vgl. hierzu Forchert (1985), S. 21.
[33] Vgl. hierzu Knape, J., *Elocutio*, in: HWR, Bd. II, Spalten 1050-1052.
[34] Vgl. hierzu Knape, J., *Elocutio*, in: HWR, Bd. II, Spalten 1053-1055.

gen anzutreffen ist - allerdings sind hierbei die Begriffe selbst nur sehr zögerlich, fast verschämt und in einer erneut weitgehend veränderten Bedeutung benutzt worden. Den Beginn markiert Ellen Rosands wichtiger Aufsatz *The Descending Tetrachord: An Emblem of Lament*[35], worin sie vor allem im Bereich der venezianischen Oper seit den vierziger Jahren des 17. Jahrhunderts »a definite association between lament and descending minor tetrachord« als Baßmodell konstatiert,[36] die sich in der Folgezeit so sehr verselbständigt habe, daß »mere reference to the pattern sufficed to identify the genre, to define a plaintive aria as a lament«.[37] Das absteigende Molltetrachord habe sich somit zu einem wiedererkennbaren Symbol gewandelt: »The pattern had assumed a clear meaning of its own; it was an unambiguous sign of lament«.[38] Noch im *Lamento* aus dem *Capriccio sopra la lontananza del suo fratello dilettisimo B-Dur* (BWV 992) des jungen Johann Sebastian Bach sei selbst im Falle einer rein instrumentalen Verwendung des hier modifizierten Tetrachordmodells im Baß festzustellen, daß »the pattern itself declares its precise iconographic significance, an emblem of lament«.[39] Rosand vertritt hier die These, zumindest in diesem einen konkreten Fall sei im 17. Jahrhundert ein klar zu definierendes musikalisches Phänomen - das absteigende Molltetrachord - über die konkrete Verwendung in einem einzelnen Werk hinaus generell mit einer eindeutigen, konstanten und deshalb auch in anderen Kontexten wiedererkennbaren Bedeutung verbunden gewesen. Diese faßt sie jedoch offenbar nicht einfach als quasilexikalische Bedeutung eines Zeichens auf, sondern in nicht näher erläuterter Weise als emblematisch. Das absteigende Molltetrachord sei selbst zu einem Sinnbild für *Lamento* geworden, was zugleich eine ›ikonographische‹ Traditionsbildung ermöglicht habe.

Nicht einfach zu deuten ist die Verwendung des Emblembegriffes bei Rosand in diesem Kontext, da er nicht genauer erläutert und möglicherweise nur in umgangssprachlicher Weise als allgemeines Äquivalent für ein sinnbildliches Zeichen oder Symbol verwendet wird. Im 16. und 17. Jahrhundert wurde der Emblembegriff dagegen in einer weitaus spezifischeren Weise verwendet, wie Mödersheim im *Historischen Wörterbuch der Rhetorik* darlegt. In ihrer Definition führt sie aus, mit ›Emblem‹ sei als Gattungsbegriff »die Darstellung eines abstrakten Sachverhalts mittels eines Gegenstands der sinnlich wahrnehmbaren Welt« bezeichnet.[40] Dabei kommen den idealtypisch konstitutiven Bestandteilen eines Emblems - *inscriptio* (mottohafte Überschrift), *pictura* (bildliche Darstellung) und *subscriptio* (ausführlichere Bildunterschrift) unterschiedliche Funktionen zu:

[35] Rosand (1979), S. 346-359.
[36] Rosand (1979), S. 353.
[37] Rosand (1979), S. 358.
[38] Rosand (1979), S. 358.
[39] Rosand (1979), S. 359.
[40] Sabine Mödersheim, *Emblem, Emblematik*, in: HWR, Bd. II, Spalte 1098.

»Die *pictura* (Bild, auch *icon*) stellt die emblematische *res*, also den Gegenstand, auf den sich Motto und *subscriptio* beziehen, graphisch und damit sinnbildlich dar. Die *subscriptio* bildet den vorwiegend auslegenden Teil des Emblems. Sie erläutert sprachlich den Sinn, den die im Bild gezeigte Sache über ihre konkrete Gegenständlichkeit hinaus enthält«.[41]

So lebe das Emblem aus einer

»besonderen Beziehung von dargestellter Sache (*pictura*) und übertragener Bedeutung (Lehrsatz, *morale*). Es ist die Qualität einer Ähnlichkeit oder Analogie, die die Übertragbarkeit erst ermöglicht, d.h. der dargestellte Gegenstand muß über eine Eigenschaft verfügen, die sich mit dem abstrakten Sachverhalt, von dem die Rede ist, vergleichen läßt«.[42]

Es ist offensichtlich, daß Rosand einen derartigen Emblembegriff nicht impliziert haben kann, da sie keinerlei Hinweis darauf gibt, auf welche Weise die ›Emblematik‹ des absteigenden Molltetrachords als sinnbildliche Bezugnahme auf eine übertragene, vom konkret dargestellten Gegenstand unterschiedene Bedeutung (also mit implizierter *translatio*) verstanden werden könnte. Es ist allerdings auffällig, daß einige Autoren, die in teilweise stark modifizierter Weise an Rosands Überlegungen anzuknüpfen versuchten, dabei auch eine Reihe der bei Mödersheims Definition des Emblems zentralen Begriffe diskutiert haben. So macht Gary Tomlinson seine wenig überzeugende Kritik an Monteverdis Stil in den beiden letzten Madrigalbüchern - er spricht ausgerechnet im Zusammenhang mit Werken wie *Hor che'l ciel e la terra e'l vento tace* von »sonorous, grandiloquent, but after all hollow works«[43] - an dem Bemühen des Komponisten um eine neue Art von »iconic text setting«[44] fest, die bei der Vertonung poetischer Bilder eine von mimetischer Simultanität geprägte »depictive immediacy«[45] anstrebe. Während Monteverdi in seinen früheren Werken um eine »musical syntax matched to poetic rhetoric« bemüht gewesen sei, stünden nun »musical emblems coinciding with the actions and images they represent« im Vordergrund: »A pictorial conception of text and music has replaced an oratorical one«.[46]

Tomlinson verwendet die hier fast austauschbar erscheinenden Begriffe ›icon‹ und ›emblem‹ ausschließlich im Zusammenhang mit den von ihm beklagten »pictorialisms of the *stile concitato*«. Er sucht damit eine vor allem als deskriptiv verstandene musikalische Bildlichkeit begrifflich zu fassen, welche die Wirkung der musikalisch umzusetzenden Bilder oder Handlungen verstärken soll, indem der Komponist ein durch *imitatio naturae* gewonnenes musikalisches Analogon

---

[41] Sabine Mödersheim, *Emblem, Emblematik*, in: HWR, Bd. II, Spalte 1099.
[42] Sabine Mödersheim, *Emblem, Emblematik*, in: HWR, Bd. II, Spalte 1103-1104.
[43] Tomlinson (1987), S. 210.
[44] Tomlinson (1987), S. 205.
[45] Tomlinson (1987), S. 204.
[46] Tomlinson (1987), S. 205.

hinzufügt. Hier wird nicht nur explizit deutlich, daß an eine das klassische Emblem kennzeichnende Bedeutungs-*translatio* nicht gedacht ist, sondern auch ein Unterschied zu Rosand, die von ›emblem‹ offenbar in einem allgemeineren Sinn gesprochen hatte, denn die Bedeutung des absteigenden Molltetrachords als eines ›emblem of lament‹ beruht nicht auf etwaigen, dem musikalischen *pattern* innewohnenden mimetischen Intentionen oder Qualitäten. Das absteigende Molltetrachord hat Tomlinson insofern seinerseits zunächst auch gar nicht als ikonographisches ›emblem of lament‹ verstanden – in seiner Diskussion von Monteverdis *Lamento della Ninfa* im gleichen Band wird zwar auf Rosands Aufsatz, nicht jedoch auf deren zentrale These Bezug genommen,[47] da diese Tomlinsons eigene *icon*-Konzeption sprengen würde.

Später ist Tomlinson allerdings genau auf diesen Punkt zurückgekommen und hat in einer erneuten Diskussion von Monteverdis *Lamento della Ninfa* gerade diese »absence of resemblance between the ostinato emblem and what it signifies« als Zeichen eines grundsätzlichen Wandels der Denkstruktur und musikalischen Darstellungsweise im 17. Jahrhundert thematisiert:

> »It was a musical structure filled with extramusical emblematic significance ... the ostinato, in this particular usage, established for itself a new and arbitrary connection between the world and a deontologized language. ... The ostinato is an emblem that does not resemble, in short; it represents«.[48]

Dies führt Tomlinson in Anlehnung an eine These Michel Foucaults, nach der im wissenschaftlichen Diskurs zwischen dem 16. und 17. Jahrhundert ein Wandel von einem auf Analogien und Ähnlichkeiten basierenden Denken zu einem solchen der Repräsentation und Differenz stattgefunden habe, zu einer Unterscheidung »between the musical emblematics of resemblance and that of representation«,[49] die auch für den Bereich der Musik einen grundsätzlichen Wandel von einer ›magical episteme‹ zu einer ›analytical episteme‹ anzeige.[50] Parallel dazu lasse sich auch von zwei entgegengesetzten Arten von Metaphern sprechen, wie sie in der Musik dieser Übergangszeit anzutreffen seien: Madrigalismen wie die in Monteverdis *Sfogava con le stelle* interpretiert Tomlinson nun als »equivalent to magical metaphors in that they discover hidden connections of things (objects, feelings, words, notes, etc.) that are conceived as truths about the world«. Demgegenüber entspreche das Baßostinato im *Lamento della Ninfa* einem zweiten,

[47] Tomlinson (1987), S. 213-214.
[48] Tomlinson (1993), S. 240.
[49] Tomlinson (1993), S. 241.
[50] »In the magical episteme signification had taken the form of a ternary arrangement in which the two outer elements were superimposed by virtue of their participation in the middle one: the signatures or marks of things, the things themselves, and in the middle the resemblances that linked but also constituted them. The sign marked a thing, signified it, only by virtue of the real resemblance between it and the thing. In the analytic episteme the middle term in this relation disappeared, leaving a binary arrangement.« Tomlinson (1993), S. 192.

grundsätzlich anderen Typus von Metapher: »It does not so much discover ontological truths as construct a new world in which, for a moment, its arbitrary connections can thrive«.[51]

Tomlinsons Position erscheint aus historischer Perspektive in mehrfacher Hinsicht als unbefriedigend: Zunächst unterläßt er es gänzlich, seine eigene frühere *icon*-Konzeption mit dieser neuen epistemologischen Unterscheidung in Einklang zu bringen. Das, was er in seiner Kritik am späten Monteverdi gerade als Kennzeichen von dessen neuem, in der Verwendung von *icons* gründendem Stil hervorgehoben und kritisiert hatte, beruhte in ganz besonderer Weise auf mimetischer ›depiction‹ und damit auf jener Idee von ›resemblance‹, die Tomlinson nun überraschend ganz im Gegenteil zum wichtigsten Merkmal des früheren, des ›Renaissance‹-Monteverdi erklärt.[52] Höchst aufschlußreich wäre es auch zu erfahren, welche anderen dieser neuartigen arbiträren Repräsentationsmetaphern mit feststehender Bedeutung er im Bereich der Musik anzuführen weiß, die offenbar so zahlreich und jedermann bekannt sind, daß eine Auflistung im einzelnen sich erübrigt. Mir ist jedoch bislang weder aus zeitgenössischen Quellen noch auch aus der modernen Sekundärliteratur auch nur ein einziges weiteres Beispiel bekannt, bei dem in ähnlicher Weise wie beim absteigenden Molltetrachord ein nicht auf Ähnlichkeit oder Analogiebildungen beruhendes konkretes musikalisches *pattern* mit einer feststehenden Bedeutung verbunden wäre – weitaus eher könnte sich das Tetrachordmodell als vielleicht sogar singuläres Beispiel erweisen, und damit vielleicht nicht gerade als besonders typischer Vertreter eines neuen musikalischen Weltverständnisses.

Ebensowenig nachvollziehbar ist, was für Tomlinson eigentlich der Begriff des Emblems beinhaltet, der nun offenbar zu einer grundlegenden, übergreifenden Kategorie für die beiden wichtigsten Modi des Weltverständnisses zweier Epochen wird, wenn von »musical emblematics of resemblance and that of representation«[53] die Rede ist. Wenn Emblematik – wie es die Ausführungen von Mödersheim nahelegen – tatsächlich auf Ähnlichkeit oder Analogie basiert,[54] dann ist unklar, wie eine ›Emblematik der Repräsentation‹ beschaffen sein soll; wenn jedoch umgekehrt gerade die nichtmimetische Semantik arbiträrer Zeichen für Emblematik konstitutiv wäre – wie dies für Rosands Verständnis von ›emblem‹ bestimmend zu sein scheint – so wäre dies wohl kaum mit einer ›Emblematik der Ähnlichkeit‹ vereinbar. Tomlinsons Terminologie droht hier – wie auch an anderen Stellen seines Buches – in einer Fülle unentwirrbarer Analogiebildungen zu entgleisen.

Jeffrey Kurtzman geht bei seiner Diskussion von musikalischer Metapher und musikalischem *icon* in der Musik am Anfang des 17. Jahrhunderts zwar von

---

[51] Tomlinson (1993), S. 241.

[52] Auch Tim Carter hat kürzlich auf diesen Widerspruch in den verschiedenen Darstellungen bei Tomlinson hingewiesen; vgl. Carter (1995), S. 132, Fußnote 28.

[53] Tomlinson (1993), S. 241.

[54] Vgl. die bereits zitierte Stelle bei Sabine Mödersheim, *Emblem, Emblematik*, in: HWR, Bd. II, Spalte 1103-1104.

Tomlinsons ursprünglichem *icon*-Begriff aus, doch faßt er den Unterschied zwischen ›metaphor‹ und ›icon‹ auf ganz andere Weise als dieser: Musikalische Metaphern stellen für Kurtzman eine Entsprechung »for individual words and phrases of text« dar und besitzen überwiegend nur in dem jeweiligen musikalisch-textlichen Zusammenhang, für den sie komponiert wurden, eine bestimmte Bedeutung. Außerhalb dieses Kontextes hätten musikalische Metaphern dagegen zumeist keinen Bestand und so komme es normalerweise nicht zur Herausbildung einer dauerhaften Bedeutung bei musikalischen Phänomenen (»metaphors tend to be ephemeral«).[55] Obwohl »certain general types of metaphors do develop in the sixteenth century in response to the conventional nature of poetic and sacred texts«, unterscheidet Kurtzman diese von *icons*, welche nicht auf die musikalische Umsetzung einzelner Worte bezogen seien, sondern in allgemeinerer Weise zu einem »symbol for the significance of the text« werden.[56] Im Unterschied zu Metaphern sei die Bedeutung eines *icons* allerdings nicht kontextabhängig: »Once it has been established as a convention, the icon, as a symbol, has durability and is capable of carrying its significance in the absence of the words that generated it in the first place«.[57] Kurtzman sieht die Herausbildung solcher *icons* im Zusammenhang mit einem »establishment of emotional and musical taxonomies«,[58] worunter offenbar - obwohl dies nicht genau spezifiziert ist - weniger ein konkret zu defininierendes *pattern* wie etwa im Falle des absteigenden Molltetrachords zu verstehen ist, als eine Klasse untereinander verwandter musikalischer Ereignisse, die kategorial von anderen abgehoben sind. Paradigmatisch sieht Kurtzman seine Idee musikalischer *icons* in den drei mit *concitato*, *molle* und *temperato* bezeichneten Genera beim späten Monteverdi verwirklicht,[59] wie sie der Komponist im Vorwort zum achten Madrigalbuch zu beschreiben versucht habe, auch wenn die daraus resultierende »threefold taxonomy of musical icons« letztlich für eine hinreichende Deutung von »Monteverdi's musical iconography«[60] nicht ausreiche und erweiterungsbedürftig sei.

In der auf systematischen Klassifikationen beruhenden Bildung von *icons* sieht Kurtzman - ähnlich wie Tomlinson in expliziter Anlehnung an Michel Foucault[61] - eines der wichtigsten Merkmale neuartiger Denkprozesse im 17. Jahrhundert: Während die Suche nach Metaphern einer »Renaissance search for resemblances in all things« entspreche, sei die Hervorbringung von *icons* als Ausdruck einer neuartigen klassifikatorischen Leistung zu verstehen, die auf »the seventeenth-

---

[55] Kurtzman (1993), S. 170.
[56] Kurtzman (1993), S. 171.
[57] Kurtzman (1993), S. 171.
[58] Kurtzman (1993), S. 170.
[59] Eine neue Deutung dieser Unterscheidungen bei Monteverdi wird im weiteren Verlauf dieser Arbeit im Abschnitt über Merulas *Su la cetra amorosa* gegeben.
[60] Kurtzman (1993), S. 173.
[61] Auch Tim Carter hat kürzlich Foucaults Deutungen zum Gegenstand eines Artikels über *Resemblance and Representation* gemacht, worin er sich auch auf einige der Äußerungen bei Tomlinson und Kurtzman bezieht, ohne jedoch für meine Diskussion grundsätzlich neue Aspekte hinzuzufügen; vgl. Carter (1995), besonders S. 129-132.

century impulse towards taxonomic classification« hinweise.[62] Dennoch spielen Ähnlichkeiten (»resemblances«) und Analogieverhältnisse für Kurtzman auch bei der Entstehung von musikalischen *icons* eine nicht unwesentliche Rolle; allerdings gehe es im Unterschied zur Metapher nun nicht mehr um eine Ähnlichkeit »between musical setting and specific words or phrases of text«, sondern eher um »the relationship between a generalized passion, that is, agitation, and a generalized way of setting it«.[63] Zudem erscheint es ihm möglich, daß »some metaphors, if there is sufficient analogy between the two terms and the metaphor is capable of sufficient generalisation, can become icons through repeated use leading to acceptance as conventions«.[64]

In seiner Interpretation von Monteverdis Petrarcavertonung *Hor che'l ciel e la terra e'l vento tace* hat Kurtzman Beispiele für die Anwendung der von ihm formulierten Begrifflichkeit in musikalischer Analyse gegeben. Den statischen Beginn deutet er als »a single icon for the tranquillity described in the first quatrain of Petrarch's text«[65] und den homophonen Abschnitt in den Takten 68-75 zu den Worten »E sol di lei pensando ho qualche pace« als »obvious icon for ›pace‹«.[66] Wenn auch wohl einigermaßen unumstritten ist, daß die entsprechenden Stellen tatsächlich als Ausdruck von Ruhe bzw. Frieden gedeutet werden können, so werden doch zwei entscheidende Punkte nicht deutlich: Einerseits ist eine genaue ›taxonomische‹ Abgrenzung der beiden *icon*-Kategorien unklar - beide zeichnen sich durch homophone Setzweise aus und es leuchtet nicht unmittelbar ein, inwiefern etwa tiefe Lage der Stimmen und größere harmonische Statik eher einem *tranquillity*- als einem *peace-icon* angemessen sein soll oder umgekehrt eine absteigende Baßlinie eher mit einem *icon* für *peace* in Verbindung zu bringen wäre. Der zweite, nicht weniger entscheidende Punkt betrifft die von Kurtzman geforderte Kontextunabhängigkeit von *icons*, denn der Nachweis, daß ähnliche musikalische Mittel in anderen Stücken - sogar unabhängig von einem Text - unmittelbar mit den gleichen Bedeutungen assoziiert werden können, müßte von Kurtzman erst noch erbracht werden; wenn bereits innerhalb eines Stückes eine eindeutige kategoriale Differenzierung zwischen verschiedenen *icons* auf Schwierigkeiten stößt, so ist dies in unterschiedlichen Kontexten wohl noch weitaus weniger gewährleistet.

Ähnlich ist es um die Umwandlung von ›three musical metaphors‹ in ›structural icons‹ bestellt, die Kurtzman in der Vertonung des Anfangs der zweiten Quartine zu beobachten glaubt. Eine ›iconic repetition‹ genannte variierende Wiederholung der Metaphern ermögliche es dem Komponisten, »a larger structural metaphor for the confused, contradictory state expressed by the speaker« zu entwickeln.[67] Unklar bleibt allerdings, warum die Wiederholung von einer oder

[62] Kurtzman (1993), S. 171.
[63] Kurtzman (1993), S. 170.
[64] Kurtzman (1993), S. 171.
[65] Kurtzman (1993), S. 175.
[66] Kurtzman (1993), S. 179 und S. 185.
[67] Kurtzman (1993), S. 175-176.

mehreren Metaphern - und sei es über einen längeren Zeitraum und in gegenseitiger Überlagerung - gewissermaßen zu einer ›Ikonisierung‹ dieser Metaphern führen soll - Monteverdi benutzt die Technik einer Überlagerung von bis zu drei unterschiedlichen *soggetti* auch für einen größeren strukturellen Zusammenhang bereits in seinen Madrigalen am Ende des 16. Jahrhunderts, etwa in der dichten Polyphonie des Beginns von *Piagne e sospira, e quando i caldi raggi*, dem Schlußstück des 1603 veröffentlichten vierten Madrigalbuches (NV 1914), für das Kurtzman wohl kaum die Verwendung von *icons* reklamieren würde.

Kurtzmans Versuch, »Monteverdi's musical iconography«[68] auf der Basis des soeben skizzierten *icon*-Begriffs zu entwickeln, scheint mir in dieser Form - ähnlich wie die Bemühungen bei Tomlinson - wenig aussichtsreich zu sein. Einerseits würde damit ein neuer, wiederum nur partikularer Begriff von ›Ikonographie‹ entstehen, der weder mit dem gängigen Begriff musikalischer Ikonographie noch mit der in der Kunstgeschichte entwickelten Methode Ähnlichkeit aufweist; andererseits ist weitgehend offen, ob und inwieweit die bereits bei Monteverdi selbst nicht problemlos greifenden taxonomischen Kategorisierungsversuche überhaupt auf das Werk anderer Komponisten der Zeit wie etwa Merula sinnvoll übertragen werden könnten, ist doch beim derzeitigen Forschungsstand noch längst nicht ausgemacht, daß Monteverdi in jeder Hinsicht als repräsentativ für die Kompositionsweise jener Zeit gesehen werden kann.

Insbesondere in der weitgehenden Beschränkung auf mimetische Komponenten scheint mir eine starke perspektivische Verkürzung der zur Diskussion stehenden Vielfalt der Phänomene zu liegen; viel aussichtsreicher dürfte es hingegen sein, in solchen auf Ähnlichkeit beruhenden musikalischen Homologien für außermusikalische Gegenstände nur eine bestimmte Klasse von musikalischen Bedeutungselementen zu sehen und zwar eine vergleichsweise einfach strukturierte, deren Stellenwert in einer weit umfassender zu führenden musikalischen Bedeutungsdiskussion erst noch geklärt werden müßte. In einer solchen Perspektive hat etwa Christian Kaden ebenfalls den Begriff ›Ikon‹ verwendet und Ikone als »Zeichen mit einem hohen Grad an Ähnlichkeit zu den denotierten Quellenzuständen« von Symbolen als »Zeichen mit geringer oder gar keiner Ähnlichkeit zum Denotat«[69] unterschieden, allerdings hatte er dabei eine ausschließlich semiotische und keine ikonographische oder ikonologische Perspektive im Sinn.

Es liegt mir fern, im Kontext dieser Studien eine grundsätzliche theoretische Aufarbeitung oder gar Synthese der verschiedenen Standpunkte zu Fragen der musikalischen Semantik zu versuchen, die eher von der Ästhetik, der musikalischen Semiologie oder auch innerhalb einer allgemeinen Theorie der Künste ge-

---

[68] Kurtzman (1993), S. 173.

[69] Kaden (1981), S. 160-161. Von Kadens Unterscheidung zwischen Ikonen und Symbolen ausgehend hat Markowsky unlängst im Zusammenhang mit seiner bereits diskutierten ›Figurenlehre‹ drei verschiedene Gestaltungsprinzipien musikalischer Textumsetzung angenommen, indem er ein ›affektives‹, ein ›ikonisches‹ und ein ›symbolisches‹ Prinzip unterschied, die einzeln oder auch miteinander kombiniert vorkommen könnten; vgl. hierzu Markowsky (1995), S. 30-31.

leistet werden müßte.[70] In diesem Zusammenhang sollen dagegen im folgenden nur einige für eine musikalische Semantik bei Textvertonungen zu Beginn des 17. Jahrhunderts bedeutsame Ebenen voneinander unterschieden werden, mit deren Hilfe vor allem das in den Blickpunkt gerückt werden soll, was jeweils im konkreten Fall den Gegenstand der ›Darstellung‹ bei der kompositorischen Umsetzung eines Textes bildet: Wann immer eine Komposition in dieser Zeit über die bloß formale Umsetzung einer Textvorlage hinaus eine musikalische Deutung des Inhalts beabsichtigt - dies war, wie die erhaltenen Modelle zum Absingen bestimmter Versformen oder Strophentypen in der Nachfolge der Rezitationspraxis des 16. Jahrhunderts belegen, durchaus nicht selbstverständlich[71] - so betrifft die wichtigste dieser vorzunehmenden Unterscheidungen die Frage, ob die Vertonung kleiner semantischer Einheiten wie einzelner Wörter oder auch kurzer semantischer Glieder wie etwa Wortgruppen, Satzglieder und Verse im Vordergrund des kompositorischen Interesses steht - dies kennzeichnet häufig das ältere Madrigal des 16. Jahrhunderts mit einer Aneinanderreihung unterschiedlich gestalteter *soggetti* - oder ob demgegenüber größere semantische Zusammenhänge wie umfangreichere Abschnitte, einzelne Strophen oder auch ganze Gedichte etwa in Bezug auf eine vorherrschende emotionale Stimmung, eine bestimmende situative Komponente, eine grundlegende Textaussage oder gar eine übertragene, allegorische Bedeutung musikalisch zur Darstellung gelangen sollen. Gerade in Vertonungen des späten Monteverdi und einiger seiner Zeitgenossen ist eine Abkehr von Einzelwortausdeutung und charakteristischer *soggetto*-Konstruktion und an Stelle dessen die Tendenz zur Bildung größerer, nicht selten sinnbildhaft konzipierter Abschnitte zu beobachten. Entsprechend unterscheiden sich nicht nur die möglichen Gegenstände sondern auch die Prinzipien musikalischer Darstellung: Während auf der Ebene der Einzelwortausdeutung häufig eine Handlung wie Singen, Laufen oder Fliegen, eine bestimmte Gefühlsäußerung wie Lachen, Seufzen oder Weinen oder auch eine Empfindung wie Schmerz oder Trauer durch ein charakteristisches Motiv nachgeahmt wird, so ist nicht einmal auf der Ebene der musikalischen *soggetto*-Formulierung im polyphonen Madrigal die Idee mimetischer Umsetzung notwendig gegenwärtig - auch die vor allem deklamatorisch geprägten Madrigale des früheren Monteverdi wie etwa der Guarini-Zyklus *Ecco Silvio colei ch'in odio hai tanto* aus dem fünften Madrigalbuch von 1605 sind nicht deshalb frei von musikalischer Bedeutung, weil darin überwiegend auf Einzelwortausdeutung verzichtet wird. Insbesondere auf der Ebene einer Umsetzung größerer Sinnzusammenhänge kann von einer an Ähnlichkeit oder Analogiebildung orientierten musikalischen Semantik vielfach nicht die Rede sein, so mag etwa eine übergreifende musikalische Motivik, ein ostinates Baßmodell, ein vorherrschender Affektgestus oder auch die einer gewissen Situation für angemessen gehaltene Stilebene einen ganzen Abschnitt oder auch

---

[70] Vgl. hierzu etwa Coker (1972); Goodman (1976); Schneider (1980); Kaden (1981); Wiora (1983); sowie Karbusicky (1990).

[71] Vgl. hierzu Leopold (1995), Bd. I, S. 175-182 sowie 189-203.

eine gesamte Komposition bestimmen und zugleich als Bedeutungsträger fungieren. Die Vielfalt möglicher Phänomene dürfte weit davon entfernt sein, sich durch schematische Gegensatzpaare wie *resemblance* versus *representation* oder *metaphor* versus *icon* begrifflich fassen zu lassen - nicht ohne Grund werden in den zitierten Schriften, die derartiges versuchen, immer wieder einige wenige ausgewählte Kompositionen diskutiert, während selbst bei zahlreichen anderen Stücken in Monteverdis Schaffen die verwendeten Kriterien vermutlich überhaupt nicht greifen würden.

Im Rahmen einer musikalischen Ikonographie oder auch Ikonologie in dem weiteren, eingangs eingeführten Sinn müßten dagegen zunächst detaillierte Einzeluntersuchungen zu einer Vielzahl unterschiedlich konzipierter Stücke erfolgen, bevor vielleicht allgemeinere Modi musikalischer Möglichkeiten in jener Zeit, Bedeutung zu konstituieren und eventuell sogar kontextunabhängig zu etablieren, faßbar werden können. Hierzu wird es einerseits gehören, verschiedene musikalische Umsetzungen außermusikalischer Stoffe, Themen oder auch Topoi miteinander auf Ähnlichkeiten und Unterschiede bei der Wahl musikalischer Mittel zu vergleichen, doch muß auch umgekehrt das Wiederaufgreifen musikalischer *patterns*, Motive oder Modelle in verschiedenen Kontexten auf eventuelle Bedeutungskonstanten untersucht werden. Für eine derartige Forschungsperspektive halte ich die Frage nach *Topoi* für sinnvoll, da der Begriff des ›Topos‹ nicht wie der *icon*-Begriff die Idee einer zwar möglichen, jedoch für Traditionsbildung nicht notwendigen Bildlichkeit impliziert; der Terminus ›icon‹ sollte dagegen, wenn überhaupt, höchstens für eine besondere Klasse von *Topoi* verwendet werden, die auf *similitudo*-Merkmalen oder Analogiebildungen beruhen.

Es erscheint zweckmäßig, auch das viel diskutierte absteigende Molltetrachord in diesem Sinne als einen musikalischen *Topos* für Klage zu bezeichnen, und nicht, wie Rosand dies vorgeschlagen hatte, als ein ›emblem of lament‹, da hier der ein Emblem kennzeichnende Verweis auf eine abstrakte, übertragene Bedeutung fehlt. Wie ein zum Topos gewordenes Motiv oder Modell nicht notwendig emblematische Bedeutung annehmen muß, so muß umgekehrt ein im Einzelfall konstituiertes musikalisches Emblem auch nicht zum Topos werden.

Während auf der Ebene der Einzelwortausdeutung ein gegenüber der bei Kurtzman vorgeschlagenen Definition erweiterter Metaphern-Begriff zweckmäßig erscheint - auch für die Bildung von Metaphern stellt *resemblance* zweifellos kein notwendiges Kriterium dar - soll bei einer musikalischen Deutung größerer Abschnitte eher von musikalischen Allegorien gesprochen werden. Wie an Beispielen bei Merula zu zeigen sein wird, kann hier eine Übertragung (*translatio*) vom unmittelbaren Wortsinn auf eine andere Bedeutungsebene impliziert sein, eine durchgängig fortgesetzte Metapher etwa in Form ostinater oder quasiostinater Wendungen gebildet werden, ein dem Inhalt des Textes zugrundeliegender abstrakter Begriff musikalisch zum Ausdruck gebracht sein oder das in der Vorlage Gesagte in einer »Art Vergleich (*similitudo*)« oder aber auch als »Gegensatz (*contrarium*) zwischen dem allegorisch Bedeutenden und dem Bedeuteten«[72] musikalisch umgesetzt werden. In besonderen Fällen läßt sich sogar davon sprechen, daß eine Komposition emblematischen Charakter annimmt, wenn die Vertonung - ähnlich wie in den *Emblemata*-Büchern - die Funktion einer erklärenden *subscriptio* für die eigentliche Bedeutung der in der Textvorlage anzutreffenden Bildlichkeit übernimmt.

Um der Gefahr bloß spekulativer Deutungen zu begegnen, bei der es durch Übertragung außermusikalischer Ideen, Theoreme oder Fragestellungen zu Interpretationen kommen könnte, für die in der Musik selbst möglicherweise kaum hinreichende Anhaltspunkte vorhanden sind, soll im folgenden ein pragmatischer Weg eingeschlagen werden: Da ausschließlich Vokalmusik zur Diskussion steht, liegt es nahe, zur Identifikation der Themen bzw. Gegenstände der Kompositionen von den Textvorlagen auszugehen, aus denen sich häufig Themen oder Themenkreise herauslesen lassen, auch wenn diese nicht selten bereits hier in verschlüsselter Form transportiert werden (ikonographische Untersuchungen). Die Feststellung der Themen ermöglicht dann über ein besseres Verständnis der Textvorlagen hinaus einerseits Vergleiche mit der Behandlung und Darstellungsweise dieser Themen nicht nur in Werken anderer Komponisten, sei es über den gleichen oder über thematisch verwandte Texte, sondern gegebenenfalls auch in anderen Künsten, vor allem in Literatur und Malerei, sowie andererseits an geeigneter Stelle eine Einordnung dieser Themen in größere ideengeschichtliche Kontexte (ikonologische Untersuchungen). Es wird sich bei einigen der im folgenden diskutierten Kompositionen erweisen, daß zuweilen auch in Werken, deren Texte selbst die Rekonstruktion derartiger Themen und Motive nicht unmittelbar erlauben, die Kenntnis solcher Zusammenhänge zu neuen Interpretationen und Sichtweisen des Sinns konkreter musikalischer Gestaltung zu führen vermag.

Systematische Zusammenstellungen von Themen, Themenkreisen und Sujettraditionen fehlen bisher für den musikgeschichtlichen Bereich insbesondere in gattungsübergreifender Sicht noch fast vollständig, vorwiegend im Bereich des Musiktheaters gibt es gerade in jüngster Zeit einige Arbeiten in dieser Richtung, allerdings betreffen die meisten dieser Untersuchungen bislang erst in späterer Zeit relevant gewordene Themenkomplexe.[73] Die Situation ist nicht zu vergleichen mit der in anderen Disziplinen, wie etwa der Kunstgeschichte, wo beispielsweise für das 16. bis 18. Jahrhundert eine wertvolle Übersicht über *Barockthemen*[74] existiert und mit dem *Lexikon der christlichen Ikonographie*[75] ein Standardwerk für Themen und Motive im religiösen Bereich vorliegt. Neuerdings sind auch erste bedeutsame Versuche unternommen worden, fächerübergreifend thematische und motivische Traditionen in den verschiedenen Künsten einschließlich der Musik aufzulisten, hierzu gehören der äußerst nützliche *Oxford*

---

[72] W. Freytag, *Allegorie, Allegorese*, in: HWR, Bd. I, Spalte 330-331.

[73] Neben dem bereits klassischen *Titelkatalog* in Stieger (1975), wären etwa zu nennen: Kunze (1972); Meier (1990); Koch (1990) und Esquival-Heinemann (1993).

[74] Pigler (1974).

[75] LCI (1994).

Guide to Classical Mythologie in the Arts, 1300-1990s [76] sowie eine wichtige Reihe von in den Niederlanden erarbeiteten Bänden, die sich unterschiedlichen Themenschwerpunkten widmen[77] - zwei davon sind kürzlich in erheblich erweiterter, einbändiger Fassung auch in deutscher Sprache erschienen.[78] Unverzichtbar für die folgenden Ausführungen sind insbesondere die Standardwerke zur Ikonologie und Emblemforschung, unter den zeitgenössischen Quellen vor allem Cesare Ripas einflußreiche *Iconologia*, die erstmals 1593 und dann um zahlreiche Abbildungen erweitert 1603 in Rom erschien,[79] sowie die grundlegende Aufarbeitung zahlreicher Emblembücher und ihrer Themenkreise in dem Band *Emblemata - Handbuch zur Sinnbildkunst des XVI. und XVII. Jahrhunderts.*[80] Briesemeister hat auf die bedeutende Rolle dieser Gattung bereits in der Blütezeit der emblematischen Literatur hingewiesen:

> »Kommentare zu Emblembüchern liefern ... einen umfangreichen Beispielschatz und Textbelege, die zur Erfindung, aber auch als Schlüssel zur Erklärung immer neuer, gesuchter Metaphorik herangezogen wurden«.[81]

In ähnlicher Weise ermöglicht ein Rückgriff auf diese umfangreiche Literatur vielfach noch heute überhaupt erst ein Verständnis zahlreicher erklärungbedürftiger Metaphern und allegorischer Bedeutungen, die ihrerseits in die kompositorische Umsetzung Eingang gefunden haben können.

Bisher ist diese Literatur in der Musikgeschichtsschreibung nur in Ausnahmefällen überhaupt ansatzweise rezipiert worden,[82] insofern sind umfassende Arbeiten für den spezielleren Bereich der musikalischen Stoffgeschichte nicht nur innerhalb der zur Diskussion stehenden Epoche ein dringendes Desiderat der Forschung. Da solche Referenzwerke fehlen, kann in den folgenden Studien auch keinerlei Anspruch darauf erhoben werden, daß jeweils systematisch alle zu einem bestimmten Themenbereich gehörenden Stücke im Repertoire erfaßt werden konnten. Umgekehrt ist in diesem Zusammenhang auch keine Erläuterung aller in Merulas weltlicher Vokalmusik anzutreffenden Themen und Themenkreise beabsichtigt, sondern nur eine Deutung von einigen der prägnantesten Beispiele, wobei im Einzelfall die heranzuziehenden Quellen durchaus unterschiedlicher Natur sein können.

Von der Untersuchung der Darstellung außermusikalischer Themen und Topoi in musikalischen Werken wird - wie bereits angemerkt - die Frage nach genuin

---

[76] Reid (1993).

[77] Moormann / Uitterhoeve (1987); Moormann / Uitterhoeve (1989); Goosen (1990); Gerritsen / van Melle (1993).

[78] Moormann / Uitterhoeve (1995).

[79] Ripa (1992).

[80] Henkel / Schöne (1978).

[81] D. Briesemeister, *Conceptismo*, in: HWR, Bd. II, Spalte 307.

[82] Bisweilen in der ikonographischen Literatur, so etwa bei Winternitz (^{2}1979); Guidobaldi (1990) und neuerdings bei Braun (1995).

musikalischen Topoi mit ihrerseits traditionsbildendem Charakter zu trennen sein. Zunächst soll an einigen Beispielen diskutiert werden, wie literarische oder bildnerische Motive, Themen oder Topoi bei Merula in einer Reihe von konkreten Einzelfällen mit bestimmten musikalischen Ideen, Wendungen oder auch Formmodellen assoziiert oder verbunden werden, die dann zum Teil selbst einen allegorischen bzw. sinnbildhaften Charakter annehmen. Dieser muß nicht notwendig auf die bereits in der Textvorlage angelegten Bedeutungskomponenten beschränkt bleiben, sondern vermag zuweilen neue Gesichtspunkte oder Deutungen hinzuzufügen. Wenn die Entzifferung der Bedeutung einzelner Werke unter ikonographischen oder ikonologischen Gesichtspunkten sich im konkreten Beispiel auch bereits als komplexe Aufgabe erweisen mag, so ist demgegenüber beim derzeitigen Stand der Forschung die Frage nach der traditionsbildenden Wirkung bestimmter derartiger Lösungen noch weitaus schwieriger zu beantworten, läßt sich doch auf Grund fehlender Vorarbeiten vielfach nur schwer entscheiden, ob das Wiederaufgreifen bestimmter kompositorischer Ideen eine konkrete Auseinandersetzung mit einem einzelnen musikalischen Vorbild etwa im Zusammenhang mit dem bereits im mehrstimmigen Madrigal anzutreffenden Bestreben nach *aemulatio* darstellt[83] oder vielmehr auf einem bereits dem unmittelbar nachgeeiferten Vorbild zugrundeliegenden, vielleicht sogar allgemein akzeptierten musikalischen Topos basieren könnte – ich werde von Topos nur dann sprechen, wenn eine vergleichsweise breite Materialgrundlage eine solche Einordnung ermöglicht. Weitgehend ungeklärt ist bislang zudem, wie derartige Topoi entstehen, ob sie gleichsam ›erfunden‹ werden oder sich eher in einem längeren Prozeß herausbilden, oder ob und in welcher Weise dabei dem aemulativen Verfahren der Auseinandersetzung mit einem musikalischen Vorbild eine vielleicht nicht unwichtige Rolle zukommt.

Die im folgenden untersuchten Werke Merulas und seiner Zeitgenossen deuten darauf hin, daß selbst im Werk eines einzelnen Komponisten, der fraglos mit musikalisch-allegorischer Textumsetzung in einigen seiner Kompositionen experimentiert hat, nicht ohne weiteres davon ausgegangen werden kann, daß eine systematische Herausbildung musikalischer Topoi mit eindeutigen semantischen Zuordnungen generell beabsichtigt gewesen sei, denn Merula verwendet bestimmte musikalische Mittel – etwa das *Ciaccona*-Modell – auch im Zusammenhang mit geradezu entgegengesetzt erscheinenden außermusikalischen Themenbereichen und sogar in verschiedenen allegorischen Bedeutungen; dennoch geschieht dies auf Grund der angesprochenen semantischen Mehrdeutigkeit oder sogar Unbestimmtheit musikalischer Phänomene in einer im Einzelfall jeweils plausiblen Art und Weise. Hieraus wird deutlich, daß es verfrüht wäre, aus den im folgenden diskutierten Beispielen bereits eine allgemeine Methode ikonologisch-ikonographischer Interpretation im musikalischen Bereich herzuleiten; es handelt sich dabei eher, wie auch im Falle von Lowinskys Ockeghem-Interpretation, um ›Versuche‹ in eine derartige Richtung.

---

[83] Vgl. Mayer Brown (1982); La May (1986); Watkins / La May (1986) sowie Steinheuer (1994).

Tiermetaphorik und ikonographische Analyse - Die Dechiffrierung von Sujets und ihre musikalischen Umsetzungen bei Merula

Angefangen bei Josquins *El grillo*, dessen Text bekanntlich in Form einer Tierfabel eine Ermahnung wegen ausstehender Gehälter zum Inhalt gehabt haben soll, gehören Tiermetaphern in den Textvorlagen der weltlichen Vokalmusik des 16. und 17. Jahrhunderts zum gängigen poetischen Repertoire, und es könnte sich als lohnend erweisen, einmal systematisch eine Art musikalisches Bestiarium in den verschiedenen Gattungen zusammenzustellen. Darin müßten nicht nur die zahllosen, lieblich singenden Nachtigallen und anderen Vöglein Arkadiens, die Esel, Hunde und Katzen der Madrigalkomödien, sondern auch ausgefallenere Tierarten wie die libysche Wachtel bei Barbara Strozzi,[84] das Kamel und das seltene Einhorn bei Giovanni Battista Porta[85] oder gar Wesen wie der Basilisk und die Sirene bei Giovanni Croce,[86] die noch einen festen Platz in der frühneuzeitlichen Zoologie innehatten, verzeichnet und ihrem Wesen nach beschrieben werden. Bisweilen stößt man auch auf erstaunliche Formen der Koexistenz verschiedener Tierarten, wie etwa in einem von Sigismondo d'India vertonten Madrigaltext, worin Schlange, Tiger und Hirschkuh im Charakter der Geliebten offenbar in enger Nachbarschaft miteinander leben.[87] In Orazio Vecchis *Canzonetta* mit dem Textanfang *Il Cocodrillo geme* werden Krokodil und Basilisk als weniger grausam gepriesen als eine unbeugsame Geliebte.[88] Ein halber Zoo ist gar in Monteverdis *Canzonette a tre voci* von 1584 vertreten: *La fiera vista e'l velenoso sguardo* vereint Basilisk, Natter und Sirene, *Io mi vivea com' Aquila mirando* auf einen Text von Guarini dagegen Adler, Salamander, Käuzchen, Maulwurf und Schwan, in *Godi pur del bel sen felice pulce* steht gar ein Floh im Mittelpunkt und schließlich in *Io son fenice e voi sete la fiamma* ein Phönix.[89] In der Sektion mit den *versi degli animali* in Giuseppe Biffis *Ricreatione di Posilippo* aus dem Jahre 1606 werden überwiegend einheimische Tierarten wie Kuk-

---

[84] Strozzi, Barbara - *Lascia di Libia il ciel l'ardita quaglia. La quaglia, sonetto burlesco*, in: *Il Primo Libro de' Madrigali*, Venedig 1644 (NV 2688).
[85] Porta, Giovanni Battista - *Trattabile è'l ... Sopra il Camelo* sowie *Questo è forte animale / Et la virginitade ama et osserva ... Sopra l'Alicorno*, in: *Madrigali a cinque in laude di S. Carlo*, Venedig 1616 (NV 2248).
[86] Croce, Giovanni - *Il navigante corre alla sirena* sowie *La venenosa vista e'l fiero sguardo / Del basilisco ...*, in: *Canzonette a quattro voci*, Venedig 1588 (NV 660).
[87] Sigismondo d'India - *Ha di serp'il velen, di tigre il morso / E di lieve cervetta / Quest'acerbetta fuggitiva ha'l corso*, in: *Il Primo Libro de Madrigali a 5 voci*, Mailand 1606 (NV 823).
[88] Das Stück ist ediert in Vecchi, O. (1993), Bd. I, S. 55 und Bd. II, S. 128-130.
[89] Der gesamte Druck ist ediert in MGA, Bd. X, S. 2-24; vgl. auch La May (1986), S. 301, 306, 313 und 316; zu weiteren Vertonungen der Texte vgl. La May (1986), S. 277-281.

kuck, Ziege, Katze, Schweinchen, Papagei, Ente, Esel, Hund und Henne in je einer Komposition porträtiert.[90]

In den genannten wie auch in zahlreichen anderen Fällen sind mit der Nennung von Tieren häufig bestimmte, mehr oder weniger offenkundige übertragene Bedeutungen verbunden, die in der naturkundlichen Theorie seit langem tradiert worden waren. Bereits seit der Antike war es üblich, bei den zum Teil aus heutiger Sicht recht phantasievollen naturkundlichen Beschreibungen verschiedener Tierarten diesen auch bestimmte psychologische oder moralische Eigenschaften zuzuschreiben, eine Tradition, die dann in den Bestiarien des Mittelalters fortgeführt wurde und im 16. und 17. Jahrhundert in die emblematische und ikonologische Literatur Eingang fand. Solche heute längst nicht mehr selbstverständliche Bedeutungsschichten können vielfach nicht nur für den Sinn eines Textes, sondern gegebenenfalls auch für das Verständnis der Art seiner musikalischen Umsetzung von Wichtigkeit sein.

Chamäleon und Salamander - ›Egli è pur troppo vero‹

Durchaus rätselhaft erscheinen auf den ersten Blick Metaphorik und Bedeutung des folgenden Madrigaltextes von Alessandro Gatti, der bereits 1604 in einer Gedichtsammlung erschienen war und dessen zweistimmige Vertonung Merula in sein Madrigalbuch von 1633 aufgenommen hat:

Egli è pur troppo vero,	Es ist leider zu wahr,
Ben mio che d'aria vivo	mein Lieb, daß ich von Luft lebe,
E ch' ogn' un esca ha il cor digiuno a schivo.	und jede Lockspeise das hungrige Herz verschmäht.
Ma l'aria, ch' è mio cibo unico e vero,	Doch ist die Luft*, meine einzige und wahre Speise,
È quella del tuo viso,	die Miene* deines schönen Antlitzes,
Ch' è l'ambrosia qua giù del paradiso.	die mir das Ambrosia des Paradieses dort oben ist.
Ond' io son fatto, e tu mirar lo puoi,	Daher bin ich, und du kannst es sehen,
Camaleonte de' begl'occhi tuoi.	zum Chamäleon deiner schönen Augen geworden.
Così volesse amore,	So wollte Amor doch,
Che salamandra io fossi anco del core.	daß ich ein Salamander des Herzens auch wäre!

* Unübersetzbares Wortspiel mit zwei Bedeutungen von ›aria‹ als Luft bzw. Gesichtsausdruck / Miene

Es ist offensichtlich, daß der Schlüssel zu einer Erklärung des Gedichts und damit möglicherweise auch zu einer geeigneten Interpretation der Komposition Merulas in der Bedeutung der beiden Tiere - Chamäleon und Salamander - zu suchen ist, die in den letzten Versen als Chiffren für innere Zustände des lyri-

[90] NV 369.

schen Ichs herangezogen werden, doch erschließt sich deren Bedeutung bei einer bloß textimmanenten Vorgehensweise nicht, da die Metaphern nicht innerhalb des Textes entschlüsselt, sondern als in ihren Bedeutungen bekannte Symbole vorausgesetzt werden. Gatti stützt sich - wie zunächst nachgewiesen werden soll - bei dem Spiel mit den Tiermetaphern in diesem Madrigal auf einige der in der naturkundlichen und emblematischen Literatur tradierten symbolischen Gehalte.

Die Aussagen von Aristoteles sowie in seiner Nachfolge Plinius und Solinus waren nicht nur im Falle des Chamäleons die wichtigsten Bezugspunkte für verschiedene naturkundliche Bücher seit dem Mittelalter. In der Naturenzyklopädie *De animantium naturis* etwa, die der italienische Humanist Petrus Candidus (Pier Candido Decembrio) 1460 in einer Prachthandschrift an den Mantuaner Marchese Lodovico Gonzaga sandte,[91] ist auch dem Chamäleon ein Abschnitt gewidmet. Nach einer etymologisch geprägten Übersetzung des Namens als ›Erdlöwe‹ und einer Beschreibung seines Äußeren heißt es darin:

> »Der Körper ist nicht groß, innen aber leer. Er enthält kein Anzeichen einer Nahrung in der linken Körperhälfte und das ist entgegen der Natur aller anderen Lebewesen. Überdies ist sein Äußeres ebenso von anderen Lebewesen ganz verschieden. Sein Rachen ist immer geöffnet, und so lebt es, wie Aristoteles schreibt, nicht von Futter, sondern einzig vom Schöpfen der Tautropfen und der Luft. Es ist sehr mager, denn es hat zu wenig Blut, und deswegen ist es ein furchtsames Lebewesen. Seine Farbe ist durch Einflüsse veränderlich und gleicht sich dem an, wo es sitzt ... einzig zwei Farben kann es nicht annehmen, nämlich blendendes Weiß und tiefes Rot«.[92]

Von dieser überwiegend naturkundlich gemeinten Beschreibung des Chamäleons zu weitergehenden Deutungen seiner Eigenschaften ist es nur ein kleiner Schritt. Da es weitgehend von Luft lebt, wird es - dies bezeugen mehrere Quellen vor allem an der Wende zum 17. Jahrhundert - diesem Element unmittelbar zugeordnet, so nicht nur bei Bartholomaeus Anglicus in dessen Schrift *De proprietatibus rerum* aus dem Jahre 1601,[93] sondern auch in der erwähnten, einflußreichen *Iconologia* von Cesare Ripa. Unter den vier Elementen ist bei Ripa die Personifizierung der Luft mit folgenden Attributen dargestellt:

> »Aria - Donna con i capelli sollevati, & sparsi al vento, che sedendo sopra le nuvole, tenga in mano un bel pavone, come animale consecrato a Giunone dea dell'aria, & si vedranno volare per l'aria varij uccelli, & ai piedi di detta figura vi sarà un camaleonte, come animale che non mangia cosa alcuna, ne beve; ma solo d'aria si pasce & vive. Ciò riferisce Plinio nel lib. 10.8. cap. 33«.[94]

[91] Die im 16. Jahrhundert reich illustrierte Handschrift befindet sich heute in der Biblioteca Apostolica Vaticana, Codex Urb. lat. 276.
[92] Zitiert nach der deutschen Übersetzung in: Candidus (1993), S. 75.
[93] Vgl. Ch. Hünemörder, *Chamaeleon*, in: LMA, Bd. II, Spalte 1671.
[94] Ripa (1992), S. 113.

In der emblematischen Literatur wird darüber hinaus der Farbwechsel zwiefach gedeutet - einerseits als Sinnbild für Schmeichelei, weshalb das Chamäleon auch die Farben weiß für die Unschuld und rot für die Gerechtigkeit nicht annehmen kann,[95] andererseits jedoch auch als Symbol für Willfährigkeit in der Liebe - so in den *Amorum Emblemata* des Otto van Veen (Otho Vaenius), Antwerpen 1608.[96] Unter dem Motto »Omnis amatorem decuit color - Dem Liebhaber steht jede Farbe« ist das Chamäleon hier in der Hand Amors dargestellt, das dazugehörige lateinische Epigramm lautet in Übersetzung:

> »Was du begehrst, begehre ich; was du verwirfst, verwerfe ich. Dein Wollen ist mein Wollen, und dein Mißfallen ist mein Mißfallen. Deinetwegen nehme ich wie Proteus verschiedene Gestalten an und verhalte mich, glaub mir, wie ein Chamäleon«.[97]

Eine relativ späte Quelle, der 1681 in Köln herausgegebene *Mundus symbolicus* des Philippus Picinellus, erwähnt folgende, z.T. andernorts nicht anzutreffende symbolische Bedeutungen des Chamäleons:

> »Est symbolum Ambitiosi, ... Adulatoris, ... Contemplativi, ... Ambitionis, ... Mundi instabilis, ... Peccatoris dolosi, ... Amantis, ... Detractoris, ... Talionis, ... Judicis justi, ... Domesticorum apud principes, ... Meditationis de Passione Christinum«.[98]

Mit dem Laster der Schmeichelei (›Adulatione‹) ist das Chamäleon immer wieder in Zusammenhang gebracht worden, so mehrfach unter direktem Verweis auf Plutarch bei Torquato Tasso, der die Analogie darauf gründet, daß der Schmeichler »non è costante ne l'imitazione, ma mutabile in ciascuna forma e

---

[95] Vgl. hierzu Ch. Hünemörder, LMA, Bd. II, Spalte 1670 sowie die Zeilen *In adulatores* in den *Emblemata* des Andreas Alciatus, 1550 bei Henkel / Schöne (1978), Spalte 664-65.

[96] Ein Reprint der Ausgabe von 1608 liegt vor, Van Veen (^{R}1970). Bereits der Erstdruck enthielt jeweils drei Epigramme in lateinischer, italienischer und französischer Sprache - offenbar war das Werk von vornherein für eine europaweite Verbreitung bestimmt - und bereits 1613 erschien darüber hinaus zusätzlich in Frankfurt am Main ein Band mit den französischen Epigrammen van Veens und entsprechenden deutschen Übertragungen; Fridericus (1613); ein Exemplar befindet sich in der Herzog-August Bibliothek in Wolfenbüttel.

[97] Die Übersetzung findet sich bei Henkel / Schöne (1978), Spalte 666. Die verschiedenen Epigramme weichen inhaltlich z.T. erheblich voneinander ab, so lautet das italienische Epigramm bei van Veen: »Com' Amor vuole / Come il camaleonte è variante / Conforme del' obietto al vario lume: / Così l'amante à voglia del suo Nume / Si dee cangiar, & obedir costante«; die französische Fassung dagegen: »Selon que veut Madame / Comme un Chameleon le teint de sa peau change, / Selon l'obiect divers, paroissant tousiours tel: / Ainsi faut qu'vn amant forçant son naturel, / Au muable vouloir de sa Dame se range.« Beide Versionen Van Veen (^{R}1970), S. 62. Das deutsche Epigramm bei Johannes Fridericus lautet in Anlehnung an die französische Fassung: »Chameleon auff mancherley Art / Sein farbig Haut verwandelt zart / Also die Lieb fein thut zeigen / Daß dich solst nach ihrm willen neigen«; Fridericus (1613), S. 15

[98] Henkel / Schöne (1978), Spalte 2130.

vario e sempre diverso da se stesso«;[99] Marino dagegen vergleicht in seinem *Adone* das noch ungefestigte jugendliche Herz mit einem Chamäleon: »Agitato vacilla, or lascia, or prende / quasi camaleonte ogni colore«.[100] In besonderer Nähe zu Gattis Gedicht steht jedoch vor allem die sechste und siebte Strophe aus der Kanzone *Quei tuo' vaghi colori*, die Marcello Macedonio 1617 in den venezianischen Druck seiner *Scielta delle poesie* aufnahm:

Vo rimembrando spesso
L'animal che si crede
Viver digiuno o sol d'aria cibarsi,
Scolorito in se stesso,
Dovunque posa il piede
Suol del color che gli s'appressa ei farsi.
Ed io lo cor mutarsi
A que' colori sento;
Questa cangia le spoglie,
Ed io cangio le voglie,
E n'acquisto or dolcezza ed or tormento,
E mi discopro in fronte
Novo camaleonte.

Occhi belli ond'io ardo,
Occhi crudi ond'io moro
Poichè sì vaghi di colore sète,
A me girate il guardo
Che con altro lavoro
Altro nel viso mio color vedrete.
Ch'io son ghiaccio direte,
Se nella fronte essangue
La pallidezza ha loco;
Direte che son foco,
Se mi fugge dal cor nel volto il sangue.
L'uno e l'altro mi viene
Da voi, luci serene.[101]

Häufig erinnere ich mich
des Tiers, von dem man glaubt,
es lebte ohne Speise oder nährte sich von Luft
und nähm, ganz farblos in sich selbst,
wo immer es den Fuß auch hinsetzt,
die Farbe an, der es nahe ist.
So fühle ich dies Herz
mit solchen Farben auch sich wandeln:
Jenes wechselt die kleidende Hülle nur,
ich aber wechsle die Begierden,
erlange damit Freuden bald, bald Qualen;
in meinen Gesichtszügen entdecke ich
mich selbst als neues Chamäleon.

Schöne Augen, durch die ich entbrenne,
Grausame Augen, durch die ich vergehe:
Da Ihr so liebreizender Farbe seid,
wendet den Blick mir zu,
auf daß mit anderer Beschäftigung ihr bald
in andrer Farbe mein Gesicht auch sehet.
Daß ich Eis sei, mögt Ihr sagen,
wenn in dem ganz blutleeren Antlitz
den Platz die Blässe einnimmt;
Und Ihr mögt sagen, ich sei Feuer,
wenn aus dem Herzen das Blut mir in die Stirne flieht.
Eins wie das andre kommt
von Euch allein, ihr heitern Augenlichter.

Die bei Macedonio gewählte Metaphorik stimmt bis in Details mit den zum Bereich des Chamäleons bei Gatti gehörigen Motivelementen überein, daß vielleicht sogar auf eine Kenntnis von Gattis Madrigal zu schließen ist, insbesondere da Macedonios siebte Strophe die Augen der Geliebten zum Gegenstand hat, die bereits bei Gatti als Auslöser des Farbenwechsels fungierten.[102]

---

[99] So besonders in Torquato Tassos *Il Manso*, Ziffer 30, jedoch auch in seinem *Il Conte (de l'Imprese)*, Ziffer 180; Ziffern nach LIZ, CD 3.

[100] In Canto V, Stanze 79; zitiert nach LIZ, CD 4.

[101] Verse 66-91; zitiert nach LIZ, CD 4; diese Textfassung basiert auf: Benedetto Croce, *Poesie dell'età barocca, Lirici marinisti*, Laterza 1910.

[102] Macedonios Verse sind im zeitgenössischen musikalischen Repertoire nicht nachweisbar.

Im Unterschied zum Chamäleon ist der Salamander bereits im vermutlich auf das zweite nachchristliche Jahrhundert zu datierenden *Physiologus* beschrieben, dem »älteste(n) und meistverbreitete(n) Tierbuch des christlichen Mittelalters«.[103] Wiederum im Rückgriff auf antike Autoritäten wird hierin dem Salamander die Fähigkeit zugeschrieben, unbeschadet durchs Feuer zu gehen und sogar darin zu leben. Die ihm eigene Kälte zeitigt erstaunliche Konsequenzen - denn »wenn er in den Feuerofen kommt, verlöscht der ganze Ofen«.[104] Von diesen Vorstellungen ausgehend ist der Salamander zum Sinnbild für zahlreiche christliche Glaubensinhalte geworden - für die Seelen im Fegefeuer, für die Jünglinge im Feuerofen, oder im *Bestiaire Divin* des Guillaume Le Clerc aus dem 13. Jahrhundert für den Gläubigen schlechthin.[105] Da dem Salamander zudem die Fähigkeit zugeschrieben wurde, das schlechte Feuer zu löschen, jedoch das gute zu entzünden, wurde er sogar zum Symbol für Christus selbst, daneben zu einem der Attribute für Gerechtigkeit und, da er als geschlechtslos galt, auch zum Symbol für Keuschheit.[106] Noch im 17. Jahrhundert sind derartige Bedeutungen bekannt, wenn etwa in einem Madrigal aus Giambattista Marinos *La Lira* San Lorenzo als »Salamandra di Christo« bezeichnet wird.[107]

Für unseren Kontext bedeutsamer sind jedoch die Aussagen in der ikonologischen und emblematischen Literatur. Wiederum bei Ripa wird der Salamander dem Element des Feuers zugeordnet, dessen Personifikation wie folgt beschrieben ist:

> »Fuoco - Donna che con ambe le mani tenga un bel vaso pieno di fuoco, da una parte vi sarà una salamandra in mezzo d'un foco, e dall'altra una fenice parimente in una fiamma, sopra la quale vi sia un risplendente Sole, ovvero in cambio della fenice il pirale, che è animale con le penne, il quale (come scrive Plinio, & riferisce il Thomai nella sua idea del Giardino del Mondo, al cap. 51) vive tanto, quanto sta nel fuoco, & spengendosi questo, vola poco lontano & subito si muore. / Della salamandra Plinio nel lib. 10, cap. 67. dice che è animale simile alla lucertola, pieno di stelle, il quale non vien mai, se non a tempo di lunghe pioggie, & per sereno manca. Questo animale è tanto freddo, che spegne il fuoco tocco non altrimenti, che farebbe il ghiaccio, & dicesi anco, che quest'animale stà & vive nel fuoco, & più tosto l'estingue, che da quello riceva nocumento alcuno, come dicono Aristotile, & altri scrittori delle cose naturali«.[108]

[103] P. Gerlach, *Physiologus*, in: LCI, Bd. III, Spalte 432.

[104] Physiologus - *Abschnitt 31 - Vom Salamander*, in: Physiologus (1987), S. 60-61; vgl hierzu auch die ausführliche Darstellung in: Mariño Ferro (1996), S. 372-74.

[105] Rose Bachem-Alent / Redaktion, *Guillaume Le Clerc - Le bestiare Divin*, in: KNLL, Bd. 7, S. 47.

[106] Redaktion LCI, *Salamander*, in: LCI, Bd. 4, Spalte 11-12.

[107] A San Lorenzo: »Ò non cura, ò non sente / Questi, che l'alma ardendo esal' e spira, / l'empia da rei ministri accesa pira, / ma gode tra le fiamme e'n rogo ardente, / rinasce immortalmente. / Ò beata, ò felice / Salamadra di Christo, anzi Fenice.« zitiert nach: Laki (1989), S. 374.

[108] Ripa (1992), S. 113.

In Übereinstimmung mit dieser bei Ripa beschriebenen Verbindung findet sich etwa in der neunten Szene des 4. Aktes von Pietro Antonio Cestis *Il pomo d'oro* ein folgendermaßen angekündigter Auftritt der allegorischen Gestalt des Feuers: »L'Elemento del Foco, sopra un carro tirato da due gran Salamandre«.[109]

Michael Maier hat in seinem 1618 in Oppenheim erschienenen Emblembuch *Atlanta fugiens* im Abschnitt »De secretis Naturae« das Emblem XXIX mit der Überschrift »Wie der Salamander lebet im Fewr / also auch der Stein«[110] gewidmet. Das dazugehörige Epigramm lautet in der deutschen Fassung:

Der Salamander kräfftig lebet in starckem Fewr unversehret /
Und Vulcane gantz nicht an dein Dräwen sich kehret /
Also auch der Flammen grawsam Entzündung achtet klein /
Der geborn ist in festem Fewr der Philosophen Stein /
Derselbe kalt löschet auß das Fewr / und unverletzt entgeht /
Dieser aber ist heiß drumb in gleicher Hitze steht.

Die ersten beiden Verse der lateinischen Fassung dieses Epigramms »Degit in ardenti Salamandra potentior igne, / Nec Vulcane tuas aestimat illa minas« sind in einer *Fuga* genannten, elf Mensuren umfassenden und in drei Stimmen notierten Vertonung abgedruckt, die auch für die vier lateinischen Folgeverse verwendet werden kann. Da in der Nachfolge lateinischer Humanistenoden ein Interesse an musikalischer Umsetzung quantitierender Metren im Vordergrund steht, dürfte Wortausdeutung hier kaum angestrebt sein.

In den Emblembüchern des 16. und 17. Jahrhunderts sind die im engeren Sinne christlichen Interpretationen des Salamanders aus dem Mittelalter zu allgemein moralischen Sinnsprüchen ausgeweitet: So wird der Salamander im Feuer nunmehr als Sinnbild der Unversehrtheit (*integritas*) und unverletzten Reinheit gesehen sowie als Symbol der Läuterung gemäß dem Motto »Nudrisco il buono et spegno il reo – Ich nähre das Gute und lösche das Schlechte aus«.[111] In der älteren Tradition kommt dagegen eine Deutung des Salamanders als Symbol des Neids offenbar nicht vor, wie sie sich in den *Emblemata moralia et aeconomica* findet, die 1627 von Jacob Cats in Rotterdam erstmals herausgegeben wurden.[112] Mit dieser und weiteren z.T. durchaus widersprüchlichen Bedeutungen belegt ist der Salamander dann wiederum bei Philippus Picinellus, hier ist er »symbolum ingrati, ... Misericordiae & justitiae, ... Generositatis, ... Patientiae, ... Innocentiae, ... Boni inter malos, ... Lascivi, ... Maligni, ... Invidi, ... Mundani, ... Judicis, ...«.[113]

---

[109] Cesti, Pietro Antonio – *Il Pomo d'oro*, DTÖ, Bd. 9, S. 154 (288).
[110] Maier (1618), S. 124-125.
[111] Henkel / Schöne (1978), Spalten 740-41.
[112] Henkel / Schöne (1978), Spalten 740-41; bei Ripa sind der Personifikation des Neids dagegen Schlange, Hydra und ein ausgehungerter Hund zugeordnet, vgl. Ripa (1992), S. 200.
[113] Henkel / Schöne (1978), Spalte 2180.

Für unseren Zusammenhang besonders aufschlußreich sind vor allem zwei emblematische Darstellungen, die den Salamander als Symbol in Zusammenhang mit der Liebe bringen: Einmal ist in den 1610 im Madrid erschienenen *Emblemas morales* von Sebastián de Covarrubias y Orozco ein Salamander mit einem Satyrn zusammen im Feuer mit dem Motto »Donde tu vives yo muero« - ›wovon du lebst, davon sterbe ich‹ - abgebildet; dies besagt soviel wie: Leidenschaft verzehrt den Niedrigen und stählt den Edlen.[114] Die zweite findet sich wiederum - wie auch für das Chamäleon - in den *Amorum Emblemata* des Otto van Veen; die Abbildung zeigt einen Salamander im Feuer und über ihm Amor mit zwei brennenden Fackeln, wozu das Lemma »Mea vita per ignem« - ›Ich lebe durch das Feuer‹ - gehört. Das entsprechende lateinische Epigramm lautet in Übersetzung: »O grausames Schicksal! Mein Leben wächst durch Feuer, und es gefällt mir, mitten in den Flammen zu sein. Mich nährt, wie den Salamander, die Glut der Cypris: Lieber sterbe ich in dir, Flamme, als ohne dich«.[115] Aufschlußreich ist, daß in allen drei Epigrammen bei van Veen[116] das Feuer als Nahrung des Salamanders bezeichnet wird, denn hierin liegt eine genaue Parallele zur Charakterisierung der Luft als Nahrung des Chamäleons, wie sie in Gattis Madrigal anzutreffen ist.[117]

Häufiger als das Chamäleon[118] scheint der Salamander auch in anderen Gedichten und sogar in Madrigal- und Chansonvertonungen insbesondere des 16. Jahrhunderts vorzukommen,[119] wie erst kürzlich Blackburn gezeigt hat;[120] im

---

[114] Henkel / Schöne (1978), Spalte 1835.

[115] Deutsche Übersetzung nach Henkel / Schöne (1978), Spalten 739-40.

[116] Die beiden anderen Epigramme bei van Veen lauten: »Nel foco vivo. / Vive la salamandra in foco ardente, / E nel foco d'Amor vive l'Amante, / Quest'è suo cibo, e gioia trionfante. / In quel, ch'altrui dà morte, ei vita sente.« sowie »Mort à autruy, à moy vie. / Au feu sans se brusler se tient la salamandre: / L'Amant au feu d'Amour iouit de son desir, / Sa nourriture il est, sa ioye, & son plaisir. / Ce qu'autruy fait mourir, à luy la vie engendre.«; Van Veen ([R]1970), S. 228; Die deutsche Version bei Fridericus heißt entsprechend: »Das Feuer ist mein Leben / Salamander schon in Feuwers Gluth / Und starcker Hitz nicht brennen thut. / Mit grosser Flamm die Lieb sich nehrt / Ihr freudt durchs Feuwr wird nicht verzehrt«, Fridericus (1613), S. 43.

[117] Chamäleon und Salamander seien mit Maulwurf und Hering die einzigen Tiere, die sich von einem der vier reinen Elemente Luft, Feuer, Erde und Wasser ernähren; vgl. Mariño Ferro (1996), S. 48.

[118] Mir ist bisher nur eine Erwähnung des Chamäleons im dritten Teil von Pedro Rimontes fünfstimmigem spanischen Madrigal *Esperanza tardia po de fuera tan vera* aus dem 1614 in Antwerpen erschienenen *Parnaso español de Madrigales, y Villancicos* bekannt (NV 2350bis), die ich nicht einsehen konnte, doch sind andere Erwähnungen durchaus nicht unwahrscheinlich.

[119] So etwa in Michelangelo Buonarottis Madrigal *Se'l foco al tutto noce* und in Gaspara Stampas Sonett *Amor m'ha fatto tal ch'io vivo in foco*; die vollständigen Texte in LIZ, CD 3; einige der beschriebenen, mit dem Salamander zusammenhängenden Bedeutungen müssen noch sehr lange allgemein verständlich geblieben sein, davon zeugt noch Lemckes Gedicht *Der Salamander*, das von Johannes Brahms als zweites der Lieder von op. 107 vertont worden ist, der Text lautet: »Es saß ein Salamander / auf einem kühlen Stein, / da warf ein böses Mädchen / ins Feuer ihn hinein. / Sie meint', er soll verbrennen, / ihm ward erst wohl zu Mut, / wohl wie mir kühlem Teufel / die heiße Liebe tut.« Zitiert nach Band 1 der Brahms-Lieder Ausgabe in der Edition Peters Nr. 3201a, Leipzig, o.J., S. 145-46. Zumindest einmal in der Musikgeschichte ist zudem ein Salamander als handelnde Figur in einer Oper aufgetreten, und zwar in der ersten Fassung von Jean Philippe Rameaus *Zoroastre* aus dem Jahre 1749; im Divertissements des dritten Akts überreicht ein singender Sala-

Anhang zu ihrem Aufsatz über die Chanson *Si Salamandre en flamme vit, c'est peu* von Thomas Crecquillon listet sie noch acht, zwischen 1581 und 1612 gedruckte italienische Madrigale über fünf verschiedene Textvorlagen auf,[121] von denen ich hier jenes von einem nicht identifizierten Dichter verfaßte Gedicht wiedergebe, das nicht nur in einer Vertonung durch Luca Marenzio in dessen erstem Buch mit sechsstimmigen Madrigalen von 1581 (NV 1647) vorliegt, sondern in zwei weiteren jeweils dreistimmigen Versionen von Jean de Castro und Jan Pieterszoon Sweelinck:

Qual vive Salamandra in fiamm' ardente	Wie in glühender Flamme der Salamander lebt
E ne gioisce poi,	und sich daran erfreut,
Così il mio core in voi,	so lebt mein Herz in Euch,
Che la sua fiamma sete assai lucente,	da ihr doch seine hell leuchtende Flamme seid,
Ardend' ha vita e duol alcun non sente.	im Glühen und fühlt keinen Schmerz.
O, che felice sorte,	Oh, welch ein glückliches Geschick,
Viver in fiamma e non haver la morte.	zu leben in der Flamm' und nicht den Tod zu finden!

Diese für Chamäleon und Salamander kennzeichnenden Bedeutungstraditionen ermöglichen nun auch eine Deutung von Antonio Gattis Madrigaltext: Wie das Chamäleon nur von Luft (»aria«) lebt, so lebt das lyrische Ich darin von einer nicht minder kalorienfreien Kost, dem jeweiligen Gesichtsausdruck (»aria«) im schönen Antlitz der Geliebten (Vers 5). Diese spezielle Art der Nulldiät läßt - wie es kaum anders zu erwarten ist - sein Herz in einem Gefühl ständigen Hungers verharren (Vers 3), der es vermutlich bereits gefährlich nah jenem Zustand vollständiger Leere im Innern des Chamäleons angenähert hat. Dennoch verschmäht das Herz jede noch so verlockende und vielleicht substantiellere Speise, da die gewählte Kost ihm die einzig denkbare und seinem Herzen angemessene zu sein scheint (Vers 4) - geradezu die Nahrung des Paradieses (Vers 6). Insofern ist das lyrische Ich nicht nur den Mienen der Geliebten ebenso unausweichlich zugeordnet wie das Chamäleon dem Element Luft, sondern ist in einen Zustand geraten, in dem es jeder Änderung in ihren Blicken, und damit in ihren

---

mander (Bariton) Zoroastre für seinen Kampf gegen die Mächte der Finsternis einen schützenden Zaubermantel; auch hier dürfte die Idee der Unverletzlichkeit des Salamanders zumindest in übertragener Bedeutung präsent sein.

[120] Blackburn (1994).

[121] Blackburn (1994), S. 133-34; die Liste ist nicht vollständig, da neben Merulas Textvorlage auch Monteverdis *Io mi vivea com' Aquila mirando* sowie drei weitere Vertonungen des Textes fehlen, dessen zweite Strophe lautet: »E pascea'st'alma afflitta, e questo core / Come 'na Salamandra in ogni loco / Dentro la fiamma del mio dolce foco«; vgl. La May (1986), S. 306 und für die Vergleichsvertonungen von Bernardino Draghi, Lodovico Grossi (Viadana) und Giovanni Ghizzolo ebd., S. 278. Monteverdis Fassung ist ediert in MGA, Bd. X, S. 11. Darüberhinaus wird der Salamander erwähnt in der zweiten Strophe von Giovanni Valentinis siebenstimmiger konzertierender ›Canzonetta‹ *Fra bianchi gigli* aus dem Jahre 1619 (NV 2784); darin entzündet sich das Herz an zwei schönen Augensternen und wird so im Schlußvers zum »Salamandra d'Amor anzi Fenice«.

Wünschen und Launen, mit einer Willfährigkeit nachgibt, die dem Farbwechsel des Chamäleons entspricht (Verse 7-8; vgl. hierzu insbesondere das bereits zitierte Epigramm bei Otto van Veen). Daß der Liebhaber sich dabei möglicherweise auch den Vorwurf der Schmeichelei wird gefallen lassen müssen, erscheint nur allzu einleuchtend, denn wie das Chamäleon die Farben weiß und rot nicht annehmen kann, so kann auch der willfährige Liebhaber im Hinblick auf die Geliebte weder naiv-unschuldig sein noch auch Gerechtigkeit walten lassen - doch wird darauf im Gedicht nicht unmittelbar angespielt.

Wie die beiden letzten Verse zeigen, teilt der Liebhaber allerdings noch einen weiteren Charakterzug mit dem Chamäleon, muß er doch in ständiger Furcht leben; dies hat sicherlich einerseits mit den Gefahren fortschreitender Auszehrung zu tun, die ja alleine schon den Tod nach sich ziehen könnte, doch gibt es noch eine weitaus größere, ebenfalls tödliche Bedrohung, die von den Flammen im Herzen der Angebeteten ausgeht,[122] welche im Gegensatz zum paradiesischen Äther ihrer Blicke eher von der Hölle in ihrem Innern zu künden scheinen. In solch einem Feuer zu überleben, wäre auf Grund seiner Natur allenfalls einem Salamander vorbehalten, der sogar mit der ihm eigenen eisesartigen Kälte diesen Brand eher zum Erlöschen bringen würde, als selbst dabei Schaden davonzutragen. Doch daß Amor, der das lyrische Ich bereits in ein Chamäleon verwandelt hat, ihm nun zu seiner Rettung eine weitere Metamorphose zum Salamander möge zuteil werden lassen, ist - wie der Irrealis der beiden abschließenden Verse zum Ausdruck bringt - wohl nur ein unerfüllbarer Wunsch. Vom glücklichen Zustand des salamandergleichen Ichs in den bei Marenzio vertonten Versen, worin das Leben in den Flammen - wenn man wie der Salamander immun ist gegen deren Gefahren - ein erstrebenswertes Ziel darstellt, scheint der halbverhungerte chamäleontische Liebhaber bei Gatti und Merula jedenfalls weit entfernt.

Im Gegensatz etwa zu dem angeführten *Qual vive Salamandra in fiamm' ardente*, in dem mit dem Salamander ebenfalls eines der beiden bei Gatti genannten Tiere in der Form eines expliziten Vergleichs für eine Erhellung des Zustandes im lyrischen Ich des Textes herangezogen wird, handelt es sich bei *Egli è pur troppo vero* sicherlich nicht um einen ernsthaften oder gar pathetischen Text, wie bereits im ersten Vers durch das ironisch gebrochene ›leider‹ (»purtroppo«) oder bei anderer Lesart ›nur allzu wahr‹ (»pur troppo vero«) und im folgenden dann durch den für das Gedicht gewählten Ton deutlich gemacht wird. Sicherlich gehört zu diesem ironischen Grundzug auch, daß der Liebhaber sich nicht mit einem Vergleich mit den beiden Tieren und ihren Eigenschaften begnügt, sondern sich selbst zu einer vollends lächerlichen Figur degradiert, indem er nicht nur eingesteht, er habe seinen menschlichen Zustand verloren und sei bereits zu einem Tier geworden, sondern seine einzige, wenn auch unerreichbare Rettung

[122] Auch wenn nicht explizit gesagt wird, daß es sich um ihr Herz handelt, so läßt sich dies aus der Parallelität der gesamten Konstruktion der abschließenden Verse doch schließen.

von daher erhofft, daß es ihm gelingen könnte, sich proteusartig in ein anderes Tier zu verwandeln.

Der scherzhafte Charakter von Gattis Madrigal bestätigt sich ferner bei einem Vergleich mit dem ernsthaften Sonett *D'aria un tempo nodrimmi, et cibo et vita* von Torquato Tasso, dessen beide *quartetti* wohl - wie mehrfache wörtliche Anleihen und direkte Anspielungen deutlich machen - als unmittelbaren Ausgangspunkt für Gattis Madrigal angesehen werden können:[123]

D'aria un tempo nodrimmi, et cibo et vita	Von Luft nährt' ich mich einst, und Speis' und Leben
L'aura mi fu, che d'un bel volto spira;	war mir die Gunst*, welche ein schönes Antlitz ausstrahlt;
Hor che lei mi contende orgoglio et ira,	nun, da sie solche mir durch Stolz und Zorn bestreitet,
Di qual altr'esca fia l'alma nodrita?	von welcher andern Lockspeis würd genährt die Seele?
I famelici spirti indarno aita	Die heißhungrigen Lebensgeister rufen um Hilfe vergebens,
Chiamano, e indarn' il cor langue et sospira;	und vergebens auch schmachtet und seufzt das Herz.
Ma se pur l'empia a darli morte aspira,	doch wenn die Ruchlose ihnen Tod zu bereiten trachtet,
Muoia non di digiun, ma di ferita.	so solln sie Hungers nicht, vielmehr verwundet sterben.
Armi di sdegno i begli occhi, et aventi	Wappne mit Feindschaft die schönen Augen und schleudre
Folgori a mille a mille! Ecco ch' ignuda	Blitze zu Abertausenden! Sieh doch, entblößt schon
Le porgo l'alma, non che inerme il seno.	biete ich ihr die Seele, und unbewaffnet auch die Brust!
Faccia il mio stratio i suoi desir contenti;	Möge doch meine Zerfleischung ihr Begehren stillen;
Ben fia pietà, ch' io la riveggia almeno,	ists auch Barmherzigkeit, daß ich sie wiederseh zumindest,
Non dico pia, ma disdegnosa e cruda.[124]	so nenne ich statt hochherzig sie hochmütig und grausam.

* Unübersetzbares Wortspiel mit zwei Bedeutungen von ›aura‹ als Lufthauch bzw. Gunst

[123] Das Sonett wird zitiert nach der Edition in: Ingegneri (1994), S. LII.

[124] Tassos Sonett ist heute in insgesamt drei jeweils fünfstimmigen und zweiteiligen Vertonungen nachweisbar: einer Fassung des am Hofe von Parma wirkenden Giovanni Agostino Veggio aus dem Jahre 1574 (NV 2847), jener des sienesischen Domkapellmeisters Andrea Feliciani von 1579 (NV 919) und schließlich einer 1580 im dritten Madrigalbuch von Marc' Antonio Ingegneri erschienenen Version, die kürzlich im Rahmen der Werkausgabe Ingegneris erschien, vgl. Ingegneri (1994), S. 57-64. Eine bewußte Bezugnahme Merulas auf Ingegnieri - die gerade auf Grund von dessen langjährigem Wirken in Cremona denkbar gewesen wäre - ist jedoch nicht zu erkennen.

Ähnlich wie später Gatti schildert auch Tasso einen Liebhaber, der in zwei gegensätzlichen Empfindungsbereichen lebt: In den beiden *quartetti* ernährt sich der Unglückliche nur von »aura« / »aria«, als Luft und dem Mienenspiel der Angebeteten - Gatti übernimmt eine Reihe von Schlüsselwörtern, neben »aria« (Vers 1) etwa »cibo« (Vers 1), »altr' esca« (Vers 4), »digiun« (Vers 8), und transformiert andere wie »vita« (Vers 1) zu »vivo« oder »volto« (Vers 2) zu »viso« - demgegenüber widmet Tasso die beiden *terzetti* den Augen der Angebeteten als tödlichen Waffen im Liebeskrieg, von denen sich der Unglückliche Erlösung durch bereitwilligen Tod erbittet. Obwohl Gatti die Form des Sonetts gegen die des Madrigals eintauscht, behält er Tassos Idee eines Gegensatzes zwischen erstem und zweitem Teil bei, allerdings übernimmt er das zentrale Bild der »begli occhi« aus Tassos zweitem Teil in den *terzetti* (Vers 9) ohne die kriegerischen Konnotationen noch in seinen ersten Teil hinüber, und ersetzt dagegen in seinem zweiten Teil Tassos Metaphorik des Liebeskrieges durch eine des Feuers. Insbesondere sucht Gatti seine Vorlage jedoch durch eine ingeniöse Zuspitzung (*acutezza*) von dessen Bildlichkeit zu überbieten, indem er die Metaphorik des ersten Teils im Symbol des Chamäleons verrätselt und für den zweiten Teil mit dem Salamander eine wie bei Tasso entgegengesetzte Metaphorik, mit jedoch zugleich komplementärer Symbolik entwirft. Daß die Symbole selbst aus der eher niederen literarischen Sphäre der Kanzonettendichtung stammen - vgl. die Auflistung von Tiermetaphern zu Beginn dieses Kapitels - und im Gegensatz zu Tassos Sonett mit einem heiteren, zuweilen ironischen Ton kokettieren, stellt einen weiteren Beleg für den grundsätzlichen Geschmackswandel um die Jahrhundertwende dar, wie er im Verlauf dieser Arbeit mehrfach festzustellen sein wird.

Inwieweit hat nun die Kenntnis dieser Zusammenhänge Einfluß auf das Verständnis von Merulas Vertonung, anders gefragt - hat der Komponist seinerseits in der musikalischen Umsetzung Wege gesucht, auf die verschiedenen sinnbildlichen Ebenen der Textvorlage Bezug zu nehmen oder auch den ironischen Brechungen Ausdruck zu verleihen? Merulas Komposition[125] zeigt - ähnlich wie in einer Reihe weiterer Stücke - eine Vorliebe für die Bildung klar definierter musikalischer Abschnitte, in denen jeweils mehrere Verse und damit auch mehrere *soggetti* zusammengefaßt sind. Wie auch im Gedicht ist der größte Einschnitt vor dem letzten Abschnitt anzusetzen, hervorgehoben durch den Wechsel der Taktvorzeichnungen von **C** zu **3** sowie durch die Tatsache der Wiederholung des letzten Teils mit einer anschließenden zweitaktigen ›Coda‹, in der wieder in das geradtaktige Ausgangsmetrum zurückgewechselt wird. Alle vier der in ihrer Dauer ungefähr gleich langen Teile enden mit einer vollständigen Kadenz in der Grundtonart G und nur der zweite Abschnitt beginnt mit einem langausgehaltenen E-Dur-Akkord in einer anderen Tonart. Jeder der vier Teile hat eine ganz eigene musikalische Prägung erhalten, so daß man auch hier - wie Allsop dies für Me-

[125] Eine Edition des Stückes hat erstmals Carlotti veröffentlicht in: Carlotti (1986), S. 379-86; eine eigene Edition findet sich im Notenteil, S. 445-448.

rulas Instrumentalstücke vorgeschlagen hat[126] - von einer im Grunde mehrsätzigen Anlage der Komposition sprechen könnte. Der erste und der dritte Abschnitt sind - wenn auch deutlich unterschieden in der melodischen Gestaltung wie auch in der Periodenbildung - gleichermaßen durch einen in Vierteln voranschreitenden Baß sowie in den Singstimmen vorherrschende Achtelbewegung charakterisiert, während dagegen im zweiten Abschnitt durch eine halb so schnelle Bewegung in halben Notenwerten innerhalb der Baßstimme der Eindruck eines langsameren Tempos entsteht. Nicht nur durch den Taktwechsel, sondern auch durch die Verwendung des *Ciaccona*-Modells als Baßostinato stellt der letzte Abschnitt den schnellsten Satz der Komposition dar.

Der erste aus zehn Takten bestehende Teil beginnt auf höchst irritierende Weise mit einer durchaus als Ostinato zu bezeichnenden Aneinanderreihung von zumeist vollständigen Kadenzen in der Grundtonart im Baß, doch verlaufen diese nicht im Metrum des vorgezeichneten geraden Taktes, sondern in einem imaginären Dreiertakt, dessen Schwerpunkte sich gegenüber dem geraden Takt also unaufhörlich verschieben. Darüber deklamieren die Singstimmen jedoch in einem geradtaktigen Metrum, auch wenn dieses seinerseits nicht selten - wie bereits im ersten Takt - gegenüber den normalen Taktschwerpunkten verschoben ist. Bereits hieraus resultiert, daß die Schwerpunkte in den Stimmen nur selten zusammentreffen, doch hat Merula zudem in der auch hier wieder mehr harmonisch als melodisch konzipierten Melodieführung der Oberstimmen dafür gesorgt, daß die durch die Kadenzen im Baß entstehenden Erwartungen musikalischer Logik zumeist geradezu systematisch enttäuscht werden, so daß also den Kadenzformeln im Baß nur selten auch eine Kadenzwirkung entspricht. Bereits im ersten Takt bricht die Melodieführung der Oberstimme nach einer ersten Floskel ausgerechnet auf dem Leitton ab, anstatt zum Grundton hinzuführen, der auch nach einer Achtelpause durch Abspringen in die Quinte nach *d* vermieden wird. In der zweiten Kadenz wird statt der zu erwartenden Weiterführung des Sequenzganges mit regulärem Erreichen des Grundtons in die Terz ausgewichen, die dritte Kadenz sieht wieder eine Pause in der Oberstimme, der allerdings diesmal nicht der Leitton vorangeht, in der vierten Kadenz fallen zwar erstmals die Akzente zwischen beiden Stimmen wieder zusammen, doch verhindern die Achtelpause auf der fünften Stufe, sowie das erneute Ausweichen der Oberstimme in die Terz auch hier eine Schlußwirkung, die zwischen dem bisher allein geführten Canto I und dem Baß erst in der fünften Kadenz (Takt 2) auskomponiert ist, hier allerdings beeinträchtigt durch den nicht aufgelösten Leitton des Canto II, der die vom Canto I bereits vorgestellten Verse nun seinerseits unverändert wiederholt. Erst in Takt 6 kadenzieren erstmals alle drei Stimmen nach A-Dur, bevor durch Sequenzierung mit gleichzeitigem Stimmtausch in den beiden Oberstimmen am Ende des Taktes die Ausgangstonart und damit auch eine erste kleinere Zäsur erreicht ist.

[126] Allsop (1992), S. 126ff.

Obwohl sich die in Vierteln voranschreitende Baßbewegung auch in der unmittelbar anschließenden zweiten Hälfte des ersten Abschnitts fortsetzt, scheint das bisherige Kadenzostinato zunächst ausgesetzt, denn in Takt 7 findet sich anfangs ein aufwärtsgerichteter chromatischer Gang, über dem eine nicht ganz streng sequenzierende Vertonung des dritten Verses im Canto II anzutreffen ist, die ihre Verwandtschaft mit dem ersten *soggetto* nicht leugnet. Doch bereits ab Takt 8 kehrt Merula für den Rest des Abschnitts wieder zur Idee des Kadenzostinatos zurück, wenn auch in verschlüsselter Form, da es hier auf ein bloßes Springen zwischen erster und je zweimal erklingender fünfter Stufe reduziert, die vierte Stufe also jeweils fortgelassen ist. Allerdings ist der Satz so angelegt, daß in den Takten 8-9 diejenige Achtel, mit der nun jeweils die fünfte Stufe - zunächst in G-Dur bzw. in Takt 9 dann in a-Moll - erstmals erreicht wird, eigentlich als vierte Stufe erklingen müßte, um dem Satz musikalische Kohärenz zu verleihen. Merula hat hier gezielt ›falsche‹ Noten geschrieben, die dazu führen, daß anstelle vollständiger Kadenzen merkwürdig hohle Fortschreitungen erklingen und die ganze Passage ohne innere Entwicklung gleichsam leerdrehend auf der Stelle tritt.

Was ist der Zweck dieses ebenso kunstreichen wie planvollen Verwirrspiels, dieser bewußten Destruktion musikalischer Logik? Die Aufeinanderfolge fast immer gleicher Kadenzformeln im Baß ist für sich genommen noch nichts Außergewöhnliches: Auch in Claudio Monteverdis 1650 postum veröffentlichter Psalmvertonung *Laetatus sum* findet sich die Idee eines derartigen Kadenzostinatos, und zwar gleichfalls in G-Dur, doch bildet dieses bei Monteverdi einen ganz regelmäßigen gehenden Baß in geradem Takt, wodurch ein solides Fundament für die Singstimmen und obligaten Instrumente gebildet wird.[127] Bei Merula geschieht jedoch etwas gänzlich anderes - während durch die geradezu insistierende Wiederholung der Kadenzwendung die Grundtonart zu Beginn schon beinahe allzu sehr (*troppo*) bekräftigt zu werden scheint, haben die beschriebenen melodischen Ausweichungen in der Singstimme und insbesondere die ständigen Akzentverschiebungen zwischen den Stimmen eine entgegengesetzte Wirkung - trotz der überbetonten tonartlichen Bestimmtheit wird durch die Behandlung der Parameter Rhythmus und Melodie eine klare Periodisierung und damit eine unmittelbare Orientierung fast schon systematisch verhindert, der Tonsatz selbst scheint - metaphorisch gesprochen - ein Stück weit den Boden unter den Füßen zu verlieren und hängt gewissermaßen in der Luft, jenem Element, von dem das lyrische Ich des Gedichts sich ernährt. Auch die Chromatik in Takt 7, die keinerlei unmittelbar wortausdeutenden Zwecken dient, mag statt dessen eher ironisch die Qual des lyrischen Ichs andeuten, dem es vielleicht doch nicht ganz so leicht fällt, sich jeder anderen Verlockung zu enthalten, und das anschließende leere Kreisen des Satzes mit den merkwürdigen, bewußt verschleierten Kadenzen könnte durchaus in Beziehung zur Auszehrung des chamäleonartigen Liebhabers zu setzen sein.

---

[127] Vgl. hierzu auch Leopold (^{2}1993), S. 139f.

Daß Merula tatsächlich ein ausgesprochener Sinn für die ironischen Untertöne der Vorlage nicht erst angedichtet werden muß, wird - wenn bislang daran noch Zweifel bestehen sollten - spätestens im zweiten Abschnitt der Komposition deutlich, der die Vertonung der Verse 4-6 umfaßt. Wenn in einem ruhenden E-Dur-Klang die Miene der Angebeteten als wahre und einzige Speise gepriesen wird, so mag das plötzliche Abspringen des Basses in die dissonante Unterquint bei »unico« und der dadurch herbeigeführte Septnonen-Klang (Takt 12) noch als eine weitere, bloße Irritation erscheinen - eine die konventionellen Regeln überschreitende Einführung der Dissonanz, wie sie etwa Monteverdi zu Beginn des Jahrhunderts für den Ausdruck von Grausamkeit oder höchster Qual reserviert hätte. Man erkennt Methode darin, wenn wenig später das Angesicht der Angebeteten (»viso«) durch einen Quartvorhalt charakterisiert wird, wobei die Sekundreibung zwischen den beiden Singstimmen - wie etwa zu Beginn von Monteverdis *Ah dolente partita* - erreicht wird durch einen Ganztonschritt aufwärts im Canto I aus einem vorangegangenen Unisono der beiden Gesangsstimmen, und wenn schließlich ausgerechnet das Wort »paradiso« mit einer Folge aus Septimenakkord, Quartsextakkord und neuerlichem Quartvorhalt belegt wird (Takt 15 sowie 18/19), an der zweiten Stelle wiederum durch den schon auf dem Wort »unico« angetroffenen Quintfall in die Unterseptime. Während in Monteverdis Idee einer *seconda pratica* derartiges einzig durch Textausdruck legitimiert sein konnte, spielt Merula nun umgekehrt mit diesen pathetischen Stilmitteln des ernsten Madrigals, indem er sie für Textstellen verwendet, in denen eine buchstäbliche Wortausdeutung das genaue Gegenteil unternehmen müßte - bereits antike Autoren wie der Auctor ad Herennium zählten das *contrarium* zu den möglichen Arten der Allegorie, wenn man nämlich »zum Spaß das Gegenteil des Gemeinten« sage.[128] Durch den offensichtlichen Gegensatz der musikalischen Stilmittel zu den Worten schafft Merula jene ironische Distanz, die auch Gattis Gedichtvorlage selbst kennzeichnet, doch verrät seine Musik auf Grund der darin mitkomponierten Bedeutungskomponente zugleich, was sich in Wahrheit hinter der paradiesischen, einzigartigen Schönheit des Gesichts verbergen mag - die Idee eines *paradiso infernale* war in der zeitgenössischen Lyrik spätestens seit Giambattista Marino vertraut, dessen Sonett *Amor, com'esser può che per mia doglia* von einer *Donna bella e crudele* handelt. Im abschließenden Terzett wird darin die Grausamkeit, die in einem schönen Antlitz wohnt, darauf zurückgeführt, daß auch das Paradies seine Furien besitze.[129]

Im dritten Abschnitt (Takt 19-27), der die Vertonung der Verse 7-8 umfaßt, kehrt Merula zu einem gehenden Baß zurück, und zwar mit deutlich längeren, doch auch hier nicht regelmäßigen Perioden; vollständige Kadenzen finden sich in unregelmäßigen Abständen und erreichen abgesehen von G-Dur nur C-Dur

---

[128] W. Freytag, *Allegorie, Allegorese*, in: HWR, Bd. I, Spalte 333.

[129] Marino (1982), S. 68 und 131f. Umgekehrt findet sich ebenfalls bei Marino in *Già più volte tremante* die Vorstellung, daß allein ein Blick oder ein Lächeln der Geliebten die Hölle der Qualen ins Paradies verkehren könne; vgl. Laki (1989), S. 378; eine solistische Vertonung des letzteren Textes von Marc' Antonio Negri aus dem Jahre 1611 ist ediert bei Leopold (1995), Bd. II, S. 18-19.

und A-Dur, doch entsteht durch die kontinuierliche Viertelbewegung kein wirklicher Ruhepunkt und zudem durch die Art der Baßlinienführung ein Eindruck ständiger Ambivalenz. Dies erreicht Merula durch die Verknüpfung von zwei fast beliebig miteinander kombinierbaren Motiven - einer diatonisch ansteigenden Melodielinie und einem stufenweise abwärts sequenzierenden Terzfallmotiv. Beide Motive führen von sich aus nicht auf ein klar definiertes Ziel hin, können also einerseits unendlich fortgesetzt werden - wie Merula dies in anderen seiner Werke demonstriert - jedoch ebenso unvermittelt ineinander übergehen. Der Eindruck von Ambivalenz entsteht dadurch, daß beliebig - und Merula benutzt dies sehr gezielt - nach jedem Ganztonschritt aufwärts entweder ein weiterer diatonischer Schritt nach oben (Fortsetzung mit dem ersten Motiv), ein Terzfall (Fortsetzung mit dem zweiten Motiv) oder auch ein Quintfall bzw. Quartsprung und damit eine Kadenz folgen könnte. Nach einer Kadenzwendung mit Quintfall fährt Merula zudem an zwei Stellen mit einem Quartsprung und anschließenden Terzfallsequenzen fort (Takt 22 und 24), so daß beinahe der Eindruck entsteht, der Quintfall sei nur eine fast zufällig zu tief geratene Terz. Merula dürfte mit dieser ständig changierenden Vieldeutigkeit bewußt versucht haben, eine musikalische Entsprechung für die Möglichkeit jederzeitigen Farbwechsels des Chamäleons zu erfinden, eine Art ›music of changes‹, in der alles sich aus allem entwickelt und auch in alles übergehen kann.

Gestützt wird diese Deutung durch die nicht minder seltsame Konstruktion der beiden jeweils einen Vers umfassenden *soggetti* in den Oberstimmen, denn streng genommen handelt es sich gar nicht um zwei verschiedene, gar kontrastierende Ideen: Während für den Vers »Ond'io son fatto, e tu mirarlo puoi« offensichtlich ist, daß es sich melodisch gesehen um einen einfachen Quintgang abwärts mit Pausen und mehreren Tonrepetitionen handelt, macht insbesondere die Überlagerung der beiden *soggetti* in Takt 23 deutlich, daß die Vertonung des zweiten *endecasillabo* »Camaleonte de' begli occhi tuoi« im Grunde eine Umspielung desselben Quintgangs mit Anfang und Ende im Unisono darstellt, also gleichsam nur der Farbgebung nach von der Vertonung des vorangegangenen Verses abweicht. Nicht zufällig ist sicherlich außerdem gerade das Wort »mirar« jeweils durch einen Septimenakkord besonders hervorgehoben (Takte 20, 22, 23, in den Takten 25 und 26 dann innerhalb einer ganzen Kette von Septimnonen- und Septimakkorden), handelt es sich dabei doch um das Schlüsselwort für das Erkennen des Farbwechsels beim Chamäleon.

Für die mit dem Salamander verbundenen ikonologischen Gehalte hat Merula schließlich im vierten und letzten Abschnitt das vielleicht am unmittelbarsten verständliche musikalische Äquivalent gefunden, indem er die *Ciaccona*, den ›feurigsten‹ und wegen seiner Laszivität verrufensten Tanz der Zeit, als Allegorie für das Feuer verwendet, durch das der Salamander unbeschadet geht. Auffällig ist, daß Merula hier den ostinaten Baß nicht als Folie für möglichst vielfältige Variationen in den Oberstimmen nutzt, wie in einigen anderen seiner Kompositionen, daß sich vielmehr die Singstimmen in den ersten Takten parallel zum Baß bewegen, ja sogar zunächst allein die charakteristische, eigentlich zur Baßlinie gehörige Gruppe von drei unbetonten, auf einem Ton repetierten Viertel übernehmen, die mit anschließendem Terzgang abwärts zum Grundmotiv für das gesamte erste und auch den Beginn des zweiten *soggetto* wird. In Takt 29 wird das Motiv mit kleineren Veränderungen diatonisch aufsteigend sequenziert, und erst im Anschluß daran findet es ab Takt 32 erstmals seinen angestammten Platz in der Baßlinie, in Takt 34 werden dann auch einmal Canto II und Baß parallel geführt. Sind die Oberstimmen zu Beginn des *Ciaccona*-Abschnitts also, indem sie dessen Motivik aufgreifen, gewissermaßen ein Teil des Feuers, so treten sie ab Takt 32 in einen Gegensatz zum Baß, bewegen sich in längeren Notenwerten und machen ihre Unabhängigkeit nicht nur durch ganz eigenständige und unregelmäßige, gegen den ohnehin unruhig synkopierten Rhythmus der *Ciaccona* gesetzte Akzente deutlich, sondern auch dadurch, daß sie von den durch ihr eigenes Verharren entstehenden dissonanten Durchgängen in ihrem weiteren Fortgang gänzlich unbeeindruckt bleiben - ganz wie der Salamander im Feuer. Ob schließlich die beiden nach der Wiederholung des gesamten Abschnitts angefügten Schlußtakte, in denen Merula zum geraden Takt zurückkehrt und das *Ciaccona*-Modell nicht mehr verwendet, als ein Verlöschen des Feuers zu interpretieren sind, wozu der Salamander bekanntlich durch seine außerordentliche Kälte imstande ist, oder ob es sich nur - wie in einer Reihe anderer Ostinatostücke Merulas - um eine formale Möglichkeit handelt, den Ostinatoteil abzuschließen, dürfte nur schwer zu entscheiden sein, ändert aber nichts an dem zuvor Gesagten.

Merula schafft in *Egli è pur troppo vero* eine musikalische Umsetzung des Textes und seiner ikonographischen Bedeutungen, die im Kontext des zeitgenössischen *madrigale concertato* in mehrfacher Hinsicht ungewöhnlich ist. Seine Vorgehensweise ist weder unmittelbar wortausdeutend im Sinne der Verwendung von Madrigalismen oder einfachen rhetorischen Figuren, noch geht er vom Affekt der Vorlage aus und versucht, vorrangig diesen in seiner Musik darzustellen; statt dessen arbeitet er mit komplizierten, teilweise höchst spitzfindigen musikalischen Verweisen auf in der Vertonung einzelner Abschnitte verborgene Sinnbezüge, deren Entschlüsselung nicht selten einen Gedankensprung oder eine Übertragungsleistung (*translatio*) voraussetzt, damit das Gemeinte überhaupt verstanden werden kann. So deutet Merula musikalische Stilmittel in unangemessenen Kontexten für ironische Brechungen um, treibt ein zuweilen kompliziertes Verwirrspiel mit den Konventionen des Tonsatzes zur Versinnbildlichung bestimmter verborgener Gehalte des Textes oder nutzt bekannte musikalische *patterns* - in diesem Fall u.a. das *Ciaccona*-Modell - als allegorische Chiffren für außermusikalische Ideen. Die musikalische Umsetzung verhält sich in *Egli è pur troppo vero* in ähnlicher Weise zur Textvorlage, wie in der emblematischen Literatur der Zeit die *subscriptio* zur *pictura* eines Emblems:[130] Merulas Musik stellt nicht die konkreten Tiere Chamäleon und Salamander und damit den unmittelba-

[130] Vgl. hierzu die bereits dargelegten Definitionen von Sabine Mödersheim, *Emblem, Emblematik*, in: HWR, Bd. II, besonders Spalten 1098-1099 und 1103-1104.

ren, vordergründigen Sinn der Worte des Gedichtes dar - diese unmittelbar wahrnehmbare Ebene ist hier der emblematischen *res* vergleichbar, wie sie auf der Bildkomponente eines Emblems dargestellt ist - sondern jene abstrakten, übertragenen Bedeutungszusammenhänge, auf die die Tiere im Gedicht verweisen. Insofern gewinnt die Musik hier - ähnlich einer emblematischen *subscriptio* - kommentierenden, auslegenden Charakter und wird auf Grund der Darstellung übertragener Bedeutungen weitaus schwerer verständlich als etwa einfache musikalische Wortmalerei. Merulas dunkle, teilweise fast enigmatische Allegorik in *Egli è pur troppo vero* bildet keine wiedererkennbaren, allgemein verständlichen musikalischen Symbole aus und ist insofern sicherlich nicht ohne weiteres auf andere musikalische Zusammenhänge übertragbar. Doch läßt sie sich wohl mit weitaus größerem Recht als ›emblematisch‹ verstehen als etwa die Verwendung des absteigenden Molltetrachords, der - wie bereits dargelegt - eher einen musikalischen Topos für Klage darstellt.

Wie sehr Merula in *Egli è pur troppo vero* von älteren Modellen der Madrigalvertonung abweicht, macht ein kurzer Seitenblick auf die erwähnten Vertonungen von *Qual vive Salamandra in foco ardente* bei Marenzio und Sweelinck deutlich. Marenzios sechstimmige Version von 1581[131] weist einen homophonen Beginn auf mit zunächst sehr ruhiger Deklamation in langen Notenwerten in allen Stimmen bei den Worten »Qual vive« (Mensuren 1-4) - so ruhig wie der Tonsatz hier gehalten ist, so lebt in unmittelbarer Umsetzung des Textsinns der Salamander, der seinerseits wie auch das Feuer durch einen unmittelbar anschließenden Wechsel zu einem ungeraden Metrum innerhalb des *Alla breve*-Takts mit ebenfalls homophoner Deklamation in den Oberstimmen charakterisiert wird. In den beiden folgenden Versen »E ne gioisce poi / Così il mio core in voi« wird die Parallelität des Vergleichs durch die Wiederholung desselben, gleichsam doppelchörig vorgetragenen *soggetto* hervorgehoben, dessen Motivbildung an die Tradition der *Canzonetta* gemahnt. Auffällig im weiteren Verlauf einige unmittelbar das Einzelwort ausdeutende Elemente wie das Melisma auf »ardente« (Mensuren 24-26) und die durchaus konventionelle Tiefalteration der sechsten Stufe *e* zu *es* bei »duol« (Mensuren 33-31) - obwohl der Vers ganz im Gegenteil gerade aussagt, daß kein Schmerz gefühlt werde. Der durch eine nur geringfügig veränderte Wiederholung ebenso lange zweite Teil der Komposition (Mensuren 36-71) umfaßt die Vertonung der beiden letzten Verse, in denen Marenzio erneut mit dem Wechsel homophoner und doppelchöriger Satzanlage operiert und zudem an einige der Motivelemente aus dem ersten Teil anzuknüpfen scheint - so im Wiederaufgreifen des mit der Vorstellung von Freude (»gioisce«) verbundenen Quartfallmotivs im Canto bei »Viver in fiamma« (Mensuren 43-44 etc.) oder in erneuter Verwendung der allerdings diesmal nicht auf ein einzelnes Wort bezogenen Tiefalteration (Mensuren 47-50 und 65-69).

[131] Marenzios Version ist ediert in: Marenzio (1978), S. 22-25.

Jan Pieterszoon Sweelincks dreistimmige Vertonung desselben Textes aus dem Jahre 1612[132] erweist sich als eine direkte Umarbeitung von Marenzios Komposition, allerdings mit zahlreichen, nicht nur durch die Reduktion der Stimmenzahl zu erklärenden Änderungen.[133] Marenzios homophonen Beginn bearbeitet Sweelinck - hier wie im ganzen Stück unter weitgehender Beibehaltung der originalen *soggetti* - in polyphoner Manier, wodurch die bei Marenzio angestrebte ruhige Wirkung zumindest teilweise verlorengeht. Zudem operiert Sweelinck bereits hier mit Melismen auf »ardente«, die er dann später bei »ardendo ha vita« im Gegensatz zu Marenzio nicht nur sparsam in einer Stimme, sondern in allen drei Stimmen - teilweise auch parallel oder gegenläufig geführt - vorschreibt. Das Aufgeben der wörtlichen Wiederholung bei den Versen 2-3 deutet wie bereits die Änderung des Anfangs darauf hin, daß Sweelinck wohl Marenzios Motivation, dadurch die Parallelität des Vergleichs zum Ausdruck zu bringen, nicht erkannt haben mag. Die Alteration bei »duol«, die Marenzio erst nach einer vollständigen Kadenz eingeführt hatte, hebt Sweelinck weit stärker hervor, indem er sie in einer trugschlüssigen Wendung erreicht (Mensur 20). Erst im zweiten Teil läßt Sweelinck dann in Anlehnung an die Vorlage auch längere homophone Passagen zu. Ob es sich bei seiner Fassung um ein bloßes Arrangement von Marenzios Komposition aus aufführungspraktischen Gründen handelt oder vielleicht zugleich, worauf einige der genannten signifikanten Änderungen hindeuten, um einen Versuch, die Vorlage im Sinne einer bewußten Auseinandersetzung mit dem Vorbild (*aemulatio*) zu überbieten, ist nur schwer zu entscheiden. In beiden Versionen steht im Vergleich zu Merulas *Egli è pur troppo vero* jedoch die musikalische Umsetzung des Einzelwortes im Vordergrund, Ansätze dafür, daß ganze Abschnitte als musikalische Sinnbilder fungieren - wie dies bei Merula gezeigt wurde - finden sich jedoch nicht.

Vom vermeintlichen Glück der gefangenen Nachtigall - ›Io vorrei diventar quel rosignuolo‹

Obwohl Merula auch neben *Egli è pur troppo vero* mehrfach Textvorlagen mit Tiermetaphern verwendet hat, ist doch eine vergleichbare Komplexität der Metaphorik und ihrer Verständlichkeit durchaus nicht die Regel. Dies liegt einerseits an der spezifischen Art der Verwendung der jeweiligen Metaphern in den Textvorlagen, jedoch häufig auch daran, daß nicht allen Tierarten - wie bei Chamäleon und Salamander - in der naturkundlichen, ikonologischen und emblemati-

[132] Sweelincks Version ist ediert in Sweelinck (1990), S. 102-105.

[133] Sweelinck konnte Marenzios Madrigal nicht nur aus dem Originaldruck kennen, es war auch nördlich der Alpen nachgedruckt worden, und zwar herausgegeben von Friedrich Lindner im zweiten Teil der *Gemma musicalis* von 1589 in Nürnberg; vgl. Dumont (1989), Bd. II, S. 7.

schen Literatur eine ähnliche Vielfalt von Eigenschaften und allegorischen Bedeutungen zugeschrieben wurde; bei einigen Tieren sind zudem die entsprechenden Konnotationen bis heute fast ungebrochen verständlich geblieben und deshalb vielleicht auf den ersten Blick weniger rätselhaft.

Einen Fall vergleichsweise unkomplizierter Tiermetaphorik, deren Sinn sich weitgehend aus dem Gedicht selbst erschließt, stellt etwa die *ottavarima*-Strophe *Io vorrei diventar quel rosignuolo* aus der Feder eines unbekannten Autors[134] dar, deren Vertonung Merula bei der Wiederveröffentlichung seiner *Madrigaletti* im Jahre 1642 neu in die Sammlung aufgenommen hatte:

Io vorrei diventar quel rosignuolo,	Ich möchte diese Nachtigall wohl werden,
Dolce mio ben, che tieni in tuo domino;	mein süßer Schatz, die du in deinem Reich dir hältst,
Perchè potessi star dì e notte solo,	da ich dann Tag und Nacht allein mit dir
Teco rinchiuso, nel tuo camerino.	in deinem Zimmer eingeschlossen bleiben könnte.
Io ti racconterei qual sia il mio duolo,	Dann würd ich dir von meinem Schmerz erzählen
Con soave garir, così pianino;	mit zartem und ganz leisem Girren,
E tu con la tua man vezzosa e bianca,	und du mit deiner lieblich weißen Hand,
D'accarezzarmi mai saresti stanca.	du würdest niemals mich zu streicheln müde.

Auch hier findet die Identifikation eines lyrischen Ichs mit einem Tier - in diesem Fall einer Nachtigall - statt, allerdings weniger auf Grund von deren allegorischen Bedeutungen als der konkreten Situation, in der sich das Tier befindet. Der Nachtigall wird nämlich im Gedicht eine privilegierte Behandlung zuteil, die dem Ich höchst erstrebenswert zu sein scheint - sie darf tagsüber und vor allem auch in der Nacht mit der ungenannten Schönen in deren Zimmer eingeschlossen bleiben und erhält zum Lohn für ihren Gesang ein Maß an zärtlicher Zuwendung, von dem das Ich offenbar nur träumen kann. Daher der gleich im ersten Vers geäußerte Wunsch, nicht nur die Stelle des Vogels einzunehmen, sondern

[134] Ein ähnliches Thema findet sich bereits bei Giambattista Marino im zweiten Teil der Lira, wo unter der Überschrift *Amante in usignolo* das Madrigal XXXVIII folgendermaßen lautet: »Foss'io quel Rossignuolo / Caro ad Elpinia tanto / Care le forse fora anch'il mio canto / Tu che già canto e volo / Desti di cigno a giove / Darmi poi solo Amor forme sì nove / Sien piume i miei desiri / Sien aure i miei sospiri e voli anch'io / Ed habbia in quei begl'occhi il nido mio. / Ah, non vi spieghiam l'ali / Ch'io veggio intorno i lacci entro gli strali.« zitiert nach der zweistimmigen Vertonung bei Francesco Petratti, *Il Primo Libro d'Arie*, Venedig 1620 (NV 2203), vgl. auch die Deutung bei Schulze (1978), S. 154-55. Eine weitere Vertonung des Textes 1627 durch Giovanni Ceresini (NV 547) nennen Simon / Gidrol (1973), S. 162.
Ebenfalls in Marinos *Lira* findet sich das folgende, *Usignolo* überschriebene Madrigal, worin die freiheitsliebende Nachtigall zur Botin des unglücklichen Liebhabers an die Geliebte werden soll: »O vago Rossignuolo / O del selvaggio amorosetto Choro / Degli alati Cantor mastro Canoro / Mentre libero e solo / Di faggio in faggio e d'un in altro alloro / Canti spiegando il volo / Con sì dolce armonia / Le canzon già composte a freddi giorni / S'egli averà che torni / Fra questi boschi mai Licinia mia / Dille per cortesia / Questo torbido qui fonte vicino / Uscì degl' occhi al tuo fedel Carino«; zitiert nach der zweistimmigen Vertonung von Marc' Antonio Negri in dessen *Affetti amorosi*, Venedig 1611 (NV 2015).

sich sogar in diesen zu verwandeln. Die Gefangenschaft, die das Tier ungefragt erdulden muß, würde der Liebhaber freiwillig auf sich nehmen, erscheint sie ihm durch die Nähe zur Geliebten doch begehrenswerter als die Freiheit. Dieser Punkt ist insofern relativ ungewöhnlich, da häufig in der Lyrik der Zeit gerade die Flucht eines Vogels aus der Gefangenschaft thematisiert wird, in dem auch von Merula vertonten Madrigal *Fuggio quel disleale / Vago augellin cui la tua man nodria* als Zeichen von Undankbarkeit, in dem gleichfalls von Giambattista Marino stammenden Sonett *Fuor della man campato, e sciolto / Fuggitivo augelletto, ove ne vai* werden umgekehrt gerade die wiedergewonnene Freiheit des Vogels und die andauernde Gefangenschaft des Liebenden gegenübergestellt.

Während die gefangene Nachtigall, die bekanntlich aus Liebesschmerz singt, durch die Zärtlichkeiten der Dame kaum von ihren Schmerzen erlöst werden dürfte, erhofft sich der unglückliche Liebhaber von seinem herbeigesehnten Nachtigallendasein genau dies - dann hätte er die Möglichkeit, der Angebeteten mit so zarten, leisen Tönen darzulegen, worin sein Liebesschmerz besteht, daß er daraufhin unaufhörlich von ihr Liebkosungen entgegennehmen könnte. Da er zur Nachtigall geworden wäre, bräuchte er - dies bedarf keiner eigenen Erwähnung - auch nicht zu fürchten, daß ihr sein Lied vielleicht gar nicht gefallen könnte, gilt die Nachtigall doch unangefochten als beste und vielseitigste Sängerin unter allen Vögeln.[135]

Tatsächlich ist die Nachtigall in der naturkundlichen wie auch der ikonologischen und emblematischen Literatur fast ausschließlich im Zusammenhang mit ihren gesanglichen Fähigkeiten erwähnt. Petrus Candidus etwa widmet ihr einen ausführlichen Artikel, worin er sie als Botin des kommenden Tages wie auch des Frühlings bezeichnet und erwähnt, sie sei »so leidenschaftlich beim beständigen Singen, daß sie eher an Entkräftung sterben wollte, als ihr melodisches Lied zu unterbrechen.« Ihre musikalischen Fähigkeiten werden ausführlich gerühmt:

> »Daß aber eine so umfangreiche und ausdauernde Stimme in einem so winzigen Körperchen wohnt, hält man an ihr als an erster Stelle für bewundernswert. Schließlich bewundern wir bei ihnen auch die vollkommene Kenntnis der Musik, denn sehr vielgestaltig können sie ihre Stimme formen: Bald ist der Ton in die Länge gezogen, bald abwechslungsreich moduliert, oder er wird zerlegt und dann in veränderter Zusammensetzung vorgetragen. Aus lauter Einbildung unterhält sie sich bisweilen mit sich selbst. Ihr Gesang ist voll und schwer, klar, festlich, gedehnt oder vibrierend und gelegentlich dazwischenliegend, von hoch nach tief herabsteigend und, um es in Kürze zu sagen: Alle Eigenschaften, die vom Menschen für die vorzüglichste Flötenmusik erdacht wurden, sind in dieser derart kleinen Kehle gegenwärtig.«[136]

---

[135] Daß diese Hoffnung durchaus nicht selbstverständlich ist, macht Marinos Madrigal *Foss'io quel Rossignuolo* deutlich, da hier der Liebhaber nur darauf hoffen kann, nach seiner Verwandlung aus Liebe werde der Geliebten vielleicht sein Gesang gefallen; vgl. Schulze (1978), S. 154.

[136] Zitiert nach der deutschen Übersetzung in: Candidus (1993), S. 36-37.

So verwundert es nicht, daß die Nachtigall bei Cesare Ripa neben Schwan und Zikade zu jenen Tieren gehört, die bei personifizierten Darstellungen der Musik anzutreffen sind: »Il Rosignuolo era simbolo della musica per la varia, suave, dilettevole melodia della voce.«[137] In den 1566 in Antwerpen erschienenen *Emblemata* des Joannes Sambucus wird die Nachtigall Homer, der Schwan hingegen Orpheus zugeordnet, wobei letzterem zwar der größere Ruhm zukomme, Homer aber, wie der Nachtigall, eigentlich der erste Rang gebühre.[138] Daß der Nachtigall der erste Rang unter den Sängern zukommt, macht auch der Wettstreit zwischen Kuckuck und Nachtigall deutlich, auch wenn dort der Esel als Richter dem Kuckuck den Sieg zuspricht.[139] Die bekannte Geschichte wurde 1555 bei Achille Bocchi in den *Symbolicarum quaestionum* unter dem Motto »Ein untauglicher Richter ist schlimmer als die schlimmste Pest« wiedergegeben, wobei das Epigramm ausführt:

> »Jene aber (die Nachtigall) wendet sich an jeden Menschen, den sie irgendwo sieht, und trägt sogleich ihren Fall vor und singt sorgfältig, um seinen Beifall zu erlangen und sich von dem Unrecht, das sie vom Esel empfangen hat, zu befreien«.[140]

Derartige Wettkämpfe scheinen häufiger mit dem Wesen der Nachtigall in Verbindung gebracht worden zu sein[141] und haben ihr den Ruf eingetragen, sie sei ehrgeizig. So wird angeführt, die beim Wettstreit mit einer anderen Nachtigall unterlegene Konkurrentin singe sich zu Tode - eine Warnung vor übermäßigem Ehrgeiz in Kunst und Wissenschaft - ebenso wie sich die Nachtigall auf ihr Spiegelbild im Wasser stürze, darin eine Konkurrentin erblickend, doch gilt sie andererseits auch als geduldige Lehrerin ihrer Kinder.[142]

Während die bisher genannten Eigenschaften mit der von Merula vertonten *ottavarima*-Strophe vermutlich kaum direkt in Verbindung zu bringen sein dürften, könnte dies bei zwei Stellen, die mit dem Verlust der Stimme der Nachtigall zu tun haben, vielleicht erwogen werden: So berichtet einerseits Petrus Candidus unter Berufung auf Plinius, daß »dieser Vogel, sobald er sich zu paaren beginnt, die Lieblichkeit seiner Stimme verliert«,[143] und Adriaan de Jonge führt in seinen *Emblemata* von 1565 aus: »Die Nachtigall, die Botin des Frühlings, verstummt, ist sie im Käfig eingesperrt. Knechtschaft ist Gefangenschaft des Geistes und

---

[137] Ripa (1992), S. 309.

[138] Henkel / Schöne (1978), Spalten 1610-11.

[139] Noch Gustav Mahler hat in seinen Vertonungen nach Gedichten aus *Des Knaben Wunderhorn* in einer im Jahre 1896 entstandenen Vertonung einen ›Wettstreit des Kuckucks mit der Nachtigall‹ unter dem Titel *Lob des hohen Verstandes* behandelt; vgl. Mitchell, Donald, *Mahler, Gustav*, in: NG, Bd. 11, S. 528.

[140] Henkel / Schöne (1978), Spalten 519-20.

[141] Schon bei Candidus (1993), S. 37.

[142] Vgl. hierzu Candidus (1993), S. 37; sowie Henkel / Schöne (1978), Spalten 870-72.

[143] Candidus (1993), S. 37.

lähmt mit ihrer Fessel auch die Zunge«.[144] Beides könnte dafür sprechen, daß sich der Liebhaber in seinen Erwartungen an ein mögliches Nachtigallendasein grundsätzlichen Täuschungen hingibt - sei es, daß er wie der Vogel damit rechnen müßte, durch die Gefangenschaft die Stimme zu verlieren, sei es, daß dies gerade durch die erhofften Zärtlichkeiten der Angebeteten geschehen könnte, denn der Grund für schmerzvolle Klage würde ja spätestens dann entfallen. Doch endet der im Gedicht angestellte Vergleich, bevor dieser kritische Punkt überhaupt erreicht werden könnte, denn natürlich handelt es sich auch bei dieser Verwandlungsvision wiederum nur um eine unerfüllbare Wunschvorstellung.

Merula hat seine Vertonung des Textes, die 1642 in der erweiterten Neuauflage der *Madrigaletti* im Druck erschien, in vier miteinander kontrastierenden Abschnitten angelegt, denen als Textgrundlage jeweils zwei der acht *endecasillabi* zugrunde liegen - eine durchaus nicht ungewöhnliche formale Anlage für *ottavarima*-Vertonungen. Daß die ersten und die letzten beiden dieser Abschnitte jeweils eng aufeinander bezogen sind, dafür ist bereits die Besetzung ein erstes Anzeichen: Während die ersten beiden Teile (Takte 1-21 und 21-39) nur von den beiden *Canti* gesungen werden, ist in den beiden weiteren (Takte 39-61 und 61-91) die volle Besetzung mit zwei *Canti*, *Basso* und B.c. vorgeschrieben.

Im ersten Abschnitt stellt Merula zunächst solistisch im *Canto primo* die ersten beiden Verse vollständig vor (Takte 1-7), denen vier teilweise rhythmisch verwandte Motivfloskeln zugeordnet sind, von denen die dritte für die Textstelle »Dolce, dolce mio ben« sofort einen Ton tiefer sequenziert wird. Der Einsatz des *Canto secondo* während der Schlußkadenz in C-Dur läßt bei der wörtlichen Wiederholung der gesamten Passage - ebenfalls in C-Dur - keine wirkliche Zäsur entstehen, im Anschluß daran werden beide Stimmen dann zunächst im Dialog und gegen Ende des Abschnitts in einer Wendung nach a-Moll in parallelen Terzen geführt - der ganze Abschnitt ist von seiner Anlage her ein Beispiel für ein von Merula häufig in Duetten angewendetes kompositorisches Vorgehen, das nicht mehr einzelne *soggetti* in allen Stimmen aneinanderreiht, sondern mehrere davon zu einer größeren Einheit zusammenfaßt, die dann jeweils für einen ganzen Abschnitt bestimmend bleibt.[145]

Demgegenüber folgt der zweite Abschnitt einer anderen Formidee: Zunächst werden ab Takt 21 nur die beiden für den ersten *endecasillabo* bestimmten *soggetti* vorgestellt und anscheinend in einer gemeinsamen Kadenz aller Stimmen in Takt 28 zu einem Abschluß geführt; auch die dann in tiefer Lage eingeführte erste der beiden zum nächsten Vers gehörenden Motivfloskeln läßt erwarten, daß nun ein neuer Binnenabschnitt beginnt, doch greift Merula, noch bevor der zweite Vers überhaupt vollständig vorgestellt ist, wieder auf den ersten zurück, und erst in den Takten 35-36 wird erstmals der zweite Vers um das noch fehlende *soggetto* komplettiert, worauf beide Stimmen in Parallelführung bestätigend

[144] Henkel / Schöne (1978), Spalten 871-72.

[145] So etwa in dem in dieser Arbeit nicht besprochenen Duett *Và, và, ch'io non ti credo* von 1633 (Nr. 72). Eine Edition von *Io vorrei diventar quel rosignuolo* findet sich im Notenteil, S. 477-481.

den gesamten zweiten Vers wiederholen und damit den zweiten Abschnitt der Komposition auf der Dominate G-Dur beenden.

Die beiden ersten Abschnitte weisen nicht nur durch die einheitliche Besetzung eine starke Geschlossenheit auf, sondern darüber hinaus einerseits durch den in Viertelbewegung voranschreitenden Baß – im ersten Abschnitt nur der Vertonung des zweiten Verses zugeordnet, im zweiten Abschnitt dann durchgängig verwendet – andererseits durch das Vorherrschen von Viertel- und Achtelbewegung in den Oberstimmen, insbesondere durch das Insistieren auf der rhythmischen Figur des Anfangs (zwei auftaktige Achtel mit anschließender Viertel und zwei weiteren Achteln) in der Singstimme, die – wenn auch mit melodischen Unterschieden – bei insgesamt drei der *soggetti* in den ersten beiden Abschnitten Verwendung findet (»io vorrei diventar« // »dolce, dolce mio ben« // »teco, teco rinchiuso«).

Der Beginn des dritten Abschnitts ist dagegen durch den erstmaligen Einsatz der Baßstimme, den Wechsel der Tonart (die zunächst nach A-Dur kadenziert) und die Tempoangabe *Largo* deutlich von den ersten beiden Teilen abgesetzt. Wie bereits der solistische Einsatz im Baß zeigt, basiert die Vertonung des gesamten ersten Verses in diesem Abschnitt auf einer aufsteigenden Melodielinie, worin durch Kreuzvorzeichnungen nicht nur starke, leittönige Wirkungen nach D-Dur, A-Dur und erstmals dann im *Canto primo* auch nach E-Dur – diesen Tonarten gelten denn auch die Kadenzen zwischen den Takten 40-53 – erzeugt werden, sondern auch eine an Vorhaltbildungen und dissonanten Durchgängen reiche Harmonik, die wohl als unmittelbarer Ausdruck für jenen Schmerz (»duolo«) anzusehen ist, von dem der Vers spricht. Raffiniert ist, wie Merula die Idee dieses melodischen Anstiegs als eine implizite unendliche Linie konstruiert, indem er jeweils beim erstmaligen Erreichen des Zieltones auf dem Wort »duolo« eine andere Stimme – in Oktavlage oder im *unisono* – einsetzen und die Aufwärtsbewegung fortsetzen läßt. Wenn man Oktavierungen innerhalb einer Stimme – wie in Takt 45 im *Basso* – ebenfalls nur als ein Mittel ansieht, den für die Stimmen üblichen Ambitus nicht zu überschreiten, so wird die dabei entstehende aufsteigende Linie systematisch von Takt 39 bis 54 fortgesetzt.

Es ist einleuchtend, daß nun die beiden *soggetti* für den zweiten Vers in Gegenbewegung dazu angelegt sind, das erste in Form einer umspielten Dreiklangsbrechung abwärts, das zweite als diatonischer Quartgang abwärts (beide erstmals im *Canto primo* in den Takten 45-47), wobei letzteres auf den Worten »così pianino« zudem jeweils mit der Vortragsbezeichnung *piano* versehen ist. In den Takten 54-55 hätte der dritte Abschnitt eigentlich zu einem Abschluß in der Dominante geführt werden können, da Merula hier die bis dahin bestimmende Idee des stufenweisen melodischen Anstiegs aufgibt, indem er im *Canto primo* in die Unterquarte ausweicht und im *Canto secondo* nicht nur den zu erwartenden Leitton vermeidet, sondern die Stimme mit dem ›falschen‹ *soggetto* weiterführt, jenem absteigenden Quartmotiv, das eigentlich dem zweiten Vers zugeordnet ist, hier aber mit einer anderen Textstelle versehen wird. Stattdessen schließen sich zunächst drei Takte mit ausschließlichem Nachtigallengirren an, in denen sich

Merulas Lust an spielerischer Kombinatorik einmal mehr erweist, wenn die beiden Floskeln - das bereits bekannte *soggetto* für »con soave garir« mit seiner einen Dreiklang umspielenden Motivik und eine neu eingeführte Figur für den gleichen Text, die aus einem Melisma mit punktierter Achtel und fünf Sechzehnteln besteht - sich in den Takten 56-57 wie zufällig für einen Moment in der Oktave treffen, um dann trotz unterschiedlicher Rhythmik nach Abspringen des Basso auf der nächsten Sechzehntel in die Unterterz im Anschluß parallel geführt werden. Der Abschnitt endet dann in einem von allen Stimmen vorgetragenen, verbreiterten »così pianino« in tiefster Lage im piano mit einer Rückkehr nach C-Dur - alle Stimmen enden in einem unausgefüllten Doppeloktavklang - wobei in der Oberstimme der bisher für das *soggetto* kennzeichnende Quartgang zu einem Quintgang erweitert wird. Auffällig und für Merula eher ungewöhnlich ist die Häufung plakativ wortausdeutender kompositorischer Mittel in diesem dritten Abschnitt, wie den Dissonanzen für die Darstellung von Schmerz, der dynamischen Vorschrift *piano* für die Textstelle »così pianino« und den Sechzehntelmelismen für den Nachtigallengesang; daß hier eine durchaus ironisch gefärbte Darstellung des so schön wie möglich girrenden Nachtigallen-Ichs angestrebt sein könnte, ist insofern zumindest nicht auszuschließen.

Der vierte Abschnitt scheint auf den ersten Blick wiederum in deutlicher Kontrastwirkung konzipiert zu sein, worauf vor allem die dem vorangegangenen *largo* entgegengesetzte Tempoangabe *presto* hindeutet. Doch erweisen sich viele der darin anzutreffenden Elemente als mehr oder weniger offene Rückbezüge auf frühere Abschnitte: Bereits das erste *soggetto* zu »E tu con la tua man« ist bis auf den zumeist zur Viertel gedehnten Auftakt rhythmisch und melodisch identisch mit dem ersten *soggetto* des dritten Abschnitts, ohne daß hier jedoch eine ähnlich systematische Aufwärtsbewegung angestrebt würde - anders ist auch, daß bei der Sequenzierung nicht vom erreichten Ton, sondern vom diatonisch nächst höher gelegenen ausgegangen wird, so daß nicht der Umfang einer Quint, sondern der einer Sexte ausgefüllt ist. Der gehende Baß - nun vielfach als regelmäßiges, sequenzierendes Kadenzostinato mit den Stufen III-IV-V-I gestaltet - weist dagegen ebenso auf die beiden Anfangsabschnitte zurück wie das erste *soggetto* für den Schlußvers bei den Worten »d'accarezzarmi mai« (ab Takt 67), das sich als melodische Variante des Anfangs von Abschnitt zwei (»perchè potessi star« - ab Takt 22) verstehen läßt, da es sich hier ebenfalls um einen umspielten und zudem gleich rhythmisierten Terzgang abwärts handelt. Daß der Quintgang abwärts zum Abschluß des ersten Verses bei den Worten »vezzosa e bianca« (Takt 66) auf den Schluß des dritten Abschnitts zurückweist, mag hier zunächst noch als Zufälligkeit erscheinen, wird jedoch zur Gewißheit, wenn man sieht, daß auch der letzte Vers bei den Worten »saresti stanca« mit der gleichen Floskel schließt (erstmals Takt 69) und diese insbesondere zum Abschluß des ganzen Stücks zum *largo* gedehnt in fast identischer Form wiederkehrt wie beim Schluß des dritten Abschnitts - die einzigen Unterschiede bilden die beiden verzierenden Achtel im *Canto secondo* sowie das Ausweichen des *Canto primo* in die Terz im Schlußakkord.

Merula ist offenbar einerseits daran gelegen, durch derartige Verknüpfungen zwischen formal deutlich voneinander abgehobenen Abschnitten eine musikalische Einheit zu schaffen, doch dürfte insbesondere das ungewöhnliche, fast wörtliche Wiederaufgreifen der abschließenden Takte des *largo* am Ende des *presto*-Teils mit formalen Überlegungen nicht hinreichend zu deuten sein, sondern mit Merulas besonderer Textinterpretation zu tun haben, ist es doch so, daß die beiden in den jeweiligen Doppelversen beschriebenen Handlungen - einerseits das aus den Liebesschmerzen geborene leise Girren des Vogel-Ichs und andererseits das nimmermüde Streicheln durch die Hand der Dame bei aller Gegensätzlichkeit in Tempo, Dynamik und Harmonik auf mysteriöse Weise auf das gleiche Ergebnis hinauslaufen, auf eine vermutlich kaum anders als in erotischem Sinne zu verstehende Vereinigung, die in der Gedichtvorlage wohl ersehnt, in der Vertonung aber als ein Zur-Einheit-Finden von Gegensätzen auskomponiert ist. Die aus der ikonologischen und emblematischen Literatur offen gebliebene Frage, ob die Gefangenschaft der Nachtigall oder aber die Erfüllung ihrer Liebe ihren Gesang beenden könnte, ist vor diesem Befund weitgehend gegenstandslos geworden, überhaupt scheint Merula in dieser Komposition weniger auf allegorische Tiermetaphorik zurückgegriffen, sondern die *acutezza* seiner Vertonung darauf konzentriert zu haben, musikalisch etwas auszukomponieren, das in der Vorlage nicht unmittelbar benannt ist. Auch in *Io vorrei diventar quel rosignuolo* geht die Musik über bloße simultane Analogiebildungen zum Text in einem zusätzlichen Medium - so hatte Tomlinson die ›marinistische‹ Musik Monteverdis dieser Jahre zu verstehen gesucht - weit hinaus und wird zu einem durchaus eigenständigen Kommentar, zu einer spezifischen, fast eigenwilligen Auslegung der Vorlage, deren verborgene Spitzfindigkeit (*acutezza*) der Hörer erst für sich dechiffrieren muß. Hierbei schafft Merula insbesondere in der unerwarteten Parallelität der beiden Schlüsse eine eigenständige musikalische Pointe, in der sogar die Textvorlage überboten und um eine unerwartete Deutung bereichert wird.

Ein weiteres beneidetes Schoßtier - ›Un bianco animaletto‹

Der neidvolle Blick auf die privilegierte Situation eines von der unerreichbaren Geliebten gehätschelten Tiers wie in *Io vorrei diventar quel rosignuolo* scheint zu einem regelrechten Topos in der zeitgenössischen Lyrik geworden zu sein, der zuweilen sogar zu bizarren Scherzen umgedeutet wurde, wenn etwa in Monteverdis Kanzonette *Godi pur del bel sen felice pulce*[146] von einem Floh die Rede ist, der »dolcemente sempre pizzicando« nicht nur am Busen der Dame fröhlich

[146] NV 1898; Edition in: MGA, Bd. X, S. 19; vgl. auch La May (1986), S. 313 und S. 280; zwei weitere, ebenfalls dreistimmige Vertonungen des Textes sind von Gasparo Costa, 1580 (NV 641) und Enrico Radesca, 1599 (NV 2310) erhalten.

herumspringt, sondern selbst dort, wo es ein »più dolce fine« zu entdecken gibt - die Betroffene wird an einer derartigen Form tierischer Zuneigung vielleicht keinen besonderen Gefallen gefunden haben. Auch Merula greift in *Un bianco animaletto* aus der Sammlung von 1633 diesen literarischen Topos erneut auf, allerdings ist in diesem Madrigal, das aus einem 1590 in Verona veröffentlichten Band mit *Madrigali* von Cesare Simonetti stammt,[147] nicht konkret benannt, von welcher Art das Tier ist, das in so beneidenswerter Nähe zur Angebeteten lebt - ein Floh ist hier jedoch ganz sicher nicht gemeint:[148]

Un bianco animaletto, Che la fé segna immaculata e pura, Bacia la donna mia né d'altra ha cura, E porge, ò troppo insipido diletto, Grato a lui cibo eletto, E a me da, che sì l'honoro e vanto, Sospir per cibo e per bevanda pianto.	Ein kleines, weißes Tier, das als rein und unbefleckt der Glaube darstellt, küßt meine Dame, sie sorgt um andres sich nicht, und bringt, oh allzu schales Vergnügen, ihm voller Dankbarkeit erwählte Speise dar; und mir, der ich so sehr sie ehre und auch rühme, gibt Seufzer sie als Speise und als Getränk nur Tränen.

Thematisch ist Simonettis Madrigal mit drei Gedichten von Giambattista Marino verwandt, die von einem *Cagnolino in grembo à bella Donna* handeln[149] - in einem Fall ist sogar ebenfalls von einem »animaletto« die Rede, in einem anderen wird der Hund als »candidetto amoroso« bezeichnet - doch weist die in den drei Gedichten anzutreffende Metaphorik - insbesondere der Vergleich mit dem Höllenhund Zerberus - darauf hin, daß Simonetti sich nicht an Marino orientiert haben dürfte. Näher an Merulas Textvorlage scheint dagegen zunächst das folgende, von Claudio Pari unter der Überschrift *Cagnoletto accarezzato* vertonte zweiteilige Madrigal zu fünf Stimmen *Stringiti pur al petto* aus der Sammlung *Il Lamento d'Arianna* (NV 2141):

---

[147] Die Angabe wurde mir dankenswerterweise von Antonio Vassalli aus den Daten für das geplante *Repertorio della poesia musicata dal 1500 al 1700* in Zusammenarbeit mit dem *Istituto di Studi Rinascimentali di Ferrara* übermittelt; vgl. auch Vassalli (1993), S. 359. Nach seinen Angaben findet sich *Un bianco animaletto* auf S. 53 der bei Discepoli in Verona gedruckten *Madrigali* Simonettis. In NV ist der Autor weder als Dichter noch als Widmungsträger an irgendeiner Stelle genannt. Auf Grund des zeitlichen Abstandes von immerhin 43 Jahren zwischen der Veröffentlichung des Gedichts und der von Merulas Vertonung erscheint eine persönliche Bekanntschaft zwischen beiden Autoren eher unwahrscheinlich.

[148] Das Wort ›animaletto‹ wird in der italienischen Lyrik der Zeit offenbar für verschiedenste Tiere verwendet - angefangen von Insekten, die sich dem Licht zu sehr nähern, wie in Luigi Tansillos Madrigal *Quel vago animaletto* aus dem zweiten Teil seines *Canzoniere* über eine Schlange in Marinos *Adone* (Canto VI, Stanze 191) bis hin zum bloßen Diminutiv auch für größere Tiere; vgl. LIZ, CD 4.

[149] Es handelt sich um die Madrigale *Mentre ver me rabbioso* und *Tu, che nel sen di lei* sowie das Sonett *Mentre nel grembo à trastullar ti stai*; diese sind abgedruckt in: Schulze (1978), S. 107-08, S. 138 sowie S. 78-80.

Stringiti pur al petto	Drück nur an deine Brust
E scherz'e rid'e bacia quanto vuoi	und scherze, lache, küß, soviel du magst,
L'animal pargoletto:	dies kindlich kleine Tier:
Che i baci, i ris'e i dolci scherzi tuoi,	Ich stell mir vor, dein Küssen, Lachen, süßes Scherzen wäre,
Non t'accorgendo furo,	ohne daß du's bemerktest,
Quand'al present'oggetto,	wie mit dem anwesenden Gegenstand,
E scherz' e ris' e bac' in me figuro.	so auch mit mir ein Scherzen, Lachen, Küssen.
Segui dunque scherzando	So fahr denn fort zu scherzen,
E ridend' e baciando,	zu lachen und zu küssen,
Che mentre scherz' e bac' e ridi seco,	denn da du scherzest, küßt und lachst mit ihm,
Scherzerai, bacerai, riderai meco.	wirst du mit mir auch scherzen, küssen, lachen.

Man könnte geneigt sein, auch in Simonettis »animaletto« in vergleichbarer Weise ein Schoßhündchen zu sehen, doch sprechen einige der in seinem Madrigal verwendeten Metaphern unmißverständlich dagegen: Zwar könnte man sich ein weißes Hündchen durchaus noch vorstellen, doch daß dieses »bianco animaletto« in explizit religiösem Kontext als unbefleckt und rein bezeichnet werden könnte (»che la fé segna immaculata e pura«), ist wohl kaum einsichtig.[150] Soweit dies aus den spärlichen ikonographischen Angaben in den ersten beiden Zeilen zu rekonstruieren ist, kommen unter den möglichen Tierarten wohl am ehesten[151] zwei in Betracht, eine weiße Taube und ein Hermelin.

Schon von den Kirchenvätern wurde die Taube als »Bild für Liebe, Reinheit, Treue und Unschuld verwendet»,[152] und ist bekanntlich daneben auch häufig als Symbol für Frieden oder für den Hl. Geist dargestellt worden, u.a. auch im Zusammenhang mit der ›Immaculata conceptio‹, worauf möglicherweise im zweiten Vers des Gedichts angespielt wird. So wird etwa in einem *Sopra Maria e Giesù* überschriebenen geistlichen Gedicht von Giovanni Ciampoli aus den *Musiche*

---

150 Auch die in der emblematischen und ikonologischen Literatur mit Hunden in Verbindung gebrachten symbolischen Bedeutungen geben keinerlei Hinweise in dieser Richtung.

151 Andere zunächst denkbar erscheinende Interpretationen erwiesen sich bei meinen Recherchen als letztlich relativ unwahrscheinlich: So gehört zwar der Schwan zu den wichtigsten, auch christlichen Symbolen für Reinheit, sogar als Mariensymbol (vgl. LCI, Bd. 4, Spalten 133-34), doch fehlt im Gedicht einerseits jeder Hinweis auf sein Singen, und andererseits scheint der Schwan im Zusammenhang mit erotischen Situationen nur in der mythologischen Geschichte der Leda vorzukommen, doch ist im Gedicht keinerlei Hinweis darauf zu vorhanden, daß auf Zeus in verwandelter Tiergestalt angespielt wird. Ein Lamm kommt wohl ebenfalls trotz seiner in der christlichen Ikonographie etablierten Bedeutung der Unschuld und Unbeflecktheit nicht in Frage, da offenbar auch hier keine Bedeutungen in erotischen Kontexten nachweisbar sind, statt dessen ist es u.a. ein wichtiges Symbol für Demut, Nächstenliebe oder Geduld. Ob eventuell an ein weißen Hasen zu denken wäre, wie er etwa auf Piero di Cosimos um 1505 entstandenem Gemälde *Venus, Amor und Mars*, heute in der Gemäldegalerie der Staatlichen Museen zu Berlin, als unverkennbar erotisches Symbol am Schoße der Venus dargestellt ist, ist schwer zu entscheiden, da mir eine vergleichbare Ikonographie ansonsten nicht bekannt ist; allerdings bleibt auch im Falle eines weißen Hasen fraglich, wie der zweite Vers des Gedichts befriedigend zu erklären wäre.

152 Vgl. LCI, Bd. 4, Spalten 241.

varie von Domenico Mazzocchi von 1640 (NV 1779) Marias verborgene innere Reinheit mit unberührtem Schnee und einer milchweißen Taube als Symbol des Friedens verglichen.[153] Doch dürften in Merulas Textvorlage kaum derartige geistliche Konnotationen der Taube im Vordergrund stehen als vielmehr ihre Bedeutung in der Liebe. Auch darin gelten Tauben einerseits als Symbol der Treue, denn »Die züchtigen Tauben halten aneinander fest in ewiger Liebe: Deshalb sollen sie Richtschnur sein für die menschliche Ehe«; insofern ziehen sie nicht nur den Wagen der Venus mit der Hochzeitsfackel,[154] sondern werden auch sonst nicht selten mit dieser gemeinsam dargestellt, wie etwa in der 1552 in Lyon gedruckten *Picta poesis* des Bartolomaeus Anulus, wo unter dem Motto »Amorum progressus - Die Entwicklung der Liebe« neben Venus, Amor und einem Schwan auch zwei Tauben dargestellt sind, »die sich anschicken, die Schnäbel ineinander zu versenken«. Während Amor für das Entzünden der Leidenschaft, Venus für die ›res Veneris‹, d.h. den eigentlichen Geschlechtsakt, und der Schwan für später einsetzende Reue steht, symbolisieren die Tauben innerhalb der Stufen der Begierde das Stadium des Küssens,[155] ja das Küssen scheint so unzertrennlich zum Wesen der Tauben zu gehören, daß ein Taubenpaar selbst im Streit noch miteinander schnäbelt.[156] Beide im Gedicht mit dem kleinen weißen Tierlein in Zusammenhang gebrachte Bedeutungsebenen - die der Reinheit und Unbeflecktheit sowie die des Küssens könnten also auf eine weiße Taube zutreffen, doch ist eine besondere Pointe des Textes bei dieser Identifikation des »bianco animaletto« nicht zu erkennen.

Ein zweiter, wohl noch weit ernsthafterer Kandidat für das Tier in Simonettis Versen dürfte dagegen in einem Hermelin zu sehen sein, das jahrhundertelang als Symbol weiblicher Keuschheit und Unversehrtheit angesehen wurde und in dieser Bedeutung nicht zuletzt auf Leonardo da Vincis Porträt der Dame mit dem Hermelin anzutreffen ist. In der Introduktion zum dritten Teil des *Novellino* von Masuccio Salernitano (ca. 1410-1475) wird ein »sacrario della pudizia« beschrieben, auf dem Ippolita Maria de' Visconti und vor allem die Infantinnen Eleonora und Beatrice d'Aragona dargestellt sind,

> »piene de onestà, modestia e ligiadria, con candissimi armillini in grembo triunfano, e che, con le proprie virtù soperando la natura, se haveno de gemme orientale ornate le loro regale tempie, e con li indorati porpurei manti avvolte, se son fatte esente da la feminea plebe e consorzio. Nel colmo de quale vederai una bandera con un bianchissimo animaletto nel verde campo figurato, supra se

[153] Die erste, Maria gewidmete Strophe lautet: »Colombella che di latte / Sparge l'ali in lucidonde / È Maria ch'in cuore asconde / Purità di neve intatte // Ma s'empietà combatte / Ella è fra Draghi horribili / Di strali Aquila armata / L'idra d'inferno sibili // Sotta al suo piede io la vedrò calcata / O rari esempi in terra / Ella è colomba in pace, Aquila in guerra«; die zweite Strophe zeichnet dann Jesus als »Agnello ai Giusti, all'empietà Leone«. Zitiert nach dem Originaldruck S. 82-83.

[154] Henkel / Schöne (1978), Spalten 860 sowie 857-58.

[155] Henkel / Schöne (1978), Spalten 1751-52.

[156] Henkel / Schöne (1978), Spalte 860.

stando, col piede alzato per non passare il fango; da la bocca de quale esce un mutto de indorate littere che dicono: ›Malo mori quam foedari‹ «.[157]

Die Infantinnen halten nicht nur ein weißes Hermelin im Schoße als Zeichen ihrer makellosen Jungfräulichkeit, mit der sie kraft ihrer Tugend über die Natur und die gemeinen Frauen triumphieren, auch auf der Fahne ist als Wappenbild ein »bianchissimo animaletto« mit dem Wahlspruch »Malo mori quam foedari« - »Lieber will ich sterben als mich zu beschmutzen« dargestellt, das einen Fuß hoch erhoben hält, um körperliche wie moralische Befleckung zu vermeiden. Im *Triumphus mortis* von Francesco Petrarca ist wohl von derselben »victoriosa insegna« die Rede, wenn gleich zu Beginn mit großem Gefolge »Quella leggiadra e gloriosa donna« (Vers 1) auftritt, die später nach ihrem unerwarteten Tod durch den Hinweis auf den »dì sesto d'aprile« mit Laura zu identifizieren sein wird (Verse 133-134).[158] Laura und ihre Gefährtinnen haben im Kampf gegen Amor, dessen Waffen zerbrochen sind, unter dem folgenden, in den Versen 19-21 beschriebenen Hermelinbanner gesiegt:

Era la lor victoriosa insegna In campo verde un candido ermellino, Ch'oro fino e topazi al collo tegna.	Ihr siegreiches Banner war ein makellos weißes Hermelin, das feines Gold und Topas am Halse trug.

In Luigi Pulcis *Morgante* von 1481 wird innerhalb der Aufzählung der das Element Erde repräsentierenden Tiere auch ein »pulito ermellino« genannt, »che parea bianco e puro e netto« und das auch hier gemeinsam mit einer jungen Frau (»donnoletta«) zu sehen ist.[159] Jacopo Sannazaro spielt dagegen in seinem Sonett *La veste, signor mio, che in foco accesa* das Hermelin (»quel leggiadro e candido armellino«) losgelöst von der Frage weiblicher Keuschheit auf seine Funktion als Wappentier (»l'alta impresa«) auf dem Gewand des Widmungsträgers an[160] und erinnert damit zugleich daran, daß jahrhundertelang das Tragen des Hermelinfells nur höchsten Würdenträgern vorbehalten blieb. Die hier durch das Hermelin symbolisierte Ehrenhaftigkeit ist noch bis in die Emblemliteratur an der Wende zum 17. Jahrhundert zu verfolgen, wo der bereits bei Masuccio anzutreffende Wahlspruch »Malo mori quam foedari« erneut in Verbindung mit dem Hermelin als Motto eines Emblems für Rechtschaffenheit bei Joachim Camerarius in den *Symbolorum & Emblematum ex Animalibus quadrupedis desumtorum Centuria altera collecta* von 1595 genannt wird: »Allen Dingen widersteht ein Sinn, der sich des Rechten bewußt ist. Daß dieses ehrenvolle Gut mit dem Leben nicht zu

[157] Zitiert nach LIZ, CD 2.

[158] Vgl. die ausführliche Darstellung dieses Zusammenhangs im Kapitel über Merulas *Sempre terrò memoria.*

[159] Luigi Pulci, *Morgante,* Cantare 14, Strophe 80, vgl. LIZ, CD 2.

[160] Iacopo Sannazaro, *Sonetti e canzoni,* Nr. 90, LIZ, CD 2.

teuer erkauft werde, glaube auch du«.[161] Ein 1661 in Frankfurt herausgebrachter erweiterter Nachdruck vermerkt zum Hermelin zudem:

»Von diesem Thierlein solt der Mensch lernen / die Vnschuld vnbemacklet: der Richter / die Gerechtigkeit vnversehret: der Diener / die Treue vnbefleckt zu erhalten. Es ist so weiß an Gemüthe / als an Haaren. Vnter denen Leuten aber seynd / leyder / allzuviel / die von außen so weiß als Armellin / und inwendig viel schwärtzer als Raben seynd.«[162]

Wie lange diese mit dem Hermelin verbundenen Bedeutungstraditionen Bestand hatten, verdeutlicht u.a. die folgende Arie der Cleopatra aus Johann Adolf Hasses ›Serenata‹ *Marc' Antonio e Cleopatra*, die 1725 in Neapel aufgeführt wurde:

Quel candido armellino, Per non macchiar la spoglia, Al rischio sta vicino, Né de fuggir s'invoglia, Ma lieto al cacciatore Abbandonar si sa.	Jenes makellos weiße Hermelin das, um sein Fell nicht zu beschmutzen, in der Nähe der Gefahr bleibt und keinen Wunsch zu fliehen kennt, weiß dennoch dem Jäger sich froh zu ergeben.
Pria ch'un superbo impero Macchi il mio regio onore, Di morte il volto fiero Non mi spaventerà.	Eh eine stolze Herrschaft meine königliche Ehre beflecke, wird mich des Todes wildes Antlitz selbst nicht schrecken.

In diesen Arienversen von Hasses Librettist Francesco Ricciardi wird das königliche Hermelin zum Gleichnis für die Situation der in ihrer politischen wie persönlichen Ehre aufs höchste gefährdeten Königin Cleopotra, die hierin die Begründung für den allerdings nicht im Verlauf des Stücks vollzogenen Doppelselbstmord mit Marcus Antonius vorwegnimmt: Wie ein Hermelin ist sie eher bereit zu sterben, als ihre Ehre aufzugeben.

Von allen genannten Tierarten ist nur im Zusammenhang mit dem Hermelin die Verbindung der Worte »bianco« und »animaletto« wie im ersten Vers von Simonettis Madrigal (»bianco animaletto«) bislang überhaupt nachweisbar, und zwar an der zitierten Stelle bei Masuccio, wo von einem »bianchissimo animaletto« gesprochen wird. Auch die Attribute »immaculata e pura« aus Simonettis zweitem Vers sind topoi in der dem Hermelin zugeschriebenen symbolischen Eigenschaften. Selbst die Nennung des Glaubens bei Simonetti vermag im Zu-

[161] Vgl. hierzu Henkel / Schöne (1978), Spalte 465; hier wird auch auf einige der Quellen für diese Bedeutungstradition von Plinius über Valerian bis zu Battista Pittonis *Imprese di diversi prencipi duchi ... illustri* von 1566 hingewiesen; ob mit den bei Henkel / Schöne in Spalte 464 genannten Tieren Zobel und Bisam, die für Ausschweifung stehen, tatsächlich gleichfalls das Hermelin gemeint ist, mag bezweifelt werden; doch verweist auch Mariño Ferro auf eine bereits für Alciatus unerklärliche Bedeutung des Hermelins als »emblème de la lascivité«, Mariño Ferro (1996), S. 180.
[162] Camerarius (1661), Bild 9.

sammenhang mit der unantastbaren, auf höchster moralischer Festigung beruhenden Rechtschaffenheit, für die das königliche Hermelin steht, ein angemessene Erklärung zu finden. Höchst ungewöhnlich ist jedoch, und dies könnte zunächst Zweifel an der Identifizierung des Hermelins mit dem bei Simonetti genannten Schoßtier aufkommen lassen, daß die besungene Dame sich im Umgang mit dem Tier sorglos und gar nicht besonders zurückhaltend zu betragen scheint, wie die dem Hermelin zugeordneten Bedeutungstraditionen es gerade nahelegen würden. Allerdings würde es der noch im Falle von Merulas Vertonung des Madrigals *Sempre terrò memoria* genauer darzustellenden, antipetrarkistischen Grundhaltung Simonettis durchaus entsprechen, wenn der Dichter auch hier ein geistreiches Spiel mit der klassischen Dichtungstradition in kritischer Absicht unternommen hätte.[163] Gerade der Widerspruch zwischen der durch das Hermelin symbolisierten Keuschheit der Dame einerseits und ihrem vom lyrischen Ich als geradezu lasziv empfundenen Kosen des Tieres andererseits könnte der eigentliche Gegenstand des Gedichts sein: Das Hermelin ist zwar so etwas wie ein emblematischer Garant für den durch Keuschheit erworbenen ehrenhaften Ruhm der Dame und doch nimmt paradoxerweise gerade dieses Tier die gewährten Liebkosungen dankbar entgegen (»grato a lui«); das lyrische Ich jedoch, das die Dame tatsächlich in höchsten Tönen zu loben und zu preisen vorgibt (»che sì l'honoro e vanto«), sieht sich um jeden Lohn betrogen und erhält von ihr statt Zärtlichkeiten nur Seufzer und Tränen. Diese Zurückweisung würde zwar für sich genommen den ehrenhaften Ruf der Dame vielleicht sogar noch unterstreichen, scheint allerdings durch die dem Tier gewährten Liebkosungen ganz im Gegenteil die Gerechtigkeit und vielleicht die Rechtschaffenheit oder sogar die Keuschheit der Dame in Zweifel zu ziehen. Grund für diesen Zweifel ist allerdings eine das gesamte Gedicht bestimmende Analogie von Unvergleichbarem, die notwendig zur ironischen Brechung führt: Die einem Tier gewährten Zärtlichkeiten sind, auch für den Fall, daß es sich dabei um ein zugleich die Keuschheit der Dame symbolisierendes Hermelin handeln sollte, auf moralischer Ebene wohl kaum mit den einem Liebhaber gewährten Zärtlichkeiten zu vergleichen. Simonetti nutzt die poetisch-emblematischen Implikationen der Tiermetapher, um die bereits vordergründig angelegte situative Ironie durch ein geistreich kapriziöses Spiel mit unausgesprochenen Konnotationen noch zu vertiefen.

Merula hat zur Grundlage der Komposition[164] einen ostinaten Baß gewählt, den er im Druck als »basso di Trà tutte« bezeichnet und noch ein weiteres Mal in einer geistlichen Komposition verwendet hat, einem *Laetatus sum* für zwei Canti, Basso, zwei Violinen und B.c. aus dem zwischen 1633 und 1637 erstmals veröffentlichten *Pegaso* op. 11, der nur in einer zweiten Auflage von 1640 erhalten

---

[163] Die folgende Argumentation bezieht vor allem vor dem Hintergrund von Simonettis zweifelsfrei nachweisbarem, gezieltem Antipetrarkismus in *Sempre terrò memoria* Plausibilität.

[164] Mit verkürzten Notenwerten ediert bei Carlotti (1983), S. 121-31; der folgenden Darstellung liegt die Ausgabe unter Beibehaltung der originalen Notenwerte im Notenteil zugrunde, S. 453-455.

ist. Weder die Herkunft dieses musikalischen Modells noch die des Textincipits *Trà tutte* konnten bislang geklärt werden: Sowohl Giovanni Gastoldis wie auch Giulio Vimercatis jeweils dreistimmige Vertonungen von »Tra tutti quanti / I lieti amanti / lietissimo son io« können als Vorlage definitiv ausgeklammert werden.[165] Das *Incipitario unificato della poesia italiana* verzeichnet zwar wie bereits *Il Nuovo Vogel* keinen Eintrag zu »Tra tutte ... «, doch findet sich unter »Fra tutte« der Beginn »Fra tutte le gratie che Christo perdona«, der - obwohl es sich offensichtlich um zwei *senari* handelt - nach Angaben bei Mazzatinti den Anfangsvers eines geistlichen Sonetts bilden soll, das im ›fondo antico 160 (C. 43)‹ in Perugia erhalten ist; es konnte von mir nicht eingesehen werden, doch fehlt auch jeder Hinweis auf Musik im Zusammenhang damit. Auffällig ist, daß bei sechs weiteren Einträgen mit dem Incipit »Fra tutti‹ ebenfalls geistliche oder moralische Inhalte der Texte anzutreffen sind, so daß denkbar ist, der Text von Merulas Bezugsstück habe ebenfalls zur geistlichen Sphäre gehört. Zwei der dort angegebenen Anfänge stammen aus einer 1465 kopierten Handschrift, welche die *Città di Vita* des Florentiners Matteo Palmieri enthält, eine Terzinendichtung in drei Büchern mit insgesamt einhundert Kapiteln, von denen zwei mit dem genannten Incipit anheben,[166] jedoch deshalb als Hintergrund für Merulas Verweisstück kaum in Frage kommen dürften. Eine im Civico Museo Correr in Venedig als Nr. 51 aufbewahrte *Miscellanea di rime* enthält u.a. *La caduta di Belzebù a gamba storta* in zwei Gesängen, deren erster in insgesamt dreißig *ottave* mit dem Vers »Fra tutti i fallimenti che son nati« anhebt.[167] Unter der Nr. 52 besitzt das Museo Correr eine weitere *Miscellanea di rime*, in der sich eine aus 18 *ottavarima*-Strophen bestehende Dichtung mit dem ersten Vers »Fra tutti i più solenni sacrifici« findet, die ihre Entstehung offenbar einem vergleichsweise kuriosen Anlaß verdankt, ist sie doch geschrieben worden »Per un regallo (sic) fatto da una monaca al suo predicatore della Quaresima, d'una colomba di carta, con l'ovo colorito e con le penne, con la figura del Predicatore sopra l'ovo, adornatta (sic) l'effigie con capelli e la calatta«.[168] Merkwürdig genug ist, daß in diesem Text von einer hier allerdings aus Papier nachgebildeten Taube die Rede ist. In den Bereich der Laudendichtung gehört dagegen »Fra tutti quei che ne' sacrati chiostri«, das als *laude XXI* im autographen Manuskript des ungedruckten *Terzo Libro delle Laudi* von Serafino Razzi vertreten ist, dessen Widmung Razzi 1588

---

[165] Vgl. Gastoldi, Giovan Giacomo, *Canzonette a tre voci*, Mantova 1595 (NV 1104-1106) sowie Vimercati, Giulio, *Canzonette Madrigaletti, et Arie, a tre voci*, Venetia 1614 (NV 2908), deren erhaltene Stimmbücher vom Autor eingesehen werden konnten.

[166] Beide finden sich im dritten Buch; Kapitel 21 handelt vom Fegefeuer und nennt sogar ein »animal« im ersten Vers der einleitenden Terzine »Fra tutti gli animal che sono in terra / Tanto excelle dell'uom la condizione / Quanto ragion da quella parte ch'erra«, doch ist hier nur die Herausgehobenheit des Menschen unter allen anderen Lebewesen der Erde benannt. Kapitel 27, das von den Prophezeiungen der Wunder Christi handelt, beginnt mit der Terzine »Fra tutti e ben de' miseri mortali / Nessun ne fu, nè esser può maggiore / Che quel gli trasse degli eterni mali«; zitiert nach IF, Bd. II, S. 58 und S. 60.

[167] I 68, S. 32.

[168] I 68, S. 41.

datiert hat.[169] Da Razzi jedoch weder die Melodiestimme noch eine andere Stimme angibt, muß einstweilen unklar bleiben, ob es sich hierbei um die konkrete Vorlage zu Merulas *Basso di Tra tutte* gehandelt haben mag; zwar ist die Tradition der ›Laudi‹ durchaus als Kandidat für die Herkunft eines solchen liedhaften Modells nicht auszuschließen, doch wäre der angegebene Vers aus metrischen Gründen nicht ohne größere Schwierigkeiten dem Basso bei Merula zu unterlegen. Dies gilt sogar ganz generell - parallel mit der in der Baßstimme vorliegenden unverkennbar trochäischen Rhythmisierung kann das eindeutig jambische Incipit *Tra tutte* fraglos nicht deklamiert werden; dies deutet darauf hin, daß die Vorlage wohl kaum im Umkreis einfacher, weitgehend homorhythmisch konzipierter Kanzonetten oder Lauden zu finden sein dürfte, weit eher jedoch in einer solistischen oder auch mehrstimmigen ›Aria‹ mit rhythmisch unabhängigem Instrumentalbaß.

Ob Merula nun das Melodiemodell aus einer vielleicht sogar nur mündlichen Tradition übernommen hat oder darin ganz im Gegenteil auf eine heute unbekannte eigene Komposition aus einer der beiden verlorenen Sammlungen von 1622 und 1623 zurückgreift - hierfür könnte sprechen, daß bisher keine weitere Verwendung des Modells bei anderen Komponisten nachzuweisen ist und derartige Selbstzitate durchaus nicht unüblich waren[170] - ungewöhnlich ist, wie er es in *Un bianco animaletto* verarbeitet: Das jeweils 8 Takte umfassende Melodiemodell erklingt insgesamt fünfmal vollständig und mündet dann in ein zweitaktiges Nachspiel zur Bekräftigung der Grundtonart C-Dur, dessen erster Takt nochmals den Beginn des Modells aufgreift. Die Baßlinie ist durch eine sehr klare, regelmäßige Periodik bestimmt, da nach jedem Takt kadenziert wird und zwar in den ersten vier Takten zunächst viermal in C-Dur, in der zweiten Hälfte zunächst in das parallele a-Moll und dann in Quinten über D-Dur und G-Dur wieder zurück nach C-Dur. Die regelmäßige Struktur des Basses als modernes Kadenzfloskelmodell bei gleichzeitig durchaus sanglicher Melodieführung läßt darauf schließen, daß es sich kaum um eine erheblich ältere Vorlage handeln dürfte; sie ähnelt in ihrem ganzen Duktus durchaus Merulas eigenen, in anderen Werken anzutreffenden Gestaltungsideen, so daß es in der Tat naheliegt, die Vorlage als eigene Erfindung aus einer heute verlorenen Komposition anzusehen.

Obwohl dies bei Baßmodellen vergleichbarer Länge - etwa bei *Romanesca*, *Ruggiero* oder auch freien Strophenmodellen - eher die Regel ist, vermeidet es Merula gerade, die vorgegebene Länge von 8 Takten auch als formbildendes Element der Komposition einzusetzen, denn keine der Zäsuren in den Oberstimmen fällt mit dem Ende und nur eine einzige in Takt 29 mit der Hälfte des Baßmodells zusammen; fast durchgängig wird stattdessen eine der taktweise anzutreffenden Nebenkadenzen benutzt. Der Verzicht auf die Bildung von am Baß

---

[169] Vgl. P1, Bd. I, S. 178; CMF, S. 100; sowie Iain Fenlon, *Razzi, Giovanni*, NG, Bd. 15, S. 630-31.

[170] Vgl. etwa Giovanni Valentinis dreistimmiges *Salve regina sopra Queste selve vicine* aus den *Sacri concerti* von 1625, das auf Valentinis eigener, heute verlorener dreistimmiger Komposition dieses weltlichen Textes von Marino aus dem Jahre 1625 basieren dürfte.

orientierten Abschnitten mag teilweise daher zu erklären sein, daß es sich bei der Textvorlage um einen Madrigaltext und nicht um ein Gedicht mit einheitlichen Verslängen oder strophischem Aufbau handelt, doch hätte Merula eine derartige Abschnittsbildung bei den ohnehin zahlreichen Wort- bzw. Verswiederholungen problemlos ermöglichen können.

Sehr unterschiedlich sind die verschiedenen Verse bzw. Versgruppen gewichtet, so nimmt die Vertonung der ersten fünf Zeilen, welche die Beobachtung der Zärtlichkeiten zwischen »donna« und »animaletto« zum Inhalt haben, kaum mehr Raum ein (Takte 1-23) als die der beiden letzten Zeilen (Takte 23-42), in denen dagegen von der Tränen- und Seufzernahrung des lyrischen Ichs die Rede ist – man könnte insofern von zwei ungefähr gleichgewichtigen Teilen der Komposition sprechen. Im ersten Teil folgen die einzelnen *soggetti* in den Oberstimmen wie in der älteren Madrigaltradition im wesentlichen in einer Art additivem Verfahren aufeinander, wobei die beiden *Canti* und der *Basso* immer wieder gegenübergestellt werden, doch da die Continuostimme als formale Klammer dient, handelt es sich dennoch nicht um eine ›offene‹ Form. Statt klarer Abschnittsbildung finden sich besonders zu Beginn Überlappungen zum jeweils anschließenden *soggetto*, so in den Takten 7-8, wo der Baß bereits in der Kadenz der beiden *Canti* mit dem folgenden dritten Vers beginnt, oder in den Takten 10-11, wo wiederum der Baß so gut wie unbemerkt den gesamten vierten Vers zunächst als bloßes rhythmisches Umspielen der gleichzeitig erklingenden Continuostimme vorträgt, während dann in dem immerhin sechs Takte umfassenden Abschnitt bis Takt 17 der Beginn des Verses »E porge« in keiner der Stimmen ein weiteres Mal aufgriffen wird, und stattdessen die auf der dritten bzw. sechsten Zählzeit des Taktes liegenden Akzente in »o troppo insipido diletto« und die merkwürdig unmotivierten Verzierungen auf der unbetonten Schlußsilbe von »insipido« (könnte darin gerade eine ironische Ausdeutung des Wortsinns ›schal, geschmacklos‹ liegen?) ganz in den Vordergrund treten – diese ganze Passage läßt sich übrigens im Kern als eine durch die drei Singstimmen wandernde, immer weiter absteigende Melodielinie verstehen. Der letzte Abschnitt des ersten Teils ist dagegen ganz durch den synkopischen Einsatz auf »grata a lui« charakterisiert (Takte 18-22), der nicht nur in allen Stimmen gegeneinander verschoben auftritt, sondern durch die Wiederholungen der Floskel einen in den Notenwerten halbierten ungeraden Takt gegenüber dem Metrum der Baßbewegung hervorruft.

Im zweiten Teil – wie erwähnt, ist dieser ganz für die beiden abschließenden *endecasillabi* reserviert – wird der Dialog zwischen dem *Basso* einerseits und den beiden *Canti* andererseits zum bestimmenden Prinzip: Nicht nur zu Beginn stellt der Baß solistisch die ersten vier der fünf kurzen für die beiden Schlußverse verwendeten Floskeln vor, bis die Oberstimmen hinzutreten und in einem kurzen Duett zu der erwähnten Zäsur in Takt 29 geführt werden; es schließt sich ein weiteres, diesmal die gesamte Passage umfassendes Baßsolo an, allerdings in C-Dur und nicht in D-Dur beginnend, und in Takt 38 ist es erneut der Baß, der nach einem Abschluß in den Oberstimmen in die Schlußpassage überleitet.

Auffällig ist, daß im gesamten Stück und selbst am Ende, als von Seufzern und Klagen die Rede ist, expressiv dissonante Passagen fast vollständig fehlen - Dissonanzen finden sich im gesamten Stück ausschließlich als Durchgänge auf unbetonten Zählzeiten, vermutlich ist dies auf den auch hier wieder eher unernsten, ja fast heiter zu nennenden Text zurückzuführen. Daß die Vertonung dann trotz des einprägsamen Baßmodells nicht als eine einfache, liedhafte *Canzonetta* angelegt ist, hängt vor allem mit einer fast durchgängig zu beobachtenden rhythmischen Ambivalenz zusammen, die bereits für die Baßlinie selbst kennzeichnend ist. Trotz der klar taktweisen Periodik ist nicht eindeutig, wie im einzelnen die Artikulation zu verstehen ist - während in der ersten Hälfte des Modells ein klarer Dreiertakt vorliegt - wobei vermutlich nur den mit den Taktanfängen zusammenfallenden Kadenzschlüssen auch ein melodischer Akzent zukommt - können die weiteren vier Takte nicht nur in gleicher Weise, sondern ebenso hemiolisch verstanden werden. Daß das ganze Stück vermutlich sogar als eine Art rhythmisches Verwirrspiel konzipiert ist, zeigt bereits das erste *soggetto* in den Oberstimmen - die langen oder punktierten Notenwerte des Anfangs stimmen zwar mit den Taktschwerpunkten überein, nicht jedoch mit den Wortbetonungen, und es bleibt offen, ob Merula hier bewußt falsche Betonungen angestrebt hat oder bereits an dieser Stelle - wie mehrfach in der Folge - einen höchst irritierenden Gegenrhythmus zum Baß einführen wollte. Merkwürdig ist auch, daß die Kadenzschlüsse in der Continuostimme grundsätzlich mit betonten Notenwerten zusammenfallen, während ihnen in der Singstimme innerhalb des gesamten Stücks überwiegend unbetonte Schlußsilben entsprechen. Viele der *soggetti* weisen einen unmißverständlich der Baßlinie entgegengesetzten Rhythmus auf: Hemiolisch konzipiert sind »bacia la donna mia« und »nè d'altra ha cura« (Takte 7-11), von den Wortbetonungen her grundsätzlich auf der dritten Zählzeit sind betont »un bianco animaletto« und »che la fé segna immaculata e pura«, (Takte 1-8), »e porge« (Takte 10-11), »o troppo insipido diletto« (Takte 11-17) sowie »cibo eletto« (Takte 19, 21 und 22), die letzte Passage des ersten Teils bei »grata a lui« (Takte 18-23) bewirkt - wie bereits ausgeführt - einen in den Notenwerten halbierten ungeraden Takt gegenüber dem Metrum der Continuostimme, wobei die Singstimmen auch gegeneinander noch verschoben sind.

Während im ersten Teil zumeist eine der genannten Ideen eine ganze Passage beherrscht, beruht die Motivbildung des zweiten Teils auf einer dichtgedrängten Kombination von derartigen unterschiedlichen Akzentstrukturen: »e a me dà« (Takt 23), »sospir« (Takt 24) sowie »sospir per cibo« (Takt 24-25) weisen erneut eine Betonung auf der dritten und sechsten Zählzeit des normalen Taktes auf, »che sì l'honoro e vanto« besitzt gleich drei Betonungen in Folge auf allen Zählzeiten und »e per bevanda pianto« (Takt 27-28) kennzeichnet erneut eine hemiolische Struktur. Bei der solistischen Vorstellung dieser irregulären Akzentverbindungen mag all dies - in seiner Gegensätzlichkeit zur Continuostimme - noch deutlich hervortreten; wenn dann jedoch in den vollstimmigen Passagen (insbesondere Takte 33-42) all diese rhythmischen Strukturen miteinander kombiniert werden und gleichzeitig erklingen, entsteht ein bewußt herbeigeführtes, kaum mehr zu entwirrendes Akzentknäuel.

Hier findet Bestätigung, was sich bereits auf der Ebene der formalen Gestaltung angedeutet hatte, daß Merula nämlich das gesamte Stück in einer durchaus widersprüchlichen Weise konzipiert hat: Der überaus regelmäßig und harmonisch klar gebaute Baß sollte eigentlich eine ebenso übersichtliche Strukturbildung des gesamten Stückes ermöglichen, jedoch - so der analytische Befund - hat Merula die Singstimmen in offensichtlicher Lust am Verwirrspiel in bewußtem Gegensatz dazu komponiert, wobei unmittelbar wortausdeutende Absichten kaum zu erkennen sind. Denkbar ist, daß dem ostinaten Baß hier wie in einer Reihe weiterer Stücke Merulas[171] die Funktion einer allegorischen ›Impresa‹ zukommt, die immer erneut in wenig oder ganz unveränderter Weise vorgetragen wird und für deren Bedeutung der bisher nicht identifizierte Text des Stückes, aus dessen Vertonung der ›basso ostinato‹ stammt, eventuell den Schlüssel liefern könnte. Sofern die Deutung des »bianco animaletto« als Hermelin zutrifft, liegt die Vermutung nahe, diese ›Impresa‹ der Baßstimme könnte insbesondere mit den traditionellen Implikationen von Keuschheit, Reinheit, Rechtschaffenheit und Standhaftigkeit verbunden sein, für die dieses Tier in der naturkundlichen und emblematischen Tradition steht. Merulas Umsetzung des Madrigaltextes in den Singstimmen könnte dagegen als ein kompositorisches Infragestellen dieser bereits im Text ironisch in Frage gestellten Gehalte zu verstehen sein. Merula würde dann vielleicht in ähnlicher Weise mit musikalischen Erwartungshaltungen spielen wie Simonetti seinerseits ein Spiel mit einem jahrhundertelang konstanten Topos der klassischen Dichtungstradition betreibt.

---

[171] Vgl. hierzu die beiden Kapitel zum Thema Frauenschelte und zur Figur des Dichtersängers in dieser Arbeit, in denen drei weitere Ostinatokompositionen Merulas behandelt werden.

Musikalischer ›concettismo‹ bei Tarquinio Merula

Ein Fall doppelter ›Aemulatio‹: Monteverdis ›Dolcissimi legami‹ und Merulas ›Che nove arti son queste‹

In anderer Weise als in *Egli è pur troppo vero,* worin Merula eine allegorisch konzipierte musikalische Umsetzung von in der Metaphorik des Textes verborgenen emblematischen Bedeutungen unternommen hatte, strebt er in einer Reihe weiterer Stücke eine Bildung musikalischer Allegorien an, die auf der Entfaltung einer zentralen musikalischen Idee über weite Strecken eines Werkes oder sogar durchgängig in einer ganzen Komposition beruhen - häufig, wenn auch nicht immer in Form von *basso-ostinato*-Techniken. Bereits in seinem Madrigalbuch von 1624 hat Merula mehrfach mit solchen Ideen experimentiert, und die Anregung dafür mag ursprünglich aus einigen Gedichtvorlagen insbesondere Giambattista Marinos und seiner Nacheiferer stammen, in denen zuweilen eine einzige Metapher in konzeptistischer, spitzfindiger Virtuosität ein ganzes Gedicht beherrscht. Diese Besonderheit in der Textdisposition ist etwa anzutreffen in *Che nove arti son queste,* dem *madrigale CXIII* aus dem zweiten Teil von Marinos *La Lira,* das dort die Überschrift *Catena d'oro della sua Donna - Goldene Kette seiner Dame*[172] trägt.

Che nove arti son queste!	Was sind dies für neue Künste!
Per catenarmi il core,	Um mir das Herz in Ketten zu legen
Vai catenato Amore.	gehst Du, Amor, in Ketten.
Che vale altra catena,	Was braucht es eine andere Kette,
Ove la bianca man, l'aurato crine,	wo doch die weiße Hand, das goldene Haar
Mille ne tesse, e più tenaci e fine?	gar tausend davon knüpft, die feiner sind und fester.
Così, per premio di mia lunga pena,	So sei als Preis für meine lange Qual
Con queste braccia un dì dato mi sia,	mir eines Tages vergönnt, mit diesen Armen
Di far catena a la catena mia.	an diese meine Kette eine Kette zu schmieden.

Auf das Bild der goldenen Kette[173] wird nur zu Beginn indirekt Bezug genommen (Vers 3), doch dient es Marino als Ausgangspunkt für eine ganze Serie von dar-

[172] Vgl. Simon / Gidrol (1973), S. 159.

[173] Bei Ripa findet sich das Symbol einer goldenen Kette bei der folgenden Darstellung der »Congiuntione delle cose humane con le Divine. - Si dipingerà un'huomo in ginocchioni cogl'occhi rivolti al Cielo, e che humilmente tenghi con ambe le mani una catena d'oro pendente dal Cielo, & da una Stella. / Non è alcun dubbio, con il testimonio di Macrobio, & di Luciano, che la sopradetta catena non significhi un coniungimento delle cose humane con le divine, & un certo vincolo commune con il quale Iddio quando gli piace ci tira a se, & leva le menti nostre al Cielo dove noi con le

aus abgeleiteten Bildern - dem in Ketten gelegten Herz (Vers 2), den Ketten der Liebe, die aus der Schönheit der Geliebten erwachsen und fester sind als solche aus Metall (Verse 3-6), sowie für das Schlußbild, worin die Geliebte an die Liebesketten des Liebhabers angekettet werden soll - darin ist vermutlich weniger der Bund der Ehe als die Vereinigung der Liebenden in der Umarmung (»con queste braccia«) gemeint.

Marinos Gedicht kann als unmittelbare, zugespitzte Auseinandersetzung mit einem älteren Gedicht von Torquato Tasso verstanden werden, da auch hier die Metapher des Liebesbandes (»legame« - Vers 1) das ganze Madrigal beherrscht - es ist bei Tasso geknüpft aus Worten der Liebe (Vers 2), die zunächst nur im Scherz Fesseln anlegen, diese dann aber nicht wieder lösen. In den Versen 5-6 wird dieses Band der Liebe dann explizit gleichgesetzt mit der nun tückisch fesselnden Kette, die bei Marino zur zentralen Metapher wird, und am Ende - in einem allerdings weitaus sinnlicheren Bild als bei Marino - ebenfalls der Hoffnung auf die Vereinigung des Liebhabers mit der Geliebten in körperlicher Umarmung Ausdruck verliehen.

Dolcissimo legame	Süßestes Band
Di parole amorose,	von Liebesworten,
Che mi legò da scherzo e non mi scioglie;	das mich aus Scherz nur bindet und nicht losläßt,
Così egli dunque scherz' e così coglie?	so also scherzt und so ergreift es?
Così l'alme legate	So sind die Seelen
Sono ne le catene insidiose.	in tückischen Ketten gebunden,
Almen, chi sì m'allaccia,	wenigstens mag, wer mich derart umschlingt,
Mi lega ancor fra quelle dolci braccia.	mich fesseln auch in jenen süßen Armen.

Es ist aufschlußreich für den Wandel des literarischen Geschmacks in Italien, wie Dichter zweier verschiedener Generationen sich des gleichen Themas mit durch-

---

proprie forze, & tutto il poter nostro non potemo salire«; vgl. Ripa (1992), S. 72-73. Es ist denkbar, daß Marino die Verbindung zwischen der Dame und ihrem Verehrer durch die goldene Kette in ähnlicher Weise aufgefaßt hat, wie Ripa diejenige zwischen dem Himmel und dem Gläubigen, denn auch der Liebhaber kann offenbar aus eigener Kraft die Geliebte nicht gewinnen. Bei der Darstellung der *Eternità* schreibt Ripa zudem in anderem Zusammenhang über das Gold: »L'oro è incorruttibile e fra tutti i metalli il più perfetto«, vgl. Ripa (1992), S. 123; insofern könnte die goldene Kette auch sogar als Sinnbild einer unverbrüchlichen Verbindung zu sehen sein, die im Gegensatz zur Schönheit der Geliebten nicht vergänglich ist, allerdings wird das Motiv der Vergänglichkeit ansonsten in diesem Madrigal nicht angedeutet. Doch verwendet Ripa das Gold auch als Sinnbild der *Perfettione*, die ein goldenes Gewand trägt: »Il vestimento d'oro, le si deve per le perfettione, che hà fra tutti i metalli«; vgl. Ripa (1992), S. 348. Von einer goldenen Kette als Werk Amors ist auch in der anonymen Textvorlage zu einem sechsstimmigen Madrigal von Hans Leo Hassler aus dem Jahre 1596 (NV 1309) die Rede, das vermutlich als Hochzeitsstück (»nodi lieti e santi«) entstanden ist: »Tessea catena d'oro / Di Venere il gran figlio / Contra cui nulla val forza e consiglio / Per accoppiar insieme in gentil coro / Virtù, valor, bellezza et honestade / Mille et mille altri intorno / Gian pargoletti amori / Scherzando, saettando / Dolcemente cantando: / O ben felice giorno / O nodi lieti e santi, / O ben felici amanti.« Das Madrigal ist ediert in: HSW, Bd. III, S. 74-79.

aus unterschiedlichen Gewichtungen annehmen - Marino versucht, Tasso insofern zu überbieten, als er dessen ideenreiches Spiel mit den bedeutungsverwandten Wörtern »legame«, »legare«, »catena«, »allacciare« und in der Schlußpointe sogar »braccia« in einem einzigen *concetto* - dem der »catena« - zu konzentrieren sucht, das zusätzlich durch den Bezug auf die Goldkette der Dame noch in seinem Bedeutungsspektrum erweitert wird. Auf diese konzeptistische Virtuosität dürfte auch angespielt sein, wenn Marino durchaus programmatisch von »nove arti«, von ›neuen Künsten‹, spricht - übrigens bezieht sich Marino im vorletzten Vers mit dem umgedeuteten Zitat der Arme (»braccia«) noch einmal unmißverständlich auf Tassos Schlußwendung und damit auf den Unterschied zu den nur indirekt durchscheinenden ›alten Künsten‹.

Noch aufschlußreicher wird der Zusammenhang der beiden Texte für den hier diskutierten Kontext, da sich auch zwei Komponisten im Abstand einer Generation der Vertonung der beiden Madrigale angenommen haben, und zwar zumindest nicht nur in dem Versuch, für die durchgängige Metaphorik der jeweiligen Vorlage ein entsprechendes musikalisches Äquivalent zu finden, sondern mit einiger Sicherheit - wie noch zu zeigen sein wird - auch in unmittelbarer Bezugnahme aufeinander. Die musikalische Version von Tassos *Dolcissimo legame* findet sich bei Claudio Monteverdi mit dem grammatikalisch nicht korrekten ersten Vers *Dolcissimi legami* unter den frühen Tassovertonungen des zweiten Madrigalbuches von 1590,[174] die Fassung von Marinos *Che nove arti son queste* dagegen in Merulas erstem Madrigalbuch von 1624.[175]

Monteverdis fünfstimmiges Madrigal[176] besteht aus einer Reihung kürzerer Abschnitte mit regelmäßigem Wechsel zwischen homophoner und polyphoner Setzweise, wobei die jeweils aus einem solchen Abschnittspaar bestehenden Vertonungen der ersten und der letzten beiden Verse in nur leicht abgewandelter Form wiederholt werden - der Beginn mit geänderter Stimmenverteilung (Takte 1-4 / 4-6) und der ausgedehnte Schluß (Takte 22-29 / 29-38) mit einer über einem orgelpunktartigen *Basso* zusätzlich verbreiterten Schlußwendung (vgl. Takte 28-29 und 36-37). Im gesamten Stück sind - mit Ausnahme von Vers 7 »Almen

---

[174] Monteverdis Version stellte offenbar die erste im Druck erschienene Vertonung des Madrigals dar, vgl. La May (1986), Bd. I, S. 288; zwei weitere fünfstimmige Versionen sind bekannt, eine davon mit dem nach Tasso korrekten Anfang *Dolcissimo legame* von Ruggiero Giovanelli, 1593 (NV 1218), die ich nicht einsehen konnte, sowie eine von Cornelius Schuyt, 1600 (NV 2591), die entgegen den Angaben in NV den Textanfang in Monteverdis geänderter Fassung verwendet, so ist er jedenfalls in der Neuausgabe wiedergegeben; vgl. Schuyt (1984), S. 70-74. Nicht nur die abweichende Form des ersten Verses deutet darauf hin, daß Schuyt Monteverdis Vertonung bekannt gewesen sein könnte, auch in der musikalischen Umsetzung mögen einige Passagen bei Schuyt auf Monteverdi zurückgehen, doch könnte dies auch durch Giovanellis von mir nicht eingesehene Komposition vermittelt sein; für Merulas kompositorische Auseinandersetzung mit Monteverdi hat die Version von Schyut jedoch zweifellos keine Rolle gespielt.

[175] Marinos Text war bereits im *Primo Libro di Madrigali a cinque voci* des Neapolitaners Antonio Summonte 1618 vertont worden, doch haben sich von dessen Fassung nur *Canto*- und *Basso*-Stimmbuch erhalten, so daß ein Vergleich mit Merulas Version nicht unternommen werden kann; vgl. NV 2693bis.

[176] MGA, Bd. II, S. 19-23; die hier zugrundegelegte Edition findet sich im Notenteil, S. 485-488.

che sì m'allaccia« - alle Passagen, die unmittelbar mit dem Bedeutungskomplex Band / Fessel / Kette in Zusammenhang stehen, polyphon verarbeitet worden und zugleich motivisch aufeinander bezogen.

Konstitutiv für die Bildung der *soggetti* in diesen Abschnitten sind im wesentlichen drei musikalische Ideen, die in unterschiedlicher Weise - z.T. auch miteinander kombiniert - immer wieder verwendet werden. Bereits am Anfang (Takte 1-2 / 3-4) wird erstmals das rhythmische Ineinandergreifen eines geradtaktigen Fortschreitens in Minimen und einer synkopisch gegen die Taktschwerpunkte verschobenen Linie mit entsprechenden Vorhaltbildungen erstmals vorgestellt, das in melodisch gewandelter Gestalt auch die *soggetti* bei »sono ne le catene insidiose« (Takte 18-22) und »mi lega ancor fra quelle dolce braccia« (Takte 24-28 und 32-36) charakterisiert und fraglos als musikalische Chiffre für das Bild der Kette zu verstehen ist. Zu dieser Chiffre gehören zwei melodische Varianten, die erste besteht aus einer diatonisch absteigenden Linie, die bei ›mi lega ancor‹ eine Quart umfaßt (ab Takt 24-25) und durch Wiederholung zur Septime (*Quinto* Takte 26-27 / 33-35 / 36-37) und im *Canto* (Takte 35-37) sogar bis zur None weitergeführt werden kann - in den Unterstimmen setzt Monteverdi umgekehrt eine diatonisch aufsteigende Linie im Quartumfang dagegen (Takte 25-27 / 33-34). Auch der Beginn des Stückes im *Canto* kann auf diese absteigende Linie bezogen werden, wenn der Anfang als zusätzlich vorangestellte Wechselnote gedeutet wird. Die zweite melodische Variante kombiniert die Idee der einfachen, absteigenden Melodielinie mit der einer Terzfallsequenz, wie sie in ihrer Grundgestalt in einfacher Minimenfortschreitung bei den Worten ›sono ne le catene‹ ohne Rücksicht auf die Wortbetonungen in gleich zwei möglichen, miteinander verwandten Fassungen erscheint, und zwar in den Takten 18-19 eine quasi volltaktige Variante in den beiden Oberstimmen *Canto* und *Quinto*, zusätzlich synkopisch gegeneinander verschoben, und gleichzeitig eine auftaktige Variante in Parallelführung im *Alto* und *Tenore*. Mit nur unwesentlich abgewandelten Binnenrhythmisierungen liegt diese absteigende Terzfallsequenz auch drei weiteren *soggetti* zugrunde - bei »che mi legò da scherzo e non mi scioglie« (besonders deutlich in den Takten 9-10 im *Basso*), bei »così l'alme legate« (Takte 15-17) und in punktierter Form sogar in einem der homorhythmischen Abschnitte bei »così egli dunque scherz' e così coglie« (besonders deutlich hervortretend im *Canto* in Takt 13). Mit der variativen Kombinatorik von absteigender Melodielinie, Terzfallsequenz und Synkopenketten erreicht Monteverdi hier eine für die Zeit vor der Jahrhundertwende ungewöhnliche musikalische Geschlossenheit der Komposition, in der er das dichte Spiel der poetischen Motive bei Tasso auch musikalisch nachzuzeichnen versteht - sind doch viele der verschiedenen Abschnitte innerhalb der Komposition durch motivische Verschränkungen ähnlich den Gliedern einer Kette untereinander verbunden.

Merula greift in seiner vierstimmigen, continuobegleiteten Vertonung von Marinos *Che nove arti son queste*[177] insbesondere für die Umsetzung des zentra-

---

[177] Eine Edition findet sich zu Beginn des Notenteils, S. 431-433.

len Bildes der »catena« offensichtlich auf die bereits bei Monteverdi eingeführten Gestaltungsideen zurück. Alle drei der für *Dolcissimi legami* konstitutiven motivischen Elemente finden sich auch bei Merula wieder - Synkopenketten, absteigende Melodielinie und auch Terzfallsequenzmotive - allerdings unter Hinzutreten eines bei Monteverdi nur im letzten Abschnitt aufscheinenden diatonisch aufsteigenden Motivs, das bei Merula als Gegenbewegung zur absteigenden Linie stark aufgewertet und zudem mit der Idee der Terzfallsequenz verknüpft wird. Waren in *Dolcissimi legami* die einzelnen *soggetti* in relativ klar definierten Abschnitten voneinander abgesetzt, so ist dies bei Merula nur in den drei Abschnitten des zweiten Teils (Takte 25-52) festzustellen, die den abschließenden drei Versen korrespondieren, während in dem zwei kürzere Abschnitte umfassenden ersten Teil (Takte 1-12 und 12-25) bis auf die Anfangs- und Schlußtakte durchgängig die Überlagerung zweier in Gegenbewegung angelegter *soggetti* anzutreffen ist, die zudem bei fast konsequent durchgehaltenen Synkopierungen zu immer erneuten Vorhaltbildungen führt.

Die absteigende Linie ist für die *soggetti* der Verse 1 (Umfang einer Quint) und 3 (Umfang einer Septime) bestimmend, der Anfang von Vers 2 repräsentiert erstmals die aufsteigende Linie, die hier wie auch im Falle von Vers 5 - in diesem Fall werden die Gerüsttöne in Achtelbewegung umspielt - einen Quartgang aufwärts beschreibt. Für die beiden verbleibenden Verse des ersten Teils hat Merula dagegen beide Bewegungsrichtungen verwendet - bei Vers 4 »che vale altra catena« herrscht zwar die absteigende Linie vor (Takte 12-20), doch findet sich bei der ersten Vorstellung ab Takt 12 im *Alto* auch einmal auf gleichem Text Gegenbewegung in doppeltem Tempo, Vers 6 läßt sich dagegen melodisch auf eine Aneinanderreihung von Terzfallmotiven zurückführen, die zunächst im *Tenore* in den Takten 17-19 diatonisch aufsteigend aneinandergereiht werden, dann jedoch beginnend mit dem *Basso*-Einsatz in Takt 18 und klar hervortretend ab Takt 21 in der Parallelführung von *Alto* und *Basso* - wie schon bei Monteverdi - in absteigender Richtung. In der abschließenden Passage, die für den letzten Vers »Di far catena a la catena mia« (Takte 40-52) reserviert bleibt, läßt Merula noch einmal in gedrängter Form alle für die »catena«-Passagen bestimmenden musikalischen Mittel kulminieren: Die in synkopischer Verschiebung aufwärts strebenden Oberstimmen (Takte 40-44), die durch Quartsprünge aufwärts ermöglichte Terzfallsequenz in Aufwärtsbewegung - die damit zwei entgegengesetzte Bewegungsrichtungen miteinander verbindet (ab Takt 40 zunächst in den Unterstimmen, dann in den Oberstimmen) - und in den Schlußtakten noch einmal die beiden melodischen Gegenbewegungen, diesmal bei zusätzlicher Parallelführung der aufwärtsstrebenden Mittelstimmen über einem Orgelpunkt im Baß - auch diese Idee ist aus Monteverdis Schlußtakten übernommen und wohl zusätzlich bei Merula für die Tonrepetitionen und anschließenden Haltenoten in der Vertonung des 7. Verses »Così per premio dei mia lunga pena« zum Ausgangspunkt geworden (Takte 25-36), worin mit der parallel geführten Reihung zweier Terzfälle - am deutlichsten in der Passage Takte 31-35 - noch ein weiteres der schon bekannten Motive in neuer Form verarbeitet wird.

Merula hat in seiner kompositorischen Auseinandersetzung mit Monteverdis Vorbild nicht nur durch die weitaus komplexere Verknüpfung der Strukturelemente versucht, das Modell zu übertreffen, sondern auch in harmonischer Hinsicht. Während Monteverdi in dieser frühen Komposition noch kaum etwas von den nur wenig später einsetzenden, kühnen Regelüberschreitungen der in seiner Mantuaner Zeit entstandenen Madrigale ahnen läßt - Dissonanzen werden in *Dolcissimi legami* generell noch dem satztechnischen Regelkanon entsprechend vorbereitet und auch aufgelöst - kann Merulas deutlich jüngere Version all die neuen, bereits um die Jahrhundertwende gemachten Erfahrungen miteinbeziehen. Während die Synkopierungen bei Monteverdi häufig gar nicht zu dissonanten Vorhaltbildungen genutzt werden - so ist erstaunlicherweise die ganze Passage bei »sono ne le catene« (Takte 35-40) frei von Dissonanzen, erst mit dem Querstand zwischen *Basso* und *Quinto* in Takt 41, dem Quintsextakkord im darauffolgenden Takt sowie dem Durchgang mit anschließendem Quartvorhalt in der Kadenz ändert sich dieses Bild - ist dies in Merulas Fassung streckenweise fast zur Regel geworden, wie bereits aus der längst nicht vollständigen Bezifferung der Continuostimme hervorgeht, die etwa in den ersten 12 Takten dissonante Vorhaltbildungen auf praktisch allen betonten Taktzeiten außer auf den Kadenzschlüssen ausweist. Darüberhinaus finden sich immer wieder vor allem satztechnisch aus dem Rahmen fallende Stellen wie etwa bei den rücksichtslosen, wenn auch unbetonten Einsätzen bei »mille ne tesse« in den Takten 16-19 in *Alto* und *Tenore*, die sich zwar zur Baßstimme konsonant verhalten, jedoch mit den dissonanten Vorhaltbildungen der jeweiligen Oberstimme gleichsam ›kollidieren‹.

Es mag auf den ersten Blick ungewöhnlich erscheinen, daß Merula sich so intensiv mit einem Madrigal in einer anscheinend längst aus der Mode gekommenen Schreibart auseinandersetzte, doch mag einer der Gründe dafür in dem Umstand zu suchen sein, daß Monteverdi - angeregt durch die dichte Metaphorik der Vorlage Tassos - hier aus wenigen musikalischen Motivelementen eine formal einheitsstiftende Wirkung entwickelt, die weit über die ansonsten in jener Zeit nicht selten anzutreffende, bloß additive Reihung von *soggetti* hinausgeht und damit zugleich eine musikalische Allegorie für die in Tassos Gedicht so zentrale Metapher des Bandes bzw. der Kette hervorbringt. Bedeutsam sind beide Vertonungen, zeigen sie doch, daß Komponisten an der Wende zum 17. Jahrhundert versucht haben, in ihren Vertonungen auch musikalisch der pointierten *acutezza* mancher Vorlagen Rechnung zu tragen, indem sie äußerst komplexe Formmodelle entwickelten, in denen das geistreiche Spiel mit einzelnen musikalischen Motiven der konzeptistischen Reihung und Häufung aufeinander bezogener Metaphern in der vertonten Gedichtvorlage ähnelte. Wie der ›doctus poeta‹ in seiner Kunst darum bemüht war,

»die dichterische Aussage möglichst geistreich, scharfsinnig und spitzfindig zu verrätseln durch die gehäufte Verwendung rhetorischer Figuren und Tropen, insbesondere durch gesuchte, dunkle Metaphern, Wortspiele und verfremdende Paradoxa sowohl in Gedanken als auch in der Sprache«,[178]

so haben offensichtlich zuweilen auch Komponisten versucht, in ihren Vertonungen solcher Texte einen nicht weniger ›gelehrten‹ musikalischen *concettismo* hervorzubringen, dessen scharfsinniges motivisches Spiel mit seiner Vielfalt formaler Bezüge eine eigene Bedeutungsebene neben der literarischen konstituiert. Die musikalischen Metaphern und ihr beziehungsreiches Geflecht bilden dabei nicht in jeder Hinsicht einfach die Vorlage nach, sondern werden in Auseinandersetzung damit zu einem bisweilen durchaus eigenständigen Kommentar, der sich nicht in bloßer Nachahmung erschöpft, sondern in einem Spannungsverhältnis zum Text stehen kann. Diese Ebene ist dem Hörer oder Ausführenden häufig nicht unmittelbar verständlich, verlangt sie doch eine hohe Kunstfertigkeit bei der Entschlüsselung der häufig kunstvoll verborgenen Verweise.

Ein musikalisches perpetuum mobile - ›La mia Filli è fugace‹

Mit einer vergleichbar dichten motivischen Verknüpfung verschiedener Passagen oder sogar ganzer Abschnitte und einer damit verbundenen allegorischen Bedeutungsebene wie im Falle von *Che nove arti son queste* hat Merula auch in der Vertonung anderer Gedichte mit komplexer Metaphorik experimentiert. Ein Beispiel dafür aus dem gleichen Band von 1624 bildet das ebenfalls vierstimmige *La mia Filli è fugace,*[179] worin Merula auf einen Madrigaltext von Cesare Rinaldi zurückgreift, der 1611 erstmals im Druck erschien und von einem ähnlich spitzfindigen, diesmal aber durch Gegensätzlichkeit gekennzeichneten *concettismo* beherrscht wird.

La mia Filli è fugace:	Meine Filli ist flüchtig:
La seguo e non la giungo, essa mi strugge	Ich folg ihr und erreich sie nicht, und sie vernichtet mich
Fuggendo, e mai non parte e sempre fugge.	im Fliehen, sie weicht zwar nie und flieht doch immer;
Lunge ogn'hor la rimiro,	bald sehe ich entfernt sie wieder,
Lunge no ch'è presente e meco giace.	doch nicht entfernt, da hier sie ist und bei mir liegt,
Fugge pur ch'io la miro,	sie flieht womöglich, damit ich nach ihr strebe,
Resta pur ch'io la sento.	sie bleibt womöglich, damit ich sie fühle.
Ah dubbio amare, al fuggire, al restare,	Ach bitterer Zweifel - ob Fliehen, ob Bleiben,
Al restare, al fuggire ogn'hor sospiro.	ob Bleiben, ob Fliehen, ich seufze immer!
Sciogli tu il dubbio, Amore,	Ach löse du, Amor, die Ungewißheit,
Fugge ella, resta, io seguo e l'ho nel core.	flieht oder bleibt sie, ich folge ihr und habe sie im Herzen.

[178] D. Briesemeier, *Conceptismo,* in: HWR, Bd. II, Spalte 306.
[179] Das Madrigal ist im Notenteil vollständig ediert, S. 434-439.

Das Madrigal behandelt mit der Flucht einer Hirtin ein häufig in der Lyrik der Zeit dargestelltes Thema - Tomlinson spricht in diesem Zusammenhang von einem »conventional pastoral topos«[180] - Merula hat es in der Vertonung von Torquato Tassos *Voi sete bella ma fugace e presta* im gleichen Band sowie in *Filli, deh Filli mia, vezzosa e bella* aus den im gleichen Jahr veröffentlichten *Madrigaletti* selbst wiederholt aufgegriffen,[181] im zuletzt genannten Stück wie auch in Monteverdis *Perchè t'en fuggi, o Fillide* aus dem achtem Madrigalbuch von 1638 trägt die Schäferin sogar den selben Namen. Doch hat Rinaldi eine besonders komplexe, auf paradox angelegten Bildern beruhende Variante des Themas geschaffen, da die Schäferin offenbar die merkwürdige Fähigkeit besitzt, gleichzeitig zu fliehen und bei dem lyrischen Ich zu bleiben. Diesem Gegensatzpaar von Fliehen und Bleiben ist eine Serie parallel gebauter Bilder zugeordnet - so gehört zum Fliehen das Entferntsein der Geliebten (»lunge«), das Nacheilen und doch niemals Erreichen (»la seguo e non la giungo«) sowie das durch Blicke nach ihr Streben (»miro« / »rimiro«); zur Seite des Bleibens demgegenüber, daß sie niemals fortgeht (»mai non parte«), anwesend ist (»presente«) und sogar bei ihm liegt (»meco giace«), so daß das Ich sie fühlt (»ch'io la sente«). Die paradoxe Konzeption gipfelt im Chiasmus der Verse 8-9, wo sich der Unglückliche völlig verunsichert zeigt, denn wenn er glaubt, sie fliehe, so ist sie bei ihm, meint er jedoch umgekehrt, sie sei bei ihm, so ist sie auf der Flucht. Dies führt einen Zustand bitteren Zweifels herbei, der ihn ständig seufzen läßt und den nur Amor selbst auflösen könnte (Vers 10). Rinaldi klärt zumindest am Ende des abschließenden Verses darüber auf, wie diese Paradoxien zu verstehen sind, kommen sie doch zustande durch die Verknüpfung von zwei unterschiedlichen Ebenen: Der von Zweifeln geplagte Liebhaber hat Filli im Herzen (»l'ho nel core«) - darin ist sie immer anwesend, hier fühlt er sie, hier liegt sie gleichsam bei ihm und von hier geht sie niemals fort, allerdings stimmt die Wirklichkeit mit der Lage in seinem Herzen nicht überein, ist hier Filli doch immer auf der Flucht, weit entfernt und trotz seiner Annäherungsversuche unerreichbar für ihn. Der erste Vers des Madrigals, der ihre reale Flucht konstatiert, und der letzte Vers, der ihren imaginären Aufenthaltsort im Herzen des lyrischen Ichs als Schlußpointe preisgibt, sind damit in besonderer Weise aufeinander bezogen, bezeichnen sie doch die beiden für die gesamte Metaphorik bestimmenden Pole von innerem und äußerem Zustand.

Während Cesare Ripa in seiner *Iconologia* die Flucht einmal beschreibt als »Donna con habito spedito, scapagliata, con l'ali alle spalle, & con un fanciullo in braccio, & che stia in atto di fuggire« und in einer zweiten Beschreibung gleichfalls eine Frau, die in beiden Händen einen Bienenschwarm mit Rauch hält[182] - Darstellungen, die für das Verständnis unseres Themas wenig beitragen

---

[180] Tomlinson (1987), S. 204.

[181] In beiden Kompositionen ist eine ähnlich allegorische Absicht wie in *La mia Filli è fugace* nicht zu erkennen.

[182] Ripa (1992), S. 152.

– führt der bereits im Zusammenhang mit den Tiermetaphern erwähnte Bartolomäus Anulus die Idee der Flucht in der Liebe auf die mythologischen Legenden von Apoll und Dafne, aber auch von Echo und Narziß zurück und folgert daraus, es sei die Frau der Schatten des Mannes (»Mulier umbra viri«). Denn wie der Schatten denjenigen flieht, der ihn verfolgt, und dem folgt, der ihn flieht, so werde auch

> »die Frau, die sich fast immer dem Willen widersetzt, mit Recht der Schatten des Mannes genannt, so sei nämlich die Liebe des weiblichen Geschlechts: will sie der Liebhaber, so wollen sie nicht – will er nicht, so wollen sie gern.«[183]

Auch wenn in Rinaldis Madrigal die Idee des Schattens in dieser Form ebensowenig vorkommt wie eine Umkehrung der Verfolgungssituation, so ist doch die Verknüpfung zweier paradox erscheinender Phänomene im Zusammenhang mit dem Motiv der Flucht in beiden Fällen durchaus ähnlich, auch wenn es für Rinaldis Darstellung zumindest in der ikonologischen Literatur keine unmittelbaren Vorbilder zu geben scheint. Ripa gibt jedoch Hinweise für ein besseres Verständnis des am Ende von Rinaldis Gedicht zentralen Begriffs des Zweifels, personifiziert Ripa doch ›dubbio‹ als einen

> »Huomo ignudo, tutto pensoso, incontratosi in due, overo tre strade, mostri esser confuso, per non saper rivolvere qual di dette vie debba pigliare. Et è questo dubbio con speranza di bene, come l'altro con timore di cattivo successo, & si fa ignudo, per essere irresoluto«.[184]

Die Verwirrung (»confusione«) über die unauflöslichen Gegensätze und Unentschlossenheit und das Schwanken zwischen Furcht und Hoffnung sind ebenfalls für Rinaldis Liebhaber kennzeichnend, doch manifestiert dieser dann im letzten Vers nicht Unentschlossenheit, sondern im Gegenteil den festen Willen, Filli weiterhin zu folgen, unabhängig davon, ob sie nun fliehe oder bleibe.

Merula hat eine sicherlich nicht weniger komplexe und zudem höchst eigenwillige Umsetzung dieses Madrigals geschaffen: Zunächst ist die Komposition innerhalb des gesamten ersten Madrigalbuchs dadurch hervorgehoben, daß sie als einzige durchgehend in einer ungeraden Taktart geschrieben ist,[185] was selbst im Jahre 1624 noch keinen Normalfall in der Gattungstradition mehrstimmiger Ma-

---

[183] Henkel / Schöne (1978), Spalte 1034-35.

[184] Ripa (1992), S. 111.

[185] Die Vorzeichnung eines Kreises ohne Punkt mit einer anschließenden **3** entspricht nicht mehr den früher in der Mensuralnotation geltenden Regeln, denn während das Zeichen besagt, daß es sich um ein *tempus perfectum cum prolatione imperfecta* handelt, entspricht der bei Merula tatsächlich verwendete Takt ganz im Gegenteil einem *tempus imperfectum cum prolatione perfecta*. Bereits Wolf hat darauf hingewiesen, wie allgemein derartige Fehlbezeichnungen in den ersten Jahrzehnten des 17. Jahrhunderts geworden waren; vgl. Wolf (1992), S. 108f.

drigalvertonung darstellte. Das Stück bewegt sich fast ununterbrochen - immer in wenigstens einer der Stimmen - in gleichmäßigen halben Notenwerten weiter, so daß man durchaus von einem rhythmischen Ostinato sprechen könnte. Nur in den Takten 39, 43, 50, 59 sowie 76 findet sich bei Abschlüssen ein momentanes Aussetzen dieser fortlaufenden Bewegung, zwischen Takt 60-67 ist darüber hinaus deren Gleichförmigkeit durch die rascheren Viertel auf »fugge« sowie einige Hemiolenbildungen unterbrochen. Dies ändert nichts an der Wirkung des Stücks als einer Art ›perpetuum mobile‹, das allerdings dennoch in drei größere Abschnitte zu gliedern ist. Der erste und mit Abstand längste davon umfaßt die gesamte Beschreibung der paradoxen Situation von Fliehen und Bleiben (Takte 1-43) und endet vor den Worten »ah dubbio amare« innerhalb des siebten Verses, den mittleren Abschnitt bildet die Vertonung des verbleibenden Restes von Vers 7 sowie der Verse 8-9 (Takte 43-60), und der letzte Abschnitt ist den beiden Schlußversen vorbehalten (Takte 60-77) - es ist durchaus wahrscheinlich, daß Merula die beiden letzten Abschnitte gemeinsam als eine dem ersten Teil entgegengesetzte, fast gleichgewichtige Einheit verstanden wissen wollte, wofür zumindest eine auffällige Symmetrie zwischen dem Anfang und den Schlüssen der beiden letzten Abschnitte spricht, die noch zu erörtern sein wird.

Ungewöhnlich genug ist bereits der Beginn des ersten Abschnitts: In den ersten 19 Takte geht es inhaltlich ausschließlich um die Idee der Flucht, und die Continuostimme ist gekennzeichnet durch ein unaufhörliches, taktweises Sequenzieren eines Motivs auf der nächsthöheren Tonstufe, das bis auf Takt 16 immer mit einem diatonisch aufsteigenden Quartgang beginnt, dann jedoch in mehreren Varianten weitergeführt wird. Dieser Sequenzgang würde, wenn nicht zwei Oktavierungen abwärts (Takte 8-9 sowie 14-15) sein Verbleiben innerhalb des normalen Ambitus einer Continuostimme gewährleisteten, in einer sozusagen unendlichen Leiter einen Tonraum von zwei Oktaven plus einer Quint durchschreiten, wobei er keinem klar definierten harmonischen Ziel zustrebt. Selbst die erste vollständige Kadenz in den Takten 19-20 bildet weniger einen logischen Zielpunkt oder gar Abschluß als eine beinah zufällig erscheinende Zwischenstation auf der vierten Stufe C-Dur. Ungewöhnlich ist auch, was in den Singstimmen gleichzeitig geschieht: Während des ersten Oktavdurchlaufs der Sequenzenfolge im Baß (Takte 1-8) stimmen in jedem Takt die auftaktigen Einsatztöne der drei verschiedenen *soggetti* mit derjenigen Tonstufe überein, die der Sequenzgang im Baß zu Beginn des Taktes gerade erreicht hat, so daß der Oktavgang aufwärts im Baß durch die Einsatztöne der Singstimmen im Innern der Takte parallel noch einmal nachgezeichnet wird. Doch greifen die Singstimmen die neue Tonstufe während der ersten acht Takte in allen Fällen später als im Baß auf, folgen also gewissermaßen der immer weiter davonlaufenden Bewegung der Continuostimme, ohne sie zu erreichen - ganz wie im Gedicht der Geliebte der flüchtigen Filli. Ab Takt 9 jedoch, als der Satz vollstimmiger wird, verdoppelt umgekehrt immer wenigstens eine der Stimmen zu Beginn des Taktes die gerade vom Sequenzgang des Basses erreichte Tonstufe, während nun nicht mehr regelmäßig die Einsätze innerhalb der Takte auf derselben Stufe erfolgen. Es dürfte unmittelbar einleuchten, daß Merula mit dem Sequenzgang des Basses die Grundidee des Fliehens, und zusätzlich zumindest in den ersten acht Takten auch die Idee des Verfolgens, das nie sein Ziel erreicht, in Töne gefaßt hat, und zwar ganz wie im Falle des Feuers in der Salamander-Passage von *Egli è pur troppo vero* nicht durch eine ›rhetorische‹ Figur auf einem einzelnen Wort oder innerhalb eines isolierten *soggetto*, sondern indem eine längere Textpassage in eine übergreifende musikalische Idee eingebettet wird, die ihrerseits zur Allegorie für ein zentrales *concetto* im Text wird.

Die gleichzeitige Motivbildung in den Singstimmen erweist sich als ein kombinatorisches Spiel mit nur wenigen Floskeln, die teils untereinander, teils mit dem Baß verwandt sind: Die ersten beiden *soggetti* für »la mia Filli è fugace« und »la seguo e non la giungo« bilden zwei nur geringfügig abweichende Varianten einer einzigen Idee, die durch einen auftaktigen Quartsprung zur ersten, zusätzlich durch Punktierung verstärkten Betonung sowie anschließende Wechselnote und Terzfall gekennzeichnet ist – die Unterschiede liegen einzig darin, daß im ersten Vers, der mit zwei unbetonten Silben beginnt, eine weitere auftaktige Halbe vorangestellt ist, während die andere Variante wegen einer zusätzlichen unbetonten Silbe im Innern des Motivs eine modifizierte Binnenrhythmisierung erfordert. Der Quartsprung in den Oberstimmen läßt sich vermutlich insofern als eine um die Zwischenstufen verkürzte Version des Quartgangs im Sequenzmodell des Basses deuten, da auch der zweite Teil der Oberstimmenmotivik auf die beiden ersten Varianten der zweiten Takthälfte im Continuo zurückzuführen ist – während im Baß in den Takten 1-3 auf der zweiten Takthälfte die auch in den Oberstimmen anzutreffende Wechselnote erscheint, findet sich an entsprechender Stelle in den Takten 4-12 die punktierte Halbe und anschließend der Gang zur Unterterz als neuem Ausgangspunkt des Sequenzmodells. Diese zweite Variante bildet zugleich die Grundlage für das dritte *soggetto* in den Singstimmen, dessen absteigendes Quintmotiv nicht nur als Aneinanderreihung zweier Terzgänge abwärts (auf »essa mi strugge« und »fuggendo« – erstmals in den Takten 4-5) aufzufassen ist, sondern sogar mit dem punktierten Motiv der zweiten Takthälfte in der Baßstimme parallel geführt wird; dies wird allerdings durch die irritierenden Akzentverschiebungen gegenüber den Taktschwerpunkten im dritten *soggetto* auf die dritte und sechste Zählzeit zugleich in Frage gestellt.

Daß Merula diese Motivähnlichkeiten bewußt geplant hat, zeigen zwei weitere Varianten der zweiten Takthälfte in der Continuostimme: In Takt 15 wird der Baß dem zweiten *soggetto* von »la seguo e non la giungo« angeglichen, unmittelbar anschließend (Takte 16-18) dann an entsprechender Stelle zu einem einfachen Terzgang abwärts mit anfänglicher Tonrepetition umgestaltet und bildet in dieser Form unverkennbar einen *basso seguente* zum Anfang des dritten *soggetto* bei den Worten »essa mi strugge«. Diese letzte Variante wird nun aus dem bisherigen Kontext des Sequenzganges herausgelöst und ihrerseits in sequenzierender Aneinanderreihung zur Grundlage der gesamten anschließenden Passage (Takte 20-32) gemacht. Der Effekt ist, daß nun die Baßlinie im halbtaktigen Rhythmus auf den betonten Zählzeiten eine ebenfalls potentiell unendliche Terzfallkette bildet –

auch hier notwendigerweise mit einer Reihe von Oktavierungen. Ab Takt 26 wird zwar die Terzfallfolge weiter beibehalten, jedoch diesmal nicht selten bei gleichzeitigem Verzicht auf eine melodische Sequenzierung, was die Kontinuität der Bewegung verschleiert. Auch für diese Passage gilt, daß harmonisch gesehen keine stabilen Verhältnisse einkehren, sondern die Continuostimme in einer unaufhörlichen, gleichsam bodenlosen Bewegung abwärts weiterläuft.

Wie gleich der Anfang dieser Passage deutlich macht (Takt 20-21), stimmt die Baßlinie in den ersten sechs Takten ohne irgendeine Abweichung zugleich mit einem der *soggetti* dieser zweiten Passage auf »e mai non parte, non parte« überein, das seinerseits eine Variante des absteigenden Quintganges aus dem vorangegangenen »essa mi struggge fuggendo« darstellt. Ab Takt 26 wird das Motiv auf zwei Arten dahingehend abgeändert, daß - und dadurch bleibt die erwähnte Terzfallfolge auf den betonten Taktzeiten in der Continuostimme unbeeinträchtigt - einmal bei »lunge ogn'hor la rimiro« der zweite und fünfte Ton des Quintganges ersetzt wird durch ein Ausweichen in die Oberterz, was einen anschließenden Quintfall und sequenzierende Dreiklangsmelodik zur Folge hat, dagegen bei den Worten »lunge no ch'è presente« nur der zweite Ton durch einen Quartfall mit anschließendem Sekundschritt aufwärts. Ein einziges der vier *soggetti* innerhalb der zweiten Passage des ersten Abschnittes, das zu den Worten »e sempre fugge«, kann nicht auf den Quintgang abwärts zurückgeführt werden, sondern ist als Umspielung des aufsteigenden Quartmotivs aus der Baßlinie vom Anfang des Stücks zu verstehen, wobei Merula die aufsteigende Wirkung noch dadurch unterstreicht, daß jeder neue Einsatz des Motivs auf der Oberterz des Zieltones des vorangegangenen Einsatzes erfolgt, wenn man diverse Oktavierungen ›überliest‹ - nur auf der ersten Zählzeit in Takt 22 ist diese der Terzfallkette im Continuo entgegengesetzte, unaufhörliche Aufwärtsbewegung nicht stringent durchgehalten.

Erst in der letzten Passage des ersten Teils (Takte 32-43) führt Merula ein ganz neues Element in sein motivisches Spiel ein, es handelt sich um eine wortausdeutende Darstellung der Textstelle »e meco giace« durch Haltetöne zunächst in den beiden oberen, dann noch einmal in den Unterstimmen. Dabei verläuft allerdings nicht nur die Textdeklamation unter den Stimmen asynchron - erneut ein Anzeichen dafür, daß Filli zwar bei ihm liegt, aber dennoch flieht - sondern Merula hebt das *unisono* auch durch Fortschreiten der jeweils oberen Stimme in die obere Sekunde (Takte 35 und 38) für einen Moment auf und kehrt nach regelgerechter Auflösung der Dissonanz zum *unisono* zurück - damit wird ein die paradoxe Asynchronität im *unisono* noch steigerndes, durchaus schmerzliches Moment in die Deutung dieser Stelle eingeführt, das bei Rinaldi nicht unmittelbar vorgeprägt ist.[186] Entsprechend der Statik der Haltetöne weicht in dieser Passage auch notwendig die bisher stetige harmonische Fortschreitung einer Beruhigung, doch endet der erste Teil nicht in der zunächst vorherrschenden Aus-

[186] Eine sehr ähnliche Idee hat Merula im gleichen Buch in *Andianne agli horti di Dameta andianne* am Ende der beiden Unterstimmenduette in ganz anderem Kontext und mit weitaus rascherer Rhythmisierung eingesetzt; vgl. die Edition in Szweykowska / Szweykowski (1997), S. 340-344.

gangstonart G-Dur, sondern auf der vierten Stufe C-Dur (Takt 43). Das den beiden noch verbleibenden Textstellen zugeordnete Motiv besteht aus einfacher Dreiklangsmelodik, wobei Merulas Entscheidung, den inhaltlich eigentlich entgegengesetzten Textstellen »fugge pur ch'io la miro« sowie »resta pur ch'io la sento« ein identisches *soggetto* zuzuordnen - dies wird insbesondere im gesungenen Baß und der mitlaufenden Continuostimme in den Takten 32-36 und im *Canto* in den Takten 36-39 deutlich - eine Interpretation nahelegt, die an diesem Punkt der Vertonung die Ununterscheidbarkeit der Gegensätze betont.

Dies führt - wie bereits bei der Deutung der Vorlage gezeigt - zu jenem Zustand bitteren Zweifels, mit dessen Darstellung Merula den zweiten Teil seiner Komposition beginnen läßt - musikalisch unter erneutem Rückgriff auf den nun rhythmisch augmentierten Quintgang abwärts für »ah dubbio amare« - auch hier wird durch die jeweils anschließenden Einsätze auf dem Zielton der Linie (oktavierend im Alto in Takt 46 und im Canto in Takt 48) eine fortlaufend absteigende Bewegung erreicht, die schließlich in Takt 51 nach G-Dur zurückführt. Der jeweiligen Hauptstimme hat Merula in der Unterterz eine Parallelstimme beigefügt, die durch rhythmische Verschiebung um eine ganze Note Sekundvorhalte herbeiführt, deren Wirkung Merula noch dadurch steigert, daß er die Akzenttöne der Continuostimme, die zu Beginn bereits das *soggetto* des Verses »al restare al fuggire« aus Takt 54ff. vorwegnimmt, ebenfalls in Terzen zur Oberstimme führt, so daß auf den betonten Zählzeiten in Takt 44 ungeniert Sekund-Terzklänge herbeigeführt werden, die im Folgetakt nur durch Abbrechen des Sequenzganges im Baß zur Kadenzierung vermieden sind. In den Takten 46-47 belegen die kaum verschleierten Akzentparallelen zwischen den Außenstimmen bei gleichzeitiger Quartvorhaltbildung mit anschließendem regelwidrigem Abspringen des Basso die unkonventionelle Rücksichtslosigkeit, mit der Merula die Regeln des Tonsatzes dem konsequenten motivischen Spiel unterzuordnen bereit ist. In den Takten 49-50 werden gleich drei solcher Ideen überlagert - das nicht zufällig auf dem Wort »restare« aus dem vorangegangenen Abschnitt wieder aufgegriffene Haltetonmotiv, die erneute Vorhaltbildung - nun zwischen *Canto* und *Tenore* - als Ausdruck bitteren Zweifels und jenes gleichsam vorgezogene *soggetto* von »al fuggire al restare«, das in der folgenden Passage über einem erneuten Halteton auf *G* noch einmal allein exponiert und dem anschließenden »al restare al fuggire« unmittelbar gegenübergestellt wird (Takte 51-55). Hier erst wird der spezifische Sinn der Konstruktion dieses Motivs deutlich, hat Merula doch eine ebenso verblüffende, wie einfache Lösung dafür gefunden, den Chiasmus der beiden Zeilen mit ihren gegensätzlichen Bildern musikalisch umzusetzen - während für »al fuggire al restare« ein diatonisch aufsteigendes Terzmotiv mit Betonung auf der höchsten Note konstitutiv ist, das entweder schrittweise (Takte 46ff.) oder in Terzen (Takte 51-53) abwärts sequenziert, ist für »al restare al fuggire« umgekehrt ein diatonisch absteigendes Terzmotiv bestimmend, das schrittweise aufwärts sequenziert wird; die Gegensätzlichkeit innerhalb eines Verses wird also durch die Verknüpfung zweier entgegengesetzter Bewegungsrichtungen auf unterschiedlichen Ebenen (Binnenbewegungs- und Gesamtbewegungsrichtung) gelöst, der Chiasmus dagegen durch die Vertauschung der Ebenen gestaltet - alle motivischen Elemente lassen sich auch hier auf bereits bekanntes Material zurückführen. Der zweite Abschnitt findet schließlich in allen Stimmen einen klaren Abschluß in G-Dur nach einem nur fünf Takte umfassenden, wörtlichen Rückgriff auf das erste Motiv der Continuostimme aus Takt 1, das diesmal als *soggetto* für die Textstelle »ogn'hor sospiro, sospiro« in allen Stimmen Verwendung findet und damit sicherlich nicht nur formal, sondern auch inhaltlich das ständige Seufzen dieser Textstelle auf das anfängliche Fluchtmotiv zurückbezieht.

Der dritte Abschnitt der Komposition besteht aus zwei kürzeren Binnenteilen (Takte 60-68 sowie Takte 68-77), von denen der erste im Baß eine Aneinanderreihung einfacher Kadenzen - mit Hemiolenbildung in den beiden letzten davon - aufweist (nach G-Dur / C-Dur / C-Dur / A-Dur / d-Moll). Das erste soggetto auf »sciogli tu il dubbio amore« ist in seiner Dreiklangsmelodik unverkennbar an »lunge ogn'hor la rimiro« (erstmals Takt 26-27) angelehnt, auch wenn hier keine vergleichbare Sequenzierung vorliegt. Der Beginn des zweiten *soggetto* der Passage ließe sich eventuell mit seinem fallenden Quartmelisma sogar auf das aufsteigende Quartmotiv des Basses aus Takt 1 zurückbeziehen, doch liegt näher, das ganze *soggetto*, zumindest wie es in den beiden Oberstimmen in den Takten 65-67 vorliegt, als eine teilweise umspielte Variante des mehrfach angetroffenen Quintfallmotivs zu verstehen. Weitaus bedeutsamer für die Gesamtkonzeption des Stückes ist jedoch, daß Merula in der abschließenden Passage - wie bereits am Ende des zweiten Abschnitts - das anfängliche Motiv der Continuostimme aus Takt 1 bei den Worten »i seguo e l'ho nel core« in allen Stimmen erneut zum *soggetto* erhebt und sich ab Takt 71 sogar noch einmal für einige Takte die zu Beginn so bestimmende Sequenzenkette aufwärts wiederfindet. Wenn man jedoch den Verlauf der Baßstimme in der gesamten Passage betrachtet, ergibt sich noch ein weiterer, unerwarteter Befund: Ab Takt 68 sieht Merula von *d* ausgehend einen in halben Noten verlaufenden Gang aufwärts vor, der zur Dezime *f* in Takt 70 führt und anschließend in taktweiser Sequenzierung des Ausgangsmotivs mit den üblichen erforderlichen Oktavierungen abwärts zur Doppeloktave weitergeführt wird. Bei Betrachtung des Baßverlaufs am Ende des zweiten Abschnitts wird deutlich, daß hier bereits mit ähnlichen Mitteln die Quinte *G* - *d* aufwärts durchschritten wurde, an die sich die Doppeloktave der letzten Passage nahtlos anfügt. Der in den beiden Schlußpassagen der Abschnitte zwei und drei gemeinsam durchschrittene Tonraum von zwei Oktaven und einer Quinte ist nicht nur dem Umfang, sondern auch den Tönen nach identisch mit dem im Sequenzgang der Takte 1-19 durchmessenen Tonraum, so daß kaum ein Zweifel daran bestehen kann, daß Merula an den Abschlüssen der beiden letzten Teile gleichsam in komprimierter Form die gesamte Bewegung des Anfangs wiederholt und damit nicht nur die bereits bei der Analyse von Rinaldis Text bemerkte enge Beziehung zwischen dem ersten und dem Ende des letzten Verses unterstreicht, sondern auf höchst kunstvolle Weise eine über die vielfältigen motivischen Bezüge hinausgehende, sehr strenge formale Geschlossenheit auf musikalischer Ebene erreicht, welche die Zäsur vor dem zweiten Teil als eine Art Achse der gesamten Komposition erscheinen läßt - Merula beendet die Komposition mit einer erneuten Haltenote auf dem Wort »core« in der Baßstimme, wodurch die Anfangsallegorie der Flucht ein weiteres Mal mit dem für die entgegengesetzte Sphäre des Bleibens reservierten Haltemotiv verknüpft wird.

Die Analyse von *La mia Filli è fugace* belegt, wie Merula aus wenigen, einfach gebauten Motiven eine höchst komplexe musikalische Form zu konstruieren vermag,[187] in der nicht nur für zahlreiche formale Vorgaben der Vorlage musikalische Entsprechungen gefunden - das erstaunlichste Beispiel ist sicherlich die Umsetzung des Chiasmus im zweiten Abschnitt - sondern auch für dessen gegensätzliche Metaphorik des Fliehens und Bleibens tragfähige, über die Ausdeutung einzelner Worte hinausgehende musikalische Allegorien entwickelt werden. Merulas Kompositionsweise ist hier mehr von intellektueller *acutezza*, von scharfsinniger Kunstfertigkeit, als von einem unmittelbar sinnlich erfahrbaren Ausdruckswillen geprägt, und ähnlich wie die *concetti ricercati* der Poeten in der Nachfolge Giambattista Marinos ist auch seine dichte und höchst kunstvolle Arbeit mit musikalischen Motiven eher einer Ästhetik des *stupore* und der *meraviglia* verpflichtet als einer auf emotionale Anteilnahme des Hörers zielenden Wirkungsästhetik.

Francesco Vignalis Version von ›La mia Filli è fugace‹

Eine zweistimmige Vertonung von Rinaldis Madrigaltext für *Canto, Tenore* und B.c. hat später noch Francesco Vignali in seinem ersten Buch der *Madrigali* aus dem Jahr 1640 veröffentlicht,[188] doch sind nur vereinzelt in der *soggetto*-Konstruktion direkte Bezugnahmen auf Merulas Version zu erkennen, nicht aber in der formalen Gestaltung der gesamten Komposition oder auch nur einzelner der insgesamt vier größeren Formteile.[189] So ist Vignalis Vertonung fast durchgängig geradtaktig, mit Ausnahme einer kurzen Episode im Dreiertakt für das Verspaar »Fugge pur ch'io la miro / Resta pur ch'io la sento« (Takte 55-62), das ähnlich wie bei Merula mit nur einem *soggetto* auskommt. Die diesem zugrundeliegende Folge von Quartfall und anschließendem großen Sekundschritt aufwärts verwendet Vignali in anderer Rhythmisierung auch in den geradtaktigen Partien

[187] In *La mia Filli è fugace* findet in besonderer Weise die folgende Anmerkung von Gunther Morche zu Merulas geistlicher Musik Bestätigung auch in seinem weltlichen Vokalwerk: »Deutlicher noch haben die soggetti etwa bei Tarquinio Merula ihre hergebrachte Funktion als Träger sprachlich vermittelter Inhalte aufgegeben und sich in konstruktive Bauelemente verwandelt, die in ständigem Austausch und unabhängig von den vertonten Textworten einen autonomen musikalischen Zusammenhang stiften«; vgl. Morche (1992), S. 223.

[188] Vgl. die Edition des Duetts im Notenteil, S. 489-492.

[189] Die Komposition gliedert sich wie folgt: A (Takte 1-27); B (Takte 28-46), C (Takte 47-77); D (Takte 78-94), wobei Teil C mit drei bzw. vier Binnenabschnitten der am wenigsten geschlossene ist.

für eine Reihe weiterer *soggetti*, so vor allem bei der vorausgehenden Stelle für »lunge no« (Takte 49-52) - ein Vergleich mit Merulas Fassung (dort Takte 29-32) belegt, daß Vignali das Motiv in dieser Form wohl als Zitat von dort übernommen haben dürfte. In einer auf dem zweiten Ton verzierten Version liegt die Intervallfolge darüber hinaus dem »lunge ogn'hor« in den Takten 47-48 zugrunde und erscheint noch einmal in der ursprünglichen, von Merula übernommenen Fassung bei »al fuggir al restare / al restare al fuggire« (Takte 67-74), so daß sie den ganzen Teil C der Komposition (Takte 47-77) weitgehend bestimmt - an der letztgenannten Stelle sucht Vignali nicht wie Merula für den bei Rinaldi vorgezeichneten Chiasmus eine musikalische Entsprechung zu finden, sondern führt bereits ab Takt 70 ein neues Seufzermotiv auf »ogn'hor sospiro« als Gegenstimme ein.

In der Umkehrung als Quartsprung mit anschließendem großem Sekundschritt abwärts findet sich das untersuchte Motiv bereits am Anfang einer Variante des *soggetto* für den zweiten Vers »La seguo e non la giungo« (in den Takten 4, 10 und 18, der Quartsprung aus harmonischen Gründen zum Quintsprung erweitert zusätzlich in den Takten 15 und 16-17),[190] während ein großer Sekundschritt abwärts mit anschließendem Quartsprung im letzten Abschnitt dann dem *soggetto* für »fugge ella resta« zugrundeliegt (Takte 80-92) - es sei daran erinnert, daß ein Quartsprung aufwärts auch in den beiden ersten *soggetti* bei Merula konstitutiv gewesen war. Quartfall und Quartsprung werden von Vignali dann bei den Versen »Essa mi strugge fuggendo« und »E mai non parte e sempre fugge« unmittelbar miteinander kombiniert und bestimmen den gesamten zweiten Abschnitt (Takte 28-46) - beide Verse sind zudem durch das Motiv eines Quartganges aufwärts am Ende des ersten Verses bei »fuggendo« und am Anfang des zweiten bei »e mai non parte« zusätzlich aufeinander bezogen.

Im Unterschied zu Merulas Fassung ist bei Vignali die Continuostimme nicht durchgängig, sondern nur an wenigen Stellen in das motivische Spiel in den Singstimmen miteinbezogen, die Kombination von Quartfall und großem Sekundschritt aufwärts erscheint in sequenzierter Form vor allem und wohl nicht zufällig an jener Stelle (Takte 22-23), die als Höhepunkt kurz vor Abschluß des ersten Abschnitts konzipiert ist, denn hier versuchen zugleich die beiden Singstimmen in großer diatonisch abwärts verlaufender Bewegung mit im Viertelabstand gegeneinander versetzten Akzenten einander zu folgen und einander zu erreichen (»la seguo e non la giungo«). An anderen Stellen bildet die Baßlinie einen wirkungsvollen Kontrast zu den Singstimmen, vor allem die Gegenbewegungen im zweiten Abschnitt sind hervorzuheben, wobei insbesondere an jenen Stellen, wo für eine der Oberstimmen auf »e mai non parte« in wortausdeutender Manier Tonrepetitionen vorgeschrieben sind, bei zusätzlich gegenläufiger Führung der anderen Oberstimme reizvolle dissonante Durchgänge entstehen (Takte 35-36, 39-40, mit parallelen Oberstimmen zudem Takte 42-44).

---

[190] Man könnte sogar Vignalis zweites *soggetto* insgesamt von diesen Stellen her als aus dem entsprechenden bei Merula abgeleitet ansehen, das dort erstmals in Takt 4 erscheint.

Einige der bei Merula besonders auffälligen Stellen sind bei Vignali in ganz anderer Weise umgesetzt worden – »e meco giace« etwa, für das Merula jenes irritierende, ungleichzeitige *unisono* in langen Notenwerten ersonnen hatte, ist bei Vignali durch einen Aufgang zum einzigen *g''* im *Canto* bei zusätzlichen durch die Gegenbewegung der Baßstimme entstehenden dissonanten Durchgängen hervorgehoben, und anstelle von Merulas herben Dissonanzenketten auf »ahi dubbio amare« hat Vignali zwei steigernde Exklamationen des »ahi« mit anschließender überraschender Wendung von F-Dur nach g-Moll gesetzt. Doch wird bei Vignali trotz seines Interesses an motivischen Bezügen nicht wie bei Merula eine übergreifende formbildende Idee entwickelt, in die derartige expressive Momente eingebettet wären. Auch die Bezugnahme auf Merulas Modell in einzelnen Details läßt es zweifelhaft erscheinen, ob Vignali an eine vergleichbare, insgesamt sinnbildlich konzipierte Vertonung von Rinaldis Madrigal mit ihrer gegensätzlichen, ja paradoxen Bildsprache überhaupt gedacht haben mag.

Die Kritik einer Kritik Petrarcas und des Petrarkismus – ›Sempre terrò memoria‹

Unter den *Madrigali et altre musiche concertate* von 1633 findet sich neben der Vertonung von *Un bianco animaletto* auch die eines weiteren Madrigaltextes aus den 1590 in Verona gedruckten *Madrigali* von Cesare Simonetti.[191] *Sempre terrò memoria* ist in Merulas Buch *Un bianco animaletto* unmittelbar vorangestellt und wie dieses in keiner anderweitigen Vertonung überliefert:

Sempre terrò memoria	Immer werde ich aus der Erinnerung schöpfen
Del dì sesto d'Aprile,	an den sechsten Tag im April,
Ch'ebbi dolcezza à null'altra simile,	der Süße besaß, keiner anderen gleich,
Quand'havesti vittoria,	als du, Amor, den Sieg
Amor, di rigid'alma	über die unbeugsame Seele von jener errangst,
Di lei, che d'alterezza havé la palma!	die des Stolzes Palme trug!
Giorno sereno, amato,	Heiterer, geliebter Tag,
Sia tu sempre beato.	mögest du immer glückselig sein.

Was in diesem Madrigal zunächst wie eine kaum entschlüsselbare Reminiszenz an einen konkreten Glückstag im Liebesleben eines ungenannten Liebhabers erscheinen mag, erweist sich bei näherer Betrachtung als ein beziehungsreiches Spiel Simonettis mit einer langen literarischen Tradition, die jedem auch nur

[191] Auch diesen Hinweis verdanke ich einer brieflichen Mitteilung von Antonio Vassalli; *Sempre terrò memoria* findet sich demnach auf S. 150 von Simonettis bei Discepoli in Verona erschienenem Druck.

halbwegs gebildeten Zeitgenossen vertraut gewesen sein muß und dessen genauere Kenntnis erst den Schlüssel zum Verständnis von Simonettis Gedicht wie auch von Merulas Komposition liefert - deshalb zunächst der folgende Exkurs:

Der sechste April bezeichnet keineswegs irgendeinen beliebigen Frühlingstag, der höchstens als privates Datum im Kontext dieses Gedichts und eventueller Anspielungen auf reale Ereignisse oder konkrete Personen von Belang wäre, sondern das zentrale Datum in Petrarcas *Canzoniere*, jener Sammlung von dreihundertsechsundsechzig Kanzonen, Sonetten, Sestinen, Madrigalen und Balladen, die nicht nur in Italien fast das gesamte 16. Jahrhundert hindurch als Maßstab allen Dichtens gegolten hatte. Petrarca hatte mit diesem Datum nicht nur denjenigen Tag verbunden, an dem er Laura erstmals in Avignon gesehen haben wollte, sondern zugleich auch den Tag ihres Todes, der in zahlensymbolischer Entsprechung auf den Tag genau einundzwanzig Jahre später eingetreten sein soll:

> »Laura, berühmt durch ihre eigenen Tugenden und lange in meinen Gedichten gefeiert, erschien meinen Augen zum ersten Mal in meiner ersten Jünglingszeit, im Jahre des Herrn 1327, am sechsten Tag des Monats April, in der Kirche der heiligen Klara zu Avignon, zur ersten Stunde; und in der selben Stadt, im gleichen Monat April, auch am sechsten Tag, zur gleichen Stunde, jedoch im Jahr 1348, ist dem Licht dieser Welt jenes Licht entzogen worden, damals, während ich in Verona weilte, wehe, ohne mein Geschick zu ahnen. Die traurige Botschaft in einem Brief von meinem Ludovicus erreichte mich in Parma im selben Jahr, im Monat Mai, am Morgen des neunzehnten Tages.«[192]

Petrarca führt die beiden parallelen Daten nicht nur in diesem berühmten Eintrag in seiner Vergilhandschrift an, sondern weist ihnen auch innerhalb des *Canzoniere* eine entscheidende, sogar konstruktive Bedeutung zu - der Tag des ersten Begegnens bestimmt inhaltlich den einundzwanzig Jahre umfassenden ersten Teil der von Petrarca selbst *Rerum vulgarium fragmenta* genannten Gedichtsammlung (I-CCLXVI), die sogenannten *Rime in vita di Madonna Laura*, der Todestag mit *Oimè il bel viso, oimè il soave sguardo*[193] beginnend hingegen die letzten einhundert Gedichte (CCLXVII-CCCLXVI), die sogenannten *Rime in morte di Madonna Laura*. In bewußter Parallelität werden die beiden Daten jeweils einmal innerhalb der beiden Teile in den abschließenden Terzetten der Sonette *Voglia mi sprona amor mi guida e scorge* (*Canzoniere* CCXI)[194] und *Tornami a mente, anzi*

---

[192] Übersetzung von Geraldine Gabor zitiert nach Petrarca (1989), S. 1064. Die lateinische Fassung der Stelle ist wiedergegeben bei Martinelli (1977), S. 137.

[193] Vertont von Leonardus Barre 1540 als Schlußstück eines Madrigalbandes von Verdelot und Willaert (NV 2871), von Jéhan Gero 1549 (NV 1151), Adrian Willaert 1563 (NV 3000), Luca Marenzio 1582 (NV 1613) und schließlich in der berühmten Version von Claudio Monteverdi 1614 (NV 1932).

[194] *Voglia mi sprona amor mi guida e scorge* ist bei Alessandro Striggio im *Primo Libro de Madrigali a sei voci*, das zwischen 1560 und 1592 immerhin zehn Auflagen erlebte (NV 2672-82), sowie

v'è dentro, quella (*Canzoniere* CCCXXXVI)[195] explizit genannt und einander gegenübergestellt:

Voglia mi sprona amor mi guida e scorge,	Mich spornt Verlangen an, Amor führt und geleitet mich,
Piacer mi tira, usanza mi trasporta,	es lockt mich Lust, Gewohnheit trägt mich fort;
Speranza mi lusinga et riconforta,	mich täuscht die Hoffnung und gewährt mir Trost
Et la man destra al cor già stanco porge.	und führt die rechte Hand zum müden Herzen.
E'l misero la prende et non s'accorge	Der Unglückliche greift nach ihr, wird nicht gewahr
Di nostra cieca et disleale scorta:	unseres blinden, unlautern Begleiters:
Regnano i sensi, et la ragion è morta;	Die Sinne herrschen, der Verstand ist tot,
De l'un vago desio l'altro risorge.	aus einem unbestimmten Wunsch entspringt ein andrer.
Vertute, honor, bellezza, atto gentile,	Tugend, Ehre, Schönheit, edles Handeln,
Dolci parole ai be' rami m'han giunto,	süße Worte haben an die schönen Zweige mich gebunden,
Ove, soavemente, il cor s'invesca.	auf denen lieblich sich das Herz umgarnen läßt.
Milletrecento ventisette, a punto	Dreizehnhundertsiebenundzwanzig, genau
Su l'ora prima il dì sesto d'aprile,	zu ersten Stunde am sechsten April
nel laberinto entrai; né veggio ond'esca.	trat ich ins Labyrinth und sehe keinen Ausweg.

Das zweite Sonett lautet:

Tornami a mente, anzi v' è dentro, quella	Sie kommt mir wieder in den Sinn, ist vielmehr stets darin,
Ch'indi per Lethe esser non po sbandita	woraus sie auch nicht Lethe konnt verbannen,
qual io la vidi, in su l'età fiorita,	so, wie ich in der Zeit der Blüte sie gesehen,
Tutta accesa de' raggi di sua stella.	entzündet ganz von ihres Sternes Strahlen.
Sì, nel mio primo occorso honesta et bella,	So ehrbar und schön sah ich beim ersten Treffen sie
Veggiola in sé raccolta et sì romita,	in sich versunken und ganz einsam,
Ch'i' grido: »Ell' è ben dessa; anchor è in vita«,	daß ich wohl rufe: »sie ists selbst, sie lebt ja noch«
E'n don le cheggio sua dolce favella.	und süße Rede als Geschenk von ihr erbitte.
Talor risponde et talor non fa motto.	Bald gibt sie Antwort, doch bald bleibt sie reglos.
I', come huom ch'erra et poi più dritto estima,	Wie der, der irregeht und geraden Weg dann schätzt,
Dico a la mente mia: »Tu se' ingannata,	sprech ich zu meinem Sinn, »Du bist betört,
Sai che'n mille trecento quarantotto	du weißt genau, daß dreizehnhundertachtundvierzig,
Il dì sesto d'aprile, in l'ora prima,	am sechsten April zur ersten Stunde
Del corpo uscìo quell'anima beata.«	aus ihrem Körper die glückliche Seele entwich.«

als zwölfstimmiger Dialog im dritten Buch der sechsstimmigen Madrigale von Domenico Micheli aus dem Jahre 1567 (NV 1843) vertont worden.

[195] Der Text ist in keiner Vertonung in NV nachgewiesen.

Neben der unmittelbaren Nennung des 6. Aprils als Schlüsseldatum des *Canzoniere* in diesen beiden Sonetten bezieht Petrarca auch zahlreiche weitere Gedichte auf diese *data fatale*, insbesondere jene, die vor allem im ersten Teil für die Jahres- und Gedenktage seiner ersten Begegnung mit Laura bestimmt sind: So gedenkt die Sestina *Giovene donna sotto un verde lauro* (XXX)[196] in Vers 28 des siebten, die Kanzone *Ne la stagion che'l ciel rapido inchina* (L)[197] in Vers 55 des zehnten, das Sonett *Padre del ciel, dopo i perduti giorni* (LXII)[198] des elften, die Sonette *S'al principio risponde il fine e'l mezzo* (LXXIX)[199] und *Lasso, ben so che dolorose prede* (CI)[200] des vierzehnten, *Non veggio ove scampar mi possa omai* (CVII),[201] *Pommi ove'l sole occide i fiori et l'erba* (CXLV)[202] und *Signor mio caro, ogni pensier mi tira* (CCLXVI)[203] des fünfzehnten, *Rimansi a dietro il sestodecimo anno* (CXVIII)[204] des sechzehnten, *Diciasette anni à già rivolto il cielo* (CXXII)[205] des siebzehnten, *Qual mio destin, qual forza o qual inganno* (CCXXI)[206] und *Beato in sogno, et di languir contento* (CCXII)[207] des zwanzigsten und *Tennemi Amor anni ventuno ardendo* (CCCLXIV)[208] schließlich des

---

[196] Der Text ist teilweise vertont worden bei Vincenzo Ruffo 1552 (NV 2475); vollständig dann in sechs bzw. sieben Teilen bei Francesco Portinaro 1550 (NV 2250), in der weitverbreiteten Fassung von Francesco Rosselli 1560 (NV 1405), bei Annibale Padovano 1562 (NV 2433), Giovanni Domenico da Nola 1564 (NV 1253), Aurelio della Faya 1564 (NV 704), Antonio di Mayo 1567 (NV 820), Ippolito Baccusi 1570 (NV 198), Marcello Tortora 1570 (NV 2739), Mauro (Mattia) dei Servi 1571 (NV 1758), Pietro Vinci 1583 (NV 2910), Andrea Gabrieli 1589 (NV 1043) und zuletzt bei Luca Marenzio 1595 (NV 1672).

[197] Die ersten vier Strophen bei Giaches de Wert 1563 (NV 2976), so daß die Komposition mit der Nennung des Jahrestages abschließt, nur die erste Strophe dagegen bei Hippolito Chamatero 1569 (NV 557) und laut NV auch bei Bernardo Pisano 1520 (NV 345).

[198] Der Text gehört zu den häufig vertonten Sonetten Petrarcas: Girolamo Scotto veröffentlichte 1541 und 1551 je eine zwei- sowie eine dreistimmige Version (NV 2596 und 2602) und Cipriano de Rore 1544 als Eröffnungsstück seiner Madrigale eine nicht weniger berühmte fünfstimmige Fassung (NV 2391 und 2401ff.), daneben finden sich Versionen bei Annibal Padovano 1562 (NV 2433; 1564 in eigener Sammlung NV 89), Giovanni Battista Martelli 1564 (NV 1734), Giovan Leonardo Primavera 1565 (NV 2273), Domenico Magiello 1567 (NV 1548), Francesco Orso 1567 (NV 2069), Sessa d'Aranda 1571 (NV 2611), Orazio Faa' 1571 (NV 899), Pedro de Valenzuela 1578 (NV 2790), Giovanni Battista Moscaglia 1579 (NV 1972), Antonio Dueto 1583 (NV 880), Ambroise Marien 1584 (NV 1710), Pandolfo Zallamella 1586 (NV 3006 - à 10!), Ippolito Baccusi 1587 (NV 202), Giaches de Wert 1588 (NV 2992) sowie Giovanni de Macque 1599-1600 (NV 1541).

[199] Keine Vertonung nachweisbar.

[200] Vertont von Philippe de Monte 1567 (NV 748) sowie von Jean Desquesnes 1594 (NV 816).

[201] Vertonungen von Philippe de Monte 1554 (NV 743), Giovanni Battista Martelli 1564 (NV 1734), Domenico Micheli 1567 (NV 1843), Francesco Adriani 1570 (NV 5), Paolo Bellasio 1578 (NV 296), Ambroise Marien 1580 (NV 1709), Karel Luyton 1582 (NV 1523), Orazio Vecchi 1583 (NV 2827), Giovanni Maria Nanino 1586 (NV 1992), Pasquale Tristabocca 1586 (NV 2752).

[202] Nur vertont von Cipriano de Rore 1548 (NV 2407bis), jedoch mehrfach bis 1593 wiederaufgelegt.

[203] Vertont als häufig nachgedrucktes vierstimmiges Madrigal bei Cipriano de Rore 1550 (NV 2373), bei Simon Boyleau 1564 (NV 417) und bei Annibale Padovano 1564 (NV 89).

[204] Nur in einer Vertonung von Nicolò Dorati aus dem Jahre 1549 bekannt (NV 858).

[205] Keine Vertonung im NV nachgewiesen.

[206] Nur in einer Vertonung von Pietro Vinci von 1582 bekannt (NV 2909).

[207] Nur in einer Vertonung von Ambroise Marien aus dem Jahre 1580 bekannt (NV 1709).

[208] Vertont von Bartolomeo Sorte 1573 (NV 2624) sowie von Bartolomeo Spontoni 1583 (NV 2639).

einundzwanzigsten Jahrestages[209] - in diesem Falle also zugleich des Todestages, auf den noch einmal im zweiten Teil im Sonett *L'ardente nodo ov'io fui d'ora in hora* (CCLXXI)[210] Bezug genommen wird. Doch gehören der erste Tag der Begegnung und der letzte Tag von Lauras irdischem Leben neben diesen Jahrestagssonetten auch in einer Reihe weiterer Gedichte zu den Fixpunkten immer neuer Selbstreflexionen.[211]

Daß Petrarca über eine bloße Gedenkfunktion hinaus mit dem »dì sesto d'aprile« auch eine symbolische Bedeutungsebene verknüpft sehen wollte, verdeutlichen insbesondere zwei Sonette, in denen der Tag der Begegnung wie auch der elfte Gedenktag zugleich als Karfreitag, als Tag der Passion Christi und seines Todes am Kreuz, ausgewiesen werden. Es handelt sich dabei zunächst um das dem Proömium des *Canzoniere* zuzurechnende Sonett *Era il giorno ch'al sol si scoloraro* (III),[212] in dessen ersten beiden Versen Petrarca den Tag, an dem er sich verliebte, mit dem Karfreitag des Jahres 1327 identifiziert:

Era il giorno ch'al sol si scoloraro, Per la pietà del suo factore, i rai; Quand'io fu preso, et non me ne guardai, Che i be' vostr'occhi, Donna, mi legaro.	Es war der Tag, an dem der Sonne Strahlen aus Mitleid mit dem Schöpfer finster wurden, als ich gefangen ward, dessen nicht achtend, daß Eure schönen Augen, Frau, mich banden.
Tempo non mi parea da far riparo Contra colpi d'Amor; pero m'andai Secur, senza sospetto: onde i miei guai, Nel commune dolor, s'incominciaro.	Zeit schien mir Lindrung nicht zu bringen gegen der Liebe Schläge, daher ging ich sicher, ganz ohne Argwohn; meine Qualen begannen deshalb in gemeinem Schmerze.
Trovommi Amor del tutto disarmato, Et aperta la via per gl'occhi al core, Che di lagrime son fatti, uscio et varco.	Es fand mich Amor gänzlich unbewaffnet, den Weg zum Herzen frei durch ihre Augen, nun sind gemacht aus Tränen Tor und Durchgang.
Però, al mio parer, non li fu honore Ferir me, da saetta, in quello stato, A voi armata non mostrar pur l'arco.[213]	Doch scheint mir, ihm gereiche nicht zur Ehre, in solchem Zustand mit dem Pfeil mich zu verwunden, euch, so bewaffnet, selbst den Bogen nicht zu zeigen.

[209] Vgl. auch Martinelli (1977), Fußnote 83.
[210] Im NV ist keine Vertonung nachgewiesen.
[211] Petrarca hat später das Datum des 6. Aprils weiterhin als jenes in Anspruch genommen, an dem er im Jahre 1338 ebenfalls an einem Karfreitag die erste Inspiration zu seinem Epos *Africa* erhalten habe, jener Dichtung, die ihm die Krönung zum *poeta laureatus* auf dem Kapitol in Rom einbrachte; ebenfalls an einem Freitag, am 26. April 1336, will er weiterhin den Mont Ventoux bestiegen und den berühmten Brief an Francesco Dionigi in Borgo San Sepolcro geschrieben haben, der in das vierte der *Familiarum rerum libri* Eingang gefunden hat und eine innere Konversion nach dem Vorbild des Augustinus beschreibt; vgl. Martinelli (1977), S. 134-35 sowie 139.
[212] Vertonungen sind nachzuweisen bei Antonio Martorello, 1547 (NV 1738), Francesco Portinaro, 1550 (NV 2250), Giulio Schiavetto, 1563 (NV 2588), Ippolito Chamatero 1569 (NV 556) sowie Biagio Pesciolini, 1581 (NV 2190).
[213] Zitiert nach Petrarca (1989), S. 10.

Was hier in der Erwähnung der Himmelsfinsternis nur als eine wenn auch niemals mißverstandene Anspielung auf die *Passio Domini* erscheint, wird im Schlußvers von *Padre del Ciel, dopo i perduti giorni* (LXII), dem Sonett zum elften Jahrestag der ersten Begegnung mit Laura, ganz unmißverständlich ausgesprochen,[214] wenn Petrarca diesen Gedenktag im Schlußvers mit jenem Tag gleichsetzt, an dem Christus gekreuzigt wurde.

Padre del Ciel, dopo i perduti giorni,
Dopo le notti, vaneggiando spese,
Con quel fero desio ch'al cor s'accese,
Mirando gli atti per mio mal sì adorni,

Piacciati omai, col tuo lume, ch'io torni
Ad altra vita et a più belle imprese;
Sì ch'avendo le reti indarno tese,
Il mio duro adversario se ne scorni.

Or volge, Signor mio, l'undecimo anno,
Ch'i fui sommesso al dispietato giogo,
Che sopra i più soggetti è più feroce.

Miserere del mio non degno affanno;
Reduci i pensier vaghi a miglior luogo;
Ramenta lor come oggi fusti in croce.

Vater im Himmel, nach verlornen Tagen,
nach nur mit leerem Traum verbrachten Nächten,
mit heftigem, im Herz entbranntem Sehnen
die mir zum Unheil so gezierten Gesten schauend,

gefallen möge Dir, daß ich mich künftig
zu anderm Leben, schönerm Tun hinwende,
daß sich mit den umsonst geknüpften Netzen
mein harter Widersacher dran die Hörner stoße.

Heut wendet sich, mein Gott, das elfte Jahr,
daß unter unbarmherz'ges Joch ich ward gezwungen,
das unmenschlicher lastet auf den Schwächsten.

Erbarm Dich meines unwürdigen Kummers,
lenke zu bessrem Ort die irrenden Gedanken,
erinnre sie daran, wie heut du hingst am Kreuze.

Frühe Kommentatoren Petrarcas waren fast zwei Jahrhunderte lang von einer zwar durchaus wunderbaren, jedoch wesentlich realen Koinzidenz des sechsten Aprils mit den Daten der ersten Begegnung, des Todes Lauras und des Karfreitags ausgegangen;[215] noch Giovanni Andrea Gesualdo hatte dies in seiner 1533 in Venedig erschienenen kommentierten Petrarca-Ausgabe *Il Petrarca colla spositione di Misser Giovanni Andrea Gesualdo* deutlich gemacht, wenn er ausführte,

> »quel che più commenda il suo amoroso incendio et il fa più degno di meraviglia, è il notabil tempo nel quale egli s'innamorò, il che non senza destino del cielo né senza divino consiglio par che avenisse. Chi pensò mai che ad un sì alto spirito, quel santissimo dì ch'egli tutto in se romito, s'era colla mente rivolto et innalzato a considerare i meravigliosi misteri de la passione di Nostro Signore sì come deve e suole ogni buon cristiano, venisse incontra umana bellezza che lo prendesse et infiammasse? Aggiungavisi poi che per rara sorte quel giorno fu il sesto d'aprile, il quale gli antichi, specialmente i Greci, con candida pietra notarono, come quello che appo loro fu le più volte di felice ventura. Di quel dì essi notarono esser nato Socrate, il più saggio degli uomi-

[214] Vgl. Martinelli (1977), S. 129.
[215] Martinelli (1977), S. 109-11.

ni, esser stato afflitto in Grecia il podere de' Persiani due volte, prima a Maratona, poi a Platea; aver gli Ateniesi con non piccola gloria vinto a Micale; aver di Dario il grande Alessandro vittoria riportato, e del medesimo giorno Alessandro esser morto«.[216]

Neben den hier zusätzlich erwähnten Übereinstimmungen des Datums mit wichtigen Ereignissen der heidnischen Antike brauchte die christliche Symbolik der Zahl sechs nicht erst eigens hervorgehoben zu werden, da diese bereits seit den Kirchenvätern diskutiert worden war: Adam war demnach am sechsten Schöpfungstag zur sechsten Stunde erschaffen worden,[217] sechs Zeitalter sollten von Adam bis zu Christus vergangen sein, der zudem an einem Freitag (*feria sexta*) zur sechsten Stunde am Kreuze verstarb[218] - einige Autoren sollen sogar den sechsten April als vermutlichen Todestag Christi errechnet haben,[219] doch zeigt Martinelli, daß zahlreiche Daten für diesen Tag diskutiert wurden und Petrarca keine sichere Grundlage vorgefunden haben konnte, sich auf diese Annahme zu stützen.[220]

Spätestens seit astronomischen Berechnungen im 16. Jahrhundert war jedoch offenbar geworden, daß die Identifikation des Karfreitags mit dem Datum des sechsten Aprils im *Canzoniere* kaum eine reale Grundlage besitzen konnte, sondern im Hinblick auf intendierte Analogiebildungen von Petrarca konstruiert worden sein mußte, der mit diesem Tag den Beginn seiner genau drei mal sieben Jahre währenden Leidenszeit datierte - die ersten sieben davon entsprachen nach Petrarcas eigenen Vorstellungen seiner *adolescenza*, die verbleibenden zwei mal sieben Jahre seiner *giovinezza*.[221] Der Karfreitag des Jahres 1327 war nachweislich nicht auf das bei Petrarca angegebene Datum gefallen, sondern auf den 10. April, so daß der sechste des Monats sich auf den weitaus weniger symbolträchtigen Montag in der Karwoche beziehen mußte.[222] Im Jahr 1348 fiel der sechste April dagegen auf den zwei Wochen vor Ostern gelegenen Sonntag, Ostersonntag also auf den zwanzigsten des Monats, so daß der Karfreitag das Datum des 18. April trug.[223] Diese Erkenntnisse führten bereits im späteren 16. und beginnenden 17. Jahrhundert zu neuerlichen Diskussionen über das Datum des sechsten April im *Canzoniere* und zu unterschiedlichen Deutungsversuchen bei Autoren

---

216 Zitiert nach Martinelli (1977), S. 104.

217 Dotti führt sogar unter Bezugnahme auf einen Aufsatz von Calcaterra an, der erste Monat der Welt sei als Frühlingsmonat April verstanden worden, so daß Adam an einem sechsten April erschaffen worden wäre, vgl. Dotti (1987), S. 55.

218 Martinelli (1977), S. 113-16.

219 Vgl. Dotti (1987), S. 55.

220 Martinelli (1977), S. 105-109.

221 Vgl. Dotti (1987), S. 56.

222 Martinelli (1977), S. 111. Für die Daten im Jahre 1338, auf die das Sonett *Padre del Ciel, dopo i perduti giorni* bezogen ist, gelten die gleichen Unstimmigkeiten: Auch in jenem Jahr fällt der Karfreitag auf den 10. April, der sechste dagegen auf den vorangegangenen Montag; vgl. Martinelli (1977), S. 125-26.

223 Martinelli (1977), S. 138-39.

wie Castelvetro (1582), Tassoni (1609) oder Tomasini (1635)[224] - deutliches Anzeichen dafür, wie sehr die Frage der Bedeutung des Datums auch zu diesem Zeitpunkt noch diskutiert und ernstgenommen wurde.

Martinelli geht davon aus, daß Petrarca frühestens wohl 1338 - als das Sonett *Padre del Ciel, dopo i perduti giorni* entstanden sein könnte[225] - eine Beziehung zwischen dem Tod Christi am Karfreitag und dem Moment der Begegnung mit Laura hergestellt hat; noch weitaus später, vermutlich erst nach Lauras Tod im Zeitraum 1348-49 sei dann mit dem Sonett *Era il giorno cha'al sol si scoloraro* der zweite Hinweis auf den Karfreitag eingefügt worden.[226] Die Identifikation des Tages der Begegnung mit dem 6. April als Lauras vermutlich historischem Todestag könne kaum früher erfolgt sein, denn dieses Datum konnte vor dem 19. Mai 1348, als Petrarca die Todesnachricht durch einen Brief seines Freundes Ludwig von Kempen erhielt, für den Dichter noch kaum eine erkennbare Bedeutung gehabt haben.

Jedoch erst weitaus später, als Petrarca mit der Zusammenstellung und Abschrift der Sammlung in der vorgesehenen Reihenfolge der Stücke beschäftigt war, hat er - wie wir aus einer eigenhändigen Notiz wissen[227] - das längere Zeit zuvor verworfene Sonett *Voglia mi sprona amor mi guida e scorge* (*Canzoniere* CCXI) am 22. Juni 1369 wieder eingefügt und fünf Tage später die Schlußterzine noch einmal dahingehend geändert, daß nun nachträglich zur Nennung des 6. April auch die Jahreszahl 1327 eingefügt wurde - Martinelli nimmt an, daß die angeführte parallele Konstruktion für den Todestag in der Schlußterzine des Sonetts CCCXXXVI erst anschließend erfolgt sein dürfte.[228] Demnach hätte Petrarca erst mehr als vierzig Jahre nach der ersten Begegnung mit Laura Karfreitag, Datum und Stunde in der endgültigen, nun vorliegenden Weise miteinander in Beziehung gesetzt.

Martinelli argumentiert jedoch, daß Petrarca dabei nicht in gänzlich arbiträrer Weise vorgegangen sei, da der Karfreitag des Jahres 1327, der 10. April, als Tag der *passio dominica* oder *dominica passionis* liturgisch wie auch sogar dem Namen nach dem 6. April des Jahres 1348, jenem Sonntag, an dem Laura verstarb, eng verwandt sei, eröffne dieser Sonntag doch im Kirchenjahr als *Dominica in passione domini* eine Woche vor Ostern das Gedenken an die Leiden Christi - die beiden vermutlichen historischen Daten der ersten Begegnung und des Todes »rispondevano inequivocabilmente ad una medesima indicazione di tempo liturgico«.[229] Zugleich verkörperten die beiden Tage die beiden wichtigsten Aspekte der Passionszeit, der Karfreitag den Tag des Leidens und des Todes, der Sonntag hingegen als Tag des Herrn (*dies dominica*) die Erinnerung an den Ostersonntag und damit an Auferstehung und Erlösung: »Se quando s'innamorò

224 Vgl. Martinelli (1977), S. 111-12.

225 Vgl. Martinelli (1977), S. 125 und 128.

226 Vgl. den Nachweis dieser Datierung bei Chiorboli in Martinelli (1977), S. 123, Fußnote 67.

227 Die Stelle ist im lateinischen Original bei Martinelli nachgedruckt, Martinelli (1977), S. 133.

228 Martinelli (1977), S. 132-34.

229 Martinelli (1977), S. 140.

di Laura era il giorno della passione di Christo, quando Laura morì al contrario era il giorno della resurrezione«.[230] Petrarca spielte - wenn diese Interpretationen zutreffen sollten - im Zusammenhang mit den beiden Daten mit höchst komplexen, paradoxen Verschlüsselungen: Was ein Tag der Freude und des Lebens hätte sein können, der Tag der ersten Begegnung mit der Geliebten, wird zum schicksalshaften Ausgangspunkt einer drei mal sieben Jahre dauernden Zeit des Leidens; was hingegen ein Tag der Trauer hätte sein müssen, der Tag des Todes der entfernten Geliebten, wird stattdessen zum Tag der Erlösung vom allzu lang getragenen Joch der Liebe. Beide Daten markieren somit zugleich Wendepunkte - gerade am Karfreitag, dem Tag der Besinnung auf den Tod und die Vergänglichkeit, weicht der in jugendlichem Irrtum (Sonett I) befangene Dichter vom Streben nach einem gottgefälligen Leben ab, indem er sich mehr denn je zuvor an irdische Schönheit und diesseitige Begierden kettet, umgekehrt bedeutet der Tod Lauras im *Canzoniere* nur vorübergehend jenen endgültigen Verlust, wie er in *Oimè il bel viso, oimé il soave sguardo* (CCLXVII) beklagt wird, letztlich jedoch vor allem eine Befreiung von den Fesseln der Leidenschaft und dem Verhaftetsein im Diesseits, denn Lauras dahingegangene Schönheit wird zum *exemplum* irdischer Vergänglichkeit und eröffnet damit die Möglichkeit zu Reue und erneuter Umkehr, zu tugendhafterem Leben und einer Besinnung auf eine himmlische Liebe, die Petrarca in der Marienkanzone *Vergine bella che di sol vestita*[231] als Abschluß des *Canzoniere* besingt - zugleich Kulminationspunkt des Werkes und Gegenentwurf gegen die darin gesammelte weltliche Liebesdichtung.

Die Gedichte aus dem *Canzoniere*, die unmittelbar mit dem sechsten April oder den entsprechenden Jahrestagen zusammenhängen, gehörten, wie die im einzelnen in den Fußnoten angeführten Verzeichnisse der jeweils bekannten Vertonungen verdeutlichen, überwiegend nicht zu den beliebten Vorlagen für Madrigalkomponisten des 16. und frühen 17. Jahrhunderts, einzig *Giovene donna sotto un verde lauro* (XXX), *Padre del ciel, dopo i perduti giorni* (LXII) und *Non veggio ove scampar mi possa omai* (CVII) sind häufiger vertont worden. Auch unter den Dichtern dieser Zeit scheint insgesamt gesehen wenig Neigung bestanden zu haben, Petrarcas Spiel mit dem sechsten April weiterzuführen. Weder in den *Rime* von Lodovico Ariosto, Pietro Bembo, Giovanni Dalla Casa oder Torquato Tasso noch in der *Lira* von Giambattista Marino ist das Datum an irgendeiner Stelle erwähnt[232] - Anzeichen dafür, daß die bei Petrarca anzutreffende Symbolik dieses Tages für keinen der genannten Dichter einen Anreiz zur un-

---

[230] Martinelli (1977), S. 142.

[231] Die Kanzone gehört bekanntlich zu jenen Werken Petrarcas, die häufig ganz oder auch in Teilen vertont worden sind, hier seien nur die vollständigen Zyklen aufgeführt: Die wohl einflußreichste Fassung ist die von Cipriano de Rore aus dem Jahre 1552 (NV 2408), es folgten Alessandro Merlo 1554 (NV 1818), Giovanni Payen 1564 (NV 2084), Francesco Portinaro 1568 (NV 2254), Giovanni Matteo Asola 1571 (NV 179), Vincenzo Bastini 1578 (NV 285), Giovanni Pierluigi da Palestrina 1581 (NV 2101), Alessandro Milleville 1584 (NV 1861), Ippolito Baccusi 1605 (NV 197) und noch Gregorio Gallino 1655 (NV 1056).

[232] Vgl. ATLI I-III, hier fehlt in allen Fällen unter dem Stichwort ›aprile‹ ein entsprechender Eintrag.

mittelbaren Auseinandersetzung geboten haben mag. Simonettis Madrigal *Sempre terrò memoria* von 1590 und mehr noch die Vertonung von Merula aus dem Jahre 1633 scheinen insofern mit dem Aufgreifen dieses Datums zumindest zur jeweiligen Entstehungszeit weitgehend isoliert dazustehen.

Simonettis Verse stellen allerdings in keinerlei Hinsicht den Versuch dar, Petrarca in seiner komplexen Symbolik nachzuahmen oder gar zu übertreffen, sondern lassen sich im Gegenteil weit eher als Manifest eines bewußten Bruchs mit der Tradition des *Canzoniere* und des Petrarkismus deuten. Simonetti wendet sich nicht nur formal von den selbstgewählten Vorlagen ab, indem er statt der Form des Sonetts die des Madrigals und zugleich einen weitaus schlichteren sprachlichen Duktus wählt, sondern stellt vor allem in der Wahl des Sujets die bei Petrarca mit dem Datum des 6. Aprils verbundenen Inhalte geradezu auf den Kopf. Hatte bei Petrarca das Datum im Falle der ersten Begegnung den Beginn einer jahrzehntelangen Leidenszeit markiert, während der er zu keinem Augenblick auf Erfüllung seiner immer vergeblicher werdenden Wünsche hatte hoffen dürfen, und im Falle des Todesdatums den endgültigen Verlust und damit das Ende jedes auch noch so kleinen Hoffnungsschimmers bedeutet, so wird bei Simonetti dasselbe Datum zu einem Wendepunkt ganz anderer Art, wie er bei Petrarca nicht einmal als Möglichkeit in Betracht gezogen werden konnte: Die zuvor unbeugsame Seele der Angebeteten (»rigid' alma«), deren hochmütiger Stolz als kaum zu überbieten geschildert wird (»chi d'alterezza avea la palma«), wird in Simonettis Madrigal ihrerseits gefügig durch die Macht von Amors Pfeil; der sechste April damit zum Moment des Triumphs im Liebeskrieg (»Quand'havesti vittoria di rigid'alma«), zum Zeitpunkt der Erfüllung des Wunsches nach Erwiderung einer bis dahin offenbar einseitigen Zuneigung. Während für Petrarca mit dem sechsten April unabänderlich Leiden, Qual und Verzweiflung verbunden sind, die in den Momenten der Erinnerung bei jedem der Jahrestage lebendig ist und zelebriert wird, hofft Simonettis himmelhochjauchzender Liebhaber zukünftig aus einer ganz anderen Art von Erinnerung zu schöpfen, nennt er doch in den beiden Schlußversen dieses Datum nicht nur heiter (»sereno«) und geliebt (»amato«), sondern wünscht zudem abschließend - durch das Wiederaufgreifen des Wortes »sempre« in bewußter Parallelität zum Anfangsvers - dieser Tag möge immer glückselig bleiben (»Sia tu sempre beato«). Der unerfüllbaren Minne Petrarcas, die gerade in der Symbolik des sechsten Aprils feste Koordinaten gefunden hatte, setzt Simonetti damit in durchaus kritischer und möglicherweise sogar ironischer Absicht einen vergleichsweise trivialen Hedonismus entgegen, der Petrarca vermutlich schaudern gemacht hätte, insbesondere, wenn man die religiöse Wendung im zweiten Teil des *Canzoniere* bedenkt, mit der Petrarca irdische Liebe und diesseitiges Glücksstreben generell als scheinhaft entlarvt. Ob sich Simonetti in dieser Umdeutung des sechsten Aprils zu einer *data eroica-amorosa* bewußt an den bereits zitierten, 1533 veröffentlichten Hinweisen bei Giovanni Andrea Gesualdo orientiert haben mag, wonach die Bedeutung des Datums in der griechischen Antike nicht zuletzt von zwei bedeutenden Siegen gegen die Perser in den Schlachten bei Marathon und Platäa bestimmt sei, wird sich wohl kaum definitiv klären lassen.[233] Doch würde dies den Eindruck einer gleichsam heidnischen Wendung gegen Petrarcas christliche Symbolik des Datums eher noch verstärken.

Simonetti bezieht in seine Petrarca-Kritik nicht zuletzt auch dessen zahlreiche Nacheiferer im 16. Jahrhundert ein, weist er doch im ersten Vers seines Madrigals noch vor der Nennung des nun nicht mehr fatalen, sondern umgedeutet kriegerisch triumphalen Datums nicht zufällig auf den ersten Vers im ersten Terzett des durchaus petrarkistisch zu nennenden Sonetts *Ove si canta il nome, ove il sembiante* von Torquato Tasso hin:[234]

Ove si canta il nome, ove il sembiante De l'alto Re del Ciel, donna, s'adora, Vi sovenne di me, nel tempio ancora, Fra le imagini sue divote e sante	Wo man den Namen preist, zum Angesicht des hohen Himmelskönigs betet, Frau, Gedenkt ihr meiner auch im Haus des Herrn, Inmitten seiner frommen, heil'gen Bilder?
Io, per mutar contrada, o nel levante, Donde si mostra la vermiglia aurora, O dove cade il sole, o per ch'io mora, E torni al ciel qual peregrino errante,	Ich, wozuland ich immer sei, im Osten, Wo sich Auroras Purpurröte anzeigt, Wo sich die Sonne neigt – auch wenn ich sterbend, Ein Pilgersmann, zum Himmel wiederkehre,
Terrò di voi memoria e voi ne l'alma, In cui l'imprese amor di propria mano, Né giammai temerò l'acque di Lete.	Bewahr ich euch und euer Bild im Herzen, Das Amors eigne Hand mir eingeprägt, Und nimmer bangt mir vor den Fluten Lethes.
E vostro, come appresso, io son lontano, E sarò, per fortune avverse o liete, Fin che lo spirto reggerà la salma.	Nicht minder fern als nahe bin ich euer Und werd ich sein, in feindlichem und frohem Geschick, solang der Geist dem Leib gebietet.[235]

Auch Tassos Sonett hat die Minne einer fernen und vermutlich real unerreichbaren Geliebten zum Gegenstand, die vor allem in der Erinnerung und im Herzen des Liebhabers gegenwärtig ist, ob er am Ende der Welt im äußersten Osten oder Westen sei, ob ihm das Schicksal geneigt oder feindlich sei, in Gegenwart und Zukunft bis an sein Lebensende.[236] Die Erinnerung (»memoria«) gilt weniger einer erhörten oder gar erfüllten Liebe als einem idealisierten Wunschbild, zweifelt der Liebhaber doch im ersten Quartett daran, ob die Frömmigkeit der Dame für ihn überhaupt einen Platz in ihrem Denken »Fra le imagini sue divote e sante« übriglasse.

Simonetti läßt keinen Zweifel daran, daß sein lyrisches Ich gleichermaßen von Petrarcas immerwährender Gequältheit wie von Tassos Treueschwüren für die Ewigkeit ohne einlösbare Gegenleistung der Geliebten entfernt ist: Dieser gegen

---

233 Wiedergegeben bei Martinelli (1977), S. 104.
234 Für Tassos Sonett ist im NV keine Vertonung nachgewiesen.
235 Mit der Übersetzung von Emil Staiger zitiert nach Tasso (1978), S. 144-45.
236 Tasso spielt im letzten Terzett auf Bernardo Tassos Ottava *Vostro fui, vostro son e sarò vostro* an.

die Liebe im Sinne Petrarcas und des Petrarkismus offenbar immune Liebhaber ist fraglos kein Verfechter eines unbedingten Liebesideals um jeden, und sei es noch so hohen persönlichen Preis, bezieht ein Gefühl der Erlösung nicht aus dem Tod der Geliebten, sondern eher aus dem Sieg auf dem Schlachtfeld des Liebeskrieges, der ihren Widerstand endlich gebrochen hat. Simonetti formuliert hier nicht nur den Abschied von einem zwar klassischen, aber allzu unwirklichen Liebesideal, sondern zugleich die Abkehr von einer Manier des Dichtens, die als klassisches Vorbild zum unverzichtbaren Kanon der Poeten des sechzehnten Jahrhunderts gehört hatte.

Merula hat in seiner Komposition eine dreistimmige Besetzung für *Canto*, *Tenore*, *Basso* und B.c.[237] gewählt und schafft in diesem Stück eine latent mehrsätzige Form, deren Teile untereinander durch eine Reihe einheitsstiftender kompositorischer Mittel eng miteinander verknüpft sind - ein mehrfach anzutreffendes Charakteristikum bei Vertonungen von Madrigaltexten im Buch von 1633. Der erste Abschnitt (Takte 1-9) umfaßt die Vertonung der ersten drei Verse, denen zwei *soggetti* zugeordnet sind; die ersten beiden *settenari* mit der zentralen Aussage des Textes sind dabei zu einem einheitlichen, sieben Minimen langen *soggetto* zusammengezogen. Der erste Vers wird vollständig auf einem Ton rezitiert, und erst im zweiten Vers wird dieser auf der unbetonten Silbe von *sesto* mit einem Fall zur Unterterz verlassen, die ihrerseits den Beginn einer Kadenz bezeichnet - beim solistischen Beginn im *Basso* wird das statische B-Dur des Anfangs dabei zur dritten Stufe d-Moll geführt. Daß die Untersexte zum Zielton des melodischen wie des harmonischen Verlaufs dieses ersten Motivs wird, mag zunächst noch als wenig bedeutsame Zufälligkeit erscheinen, wird jedoch im Zusammenhang mit der noch zutagetretenden konstitutiven Bedeutung der Sexte bzw. der Zahl sechs innerhalb der Komposition wohl als Teil eines bewußten zahlensymbolischen Spiels mit dem im Text genannten Datum interpretiert werden können. Die rhythmische Gestaltung des Motivs ist bewußt irregulär: Nach einer ersten geradtaktigen Gruppe von Minima und vier Fusen werden durch eine korrekte Deklamation zwei unterschiedlich gestaltete Gruppen von je drei Semiminimen konstituiert, deren zweite durch eine sarabandenartige Punktierung auf der zweiten unbetonten Note bei *sesto* gekennzeichnet ist. Da das *soggetto* mit einer weiteren geradtaktigen Gruppe von zwei Minimen abschließt, ergibt sich eine symmetrische rhythmische Struktur von 4+3+3+4 Semiminimen, die trotz der jeweils unterschiedlichen Binnenrhythmisierung für formale Ausgewogenheit sorgt.[238] Im Unterschied zum ersten ist das zweite *soggetto* durch Sequenzierung eines aus vier Fusen bestehenden Motivs gekennzeichnet, das jeweils nur mit dem Halbtonschritt zur unteren Wechselnote den Ausgangston verläßt - so zumindest bei der ersten, dreimaligen Vorstellung des Motivs im Basso (Takte 2-3)

[237] Ediert bei Carlotti (1983), Bd. II, S. 112-20; eine Neuedition findet sich im Notenteil, S. 449-452.

[238] Ob Merula bereits diese rhythmische Formel, die auch in der Form 4+6+4 gelesen werden könnte, in zahlensymbolischer Absicht als Chiffre für den sechsten Tag des vierten Monats April angelegt hat, ist durchaus denkbar, dürfte sich jedoch nur schwerlich entscheiden lassen.

- während später auch die große Untersekunde als Wechselnote anzutreffen ist. Die Anlage dieses *soggetto* belegt ein weiteres Mal Merulas nicht ausschließlich an der Sprachumsetzung orientierte, häufig dezidiert instrumentale Denkweise: Während im ersten Auftreten die Wechselnote zur betonten Silbe im Wort »dolcezza« zurückführt, wird bei der Unterlegung von »a null'altra« - entgegen der korrekten Deklamation - melodisch mit der vierten Silbe nun die unbetonte Endung von »altra« hervorgehoben. Harmonisch gesehen führt das zweite *soggetto* über das parallele g-Moll, die IV. Stufe Es-Dur und die V. Stufe F-Dur am Ende des einleitenden Baßsolos in die Ausgangstonart B-Dur zurück.

Die verbleibenden Takte des ersten Abschnitts kennzeichnet ein kombinatorisches Spiel mit den beschriebenen Elementen: Das erste *soggetto* tritt noch je einmal in den beiden Oberstimmen auf, zunächst im *Tenore* (Takte 3-5) in Quintlage, wobei die Continuostimme - abgesehen von einer auch rhythmisch gesehen späteren Ausweichung nach *fis* anstelle von *g* zur Vermeidung offensichtlicher Quintparallelen - das *soggetto* in der ursprünglichen Lage des *Basso* gleichzeitig in der Unterquint erklingen läßt. Diese Parallelführung hat auch eine melodische Schlußvariante in der Oberstimme mit Sekundschritt abwärts anstelle eines Quintfalls wie im *Basso* zur Folge, die bei jedem weiteren Auftreten des *soggetto* in einer der beiden Oberstimmen anzutreffen sein wird, so auch beim dritten und letztmaligen Erklingen im ersten Abschnitt im *Canto* (Takte 6-8). Bereits bei der erstmaligen Überlagerung des zweiten *soggetto* mit dem ersten wird deutlich (Takte 4-5), daß die beschriebenen Wechselnoten innerhalb des sequenzierenden Motivs häufig satztechnisch wie auch für die Affektausdeutung bedeutungslose Dissonanzen auf unbetonter Zählzeit herbeiführen, die wohl hier ähnlich wie in anderen Stücken Merulas nur als eine Art Klangschärfung eingesetzt werden. Die Sequenzierung des Motivs ermöglicht Parallelität der Stimmführung selbst bei fugierten Einsätzen und damit bei zugleich kontrastierender Textdeklamation, was Merula zunächst zwischen den Unterstimmen alleine (Takte 5-6), dann erneut in den beiden Unterstimmen bei gleichzeitig erklingendem erstem *soggetto* im *Canto* (Takte 6-7) und zum Abschluß des ersten Abschnitts zwischen den beiden Außenstimmen demonstriert (Takte 8-9).

Der zweite und der dritte Abschnitt (Takte 9-15 und Takte 15-20) stehen wie der erste in der Ausgangstonart B-Dur und führen jeweils nur ein neues *soggetto* ein, das in beiden Teilen zunächst erneut - und zwar diesmal im *Tenore* - solistisch vorgestellt wird. Dennoch sind die beiden Abschnitte nicht monothematisch, da Merula jeweils das erste *soggetto* des ersten Abschnitts weiterhin verwendet - im zweiten Abschnitt tritt es noch zweimal (Takte 10-11 im *Basso* und Takte 11-13 im *Tenore*), im dritten dagegen nur einmal auf (Takte 17-19 erneut im *Tenore*, der hier allerdings zeitweilig zur obersten Stimme im Satz wird, da der *Canto* in der Unterquarte einsetzt) - zusammen mit den drei Durchläufen im ersten Abschnitt also wohl nicht zufällig dem Tag des genannten Datums entsprechend insgesamt genau sechs Mal. Es wird dadurch nicht nur zu einer Art Hauptthema, das die ersten drei Abschnitte des Madrigals formal miteinander verbindet und wie ein Motto dominiert, sondern zugleich in jedem dieser Abschnitte durch ein unterschiedliches *soggetto* auf neue Weise beleuchtet ist.

Im zweiten Abschnitt umfaßt das neue *soggetto* - wie bereits das Motto selbst - die Vertonung zweier *settenari* (Verse 4-5); es ist im ersten Teil von rascher Deklamation in einem anapästischen Rhythmus und einem der Wortbedeutung angepaßten *battaglia*-artigen Terzfallmotiv geprägt, das zunächst - je nach harmonischen Erfordernissen bei der Gegenüberstellung mit dem Motto (als Oberstimme Takte 10-11, als *Basso* hingegen Takte 11-13) - unregelmäßig in Sekund- oder Terzschritten aufwärts, dann jedoch in den verbleibenden Takten des zweiten Abschnitts, als das Motto nicht mehr auftritt, in diatonisch aufsteigender Form sequenziert wird (Takte 13-15), so daß die betonten Noten als eine in Semiminimen diatonisch aufsteigende Linie gelesen werden können. Dies ist insofern aufschlußreich, als Merula als *soggetto* des dritten Abschnitts ebenfalls ein im ersten Teil diatonisch aufsteigendes *soggetto* benutzt, das nun allerdings ohne Terzfallumspielung auskommt und statt in Semiminimen in Fusen fortschreitet. Die *soggetti* der beiden mittleren Abschnitte sind darüber hinaus eng aufeinander bezogen, da Merula in beiden mit der gleichen Schlußwendung arbeitet: einem einleitenden Quartsprung mit anschließendem Quartgang abwärts (im zweiten Abschnitt in originaler Gestalt zunächst in den Takten 9-10 im *Tenore*, 11 im *Canto* sowie 13-14 im *Basso*, zusätzlich noch in einer Reihe von Varianten). Im dritten Abschnitt findet sich das Motiv innerhalb der drei aufeinanderfolgenden solistischen Vorstellungen des gesamten *soggetto* zu Beginn - die Einsätze erfolgen quasi im Quintenzirkel abwärts auf *d*, *g'* und *c* - in dieser Gestalt nur im *Basso* (Takt 17), während in den beiden anderen Stimmen der Quart- zum Terzsprung geworden ist (Takte 15-16). Melodisch gesehen besteht das *soggetto* des dritten Abschnitts also aus einer Kombination einer aufsteigenden Linie im Umfang einer Sext und einer auf unterschiedliche Weise angefügten absteigenden Linie im Umfang einer Quart - eine in diesem Kontext sicher nicht zufällige Übereinstimmung mit den das Datum des sechsten Aprils bestimmenden Zahlen sechs und vier, deren musikalische Äquivalente Sexte und Quarte werden.

Daß derartige zahlensymbolische Verweise hier nicht auf bloßem Zufall beruhen, sondern von Merula tatsächlich intendiert worden sein müssen, belegen wohl unmißverständlich zwei ebenso auffällige wie überraschende Stellen in den beiden mittleren Abschnitten: Merula nutzt die motivische Parallelität in der *soggetto*-Bildung vor allem in den vollstimmigen Verdichtungen der beiden Abschnitte an den Schlüssen dazu, jeweils alle Stimmen in diatonisch aufsteigenden Sextakkordfolgen parallel zu führen (Takt 14 sowie 19). Wegen der raschen Bewegung aller Stimmen in Fusen - an der ersten Stelle sogar mit Semifusen vermischt - dürfte hier wohl nicht ausschließlich eine Reminiszenz an altertümliche Fauxbourdonsatztechniken intendiert sein; die auffälligen Klangprogressionen beziehen ihren Sinn wohl eher aus einer konzeptistischen Häufung und Zuspitzung des Spiels mit der Sexte als musikalischem Äquivalent für den sechsten Tag im April, zumal für den Sextakkord auch das Intervall der Quarte zwischen den beiden Oberstimmen konstitutiv ist, das bereits in der Melodiebildung der *sog-*

getti in diesen beiden Abschnitten hervorgehoben worden war. An der ersten der beiden Stellen geht der Sextakkordhäufung eine Parallelführung in Sexten zwischen *Canto* und *Tenore* voraus (Takte 14), während in der Vergleichsstelle des dritten Abschnitts Dezimenparallelen zwischen den Außenstimmen anzutreffen sind - es mag allzuweit hergeholt erscheinen, auch darin eine Addition der Zahlen 4 und 6 sehen zu wollen. Quarte und Sexte werden zudem in einer Reihe von Kadenzwendungen hervorgehoben, erstmals in Takt 3, wo im *Basso* zwei Quartfälle aneinandergereiht werden und auch die Finalis *B* in einer unvollkommenen Wendung mit einem Quartsprung statt mit dem bei Merula weit gebräuchlicheren Quintfall erreicht wird. Sextakkordreihung tritt dagegen an einigen anderen Stellen in Schlußbildungen bei einem eher altertümlichen Kadenztypus hervor, der auf einer Sext-Oktav-Progression beruht und erstmals in Takt 14 Verwendung findet: Dabei fehlt die Quintfall-Baßklausel vollständig und die in Ganztonschritten abwärtsschreitende Tenorklausel liegt im Baß, so daß im Zusammenklang mit der leittönig erhöhten Diskantklausel im *Canto* eine Folge zweier Sextakkorde mit großen Sexten im Halbtonabstand zum Zieltonakkord d-Moll führt - die Wendung bereitet an dieser Stelle die Sextparallelen und anschließenden Sextakkordketten vor, von denen bereits die Rede war.

Der gleiche Kadenztypus findet sich dann noch zweimal im vierten und letzten Abschnitt von Merulas Vertonung, zunächst zwischen den beiden Unterstimmen in Takt 22, dann noch einmal zwischen den Außenstimmen in den Takten 25-26 - in beiden Fällen übrigens beim Zusammentreffen der Reimwörter »amato« und »beato«, allerdings - wie noch gezeigt werden soll - mit einer über bloße Zahlensymbolik hinausgehenden inhaltlichen Wendung.

Der gesamte vierte Abschnitt stellt offenbar so etwas wie die Umkehrung oder Negation der vorangegangenen drei Abschnitte dar, beginnend bei der *soggetto*-Konstruktion: Waren in den vorigen Abschnitten zwei *settenari* jeweils zu einem *soggetto* mit Zäsur vor der Mitte des zweiten Verses zusammengefaßt worden, so werden die beiden abschließenden *settenari* nun einzeln mit einer klaren Zäsur zwischen den Versen vertont; waren in den drei ersten Abschnitten jeweils die neuen *soggetti* vollständig von einer der drei Stimmen vorgetragen worden, so ist die Vorstellung der beiden letzten Verse zwar gleichfalls solistisch, aber auf zwei Stimmen verteilt; hatten vor allem die beiden mittleren Abschnitte mit *soggetti* aufgewartet, die aus einem ansteigenden Anfangsmotiv und einem fallenden Schlußmotiv zusammengesetzt waren, so ist hier das Gegenteil der Fall - nach einem Terzfallmotiv schließt sich im ersten *soggetto* vom gleichen Ausgangston *d'* im Tenor bzw. *g* im Baß ein Quintgang abwärts an, der auch in seiner Rhythmisierung mit drei auftaktigen Fusen seine Verwandtschaft mit dem jeweils abschließenden Quartgang in den vorangehenden Abschnitten nicht verleugnet. Noch expliziter ist diese Verwandtschaft wohl im abschließenden *soggetto*, denn dessen Gerüsttöne erweisen sich als die nur leicht umspielte Umkehrung eben dieses Schlußmotivs aus den mittleren Abschnitten, anhebend mit einem Quartfall, an den ein Quartgang aufwärts anschließt, nur die Terzsprünge nach dessen ersten beiden Noten sind eingefügt, könnten jedoch ihrerseits ebenfalls als Umkehrung der Terzfallmotivik im *battaglia*-artigen zweiten Abschnitt gedeutet werden.[239]

Man könnte meinen, daß sich in solchen Bezügen und Entgegensetzungen kaum mehr als Merulas sehr sorgfältige musikalische Disposition erweist, die auch hier wiederum mit relativ einfachen Mitteln musikalischen Zusammenhalt zu schaffen versteht. Doch deutet eine Reihe weiterer Indizien darauf hin, daß die beschriebenen Negationen in diesem Fall auch einen Bezug zur inhaltlichen Deutung des Madrigals aufweisen: War in jedem der drei vorangegangenen Abschnitte das Motto verwendet worden, so fehlt es im Schlußabschnitt gänzlich, obwohl derselbe »giorno« wie zu Beginn besungen wird und ein erneutes Aufgreifen sich in eine bestätigende Schlußapotheose der Komposition nicht nur sinnvoll eingefügt, sondern sich geradezu aufgedrängt hätte; hatte das Motto das exponierte »sempre« des ersten Verses gleichermaßen durch eine betonte Minima wie durch die sozusagen ›immer‹-währende Wiederholung desselben Tons hervorgehoben, so wird das in der Vorlage gezielt korrespondierende »sempre« des Schlußverses in Merulas Vertonung ganz im Gegenteil nicht nur kurz, sondern geradezu beiläufig in einer Achtelkette auf unbetonter Zählzeit und einer der nicht zur Umkehrung des Motivs gehörenden Nebennoten verborgen. Der zuversichtliche Wunsch des Liebhabers, daß dieser heitere und geliebte Tag (»giorno sereno amato«) auf immer glückselig (»beato«) sein möge, wird jedoch nicht nur dadurch, sondern weit mehr noch durch weitere kompositorische Entscheidungen Merulas als trügerisch entlarvt, die vor allem die Kadenzbildung innerhalb dieses Abschnitts betreffen.

Der vierte Abschnitt weist eine ganze Serie von abgebrochenen oder zumindest ungewöhnlichen Schlußbildungen auf, wie sie in den ersten drei Abschnitten weitgehend fehlen. So wird die Kadenz in den Takten 22-23 durch Ausweichen des *Basso* von der korrekten Finalis *G* zur Terz *B* nicht in g-Moll abgeschlossen, sondern zu einem Sextakkord umgedeutet; anschließend wird in den Takten 23-24 gleich zweimal hintereinander statt der fünften Stufe in F-Dur - modern gesprochen in einem Trugschluß - das parallele d-Moll erreicht. Ähnliches wie in den Takten 22-23 geschieht dann noch einmal in Takt 25, doch wechselt hier durch Auflösung der *b*-Vorzeichnung im *Basso* zugleich das Tongeschlecht. Im Kontext dieser Schlußbildungen erhalten auch die beiden bereits beschriebenen altertümlichen Kadenzen mit fehlender Baßklausel eine nicht mehr nur zahlensymbolische Bedeutung, werden sie doch Bestandteil eines musikalischen ›Indizigebäudes‹, das die Tragfähigkeit der Textaussage unterminiert. In dieses Bild fügen sich auch die häufigen Wechsel des Tongeschlechts innerhalb des Abschnitts, die bei den beschriebenen Trugschlüssen ohnehin impliziert und im Falle der Ausweichung in den Sextakkord ein weiteres Mal bewußt gewählt sind. Darüberhinaus beginnt das erste *soggetto* zwar auf der vierten Stufe Es-Dur, doch endet es ausgerechnet bei den Worten »sereno amato« irritierenderweise in

[239] Bei der ersten Vorstellung beginnt der zweite Teil des *soggetto* mit einem Quintfall (Takt 41), doch machen die folgenden Stellen deutlich, daß der Quartfall wohl die Grundform darstellt.

der Parallele g-Moll zur Grundtonart, die auch noch den Beginn des zweiten *soggetto* bestimmt, um dann einer vollständigen Kadenz mit erhöhtem Leitton *h* zur siebten Stufe C-Dur Platz zu machen. Es ist aufschlußreich, daß Merula das Stück auch nicht in der Ausgangstonart B-Dur beendet, die alle anderen Abschnitte bestimmt hatte, sondern nach einer erstmals nicht mehr trugschlüssigen Kadenz nach B-Dur in Takt 26 in einem nur zwei Takte umfassenden, codaartigen Schluß schließlich zu einem abschließenden F-Dur-Klang gelangt. Dadurch wird deutlich, daß die gesamte Komposition entgegen der in den ersten Teilen aufgebauten Erwartungshaltung wohl - in modaler Terminologie gesprochen - als im nach *F* transponierten zwölften Modus stehend gedeutet werden muß, dessen inhärente Möglichkeiten Merula hier bewußt bis fast an die Grenzen strapaziert und für sein Spiel mit kompositorischen Negierungen nutzt. In diesen Schlußtakten sind zudem wohl kaum zufällig die bisherigen Terzsprünge zu den eingefügten Nebennoten innerhalb des letzten *soggetto* im *Canto* zu Quartsprüngen ausgeweitet, von denen der letzte - auf dem Wort »beato« - zu einem bereits erklingenden Quartsextakkord über *c* noch die None *d''* hinzufügt; das wirkungsvolle anschließende Abspringen in die Quinte bei ausgehaltener Quarte hatte Merula bereits bei der Kadenz nach B-Dur zwei Takte zuvor in derselben Weise vorgeschrieben.

Der in der Textvorlage Simonettis gefeierte Sieg des lyrischen Ichs im Liebeskrieg wird in Merulas abschließendem Abschnitt durch eine Vielfalt formaler, struktureller und harmonischer Umkehrungen, Wandlungen und bewußter Negationen der in den ersten drei Abschnitten verwendeten musikalischen Mittel als trügerischer Pyrrhussieg denunziert, dem keine Dauer beschieden sein kann. Merula macht dabei insbesondere im ersten Teil durch das prononcierte konzeptistische Spiel mit Zahlensymbolik deutlich, daß er sich der Bedeutung des sechsten Aprils im Kontext der petrarkistischen Tradition durchaus bewußt gewesen sein muß - ansonsten hätte dafür kaum ein Anlaß bestanden. Die Deutung des letzten Abschnitts der Komposition als einer Negation der innerhalb der ersten drei Teile vorgestellten Aussagen könnte den Schluß nahelegen, daß Merula damit die ihm bewußte Bedeutung des sechsten Aprils als eines Leidensdatums seinerseits gegen Simonettis Kritik Petrarcas und des Petrarkismus wendet und nun mit musikalischen Mitteln eine Kritik an Simonettis Kritik zu formulieren beabsichtigt. Ob es sich dabei nur um das Weitertreiben eines literarischen Spiels mit anderen Mitteln oder eher um eine Verteidigung Petrarcas und des Petrarkismus gehandelt haben mag, dürfte nur schwer nachzuvollziehen sein. Immerhin ist nicht belegt, daß Merula sich irgendwann in seiner Laufbahn selbst kompositorisch mit Petrarcas Lyrik auseinandergesetzt hätte. Von der Tradition mehrstimmiger Petrarcavertonungen des 16. und frühen 17. Jahrhunderts ist Merula jedenfalls in dieser Komposition weit entfernt.

Kompositorische Allegorien im Zusammenhang mit dem Thema Frauenschelte

Komplexe musikalische Formmodelle konzeptistischer Prägung wie in *Che nove arti son queste*, *La mia Filli è fugace* und *Sempre terrò memoria* hat Merula offenbar für die musikalische Umsetzung auch formal komplexer Gedichtvorlagen reserviert. Daneben finden sich andere Kompositionen, in denen weitaus einfacher gebaute und weniger rätselhafte oder versteckte musikalische Allegorien in vergleichsweise plakativer Weise verwendet werden. Dies macht eine Gruppe von Kompositionen deutlich, in deren Textwahl Merula in ziemlich einseitiger Weise an Themen aus einer zu diesem Zeitpunkt bereits seit Jahrhunderten geführten *Querelle* um Wert und Würde des weiblichen Geschlechts anknüpft, die seit der Wende zum 17. Jahrhundert nicht zuletzt in Venedig weitergeführt wurde. Nach Zimmermann standen sich darin eine dezidiert frauenfeindliche Partei, deren Ansichten in der 1599 erstmals veröffentlichten Schrift *I donneschi difetti* des Jesuiten Giuseppe Passi gipfelten - einem zu seiner Zeit offenbar höchst erfolgreichen und auch einflußreichen Werk - und eine teilweise auch von Frauen - insbesondere Lucretia Martinelli - angeführte Partei gegenüber, die ganz im Gegenteil den Adel und die Vortrefflichkeit des weiblichen Geschlechts nachzuweisen suchte, nicht zuletzt durch einen Katalog berühmter Frauengestalten aus Geschichte, Mythologie, Bibel und Literatur.[240] Es bedürfte jedoch einer näheren Untersuchung, ob etwa Passi mit seiner Schrift - im Gegensatz zu Zimmermanns Interpretation - nicht vorrangig eine Ermahnung der Frauen zur Tugend beabsichtigte, immerhin hat Zimmermann nicht bemerkt, daß Passi mit *La mostruosa fucina delle sordidezze de gl'huomini* 1603 in Venedig ein dem Herzog von Mantua gewidmetes Werk veröffentlichte, in dem ergänzend zur Auflistung weiblicher Fehler in *I donneschi difetti* nun auch die Verfehlungen der Männer gegeißelt werden.[241] Derzeit gängige Schemata wie die Gegenüberstellung von Frauenfeinden und Verteidigern der Frauen könnten sich durchaus als vergleichsweise kurzsichtige moderne Konstrukte erweisen, die wenig Gemeinsamkeiten mit den von unterschiedlichsten Interessen geleiteten, in einer häufig im Sinn ihrer Zuspitzung noch kaum verstandenen Diskussionen der Zeit aufweisen.

[240] Einen Überblick über die wichtigsten Schriften und ihre zentralen Aussagen im späteren 16. und frühen 17. Jahrhundert findet sich in: Zimmermann (1995), vor allem S. 25-31.

[241] Je ein Exemplar der beiden genannten Werke Passis befindet sich in der Herzog-August-Bibliothek in Wolfenbüttel.

Ironisch gewendeter frauenfeindlicher Akademismus - ›La Donna è mobil verga e leggier fronda‹

Merula verwendet in mehreren seiner Kompositionen Gedichtvorlagen, die augenscheinlich - wie Zimmermann es in Bezug auf Passis Schrift ausgedrückt hat - von »konventionellen frauenfeindlichen Stereotypen und Gemeinplätzen«[242] geprägt sind. Darunter stellt sicherlich *La Donna è mobil verga e leggier fronda* auf ein Sonett eines unbekannten Autors die pointierteste Variante dar - bei Merula gedruckt in der zweiten erweiterten Auflage der *Madrigaletti* von 1642:

La Donna è mobil verga e leggier fronda, Ch'in vario gir, se la percuote il vento, Mille volte s'aggira in un momento, E di lieve operar mai sempre abonda.	Die Frau ist ein schwankendes Rohr und ein leichtes Blatt das in vielfacher Drehung der Wind mit sich treibt; tausendfach wendet sie sich in einem Moment nur, und von leichtfertigem Tun quillt stets sie über.
Tosto cade il pensier che la circonda, A pena sorto, inchina ogni ardimento; Ha nel moll'apparir brieve contento, Stabile di fermezza, a par de l'onda.	Bald verflüchtigt sich jeder Gedanke, der sie umgibt, kaum zeigt sich einmal Mut, geht er schon in die Knie, in weichlichem Schein findet sie kurze Befriedigung, an fester Standhaftigkeit ist sie der Welle gleich;
A l'altrui del'altrui senza ritegno, Ingorda, insatiabile, imprudente, Parto imperfetto de la vita indegno.	das Gut der andern nimmt sie ohne Scheu, gefräßig, unersättlich, unbedacht, ganz unvollkommene Schöpfung, des Lebens nicht wert,
Di non sano giuditio impatiente, Infine, i la direi fragil sostegno, Dato, per sua sventura, a l'huom prudente.	von törichtem, ungeduldigem Urteil, schließlich würd ich sie nennen einen schwachen Halt, dem umsichtigen Mann gegeben zu seinem Verderben.

Das Sonett bezieht sich nicht auf eine konkrete Situation oder die Erfahrungen einer bestimmten Person, sondern stellt eine ganz allgemein gehaltene Schelte des weiblichen Geschlechts dar, worin - anscheinend völlig ungebrochen und hemmungslos - die folgenden Topoi aus dem Arsenal misogyner Argumente aufgelistet werden: Unbeständigkeit (Verse 1-3), Leichtfertigkeit (Vers 4), Flatterhaftigkeit (Vers 5), Unfähigkeit zu mutigen Handlungen (Vers 6), Verhaftetsein in Äußerlichkeiten - vermutlich sind hiermit u.a. Kleiderluxus und Kosmetik gemeint (Vers 7), mangelnde Standhaftigkeit (Vers 8), Habsucht (Vers 9), Unmäßigkeit und Unbedachtheit (Vers 10) sowie Torheit und Ungeduld (Vers 12); die ganze Aufzählung gipfelt schließlich in der wahrlich nicht versöhnlich stimmenden Schlußfolgerung, die Frau sei ein lebensunwertes Geschöpf (Vers 11),

---

242 Zimmermann zählt hierzu neben der Gruppe der »Sieben Todsünden oder Laster (Hoffart, Neid, Zorn, Trägheit, Habsucht, Unmäßigkeit, Unkeuschheit) die folgenden Eigenschaften: Unbeständigkeit, Dummheit, Neugierde, Streitsucht, Eitelkeit, Verlogenheit, Geschwätzigkeit.« Zimmermann (1995), S. 27.

das dem offenbar in allen Punkten so ganz überlegenen und klugen Mann nur zum Verderben gereiche (Vers 14).

Viele der Eigenschaften in diesem Negativkatalog lassen sich direkt als Auswirkung der zentralen, zu Anfang in insgesamt drei Versen exponierten Vorstellung von der Unbeständigkeit der Frau verstehen; sie wird darin durch eine Metaphorik zum Ausdruck gebracht, die mit einigen der Attribute der personifizierten Darstellung der Unbeständigkeit bei Cesare Ripa übereinstimmt, denn dort heißt es unter dem Eintrag »*Instabilità* - Donna vestita di molti colori, con la man destra s'appoggi à una canna con le foglie e sotto i piedi tenga una palla«.[243] Im Unterschied zu Ripa dient jedoch im vorliegenden Sonett nicht so sehr eine allegorische Frauengestalt, die sich auf die Attribute Schilfrohr und dessen Blätter stützt, zur Personifikation der Unbeständigkeit, sondern das Wesen der Frau wird durch die Gleichsetzung mit diesen Attributen selbst als Unbeständigkeit ausgewiesen. Die zentrale Bedeutung von Unbeständigkeit erweist sich insbesondere, wenn in der letzten Strophe die Deutung der Frau als schwacher Halt des Mannes (»fragil sostegno«) noch einmal direkt daran anknüpft, denn wie die personifizierte Unbeständigkeit bei Ripa an schwankendem Schilfrohr keinen wirklichen Halt findet, so der Mann - gemäß der hier vermittelten Botschaft - auch nicht an der Frau. Die Vorlage zu *La donna è mobil verga e leggier fronda* zeichnet sich aus durch ein Fehlen jeglicher situativer Hinweise, eine emotional eher distanzierte Darstellungsweise und einen an keiner Stelle ironisch gebrochenen Ton.

Der Text scheint mir dennoch weniger eine eindeutig frauenfeindliche Haltung Merulas oder seines Textdichters zu belegen, als auf eine sehr lange Tradition der europäischen Literatur zu verweisen, in der weibliche Unbeständigkeit zu einem Topos geworden war; bereits Petrarca, der wohl kaum im Verdacht steht, der Partei der Frauenhasser und -verächter anzugehören, bezieht sich ausdrücklich auf eine weitaus ältere Überlieferung, wenn er in seinem Sonett CLXXXIII *Se'l dolce sguardo di costei m'ancide* aus dem *Canzoniere* in den beiden Schlußstrophen davon spricht, sein Zittern und seine Furcht vor dem wechselhaften Mienenspiel Lauras sei geboren »d'antiche prove« (Vers 11), denn »Femina è cosa mobil per natura« (Vers 12), weshalb ein verliebter Zustand im Herzen einer Frau auch nur von kurzer Dauer sei (Verse 13-14).[244] Das Sonett stellt nicht nur einen der wenigen Momente im gesamten *Canzoniere* dar, in dem Laura nicht in idealisiertem Lichte erscheint, Petrarca beeilt sich auch, ganz als sei ihm die Schärfe der Sentenz selbst nicht geheuer, in den ersten beiden Versen des anschließenden Sonetts ganz im Gegenteil wieder Lauras »bella alma humile / ov'ogn'alta vertute alberga et regna« hervorzuheben und seinen Ausbruch als eine bloße, vermutlich auch Zwecken der *variato* dienende Entgleisung zurechtzurücken, die weniger Petrarcas wahres Denken enthüllen dürfte, als daß ihr die Funktion zukommt, durch Aussprechen des *contrarium* die unerreichbare Idealität

---

[243] Ripa (1992), S. 195.

[244] Für Text und Übersetzung des gesamten Sonetts vgl. Petrarca (1989), S. 504-505.

Lauras nur umso mehr hervorzuheben. *Se'l dolce sguardo di costei m'ancide* hat offenbar zu den weniger populären Texten des *Canzoniere* gehört, findet sich doch keine Vertonung davon im gesamten im *Nuovo Vogel* verzeichneten Repertoire des 16. und 17. Jahrhunderts.

Auch an exponierter Stelle in theatralischen Behandlungen des Orpheusmythos in Italien findet sich ein ganz vergleichbarer misogyner Ausbruch des Sängers, als dieser nach dem endgültigen Verlust Euridikes an einem Punkt extremer Verzweiflung angelangt ist: So heißt es in Angelo Polizianos *Fabula di Orfeo*:

Quanto è misero l'uom che cangia voglia	Wie elend ist der Mann, der seinen Willen ändert
Per donna, o mai per lei s'allegra o dole,	für eine Frau, oder für sie je Freude oder Schmerz verspürt,
O qual per lei di libertà si spoglia,	der Freiheit sich für sie beraubt
O crede a suo' sembianti o sue parole!	oder auch ihren Mienen oder Worten glaubt!
Che sempre è più legger ch'al vento foglia,	Denn immer ist sie leichter als ein Blatt im Wind
E mille volte il dì vuole e disvuole:	und tausendfach am Tag will sie und will dann nicht.
Segue chi fugge, a chi la vuol s'asconde,	Sie folgt dem, der sie flieht, verbirgt vor dem sich, der sie begehrt,
E vanne e vien, come alla riva l'onde.[245]	und kommt und geht der Welle gleich ans Ufer.

Bekanntlich ließ Poliziano, unmittelbar nachdem Orpheus in der anschließenden Stanze auch noch gewagt hatte, die Liebe unter Männern als vorbildlich zu besingen, den Sänger für diese Verunglimpfung des weiblichen Geschlechts von den wütenden Mänaden zerreißen. Ähnlich wie bei Petrarca können wohl auch Polizianos Verse nicht *à la lettre* als ein uneingeschränktes Manifest unverbesserlichen Frauenhasses angesehen werden, sondern machen deutlich, daß die grenzenlose Verzweiflung des Sängers ihn bis zu einer Beschwörung der Umkehrung der sittlichen Ordnung treibt, die nicht ungestraft bleiben konnte - in der Tötung des Orpheus durch die Mänaden wird diese Ordnung wiederhergestellt und damit auch die höchste Unziemlichkeit derartiger frauenfeindlicher Äußerungen bekräftigt. In Anlehnung an Poliziano findet sich eine vergleichbare Passage noch eine weiteres Mal in Alessandro Striggios Libretto zu Monteverdis *L'Orfeo*:

Or l'altre donne son superbe e perfide,	Nun sind die andern Frauen hochmütig und treulos,
Ver' chi le adora dispietate, instabili,	und gegen den, der sie verehrt, grausam und unbeständig,
Prive di senno e d'ogni pensier nobile;	bar des Verstands und jedes edlen Gedankens,
Ond'a ragione opra di lor non lodasi.	deshalb soll man mit gutem Grund ihr Werk nicht loben.
Quinci non fia giamai che per vil femina,	daher soll nimmermehr für eine niederträchtge Frau
Amor, con aureo stral, il cor trafiggami.[246]	mit goldnem Pfeil Amor durchbohren mir das Herz.

245 Poliziano (1976), S. 126; die gesamte Ottava ist in kaum veränderter Form aus den *Stanze* Polizianos zu Ehren des Turniersiegs Giuliano de' Medicis im Jahre 1475 (Nr. I, 14) übernommen worden, wo der erste Vers lautet »Ah quanto è uom meschin, che cangia voglia« und sie die Überschrift *Contro alle donne* trägt; Poliziano (1976), S. 42; auch diese beiden Stanzen Polizianos sind nicht als Textvorlagen weltlicher Vokalmusik nachweisbar.

246 Zitiert nach Solerti (1969), Bd. III, S. 270.

Bei Striggio sollte sich Orpheus nur durch seine Flucht der unmittelbar drohenden Bestrafung durch die rasenden Mänaden entziehen können - bei Monteverdi ist bekanntlich der ursprünglich bacchantische Schluß des Librettos im Partiturdruck durch das Auftreten Apolls und eine Apotheose des Sängers im Verleihen der Unsterblichkeit ersetzt, wodurch die Tirade gegen die Frauen seltsam unvermittelt und folgenlos stehenbleibt.

Auch in Baldessar Castigliones *Libro del Cortegiano* findet sich die These von der allgemeinen Schlechtigkeit der Frauen; doch wird sie nur deshalb exponiert, um das dann im dritten Buch ausgeführte Lob der Frauen umso stärker hervortreten zu lassen und das Bild einer dem idealen Hofmann ebenbürtigen Hofdame zu entwerfen - Giuliano de' Medici, der jüngste Sohn von Lorenzo il Magnifico, macht sich als ranghöchstes Mitglied der Runde selbst zum Anwalt der Frauen.[247]

In ähnlicher Weise könnte auch das bei Merula vertonte Sonett als *argomento* in einem akademischen Streitgespräch gedacht gewesen sein, dessen Anlaß allerdings ebensowenig bekannt ist wie eine dann wohl ebenfalls zu erwartende Formulierung der entgegengesetzten Position - dafür spricht neben der thesenhaften Einseitigkeit der Argumente auch das Fehlen einer wie auch immer gearteten Brechung in einer Schlußpointe. Doch müssen derartige Überlegungen notwendig spekulativ bleiben, solange der Entstehungskontext des Stückes ungeklärt ist.

Das auffälligste Merkmal von Merulas Vertonung[248] für eine zweistimmige Vokalbesetzung, Basso continuo und einen *ad libitum* die Baßlinie verstärkenden Violone ist die durchgängige Achtelbewegung des Intrumentalbasses, die zwar kein melodisches, aber wiederum ein diesmal sogar ganz konsequent bis zum *Largo* der abschließenden drei Takte durchgehaltenes rhythmisches Ostinato bildet. Zu dieser raschen, äußerst hartnäckigen rhythmischen Bewegung steht die unruhige und durch zahlreiche Sprünge gekennzeichnete melodische Führung mit ihren häufigen, aber in unregelmäßigen Abständen erfolgenden Kadenzwendungen und einer immer ähnlichen, aber kaum einmal über längere Passagen identischen Melodieführung in einem gewissen Gegensatz, der trotz der rhythmischen Beständigkeit dazu führt, daß die Baßlinie weniger ein festes Fundament des Satzes bildet, als daß sie ganz im Gegenteil den Eindruck ständigen Schwankens vermittelt. Diese Vorstellung wird zudem noch durch ein ständiges Springen zwischen tonartlichen Bereichen verstärkt, die zueinander in Quintbeziehungen stehen - zu Beginn läßt sich harmonisch gesehen ein ständiger Wechsel zwischen der Grundtonart G-Dur und der vierten Stufe C-Dur bis zur ersten Kadenz in den Takten 3-4 beobachten, in der auch die fünfte Stufe D-Dur zur Bestätigung der Grundtonart erstmals erklingt. Dieses Hin- und Herspringen ist auch für viele weitere Stellen im Baß kennzeichnend, besonders etwa bei »stabile di fermezza«, wo der Baß unter den Tonrepetitionen des *Canto II* in den Takten 23-24 zwischen C-Dur und F-Dur pendelt, an der Parallelstelle in den Takten 27-28 dann zwischen G-Dur und D-Dur oder in vergleichbarer Weise bei »parto imperfetto« zwischen

---

[247] Vgl. Castiglione (1986), S. 225ff. sowie 242ff.

[248] Das vollständige Stück ist abgedruckt im Notenteil, S. 482-484.

F-Dur und C-Dur (Takte 37-40). Doch gehört zum durchaus unsteten Charakter der Baßlinie auch, daß andere Passagen sich als eine bloße Aneinanderreihung von Kadenzmodellen (etwa Takte 42-46), als stufenweise Sequenzierungen (Takte 34-36) oder auch bei anscheinend aufsteigender Sequenzierung harmonisch als Reihung von Quintfällen mit der Folge A-Dur / D-Dur / G-Dur / C-Dur erweisen (Takte 53-55 und 58-60). Merula hat mit dieser zugleich rhythmisch sehr einheitlichen und doch harmonisch und melodisch variablen Continuostimme ein die gesamte Komposition bestimmendes musikalisches Sinnbild für die zentrale Aussage des Textes von der behaupteten Unbeständigkeit der Frau geschaffen, deren Wesen - so könnte man die widersprüchliche Disposition der Baßlinie deuten - gleichsam nur in der Unbeständigkeit Beständigkeit besitzt. Während in den im vorangegangenen Abschnitt diskutierten Beispielen eine konzeptistische Reihung zusammengehöriger Metaphern musikalisch durch ein motivisches Spiel von Verweisen nachgezeichnet wurde, so führt Merula hier die verschiedenen Argumente des Sonetts zurück auf eine zentrale, musikalisch vermittelte Aussage, eine an der Textaussage entwickelte, allegorisch zu verstehende musikalische Grundidee, welche nicht nur formal gesehen einheitsstiftend wirkt, sondern zugleich die Vielfalt der Vorwürfe in der Vorlage auf den gemeinsamen Nenner der ›Unbeständigkeit‹ bringt.

Die Bildung der vier musikalischen Abschnitte folgt klar der Form des Sonetts und bestätigt zudem jeweils am Ende die Grundtonart G-Dur. Die beiden Quartette werden im Wechsel von jeweils einem der beiden *Canti* solistisch vorgetragen (Takte 1-14 und 14-30), die beiden Terzettstrophen dagegen im Duett (Takte 31-41 und 42-68) mit einigen kürzeren solistischen oder auch dialogartigen Einschüben. Insbesondere in den beiden einleitenden Solostrophen finden sich einige madrigalistische Einzelwortausdeutungen, wie sie in ähnlicher Weise bei Merula nur selten anzutreffen sind - so das dreimal identisch wiederholte und dadurch gleichsam leerdrehende Melisma auf »s'aggira« (Takt 9), die durchaus penetranten Tonrepetitionen auf »stabile di fermezza« (Takte 23-24 und bei der Wiederholung des Verses Takte 27-28), jeweils unmittelbar gefolgt von unvermittelt einsetzenden, wellenartigen Verzierungen auf »par de l'onda« (Takte 25 und 29). Es dürfte sich hier weniger um ernsthafte Rückgriffe Merulas auf das musikalische Repertoire eines für ihn selbst weitgehend obsolet gewordenen, auf Einzelwortausdeutung beruhenden älteren Schreibstils handeln, als vielmehr um ein ironisch gebrochenes Spiel mit derartigen Konventionen - hierfür sprechen eine Reihe von Gründen: Nicht nur die offenbar bewußt angestrebte Überzeichnung jeder einzelnen dieser Wendungen, sondern auch, daß sie nicht im Kontext einer die Stilhöhe eines Sonetts reflektierenden, expressiv wortausdeutenden Komposition verwendet werden, sondern im Rahmen der eher kanzonettenhaften Gestaltung der Gesangslinien merkwürdig deplaziert erscheinen.

Dies liegt nicht zuletzt daran, daß die Anfänge der zweiten, dritten und vierten Textstrophe in den Oberstimmen wie bei einem Strophenlied auf der gleichen Melodielinie über gleichfalls korrespondierender Baßstimme beruhen (Takte 14-16, 31-33 und 42-47) und darüber hinaus die beiden hier jeweils anzutreffenden

Teilsoggetti auch so gut wie unverändert an einer Reihe weiterer Stellen innerhalb der vier Strophen Verwendung finden (Takte 8, 10, 11, 20, 55, 57, 58, 60 und zum Abschluß 64-68). Auch mehrere der verbleibenden *soggetti* sind wohl unmittelbar aus diesen beiden zentralen Motivfloskeln abgeleitet, so aus dem ersten punktierten Motiv die gleichfalls punktierten Wendungen für »insatiabile« (Takte 33-35) und »i la direi« (Takte 48-52), aus den ebenfalls das erste Motiv kennzeichnenden beiden auftaktigen Achteln mit anschließender betonter Viertel die Floskel auf »dato, dato« im Schlußvers (erstmals Takt 54) und aus dem zweiten Motiv mit seinem diatonisch absteigenden Quintgang und den drei auftaktigen Achteln die Wendungen bei »e leggier fronda« (Takte 4-5) und »fragil sostegno« (Takte 49-53).

Aus diesen zahlreichen Übereinstimmungen und Ähnlichkeiten resultiert insgesamt eine kaum jemals charakteristische Stimmführung in den Singstimmen, die zudem gekoppelt ist mit einer vor allem in den Duettpassagen auffälligen emotionalen Zurückhaltung - im Unterschied dazu hatte Monteverdi etwa die Angriffe des Orpheus auf das weibliche Geschlecht in Form eines erregten dramatischen Rezitativs vertont. Bei Merula dagegen scheint es, als wären die zur Textausdeutung gehörenden Aufgaben weitgehend an den Instrumentalbaß als die eigentlich zentrale Stimme abgegeben. Dies findet seine Bestätigung auch darin, daß expressive Dissonanzbehandlung in der gesamten Komposition kaum eine Rolle spielt, die recht unspektakulären Passagen in den Takten 40-41 gehören zum wenigen, was in dieser Hinsicht überhaupt nennenswert ist - und dies, obwohl das Gedicht zahlreiche Worte aufweist, die derartiges eigentlich geradezu herausfordern würden: So werden ausgerechnet auf den Worten »parto imperfetto« nur konsonante, gleichsam ›perfekte‹ Zusammenklänge über dem gleichzeitigen, bereits erwähnten harmonischen Pendeln des Basses gewählt (Takte 38-39), und selbst bei der Reihung von so geballten Vorwürfen wie »ingorda, insatiabile, imprudente« (Takte 33-37) verzichtet die Vertonung auf rasche, erregte Deklamation ebenso wie auf affektgeladene Harmonik. Der insgesamt liedhaft freundliche und ausgesprochen harmlos unagressive Ton des Stückes steht ebenso wie die erwähnten überzogenen Madrigalismen in einem merkwürdigen Gegensatz zum Text, was dafür sprechen könnte, daß Merula in der Wahl der kompositorischen Mittel eine bewußte ironische Brechung gegenüber der inhaltlichen Aussage des Sonetts angestrebt haben mag - doch wird dies letztlich nur zu entscheiden sein, sofern Anlaß und Umstände der Komposition bekannt werden sollten.

Schlußfolgerungen eines enttäuschten Liebhabers – ›No, no, ch'io non mi fido‹

Merula hat ein sehr ähnliches Thema noch ein weiteres Mal in dem Duett *No, no, ch'io non mi fido* für *Canto* und *Basso* aus der Sammlung von 1633 behandelt, einer aus vier Textstrophen bestehenden, durchkomponierten Canzonenstrophe, deren abschließende Refrainzeilen das Motiv der Unbeständigkeit der Frauen aus *La Donna è mobil verga e leggier fronda* in ganz ähnlichen Bildern wieder aufgreift – Schnee in der Sonne, Wachs im Feuer und Blätter im Wind, allerdings spricht in diesem Gedicht ein lyrisches Ich von seinen offenbar ganz konkreten Erfahrungen mit einer bestimmten Frau, die es dann glaubt, auf das ganze Geschlecht verallgemeinern zu müssen:

<table>
<tr><td>No, no, ch'io non mi fido
Di tue lusinghe e risi,
Di tuoi vezzi e sorrisi,
Del tuo parlar infido.
Cangia donna pensier ogni momento,
Neve al sol, cera al foco e foglia al vento.</td><td>Nein, nein, ich vertraue nicht mehr
Deinem Locken, deinem Lachen,
Deinen Reizen, Deinem Lächeln,
Deinem ungetreuen Reden.
Eine Frau ändert jeden Moment ihren Sinn,
wie Schnee in der Sonne, Wachs im Feuer und Blätter im Wind.</td></tr>
<tr><td>No, no, che più non credo
Ai detti, ai giuramenti,
Ai sospiri, ai lamenti,
Che finti, ognor li vedo.
Cangia donna ...</td><td>Nein, nein, länger glaub ich nicht
den Sprüchen und den Schwüren,
den Seufzern und den Klagen,
da ich allzeit vorgetäuscht sie sehe.
Eine Frau ändert ...</td></tr>
<tr><td>Sì, sì, ch'io ti conosco
Or sei lupa, or agnella,
Or sei lampo, or sei stella;
Col dolce misci il tosco.
Cangia donna ...</td><td>Ja, ja, ich kenne Dich,
bald bist du Wölfin, bald Lämmchen,
bald bist Du Blitz, bald bist Du Stern,
und mit dem Süßen vermischst Du das Gift,
Eine Frau ändert ...</td></tr>
<tr><td>Sì, sì, ch'io t'ho provata,
Mentitrice, bugiarda,
Traditrice, infingarda,
Senza fé, sciagurata!
Cangia donna ...</td><td>Ja, ja, ich hab Dich überführt,
Lügnerin und Betrügerin,
Verräterin und Heuchlerin,
Ruchlose, ohne Glauben!
Eine Frau ändert ...</td></tr>
</table>

Merula hat jedoch nicht, wie man vielleicht erwarten könnte, im Refrain oder an anderer Stelle dieselbe kompositorische Allegorie für Unbeständigkeit gewählt, wie in *La Donna è mobil verga e leggier fronda* mit dem beschriebenen, schwankenden rhythmischen Ostinato in kontinuierlicher Achtelbewegung; statt dessen verwendet er mit dem *Ciaccona*-Modell, das hier insgesamt siebzigmal auf derselben Tonstufe wiederholt wird, eine ganz anders geartete musikalische Idee, die mit der Vertonung des Sonetts nur durch den ebenfalls ostinaten Charakter

Gemeinsamkeiten aufweist. Daß jedoch das *Ciaccona*-Modell gleichermaßen als Allegorie für Unbeständigkeit verstanden werden kann, liegt wohl vor allem in seinem schwankenden, synkopierten Rhythmus begründet, von dem schon Hermelink schrieb, er beschließe »virtuell eine Vielzahl rhythmischer Interpretationen in sich«.[249] Zugleich wird hier jedoch auch noch einmal ein im ersten methodologischen Abschnitt zu diesem Teil angesprochener Punkt anschaulich: Derselbe durch den Text eindeutig zu identifizierende Sachverhalt - in diesem Falle ›Unbeständigkeit‹ - kann durch weitgehend verschiedene musikalische Mittel zum Ausdruck gebracht werden, umgekehrt kann aber auch ein bestimmtes musikalisches Motiv - wie etwa hier die *Ciaccona* - zur Darstellung ganz unterschiedlicher Sachverhalte eingesetzt werden, gleichermaßen etwa wie für ›Unbeständigkeit‹ wie auch für ›Feuer‹ (vgl. *Egli è pur troppo vero*). Auf Grund der semantischen Polyvalenz oder sogar Unbestimmtheit musikalischer Phänomene läßt insofern eine einmal gewonnene Deutung noch längst keine Rückschlüsse auf eine mögliche Verallgemeinerung der Semantik einer konkreten Passage auch in anderen Zusammenhängen zu.

Trotz der für die Vertonung der vier Strophen von *No, no, ch'io non mi fido*[250] gewählten durchkomponierten Form tritt die strophische Anlage des Gedichtes durch die klare formale Unterscheidung von jeweils neuen Versen und Refrain deutlich hervor, da die vier einleitenden, variablen *settenari* im strophischen Wechsel jeweils von einem der Sänger solistisch vorgetragen werden, die beiden abschließenden *endecasillabi* des Refrains jedoch im Duett, wobei jeweils derjenige der beiden Sänger den Refrain zunächst solistisch vorstellt, der in der vorangegangenen Strophe pausiert hatte. Wie häufig in strophischen Variationsformen jener Zeit zu beobachten ist - und nicht nur in solchen über kürzeren Ostinati wie *Ciaccona* und *Passacaglia*, sondern auch bei strophischen Baßmodellen - sind die Strophen durch ein kurzes Zwischenspiel getrennt, das hier jedoch kaum als wirkliches Ritornell zu bezeichnen ist, da es nur die beiden Takte des *Ciaccona*-Modells umfaßt.[251]

Wiewohl Merula die strophische Anlage durch diese formale Disposition deutlich hervorhebt, sind dennoch die vier Strophen nicht - wie naheliegen würde - von gleichgewichtigem Umfang; dabei läßt die erste Strophe erkennen, daß Merula die beiden Teilabschnitte für die vier *settenari* und die beiden abschließenden *endecasillabi* des Refrains offenbar zunächst in ungefähr gleicher Länge konzipiert hatte. Doch bleibt selbst der Refrain in den vier Durchläufen überraschenderweise nicht unverändert, werden doch die verschiedenartigen Komponenten von dessen neun Takte umfassender Melodie (erstmals vollständig im *Canto* Takte 9-14) im Dialog der beiden Stimmen immer wieder neu zusammengefügt.

---

[249] Hermelink (1968), S. 327.

[250] Ediert bei Carlotti (1983), S. 27-38; eine Neuedition findet sich im Notenteil, S. 440-444.

[251] An einer Stelle, in den Takten 95-96, schweigen auch innerhalb einer Strophe einmal die Singstimmen für die Dauer eines Durchlaufs der Baßlinie.

	variable Verse	Refrain
Strophe 1 (Takte 1-21)	9 Takte (1-9)	12 Takte (9-21)
Strophe 2 (Takte 22-44)	12 Takte (22-34)	11 Takte (34-44)
Strophe 3 (Takte 45-59)	11 Takte (45-55)	5 Takte (55-59)
Strophe 4 (Takte 60-73)	7 Takte (60-66)	8 Takte (66-73)

Noch mehr gerät jedoch das auf den ersten Blick anscheinend so klare strophische Konzept mit deutlicher Trennung von variablen Versen und Refrain ins Wanken, wenn sich herausstellt, daß Strophen und Refrain weitgehend auf den gleichen Melodiefloskeln basieren. Dies wird spätestens zu Beginn der zweiten Strophe deutlich, wenn der *Canto* mit nur geringfügigen Abweichungen den Dezimengang abwärts, wie er den Refraineinsatz kennzeichnet, übernimmt. Nun zeigt sich auch, daß eine Reihe weiterer Passagen, insbesondere an den Strophenanfängen, sich unschwer als Varianten des absteigenden Sextgangs von »cangia donna pensier« entschlüsseln lassen, so bereits in der ersten Strophe die Takte 1-2 und 8-10 sowie auch 4-5 im Vokalbaß, wo bei Sprüngen in der *Ciaccona* in der Melodiestimme diatonisch fortgeschritten wird, dann in ähnlicher Weise zu Anfang der dritten Strophe (Takte 45-48 und noch einmal Takte 53-54), bei der Vertonung von »or sei lampo, or sei stella« (Takt 50) und schließlich auch den jeweils parallelen Einsätzen der Singstimmen bei »e foglie al vento« (Takte 18 und 41) als Auftakt zu den langen Melismen.

Da dieser absteigende Sextgang seinerseits weniger eine wirkliche Gegenstimme zum *Ciaccona*-Baß bildet als eine melodisch geglättete Parallelstimme, die entweder in Terzen (bzw. Dezimen) - bei den Refraineinsätzen - oder auch im *unisono* geführt wird, wird deutlich, daß die *Ciaccona* selbst nicht nur das Fundament, sondern über weite Strecken auch die motivische Keimzelle der Komposition bildet. Dies läßt sich noch an einer Reihe weiterer Passagen belegen - sei es bei vielen der Kadenzen in der Baßstimme, wo im Grunde nur der Basso continuo verdoppelt wird, wie etwa bei »ch'io non mi fido« (Takte 2-3 und 9-10) oder in den Duettpassagen des Refrains bei »cera al foco« und »foglie al vento« (beispielsweise erstmals in Takt 17-18 und 20-21), sei es an den Motiven für »di tue lusinghe« (Takt 3) und dem verwandten »del tuo parlar« (Takte 6-7), die bloße Umspielungen der parallelen Baßfigur darstellen.

Doch ist nicht nur ein derartiges Spielen mit den melodisch wie rhythmisch konstitutiven Elementen des *Ciaccona*-Modells für die Komposition konstitutiv, sondern ebenso ein zum Teil durchaus unbekümmertes Improvisieren über dem Modell. Hierzu zählen einmal eine Reihe neuer rhythmischer Gegenfiguren - zu nennen ist vor allem im Refrain die Aufeinanderfolge von Hemiolenbildung bei »ogni momento« (erstmals in Takt 11), der um eine Zählzeit verschobenen Synkope bei »neve al sol« (erstmals Takt 12) und der damit in Zusammenhang stehenden Häufung von drei Betonungen innerhalb eines Taktes bei »sol cera al foco« (erstmals Takt 12). Entscheidender für den improvisatorischen Charakter sind jedoch andere Faktoren – zunächst die wortausdeutenden, parallel geführten virtuosen Melismenketten auf »vento« in den Singstimmen (erstmals Takte 18-19) sowie auf den unbetonten Strophenabschlüssen im Baß (erstmals Takt 21), daneben insbesondere die Tatsache, daß die vokale Baßstimme häufig die Continuostimme unterschreitet, ohne jedoch eigentlich die Rolle der Fundamentstimme zu übernehmen - dies ist unproblematisch an Stellen, wo die Fundamenttöne nur oktaviert sind (etwa in den Takten 2 und 5), jedoch ergeben sich zuweilen irritierende, satztechnisch falsche Wendungen, wenn der Baß harmonisch gesehen die Rolle der Oberstimme übernimmt, aber faktisch unter der Continuostimme erklingt (so vor allem in der dritten Strophe in den Takten 44, 52 und 54). Ebenfalls aus einer improvisatorischen Haltung erwachsen vielerorts gleichsam zufällig entstehende Dissonanzen, nicht nur einfache Durchgänge (wie etwa in Takt 26), sondern auch nicht durch Textausdruck motivierte Vorhaltbildungen (etwa Takt 23) oder beiläufig ›falsche‹ Stimmführung, wie etwa in Takt 11 oder 16 (und im folgenden an den jeweiligen Parallelstellen), wo die Oberstimme in ihrer hemiolischen Wendung ›zu früh‹ den Schritt abwärts zum *f* gegangen ist, so daß bei gleichzeitigem Quartfall des Basses ein hier ebenfalls nicht unmittelbar expressiven Zwecken dienender Septimklang entsteht.

Harmonisch am ungewöhnlichsten sind jedoch fraglos jene Episoden in den Soloabschnitten der 2.-4. Strophe, wo Merula durch unerwartete Tiefalteration der III. und VII. Stufe in C-Dur (oder auch nur von einer der beiden Stufen) eine Wendung nach Moll herbeiführt, wobei in der Oberstimme die VI. Stufe fast durchgängig bewußt ausgeklammert und damit ambivalent bleibt, im Continuo aber konsequent nicht alteriert wird, auch wenn dadurch sehr herbe, verminderte Klangwirkungen entstehen (Takte 27-28, 65 und auch mit der erwähnten falschen Oktavlage im Baß gepaart in Takt 52). An solchen Stellen ›schwankt‹ der Satz sozusagen zwischen Dur und Moll, doch behält letztlich immer das harmonisch höchst stabile, durchlaufende Baßmodell die Oberhand - übrigens hat Merula in der Continuostimme überhaupt nur in Takt 52 auf die Tiefalteration hingewiesen, obwohl er dort ansonsten sogar die Einsätze der Vokalstimmen vermerkt hat! Diese auffälligen harmonischen Wendungen haben jedoch im Unterschied zu den beschriebenen, eher zufälligen Dissonanzbildungen in jedem Fall eindeutig expressive Funktion, so ist an der ersten Stelle in den Takten 27-28 von Seufzern und Klagen die Rede, bei dem anschließenden »che finti ogn'hor« findet sich zum Ausdruck der Falschheit in guter wortausdeutender Manier eine ganze Kette von zweimal Septim-, Quart- und schließlich vermindertem Quintvorhalt. In der zweiten Strophe erscheint die Alteration, als von der Vermischung von Süßem und von Gift (Takt 52), und in der letzten Strophe, als abschließend von der Ruchlosen ohne Glauben die Rede ist (Takte 63 und 65), wobei hier die beiden Stellen durch eine Passage in Dur getrennt sind.

Merula verbindet in *No, no, ch'io non mi fido* auf virtuose Weise das Schwanken des Baßmodells als allegorisch verstandener Grundidee mit den Zufälligkeiten und Ambivalenzen eines notierten, aber quasi improvisierenden Kontrapunkts sowie einer Reihe von wortausdeutenden Einzelpassagen zu einem Ganzen, das trotz der Wendungen nach Moll ähnlich wie in *La donna è mobil verga e leggier fronda* einen erstaunlich heiteren, ja fast beschwingten Charakter besitzt, der auch hier in merkwürdigem Gegensatz zur Aussage des Textes zu stehen scheint - vielleicht, aber dies dürfte sich in beiden Fällen kaum unmittelbar am Notentext nachweisen lassen, beabsichtigte Merula sogar, durch einen in diesen Stücken gewählten ›unangemessenen‹ Ton die in den Vorlagen anzutreffenden Argumente in ironisch gebrochener Weise umzudeuten.

Barbara Strozzis ›Instabilità di Filli‹

Während aus den Textvorlagen und deren Umsetzung in den beiden zuletzt besprochenen Stücken von Merula nicht zweifelsfrei zu entscheiden ist, inwieweit sie ernsthaft oder eher parodistisch gemeint sind, findet sich im zeitgenössischen Repertoire zumindest ein Stück,[252] das ganz unmißverständlich bereits im Text an eine Tradition innerhalb der burlesken Literatur anknüpft, worin Frauenschelte seit der Antike zum Repertoire komischer Figuren - insbesondere liebestoller alter Männer - gehörte. Die 1657 gedruckte, fraglos burleske Komposition von Barbara Strozzi[253] handelt von der *Instabilità* einer offenbar aus dem Arkadien

[252] Einige weitere Stücke im Repertoire thematisieren den Topos weiblicher Unbeständigkeit, so gleich zwei im *Terzo Libro delle Canzonette Madrigali, et Arie alla romana* (NV 2305) aus dem Jahre 1616 von Enrico Radesca, dem langjährigen »organista della metropolitana di Torino, et musico di camera dell'illustrissimo, et eccellentissimo sig. don Amadeo di Savoia«, wie der Titel präzisiert. *Occhi dolc'e soavi, / Ch'havete del mio afflitto cor le chiavi* handelt laut Überschrift von einem *Geloso amante per l'instabilità e bellezze della sua dama*, das zweite Duett - in spanischer Sprache - *Que sean las mugeres enconstantes* behandelt dagegen ganz generell *L'instabilità delle donne*; der erste der beiden Texte war bereits in dreistimmiger Form 1587 im *Quarto Libro delle Villanelle* von Luca Marenzio vertont worden (NV 1699). Die Herkunft dieses Textes aus der Villanellentradition könnte auch hier auf eine nicht wirklich ernsthafte Absicht deuten. Ein in drei Teilen durchkomponiertes strophisches Duett stammt aus Martino Pesentis *Ultime musicali e canore fatiche* von 1648 (NV 2199); darin werden diejenigen, die es immer noch nicht wissen, vor den Frauen gewarnt: »Donne son incostante / Io dico a chi nol sà« - auch hier ist ein wohl kaum wirklich ernsthafter Ton angeschlagen. Der Text der Tenorsolokantate *Non ti credo, non mi fido* des in der zweiten Jahrhunderthälfte am Wiener Hof wirkenden Giovanni Battista Pederzuoli scheint thematisch und sogar bis in die Wahl einzelner Metaphern hinein dem Text von Merulas *No, no, ch'io non mi fido* verwandt zu sein, etwa wenn es heißt, Frauen seien »neve al sole, al vento piuma«; doch bestehen musikalisch keine erkennbaren Parallelen zu Merulas Duett; vgl. das Faksimile in: Pederzuoli (1985), S. 175-188. Weibliche Unbeständigkeit wird noch lange zu den Topoi in Liebeslyrik und Opernlibrettistik gleichermaßen gehören, von dem bei Antonio Lotti vertonten Madrigal *Al cor di donna amante* mit der Überschrift *Incostanza feminile* aus dessen *Duetti, Terzetti, e Madrigali a più voci* von 1705 bis hin zur sprichwörtlich gewordenen Kavatine »La donna è mobile« des Herzogs von Mantua in Verdis *Rigoletto.*

[253] Aus den *Ariette a voce sola*, op. 6, Venedig 1657 (NV 2691) - hier wird auch die Überschrift *Instabilità di Filli* angeführt, die im Reprint des Stücks nicht angegeben ist, da sie vermutlich nur im Inhaltsverzeichnis steht; vgl. Strozzi (1986), S. 137-140. Eine Edition des Stückes findet sich im Notenteil, S. 493-495.

der hohen Poesie in das derbere Milieu der *poesia popolareggiante* entwichenen Bauern- oder Müllerstochter mit Namen Filli:

Filli mia che mi ferì,	Von Filli, die mich verwundet hat,
Io non sò, che pensier hà;	weiß ich nicht, was sie denkt,
Mai non seguita due dì	niemals ist sie zwei Tage lang gleich darin,
Ad amarmi, come fà.	mich zu lieben, wie sie es tut.
Un giorno è tutta mia,	Einen Tag ist sie ganz die Meine,
Ch'ancor mi donaria,	so daß sie mir schenkte
Se foss'in suo poter tutto il perù;	das ganze Peru, wenn es in ihrer Macht stünde,
Poi l'altro dì non mi conosce più.	am nächsten Tag kennt sie mich dann nicht mehr.
Ha nel cervello	In ihrem Kopf
Un mulinello,	hat sie 'ne kleine Mühle,
Che sempre gira:	die sich immer dreht,
S'ell'è pietosa un dì, l'altro s'adira.	erbarmt sie sich an einem Tag, so zürnt sie am nächsten.
Non mai ferma in un tenor,	Nie bleibt sie standhaft bei ihrer Meinung*
Suol mancar spesso di fé;,	häufiger pflegts ihr an Glauben zu mangeln,
E se un giorno è tutta amor	und wenn sie an einem Tag ganz Liebe ist,
Tutta sdegno poi l'altr'è.	so ist sie am nächsten ganz Verachtung.
Con strana bizzaria,	Mit merkwürdiger Seltsamkeit
Par che l'astrologia	scheint es, als ob die Astrologie
Ne goda essercitar la sua beltà,	sich daran freut, ihre Schönheit zu quälen,
Così per luna il suo cervel ne và.	so sehr geht ihr Sinn mit dem Mond.
È la mia bella,	Sie ist meine Schöne,
Per me una stella,	für mich wie ein Stern,
Mai sempre errante:	der immer umherschweift -
E s'è stabil un dì, l'altro è incostante.	ist sie einen Tag beständig, so am nächsten unbeständig.

*die Anspielung auf den *tenore* als *canto fermo* einer Komposition ist nicht unmittelbar wiederzugeben.

Daß auch eine der bedeutendsten Komponistinnen im Italien des 17. Jahrhunderts das Thema der weiblichen Unbeständigkeit zum Gegenstand einer Komposition gemacht hat, mag aus heutiger Sicht zunächst erstaunen, nicht nur, da es sich dabei um ein Argument im Arsenal der Frauenfeinde handelte, sondern mehr noch, da sie es aus der Perspektive einer männlichen Figur - des leidtragenden Schäfers - darstellt. Zwar ist die Frage bestimmter geschlechtsspezifischer Themenrepertoires in dieser Periode noch kaum untersucht, doch läßt sich bereits ohne eingehendere Prüfung feststellen, daß es hier zumindest keinerlei Ausschließlichkeit gegeben hat - im Werk Strozzis stehen Texte aus einer Männerperspektive neben solchen aus einer Frauenperspektive und sind wohl weder in der Art der Besetzung noch in der musikalischen Gestaltung grundsätzlich voneinander unterschieden, allerdings mag die Art der Darstellung eines bestimmten Themas Hinweise auf perspektivische Unterschiede enthalten. In diesem konkreten Fall lassen sich eine Reihe von Differenzen zu Merulas Textvorlagen festzustellen: Die dort anzutreffenden Sinnbilder für Unbeständigkeit - schwankendes Rohr, Blätter im Wind, Schnee in der Sonne und Wachs im Feuer - sind hier in der ersten Strophe ersetzt durch das Bild einer kleinen Mühle, die sich immerzu in Fillis Kopf dreht, und in der zweiten Strophe durch das des wandelbaren Mondes, der im Zu- und Abnehmen alle Stadien zwischen den Extremen durchschreitet und damit nie auf etwas Bestimmtes festzulegen ist - bei Ripa gehört der Mond zu den Attributen der *Incostanza*, und es heißt über ihn: »La Luna medesima è mutabilissima, per quanto ne giudicano gl'occhi nostri; però che si dice, che lo stolto si cangia come la Luna, che non sta mai un'hora nel medesimo modo«.[254]

Das namenlose Ich nimmt innerhalb des Gedichts weniger eine entrüstete, anklagende oder gar moralisierende Haltung ein, sondern ist selbst eine eher tragikomische Figur, über den die Sinneswandlungen Fillis wie Naturereignisse hereinbrechen, so daß er ihnen einigermaßen ratlos gegenübersteht. Anzeichen dafür, daß er daraus gar Schlüsse über das Wesen der Frauen insgesamt ziehen würde - wie der enttäuschte Liebhaber im Refrain von Merulas *No, no, ch'io non mi fido* - liefern die Zeilen des anonymen Dichters nicht, doch hätten diese aus dem Munde einer selbst eher komischen Figur ohnehin einen ganz anderen Klang.

Formal folgt Barbara Strozzi in ihrer Vertonung des Textes als Strophenlied der Gliederung der Strophe in drei Abschnitte, die zwar jeweils vier Verse umfassen, aber durch verschiedene Verslängen gekennzeichnet sind: Auf vier kreuzgereimte *ottonari tronchi* folgen im zweiten Abschnitt je zwei *settenari* und *endecasillabi* und im letzten dann drei *quinari* sowie abschließend ein weiterer *endecasillabo* - die Textvorlage bietet auf Grund ihrer wechselnden Verslängen mit *piano*- und *tronco*-Endungen bereits selbst ein formal uneinheitliches und wohl bewußt ›unbeständiges‹ Bild. Strozzi hat die ersten beiden Abschnitte (Takte 1-24 / 25-42) in einem 6/2-Takt gesetzt, der - insbesondere in der Singstimme, jedoch an den Versschlüssen der ersten vier Zeilen zumeist auch im Continuo - durch eine charakteristische rhythmische Figur mit stark betonter Minima auf betonter Taktzeit und einer anschließenden unbetonten Semibrevis gekennzeichnet und im Druck jeweils durch Schwärzung hervorgehoben ist.[255] Da häufig im Baß gleichzeitig umgekehrt die Abfolge betonte Semibrevis und Minima unterlegt ist, entsteht mit der Überlagerung von einem akzentverschobenen jambischen und

---

[254] Vgl. Ripa (1992), S. 185. Die hier angedeutete Verbindung mit der Eigenschaft der *Stoltitia* ist unter dem betreffenden Stichwort dann genauer ausgeführt: »Donna ignuda, e ridente, e gettata per terra in atto sconcio, in modo però, che non si mostrino le parti dishoneste, con una pecora vicino, perche il pazzo palesa i suoi difetti ad ogn'uno, & il savio cela, & perciò si dipinge ignuda, & senza vergogna ... Haverà in mano la Luna, perche ad essa stanno molti soggetti, & sentono facilmente le mutationi« - vgl. Ripa (1992), S. 425 - doch scheint mir in Strozzis Textvorlage hierauf nicht angespielt zu sein.

[255] Hierbei sind jedoch in diesem Fall mit Sicherheit keine Hemiolenbildungen gemeint. Auch Merula bediente sich der gleichen rhythmischen Idee mehrfach, nicht zuletzt in Solostücken aus dem *Curtio Precipitato* von 1638, etwa in *Quand'io volsi l'altra sera* oder in *Fiori, fiori, ò quanti fiori*, vgl. hierzu die Edition der ersten Strophe und eine Interpretation in Leopold (1995), Bd I, S. 112-14.

einem trochäischen Metrum ein rhythmisches Schwanken, das auf die Unbeständigkeit Fillis zu beziehen sein könnte. Komische Wirkungen erzielt Strozzi, wenn sie zu Beginn des zweiten Abschnitts eine ganze Serie dieser Figuren bei der vierfachen Wiederholung des Wortes »tutta« aneinanderreiht - dadurch läßt sie deutlich werden, daß Filli dem Ich vermutlich selbst an den Tagen nicht ganz gehört, wo der Liebhaber dies glaubt - oder auch, wenn in der Kadenz am Ende des ersten Abschnitts statt des Schlußtons unerwartet eine Pause eintritt. Den Höhepunkt der Komposition bildet jedoch zweifellos der fulminante dritte Abschnitt, worin der bisherige 6/2 Takt zu einem 6/8-Takt beschleunigt wird und bei den beiden Versen »Ha nel cervello / Un mulinello« zunächst im Zusammenhang mit einem taktweise abwärts sequenzierenden, plappernden *soggetto* mit halbtaktig versetzter Imitation in Oktavlage im Continuo verbunden ist. Beim dritten *quinario* »Che sempre gira« mündet es unmittelbar in das mehrfach abwechselnd auf zwei benachbarten Tonstufen wiederholte, sich damit gleichsam auf der Stelle drehende Melisma, das für die Drehbewegung der Mühle in Fillis Kopf steht und von einer langsameren, nach anderthalbmaligem Durchlauf abgebrochenen Drehbewegung in der Continuostimme begleitet wird (Takte 48-50). Den im Schlußvers ausgedrückten Gegensatz zwischen Erbarmen und Zorn und in der zweiten Strophe dann zwischen Beständigkeit und Unbeständigkeit zeichnet Strozzi nicht nur durch Wechsel der Taktart zwischen nur zwei Takte währenden, geradtaktigen Einschüben (Takte 51-52 und 57-58) und anschließender Rückkehr zu einem allerdings musikalisch anders als zuvor gestalteten 6/8-Takt nach, sondern auch durch extremen Wechsel der Affektgebärde - im geraden Takt durch absteigende Chromatik in der Continuostimme und jeweils parallel dazu zumindest partiell auch in der Singstimme;[256] bei der Rückkehr zum 6/8-Takt finden sich - zum Ausdruck des Zorns - dann in der Oberstimme unruhige Achtelketten mit zahlreichen Quartsprüngen und - in entsprechend verkürzten Notenwerten - die aus den beiden Anfangsteilen bekannte rhythmische Figur von betonter kurzer und unbetonter langer Note bei »s'adira« (Takte 56, 63, 65); diese Figur kehrt in dem an anderen Stellen (Takte 53, 59, 60-61) auch mehrfach hemiolisch geführten Baß in den Takten 61-62 wieder, wo sie offensichtlich auf jenes in den ersten beiden Teilen beschriebene rhythmische Schwanken anspielt, das hier jedoch durch die gleichzeitigen Tonrepetitionen in der Singstimme verschleiert wird.

Barbara Strozzi hat in *Filli mia che mi ferì* weitgehend andere musikalische Chiffren für die Idee der Unbeständigkeit verwendet als Merula, diese basieren insbesondere auf starken Kontrasten in Taktart, Tempo und Melodieführung zwischen ganz unterschiedlich gestalteten *soggetti* - hierin manifestiert sich nicht nur ein ohnehin burleskes Kennzeichen komischer Kompositionen, sondern es wird

[256] Die irritierende Vorzeichnung von Kreuz und anschließendem Auflösungszeichen in der Vorlage ist wohl kaum als enharmonische Notierung eines klingenden *f* in Form eines *eis* zu verstehen, sondern wie an der Parallelstelle in Takt 57 zunächst als ein Verweilen der Stimme auf dem nichtalterierten *e'* und anschließendem Halbtonschritt abwärts zum *es'*.

zugleich die Nähe dieser Art der Darstellung von *instabilità* zu der von *pazzia* oder Liebestorheit deutlich, wie sie in der zeitgenössischen Oper anzutreffen ist.[257] Zwar folgt Strozzi in der konkreten Gestaltung einzelner Partien häufig den in der Vorlage enthaltenen inhaltlichen Anregungen, doch ist auch hier der grundsätzliche Ansatz, Unbeständigkeit durch den Wechsel verschiedenster musikalischer Parameter darzustellen, bereits selbst allegorisch. Strozzis Grundidee ähnelt zudem jener Anleitung, die Giovanni Battista Doni in seinem *Trattato della musica scenica* im *Capitolo XXX. Delle Virtù, e Vizij, e simili Personaggi ideali* für eine musikalische Darstellung der allegorischen Figur der *Incostanza* gibt, die ähnlich wie die Hinterlist darzustellen sei: »la Fraude faremo che canti in diversi Tuoni, più acuti, e più gravi, e così l'Incostanza«.[258]

Die hier begonnene Untersuchung des Topos weiblicher Unbeständigkeit bei Merula und Strozzi sollte gerade vor dem Hintergrund von Donis Bemerkung eingebunden werden in eine weit allgemeinere Fragestellung, und zwar wie diese und vergleichbare allegorische Bedeutungen oder deren Personifizierungen insgesamt in der musikalischen Theorie der Zeit gesehen und zugleich in konkreten Kompositionen und Kontexten dargestellt wurden; davon wären nicht nur wichtige Auskünfte über das kompositorische Selbstverständnis der Epoche zu erwarten, sondern insbesondere auch zum Zusammenhang der Musik mit anderen Künsten.

---

[257] Vgl. hierzu Rosand (1991), S. 346-60; sowie Rosand (1992), S. 241-87.
[258] Doni (^{R}1974), S. 88.

Vom Singen zur Leier – Zur musikalischen Ikonographie der Figur des Dichtersängers

Während es bei den bisherigen Untersuchungen um die musikalische Darstellung eines bestimmten Typus von literarischen Metaphern, um musikalischen *concettismo* bei der Umsetzung pointiert scharfsinniger poetischer Vorlagen und um musikalische Allegorik im Zusammenhang mit einem konkreten außermusikalischen Thema ging, soll im folgenden Abschnitt ein weitaus komplexerer Sachverhalt untersucht werden: Es geht um die für die Musik an der Wende zum 17. Jahrhundert zentrale Idee solistischen Singens, die in der prototypischen Figur eines idealen Dichtersängers Gestalt angenommen hat. Diese Figur stand nicht nur für ein höchst komplexes musiktheoretisches wie auch ästhetisches Programm, dessen ikonographische Merkmale und ikonologische Implikationen im folgenden in wesentlichen Zügen rekonstruiert werden sollen. Ihr Auftreten in musikdramatischen Werken oder auch in der vokalen Kammermusik war zudem fast immer geknüpft an die musikalisch-programmatische Verwendung bestimmter Formmodelle, Stil- und Ausdrucksmittel, von denen einige – zu musikalischen Topoi im Zusammenhang mit der Darstellung von Dichtersängern und vergleichbaren mythologischen oder allegorischen Figuren geworden – immer wieder aufgegriffen und modifiziert wurden.

Ausgangs- und Zielpunkt der folgenden Überlegungen ist Merulas große Sollociaccona *Su la cetra amorosa*, die in Partitur im Continuo-Stimmbuch der *Madrigali et Altre Musiche Concertate* von 1633 unter der Überschrift *Aria à voce sola in Cecona* (sic) veröffentlicht wurde und wie das im Druck vorangestellte *Con nobil arte di secretezza*[259] dem Falsettisten Angelo Maria Lonati, einem der Sänger an *S. Maria Maggiore* in Bergamo,[260] gewidmet ist. Die Komposition stellt nicht nur die umfangreichste und musikalisch vielfältigste unter den Kompositionen Merulas über dem *Ciaccona*-Baßmodell dar, sondern ist zudem insofern von besonderem Interesse, als sie zu einer relativ kleinen Gruppe zeitgenös-

[259] Unklarheit besteht darüber, ob Merula einen Zusammenhang zwischen den beiden Stücken im Sinn gehabt haben könnte, obwohl dies weder auf der Ebene der Texte und deren ikonologischen Implikationen noch in musikalischer Hinsicht zu erkennen ist; doch folgt merkwürdigerweise im Druck nach *Su la cetra amorosa* mit *Folle chi spera con secretezza* ein drittes, mit *Risposta* überschriebenes Solostück, das nicht nur die Form der Textvorlage von *Con nobil arte di secretezza* übernimmt und inhaltlich die genaue Gegenposition dazu darstellt – während im ersten Fall die Verschwiegenheit eines Verliebten gelobt wird, wird diese in der *Risposta* ganz im Gegenteil als Torheit getadelt – sondern auch musikalisch klar darauf bezogen ist; so ist der dritte Abschnitt in allen Strophen der beiden Stücke identisch und zumindest im Baß sind die Abweichungen auch in den ersten beiden nur gering. Insofern könnte die Anordnung des Druckes suggerieren, daß die beiden Stücke als eine Art formaler Rahmen für *Su la cetra amorosa* gedacht sein mögen, eine Ansicht, die bereits Carlotti vertreten hat, wenn sie von diesen beiden Stücken explizit als einer »cornice musicale« für die *aria di ciaccona* spricht und insofern die drei Stücke als Teile eines zusammenhängenden Ganzen gezählt hat XXII/1-3; vgl. Carlotti (1983), Bd. I, S. 14 sowie S. 116-19.

[260] Vgl. Padoan (1972), S. 151.

sischer Kompositionen gehört, in denen mehr oder weniger direkt grundsätzliche musikalisch-poetologische Auffassungen der Zeit thematisiert werden. Wie in Sigismondo d'Indias *Cara mia cetra andianne* und Claudio Monteverdis *Tempro la cetra e per cantar gli honori* wird auch in Merulas Textvorlage programmatisch bereits im ersten Vers der Gesang eines Dichters zur *cetra* als zentrales Motiv benannt und bei allen Unterschieden zwischen den Texten wie auch den Kompositionen im einzelnen stimmen alle drei Werke in der sicherlich nicht zufällig gewählten Besetzung für einen Gesangssolisten mit Instrumentalbegleitung überein. Wie zu zeigen sein wird, liegt den genannten Stücken ein in vieler Hinsicht ähnliches, komplexes Programm zugrunde, zu dessen Verständnis die folgende Untersuchung beitragen soll.

Zum Verhältnis von Poesie und Musik

Bekanntlich spielte eine veränderte Sichtweise des Verhältnisses von Dichtung und Musik für die Wandlung des musikalischen Denkens an der Wende zum 17. Jahrhundert eine entscheidende Rolle. In Anlehnung an antike Vorstellungen gelangten Theoretiker im Zusammenhang mit einer neuartigen Wirkungsästhetik zu der Annahme, daß ein poetischer Text erst durch instrumentalbegleitete Rezitation zu seiner vollen Wirkung auf die Zuhörer gelange. Bestimmend war in diesem Zusammenhang das Idealbild des antiken Kitharoeden, jenes Dichtersängers, der den Vortrag seiner Gesänge selbst auf der Kithara begleitete.[261] Bereits Gioseffo Zarlino widmet in diesem Zusammenhang das 6. Kapitel im 2. Teil seiner *Istitutioni harmoniche* der Auflistung antiker Dichtersänger, wo er einleitend ausführt:

> »...il Musico non era separato dal Poeta, ne il Poeta dal Musico; percioche essendo li Poeti di quei tempi periti nella Musica, & li Musici nella Poesia ... l'uno & l'altro per una di queste due voci, Musico, o Poeta erano chiamati«.[262]

Vincenzo Galilei spricht in seinem *Dialogo della Musica Antica, & Moderna* davon, daß es auch in der Antike durchaus nicht häufig gewesen sei, »che l'istesso che cantava sonasse ancora la Lira, ò la Cithara«, und dementsprechend waren diese auch »molto reputati, & in pregio; & per honorargli erano detti Citharedi, à differenza di quelli che semplicemente senza cantare sonavano, i quali furono detti Citharisti«. Das Besondere habe darin gelegen, »che eglino havessero à

---

[261] Zur Frage der *Kitharodia* und ihrer Geschichte in der Antike, vgl. Ziegler, Konrat (sic), *Kitharodia*, in: KP, Bd. III, Spalte 223; sowie McKinnon, James W., *Kithara*, in: NG, Bd. 10, S. 88-89.
[262] Zarlino (^{R}1966), S. 80.

memoria il Poema, il quale il più delle volte per non dir sempre, era dagli istessi composto, imperoche il Musico allhora non era disgiunto dalla poesia, ne il Poeta era separato dalla Musica« - hierin scheint er sich direkt an Zarlinos Äußerungen anzulehnen. Die *aria* habe nach Galileis Überzeugung insofern auch nicht eigens komponiert werden müssen: »considerata prima molto bene la Poesia, ò Historia, ò Favola, ò altro ch'ella si fusse; in qual Tuono, & modo, qual'aria piu si conveniva, la cantavano poi alla Cithara (per così dire) all'improviso, & di fantasia«.[263] Die Einheit von Dichter, Sänger und Instrumentalist in einer Person machte nach Galileis Auffassung den Umweg über einen niedergeschriebenen Notentext weitgehend überflüssig und ermöglichte eine direkte, von improvisatorischen Zügen gekennzeichnete Aufführung, die deshalb von ganz unmittelbarer Wirkung auf die Zuhörer habe sein können.

Girolamo Mei, der vermutlich beste Kenner griechischer Musiküberlieferung im 16. Jahrhundert, führte die Möglichkeit solcher emotionaler Wirkungen vor allem darauf zurück, »that Greek music, choral as well as solo, was always monodic«.[264] Dabei sei ursprünglich die Instrumentalbegleitung in Melodieführung, Tempo und Rhythmus nicht von der Singstimme unterschieden gewesen,[265] wobei üblicherweise »il canto fusse il principale et il suono quasi suo servitore«, eine Auffassung, wie sie auch einem anzustrebenden Verhältnis von Vernunft und Sinnlichkeit entspreche, repräsentierte doch für Mei das Singen eines Gedichtes die *ragione*, deren Begleitung durch instrumentale Mittel dagegen den *senso*.[266] Doch sei diese ursprüngliche Einheit von gesungener Poesie und Instrumentalbegleitung bereits in der Antike verlorengegangen, da es auf Grund einer »mutazione di costume« gleichsam zu einer Umkehrung des ursprünglichen Verhältnisses von Dichtung und Musik gekommen sei:

> »dove prima si cantava et sonava unitamente et sempre con il medesimo numero le medesime corde, cominciò il canto insieme nonpju quasi à rispondersi προσχορδα, cioè con le corde medesime: ma συμφωνως cioè con le consonanze, e non col medesimo numero e misura, ma con diminuzioni e passaggi et altre tali diversità, cose tutte imaginate e pensate da proprii artefici per propria ambizione studiandosi tutti à gara di compjacere sommamente à le orecchie, senza più tenere pju altro conto del intelletto«.[267]

---

[263] Alle Zitate bei Galilei (^{R}1967), S. 99.

[264] Mei (^{2}1977), S. 45; vgl. insbesondere Brief Nr. 1, S. 90 und den programmatischen Beginn des *Discorso sopra la musica antica e moderna*, wo es heißt: » Il cantare de gl'Antichi era in ogni Canzone una sola Aria, come noi sentiamo hoggi in chiesa il salmeggiare nel dire l'ufizio divine ...«, Mei (1602), erste Seite des nicht paginierten Drucks.

[265] »Conciòsiache essendo una sola voce, necessariamente non poteva cantare se non una aria sola. Quanto poi se l'aria de la voce era la medesima con l'aria de lo strumento che l'accompagnava: e se le corde de l'aria che si cantavan da la voce eran le medesime che quelle dello strumento, tanto circa l'acutezza e gravità, quanto circa la prestezza e lentezza del numero ò ritmo«; Mei an Vincenzo Galilei, 8.5.1572; siehe Mei (1977), S. 90.

[266] Mei (^{2}1977), S. 113.

[267] Mei (^{2}1977), S. 113-14.

Insofern habe bereits Platon im siebten Buch der *Nomoi* vorgeschrieben,

> »che a suoi giovani non si insegni à patto alcuno maniera alcuna di musica ne la quale sia diversità alcuna ò varietà, ò di corde, ò di numero tra il suon de la lira et il canto che habbja composto il poeta, che tanto vale quanto lo artefice et il musico stesso che n'habbja composto l'aria; conciosiache anticamente i medesimi solevano esser musici e poeti«.[268]

Doch sei es statt einer solchermaßen erstrebenswerten Einheit von Dichter und Sänger im Laufe der Geschichte zu einer immer weitergehenden Auseinanderentwicklung von Gesang und Begleitung gekommen, nicht zuletzt durch die Einführung von »strumenti di tante corde, come organi, spinette gravicembali liuti, et in somma tutti quelli che per mezzo de molti tasti ò assai corde hanno gran numero di voci«.[269] Es ist durchaus irritierend, daß Mei hier gerade jene Instrumente für den Niedergang der ursprünglichen Einheit von Dichtung und Musik mitverantwortlich macht, die nur wenig später bei der instrumentalen Begleitung solistischen Singens eine so zentrale Rolle spielen sollten.

Auch wenn Meis Auffassung von der ursprünglich generellen Einstimmigkeit der griechischen Musik von der Mehrzahl seiner Zeitgenossen nicht zum erstrebenswerten Leitbild erhoben wurde - nicht einmal Giovanni Bardi stimmte an diesem Punkt mit ihm überein[270] - so war doch die für die Antike angenommene besonders enge Verbindung von Dichtung und musikalischem Vortrag während der zweiten Hälfte des 16. Jahrhunderts generell von vorbildhafter Bedeutung.

Poetische Gattungen und musikalischer Vortrag

Offenbar sahen zahlreiche Theoretiker weite Bereiche von Dichtung als prinzipiell für eine musikalische Ausführung geeignet an, auch wenn die Meinungen nicht nur darüber differierten, ob alle Gattungen ursprünglich dafür konzipiert gewesen seien, sondern auch über die jeweilige Art der Ausführung.

So rechnete etwa Giovanni Antonio Viperano in *De Poetica libri tres*, Antwerpen 1579, die »Epopeia« zu jenen »genera«, die »nullum motum & cantum habent«,[271] und auch Torquato Tasso, der epische Dichtung als *poema heroico* definierte, sah eben darin ein grundsätzliches Unterscheidungskriterium zwischen den erzählenden Gattungen *romanzo* und *epopeia* und den darstellenden Gattungen Tragödie und Komödie, denn von den beiden erstgenannten benutze »l'uno e l'altro ... il verso nudo, non servendosi mai né del ritmo né della armonia, che

---

[268] Mei (^{2}1977), S. 114.
[269] Mei (^{2}1977), S. 114.
[270] Palisca (1989a), S. 84.
[271] Zitiert nach Buck (1972), S. 197.

sono del tragico e del comico«.[272] Zarlino erwähnte hingegen, daß bereits Homer, Vergil und Ovid an hervorgehobener Stelle in ihren epischen Dichtungen vom »Cantare« - vom Singen des Dichters gesprochen hatten,[273] und ähnlich wie Dante in seiner *Divina Commedia* hatten später Ariost im *Orlando furioso* und Tasso in *La Gerusalemme liberata* ihre Dichtungen in *Canti* angelegt; ganz wie die antiken Dichter sprechen übrigens auch Tasso und Ariost jeweils in der Anfangsstrophe ihrer Werke unmißverständlich vom ›Singen‹ des in der Ich-Form erzählenden Poeten.[274] Möglicherweise steht dies in Zusammenhang mit der von Mei vertretenen Ansicht, die epische Dichtung sei als poetische Gattung zwar nicht auf eine musikalische Aufführung hin angelegt, doch »manchmal sowohl vom Dichter selbst als auch von späteren Musikern einer Singweise mit Lyrabegleitung angepaßt und so zum Rezitieren eingerichtet«[275] worden. Denkbar ist, daß Mei hier Bezug nimmt auf die sogenannten Rhapsoden, berufsmäßige, fahrende Sänger der griechischen Antike, die ähnlich wie die Kitharoeden ihren eigenen Gesang begleiteten, jedoch vor allem auf den aus »der Kenntnis von Sagenkomplexen und der Beherrschung der typ. Formelemente«[276] basierenden, improvisierenden Vortrag der homerischen und anderer Epen spezialisiert waren.

Im Unterschied zur Epik wurde im 16. Jahrhundert bezüglich der dramatischen Dichtungsformen der Antike - Tragödie, Komödie und Satyrspiel - durchweg davon ausgegangen, daß musikalische Elemente etwa in den Chorgesängen zu deren festen Bestandteilen gehört hätten. Mit seiner Auffassung, insbesondere die Tragödie sei durchweg gesungen worden und auch von vornherein im Hinblick darauf konzipiert gewesen,[277] entsprach Mei zwar ebensowenig allgemeiner Überzeugung wie in seinen bereits dargelegten Ideen zur Einstimmigkeit,[278] doch bildete sein Ansatz immerhin in Florentiner Akademikerkreisen einen der Ausgangspunkte für jene Experimente mit dramatischem Sologesang, die seit Anfang der neunziger Jahre des 16. Jahrhunderts in die z.T. heute verlorenen musikdramatischen Werken von Cavalieri, Corsi, Peri und Caccini mündeten und bekanntlich eine der Wurzeln für die Entstehung der Oper darstellten; und dies, obwohl die frühe Pastoraloper in ihren Sujets und ihrer Dramaturgie nicht an den dramatischen Gattungen der Antike orientiert war.

---

[272] Torquato Tasso, *Discorsi dell'arte poetica*, in: Tasso (1977), S. 31.

[273] Zarlino (R1966), S. 81.

[274] So heißt es in Ariosts *Orlando Furioso* gleich zu Beginn der ersten Stanze des *Canto Primo*: »Le donne, i cavallier, l'arme, gli amori / Le cortesie, l'audaci imprese io canto ...«; und bei Tasso an der parallelen Stelle zu Beginn von *La Gerusalemme Liberata*: »Canto l'arme pietose e'l capitano / Che'l gran sepolchro liberò di Cristo«.

[275] Palisca (1989), S. 295.

[276] Hans von Geisau, *Rhapsoden*, KP, Spalten 1390-91; vgl. auch die Einträge *Aiodos* sowie *Rhapsode* und *Rhapsody*, NG, Bd. 1, S. 498 sowie Bd. 15, S. 786.

[277] Palisca (1989), S. 296-97.

[278] Zwar war kaum strittig, daß es gesungene Abschnitte in dramatischen Dichtungen gegeben habe, jedoch wird eine durchgängig musikalische Ausführung eher selten angenommen, nicht einmal Giovanni Bardi scheint dieser Auffassung gewesen zu sein, vgl. hierzu die Edition des Bardi zugeschriebenen *Discorso come si debba recitar Tragedia* in: Palisca (1989), S. 144-45.

Im Unterschied zu den Auffassungen über Epos und Drama scheint unter den Autoren des 16. Jahrhunderts jedoch weitgehend unstrittig gewesen zu sein, daß die unterschiedlichen Arten dessen, was im Deutschen als Lyrik bezeichnet wird, genuin dem Bereich der gesungenen Poesie zuzurechnen seien. So spricht etwa Antonio Sebastiano Minturno in seiner erstmals 1564 in Venedig erschienenen *Arte poetica* dezidiert von einer »Melica poesia«[279] und erläutert, der Name sei abgeleitet von »Melos«, was nichts anderes als »canto« bedeute.[280] Minturno verweist in diesem Zusammenhang auf eine Vielfalt von Formen gesungener Dichtungsgattungen in der griechischen Antike, von denen ursprünglich »ciascuna havea il suo proprio stromento«,[281] doch stimmt er mit Platon darin überein, daß »tra' musici istromenti, che molti sono e diversi, niuno esser più antico della lyra«, deren Erfindung unmittelbar auf Apollo selbst als den »prencipe de la poesia« zurückgehe, damit dieser »al suono di lei il melico poema cantasse«.[282] Zu dieser ursprünglichen Art gesungener Dichtung gehörten nach Minturnos Auffassung zunächst gleichermaßen die sakralen Hymnen zum Lob der Götter wie auch das Lob der Helden in den heroischen Gesängen, denen gleichermaßen die Benennung Lyrik als zur Leier gesungene Dichtungen zustehe. So faßt er die entsprechenden Dichtungen sogar explizit nach der Art des verwendeten Instruments zusammen - »s'alla lyra si canta, Lyrico si chiama«.[283] Für andere Bereiche der Dichtung seien dagegen andere Instrumente geeignet, so sei etwa dem Dithyrambus die *piva* zugeordnet, denn diese »turba forte l'animo«, ähnlich wie der gleichfalls hier zu verwendende phrygische Modus.[284] Doch stellen diese und andere Zuordnungen von Instrumenten zu einzelnen Arten von Dichtung - die häufig auch mit Fragen des Stils in Zusammenhang zu sehen sind - die zentrale Rolle der *lira* bzw. *cetra* im Zusammenhang mit gesungener Poesie nicht in Frage. Dies hat etwa dazu geführt, daß der Instrumentenname *lira* selbst im heutigen Italienisch in übertragener Bedeutung ganz allgemein als *poesia lirica*, als Dichtkunst bzw. Dichtung verstanden wird und zuweilen sogar den Dichter selbst meint; in ähnlicher Weise wird auch der Instrumentenname *cetra* verwandt für *ispirazione poetica* bzw. *poesia*.[285] So mag es nicht verwundern, daß beispielsweise Giovan Battista Marino die drei Teile seiner umfangreichen Gedichtsammlung programmatisch *La Lira*[286] nennt,

[279] Antonio Sebastiano Minturno, (*Vom Ursprung und Wesen der Lyrik*), in: Buck (1972), S. 189ff.
[280] Zitiert nach Buck (1972), S. 191.
[281] Zitiert nach Buck (1972), S. 191.
[282] Zitiert nach Buck (1972), S. 190.
[283] Zitiert nach Buck (1972), S. 191.
[284] Buck (1972), S. 191-92; es wird allerdings nicht deutlich, was Minturno an dieser Stelle genau unter »piva« versteht, ob einen Dudelsack, eine Schalmei oder auch eine Flötenart.
[285] DIT, S. 239 und 773/74.
[286] Zu Beginn der *Madrigali* in Marinos *La Lira* finden sich programmatisch einige Stücke, die von Gesang handeln: *O tronchi inamorati* (Madrigale I - Cantatrice crudele), *Fuggite incauti amanti* (Madrigale II - Canto insidioso), *Le note ove son chiuse i miei tormenti* (Madrigale III - Cantatrice de' versi dell'autore) sowie *Strana armonia d'amore* (Madrigale IIII - Musica assomigliata allo stato dell'amante); vgl. auch die Liste der Vertonungen in: Simon / Gidrol (1973), S. 162, 164, 167, 173.

und ähnlich Francesco Rasi, einer der bedeutendsten Sänger der Epoche, seine 1619 in Venedig gedruckte siebenbändige Sammlung weltlicher und geistlicher Dichtungen mit dem Titel *La cetra di sette corde* versah.[287]

Instrumente als Allegorien für Dichtung, Musik und die poetischen Gattungen

Der postulierte, unauflösliche Zusammenhang von Dichtung und Musik findet vor allem in den sinnbildlichen Darstellungen von Poesie und Musik innerhalb der ikonologischen und emblematischen Literatur ihren Niederschlag. So werden die Personifikationen der *Poesia*, der *Musica* und auch der *Harmonia* häufig in signifikant ähnlicher Weise mit Musikinstrumenten als Attributen dargestellt. Ripa gibt für die *Poesia* in seiner *Iconologia* u.a. die folgende Beschreibung: »*Poesia* - Donna vestita del color del cielo, nella sinistra mano tenga una Lira, & con la destra il Plettro, sarà coronato d'Alloro, & à piedi vi sarà un Cigno ...«.[288] Parallel dazu findet sich auch unter den fünf Einträgen zu möglichen Allegorien der *Musica* eine ganz ähnliche Beschreibung: »*Musica* - Donna, che con ambedue le mani tiene la lira di Apolline, & a' piedi hà varij stromenti musicali«.[289] Die Allegorien von Musik und Poesie sind durch das beiden Künsten zugeordnete, zentrale Attribut der *lira* miteinander verknüpft, und doch zugleich auch auf signifikante Weise voneinander unterschieden, vor allem durch das Attribut des Lorbeerkranzes, das bei Ripa in keiner der angegebenen ikonologischen Darstellungen für die *Musica* vorgesehen ist. Demgegenüber sind jedoch die allegorischen Gestalten von *Honore*,[290] *Merito*[291] und *Furor poetico*[292] jeweils mit dem

---

[287] William V. Porter, *Rasi, Francesco*, NG, Bd. 15, S. 593.

[288] Ripa (1992), S. 358.

[289] Ripa (1992), S. 308; an gleicher Stelle stellt noch eine weitere Beschreibung die *Musica* dar als eine »Donna, che suoni la cetra ... In capo habbia un rusignuolo uccello notissimo, à piedi un gran vaso di vino, & una Lira col suo arco«; sie ist also sowohl mit ›cetra‹ als auch mit ›lira‹ dargestellt, worunter wegen des Bogens in diesem Fall vermutlich ein Lirone zu verstehen ist.

[290] »*Honore* - Giovane bello, vestito di Porpora, & coronato d'Alloro, con un'hasta nella mano destra, & nella sinistra con un Cornucopia pieno di frutti, fiori e fronde. Honore è nome di possessione libera, e volontaria degl'animi virtuosi, atribuita all'huomo per premio d'essa virtù ...«; Ripa (1992), S. 173.

[291] »*Merito* - Huomo sopra d'un luogo erto, & aspero; il vestimento sarà sontuoso, & ricco, & il capo ornato d'una ghirlanda d'alloro, terrà con la destra mano & braccio armato un scettro, & con la man sinistra nuda un libro«, Ripa (1992), S. 272-73.

[292] »*Furor poetico* - Giovane vivace & rubicondo, con l'ali alla testa, coronato di lauro, & cinto d'hedera, stando in atto di scrivere, ma con la faccia rivolta verso il Cielo. L'ali significano la prestezza, & la velocità dell'intelletto Poetico, portando la fama de gl'huomini che poi si mantiene verde e bella, come la fronde del lauro & dell'hedera si mantengono. Si fa vivace, & rubicondo, perché è il furor poetico una sovrabbondanza di vivacità di spiriti, che arricchisce l'anima de numeri, & de' concetti meravigliosi... doni particolari & singolar gratia del Cielo, & Platone disse che si

Lorbeerkranz ausgestattet, Anzeichen dafür, daß Ehre, Verdienst und poetische Begeisterung zumindest bei Ripa eher mit Dichtung als mit Musik in Verbindung gebracht wurden. Daß jedoch auch diese für Dichtung anscheinend spezifischen Attribute in gleicher Weise für Darstellungen der *Musica* Verwendung finden konnten, dafür ist der Entwurf eines Kostüms von Giuseppe Arcimboldo für einen Festzug am Wiener Kaiserhof aus dem Jahre 1571 ein Beleg, wo die Musik als Dichtersänger mit Lorbeerkranz, *Lira da braccio* und Bogen dargestellt ist.[293]

Es ist naheliegend, daß die Attribute der *Poesia* weitgehend unverändert auch bei Darstellungen von Dichtern übernommen wurden; so heißt es im Hinblick auf die Bühnengestalt des Ovid im Vorwort zu Marco da Gaglianos *La Dafne*: »L'abito sia qual conviensi à Poeta con la corona d'Alloro in testa, la lira al fianco, e l'arco nella mano«.[294] Wie Illustrationen für diese Beschreibung wirken Dichterdarstellungen, wie sie sich auf den Titelblättern poetischer und musikalischer Drucke der Zeit erhalten haben. Ein solcher *Poeta laureato* findet sich ebenso auf dem Frontispiz der venezianischen Ausgabe des zweiten Teils von Marinos *La Lira* von 1615[295] wie auf dem Mailänder Druck von Sigismondo d'Indias *Le musiche ... da cantar solo nel Clavicordo Chitarrone Arpa doppia et altri istromenti simili* von 1609.[296] In beiden Fällen ist die Dichterfigur auf der rechten Bildseite in antikisierender Rüstung mit Lorbeerkranz und einer *Lira* bzw. *Viola da braccio* sowie dem dazugehörigen Bogen dargestellt. Daß auch Musiker in vergleichbarer Weise dargestellt werden konnten, dafür ist ein Porträt des römischen Kastraten Marc' Antonio Pasqualini Indiz, das etwa 1636 im Auftrag eines der Barberini-Kardinäle von Andrea Sacchi gemalt wurde: Pasqualini wird hier von Apollo, der in der Linken eine Leier hält, mit einem Lorbeerkranz gekrönt, während der Sänger selbst auf einer Art Fantasieinstrument spielt, das einem Clavicytherium ohne Resonanzkörper gleicht.[297] Parallel zu dieser Darstellung könnte die lorbeerbekränzte Figur auf Marinos Frontispiz auf den Dichter der folgenden Verse und ebenso diejenige auf d'Indias Druck auf den Komponisten oder Sänger der folgenden Stücke zu beziehen sein.

---

muove la mente dei Poeti per divin furore, con quale formano molte volte nell'idea imagini di cose sopranaturali. Per lo scriver si mostra ancora che questo furore si genera col molto essercitio, & che la natura non basta se non viene dall'arte aiutata, però disse Horatio, *Cur ego si necqueo, ignoroque poeta salutor*«, Ripa (1992), S. 154-55.

293 Arcimboldo (1983), S. 20 und 75.

294 Die Stelle findet sich auf der zweiten Seite des nicht paginierten Vorworts zum Partiturdruck von Marco da Gaglianos *La Dafne*, vgl. Gagliano (^{R}1970).

295 Ein Exemplar des Drucks befindet sich unter der Signatur WE 362 in der Herzog-August-Bibliothek in Wolfenbüttel.

296 Das Frontispiz ist abgedruckt in D'India (1989), Bd. I, S. XXXV.

297 Abbildung bei Staiti (1990), S. 84-85, wo das Instrument ohne näheren Hinweis als *arpicordo* identifiziert ist, doch scheinen über ein solches Instrument keine Vergleichsquellen bekannt zu sein; vgl. Neven (1970) und Van der Meer (1977); es handelt sich bei dem abgebildeten Instrument auch nicht um die von Giovanni Battista Doni entwickelte sogenannte Lyra Barberina, vgl. hierzu die entsprechende Abbildung bei Claude V. Palisca, *Doni, Giovanni Battista*, NG, Bd. 5, S. 551.

Auf beiden Frontispizien ist der Figur des Dichtersängers jeweils auf der linken Bildseite eine geflügelte Gestalt in weitem Gewand gegenübergestellt, die eine Trompete bläst und in d'Indias Druck sogar noch eine weitere in der gesenkten rechten Hand hält. Diese zweite Figur ist auf Grund der bei Ripa angegebenen ikonographischen Merkmale als *Fama*[298] zu identifizieren, die einerseits mit der personifizierten *Immortalità*[299] die Flügel gemeinsam hat, mit *Lode* hingegen die Trompete.[300] Zwar wird die Trompete auch mit der *Iattanza*, der Prahlerei oder Großsprecherei, in Verbindung gebracht,[301] doch hat das Instrument in den anderen hier genannten ikonographischen Darstellungen eine durchweg positive Bedeutung, wie Ripa sie im Zusammenhang mit der Personifikation des Lobes eindeutig bestimmt: »La tromba dalla quale ne esce grandissimo splendore significa la fama, & la chiarezza del nome di quelli, i quali sono veramente degni di lode«.[302]

Eine zweite, bisher noch nicht in die Darstellung einbezogene Beschreibung der *Poesia* in Ripas *Iconologia* macht deutlich, daß die *lira* nicht nur als allgemeines Sinnbild für Dichtung und Musik Verwendung finden konnte, sondern nun im Unterschied zu anderen Instrumenten - hier begegnet ein weiteres Mal die *tromba* - auch in genauer spezifizierter Bedeutung, wenn es um die Darstellung einzelner poetischer Gattungen ging:

> »*Poesia* - Giovane bella, vestita d'azzurro celeste, sopra il qual vestimento vi saranno molte stelle, sarà coronata di alloro, mostri le mamelle ignude piene di latte, col viso infiammato, & pensoso, con tre fanciulli alati, che volandole intorno, uno le porga la lira, & il Plettro, l'altro la Fistola, & il terzo la trom-

---

298 »*Fama* - Donna vestita d'un velo sottile succinto à traverso, raccolto a meza gamba che mostri di correre leggiermente, haverà due grand'ali, sarà tutta pennata, & per tutto vi saranno tant'occhi, quante penne, & tra questi vi saranno molte bocche & orecchie, nella destra mano terrà una tromba, così la descrive Virgilio«; Ripa (1992), S. 124.

299 »*Immortalità* - Donna con l'ali alle spalle, & nella man destra un cerchio d'oro. / L'ali significano la sollevatione da terra, la quale non sostiene se non cose mortali. Il cerchio dell'oro rappresenta l'immortalità, per essere tra tutti i metalli il men corrottibile, & per haver la forma circolare, la quale non ha termine dove finisca«, Ripa (1992), S. 182.

300 »*Lode* - Una bellissima donna, con habito vagho e leggiadro di color bianco, & che mezzo al petto porti un bellissimo gioiello, dentro del quale vi sia una gioia della Iaspide dicendo Plinio nel lib. 37 che è gioia lucidissima, & di color verde Haverà in capo una ghirlanda di rose, terrà con la destra mano una tromba in atto di sonarla, & da essa ne eschi non grandissimo splendore, tenendo il braccio sinistro steso, & con l'Indice dito accenni di mostrare qualque persona particolare. Bella si dipinge, percioche non vi è cosa che più sommamente diletta, & piaccia della lode, & più amano le nostre orecchie la melodia delle parole che ci laudano, che qualunque altro armonioso canto. Si veste di color bianco, perché la vera lode deve esser pura, & sincera, & non come l'adulatione, che è nimica al vero & artificiosa ingannatrice. Il gioiello con il Iaspide, secondo che scrivono i naturali, si pone con la gratia, & dicono che questa gemma, per la virtù occulta che in essa si ritrova, che chi la porta acquisti la gratia altrui. La ghirlanda di rose perche sono odorifere & belle, & la lode humana come rosa per la sua vaghezza acquista la gratia altrui ...«; Ripa (1992), S. 518.

301 »*Iattanza* - Donna di superba apparenza, vestita di penne di pavone, nella sinistra mano tenga una tromba, & la destra sarà alzata in aria«; Ripa (1992), S. 178-79.

302 Ripa (1992), S. 518.

ba, & non volendo rappresentare i tre fanciulli per non ingombrare troppo il luogo, i detti istromenti si poseranno appresso di essa. / Le mammelle piene di latte, mostranno la fecondità de' concetti, & dell'inventioni. È pensosa, & infiammata nell'aspetto, perchè il poeta hà sempre l'anima piena di velocissimi moti somiglianti al furore. I tre fanciulli, sono le tre maniere principali di poetare, cioè Pastorale, Lirico, & Heroico«.[303]

Obwohl die entsprechende Abbildung nur einen Lirone oder eine Viola da Gamba mit dem dazugehörigen Bogen sowie eine Trompete zeigt, ist deutlich, daß trotz der nicht konsequenten Reihenfolge in der zitierten Passage die *lira* der lyrischen, die *fistola* der pastoralen und die *tromba* der heroischen Dichtung als Attribute zugeordnet sein müssen. Diese Klassifizierung findet eine Bestätigung in drei ebenfalls bei Ripa gegebenen Beschreibungen,[304] worin dem *poema heroico* Lorbeerkranz und Trompete, dem *poema lirico* die *lira* und der Bogen, und schließlich dem *poema pastorale* die Flöte[305] zugeordnet wird. Bereits Guidobaldi[306] hat darauf hingewiesen, daß die drei Instrumentensymbole in gleicher Bedeutung noch einmal unter jenen Gütern abgebildet sind, die Fortuna über den Menschen ausschüttet[307] - hier handelt es sich im Unterschied zu der gewöhnlich bei Ripa dargestellten *lira da gamba* um eine antikisierende Leier, des weiteren um eine Trompete und eine Panflöte, die Ripa an anderer Stelle als »fistola istromento di sette canne« bezeichnet.[308] Ähnlich wie bei Ripa als bildliche Symbole werden die Instrumente auch in der Dichtung der Zeit - etwa bei Giovan Battista Marino[309] - häufig als Metonymien für die entsprechenden Dichtungs-

---

303 Ripa (1992), S. 357.

304 Die drei Beschreibungen fehlen in der ansonsten in dieser Arbeit verwendeten Ausgabe Ripa (1992), die Angaben beziehen sich in diesem Fall auf den Ripa Index; vgl. Okayama (1992), S. 221.

305 Auf Grund des Fehlens des italienischen Originaltextes konnte ich nicht klären, ob Ripa hier erneut die *fistula* und damit die Panflöte oder eine Schalmei meinte, oder auch einen anderen Flötentypus. Die Flöte steht an anderer Stelle bei Ripa als Sinnbild für Schmeichelei: »*Adulatione* - Una donna vestita d'habito artificioso, & vago, che soni la tibia, overo il flauto, con un cervo, che li stia dormendo vicino à piedi: così la depinge Oro Apolline, e Pierio Valeriano nel 7. lib. de i suoi Ieroglifici, e scrivon alcuni, che il cervo di sua natura allettato dal suono del flauto, quasi si dimenticha di se stesso, e si lascia pigliare. In conformatione di ciò è la presente immagine, nella quale si dichiara la dolcezza delle parole con la melodia del suono, e la natura di chi volentieri si sente adulare con l'infelice naturale instinto del cervo, il quale mostra ancora, che è timido, e d'animo debole. chi volentieri porge gli orecchi à gl'adulatori. ...«; Ripa (1992), S. 7-8.

306 Guidobaldi (1990), S. 53-55.

307 Ripa (1992), S. 145-46.

308 Ripa (1992), S. 293; hier in der irrigen Schreibweise ›sistola‹; vgl. auch Guidobaldi (1990), S. 52-53.

309 Zu diesem Ergebnis ist Santa Maria Assunta Ferragina in ihrer Arbeit über *Gli strumenti musicali nell'opera di Giovan Battista Marino* gekommen: »Musical and organological allusions - references, among others, to instruments, accessoires, dances - in the work of the poet Giovan Battista Marino include examples of the evocation of classical antiquity and manifestations of the social life of his own time. He uses different synonyms and metonyms to refer to a single object: for instance, piffero (fife) or bosso (boxwood) for cennamella; cornetta or avorio torto (twisted ivory) for corno.

gattungen und die mit ihnen verbundenen Stilhöhenvorstellungen verwendet – dies wird im Zusammenhang mit den Kompositionen Monteverdis und Merulas sowie deren Gedichtvorlagen noch zu untersuchen sein.

Zur Gleichsetzung und Unterscheidung von ›cetra‹ und ›lira‹

Bei Ripa sind *lyra* und *cethera* bzw. *cetra* in ihren allegorischen Funktionen offenbar weitgehend ähnlich verwendet, wie eine weitere Beschreibung der *Musica* deutlich macht, handelt es sich doch hier um eine »Donna, che suoni la cetra, la quale habbia una corda rotta, & in luogo della corda vi sia una cicala. In capo habbia un rusignuolo uccello notissimo, à piedi un gran vaso di vino, & una Lira col suo arco«,[310] doch fehlt leider eine entsprechende Abbildung, so daß die Frage, auf welche Weise die *cetra* im Unterschied zur *lira* als einem Streichinstrument hier vorzustellen sei, nicht beantwortet werden kann. Zahlreiche andere Quellen lassen jedoch darauf schließen, daß beide Instrumentennamen häufig fast unterschiedslos verwendet wurden,[311] so bei Zarlino in seiner Auflistung antiker Dichtersänger,[312] ähnlich bei Minturno[313] wie auch im Sprachgebrauch zeitgenössischer Dichter. Giovan Battista Marino spricht etwa gleichermaßen von der *cetra* wie auch von der *lira* des antiken Sängers Amphion oder des Dichters Sannazaro, an anderen Stellen dagegen nur von der *cetra* König Davids oder der *lira* des Orpheus.[314] Derartige Gleichsetzungen beider Instrumentennamen lassen sich auch in der frühen Oper feststellen: So singt einer der *Pastori* in Monteverdis *L'Orfeo* von der »famosa cetra«[315] des thrakischen Sängers, jedoch der Chor im zweiten Akt mit Bezug auf dessen Instrument vom »suon de la tua Lira«,[316] während Orfeo im dritten und auch im fünften Akt es selbst mehrfach als »cetra« bezeichnet.[317] Ähnliches gilt auch für Marco da Gaglianos *La Dafne*: Zwar

---

He frequently uses cetra, lira, and sampogna, and synonyms for the words in connection with mythological, biblical, and classical figures; cetra, lira, and plettro often stand for lyric poetry, sampogna and its synonyms for pastoral poetry, and tromba for epic.« Zitiert nach dem *abstract* der Autorin in RILM 1988-10210-dd zu Ferragina (1987).

[310] Ripa (1992), S. 308.

[311] Vogel hat sogar argumentiert, daß selbst in der Antike eine klare Trennung zwischen Lyra und Kithara nicht immer vorgenommen worden sei, vgl. Vogel (1978), Bd. II, S. 561-65.

[312] Zarlino (^{R}1966), S. 80-81.

[313] Dort heißt es einmal, »i Poeti antichi alla lyra le lode degl'Iddij e degli Heroi cantavano« und kurz zuvor, daß sowohl »il poema, che Lyrico si chiama; ò pur l'Heroico« seit den Anfängen »alla cethera si cantasse«; allerdings scheint er dann wenig später unter den besonderen Gattungen der *melica poesia* die *cethera* als Begleitinstrument für den ebenfalls auf Apollo zurückgehenden *nomico* (Nomos) im Unterschied zur Verwendung der *lira* anzuführen; zitiert nach Buck (1972), S. 191.

[314] ATLI I (1991), S. 89 und 239-40.

[315] Monteverdi (^{R}1972), S. 13.

[316] Monteverdi (^{R}1972), S. 31.

[317] Monteverdi (^{R}1972), zweimal auf S. 65, dann S. 67 und ebenso im 5. Akt, S. 91.

spricht im Prolog die Gestalt des Dichters Ovid von seinem Gesang »su la dotta lira«[318] und auch im Vorwort wird als sein Instrument die *lira* genannt, doch tauchen beide Instrumentenbezeichnungen im Zusammenhang mit der Klage des Apoll am Ende des Werkes auf: Während das Vorwort wiederum von einer »lira« spricht, richtet Apoll selbst die Aufforderung »Senti la nobil cetra« an die verwandelte Dafne, bevor zum erstenmal jene Streicherakkorde erklingen, die von seinem Instrument ausgehen sollen.[319] Auch im Prolog zu Rinuccinis *L'Arianna*, dessen Vertonung durch Monteverdi wie die des größten Teils des Werkes nicht erhalten ist, bezeichnet Apollo sich selbst zunächst als »De la lira del ciel custode eterno«, bevor er in der vierten Strophe für die anschließenden Szenen »Su cetera d'amor teneri carmi« ankündigt.[320]

Auch im zeitgenössischen Schrifttum der Theoretiker wurden die Instrumente häufig als zumindest eng miteinander verwandt angesehen. Dies belegt etwa ein von Palisca veröffentlichtes Fragment von Girolamo Mei über die griechische Leier:

> »Reggevasi per quanto apparisce per le sculture et medaglie antiche la lira sul braccio sinistro et toccavansi le corde con il plectro che era tenuto con la destra. È da sapere che alcune volte si sonava non con il plectro, ma con le dita, come si fa (credo io) oggi l'arpa; il che mostra apertamente Virgilio nel sesto de l'Eneide parlando d'Orfeo IAMQUE EADEM DIGITIS, IAM PECTINE PULSAT EBURNO Ho detto forma commune de la lira perche c'era di molte forme et percio chiamate con diversi nomi conciosia che la citara era anche essa una certa forma di lira, la quale si legge essere stata di forma di un Δ Greco, et haver havuto quaranta corde. à la quale io vo rasimigliando la nostra arpa. La testudine anche essa era spezie di forma di lira che rapresentava il guscio del dosso de la testugine marina alta talvolta un braccio e mezzo. La sambuca medesimamente, il barbito et altre diverse forme di così fatto strumento«.[321]

Hier wird die Verwandtschaft zwischen beiden Instrumenten dahingehend bestimmt, daß es sich bei der *cetra* wie auch bei anderen Instrumenten wie der *sambuca* und dem *barbito* um Sonderformen der *lira* gehandelt habe.

Vincenzo Galilei geht noch über Meis Auffassung hinaus, wenn er behauptet, bei *Lira* und *Cithara* habe es sich sogar um dasselbe Instrument gehandelt; die Vielfalt von antiken Instrumentennamen habe in ähnlicher Weise für nur eine Instrumentengattung gestanden, wie zu seiner Zeit die Namen »di Clavicordo, d'Harpicordo, di Clavicembalo, di Spinetta, di Buonaccordo, d'Harchicimbalo, & altro«;[322] und so sei »la differenza tra la Cithara, & la Lira« nichts anderes

---

[318] Gagliano (R1970), zweite Seite des unpaginierten Vorworts, sowie Partitur S. 1.
[319] Gagliano (R1970), dritte Seite des unpaginierten Vorworts, sowie Partitur S. 49.
[320] Solerti (1969), Bd. II, S. 147.
[321] Mei (21977), S. 141-42.
[322] Galilei (R1967), S. 61-62.

gewesen als »il diverso temperamento circa la grandezza degli intervalli & dell'ordine, & l'acutezza, & gravità delle corde. Cithara era adunque quella, che sonava l'harmonie gravi come la Doria; & Lira per contrario quella che sonava l'acute come la Lydia, & la Frygia. ... e cosi l'istesso strumento in mano à periti Musici era e Lira, & Cithara ...«.[323] Zwar hält Striggio seinem fiktiven Dialogpartner Bardi in Galileis *Dialogo* zunächst ausdrücklich entgegen: »Questa vostra opinione, la giudico molto contraria alla commune«,[324] doch läßt er sich von dessen Argumentation überzeugen. Giovanni Battista Doni schließlich tadelt gleich zu Beginn des ersten Kapitels seiner *Commentari de Lyra*, der ausführlichsten zeitgenössischen Beschreibung der miteinander verwandten antiken Instrumententypen, Galilei für seine Meinung, es habe sich um dasselbe Instrument gehandelt. Trotz einer teilweisen Übereinstimmung erklärt er sie für »sine dubio inter se diversa« und führt die Erfindung der *Cithara* auf Apollo, die der *Lyra* hingegen auf Merkur zurück,[325] räumt allerdings wenig später mit Blick auf überlieferte Bildzeugnisse ein, »difficile est quod nam proprie fuerit Lyrae, Citharaeque discrimen ex antiquis iconismis«.[326]

Die oben erwähnten und sicherlich bei weitem nicht erschöpfenden Beispiele von Zarlino bis Marco da Gagliano weisen darauf hin, daß kaum jemand außer einigen wenigen Spezialisten wie Mei und Doni in der Lage gewesen sein dürfte, auf Grund der Quellen klare Kriterien für eine Unterscheidung zwischen beiden Instrumenten zu benennen, so daß offensichtlich im 16. und an der Wende zum 17. Jahrhundert ganz allgemein von zwei zumindest wesensverwandten Instrumenten ausgegangen wurde, deren Bezeichnungen man weitgehend als Synonyme verwendete.

Welche Instrumente wurden im 16. und frühen 17. Jahrhundert mit ›lira‹ und ›cetra‹ identifiziert?

Zwar besaß man auf Grund antiker Darstellungen und Beschreibungen bereits im 16. Jahrhundert eine Vorstellung davon, wie eine antike Leier oder Kithara ausgesehen haben mochte, so daß auch in der bildenden Kunst der Zeit Darstellungen von Kitharoeden mit leierähnlichen Instrumenten schon früh durchaus üblich wurden;[327] doch stellt sich auf Grund des Fehlens eines unmittelbar entsprechen-

---

[323] Galilei (^{R}1967), S. 98.
[324] Galilei (^{R}1967), S. 61; dieser Einwand Striggios im *Dialogo* mag u.a. damit zusammenhängen, daß der historische Alessandro Striggio selbst ein großer Virtuose auf der *lira da braccio* (s.u.) war; vgl. hierzu Howard Mayer Brown, *Lira da braccio*, NG, Bd. 11, S. 22.
[325] Doni (^{R}1974), Bd. I, S. 9.
[326] Doni (^{R}1974), Bd. I, S. 12.
[327] Vgl. hierzu etwa die nicht datierte Bronzestatue des Andrea Briosco, genannt Riccio (1470-1532), die wohl den Sänger Arion in antikischer Rüstung mit einem leierartigen Instrument in der

den Instruments in der zeitgenössischen Musikkultur die Frage, welcher Typus zeitgenössischer Instrumente nach Meinung der verschiedenen Autoren im 16. und frühen 17. Jahrhundert für zeitgenössische Dichtersänger nach antikem Vorbild am ehesten als angemessen betrachtet wurde.

Wie es scheint, hat es hierzu keine einheitliche Haltung gegeben, dafür weichen Aussagen der Theoretiker, bildliche Darstellungen und die Besetzungsangaben aus konkreten musikalischen Aufführungen zu weit voneinander ab; der einzige gemeinsame Nenner zwischen allen überhaupt genannten und dargestellten Instrumententypen scheint darin zu bestehen, daß ausschließlich Instrumente mit Saiten in Frage kamen - allerdings mit einem sehr breiten, auch von länderspezifischen Unterschieden geprägten Spektrum von der Drehleier[328] über Harfen und Lauten bis hin zu verschiedenen Streichinstrumenten. In Italien sind es im 16. und frühen 17. Jahrhundert im wesentlichen vier verschiedene Instrumente, die in diesem Zusammenhang eine Rolle spielen: Die im Italienischen ebenfalls als *cetra* bezeichnete Cister - ein lautenähnliches Instrument, das bis ins 17. Jahrhundert durchweg mit Plektrum gespielt wurde[329] - des weiteren die Harfe, die *lira da braccio* oder auch der *Lirone* sowie der offenbar erst kurz vor Ende des 16. Jahrhunderts entwickelte *Chitarrone* oder *Arciliuto.*

Zunächst ist festzuhalten, daß die Cister - trotz ihrer Namensgleichheit mit der antiken *cethera* und ungeachtet der auch von Winternitz vertretenen These, das Instrument sei aus der antiken Kithara hervorgegangen,[330] offenbar im Italien des 16. Jahrhunderts höchstens vereinzelt als deren modernes Äquivalent angesehen wurde - Galilei erwähnt das Instrument zwar in seinem *Dialogo,* doch scheidet es für ihn als ernstzunehmender Kandidat für den modernen Gesang zur *lira* offenbar gänzlich aus und ist ihm nur eine Randbemerkung wert.[331] Dies dürfte

---

linken und einem Plektrum in der rechten Hand zeigt; vgl. hierzu Abbildung und Beschreibung bei Krahn (1995), S. 196-97. Auch im *Emblematum Libellus* des Andreas Alciatus, Paris 1542, wird als Sinnbild für *Musica* bzw. *Saytenspil* ein leierartiges Instrument mit Plektrum dargestellt; Alciatus (^{R}1991), S. 238-39. In ähnlicher Weise - wie bereits erwähnt - auch bei Ripas allegorischer Darstellung der Fortuna unter den drei die wichtigsten Dichtungsgattungen repräsentierenden Instrumententypen, Ripa (1992), S. 145. Giovanni Battista Doni hat vermutlich in den dreißiger Jahren des 17. Jahrhunderts noch einmal zahlreiche aus der Antike bekannte Darstellungen von Leiern zusammengetragen, vgl. Doni (^{R}1974), Bd. I, eingeheftete Abbildungen zwischen den Seiten 12 und 13.

328 In Deutschland wurde schon früh die Lyra u.a. mit der Drehleier identifiziert, so bereits in Sebastian Virdungs *Musica getutscht* von 1511; vgl. hierzu die Abbildung bei Wolfgang Niemöller, *Virdung, Sebastian,* NG, Bd.19, S. 868-69; in Italien könnte der Name ›tiorba‹ von der Drehleier herzuleiten sein, wie kürzlich Smith dargelegt hat; vgl. Smith (1979), S. 457-61.

329 Vgl. hierzu Vladimir Ivanoff, *Cister,* MGG-II, Bd. 2, Spalte 889.

330 Siehe Emanuel Winternitz, *The Survival of the Kithara and the Evolution of the English Cittern: a Study in Morphology,* in: Winternitz (^{2}1979), S. 57-58.

331 »Fu la Cetera usata prima tra gli Inglesi che da altre nationi, nella quale isola si lavorano già in eccellenza; quantunque hoggi le piu reputate da loro, siano quelle che si lavorano in Brescia; con tutto questo è adoperata & apprezzata da nobili, & fu poi detta dagli autori di essa, per forse resucitare (sic) l'antica Cithara; ma la differenza che sia tra la nostra e quella, si è possuto benissimo conoscere da quello che se n'è di sopra detto.« Galilei (^{R}1967), S. 147. Während in Deutschland und England die *Zister* bzw. *cittern* zu den beliebteren Instrumenten gehörte und auch eine vergelichsweise umfangreiche Literatur für das Instrument veröffentlicht wurde, darunter so beziehungsreiche

insbesondere damit in Zusammenhang zu bringen sein, daß die Cister an den Höfen Italiens nicht gespielt wurde, da sie im Gegensatz zur Laute ein nur geringes soziales Ansehen genoß,[332] und daher als Instrument für Apollo oder Orpheus sowie zur musikalischen Begleitung hoher Poesie von vornherein ausscheiden mußte.[333] So wird sicherlich nicht zufällig die Cister bei Ripa auch nur einmal abgebildet, und zwar gemeinsam mit Tamburin, Trommel und Flöte unter den Attributen der Provinz Apulien, wo sie zu jenen Volksmusikinstrumenten gezählt wird, welche die von der Tarantel gestochenen Bewohner dieser Provinz beim Spielen und Tanzen der Tarantella verwendeten.[334] Crawford Young hat unlängst in seinem Versuch einer Taxonomie der Lauteninstrumente bis zum Anfang des 16. Jahrhunderts die Cister und verwandte Instrumente als solche mit einer nicht birnenförmigen Form des Korpus von Lauten, Gitarren und Lyren unterschieden; auf Grund dessen hat er auch im Italien des 15. Jahrhunderts Cistern auf Abbildungen antikisierender Figuren identifiziert und darauf insistiert, daß ein Nachlassen der Beliebtheit der Instrumentengattung im 15. Jahrhundert nicht festzustellen sei, sondern ›citole‹ im Gegenteil durchgängig - vor allem in der Tanzmusik - in Gebrauch waren und sich allmählich zur Cister des 16. Jahrhunderts entwickelten.[335] In der Diskussion der Theoretiker zumindest der zweiten Hälfte des 16. Jahrhunderts über die für Dichtersänger geeigneten Instrumente spielte dennoch die Cister keine zentrale Rolle.

Titel wie Kargels Sammlungen *Renovatha cythara* (Mainz 1569) oder *Toppel Cythar*, Straßburg 1575, blieb in Italien demgegenüber Paolo Virchis Herausgebertätigkeit in *Il primo libro di tabolatura di citthara*, Venedig 1574 (RISM 1574[14]) offenbar ein Einzelfall - auf Virchi muß sich auch Galileis Hinweis auf Brescia beziehen, denn dieser war dort ansässig; vgl. Ian Harwood / James Tyler, *Cittern*, NG, Bd. 4, S. 414-21.

332 Diese Ansicht geht auf Tinctoris zurück, der »erwähnt, daß die Cister nur von Bauern zur Begleitung von Liedern benutzt wird«, vgl. Vladimir Ivanoff, *Cister*, MGG-II, Bd. 2, Spalte 888.

333 Neuerdings hat demgegenüber Ivanoff die gegenteilige These vertreten, daß »andere Quellen den hohen sozialen Status des Instruments belegen. Im Widerspruch zu Tinctoris ist das Instrument in zeitgenössischen Abbildungen ein beliebtes Attribut von Engeln, Musica, Apollo und Merkur, was auch auf seine wichtige Rolle in den Intellektuellenkreisen der italienischen Renaissance hinweist«, MGG-II, Bd. 2, Spalte 888. Leider führt er keine dieser Quellen für die postulierte weite Verbreitung und den hohen sozialen Rang der Cister in Italien konkret an. Falls in der Tat Abbildungen von Musica, Apollo, Merkur, Orpheus oder Arion in Italien zweifelsfrei eine Zister darstellen sollten, bleibt zu klären, warum dann in der gleichzeitigen und vor allem späteren musiktheoretischen Debatte die Cister offenbar praktisch ohne Bedeutung für die Figur des Dichtersängers war.

334 Ripa (1992), S. 220-22; vgl. auch Guidobaldi (1990), S. 60-61.

335 Dankenswerterweise hat mit Crawford Young sein Manuskript noch vor Drucklegung zur Verfügung gestellt, es erscheint in: Young (1999); auf meine Anfrage hin nannte er zumindest zwei Darstellungen eines cisterartigen Instruments in Verbindung mit klassizistischen Sujets: Francesco del Cossas allegorische Darstellung des Monats Mai mit dem Triumph des Apollo im Palazzo Schifanoia in Ferrara (ca. 1470) sowie eine zwischen 1503 und 1513 zu datierende Darstellung von vier Musen bei Giovanni Spagna in der Pinacoteca Capitolina in Rom. Möglicherweise könnte die Darstellung einer Cister auch bei der Abbildung zur *Musica* in Valerianos *Hieroglyphica* von 1595 intendiert gewesen sein, doch wäre dann der stark abgeknickte Wirbelkasten unzutreffend dargestellt, ebenso fehlen die charakteristischen Wülste, in die Zargen münden; vgl. Guidobaldi (1990), S. 47.

Im Gegensatz zu Spanien, wo nicht selten die *Vihuela da mano* als das Instrument antiker Dichtersänger dargestellt wurde[336] oder auch zu den Ländern nördlich der Alpen[337] wurden anscheinend in Italien auch andere Lauteninstrumente bis gegen Ende des 16. Jahrhunderts offenbar nur selten als moderner Ersatz der Leier im Zusammenhang mit der Nachahmung antiker Dichtersänger angesehen, selbst für Vincenzo Galilei, obwohl selbst Lautenist, scheint eine solche Vorstellung nicht nahegelegen zu haben.[338] Eine Ausnahme scheint bei Simone Balsamino vorzuliegen, der im Vorwort zum Druck seiner *Novellette a sei voci* aus dem Jahre 1594 (NV 209) die Beschreibung eines von ihm entwickelten antikisierenden Instruments gibt, das er als *cetarissima* bezeichnet. Es handelt sich dabei um ein

> »siebenchöriges Instrument, das mit dem Daumen und einem Federkiel gespielt wird, indem man diesen über dem Nagel des Zeigefingers hält und mit der Spitze des Mittelfingers andrückt, wobei man mit dem Daumen eine oder zwei Baßsaiten anschlägt und den Rest mit dem Kiel, jeweils von oben nach unten. Die Stimmung A re - D - G - C - E - G - C ist bequemer als die der Laute, sowohl für die linke Hand als auch im Hinblick auf den Federkiel, der nicht schnell über zwei Saiten hinweg diminuieren kann, wenn er nicht die untere beim Verlassen der oberen wieder aufnimmt, dann wegen der Klangfülle, die den vier hohen Chören eigen ist, des weiteren, um bequem alle sieben Chöre auf dem gesamten Griffbrett spielen zu können, das normalerweise 19 Bünde besitzt, oder auch aus anderen Gründen. Die hohen Saiten sind aus Stahl, die darunter liegenden aus Messing, der Rest Baßsaiten, die dem Chor entsprechend aus nur zwei, jedoch möglichst stark gedrehten Strängen gemacht sind. Ein besonders süß klingendes Instrument, und nicht teuer wegen der Art der Saiten. Vielfältig im Einsatz, da man jede Art gewöhnlicher Madrigale ebenso oktaviert wie auch eine Undezime höher spielen kann. Perfekt ist es, da man jede Art zweistimmigen und fünfstimmigen Zusammenklangs erzeugen kann; es ist von solcher Qualität, daß es die Krone der tragbaren Instrumente genannt zu werden verdient«.[339]

---

[336] So spielt in *Los seys libros del Delphin de música* von Luys de Narváez, Valladolid 1538, der Sänger Amphion auf dem Rücken eines Delphins die Vihuela (Fol. I v.), im Falle von Luys de Milans *Libro de Musica de Vihuela de Mano intitulado El Maestro* von 1535 ist es dagegen Orpheus, der mit einer Vihuela dargestellt wird.

[337] Im *Emblematum Libellus* des Andreas Alciatus, Paris 1542, wird im lateinischen Epigramm von einer *cithara* gesprochen, während im parallelen deutschen ausdrücklich von einer *lautten* die Rede ist, wie sie auch im Icon dargestellt wird; vgl. Alciatus (^{R}1991), S. 20-21; eine leicht abgewandelte Darstellung wiederum einer Laute findet sich im Nachdruck von 1548, vgl. Guidobaldi (1990), S. 58.

[338] Galilei (^{R}1967), S. 146-47, wo eine Etymologie des Namens Laute aus den Solmisationssilben *la ut* versucht wird.

[339] »Instromento composto di sette ordini, sonato con il Police, et con la Penna, tenendola sopra l'unghia de l'Indice, et stringendola con la punta del dito di mezo, battendo con il Police un cordone o doi il restante con la Penna, tutti doi in giù. La accordatura A re. D.G.C.E.G.C. più commoda di

Doch ist über diese Beschreibung seines Erbauers hinaus nichts weiteres von diesem Instrument bekannt.

Die bereits zitierte, zweifache Erwähnung der Renaissanceharfe und ihrer Spielweise innerhalb von Meis Fragment über die Leier deutet demgegenüber darauf hin, daß italienische Theoretiker darin die naheliegendste Entsprechung für die antike *cetra* oder auch die *lira* gesehen haben könnten. Galilei führt dies im Anschluß an eine ausführliche Beschreibung der antiken Lyra[340] in seinem *Dialogo* sogar ganz explizit aus:

> »fra gli strumenti adunque di corde che sono hoggi in uso in Italia, ci è primamente l'Harpa, la quale non è altro che un'antica Cithara di molte corde; se bene di forma in alcuna cosa differente, non da altro cagionatagli dagli artefici di quei tempi, che dalla quantità di esse corde & dalla loro intensezza; contenendo l'estreme gravi con l'estreme acute piu di tre ottave. fu portato d'Irlanda à noi questo antichissimo strumento (commemorato da Dante) dove si lavorano in eccellenza & copiosamente«.[341]

Galilei vermutet, daß aus der Harfe wahrscheinlich sogar die anderen Tasteninstrumente hervorgegangen seien, zunächst »l'Harpicordo; il quale Strumento altro non è che un Harpa giacente; & da esso introdursi appresso gli altri di tasti; ma avanti di ciascun di questi l'Organo«.[342]

Es ist jedoch fraglich, ob derartige Identifizierungen von *cetra* bzw. *lira* mit einer Harfe in Italien an der Wende zum 17. Jahrhundert größeren Einfluß auf die musikalische Praxis gefunden haben, auch wenn die Harfe fraglos zu den bei der Begleitung von auch solistischen Gesängen verwendeten Instrumenten gehörte.[343] Zwar ist in der Beschreibung der Florentiner Intermedien von 1589 von Bastiano de' Rossi im Zusammenhang mit dem Auftritt des Arion die Rede von einer »lira fatta a guisa della nostra arpe«,[344] doch findet sich in der Partitur die anderslautende Angabe, die Begleitung sei von einem Chitarrone gespielt worden. Leopold gibt zwei denkbare Erklärungsmöglichkeiten für diesen Widerspruch, einerseits eine Besetzungsänderung für den späteren Partiturdruck, ande-

---

quella del Liuto, per la sinistra mano, per rispetto de la Penna la quale non puo minuir velocemente, da l'una corda a l'altra, se non la ripiglia in giù lasciata l'altra in su. Per la Pienezza ch'è nelli quattro ordini sutili a voti, per potersi sonare commodamente tutti sette li ordini per tutto il manico, che l'ordinario è di 19 tasti, e per altre ragioni. Li canti sono di acciaro, le sottane di ottone, il resto cordoni secondo l'ordine fatti di due corde sole ma torte al possibile. Istrumento dolcissimo, e di sparagno per la spetie delle corde. Variabile per potersi fare ogni sorte di Madrigale ordinario l'ottava sopra, e poi la quarta sopra l'ottava. Perfetto per potersi fare ogni sorte di consonantia a due, et a cinque; di qualità tale che merita essere chiamato corona degli Istromenti portatili.« Zitiert nach Chegai (1993), S. 66.

340 Galilei (R1967), S. 123-31.

341 Galilei (R1967), S. 143.

342 Galilei (R1967), S. 144.

343 Vgl. hierzu Leopold (1994).

344 Zitiert nach Leopold (1994), S. 36; vgl. auch Walker (1986).

rerseits eine mögliche Differenz zwischen dem sichtbaren und dem tatsächlich erklingenden Instrument während der Aufführung[345] - für letztere Deutung spricht jedoch nicht nur der bei Walker und Jacquot zu findende Hinweis, daß es sich nach der Beschreibung des bei der Festaufführung für die Dekorationen zuständigen Serjacopi dabei vermutlich gehandelt habe um eine »harpe de carton que tenait Peri dans le rôle d'Arion«,[346] sondern auch die bekannte Kostümstudie Bernardo Buontalentis für Jacopo Peris Kostüm bei dem betreffenden Auftritt, da das dort abgebildete harfenähnliche Instrument in dieser Form wohl unspielbar gewesen wäre.[347] Bereits hier wie später auch in einer Reihe weiterer musikdramatischer Werke scheint eine Differenz zwischen einem fiktiven Bühnenrequisit und einem tatsächlich erklingenden Instrument in Kauf genommen worden zu sein. Eine andere Interpretationsmöglichkeit eröffnet sich jedoch im Zusammenhang mit der weiter unten diskutierten Entwicklung des Chitarrone.

Identifizierungen wie die von *cetra* bzw. *lira* mit einer Harfe dürften erst nach der ausführlichen Auseinandersetzung von Mei und der von ihm beeinflußten Florentiner Akademiker mit antiken Quellen und insbesondere bildlichen und figürlichen Darstellungen zustandegekommen sein,[348] denn sie wenden sich damit - wie aus Galileis *Dialogo* hervorgeht - gegen eine offenbar in der musikalischen Praxis festeingebürgerte Auffassung, nach der *cetra* bzw. *lira* in Italien mit Streichinstrumenten assoziiert wurden,[349] insbesondere mit der *lira da braccio*, einem nicht mit den Fingern oder einem Plektrum gezupften, sondern akkordisch mit einem Bogen gestrichenen, zumeist siebensaitigen Instrument. Galilei weist darauf hin, daß diese nichts anderes als eine *viola da braccio* sei,[350] denn er spricht von der »Viola da braccio, detta da non molti anni indietro lira«.[351] Allerdings versucht er diese in der Tat höchst fragwürdige Identifikation der *lira da braccio* mit der antiken *lira* ad absurdum zu führen, indem er zeigt, daß das antike Plektrum nicht mit einem modernen Bogen gleichgesetzt werden könne und ohnehin die antiken Leierinstrumente mit einem Bogen nicht hätten gespielt werden können.[352]

---

345 Leopold (1994), S. 36.

346 Walker (1986), S. XXXVI.

347 Die Zeichnung ist abgebildet im Artikel *Peri, Jacopo*, NG, Bd. 14, S. 402.

348 In der bildenden Kunst sind Darstellungen von Kitharoden mit leierähnlichen Instrumenten schon früh durchaus üblich, vgl. hierzu etwa die nicht datierte Bronzestatue des Andrea Briosco, genannt Riccio (1470-1532), die wohl den Sänger Arion in antikischer Rüstung mit einem leierartigen Instrument in der Linken und einem Plektrum in der rechten Hand zeigt; vgl. hierzu Abbildung und Beschreibung bei Krahn (1995), S. 196-97. Auch im *Emblematum Libellus* des Andreas Alciatus, Paris 1542, wird als Sinnbild für *Musica* bzw. *Saytenspil* ein leierartiges Instrument mit Plektrum dargestellt; Alciatus (^{2}1991), S. 238-39. In ähnlicher Weise - wie bereits erwähnt - auch an einer Stelle bei Ripa.

349 Hierfür sprechen auch die genannten expliziten Erwähnungen einer Lira mit ihrem Bogen bei Ripa.

350 Diese Identifikation dürfte allerdings in Monteverdis *L'Orfeo* kaum als zutreffend angesehen werden können; vgl. Monteverdi (^{R}1972), etwa S. 67, S. 89 oder S. 90.

351 Galilei (^{R}1967), S. 147.

352 Galilei (^{R}1967), S. 130.

Die Kritik Galileis richtete sich gegen eine seit längerer Zeit fest etablierte Spielpraxis, denn die *lira da braccio* gehörte zu den »most important bowed string instruments of the Renaissance, used especially by courtly poet-musicians of the 15th and 16th centuries to accompany their improvised recitations of lyric and narrative poetry«,[353] doch hatte das Instrument darüber hinaus auch in humanistisch ausgerichteten Kreisen anscheinend weite Verbreitung gefunden.[354] Abbildungen seit dem Ende des 15. Jahrhunderts belegen die besondere Stellung des Instruments unmißverständlich, ist es doch fast immer entweder als Attribut eines Dichters oder sogar in Darstellungen der Rezitation von lyrischen oder epischen Dichtungen anzutreffen.[355] Auch Baldessar Castiglione erwähnt 1528 im 13. Kapitel des zweiten Buches seines *Libro del cortigiano* diese weitverbreitete Praxis des solistischen Rezitierens zur *viola* bzw. *lira da braccio*, die er bereits zu diesem frühen Zeitpunkt mit Argumenten den Formen mehrstimmigen Gesanges vorzieht, wie sie mehr als zwei Generationen später in den Diskussionen der Gruppe um Giovanni de' Bardi und Vincenzo Galilei in Florenz wiederkehren sollten:

> »Bella musica ... parmi il cantar bene a libro sicuramente e con bella maniera; ma ancor molto più il cantare alla viola, perchè tutta la dolcezza consiste quasi in un solo, e con molto maggior attenzion si nota ed intende il bel modo e l'aria, non essendo occupate le orecchie in più che in una sol voce, e meglio ancor vi si discerne ogni piccolo errore. Il che non accade cantando in compagnia, perchè l'uno aiuta l'altro. Ma sopra tutto parmi gratissimo il cantare alla viola per recitare; il che tanto di venustà ed efficacia aggiunge alle parole, che è gran maraviglia«.[356]

Die einstimmige, improvisatorische Rezitation zur *viola* bzw. *lira da braccio* füge demnach dem gesungenen Wort neben der besseren Verständlichkeit des Melodiemodells (*il bel modo e l'aria*) eine Anmut (*venustà*) und eine Wirksamkeit (*efficacia*) hinzu, die dem mehrstimmigen gesungenen Vortrag von Gedichten nicht in ähnlichem Maße eigen ist. Castiglione spricht daneben allerdings auch ausdrücklich von der Möglichkeit, anstelle einer *viola da braccio* auch »istru-

---

353 Howard Mayer Brown, *Lira da braccio*, NG, Bd. 11, S. 19.

354 Mayer Brown verweist darauf, daß u.a. der Philosoph Marsilio Ficino wie auch Raphael und Leonardo da Vinci die *Lira da braccio* gespielt haben, Howard Mayer Brown, *Lira da braccio*, NG, S. 22. Ruf nennt zudem einige der »berühmten singenden, rezitierenden, Instrumente spielenden und teils auch dichtenden Improvvisatori (wie B. Ugolino, B. Gareth [il Chariteo], B. Accolti, L. Giustiniani, A. Poliziano, Pietrobono, Fr. Cei, A. Brandolini, Serafino de' Ciminelli dall'Aquila), die »candendis ex tempore ad lyram versibus« öffentlich auf Plätzen und Gassen vor dem Volk und im geschlossenen Zirkel der Fürstenhöfe von Florenz, Mantua, Mailand, Ferrara, Rom und Neapel auftraten«; Ruf, Wolfgang, Artikel *Aria / air / ayre / Arie*, in: HmT, S. 10.

355 Vgl. die grundlegende Darstellung bei Emanuel Winternitz, *The Lira da Braccio*, in: Winternitz (^{2}1979), S. 86-98.

356 Zitiert nach Ruf, Wolfgang, Artikel *Aria / air / ayre / Arie*, in: HmT, 21. Auslieferung 1993, S. 10-11.

menti da tasti« oder ein Ensemble von »quattro viole da arco« zur Begleitung solistischer Gedichtrezitation heranzuziehen.[357]

Noch in der frühen Oper wurde - zumindest in Mantua - die Nennung der *lira* bzw. der *cetra* unzweideutig mit der *Lira da braccio* assoziiert, wie insbesondere das Vorwort zu Marco da Gaglianos *La Dafne* deutlich macht, wo sowohl im Zusammenhang mit Ovid als auch mit Apollo von der *lira* und einem dazugehörigen *arco* gesprochen wird. Allerdings macht die Beschreibung deutlich, daß die Darsteller sich wohl nicht - wie dies in den vermutlich allerdings ungleich weniger virtuosen Darbietungen im 16. Jahrhundert noch durchaus üblich gewesen wäre - selbst auf der *Lira da braccio* begleiteten, denn im Falle von Apolls Klage sollten (eine derartige Möglichkeit hatte bereits Castiglione erwähnt) vier Streicher aus einer der Gassen auf der Bühne anstelle des Sängers die Leierakkorde ausführen.[358] Und auch Ovid wäre dazu schon aus Gründen der konkreten Spielmöglichkeiten einer *Lira da braccio* wohl kaum in der Lage gewesen, wie schon die Anlage der Kompositon für eine Tenorstimme mit Continuobegleitung erweist.

Auf Grund des Tonumfangs der *Lira da braccio* sangen die neuzeitlichen Rhapsoden offenbar zumeist »in a range below that of their accompaniment. Ganassi (*Lettione seconda*, 1543) said as much when describing the technique as the ›prattica del dire i bassi accompagnando con il suon della Lyra‹ (›the practice of singing basses accompanied by the lira‹)«.[359] Eines der seltenen erhaltenen Beispiele für diese Praxis bildet Alfonso della Violas einstimmig im Baßschlüssel notierter Pan-Hymnus, der vom Komponisten selbst bei einer Ferrareser Aufführung von Agostino Beccaris *Il Sacrifizio* im Jahre 1554 auf der *Lira da braccio* begleitet wurde.[360] Auf Grund der akkordischen Spielweise des Instruments muß darunter wohl weniger eine nur parallel verlaufende einstimmige Instrumentalbegleitung - wie Mei sie im Sinn gehabt hatte - verstanden werden, als vielmehr eine harmonische, wenn auch vermutlich selten wirklich polyphone Begleitung. Inwieweit das noch bis weit ins 17. Jahrhundert hinein zu beobachtende Phänomen, daß bei Sologesängen für eine Baßstimme im Continuopart häufig die Gesangslinie nach Art eines *Basso seguente* nur verdoppelt wird, möglicherweise als Überrest dieser älteren Rezitationspraxis zu verstehen sein könnte, ist bisher noch nicht untersucht worden, allerdings dürfte dabei vor allem das satztechnische Dilemma im Vordergrund gestanden haben, eine Baßfundierung zu einer vokalen Baßstimme zu schreiben, die ihrerseits als das Fundament des Satzes anzusehen war.

Mit der zunehmenden Bedeutung von Frauenstimmen in der weltlichen Vokalmusik Italiens spätestens seit den achtziger Jahren des 16. Jahrhunderts und der zu Beginn des 17. Jahrhunderts im Sologesang bald zur Norm werdenden

---

[357] Vgl. Ruf, Wolfgang, Artikel *Aria / air / ayre / Arie*, in: HmT, 21. Auslieferung 1993, S. 11.
[358] Leopold (1994), S. 35.
[359] Howard Mayer Brown, *Lira da braccio*, NG, Bd. 11, S. 20; Mayer Brown gibt in seinem Artikel auch detaillierte Hinweise auf Stimmung und mögliche Spieltechniken des Instruments.
[360] Solerti ([R]1976), Bd. I, eingebunden zwischen S. 12 und 13; ebenso Leopold (1995), Bd. I, S. 70-74.

Trennung von gesungener Oberstimme und Instrumentalbegleitung im Baß wurde die Verwendung der *Lira da braccio* anscheinend rasch obsolet, entsprachen die Spielmöglichkeiten des Instruments doch nicht mehr den neuen musikalischen Erfordernissen - so mußten in der Tat die ersten Mantuaner Opern für die konkrete Realisierung der Idee des Spielens auf der *lira da braccio* andere musikalische Lösungen finden. Vom Ideal einer Personalunion zwischen Dichtersänger und dem zugleich den eigenen Vortrag improvisierend begleitenden Instrumentalisten blieb so nur noch eine szenische Fiktion übrig.

Zwar war ebenfalls im 16. Jahrhundert eine *Lirone* bzw. *Lira da gamba* genannte Baßversion der *Lira da braccio* entwickelt worden - die erste namentliche Erwähnung eines solchen Instruments ist im Zusammenhang mit den Florentiner Hochzeitsfeierlichkeiten von 1565 überliefert[361] - doch scheint die Praxis akkordischer Begleitung durch einen gestrichenen Baß weit älter zu sein, tritt doch bereits in den Florentiner Intermedien von 1539 im Intermedium nach dem dritten Akt ein Silen auf, von dem es in den Noten heißt: »Sileno con un Violone sonando tutte le parti, et cantando il soprano«.[362] Jedoch hat der *Lirone* auch in der Folgezeit, als die *lira da braccio* aus satztechnischen Erfordernissen zunehmend weniger verwendet wurde, offenbar nie eine bevorzugte Rolle für die alleinige Begleitung gesungener Dichtung gespielt, schon gar nicht im Zusammenhang szenischer Darstellungen von Dichtersängern wie Orpheus oder Apollo.[363]

Mit dem Chitarrone stand allerdings seit den späten achtziger Jahren des 16. Jahrhunderts ein neuartiges Instrument zur Verfügung, das in der Folgezeit nicht selten jene Funktionen übernehmen sollte, die bis dahin der *Lira da braccio* zugewiesen worden waren. Wie Smith überzeugend argumentiert hat, wurde das Instrument wohl eigens für die Florentiner Intermedien zu *La Pellegrina* von 1589 von Antonio di Marco Naldi entwickelt,[364] einem aus Bologna stammenden Lautenisten und *guardaroba della musica* am Florentiner Hof, der auch einer der ersten Virtuosen des sich rasch verbreitenden Instruments wurde.[365] Im Gesamtkontext der Intermedien, die alle auf mit antiker Musikauffassung im Zusammenhang stehenden Themen basierten, spricht in der Tat einiges dafür »that the chitarrone was intended to serve in the 1589 intermezzi in the role of the ancient cithara«[366] - neben dem antikisierenden Namen nicht zuletzt seine Verwendung als Begleitinstrument bei allen Abschnitten für *canto solo* sowie als einziges Instrument bei zwei der solistischen Szenen. Die diatonische Stimmung der neuar-

---

[361] Howard Mayer Brown, *Lirone*, NG, Bd. 11, S. 23-24.

[362] Osthoff (1969), S. 338.

[363] Ripa stellt zwar die Figur der *Armonia* mit einem *Lirone* dar und bezieht sich dabei wohl explizit auf die Darstellung der dorischen Harmonie im ersten der Florentiner Intermedien von 1589, doch hielt Vittoria Archilei offenbar keinen *lirone* in der Hand, sondern spielte einen *leuto grosso*; vgl. Ripa (1992), S. 26-27 sowie Walker (1986), S. XXXVII.

[364] Möglicherweise hat sich eines der dort verwendeten Instrumente, ein *Magno Diffobruchar a Venetia 1589* gezeichneter Chitarrone im Museum of Fine Arts in Boston, bis heute weitgehend unverändert erhalten; vgl. Smith (1979), S. 455-57.

[365] Vgl. Kirkendale (1993), S. 276-280.

[366] Smith (1979), S. 443.

tigen Baßsaiten des Instruments könnte zudem unmittelbar auf die Beschreibung einer ähnlichen Stimmung für die Form einer fünfzehnsaitigen antiken *cithara* zurückgehen, wie sie Galileis in seinem *Dialogo* angibt,[367] und es wäre durchaus naheliegend, daß Giovanni de' Bardi, der selbst für die Konzeption der Intermedien verantwortlich war, und insbesondere auch Galilei auf Grund seiner Kritik an der Identifikation der Instrumente antiker Dichtersänger mit der *lira da braccio* selbst an der Entwicklung eines ihren Vorstellungen eher entsprechenden neuen Instrumentes interessiert waren. Es wäre sogar denkbar, daß Bastiano de' Rossi bei seiner Beschreibung der Szene des Arion mit der ›harfenartigen Machart‹ von dessen *lira* die nicht über dem Griffbrett liegenden Baßseiten des neuentwickelten Chitarrone gemeint haben könnte; in diesem Fall bestünde kein wirklicher Widerspruch zu den Angaben in der Partitur, und in beiden Fällen könnte ein Chitarrone gemeint gewesen sein[368] – zu dieser Deutung würde einzig die erwähnte Zeichnung Arcimboldos im Widerspruch stehen.

Chitarroni wurden in den Intermedien von 1589 nicht nur von Naldi, sondern auch von Antonio Archilei und wohl auch von Jacopo Peri gespielt; Giulio Caccini bevorzugte das Instrument in der Folgezeit zu seiner eigenen Begleitung und es ist belegt, daß er bei einem Besuch am Ferrareser Hof im Jahre 1592 einen Chitarrone verwendete und Herzog Alfonso II. d'Este für das neuartige Instrument zu interessieren vermochte. Dessen Lautenist Alessandro Piccinini, der die Erfindung des Chitarrones später für sich selbst beanspruchte, erklärte im Zusammenhang mit Caccinis Aufenthalt über diese frühe Zeit, »fuori poi dell'occasione del cantare nissuno suonava di Chitarrone«[369] und gibt damit einen weiteren Hinweis auf die urspüngliche Funktion des Instruments.

Aus dem Vorwort Jacopo Peris zum Druck von *L'Euridice* geht zwar hervor, daß wenigstens ein Chitarrone zu den eingesetzten Continuoinstrumenten gehört haben muß, doch fehlt jeder Hinweis auf die Art der Verwendung und insbesondere auf die betreffenden Textpassagen, so daß offen bleiben muß, ob hier dem Chitarrone eine ähnlich privilegierte Rolle zugedacht war wie in den Intermedien elf Jahre zuvor. Bei den Mantuaner Aufführungen von Monteverdis *L'Orfeo* und Marco da Gaglianos *La Dafne* ist hingegen – wie bereits dargestellt – die ältere Vorstellung ungebrochen, daß es sich bei den von Orpheus, Apollo und Ovid verwendeten Instrumenten um Streichinstrumente handelt.[370] In späteren Werken wird jedoch dann auch Monteverdi zuweilen einen Chitarrone mit der antiken Leier in Verbindung bringen, insbesondere in der im achten Madrigalbuch veröffentlichten *Introdutione al ballo*, wo der *Poeta* nach seiner »nobil cetra« verlangt und eine der *ninfe* ihm einen Chitarrone reicht, auf dem er seine eigentliche Aufforderung zum Tanz vorträgt[371] – merkwürdig ist allerdings, daß sich hier die

---

[367] Smith (1979), S. 444; vgl. Galilei (^{R}1967), S. 118-21.

[368] Vgl. hierzu die bereits im Zusammenhang mit der Harfe erwähnte Interpretation bei Leopold (1994), S. 36.

[369] Zitiert nach Smith (1979), S. 451.

[370] Vgl. hierzu Leopold (1986) und Leopold (1994).

[371] Vgl. MGA Bd. VIII/1, S. 160.

Rolle des Instruments auf irritierende Weise verschoben zu haben scheint, denn die vorangegangene Rezitation zweier *ottavarima*-Halbstrophen über einem fast unveränderten Baßmodell mit Streicherritornellen - die eigentliche Aufgabe des Dichters - liegt dramaturgisch gesehen vor dem Überreichen der *cetra*, während diese dann vor allem zum Begleitinstrument des anschließenden *Ballo* zu werden scheint. Der Chitarrone scheint jedoch trotz dieser Beispiele und trotz seiner raschen Verbreitung als Begleitinstrument niemals so weitgehend die Rolle des Instruments antikisierender Dichtersänger übernommen zu haben wie zuvor die *lira da braccio* und hat vor allem nie in die bildliche Ikonographie Eingang gefunden.

Musikalische Modelle für zur Lira gesungene Dichtung

Während bei musikdramatischen Aufführungen nur vereinzelt - wie in den Florentiner Intermedien von 1589 - davon ausgegangen werden kann, daß Sänger in der Rolle von Dichtersängern ihren eigenen Gesang auch selbst begleiteten, scheint dies im Bereich der zeitgenössischen vokalen Kammermusik im Zusammenhang mit gesungenem Vortrag von Gedichten durchaus keine Seltenheit gewesen zu sein. So sollen auch Adriana Basile und Francesca Caccini, zwei der berühmtesten Sängerinnen am Anfang des 17. Jahrhunderts, sich selbst auf der Laute, Harfe oder Gambe begleitet haben. Der Bericht über einen durch Giambattista Marino herbeigeführten musikalischen Wettstreit zwischen den beiden Virtuosinnen, der 1623 in Rom stattfand, ist höchst aufschlußreich dafür, auf welcher Grundlage die musikalische Rezitation von Dichtung noch in dieser Zeit basiert haben muß. Marino habe bei jener Gelegenheit der Caccini ad hoc einige Stanzen aus seinem Versepos *L'Adone* vorgelegt, die diese gesungen habe »all'improviso senza ne anche haverle lette con tanto stupor suo, che nulla più, et tornato la sera seguente dall'Adriana con le istesse ottave si avide della differenza...«.[372]

Die Möglichkeit solcher Rezitationen *all'improviso* beruhte auf der Verwendung zumeist strophischer Rezitationsmodelle, die unabhängig vom Inhalt und Affektgehalt für jeweils gleichgebaute Vers- und Strophenformen[373] zu benutzen waren und damit die Möglichkeit boten, sowohl zahlreiche Strophen eines längeren Textes - etwa in der epischen Rezitation - als auch verschiedenartige Gedichte gleicher Form über einem Modell vorzutragen. Da Francesca Caccini

---

[372] Crinò (1960), S. 180.

[373] Selbst ein in seiner Akzentstruktur nicht gänzlich definierter Verstypus wie der für Ottavenstrophen und Sonette gleichermaßen charakteristische *endecasillabo* ließ sich auf zwei Akzentmodelle zurückführen, die neben der obligatorischen Hebung auf der *penultima* einen weiteren Akzent auf der vierten Verssilbe (*endecasillabo minore*) oder auf der sechsten Verssilbe (*endecasillabo maggiore*) vorsahen, zuweilen auch auf der vierten und sechsten Silbe.

vermutlich derartige Modelle beherrschte und insofern wußte, wie metrisch gleichgebaute *ottavarima*-Strophen musikalisch umzusetzen waren,[374] konnte sie in der Tat in letzter Konsequenz sogar auf eine vorherige Lektüre der Strophen verzichten - vermutlich spielte sie hier zugleich bewußt mit der erwähnten, bereits in Galileis *Dialogo* geäußerten Vorstellung, die in Anlehnung an antike Vorbilder eine improvisierende, instrumentalbegleitete Rezitation zu ihrem Ideal erhoben hatte.[375]

Bereits im gesamten 16. Jahrhundert scheint eine Vielzahl unterschiedlicher Modelle für die wichtigsten Strophenformen der Lyrik in Gebrauch gewesen zu sein, die ›arie‹ oder zuweilen auch ›modi‹ genannt wurden, die ersten davon erschienen bereits in den Frottolensammlungen bei Ottaviano Petrucci in den Jahren 1504-1509 im Druck.[376] Auf derartige, offenbar weitverbreitete Modelle bezieht sich auch Zarlino, wenn er im Hinblick auf antike Rezitationspraxis und die Art der darin verwendeten Melodien schreibt, daß

> »... cotali piedi, che erano posti ne i Versi, haveano la Misura delli movimenti dell'Harmonia; la quale Harmonia era terminata & costituita sotto un certo Modo, overo Aria, che vogliamo dire, di cantare; si come sono quelli modi di cantare, sopra i quali cantiamo al presenti li Sonetti, o Canzoni del Petrarca, overamente le Rime dell'Ariosto. Et cotali Modi non possono mutare, overo alterare in parte alcuna fuora del loro terminato Numero, o Metro, senza offeso dell'Udito«.[377]

Dabei scheinen einerseits melodische Modelle für den Melodieverlauf des Gesangsparts, jedoch ebenso primär harmonisch verstandene Modelle zur standardisierten Instrumentalbegleitung üblich gewesen zu sein, wobei die ersteren nicht selten von den Baßmodellen abhängig waren, wie etwa James Haar in seinem wichtigen Aufsatz über *Arie per cantar stanze ariostesche* gezeigt hat.[378]

Die Verwendung solcher Modelle zum Absingen strophischer Texte läßt sich in Italien noch bis in die zweite Hälfte des 17. Jahrhunderts nachweisen, neben den bei Leopold aufgelisteten solistischen Modellen zum Absingen von *sonetti*,

---

[374] Es ist nicht unwahrscheinlich, daß sie hierfür auf eine der beiden in der ersten Hälfte des 17. Jahrhunderts am häufigsten für solistische *ottavarima*-Umsetzungen gebrauchten *Arie* zurückgegriffen hat, also entweder auf das Ruggiero- oder das Romanesca-Modell; vgl. hierzu Leopold (1995), Bd. I, S. 189-203, sowie Bd. II, S. 176-82.

[375] Vgl. hierzu den obigen Abschnitt *Zum Verhältnis von Poesie und Musik* sowie Galilei (^{R}1967), S. 99.

[376] Diese sind im Zusammenhang mit der Geschichte des Begriffs *aria* bereits im zweiten Teil dieser Arbeit näher diskutiert worden; vgl. Ruf, Wolfgang, Artikel *Aria / air / ayre / Arie*, in: HmT, 21. Auslieferung 1993, S. 11.

[377] Zarlino (^{R}1966), III. / Kap. 79, S. 355.

[378] Haar (1981), S. 31-46. Alfred Einstein hat bereits 1911-12 in seinem Aufsatz über *Die Aria di Ruggiero* auf verschiedene Aspekte der Rezitationspraxis des 16. Jahrhunderts hingewiesen; vgl. Einstein (1912).

terzetti und *ottave*[379] sind vor allem zwei Dialoge zu nennen, die Abschnitte mit Rezitation über Modellen enthalten; zunächst Domenico Mazzocchis Dialogo *Olindo, e Sofronia* aus den *Dialoghi, e Sonetti*, Rom 1638,[380] in dem der Erzähler insgesamt 22 *ottavarima*-Halbstrophen über dem Baß einer bereits bei Biagio Marini nachweisbaren *Aria di sonetti*[381] rezitiert, wobei ein Teil der Halbstrophen auskomponiert ist - manchmal ist die Baßstimme nicht noch einmal eigens abgedruckt - während andere Strophen ganz frei vom Erzähler *sopra la sua aria* improvisiert werden sollen.[382] Das zweite und zugleich späteste mir bislang bekannte Beispiel stammt aus dem bereits im zweiten Kapitel erwähnten anonymen Druck mit Lauden für das Oratorium des Filippo Neri in Chiavenna, der 1657 bei Rolla in Mailand herausgegeben wurde. In einem am Schluß des Bandes stehenden Dialog zwischen einem *Angelo* und einem *Musico* finden sich zwei derartige Rezitationsmodelle für aus sechs Versen bestehende *endecasillabo*-Strophen des Engels, wobei jeweils die erste der gedruckten Strophen als Beispiel von dem anonymen Herausgeber auskomponiert wurde, während für die anderen Strophen nur eine Notierung der Oberstimme *in falsobordone* angegeben ist, die vom Sänger in ähnlicher Weise als Improvisation über dem gleichbleibenden Baßmodell selbst zu gestalten ist.[383]

Zur musikalischen Gestaltung der Szenen von Dichtersängern und verwandten Figuren in Intermedien und früher Oper

Wenn in der ersten Hälfte des 17. Jahrhunderts die Gestalten von Dichtern, Sängern, singenden Heroen oder Göttern und allegorischen Personifikationen der Musik oder auch einzelner Dichtungsgattungen wie etwa der Tragödie in musikalischer Form innerhalb der vokalen Kammermusik beschworen oder auf der Bühne musikalisch dargestellt werden, so sind die bisher skizzierten Traditionen durchweg prägender Bestandteil des Vorverständnisses für die gewählte Darstel-

[379] Leopold (1995), Bd. II, vgl. zu den *sonetti* die Katalognummern 942, 944, 949, 991, 993 und 1081; zu den *Ottave* die Nummern 1105, 1110, 1119, 1121, 1123, 1127, 1135, 1138, 1141, 1146, 1166, 1170, 1177, 1184, 1189, 1190, 1194, 1200, 1210 und 1212; zu den *terzetti* die Nummern (1225), (1226), (1233), (1249), 1260 und 1264; und sogar eine *Aria da cantar Sestine*, Katalognummer 1269.

[380] NV 1776, Reprint Forni, Bologna 1969. Darauf hat erstmals Einstein hingewiesen, vgl. Einstein (1912), S. 452.

[381] Vgl. Witzenmann (1970), S. 152.

[382] Vgl. Steinheuer (1998), S. 200-203.

[383] RISM 1657[1]; nicht nur wegen des späten Druckdatums ist dieses Beispiel von großer Bedeutung, sondern weil dadurch zugleich die bisher gänzlich vernachlässigte Frage nach möglichen Zusammenhängen zwischen der weltlichen Rezitationspraxis seit dem späten 15. Jahrhundert und den Formen der Rezitationspraxis im geistlichen Bereich aufgeworfen wird.

lungsweise und dies nicht nur in szenischer, sondern auch in musikalischer Hinsicht.

Dabei läßt sich jedoch ein kompositorisches Problem erkennen, für das erst Monteverdi und Marco da Gagliano eine für die Folgezeit richtungsweisende Lösung finden sollten. Erstaunlicherweise scheint es nämlich an der Wende zum 17. Jahrhundert große Schwierigkeiten bereitet zu haben, die Tradition des Rezitierens über musikalischen Strophenmodellen auf befriedigende Weise mit der neuartigen, an expressivem Wortausdruck orientierten Kompositionsweise zu verbinden und somit für die neue solistische Kammermusik wie insbesondere auch für musikdramatische Werke nutzbar zu machen.

Die solistische Rezitationspraxis des 16. Jahrhunderts stand in der Tat zunächst in einem zwiefachen Gegensatz zu den neuentstehenden musikalischen Formen: Einerseits war die ältere Rezitationspraxis an die Verwendung strophischer Textvorlagen gebunden, so daß sie nicht unmittelbar auf die Vertonung von *versi toscani* übertragen werden konnte, jener für ernsthafte dramatische Dichtungen der Zeit verbindlichen Versform, die ähnlich wie das Madrigal aus einer unregelmäßigen Folge von *endecasillabi* und *settenari* bestand. Andererseits überließ die Rezitationstradition dem jeweiligen Interpreten weitgehend die improvisierende Gestaltung der einzelnen Strophen, wobei die musikalischen Modelle zumeist nur auf die Form, nicht aber auf bestimmte Inhalte und Stimmungen des Textes bezogen waren - dieser Aspekt stand im Widerspruch zu dem Bestreben um eine möglichst konkret auskomponierte, am jeweiligen Wortaffekt orientierte musikalische Interpretation, die im Rahmen der Tradition wortausdeutender Vertonung von mehrstimmigen Madrigalen entstanden war. Vor diesem Hintergrund mag es kaum verwundern, daß für die Soloszenen in den Florentiner Intermedien von 1589 ausschließlich Madrigaltexte Verwendung fanden,[384] denn diese konnten einerseits als kürzere Abschnitte von *versi toscani* - mithin als geeignet für ein dramatisches Werk - verstanden werden und kamen zugleich einer an den Worten entlangkomponierten expressiven Musikauffassung wie im mehrstimmigen Madrigal entgegen. Dennoch hat zumindest Peri, trotz der freien Form der Madrigalvorlage im Lamento des Arion *Dunque fra torbide onde* den Versuch unternommen, die Praxis der Rezitation über Modellen anklingen zu lassen, indem er - wie erstmals Sternfeld bemerkt hat - in den ersten Takten des Basses den Anfang des *Ruggiero*-Modells verwendet.[385]

In den frühesten Opern - davon zeugen gleichermaßen die erhaltenen Fragmente der *Dafne* von Corsi und Peri[386] wie auch die beiden *Euridice*-Vertonungen von Peri und Caccini - zeigt sich im Unterschied dazu jedoch weit-

---

[384] Hierzu gehören *Dalle più alte sfere* von Antonio Archilei, *Io che dal Ciel cader farei la Luna* von Giulio Caccini, *Dunque fra torbide onde* von Jacopo Peri und *Godi turba mortal, felice e lieta* von Emilio de Cavalieri; vgl. Walker (1986), S. XXXVII, XLVI, L, LII-LIII.

[385] Sternfeld (1993), Fußnote 24, S. 168 sowie S. 152-61; vgl. auch Walker (1986), S. 98; bei Carter fehlt hingegen noch ein entsprechender Hinweis; vgl. Carter (1989), S. 117-21.

[386] Vgl. hierzu insbesondere die Übersicht und Wiedergabe der erhaltenen Fragmente bei Porter (1965), passim.

aus stärker das Bemühen, gezielt strophische Rezitationsmodelle an jenen zentralen Stellen der Komposition einzubeziehen, die einen Dichtersänger oder damit verwandte Figuren singend darstellen. Dies betraf nicht zufällig einmal die noch nicht unmittelbar zur dramatischen Handlung gehörigen Prologe und darüber hinaus fast ausschließlich einige jener Stellen, an denen die jeweiligen Protagonisten nicht nur deklamieren, sondern tatsächlich singen sollten - an beiden Stellen konnte eine Abweichung vom üblichen Versmaß der *versi toscani* innerhalb des Dramas gerechtfertigt werden.

In den Prologen zu *La Dafne* und zu *L'Euridice* tragen der Dichter *Ovidio* bzw. die personifizierte *Tragedia* jeweils vierzeilige *endecasillabo*-Strophen mit dem Reimschema ABBA vor - eine Strophenform, wie sie auch für *quartetti* von Sonetten üblich war und damit auch zu den seit langem für poetische Rezitation benutzten Gattungen - auch im Libretto der *Arianna* verwendet Rinuccini für die Strophen Apollos ein weiteres Mal dasselbe Strophenschema. Da Monteverdis Prologfassung der *Arianna* nicht bekannt ist, bleiben die vier nach den beiden erstgenannten Libretti entstandenen Vertonungen zu betrachten - Jacopo Corsis *Dafne* von 1598 und die Neuvertonung durch Marco da Gagliano im Jahre 1608 sowie die *Euridice*-Fassungen von Peri und Caccini aus dem Jahre 1600. In allen vier Fällen ist jeweils nur die erste Prologstrophe in Musik gesetzt worden, doch lassen sich zumindest einige der weiteren Strophen nicht wie bei einem einfachen Strophenlied zur unverändert beibehaltenen Oberstimme ausführen, ohne daß gravierende prosodische Mängel auftreten, sondern verlangen zumindest an einer Reihe von Stellen eine abgewandelte Rhythmisierung; möglicherweise ist sogar an melodische Abweichungen[387] in den unterschiedlichen Strophen gedacht.[388]

Höchst aufschlußreich ist die musikalische Anlage - alle vier Fassungen arbeiten jeweils an den Versanfängen der ersten zwei oder auch drei Verse mit Rezitationstönen,[389] und auch in ihrem melodischen und harmonischen Fortgang sind die in den vier Prologfassungen verwendeten Modelle teilweise untereinander verwandt;[390] doch ist erstaunlicherweise keinem der bisherigen Kommentatoren - die allgemein die Verwendung eines älteren Rezitationsmodells angenommen hatten[391] - aufgefallen, daß Corsis Vertonung des *Dafne*-Prologs bei der Wiederholung des vierten Verses im Baß in ganz unzweideutiger Weise die zweite Hälfte des *Ruggiero*-Modells verwendet, und damit der *Dafne*-Prolog als direkte Weiterführung der von Peri bereits in der Arion-Szene von 1589 begonnenen Experimente zu sehen ist. Das *Ruggiero*-Modell hat damit nicht nur weit früher als bisher angenommen auch in die weltliche Vokalmusik in Italien Ein-

---

387 Ob dabei auch an Verzierungen zu denken ist, erscheint mir nach den im Fortgang der Untersuchungen in diesem Kapitel erzielten Ergebnisse eher fraglich.

388 Die Prologe von Peris und Caccinis *L'Euridice*-Vertonungen sowie von Marco da Gaglianos *La Dafne* hat Wulf Arlt eingehend untersucht; vgl. Arlt (1986), S. 35-44.

389 So werden sie bei Arlt bezeichnet, ohne damit auf die den unterschiedlichen Modi eigenen Rezitationstöne Bezug zu nehmen; vgl. Arlt (1986), S. 38.

390 Porter (1965), S. 182-89 sowie Arlt (1986), S. 38-39.

391 Neben Porter und Arlt zuletzt auch Carter (1989), S. 148-49.

gang gefunden[392] - die ersten strophischen Variationen über dem vollständigen Modell wurden 1608 von Francesco Rasi veröffentlicht[393] - ihm muß wohl sogar eine zentrale Rolle im Zusammenhang mit den frühesten dramatischen Versuchen eingeräumt werden. Gleichzeitig könnte man argumentieren, daß die Wiederholung des letzten Verses über dem Ende des *Ruggiero*-Modells bei Corsi hier eine ähnliche Funktion erfüllt, wie in den drei anderen Prologvertonungen die instrumentalen Nachspiele bzw. Ritornelle.

Im Vergleich mit diesen strophisch angelegten Prologen sind die formalen Unterschiede sowohl im Text und als auch in der musikalischen Behandlung auffällig, die innerhalb der Opern das Auftreten von Dichtersängern kennzeichnen. Hier scheint kein vergleichbares einheitliches Schema vorgeherrscht zu haben, wie die Unterschiede zwischen den solistischen Auftritten des Sängers Orpheus in den Vertonungen von *L'Euridice* und denen des Musengottes Apollo in *La Dafne* deutlich machen: Ottavio Rinuccini sah für die Soloszenen des Orpheus in *L'Euridice* fast ausschließlich *versi toscani* und kürzere, madrigalartige Textpassagen vor; selbst in der großen Bittszene *Funeste piaggie, ombrosi orridi campi* scheidet auf Grund der Disposition des Textes für die Komponisten die Verwendung eines durchgängigen Rezitationsmodells aus, auch wenn durch die refrainartige, dreimalige Wiederholung des Verses »Lacrimate al mio pianto ombre d'inferno« die Szene in drei Abschnitte gegliedert wird.[394] Den einzigen Wechsel der Versform für die Rolle des *Orfeo* bilden die beiden *terzetti*-Strophen in dessen Freudengesang in der letzten Szene »Gioite al canto mio, selve frondose«;[395] Peri und Caccini schreiben hier zwar tänzerische *Arie* in unterschiedlichen Taktarten, doch verwenden beide an dieser Stelle einen strophischen Baß mit geringen Modifikationen zwischen den beiden Strophen, wobei auf Grund des bei *terzetti* erforderlichen überzähligen Schlußverses nach der zweiten Strophe eine im strengen Sinne strophische Form verhindert wird.[396] Die jeweils in beiden Strophen auf unterschiedliche Weise gesetzten Oberstimmen lassen erkennen, wie die zu improvisierenden Abweichungen vermutlich auch in den verschiedenen Strophen in den Prologen zu gestalten waren.

Im Unterschied zum Libretto der *Euridice* hatte Rinuccini jedoch in der *Dafne* für die zentrale Kitharoedenszene des leierspielenden Apollo in dessen Klagegesang *Non curi la mia pianta ò fiamma ò gelo* keine *versi toscani*, sondern wie im *Gioite al canto mio, selve frondose* der *Euridice* gleichfalls *terzetti*-Strophen vorgesehen. Glücklicherweise ist auch hier das entsprechende Fragment der ersten

---

[392] Einstein ging ohne Kenntnis von Rasis Stück in seinem frühen Aufsatz über die *Aria di Ruggiero* davon aus, daß diese im Bereich der Vokalmusik erstmals in d'Indias Solosammlung von 1609 nachzuweisen sei; vgl. Einstein (1912), S. 445. Noch Hudson nahm an, daß Rasis Verwendung der *Aria* 1608 in der Vokalmusik das früheste bekannte Auftreten des Modells darstelle, vgl. Richard Hudson, *Ruggiero*, NG, Bd. 16, S. 323-24.

[393] Es handelt sich um *Ahi fuggitivo ben come sì tosto* sowie *Vostro son, vostro fui e sarò vostro*, vgl. Leopold (1995), Bd. I, S. 191-94 sowie Bd. II, S. 40-41.

[394] Peri (R1969), S. 30-31; Caccini (R1976), S. 30-31.

[395] Vgl. Solerti (R1976), S. 138-39.

[396] Peri (R1969), S. 46-47; Caccini (R1976), S. 47.

Dafne-Vertonung von Peri oder Corsi erhalten, das - ähnlich den vier besprochenen Prologvertonungen - auf einem strophischen Rezitationsmodell basiert,[397] von dem wiederum nur die erste Strophe vorgegeben ist. Auch hier finden sich die gleichen prosodischen Probleme bei der Unterlegung der beiden Folgestrophen und an den Anfängen der beiden ersten Verse Deklamation auf einer Art Rezitationston, allerdings ist in diesem Fall kein anderweitig bekanntes Rezitationsmodell zu identifizieren. Ähnlich wie in Corsis Prologfassung wird auch hier der letzte Vers wiederholt, allerdings wörtlich und nicht in musikalisch neuer Gestalt - die Wiederholung könnte hier nicht nur dem strophischen Abschluß dienen, sondern am Ende auch für die Unterlegung des abschließenden Einzelverses der *terzetti* genutzt werden.

Ein entscheidender musikalischer Schritt bei der Verwendung solcher Rezitationsmodelle vollzieht sich dann in den beiden erhaltenen Mantuaner Opern der Jahre 1607 und 1608, als zunächst Claudio Monteverdi in *L'Orfeo* und wohl nach seinem Vorbild dann auch Marco da Gagliano in *La Dafne* die Gestaltung der Oberstimme nicht mehr der Improvisationskunst des ausführenden Sängers anheimstellen, sondern diese detailliert ausschreiben, in zwei der drei zu diskutierenden Beispiele darüber hinaus sogar mit den vorzutragenden Verzierungen. In *L'Orfeo* findet sich die erste dieser auskomponierten strophischen Rezitationen im Prolog der *Musica*, die zu Beginn der dritten Strophe explizit von ihrem Singen auf der *cetera d'or* spricht, sowie im Bittgesang des thrakischen Sängers *Possente spirto e formidabil nume* im dritten Akt, also an den entsprechenden Stellen, wo bereits in den Florentiner Werken auf Rezitationsmodelle zurückgegriffen worden war. Auch die Form der Textvorlagen bei Striggio stimmt mit denen in Rinuccinis Libretti überein - im Prolog sind ein weiteres Mal in ABBA-Form gereimte *endecasillabo*-Quartette vorgegeben und für den Gesang des Orpheus zur Leier erneut *terzetti*-Strophen.[398]

Die Untersuchungen von Arlt zum Prolog[399] und von Sternfeld zu *Possente spirto*[400] haben gezeigt, daß Monteverdi in beiden Fällen auf ähnliche, aber nicht ganz identische Weise vorging: Die im Prinzip in allen Strophen zugrundeliegende Baßlinie wird im Prolog nicht unverändert beibehalten, sondern - Arlt spricht von einem »großzügigeren Umgang mit den Rahmenbedingungen eines Modells«[401] - entweder an zahlreichen Stellen entsprechend den Erfordernissen einer am Wortausdruck orientierten Deklamation in der Singstimme rhythmisch gedehnt bzw. verkürzt und zuweilen auch melodisch abgewandelt - hiervon sind allerdings die Kadenzformeln zumeist ausgenommen, wenn man von dem wortausdeutenden Abbrechen inmitten der Kadenz am Ende der letzten Strophe absieht, wo auch musikalisch das Anhalten des Laufs der Dinge angezeigt werden soll. Dagegen stimmen in den ersten drei Strophen des *Possente spirto* die

[397] Vgl. hierzu Ghisi (R1970), S. 35 sowie Porter (1965), S. 181-82.
[398] Vgl. Solerti (R1976), S. 246 sowie S. 260-61.
[399] Arlt (1986), S. 44-50.
[400] Sternfeld (1993), S. 164-71.
[401] Arlt (1986), S. 44.

verwendeten Tonstufen im Baß gänzlich überein, doch gehen die rhythmischen Dehnungen zahlreicher Töne so weit, daß der Baß als eigenes melodisches Gebilde kaum mehr in seiner strophischen Anlage zu erkennen ist; Sternfeld spricht deshalb mit Hinblick auf den zugrundeliegenden Baß nur von »schematic outline« an Stelle eines klar definierten Modells und verweist darauf, daß dieser Modellumriß einige Übereinstimmungen mit dem Modell des *Passamezzo antico* besitzt.[402] Auch in der Behandlung der Gesangsstimme sind signifikante Unterschiede zu konstatieren: Wie die Gegenüberstellung der fünf Strophenanfänge des Prologs bei Arlt zeigt, betreffen die Abweichungen zwischen den Strophen in der Singstimme vor allem die Gestaltung der Versanfänge, während die Schlußwendungen - wenn überhaupt - weitaus weniger differieren.[403] Während in den Prologstrophen des *Orfeo* ausschließlich syllabische Deklamation bestimmend ist - es sind keinerlei Verzierungen im Vokalpart notiert - hat Monteverdi im *Possente spirto* bekanntlich zwei Versionen der Gesangsstimme abgedruckt - einmal die unverzierte und darunter eine mit zahlreichen Diminutionen versehene höchst virtuose Fassung. In der unverzierten Version weichen die ersten drei Strophen in der melodischen Gestaltung kaum mehr voneinander ab als bei der Vertonung der Prologstrophen, doch führen in der ausgezierten Fassung die sehr sorgfältig voneinander abgehobenen Verzierungsvarianten innerhalb jeder Strophe dazu, daß der strophische Charakter noch weit mehr als bereits durch die überdehnte Rhythmisierung der Baßstimme verschleiert wird.

Die verschiedenen Strophen sind in beiden Kompositionen durch Instrumentalritornelle voneinander abgesetzt, wobei im Prolog das vollständige Ritornell nur Verwendung findet, um als äußerer Rahmen die Komposition zu umschließen, während zwischen den Strophen vier Mal das um die Anfangsmensur verkürzte Ritornell erklingt, das damit tonartlich den Schluß der Strophen auf der Dominante aufgreift und seinerseits in die Grundtonart d-Moll zurückführt. Im *Possente spirto* hingegen wechselt von Strophe zu Strophe nicht nur jeweils die instrumentale Besetzung - zunächst zwei Violinen, dann zwei *Cornetti*, eine *Arpa doppia* und schließlich ein vierstimmiges Streicherensemble - sondern zugleich auch die melodische Gestaltung und die Art der *passaggi* in den Oberstimmen über dem jeweils aus den gleichen Gerüsttönen bestehenden Baß. Trotz der bei der Gestaltung des Vokalparts festgestellten Tendenzen einer Verschleierung der strophischen Anlage des *Possente spirto* erlaubt der Wechsel in der Instrumentation eine Wahrnehmung der strophischen Form.

Innerhalb des *Orfeo* heben sich die beiden trotz einer ganz ähnlichen formalen Grunddisposition so unterschiedlich ausgeführten Szenen noch einmal deutlich von der Art der musikalischen Gestaltung von strophischen Formen an anderen Stellen ab, die weniger in der Tradition der Rezitationsmodelle als vor dem Hintergrund der strophischen Liedtradition zu sehen sind: Unter den vielfältigen musikalischen Formen, die für die Titelfigur im Verlauf der Handlung vorgese-

---

402 Sternfeld (1993), S. 169-70.
403 Arlt (1986), S. 46-47.

hen sind, findet sich auch ein derartiges Strophenlied, sein Lob an die Leier *Qual onor di te fia degno* im 4. Akt, dem eine wenig gebräuchliche strophische Textform (8 7 7 11) zugrunde liegt.[404] Im Unterschied zu Prolog und *Possente spirto* bleibt hier der in Viertelbewegung fortschreitende Baß - der das Ausschreiten des Orpheus darstellen mag - in den drei von leicht variierten Ritornellen unterbrochenen Strophen unverändert, doch stellt der Sänger unter Beweis, daß er selbst bei einem derart unregelmäßig gebauten Lied auf kunstvolle Weise korrekt zu deklamieren versteht. So variiert er die Gesangslinie entsprechend den prosodischen Erfordernissen von Strophe zu Strophe und fügt zudem noch verschiedene, wortausdeutende Verzierungen ein. Von diesen strophischen Variationen des *Orfeo* über einem tatsächlich gleichbleibenden Baß hat Monteverdi eine weitere, und zwar die kunstloseste stilistische Ebene innnerhalb der strophischen Gesänge des *Orfeo* noch einmal deutlich abgesetzt, hier ist ein Strophenlied wie das *Mira ch'a se n'alletta* eines Schäfers im zweiten Akt zu nennen, wo nicht einmal in der ersten Strophe sprachliche und musikalische Akzente übereinstimmen und auch in der zweiten Strophe bei nur einem einzigen, allerdings auch noch scheiternden Versuch improvisierender Korrektur der Deklamation Baß und Melodielinie im wesentlichen unverändert bleiben - ähnliches charakterisiert dann auch die anschließenden Duettstrophen zweier Schäfer. Eine Beantwortung der Frage, warum Monteverdi über den Wunsch nach bloßer Abwechslung hinaus bei der musikalischen Gestaltung strophischer Formen im *Orfeo* auf so sorgfältige Weise verschiedene Ebenen durch die Verwendung unterschiedlicher musikalischer Mittel differenziert hat, wird allerdings hier noch nicht deutlich und kann erst im weiteren Verlauf dieser Untersuchung beantwortet werden.

Monteverdi war nicht gänzlich voraussetzungslos bei der Verwendung auskomponierter strophischer Variationsformen, einerseits dürfte vieles aus der bis dahin nicht aufgeschriebenen Praxis der Improvisation über Modellen oder auch aus der konkreten Arbeit mit Sängern hier eingeflossen sein, doch hatte es bereits in der vokalen Kammermusik vor dem *Orfeo* vereinzelt zaghafte Versuche in dieser Richtung gegeben. Während *ottavarima*-Strophen, *sonetti* und reine *endecasillabo*-Strophen bis zum Jahre 1607 nach derzeitigem Wissensstand im gedruckten solistischen Repertoire nur in durchkomponierter, strophischer oder auch kombiniert strophischer und durchkomponierter, aber nicht in strophisch variierender Form veröffentlicht worden waren[405] und Vertonungen von *terzetti* wie auch *settenario*-Strophen noch gänzlich fehlten,[406] lassen sich nur zwei Beispiele für strophische Variation überhaupt nachweisen,[407] und zwar handelt es sich um zwei *Arie* aus Giulio Caccinis *Le Nuove Musiche* von 1602 - die als *Aria quarta* abgedruckte Canzonenstrophe *Fere selvaggie, che per monti errate*

[404] Leopold hat im gesamten solistischen Repertoire nur sechs solcher Texte aufgelistet, darunter gleichfalls aus dem Jahre 1607 Boninis *O felici antri caverne*; vgl. Leopold (1995), Bd. II, S. 310, Katalognummern 2925-30.

[405] Leopold (1995), Bd. II, S. 167, 176, und 244.

[406] Leopold (1995), Bd. II, S. 183 und 228

[407] Leopold (1995), Bd. II, S. 190 und S. 300; Katalognummern 1336 und 2844.

auf einen Text von Cini und die *Aria quinta* mit der Textform 7s 7 11s 11 5 über Chiabreras *Ard' il mio petto misero.*[408] Es ist auffällig, daß hier keine jener klassischen Strophenformen benutzt werden, die mit der älteren Rezitationspraxis in Zusammenhang standen, sondern solche Arientexten, die Caccini selbst im Vorwort seiner Veröffentlichung letztlich auf die Tradition der »Canzonette per lo più di parole vili« zurückführte. Allerdings hätten die neuartigen, von diesem älteren Typus durchaus verschiedenen »canzonette di misure varie di versi« etwa von Gabriello Chiabrera[409] neuartige musikalische Möglichkeiten eröffnet, »prestandomi egli grande occasione d'andar variando«.[410] So handelt es sich auch im Falle von *Ard' il mio petto misero* weniger um Deklamation über einem Rezitationsmodell als um ein rhythmisch gebundenes Strophenlied, bei dem die ersten beiden Strophen nur in deklamatorischen Details und den geänderten Verzierungen für den abschließenden *quinario* voneinander abweichen, während in der dritten Strophe durch den Einschub von Wiederholungen der beiden Schlußverse das Strophenmodell aufgebrochen und erst beim Wiederaufgreifen des abschliessenden *quinario* »E tigr'e d'orso« mit der Weiterführung der in den ersten Strophen vorgestellten Baßlinie zu Ende geführt wird.[411] Bei *Fere selvaggie, che per monti errate* hat Caccini die vier Strophen jeweils in zwei Abschnitten vertont, deren erster Teil wie ein einfaches Strophenlied mit nur geringfügigen Abweichungen behandelt ist, wohingegen der zweite, jeweils zu wiederholende Abschnitt in den vier Strophen zwar aus einem gemeinsamen Modell hergeleitet werden kann, allerdings durchgängig in der Gesangslinie wie auch in der Be-

---

[408] In der *Aria Prima ›Io parto amati lumi‹* sind die fünf Strophen auf unterschiedliche Weise vertont worden, die anderen Arien des Bandes sind dagegen Strophenlieder, abgesehen von der *Aria Ultima ›Chi mi confort', ahimè, chi più consolami‹*, deren erste vier *stanze* strophisch konzipiert sind, während die abschließende fünfte *stanza* eine ausgeschriebene Variante der ersten Strophe mit zum Teil deutlichen melodischen Abweichungen auch im Basso darstellt. Allerdings gibt Caccini in seinem Vorwort auch ein Beispiel für die Verwendung des Romanesca-Modells, das ausdrücklich als *Aria di Romanesca* in den Noten wie auch im fortlaufenden Text bezeichnet ist; jedoch sind nur die ersten beiden *endecasillabi* von Bernardo Tassos *ottavarima*-Strophe *Ahi dispietato amor, come consenti* über dem Modell mit ihren zahlreichen Verzierungen wiedergegeben, doch fehlt das vollständige Stück sowohl in Caccinis Druck von 1602 wie auch in dem von 1614; vgl. Caccini (^{2}1982), S. 54-55, dort vor allem die Fußnoten 43-44. Die Textvorlage Tassos ist mehrfach im Repertoire vertreten, so in fünfstimmigen Versionen 1558 bei Hubert Waelrant (NV 2958), 1563 bei Biagio Pesciolini (NV 2188), 1583 bei Maddalena Casulana de Mezari (NV 516) und 1584 bei Giuseppe Guami (NV 1304) sowie in sechsstimmiger Fassung 1571 bei Alessandro Striggio (NV 2683); Einstein ist kurz auf die besondere Behandlung der ungewöhnlichen »sesta parte si placet« in Striggios Vertonung eingegangen, die in höchst kunstvoller Weise einen jeweils unterschiedlich rhythmisierten, aufsteigenden und anschließend wieder absteigenden Hexachord dem ansonsten vollständigen fünfstimmigen Satz hinzufügt; vgl. Einstein (^{R}1970), Bd. II, S. 765. Eine vollständige Vertonung des Textes über der *Aria di Romanesca* oder einem anderen Modell ist nicht nachgewiesen, doch spricht die Aufnahme des Ausschnitts bei Caccini dafür, daß in der Rezitationspraxis zu Beginn des Jahrhunderts solistische Improvisation über derartigen Modellen keine Seltenheit war, auch wenn diese nicht niedergeschrieben wurden.

[409] Vgl. hierzu Leopold (1995), Bd. I, S. 47-54.

[410] Alle Zitate nach Caccini (^{R}1973), zweite Seite des unpaginierten Vorworts *A i lettori.*

[411] Caccini (^{2}1982), S. 122-25; der eingeschobene Teil nach der dortigen Taktzählung von der Mitte des Taktes 46 bis zur Mitte des Taktes 53.

gleitung eine Reihe melodischer und rhythmischer Varianten aufweist, die über den Charakter eines Strophenliedes deutlich hinausweisen.[412] In beiden Fällen handelt es sich zwar im Grunde um strophische Variationsformen, doch scheint es Caccini hier weniger um die möglichst unterschiedliche Ausgestaltung eines Modells zu gehen, sondern um Experimente damit, die strophische Variationsform partiell in Richtung einer durchkomponierten Form zu durchbrechen, wie er sie in einer weiteren *Aria* der *Nuove Musiche* verwendet, der Canzonenstrophenvertonung *Io parto, amati lumi*[413]; diese ist in nach Strophen gegliederten Abschnitten durchkomponiert, die durchgängig nicht auf einer gemeinsamen musikalischen Strophenform beruhen. Insofern scheint bei Caccini nicht nur auf Grund der Textwahl, sondern auch der musikalischen Gestaltung ein anderes Interesse als bei Monteverdi vorzuliegen, der im *Prologo* wie auch im *Possente spirto* seines *Orfeo* weniger mit liedhaften Formen als primär mit deklamatorischer Freiheit innnerhalb eines zuweilen fast bis zur Unkenntlichkeit gedehnten Rezitationsmodells befaßt gewesen zu sein scheint.

Offensichtlich scheinen Monteverdis Neuerungen sehr rasch Nachahmung gefunden zu haben, denn in den Jahren nach dem *Orfeo* findet sich plötzlich eine wahre Flut von Beispielen strophischer Variationsformen in der vokalen Kammermusik wie auch in der Oper. Bereits ein Jahr später hat Marco da Gagliano die bereits in der Fassung von Corsi und Peri vorgestellten *terzetti*-Strophen des Apollo *Non curi la mia pianta o fiamma o gelo* in *La Dafne* auf eine in mehrfacher Hinsicht Monteverdis *Possente spirto* vergleichbare Weise vertont: Zwar sind die Instrumentalritornelle auf drei Streicherakkorde zusammengeschrumpft, denen aber umso größere szenische Wirkung beizumessen war, als mit ihnen – wie bereits dargestellt – die Illusion erzeugt werden sollte, Apollo spiele selbst auf seiner *Lira da braccio.* Doch ähnelt die Behandlung des Strophenmodells prinzipiell derjenigen im *Possente spirto,* auch wenn dieses bei Marco da Gagliano vor allem in der Baßlinie innerhalb weitaus engerer Grenzen rhythmisch modifiziert wird und somit als wirkliches Modell und nicht wie bei Monteverdi als bloßer Modellumriß kenntlich bleibt. Eine weitere Parallele zur Szene des *Orfeo* liegt in der detaillierten Notierung der kaum weniger virtuosen Verzierungen für den Gesang des Apollo; allerdings kann Gagliano auf die Gegenüberstellung einer verzierten und einer unverzierten Fassung insofern verzichten, als die Diminutionen überwiegend auf einige zentrale Wörter beschränkt sind – einige der Verse kommen sogar ganz ohne *passaggi* aus. Wie in der älteren Diminutionspraxis des 16. Jahrhunderts sind hier zudem die melodischen Gerüsttöne in der Singstimme als Ausgangsnoten der Umspielungen meistens noch problemlos zu identifizieren.

---

[412] Caccini (^{2}1982), S. 126-29.

[413] Leopold (1995), Bd. II, S. 190; Katalognummer 1337.

Sigismondo d'Indias ›Cara mia cetra andianne‹

Ebenso rasch und zugleich noch nachhaltiger als in der Oper verbreitete sich die Idee strophischer Variationsformen in der vokalen Kammermusik. Den Auftakt zu zahlreichen derartigen Kompositionen, die eine wichtige Rolle bei der Entstehung der weltlichen Solokantate spielen sollten,[414] bilden die beiden bereits erwähnten Variationen über dem *Ruggiero*-Modell, die Francesco Rasi - vermutlich der Interpret der Rollen des *Orfeo* wie auch des *Apollo* bei den Mantuaner Aufführungen - 1608 in seinen *Vaghezze di musica* veröffentlichte.[415] Im Jahr darauf finden sich dann in den *Musiche ... da cantar solo* von Sigismondo d'India zwei *Arie da cantar sonetti*, eine *Aria da cantar ottave* sowie strophische Variationsformen *Sopra il basso dell'aria di Ruggiero di Napoli*, *Sopra il basso dell'aria di Genova* und *Sopra il basso della Romanesca.* Zu Beginn der gleichen Sammlung veröffentlichte d'India jedoch auch mit *Cara mia cetra andianne* eine Komposition,[416] in der zwar die Figur eines sich selbst auf seiner *cetra* begleitenden Dichtersängers im Mittelpunkt steht, die jedoch nicht in ähnlicher Weise auf einem strophischen Formmodell beruht, da es sich bei der Textvorlage um ein Madrigal handelt.

Cara mia cetra, andianne	Meine teure Leier, so gehe denn hin,
A ritrovar colei,	um jene wiederzufinden,
Ch'è mio solo desio, tuo sol oggetto.	die mein einziges Verlangen, dein einziger Gegenstand ist.
Quivi a te da le corde, a me dal petto	Dort sollen – dir aus den Saiten und mir aus der Brust –
Escan gli accenti tuoi, gl'affanni miei;	emporsteigen deine Klänge und meine Kümmernisse,
Chè pietosa armonia	da vielleicht mitleidsvolle Harmonie
Può forse impetrar pace a l'alma mia.	meiner Seele Frieden zu erbitten vermag.

Die Vertonung dieses Madrigals - der Text findet sich erstmals in einer fünfstimmigen Vertonung in Alfonso Fontanellis *Secondo Libro de Madrigali senza nome* aus dem Jahre 1604[417] - steht zweifellos nicht zufällig am Anfang von d'Indias erster Veröffentlichung mit solistischer Vokalmusik, erhebt die Textvorlage die dem instrumentalbegleiteten Sologesang zugeschriebene Wirkung doch gleichsam zum Programm. Der Dichtersänger führt hierin ein Zwiegespräch mit seinem Instrument als dem Medium, das seine innersten Gefühle in Harmonien zu kleiden und sie dadurch auszudrücken vermag. Die Parallelität

[414] Vgl. hierzu Steinheuer (1995), S. 57-58.

[415] NV 2316; es ist verwunderlich, daß Rasi, obwohl mit den *terzetti*-Vertonungen bei Monteverdi und Gagliano vertraut, die abschließende Vertonung von *terzetti* Francesco Petrarcas *Hor sò come da se'l cor si disgiunge* nicht in Form strophischer Variationen unternahm, sondern jede der drei Strophen neu komponierte.

[416] Ediert in D'India (1989), Bd. II, S. 9-10; eine eigene Edition findet sich im Notenteil, S. 496.

[417] NV 1002.

von seelischem Zustand des lyrischen Ichs und den beredten, mitleiderregenden Klängen des Instruments bestimmt die drei inhaltlich wie formal gesehen zentralen *endecasillabi* des Madrigals: Von ungestilltem Verlangen nach einer Namenlosen verzehrt, entringen sich Seufzer der bekümmerten Brust des Sängers; so sollen auch ganz analog die Klänge aus den Saiten der *cetra* emporsteigen, deren einziger Gegenstand die unerreichbare oder auch verlorene, wiederzufindende Geliebte ist.

Ein Blick auf Ripas allegorische Beschreibungen von ›desiderio‹ bzw. ›desio‹ und ›affanno‹ macht deutlich, welch extremen Zuständen das lyrische Ich offenbar ausgesetzt ist: »*Desiderio* - Donna ignuda, che habbia ad armacollo un velo di varii colori, sarà alata, & mandi fuori dal cuore una fiamma ardente«.[418] Während also das Begehren ihm im Herzen brennt und ihm Flügel verleiht, um rasch jedem verliebten Gedanken nachzueilen,[419] zerfressen ihm zugleich die Schlangen des Kummers die Brust:

> »*Affanno, Cordoglio, Rammarico* - Huomo mesto, e tutto rabbuffato, con ambe le mani s'apre il petto, e si mira il cuore circondato da diversi serpi ... Il petto aperto, & il core dalle serpi cinto, dinotano i fastidii, e travagli mondani, che sempre mordendo il cuore infondono in noi stessi veleno di rabbia, e di rancore«.[420]

Der Topos der Schlangen[421] bei Ripa dürfte unmittelbar zurückgehen auf die »amorosi vermi«, die schon bei Petrarca das Herz des Liebenden verzehrten, wie die Anfangsverse seines Sonetts »Mentre che'l cor da gli amorosi vermi / fu consumato e in fiamm' amoros' arse / ...«[422] deutlich machen. Der Dichtersänger mit seinem von Verlangen entflammten und von Kummer verzehrten Herzen kann einzig Frieden für seine Seele erhoffen durch die Macht der Musik, da es der »cetra« und der ihr entsteigenden »pietosa armonia« vielleicht gelingen könnte, die ungenannte Geliebte zu rühren und ihr Mitleid zu erwecken - ein Programm, das zweifellos den besprochenen Klagen eines Arion oder Orpheus nahesteht.

Doch dürfte der Sinn des Stückes damit nicht erschöpft sein: Die Anlage des Druckes scheint sehr sorgfältig geplant zu sein, korrespondiert diesem Eröffnungsmadrigal mit dem Bild eines von Liebesqualen gepeinigten Dichtersängers am Ende der umfangreichen Sammlung doch die Vertonung des Dialogs zu zwei Stimmen *Che fai Tirsi gentile*, in dem erneut Gesang zum zentralen Thema wird:

---

[418] Ripa (1992), S. 93.

[419] Auch das Verlangen nach Gott ist bei Ripa geflügelt; hier heißt es: »... sarà alato, per significare la prestezza con cui l'animo infervorato subitamenta vola a pensieri celesti ...«; Ripa (1992), S. 93.

[420] Ripa (1992), S. 8-9.

[421] Noch bei Heine begegnet derselbe Topos, wenn es in *Ich grolle nicht* heißt: »ich sah die Schlang, die dir am Herzen frißt / ich weiß, mein Lieb wie sehr du elend bist«.

[422] Nach einer Reihe früherer Vertonungen hat auch d'India Petrarcas Sonett in Form eines Solomadrigals vertont und in seinem vierten Buch der *Musiche* von 1621 veröffentlicht; vgl. NV 835; eine Edition des Stückes findet sich in d'India (1989), Bd. II, S. 240-42.

Zwei Schäfer[423] besingen die den Liebenden teure Rose als angemessenen Gegenstand des Singens im Frühling, da diese jene »dolcezze«[424] verströmt, die in den Schäfern die Liebe erweckt[425] – der Qual des Anfangs ist hier die Verheißung des neuen Frühlings entgegengestellt. Das einfache Lied des Schäfers Tirsi zum Lob der Rose erfährt am Ende eine unerwartete Steigerung, als Mopso bei der Wiederholung des gesamten Liedes eine zweite Stimme gleichsam improvisierend hinzufügt – es handelt sich möglicherweise um eine sehr bewußte Darstellung der Entstehung ›spontaner‹ Mehrstimmigkeit aus der Einstimmigkeit, bildet die Unterstimme doch selten mehr als einen überwiegend in der Unterterz verlaufenden *contrapunto alla mente.*

D'India hat später in seinem dritten Buch der *Musiche* von 1618 das dortige Eröffnungsstück erklärtermaßen als *Introduttione dell'Opera*[426] bezeichnet – nicht zufällig handelte es sich dabei um eine Vertonung von Petrarcas *Voi ch'ascoltate in rime sparse il suono*, da das Sonett ebenfalls programmatisch dessen *Canzoniere* eröffnet hatte. Es ist nicht unwahrscheinlich, daß d'India in ähnlicher Weise *Cara mia cetra andianne* als einen ebenfalls programmatisch zu verstehenden Prolog zu seiner Sammlung von 1609 betrachtet hat;[427] bereits Bianconi hat das Madrigal als eine »invocazione del cantore-poeta« bezeichnet.[428] Hierfür spricht auch, daß die in ihrer Ikonographie bereits zuvor beschriebene Figur des *poeta-musico laureato* auf dem Titelblatt des Druckes[429] wie eine bildliche Darstellung

---

[423] Es ist nicht unwahrscheinlich, daß auch diese beiden zur *cetra* singen, da offenbar die Schäfer des fernen Arkadiens nicht selten als Dichtersänger verstanden wurden. In einer Reihe anderer zeitgenössischer Textvorlagen wird übrigens explizit vom Gesang der Schäfer zur Leier gesprochen, so etwa in einem strophischen Duett d'Indias aus dem Jahre 1615 (NV 833), wo die erste Strophe lautet:

Sù, sù, prendi la cetra ò pastore,	Auf, auf, nimm die Leier, oh Schäfer
Meco canta d'amore.	und mit mir singe von Liebe.
Qui v'è l'aura e la piaggia fiorita,	Hier gibts ein mildes Lüftchen und blühende Hänge,
Et al suon et al canto n'invita.	die laden uns ein zum Singen und Spielen.

Der gleiche Text wurde 1626 von Albini in einer solistischen Vertonung veröffentlicht (NV 43); auch Francesco Rasis nur in der Abschrift von Albert Einstein erhaltener Dialog zwischen Sireno, Fillide und Clori beginnt mit den Worten *Prendi la cetra homai* (NV 2314). Eine ungewöhnliche Aufforderung an den Schäfer Tirsi, auf seiner Leier »in disusato stile« das Lob der Hl. Caterina zu besingen, enthält dagegen Sabbatinis *Prendi, ò Tirsi, la cetra* aus den *Canzoni spirituali* von 1640 (NV 2512) – eines von zahlreichen Beispielen, die deutlich machen, wie Motive der weltlichen Liebeslyrik in die geistliche Erbauungslyrik Eingang fanden.

[424] Zur besonderen Rolle der *dolcezza* und insbesondere der süßen Art des Gesangs vgl. die folgende Interpretation von Merulas *Su la cetra amorosa.*

[425] NV 832; eine Edition des Stückes findet sich in d'India (1989), Bd. II, S. 109-12.

[426] D'India (1989), S. XLVIII.

[427] Fabbri hat darauf hingewiesen, daß auch Giulio Santo Pietro del Negro seinem *Secondo libro* von 1614 (NV 2552) mit *Novelli accenti* ein explizites »proemio« vorangestellt hat; Fabbri (1985), S. 217. Es handelt sich um ein einfaches Strophenlied mit *quinario*-Versen, vgl. Leopold (1995), Bd. II, S. 222, Nr. 1815.

[428] Bianconi (1982), S. 16.

[429] D'India (1989), Bd. I, S. XXXV.

des Dichtersängers in *Cara mia cetra andianne* erscheint.[430] Insofern könnte die *cetra*, die darin nicht zufällig im ersten Vers auf eine offenbar nicht ganz einfache Reise geschickt wird, nicht bloß auf das Begleitinstrument des Dichtersängers, sondern überhaupt auf die Gesamtheit der Kompositionen des Bandes zu beziehen sein, die durch diesen Druck in die Welt entlassen werden - in ähnlicher Weise sollte wenig später, wie bereits erwähnt, Marino seine Dichtungen als *La Lira* und Rasi die seinen als *La cetra di sette corde* bezeichnen. Mit ihrer »pietosa armonia« soll die »cetra« seiner Solokompositionen wohl nicht nur eine ungenannte Geliebte, sondern auch die Welt zu einem günstigen Urteil bewegen, das ihrem Verfasser jenen Ruhm zu sichern vermag, von dem die auf dem Frontispiz dem *poeta laureatus* zur Seite gestellte *Fama* kündet.

Im Vorwort *Al Cortese Lettore* hat d'India zudem einige seiner kompositorischen Absichten erläutert und dafür nicht zuletzt *Cara mia cetra andianne* als modellhaftes Beispiel an erster Stelle hervorgehoben:

> »... io mi posi poi a ricercar alcune diligenze particolari per ben cantare ad una sol voce, & ritrovai che si poteva comporre nella vera maniera con intervalli non ordinarij, passando con più novità poßibili da una consonanza all'altra, secondo la varietà de i sensi delle parole, & che per questo mezo (sic) i canti havrebbono maggior affetto, & maggior forza nel mover gli affetti dell'animo di quello, c'havessero potuto operare, se fossero state composte tutte ad un modo con ordinarij movimenti, tanto più vedendo io che presso de i valent' huomini erano in poca stima quelle musiche, che seguitavano un medesimo stile con modulatione homai ordinaria cosi nel recitar la parola, come anco nel modo di passeggiare; la qual cosa causa il più delle volte questo effetto ne gli ascoltanti, che sentino un Madrigale, overo un' Aria in detto stile, pare seguitando poi di sentir sempre l'istesso. Onde in gratia d'alcuni Cavaglieri composi al mio modo il madrigale, Cara mia Cetra andianne. Riede la Primavera. Là tra le selve. Donna vorrei dir molto. & altri.; & passeggai (sic) nell'istesso tempo sul Basso dell'aria di Genova le tre ottave del Tasso, che cominciano, Sovente alhor. cosi sul Basso di Ruggier da Napoli l'aria, Vostro fui, vostro son. insieme con altri Madrigali, de quali alcuni ne hò fatto stampare in questa opera mia; & si vedrà ch'io fuggo quei passaggi ordinarij homai fatti communi«.[431]

In der Tat lassen sich in der Vertonung von *Cara mia cetra andianne* einige der hier genannten Prinzipien wiederfinden:

Sehr sorgfältig zeichnet d'India die syntaktische Struktur des Textes formal nach, indem er die ersten drei und die verbleibenden vier Verse in zwei musika-

---

[430] Obwohl d'India später selbst einige der Textvorlagen zu seinen Kompositionen selbst verfaßte, ist dies hier insofern sehr unwahrscheinlich, als das Madrigal bereits 1604 von Alfonso Fontanelli als Vorlage für ein fünfstimmiges Madrigal verwendet worden war (NV 1002).

[431] D'India (1989), Bd. I, S. XXXVII.

lischen Abschnitten vertont, von denen der zweite bei einem ersten Cursus auf der Dominate D-Dur schließt, bei der leicht variierten Wiederholung dann aber in einer recht ungewöhnlichen Wendung nach G-Dur zurückgeführt wird. Da das ganze Stück bis auf einige kleinere Verzierungen im B'-Teil durchgängig syllabisch deklamiert ist, sind es weniger die ebenfalls erwähnten ungewöhnlichen *passaggi*[432] als einige ungewöhnliche harmonische Fortschreitungen, in denen d'India seine selbstgesteckten expressiven Ziele zu verwirklichen sucht. Während der nur fünf Takte umfassende A-Teil einige wenige Durchgangsdissonanzen auf unbetonter Taktzeit aufweist, sind einige Stellen im zweiten Teil deutlich herausgehoben: Zu den »intervalli non ordinarij« dürfte neben dem Quintfall *gis-cis* mit den dazugehörigen Sextakkordverbindungen bei »Escan gli accenti tuoi« auch die auffällige Kombination von Nonensprung in der Oberstimme sowie Halbtonschritt zur leittönig erhöhten vierten Stufe *cis* mit anschließender Tiefalteration in der dadurch zunächst verschleierten Schlußkadenz der letzten Mensur zu rechnen sein. Ungewöhnlich dann vor allem der Wechsel des dominantischen D-Dur nach g-Moll statt G-Dur an zentraler Stelle auf »Che pietosa armonia« mit der anschließenden hoffnungsvollen Aufhellung der ›Molltrübung‹ durch Hochalteration der Terz auf der ersten Silbe des »forse«, wonach der regelwidrige Quintfall in die Septime in der Oberstimme bei »alma« - allerdings nur im B-Teil, bei der Wiederholung wurde die Stelle geglättet - ein vergleichsweise geringes Gewicht zu erhalten scheint. Irritierend und ebenfalls nicht gewöhnlich sind einige ganz offensichtlich beabsichtigte Akzentverschiebungen im melodischen Duktus gegenüber regelgerechter Deklamation - so die Dehnungen auf unbetonten Silben bei »cord**e, a**« und »**af**fanni« oder auch »pac**e a**«, im letzten Fall allerdings im B'-Teil korrigiert. Es sind derartige, vom Gewohnten abweichende musikalische Mittel, mit denen d'India jene Klänge zu schaffen versucht, die in der Lage sein sollen, Mitleid zu erregen und den Seelenfrieden des unglücklichen Dichtersängers zu ermöglichen.

Marino und Monteverdi: ›Tempro la cetra e per cantar gli honori‹

In ähnlicher Weise wie d'India mit *Cara mia cetra andianne* und dann noch einmal mit Petrarcas *Voi ch'ascoltate in rime sparse il suono* hat zehn Jahre später auch Claudio Monteverdi seinem siebten Madrigalbuch eine Art musikalischen Prolog vorangestellt,[433] worin - vergleichbar den besprochenen Prologen von Ovidio, Musica und Tragedia in der frühen Oper - auch in musikalischer Hinsicht wichtige, das nachfolgende Werk betreffende Aussagen gemacht werden

---

[432] Solche finden sich etwa in *Da l'onde del mio pianto a dietro volti*, das in dieser Arbeit im Abschnitt über *Verkehrte Welt* besprochen ist.

[433] MGA, Bd. VII, S. 1-7; eine Edition mit gegenüber Malipiero z.T. wesentlich abweichenden Mensuranordnungen ist im Notenteil abgedruckt, S. 497-502.

konnten. Monteverdi wählt als Textvorlage[434] ein höchst komplexes Sonett von Giovan Battista Marino, das seinerseits den programmatischen *proemio* des dritten Teils seiner Sammlung *La Lira*[435] gebildet hatte:

Tempro la cetra, e per cantar gli honori	Ich stimme die Leier, und um den Ruhm zu besingen
Di Marte, alzo talhor lo stile, e i carmi;	des Mars, heb ich zuweilen an den Stil und die Lieder;
Ma invan la tento, et impossibil parmi,	doch vergebens ist der Versuch, unmöglich scheint mir,
Ch'ella giamai risoni altro ch'Amori.[436]	daß sie jemals wiederhalle von anderm als Liebe.[437]
Così pur trà l'arene, e pur tra' fiori,	So kehrt doch an die Gestade und unter die Blumen
Note[438] amorose Amor torna à dettarmi;	Amor zurück, mir Töne der Liebe aufzuerlegen,
Nè vuol ch'io prenda ancora à cantar d'armi,	und duldet es nicht, daß ich von Waffen noch singe,
Se non di quelle, ond'egli impiaga i cori.	außer von jenen, mit denen er die Herzen verwundet.
Hor l'humil plettro à[439] i rozzi accenti indegni,	Das niedere Plektron mit rauhem, unwürdigem Singen
Musa, qual dianzi, accorda, infin ch'al vanto[440]	bring, Muse, wie vorher in Einklang, daß dich des Ruhms
De la tromba[441] sublime, il Ciel ti degni.	der erhabenen Trompete der Himmel für wert erachte.
Riedi[442] à i teneri scherzi; e dolce intanto	So kehre zurück zum zarten Scherzen; derweil soll süß
Lo Dio guerrier, temprando i feri sdegni,[443]	der Kriegsgott, das grimmige Wüten mäßigend,
In grembo à Citherea, dorma al tuo canto.	im Schoß der Venus schlafen bei deinem Gesang.

Thema von Marinos Sonett ist wie in d'Indias Madrigal der Gesang, doch steht hier nicht so sehr die Fähigkeit der Musik, die Affekte zu bewegen, im Mittelpunkt als vielmehr die Frage nach dem *aptum*, dem angemessenen Gegenstand

[434] Die in Monteverdis Druck von 1619 anzutreffenden Änderungen gegenüber Marinos Version sind jeweils an den betreffenden Stellen in Fußnoten angegeben.

[435] Vgl. Pirotta (1984), S. 304.

[436] Malipiero ersetzt »Amori« durch »amore«.

[437] Mit »Amori« ist an dieser Stelle nicht nur die Liebe gemeint, sondern auch die mit »Amori« überschriebenen Liebeslieder, als deren erstes das vorliegende Sonett im dritten Teil von Marinos *Lira* gedruckt ist

[438] In Monteverdis Druck heißt es ebenso wie bei Malipiero »nott'amorose«.

[439] In Monteverdis Druck steht ebenso wie bei Malipiero »e i« statt »a i«.

[440] Monteverdi und Malipiero ersetzen »vanto« durch »canto«.

[441] Monteverdi ersetzt an dieser Stelle »tromba« durch »lira«; der Abschluß des zweiten Terzetts erhält durch diese und die vorangegangene Änderung eine andere Bedeutung, würde die Übersetzung doch etwa lauten: »..., daß dich des Gesangs der erhabenen Leier der Himmel für wert erachte.« Der mögliche Sinn einer ›lira sublime‹ ist nach dem eingestandenen Scheitern entsprechender Bemühungen in der ersten Strophe einigermaßen obskur, doch könnte in dieser Änderung zumindest eine Erklärung dafür zu sehen sein, daß Monteverdi in seiner Vertonung keine Differenzierung der in der Vorlage diskutierten Stilebenen versucht hat.

[442] Monteverdi wie auch Malipiero ersetzen »Riedi« durch »Riede«.

[443] Malipiero ersetzt »sdegni« durch »segni«.

der zur *cetra* gesungenen Dichtung. In *Cara mia cetra andianne* war unumstritten die Liebe noch als »sol oggetto« der »cetra« definiert worden, ganz in Übereinstimmung mit der bei Ripa angetroffenen sinnbildlichen Zuordnung der *cetra* zur lyrischen Dichtung. Bei Marino wird hingegen in den beiden *quartetti* ein Konflikt formuliert: Der Dichtersänger schickt sich an, den Bereich der Liebeslyrik als den angemessenen Gegenstand des Gesangs zur Leier zu verlassen, und ein eigentlich dem Bereich der *poesia eroica* vorbehaltenes Sujet - den Ruhm des Kriegsgottes Mars - in heroischen Liedern zu besingen und deshalb auch mit einer diesem erhabeneren Gegenstand entsprechenden höheren Stilebene zu experimentieren - »alzo talhor lo stile, e i carmi«. Doch scheitert der Versuch, da es unmöglich erscheint, das Unvereinbare miteinander zu verbinden, und die Leier von anderem als von Liebe wiederhallen zu lassen.[444] So kehrt der fast schon um seine Rechte betrogene Amor zurück und diktiert dem Sänger erneut »note amorose«. Weitere Versuche mit heroischen Themen jedoch will der Liebesgott nicht zulassen, ausgenommen einen bestimmten Typus ›heroischer‹ Liebeslyrik, die von den die Herzen verwundenden Waffen Amors, also vom Liebeskrieg, handelt.

So bittet der Sänger im ersten *terzetto* die Muse, seine Stimme und sein Instrument - die hier beide in einem doppelten Bescheidenheitstopos[445] (»humile« / »rozzo«) metaphorisch mit der *poesia amorosa* identifiziert werden[446] - wieder in Einklang zu bringen, damit die *poesia amorosa* dieser besonderen Art der Verbindung mit der *poesia heroica* - hier wie auch bei Ripa metaphorisch durch die *tromba sublime*[447] vertreten - für Wert erachtet werde. Die Liebeslyrik selbst soll also - so Marinos programmatischer Entwurf - zu dem bislang der heroischen Poesie vorbehaltenen Rang erhöht werden. Das Gelingen solch einer zunächst fast paradox erscheinenden Vereinigung von Krieg und Liebe, von heroischer Dichtung und Liebeslyrik, von erhabenem und süßem Stil wird dann im zweiten Terzett beschworen in dem abschließenden Bild des von der Liebe in

---

[444] Damit steht die ganze erste Strophe von Marinos Sonett in bewußter Nachfolge der antiken Anakreontika, wie sie noch zweihundert Jahre später in Franz Schuberts vermutlich 1822 oder 1823 zu datierendem Lied *An die Leier (Alla cetra)* op. 56,2 / D 737 Nachahmung fand, wo es in der von Franz von Bruchmann besorgten deutschen Übersetzung einer anonymen griechischen Vorlage in ganz entsprechender Weise heißt: »Ich will von Atreus Söhnen / von Kadmus will ich singen! / Doch meine Saiten tönen / nur Liebe im Erklingen. / Ich tauschte um die Saiten, / die Leier möcht ich tauschen / Alcidens Siegesschreiten / sollt' ihrer Macht entrauschen! / Doch auch die Saiten tönen / nur Liebe im Erklingen. / So lebt denn wohl, Heroen, denn meine Saiten tönen / statt Heldensang zu drohen, / nur Liebe im Erklingen.« Zitiert nach Schubert (1982), S. 68-73.

[445] Vgl. zum Topos affektierter Bescheidenheit die Ausführungen bei Curtius, der sowohl ›humiltà‹ als Bezeugung von Unterwürfigkeit und Demut wie auch ›rusticitas‹ für die ungebildete, rohe Sprache anführt; vgl. Curtius ([10]1984), S. 93.

[446] Vgl. die Angaben zu den Stichworten ›accento‹, ›plettro‹ sowie ›poesia amorosa‹ in ATLI I (1991), S. 2, 346, 347. Auch in einem weiteren Gedicht des zweiten Bandes der *Lira* wird bei Marino die »cetra dolce e soave« mit der »poesia amorosa« identifiziert, ATLI I (1991), S. 347.

[447] Vgl. das Stichwort ›tromba‹ in ATLI I (1991), S. 453.

seiner üblichen Wut gebändigten[448] Kriegsgottes Mars, der im Schoße der Liebesgöttin Venus wohl nach der Vereinigung im Liebesakt schlafen möge, dieweil der Dichtersänger zu seiner Leier einen *canto eroico-amoroso* anstimmt.[449] Die Liebeslyrik kann insofern nun den Anspruch erheben, der erhabenen Ebene des heroischen Stils als gleichrangig betrachtet zu werden, da Venus selbst Mars, die Liebe also den Krieg, zu bändigen vermag.[450]

Monteverdi macht in seiner Widmung an die Herzogin von Mantua Caterina Medici Gonzaga auf subtile Weise deutlich, welche Aufgabe seine Vertonung von Marinos Sonett am Anfang des *Settimo Libro de Madrigali* erfüllen soll, spielt er doch darin gezielt auf einige der Schlüsselbegriffe des Sonetts an:[451] Im Vergleich zu den »Concerti di Muse concertati dallo stesso Apollo«, woran die Herzogin gewöhnt sei, könne er nur »qualche rozzo suono d'humil Sampogna« bieten - einerseits knüpft Monteverdi hier an die auch in Marinos Sonett anzutreffenden Bescheidenheitstopoi der ›humilitas‹ und der ›rusticitas‹ an,[452] andererseits steht jedoch der rauhe Klang des niederen Hirteninstruments wie bei Ripa[453]

---

448 Zu den zahlreichen kunstvollen Bezügen innerhalb des Sonetts gehört die Verwendung von »temprare« in der doppelten Bedeutung von Stimmen der *cetra* (Vers 1), also von ›accordare‹ (Vers 10), und andererseits von ›mäßigen‹ im Sinne der ›temperantia‹ als mäßigendem Ausgleich zwischen Extremen.

449 Möglicherweise ist hierauf auch die zunächst irritierendste der Änderungen in Monteverdis Druckfassung von 1619 gegenüber dem Wortlaut von Marinos Sonett zurückzuführen, wo nun in der dritten Strophe statt »vanto della tromba sublime« vom »canto della lira sublime« gesprochen wird - die ›erhabene Leier‹ könnte bereits an dieser Stelle als Metapher für einen *canto eroico-amoroso* verstanden werden, doch ist ein unmittelbarer Beweggrund für die Textänderung nicht zu erkennen. Weiterhin ist unklar, ob Monteverdi selbst mit Absicht diese Änderung vorgenommen hat oder ob vielleicht eher Bartolomeo Magni eine ungenaue Arbeit bei der Drucklegung unterlaufen ist.

450 Föcking hat darauf hingewiesen, daß Marino an anderer Stelle Venus explizit als Schutzgöttin des Friedens besungen hat; Föcking (1994), S. 276. Marc Föcking verdanke ich auch die briefliche Klärung einiger Fragen im Zusammenhang mit Wortlaut und Bedeutung einzelner Stellen von Marinos Sonett, die in meine Darstellung Eingang gefunden haben.

451 Auf die Verbindung zwischen *Tempro la cetra* und der Widmung des siebten Madrigalbuches im Zusammenhang mit der bei Marino angesprochenen Stilhöhenproblematik hat erstmals Fabbri hingewiesen, auch wenn er fälschlicherweise von der Identität eines »stile umile« mit einer »mediocritas lirica ed erotica« ausgeht; tatsächlich ist jedoch eine *mediocritas* als Stilebene der Liebeslyrik gemeint, die hier nur im Hinblick auf den erhabenen Stil der heroischen Dichtkunst metaphorisch als »umil plettro« bezeichnet ist; ein *stile umile* würde dagegen der gebotenen Stilhöhe der *poesia amorosa* als mittlerem Stil widersprechen; vgl. Fabbri (1985), S. 218.

452 Vgl. Curtius ([10]1984), S. 93.

453 Bei Ripa können anstelle der *zampogna* auch *fistula* und Panflöte stehen; vgl. hierzu Ripa (1992), S. 145, 357; welches konkrete Instrument in zeitgenössischen Texten mit den unterschiedlichen Namen bezeichnet ist, ist in ähnlicher Weise uneinheitlich wie bei *cetra* und *lira*. Adriano Banchieri wählte etwa für eine Sitzung der *Accademia dei Filomusi* am 14. November 1625 den Titel *La sampogna musicale* und macht im gedruckten Text deutlich, daß er mit diesem Namen die Panflöte bezeichnet; vgl. Mischiati (1971), S. 129. Ähnliches dürfte für die im Jahre 1623 von Pellegrino Possenti veröffentlichte Sammlung mit weltlicher Vokalmusik für 1-3 Stimmen gelten, wie der Titel *Canora Sampogna / Composta di Sette Canne Musicali* ... nahelegt (NV 2260). In der aus Marinos *Sampogna* stammenden Klage des Pan über die Verwandlung der Syrinx, die beginnend mit den Versen *Uscite, ò gemiti* von G.G. Arrigoni vertont wurde, wird das neugefundene Instrument des

und Marino[454] zugleich als Sinnbild für die niedrigste unter den drei klassischen Stilebenen, die traditionell der Schäferdichtung oder der Komödie angemessen ist. Pastorale Textvorlagen sind in der Tat im 7. Madrigalbuch von besonderer Bedeutung und Monteverdis Sammlung stellt insofern tatsächlich eher eine *zampogna* als eine *cetra* dar - nicht zufällig schließt sie deshalb auch mit dem ›ballo pastorale‹ *Tirsi e Clori*. Allerdings waren im ländlichen Arkadien angesiedelte pastorale Themen seit Giovanni Battista Guarinis Theorie der pastoralen Tragikomödie gerade als Gegenstände einer mittleren Gattung zwischen Tragödie und Komödie nobilitiert worden.[455]

Im Gegensatz zu der nur dem Anschein nach niederen Thematik und einem derselben eigentlich angemessenen *stile umile* wünscht Monteverdi im Hinblick auf die in seinem Druck enthaltenen Werke, »fossero le parole di queste mie debolezze, tante Lingue faconde, & tante penne eloquenti le note, che Celebrassero, in qualche parte le virtù Heroiche dell'A. A. V. V. Serenissima ...«.[456] Ein Seitenblick auf Ripas Definition der *Virtù heroica* läßt deutlich werden, was Monteverdi hier im Sinn gehabt haben könnte, benennt Ripa doch die drei dem Herkules zugeschriebenen heroischen Tugenden wie folgt:

> »La prima è la moderatione dell'Ira. La seconda, la temperanza dell'Avaritia: L'altra, è il generoso sprezzamento delle delitie, e dei piaceri, e però dicesi che la virtù heroica dell'huomo, è quando la ragione hà sottoposti gli affetti sensitivi«.[457]

Ripas Begriffsbestimmung macht deutlich, daß in diesem Sinne nicht nur ein Kriegsheld heroischer Tugend fähig ist, sondern gleichfalls eine Regentin.

Der Markuskapellmeister versteht offenbar - in einer noch präziser zu bestimmenden Weise als bei d'India - die Figur des Dichtersängers zu Beginn seines Druckes als eine Art musikalisches Selbstporträt, worin er sich - wie schon explizit in der Widmung - in ostentativer Bescheidenheit darstellt als überfordert von der Aufgabe, das Lob der heroischen Tugenden der Widmungsträgerin angemessen in musikalischer Form zu besingen - doch soll selbst seine »sampogna umile«, wenn auch nur recht unbestimmt »in qualche parte«, zu ihrem Lob beitragen. Ähnlich wie Marino seine Liebeslyrik in den Rang heroischer Poesie erhoben sehen wollte, so auch Monteverdi seine Kompositionen zu überwiegend pastoralen Themen - seine »humil sampogna« - in den Rang von Musik auf einer

---

Hirtengottes hingegen als »fistula« bezeichnet. Die Anfang der Komposition von Marenzios *Strider faceva le zampogne a l'aure* aus dem zweiten Madrigalbuch von 1581 macht auf Grund des bordunartig ausgehaltenen *Basso* und der darüber parallel geführten Oberstimmen deutlich, daß Marenzio einen Dudelsack oder eine Drehleier nachahmen wollte (NV 1608).

[454] Vgl. das Stichwort *zampogna* in ATLI I (1991), S. 487; Marino hat zudem eine weitere seiner Gedichtsammlungen unter dem Titel *La Sampogna* veröffentlicht.

[455] Vgl. Steinheuer (1990), S. 23-25.

[456] MGA, Bd. VII, zweite der unpaginierten Seiten zu Beginn.

[457] Ripa (1992), S. 473-74.

höheren, wenn auch noch nicht heroischen Stilebene.[458] So gesehen erscheint auch der Schlußvers »Che sovra te sovente alzi te stesso« des zwischen Widmung und *Tempro la cetra* abgedruckten panegyrischen Sonetts eines unbekannten Autors, der seinerseits Marinos Verb ›alzare‹ aus dem zweiten Vers des Sonetts bewußt aufgreift, in der Erhöhung des sich selbst erniedrigenden Komponisten als Bestandteil eines beziehungsreichen Spiels von Bescheidenheitsgestus und Lobesabsicht, das den gesamten Beginn des siebten Madrigalbuchs kennzeichnet.

Diese auch durch den Vergleich zu d'Indias parallelen Kompositionen gestützte Deutung von *Tempro la cetra* als einem ganz bewußt konzipierten Prolog oder Proömium zum siebten Madrigalbuch[459] läßt Strohms Vermutung unwahrscheinlich werden, es könne sich dabei ähnlich wie bei dem Auftritt des *Poeta* in der *Introduttione al ballo* um den Auftakt zu einem nicht mehr erhaltenen höfischen *ballo* gehandelt haben[460] - dem steht zudem entgegen, daß Marinos auch in der *Lira* an prominenter Stelle veröffentlichtes Sonett als höchst kunstvolles, in sich abgeschlossenes Gedicht sicherlich weder ein fragmentarischer oder ergänzungsbedürftiger, noch auch nur ansatzweise ein dramatische Darstellung erfordernder Charakter anhaftete. Strohm vernachlässigt außerdem gänzlich Überlegungen zum Inhalt der Texte, spätestens hier wäre deutlich geworden, daß in den erhaltenen *Balli* Monteverdis bereits die gesungenen Texte explizit auf den Tanz verweisen - dies gilt gleichermaßen für *Tirsi e Clori*, die *Introduttione al ballo e ballo* wie auch für den *Ballo delle Ingrate*.

In seiner Vertonung von Marinos Versen greift Monteverdi mit der Wahl eines strophischen Variationsmodells mit Ritornellen erneut jene Form auf, die so häufig bei strophisch angelegten Texten als musikalischer Topos für die Figur von Dichtersängern und vergleichbaren allegorischen Gestalten verwendet worden war und die Monteverdi selbst bereits in *L'Orfeo* im Prolog und im *Possente*

---

[458] Eine ähnliche Idee findet sich zu Beginn der zweiten Terzine eines *Sonetto in sdrucciolo*, das Martino Pesenti in einer dreistimmigen Version 1647 in seinen *Capricci stravaganti* (NV 2198) unter dem Titel *La Sampogna* veröffentlicht hat: »Fiorillo se i Pastor d'arcadia cantano / Come fai tu senz'alcun dubbio cedono / Alle selve i licei dove risiedono / Mastri ch'el canto d'insegnar si vantano. // Al suon de la sampogna tua si schiantano / Le piante per seguirti indietro riedono / I giorni di saturno e già si vedono / Ricchi i monti che d'or fin s'amantano // Le serpi del veneno si disarmano / Le tigri ircane ogni fierezza lassano / E i lupi con gli agnelli insieme pascono // Quindi gli allori l'alte cime abbassano / Per coronarti e sol per te risparmano / Le muse tutti i fior che in pindo nascono« (zitiert nach dem Originaldruck). Durch das Spiel auf der Zampogna, das von den beiden Oberstimmen in immer gleichen Wendungen imitiert wird, erreicht der Schäfer, daß schließlich sogar die eigentlich der heroischen Dichtung vorbehaltenen Lorbeerbäume sich von der ihnen angemessenen hohen Ebene erniedrigen (sie ›neigen die hohen Wipfel herab‹), um ihn mit dem Lorbeerkranz zu krönen - auch hier wird die durch die *zampogna* repräsentierte *poesia pastorale* gleichsam in einen höheren, ihr eigentlich unangemessenen Rang erhoben.

[459] Bereits Tomlinson hat die Meinung vertreten, Monteverdi habe Marinos Verse nur fünf Jahre nach deren Erscheinen »set to music in the guise of an operatic prologue complete with instrumental *sinfonie* and ritornelli«, ohne allerdings den Sinn des Textes mit seiner Stilhöhenproblematik noch die daraus resultierende eigentliche Bedeutung als ›Prolog‹ des 7. Madrigalbuches zu verstehen; Tomlinson (1987), S. 165.

[460] Strohm (1967), S. 363-64; Strohms Auffassung wird auch von Bianconi geteilt, vgl. Bianconi (1982), S.18, wo *Tempro la cetra* explizit als »introduzione a ballo« bezeichnet wird.

spirto eingesetzt hatte. Die musikalische Gestaltung von *Tempro la cetra*[461] steht gewissermaßen zwischen diesen beiden anderen Kompositionen - mit beiden verbindet sie die unterschiedliche rhythmische Dehnung oder Verkürzung der Töne des Baßmodells, das hier allerdings an einigen Stellen in den Strophen leicht voneinander abweicht - so fehlt etwa im zweiten *quartetto* der vierzehnte Ton ganz und der sechzehnte als vierte Stufe innerhalb der Schlußkadenz ist durch Kreuzvorzeichnung zum *cis* alteriert. Die variable melodische Handhabung der Oberstimme in den Strophen ähnelt wie auch die Notierung von Verzierungen dann eher dem Verfahren in *Possente spirto*, auch wenn in diesem Fall die *passaggi* - ähnlich wie bei der Klage des Apoll in Marco da Gaglianos *La Dafne* - auf Schlüsselwörter beschränkt sind und nicht selten auch ganze Verse aussparen. Eher mit dem Prolog der *Musica* teilt *Tempro la cetra* dagegen die klare Gliederung durch einen hier als *Sinfonia* bezeichneten Instrumentalsatz, der vollständig zweimal vor und nach der Rezitation der Verse des Dichtersängers erklingt, jedoch - ähnlich wie in *Dal mio permesso amato a voi ne vegno* - nur in hier auf das letzte Drittel verkürzter Form zwischen den vier Strophen aufgenommen wird - im Unterschied zum *Orfeo*-Prolog geht damit in *Tempro la cetra* allerdings kein Tonartenwechsel einher.

Keinerlei Parallele zu den beiden genannten Kompositionen weist jedoch die Hinzufügung eines neuen Instrumentalsatzes auf, der nach dem Vortrag des vollständigen Sonetts vor der aus Symmetriegründen erforderlichen Wiederholung der abschließenden Sinfonia eingeschoben ist. Dieser selbst noch einmal zu wiederholende Einschub entspricht von seinem parallel zu den vorangegangenen Strophen zu sehenden formalen Status her einer zusätzlichen ›Strophe‹ oder eher noch einem zusätzlichen ›Lied‹ des Dichtersängers. Diese Deutung gewinnt noch mehr Plausibilität, wenn berücksichtigt wird, daß *Sinfonia* und *Ritornelli* wohl auch in diesem Fall - ähnlich wie in *L'Orfeo*[462] und in *La Dafne* - als Streichersatz zu deuten sind und damit das Spiel des Dichtersängers auf seiner *cetra* repräsentieren. Zwar weist - wie Strohm ausgeführt hat[463] - der eingeschobene Teil etwa in Dreiertakt und punktiertem Rhythmus Ähnlichkeiten mit der *Moresca* vom Ende des *Orfeo* auf, doch ist dies allein noch kein ausreichendes Argument für einen *ballo*-artigen Charakter, verwendet Monteverdi doch ein Ritornell mit sehr ähnlichem musikalischem Gestus ein weiteres Mal zum Abschluß seiner moralischen Canzonetta *Chi vuol che m'inamori* aus der *Selva morale e spirituale*,[464] die mit Sicherheit nicht als eine ›Introdutione al ballo‹ zu verstehen sein kann. Zudem ist dort wie in *Tempro la cetra* nach der letzten Textstrophe ein neuer instrumentaler Teil vor der abschließenden Wiederholung des ersten Ritornells eingeschoben, der nach Monteverdis Angaben »serve per la fine della detta

[461] Eine detaillierte Analyse der musikalischen Form von *Tempro la cetra* hat bereits Strohm geleistet, so daß die folgenden Ausführungen sich auf einige wenige Punkte konzentrieren können; vgl. Strohm (1967).
[462] Vgl. hierzu Leopold (1986), passim.
[463] Strohm (1967), S. 360.
[464] MGA, Bd. XV/1, S. 54-58.

canzonetta«[465] und den Leopold als »instrumentale Meditation« über die im Text dargestellte Vergänglichkeit der Welt gedeutet hat.[466] In ähnlicher Weise könnte nun ebenfalls der eingeschobene Instrumentalsatz am Ende von *Tempro la cetra* zu verstehen sein als ein solches Lied, wie es der Sänger, während Mars schläft, zu Ehren von dessen Vereinigung mit Venus erklingen läßt, die am Ende von Marinos Sonett gefeiert wurde.

Monteverdis affektorientierte Stilkriterien im VIII. Madrigalbuch

Monteverdi hat in *Tempro la cetra* offensichtlich nicht beabsichtigt, die in Marinos Sonett diskutierten Ebenen von hohem und mittlerem Stil in seiner Vertonung auch mit musikalischen Mitteln zu differenzieren bzw. nachzuzeichnen, doch scheint genau dieses Bestreben in der Folgezeit zu einem für seine Musik zentralen Thema geworden zu sein. In den *Madrigali guerrieri, et amorosi* des achten Madrigalbuchs von 1638 unterscheidet er nicht nur im Titel, sondern zusätzlich in der zweigeteilten Anordnung des Drucks die heroischen *madrigali guerrieri* von den lyrischen *madrigali amorosi*, von den letzteren verwenden einige wiederum - ähnlich wie im siebten Madrigalbuch - pastorale Sujets, ohne deshalb einen niederen Stil zu implizieren. Die beiden sorgfältig parallel konzipierten Teile der Sammlung[467] werden durch zwei korrespondierende, großbesetzte Sonettvertonungen eröffnet[468] - mit *Altri canti di Marte e di sua schiera*, das die Gruppe der *madrigali amorosi* einleitet, greift Monteverdi erneut auf ein Sonett von Giovan Battista Marino zurück, das den ersten Teil von dessen *Lira* eröffnet hatte[469] und ähnlich wie *Tempro la cetra e per cantar gli honori* als »Absage an die kriegerische Epik zugunsten der Liebeslyrik«[470] aufzufassen ist - in seinem Kommentar des Sonetts beschreibt Besomi dessen Funktion als die einer »dichiarazione di una poetica che sostituisce ai tradizionali temi epici ... l'argomento amoroso ...«.[471] Umgekehrt steht jedoch zu Beginn der *madrigali guerrieri* die Vertonung von *Altri canti d'amor tenero arciero*, dessen unbekannter Dichter in einer Art vorangestellter ›Risposta‹ zu Marinos Sonett das Besingen der Liebe

[465] MGA, Bd. XV/1, S. 58.
[466] Leopold (1997), S. 659.
[467] Dieser Parallelismus umfaßt über die großbesetzten Anfangsstücke hinaus die beiden jeweils anschließenden Petrarca-Vertonungen, das *Combattimento* und das *Lamento della Ninfa* sowie die den jeweiligen Teil abschließenden *balli* als Stücke im *genere rappresentativo*, sowie diverse ›canti senza gesto‹, wie es im Titel heißt; vgl. hierzu auch Tomlinson (1987), S. 202-03.
[468] Fabbri deutet auch diese als eine Art Prolog zu den beiden Teilen; Fabbri (1985), S. 305.
[469] Ursprünglich wurde dieser Teil unter dem Titel *Rime* veröffentlicht.
[470] Föcking (1994), S. 275.
[471] Marino (1987), S. 34-35.

andern überläßt, um sich ganz der heroischen Dichtung zu widmen und den Lobpreis von Kaiser Ferdinand III., dem Widmungsträger des Bandes, zu singen.[472]

Woran der Dichtersänger zu Beginn von Monteverdis siebtem Madrigalbuch eingestandenermaßen noch scheitern mußte, genau das erhebt der Komponist nun zu Beginn des achten Madrigalbuches zum Programm und proklamiert einen dem hohen Sujet der *poesia heroica* angemessenen musikalisch-heroischen Stil, wie er ihn bereits 1624 modellhaft im *Combattimento di Tancredi e Clorinda* entwickelt hatte und nun in verschiedenen Spielarten im ersten Teil des achten Madrigalbuchs vereinte:[473] Von der heroisch-epischen Darstellung des *Combattimento* über die heroisch-panegyrischen Huldigungskompositionen an Kaiser Ferdinand III. - neben *Altri canti d'amor tenero arciero* auch Rinuccinis Ovid-Paraphrase *Ogni amante è guerrier* und die *Introduttione al ballo e Ballo* - bis hin zum spielerischen Scherzo einer heroisch-komischen Liebeskriegsdarstellung in *Gira il nemico insidioso amore* legt Monteverdi ein breites Spektrum möglicher Themen und ihrer musikalischen Umsetzungen im heroischen Genus vor.

Um seine Absichten zu verdeutlichen, hat Monteverdi dem Druck ein inhaltsreiches, aber in vieler Hinsicht allzu knappes Vorwort beigefügt, das häufig Anlaß zu Mißverständnissen gegeben hat und in den letzten Jahren mehrfach zum Gegenstand erneuter Deutungen geworden ist.[474] Monteverdi unternimmt darin den Versuch, eine musikalische Stilistik in einer Lehre von den Affekten zu begründen, die davon ausgeht, daß »le nostre passioni, od' affettioni del animo, essere tre le principali, cioè, Ira, Temperanza, & Humiltà ò supplicatione«.[475]

---

[472] Wenig später wird Martino Pesenti sogar im Eröffnungsstück seiner *Capricci stravaganti* von 1647 (NV 2198) so weit gehen, einen Dichtersänger zu porträtieren, der die Dichtkunst gänzlich gegen das Kriegshandwerk einzutauschen bereit ist. Die entsprechend der erörterten Instrumentenbedeutungen mit *Tromba guerriera* überschriebene Vertonung basiert auf dem folgenden Sonett von Girolamo Preti (1582-1626): »Hor che guerriera tromba intorno suona / Volgo il piè da Parnaso in altra parte / Taccia la Musa homai, ceda à Bellona / Ch'io lascio Apollo e mi rivolgo à Marte // Mentre il cavo metallo in campo tuona / De le cetre non s'ode il suono ò l'arte / Forse anch'io troverò lauro e corona / Fra le bandiere più che fra le carte // S'altri un tempo d'altrui cantar m'udiva / Hor mi parto da dotti e vò tra forti / Perch'altri ò di me canti ò di me scriva // La man lasci la penna e'l brando porti / E se non fe che nelle carti io viva / Hor mi faccia immortale infra le morti.«

[473] Aus dem Mißverständnis heraus, daß nur Kriegsschilderung selbst Gegenstand des heroischen Stils sei, konstruiert Holzer - da diese in der Tat nicht durchgängig Gegenstand der *Madrigali guerrieri* ist - eine wohl eher abwegige, angebliche »dissatisfaction« Monteverdis mit seiner eigenen Erfindung des *genere concitato*, die gar in einer »true confession of his inability to depict sublime affects satisfactorily« einmünde und damit die Aussage von Marino *Tempro la cetra* bewußt untermauere, daß die Musik der Darstellung einer heroisch-erhabenen Stilebene nicht fähig sei; vgl. Holzer (1994), insbesondere S. 429 und 440. Wenn Holzers Interpretation zuträfe, müßte der Schluß gezogen werden, daß Monteverdi selbst seinen *Combattimento* für einen im wesentlichen mißlungenen Kompositionsversuch gehalten hätte, dafür jedoch gibt es nicht den geringsten Anhaltspunkt.

[474] Vgl. hierzu: Bielitz (1986), Drebes (1991), Hanning (1992), Chew (1993), Kurtzman (1993) sowie Holzer (1994).

[475] MGA, Bd. VIII/1, nicht paginiertes Faksimile der Ausgabe Venedig, 1638 am Anfang des Bandes; eine Edition des Vorwortes mit paralleler deutscher Übersetzung findet sich bei Ehrmann (1989), S. 143-46.

Mäßigung (*temperantia*)[476] wird hierbei als mittlerer Bereich zwischen den entgegengesetzten Extremen von zorniger Erregung (*ira*) und Demut (*humiltà*) oder inständiger Bitte (*supplicatione*) aufgefaßt. Dieser grundlegenden Dreiteilung der Affekte entsprechen nach Monteverdis Auffassung in der Musik drei verschiedene als ›genere‹ bezeichnete Ausdrucksebenen oder Stilarten,[477] die durch die »tre termini di concitato, molle, & temperato«[478] unterschieden werden können. Sie gründen seiner Auffassung zufolge in der Natur der menschlichen Stimme, die je nach Affektsituation nicht nur eine hohe (*alta*), mittlere (*mezzana*) und tiefe (*bassa*) Tonlage einnehmen, sondern auch unterschiedlich rasche Deklamationstempi verwenden kann, wobei ein *tempo veloce* für Zorn, ein langsames *tempo tardo* hingegen für die entgegengesetzten Affekte anzunehmen ist.

Monteverdi greift hier in sehr knapper Weise auf antike Auffassungen der musikalischen Ethoslehre[479] zurück, die davon ausging, »daß durch die Musik bestimmte seelische Willenshaltungen dargestellt und im Hörer wiedererweckt werden können, da sich die Bewegungen seines Gemüts denen der Melodietöne angleichen«.[480] Hanning[481] hat darauf aufmerksam gemacht, daß Monteverdis Dreiteilung insbesondere auf der Unterscheidung von ›diastaltischem‹, ›hesychastischem‹ und ›systaltischem‹ Ethos fußt, wie sie sich bereits bei Cleonides findet, einem griechischen Musiktheoretiker des zweiten vorchristlichen Jahrhunderts:

> »The diastaltic ethos in melodic composition is that which reveals heroic deeds and the grandeur and loftiness of a manly soul and an affection akin to these ... The systaltic ethos is that by which the soul is brought into dejection (through which the soul is led towards humility) and an effeminate (unmanly) condition ... The hesychastic ethos is that which accompanies quietude of soul and a liberal and peaceful state«.[482]

Diese und die daran anschließenden Auffassungen von Aristides Quintilianus und Manuel Bryennius waren seit dem Ende des 15. Jahrhunderts durch lateinische Übersetzungen bzw. Neuauflagen bekannt,[483] und wurden auch von Musiktheoretikern im 16. Jahrhundert rezipiert. So schreibt etwa Gioseffo Zarlino, daß

---

476 Ripa gibt für die *Temperanza* folgende Beschreibung: »*Temperanza* – Donna, la quale con la destra mano tiene un freno, con la sinistra un tempo di horologio, & à canto vi tiene un'Elefante. Dipingesi col freno in una mano, & col tempo nell'altra, per dimostrare l'offitio della temperanza, che è di raffrenare e moderare gli aspetti dell'animo ...«, vgl. Ripa (1992), S. 436-37.

477 Hanning verweist darauf, »the word *stile* was often employed by seventeenth-century writers after Monteverdi as a synonym for *genere* and has virtually supplanted it in modern literature«; Hanning (1992), S. 146, Fußnote 3.

478 MGA, Bd. VIII/1, nicht paginiertes Faksimile der Ausgabe Venedig, 1638, am Anfang des Bandes.

479 Zu anderen Auffassungen von Ethos vgl. F.H. Robling, *Ethos*, HWR, Bd. II, Spalten 1516-17.

480 Vgl. Artikel *Ethos*, in: RMLS, S. 265.

481 Hanning (1992).

482 Hanning (1992), S. 153-54

483 Vgl. Hanning (1992), S. 153, Fußnote 14.

entsprechend der unterschiedlichen Natur der verschiedartigen *passioni dell' animo*[484] auch »l'Harmonia, la Melodia & il Numero possino muover l'animo & disporlo a varij affetti: et indur nell'Huomo variati costumi«:[485] Da die Tonarten von gleicher Natur wie die Leidenschaften seien, lasse sich feststellen,

»che l'harmonia Frigia hà natura di concitar l'ira, & hà dello affettuoso: & che la Mistalidia fa star l'huomo più ramarichevole & più raccolto in se stesso: & che la Doria è più stabile, & è molto appropiata (sic) a i costumi de forti & temperati: conciosia che è mezana tra le due nominate: & questo si comprende nella diversa mutatione dell'animo, che si fa, quando si ode coteste Harmonie«.[486]

Noch konkreter als Zarlino versucht Girolamo Mei, die Vorstellungen der Ethoslehre mit bestimmten musikalischen Phänomenen zu verknüpfen:

»Simigliantemente è cosa notissima che de' tuoni i mezzani tra l'estrema acutezza e l'estrema gravità sono atti à dimostrare quieta e moderata disposizione di affetto: e i troppo acuti sono da animo (fol. 16v) troppo commosso e sollevato: e i troppo gravi, da pensieri e abbietto e rimesso; nel modo medesimo che il numero mezzano tra la velocità e la tardanza mostra animo posato; e la velocità, concitato; e la tardanza, lento e pigro: et insieme è chiaro che tutte quelle qualità così de l'armonia, come del numero hanno per propria natura facultà di muovere affezioni simiglianti ciascuna a se. onde i tuoni troppo acuti et troppo gravi furono da Platonici rifjutati ne la loro Republica: quelli

---

[484] Die verschiedenen Leidenschaften werden hier vorgestellt als angesiedelt »nell'apetito sensitivo corporeo & organico, come nel suo vero soggetto: ciascuna di esse consiste in una certa proportione di calido & frigido; & di humido & secco, secondo una certa dispositione materiale; di maniera che quando queste paßioni (sic) sono fatte, sempre soprabonda una delle nominate qualità in qualunque di esse. Onde si come nell'Ira predomina il calido humido, cagione dell'incitamento di essa: cosi predomina nel timore il frigido secco, il quale induce il ristrengimento (sic) delli spiriti. Il simile intraviene etiando nelle altre paßioni, che dalla soprabondanza delle nominate qualità si generano. Et q(ue)ste passioni tutte senza dubbio sono riputate vitiose nell'Huomo morale: ma quando tali soprabondanze si riducono ad una certa mediocrità, nasce una operation mezana (sic), che non solo si può dire virtuosa: ma anco lodevole«, Zarlino (^{R}1966), S. 87.

[485] Zarlino (^{R}1966), in der Überschrift zum achten Kapitel des zweiten Teils, S. 87.

[486] Zarlino (^{R}1966), S. 87. Auch Metrum und Rhythmus schreibt er ähnliche Wirkungen zu: »Percioche mentre noi attentamente udimo leggere; o recitare Versi; alcuni ci ritengono in una certa modestia; alcuni ci muouono a cose liberali & dilettevoli; et alcuni ci incitano a cose leggieri & vane; & altri ci inducono in un moto violento«, allerdings gibt er hier nur das Beispiel des Jambus, der dem Zorn zugeordnet sei; vgl. Zarlino (^{R}1966), S. 88. In Bezug auf die verschiedenen antiken Tongeschlechter argumentiert er jedoch mit großer Ausführlichkeit, daß nicht auf die Einführung des *genere chromatico* und des *genere enharmonico* derartige Wirkungen zurückgeführt werden könnten, da diese erst erfunden worden seien, als von der Macht der antiken Musik schon seit langem nur noch Berichte existierten, so daß für die Darstellung der Leidenschaften vor allen anderen das diatonische Tongeschlecht geeignet sei. In der Natur des *genere chromatico* liege »lo effeminar l'animo, o avillirlo; & il farlo divenir molle«, dagegen sei das *genere diatonico* »più d'ogn' altro virile, forte & più severo«; Zarlino (^{R}1966), S. 91.

per essere lamentevoli; e questi lugubri: e solamente ricevuti quelli di mezzo. cosi come ancora fu fatto da medesimi circa i numeri i ritmi«.[487]

Vermutlich unmittelbar von Mei beeinflußt heißt es in dem möglicherweise Giovanni Bardi zuzuschreibenden *Discorso come si debba recitar Tragedia*:

»Ma i tuoni de li antichi erano appropiati (sic) al parlare in colera, al parlar soave, e secondo ch'essi versi richiedevano la musica alta, o bassa, o mezzana ed eziando al ballo; de' qua' tuoni usauano nel coro i più alti, cioè lidio e mixolidio accomodati a' pianti e a' lamenti«.[488]

Noch in Giovanni Battista Donis *Trattato della musica scenica* findet sich in direktem Bezug auf Cleonides die Unterscheidung von »due sorti di melodìa Diastaltica, ovvero concitata, allegra, e virile, e Systaltica, cioè mesta, languida, ed effeminata«, denen eine unterschiedliche Melodieführung entspreche:

»il procedere per gradi, o intervalli piccoli, rende la melodìa molle, e soave, esprimendo il costume rimesso, e femminile; ma il modulare a salti, o intervalli remoti, rende il canto virile, e sostenuto, e simile costume dimostra, come accenna Cleonide nella sua Induzione«.[489]

An anderer Stelle beschreibt Doni auch das hesychastische musikalische Ethos als dasjenige,

»che non induce alcun disordinato affetto, ò perturbatione veemente; ma solo diletta piacelvolmente l'animo; inducendo una moderata allegoria, e rasserenando con pensieri gravi, e tranquilli la mente; la quale dicevano Hesychastica, dal verbo ..., che vuol dire quietare«.[490]

Neben den in Monteverdis Vorwort genannten Parametern Tonlage und Deklamationstempo bzw. Rhythmus treten damit an den zitierten Stellen bei Mei, Bardi und Doni für angemessenen Affektausdruck in der Musik noch Überlegungen zur Verwendung bestimmter charakteristischer Tonarten und zur Melodieführung hinzu.[491]

---

487 Mei (^{2}1977), S. 92-93.

488 Palisca (1989a), S. 144; in Fußnote 10 bezieht Palisca diese Stelle unmittelbar auf Meis bereits zitierte Stelle aus dessen Brief vom 8. Mai 1572 an Vincenzo Galilei; eine weitere, ähnliche Stelle bei Galilei findet sich in Palisca (1985), S. 393.

489 Doni (^{R}1974), Bd. II, S. 79.

490 Zitiert nach Hanning (1993), S. 160, Fußnote 34.

491 Zuweilen wird darüber hinaus ein angemessener Einsatz bestimmter Instrumente diskutiert, so hat etwa Galilei entsprechende Vorstellungen in seinem *Dialogo* geäußert; Galilei (^{R}1967), S. 139. Monteverdi selbst hat in seinem berühmten Brief vom 9. Dezember 1616 im Hinblick auf eine mögliche Vertonung der *Favola marittima delle nozze di Tetide* für den Mantuaner Hof einen ganzen Abschnitt der Problematik von dem Sujet angemessener Instrumentierung gewidmet und auf

Während solche, der musikalischen Ethoslehre entstammenden Vorstellungen gemeinhin nur im Zusammenhang mit angemessenem Affektausdruck diskutiert wurden, erweckt Monteverdi in seinem Vorwort den Anschein, als habe er darunter nicht nur unterschiedliche musikalische Ausdrucksweisen, sondern auch Stil- oder sogar Gattungsunterscheidungen verstanden, wenn er vom »concitato genere, ma si del molle & temperato«[492] sprach. Immerhin wandte sich Monteverdi in den *madrigali guerrieri* bewußt der *poesia heroica* als neuer, bislang nicht besungener Gattung zu, wie bereits die programmatische Textwahl von *Altri canti d'amor tenero arciero* deutlich gemacht hatte, und diese verlangte nach einem andersartigen Stil, ganz in dem Sinne, wie Marino zu Beginn von *Tempro la cetra* von einem ›Heben des Stils‹ gesprochen hatte. In seinem Vorwort weist Monteverdi entsprechend mit Bezug auf das *concitato genere* auch darauf hin,

> »che da me e (sic) nata la investigatione, & la prova prima di tal genere, tanto necessario al arte Musica senza il quale, e stato si puo dire con ragione, fino ad hora imperfetta, non havendo che gli duoi generi, molle, & temperato«.[493]

Das *concitato genere* kann insofern als jene Ausdrucksebene verstanden werden, die der hohen Stilebene der *poesia heroica* angemessen ist - an einer weiteren Stelle des Vorworts ist explizit von der Intention die Rede, daß die Sechzehntelrepetitionen der Instrumente im Sinne eines der vornehmsten Zwecke heroischer Dichtung insgesamt »cosa ... da lode« sein sollen - und mit derartigen Mitteln die bis dahin unvollkommene Musik (*imperfetta*) zu einer im Sinne der Gattungspoetiken ›vollständigen‹ oder ›perfekten‹ Kunst erhoben zu werden vermag.

Dies wirft die Frage nach dem Verhältnis von Monteverdis drei Ausdrucks- oder Stilebenen zu den in der rhetorischen Tradition als Dreistillehre diskutierten Stilarten der Rede auf, die auch im Hinblick auf klare Gattungszuordnungen unterschieden wurden. Doch wird dabei rasch deutlich, daß eine einfache Parallelität der drei Stilarten Monteverdis mit der klassischen Dreistillehre auf grundsätzliche Schwierigkeiten stößt: Diese ›tre generi dello stile‹ gehen zurück auf die seit der Antike in der rhetorischen Tradition unterschiedenen ›genera dicendi‹ bzw. ›elocutionis genera‹, zu denen nach Spang Kriterien des ›Aptum‹, des ›Ornatus‹, der ›Gattungen‹ und der ›Stände‹ zu rechnen sind. Die in der Geschichte der Dreistillehre zumeist unterschiedenen drei Ebenen von hohem, mittlerem und niederem Stil werden dabei mit bestimmten Themen, einer gewissen Art des Redeschmucks und der Stilhöhe, bestimmten dichterischen Gattungen und darin

---

Platons entsprechende Ausführungen verwiesen; vgl. Ehrmann (1989), S. 68-71, besonders S. 69. Im *Combattimento* scheinen zudem im instrumentalen Bereich die dynamische Behandlung hinzuzukommen; vgl. die für die Instrumente verbindlichen »suoni incitati e molli«, MGA, Bd. VIII/1, S. 132.

[492] MGA, Bd. VIII/1, nicht paginiertes Faksimile der Ausgabe Venedig, 1638 am Anfang des Bandes; vgl. Ehrmann (1989), S. 145.

[493] Ebenda.

darzustellenden Vertretern bestimmter Gesellschaftsschichten verknüpft und zugleich verschiedenen Zielen zugeordnet: So soll der niedere bzw. nüchtern-schlichte Stil belehren oder beweisen (*docere / probare*), der mittlere eher erfreuen oder auch das Publikum zu gewinnen suchen (*delectare / benevolentiam conciliare*), der hohe Stil dagegen als großartig-erhabener oder auch als leidenschaftlich-heftiger Stil den Zuhörer rühren (*movere / flectere*).[494]

Die genannten Schwierigkeiten rühren insbesondere daher, daß Monteverdi sowohl den weichen (*molle*) als auch den erregten Stil (*concitato*) als Ausdruck entgegengesetzter Affektextreme im Unterschied zu dem ausgeglichenen mittleren Stil (*temperato*) als pathetische Stilarten und damit als besonders geeignet zur Affekterregung angesehen hat, denn er schrieb, »che gli contrarij sono quelli che movono grandemente l'animo nostro, fine del movere che deve havere la bona Musica ...«.[495] Demgegenüber war in der Tradition der Affektenlehre der *affectus concitatus* ganz generell mit *Pathos* identifiziert worden[496] und zugleich dem hohen Stil vorbehalten geblieben, während die niedrige Stilebene in der Dreistillehre entweder als schmucklose, schlichte Stillage definiert wurde, die argumentativen Charakter hatte und eher den Verstand als die Affekte ansprechen sollte,[497] oder aber niederen Sujets angemessen war, wie etwa der Hirtendichtung oder der Komödie. Obwohl Monteverdi im Zusammenhang mit dem *genere molle* von »humiltà ò supplicatione« als dem bestimmenden Affekt spricht und bereits in der Wortwahl auf den *stylus humilis* anzuspielen scheint, kann damit nicht ein im Sinne der klassischen Dreistillehre niederer Stiltypus gemeint sein. Es handelt sich vielmehr bei diesem *stile lamentevole*, den Monteverdi mit tiefer Stimmlage und langsamem Deklamationstempo in Verbindung gebracht hatte, um einen ebenfalls durchaus leidenschaftlichen Stil, der den affektiven Bereichen Niedergeschlagenheit, Verzweiflung und Klage angemessen ist. Auffällig ist der Gegensatz zu den bereits zitierten vergleichbaren Auffassungen von Mei und Bardi, die heftige Leidenschaften noch insgesamt dem hohen Bereich zugeordnet hatten, denn Mei bezeichnet unter Verweis auf Platon erstaunlicherweise gerade nicht die tiefe Tonlage, sondern die »tuoni troppo acuti« als »lamentevoli«[498] und auch Bardi ordnet den Chören in der Tragödie die »tuoni ... più alti, cioè lidio e mixolidio« als »accomodati a' pianti e a' lamenti« zu.[499]

Monteverdi selbst hatte in ähnlicher Weise noch in der Klage der Ariadne aus seiner Mantuaner Oper *Arianna* von 1608 eines der markantesten Beispiele der Zeit für die Darstellung äußerster Erregung innerhalb eines *Lamento* geschaffen – es handelt sich um jenen mit dem Vers »O nembi, o turbi, o venti« beginnenden

---

494 Vgl. K. Spang, *Dreistillehre*, HWR, Bd. II, Spalten 922-23; J. Wisse, *Affektenlehre*, HWR, Bd. I, Spalte 223 sowie C. Mouchell, *Ethos*, HWR, Bd. II, Spalte 1523.

495 MGA, Bd. VIII/1, nicht paginiertes Faksimile der Ausgabe Venedig, 1638 am Anfang des Bandes.

496 Vgl. J. Wisse, *Affektenlehre*, HWR, Bd. II, Spalte 218.

497 Vgl. K. Spang, *Dreistillehre*, HWR, Bd. II, Spalte 923.

498 Allerdings bezeichnet Mei die tiefen tuoni als »lugubre« und befindet sich auch damit nicht in direkter Übereinstimmung mit der antiken Dreistillehre; Mei (^{2}1977), S. 92-93.

499 Palisca (1989a), S. 144.

Abschnitt, worin Arianna in einem Wutausbruch das Meer auffordert, den untreuen Theseus zu verschlingen - zur Darstellung der *ira* schreibt Monteverdi hier in der hohen Lage der Singstimme eine rasche Deklamation in Sechzehntelnoten vor, während die Instrumentalbegleitung einen langsameren Rhythmus aufweist.[500] Das Neuartige in der späteren Darstellung von Zorn im *genere concitato* liegt nun darin, daß auch die Instrumentalbegleitung in die Affektdarstellung einbezogen wird, wie in einer weiteren Passage seines Vorworts zum achten Madrigalbuch hervorgehoben wird:

> »Et p(er)che a primo principio (in particolare à quali toccaua sonare il basso continuo) il dover tanpellare sopra ad vna corda sedeci volte in vna battuta gli pareva più tosto far cosa da riso che da lode, perciò riducevano ad una percossa sola durante una batuta tal multiplicità, & in guisa di far vdire il piricchio piede facevano vdire il spondeo, & leuauano la similitudine al oratione concitata.«[501]

Stimme(n) und Instrument(e) sollen dieser neuen Auffassung zufolge gemeinsam die auf der Annahme einer *similitudine* mit der Rede basierende »imitazione dell'ira« ermöglichen - im Vorwort zum *Combattimento* spricht Monteverdi dann sogar explizit von einer *imitazione unita*, zu der in diesem Fall neben Gesang und Instrumenten auch die szenische Pantomime zu rechnen ist.[502] Gleichzeitig scheint sich die dargestellte inhaltliche Änderung vollzogen zu haben, da das so definierte *concitato genere* nun nicht mehr für die Darstellung von Klage, sondern für die von Zorn angemessen erscheint.

Der Gegensatz der Affektstilistik Monteverdis zur klassischen Dreistillehre, erweist sich nicht nur in dieser neuartigen Deutung der musikalischen Affektdarstellung selbst, sondern auch darin, daß innerhalb einer Komposition die verschiedensten Affektbereiche nebeneinander und häufig in bewußt kontrastierender Weise Verwendung finden.[503] Monteverdi ging es ganz offensichtlich nicht um einen plakativ eindimensionalen Klassizismus, um die Schaffung von vordergründigen, gattungskonformen Stilebenen, die für ein ganzes Werk oder gar ganze Gruppen von Werken durchgängig prägend sein sollten. Vielmehr scheint Monteverdi - wie er selbst im Vorwort des achten Madrigalbuches hervorhebt - auch im Bereich einer musikalisch-heroischen Darstellung Tasso zum Vorbild für die musikalische Schilderung unterschiedlichster Affekte genommen zu haben, »come poeta che esprime con ogni proprietà, & naturalezza con la sua oratione quelle passioni, che tende a voler descrivere ...«[504] - und zwar nicht zuletzt auch

---

[500] MGA, Bd. XI, S. 165-66.

[501] Auch in der Formulierung, bei dieser Spielweise handle es sich um eine *cosa da lode*, der nichts Lächerliches innewohne, könnte man eine Bezugnahme auf den *stile heroico* sehen; MGA, Bd. VIII/1, nicht paginiertes Faksimile der Ausgabe Venedig, 1638, am Anfang des Bandes.

[502] Vgl. MGA Bd. VIII/1, S. 132.

[503] Drebes hat diesbezüglich geradezu von Monteverdis ›Kontrastprinzip‹ gesprochen; Drebes (1991).

[504] MGA, Bd. VIII/1, Faksimile des Vorworts vor S. 1.

in seinen epischen Dichtungen. Wiederum in der Vorrede zum *Combattimento* wird dies zweifelsfrei deutlich, wenn Monteverdi von den Instrumentalisten die Beachtung der in der Musik vorgegebenen »suoni incitati e molli« fordert[505] - hier sind vermutlich neben Rhythmus und Tonlage auch die in den Stimmen angezeigten dynamischen Vorschriften gemeint[506] - und damit in der Wortwahl jene Affektgegensätze von Erregung und Niedergeschlagenheit (*incitato/concitato - molle*) aufgreift, die er im einleitenden Gesamtvorwort zur Grundlage seiner Affektstilistik gemacht hatte.

Für eine ausführliche Darstellung der Affektbrüche und der dafür verwendeten musikalischen Mittel im *Combattimento* ist hier nicht der Ort, doch sei eine besonders exponierte Stelle stellvertretend hervorgehoben: Einer der erstaunlichsten Wechsel zwischen den beiden Stilextremen ist innerhalb von Takt 202 auskomponiert, wo auf dem Wort »sangue« die bisherige erregte Deklamation des Testo in G-Dur mit den Sechzehntelrepetitionen der Streicher in hoher Lage (*genere concitato*) abrupt abbricht und unmittelbar in eine Passage in g-Moll übergeht, die neben dem Wechsel des Tongeschlechts durch eine deutliche Verlangsamung von Deklamationstempo bzw. Rhythmus sowie eine in allen Stimmen tiefere Lage gekennzeichnet ist (*genere molle*) - hier sind im unmittelbaren Kontrast alle für die beiden entgegengesetzten Stilarten genannten Kennzeichen gegenübergestellt. Auch ein Abschnitt im mittleren Stil findet sich innerhalb des *Combattimento*, es handelt sich um die *Notte*-Strophe, die aus dem affektgeladenen Strudel der Ereignisse herausgehoben ist und tatsächlich im Text wie in der Vertonung eine Art Ruhepunkt innerhalb der Gesamtanlage des Werkes bildet. Monteverdi hat diese Stelle ebenfalls in der Vorrede zum *Combattimento* besonders hervorgehoben, wenn er vorschreibt: »Non doverà far gorghe nè trilli in altro loco, che solamente nel canto de la stanza, che incomincìa Notte«.[507] Es handelt sich zudem um die einzige der vertonten Strophen im *Combattimento*, in denen ein Rezitieren über einem in diesem Fall einer halben Stanze zugeordneten strophischen Baßmodell festzustellen ist,[508] wie Monteverdi es im *Orfeo* und auch in *Tempro la cetra* verwendet hatte, in den anderen Strophen sprengt gleichsam die Vehemenz der Affekte selbst die Möglichkeit derart regelmäßig gebauter Formmodelle. Indirekt erlaubt Monteverdis Komposition damit also auch eine Kennzeichnung der mittleren Stilebene, des *genere temperato*: Neben einem eher affektneutralen, in diesem Falle erzählenden Gestus und einem mittleren Deklamationstempo gehört dazu vor allem die dafür reservierte Verwendung von Verzierungen, wie sie den beiden anderen Affektlagen nicht angemessen ist und deshalb von Monteverdi ausdrücklich ausgeschlossen wurde.[509]

---

505 MGA, Bd. VIII/1, S. 132.

506 Vgl. Silke Leopold, *Die Musik der Generalbaßzeit*, in: NHM, Bd. 11, S. 229-30.

507 MGA, Bd. VIII/1, S. 132.

508 Die beiden Halbstrophen umfassen die Takte 88-105 sowie 114-133 und sind durch ein instrumentales Zwischenspiel getrennt; MGA, Bd. VIII/1, S. 138.

509 Hannings These, »that Monteverdi equated the *genere temperato* in the broadest sense with the first practice«, also der *prima pratica*, dürfte angesichts dieses Befundes selbst ›im weitesten Sinne‹

In diesem Punkt entspricht Monteverdis Auffassung eines *genere temperato* der in der rhetorischen Dreistillehre anzutreffenden Bezeichnung des mittleren Stils als *ornate*,[510] der für das *delectare* angemessenen Stilebene. Von diesem Befund her werden rückblickend auch die in Monteverdis *Orfeo* konstatierten Unterschiede im Umgang mit strophischen Rezitationsmodellen verständlich, legt Rinuccini doch in den Versen Carontes im Anschluß an die Strophen des *Possente spirto* dem Wächter der Unterwelt die entsprechenden poetologischen Schlüsselbegriffe unmißverständlich in den Mund, wenn es heißt:

Ben mi lusinga alquanto,	Ein wenig wohl umschmeichelt mich,
Dilettandomi il core,	indem du meinem Herzen Unterhaltung bietest,
Sconsolato cantore, il tuo pianto' el tuo canto.	oh untröstlicher Sänger, dein Klagen und dein Singen.
Ma lunge, ah lunge sia da questo petto	Doch fern, ganz fern, sei dieser Brust
pietà, di mio valor non degno effetto.[511]	Mitleid, die meines Wertes unwürdige Regung.

Mit seinem kunstvoll-virtuosen Ziergesang hat der Dichtersänger vermocht, Caronte zu schmeicheln (*lusingare*) und zu unterhalten (*dilettare / delectare*), jedoch nicht, sein Mitleid (*pietà*) zu erwecken (auf das Schlüsselwort *movere* wird damit nur angespielt).[512] Im anschließenden Verzweiflungsausbruch Orfeos findet sich dann nicht nur die erregte Sechzehnteldeklamation in der Singstimme, wie Monteverdi sie später auch in *L'Arianna* und in neuer Form im *Combattimento* verwenden sollte, hier weicht der Sänger gleichermaßen von der zuvor vorherrschenden kunstvollen Gemessenheit des strophischen Rezitationsmodells wie auch von der Virtuosität komplizierter und ständig abgewandelter Verzierungen ab und findet zu einer ausschließlich syllabischen, auf Affektausdruck bedachten Deklamationsweise, wobei der heftige, anklagende Gestus des Beginns in hoher Tonlage in höchst eindrucksvoller Weise im Durchschreiten einer Dezime abwärts in den Ausdruck seiner Verzweiflung hinübergeführt wird - die Worte »e pregando e piangendo io mi consumi« exemplifizieren dabei genau jenen Affektzustand, den Monteverdi im Vorwort zum achten Madrigalbuch als *supplicatione* und damit der dritten Stilebene angemessen bezeichnen sollte.

Auch die bereits diskutierte Behandlung des Prologs und der anderen strophischen Modelle innerhalb des *Orfeo* fügt sich in dieses Bild: Die Figur der *Musica* singt in einem schlichten, würdevoll gemessenen Stil, der die Zuhörer belehren (*docere*), nicht jedoch unterhalten (*delectare*) soll, insofern schreibt Monteverdi auch bewußt in keiner ihrer Strophen auch nur kleinere Verzierungen vor, während die Gesänge der *Pastori* in einem kunstlosen, niederen Stil vertont sind, der mit seiner fehlerhaften Deklamation deren mangelnder Bildung und niederem sozialen Status gleichermaßen angemessen ist. Diese wenigen Beispiele machen deutlich, daß Monteverdi schon lange vor dem Vorwort zum achten Madrigal-

---

kaum haltbar sein; weitaus eher dürfte zutreffen, daß Monteverdi dieses *genere* u.a. als »suitable for the expressions of serene thoughts and peaceful feelings« ansah; vgl. Hanning (1992), S. 169-70.

510 Vgl. Spang, *Dreistillehre*, HWR, Bd. II, Spalte 923.

511 MGA, Bd. XI, S. 100-101.

512 MGA, Bd. XI, S. 100-101.

buch, dessen Proklamation der verschiedenen Stilebenen möglicherweise durch die beschriebene Neudefinition des *genere concitato* unter Einbeziehung der Instrumente im *Combattimento* angeregt wurde, sowohl mit der Darstellung von Stilhöhenunterschieden wie auch mit unterschiedlich gestalteten Affektebenen experimentiert hat. Eine systematische Untersuchung derartiger Phänomene in Monteverdis Werken über die hier versuchte Skizzierung hinaus könnte zu ganz unerwarteten Erkenntnissen führen, die weit über die Annahme eines einfachen Kontrastprinzips hinausgehen[513] und dürfte zudem - was etwa die Verwendung von Verzierungen angeht - unmittelbar aufführungspraktische Konsequenzen zur Folge haben.

Merulas ›Su la cetra amorosa‹ - Ein Modell musikalischer Stilhöhenbehandlung

Bereits fünf Jahre vor der Veröffentlichung von Monteverdis achtem Madrigalbuch im Jahre 1638 findet sich in Tarquinio Merulas *Su la cetra amorosa* eine ähnlich differenzierte, die musikalische Faktur weitgehend bestimmende Behandlung der Stilhöhenproblematik, die - wie zu zeigen sein wird - Monteverdis Konzeption aus dem achten Madrigalbuch in vieler Hinsicht ähnelt. Die Thematik der Textvorlage weist darüber hinaus Parallelen zu Marinos *Tempro la cetra e per cantar gli honori* auf, auch wenn bei Merula ein zur *cetra* singender Dichtersänger porträtiert wird, der nicht wie sein Kollege bei Marino aus freien Stücken mit heroischer Dichtung zu experimentieren sucht, sondern gleichsam von den Verhältnissen dazu gezwungen wird.

1. Su la cetra amorosa, In dolce e lieto stile, Io non pensavo mai di più cantar. Ch'anima tormentosa, In suon funesto umile, Dovea pianger mai sempre e sospirar. Pur da nova caggion Chiamato son d'Amor al cant' e al suon.	Auf der Leier der Liebe in süßem, frohem Stile dacht nimmer ich zu singen noch einmal, da die gequälte Seele in elend traurigem Tone auf immer weinen nur und seufzen müßt. Jedoch aus neuem Grunde werd ich zu Sang und Spiel von Amor nun gerufen.
2. Io, ch'amante infelice Ceneri fredde a pena, Dal rogo riportai l'infaust'amor, Sento che più non lice, Con roca e stanca lena, Narrar le fiamme antiche e'l vecchio ardor. Hora che novo sol M'accende e vuol ch'io di lui canti sol.	Ich, der unglücklich liebend die kaum erst kalte Asche des Feuertods glückloser Lieb besang, fühl nun, daß nicht mehr ziemt mit heiserem, müdem Atem frühere Flammen, alten Brand zu künden. Nun da mich neue Sonne entflammt und will, daß ich von ihr nur singe.

[513] Vgl. hierzu Drebes (1991).

3. Questa lacera spoglia
D'un cor trafitto ed arso,
Miserabile arcanzo dei martir,
Invece che l'accoglia
Povero avello e scarso,
Amor tiranno anche pur vuol ferir.
Eccomi fatto egual
Scuopo al suo stral dispietato e mortal.

Diese zerfetzte Hülle
eines durchbohrten und verbrannten Herzens,
bedauernswerter Überrest der Qualen,
anstatt es anzunehmen,
dies arme dürftige Grab,
will Amor, der Tyrann, es weiter noch verwunden.
Seht mich gemacht zur gleichen
Zielscheibe seines unbarmherzigen Todespfeils.

4. Io non intesi mai,
Che si tragga di tomba
Nemico estinto, a farli guerra più.
E pur amor omai
Sona guerriera tromba,
Pur contro chi d'amor già morto fù.
Ecco a battaglia me,
Rapella, ahimè, d'amor, d'onor, di fé.

Ich hatte nie gehört,
daß aus der Gruft man zerre
noch den erloschnen Feind, ihn weiter zu bekriegen.
Und doch läßt Amor künftig
die Kriegstrompete tönen,
Auch gegen den, der schon aus Lieb gestorben.
Nun ruft er mich zurück,
weh mir, zur Schlacht von Liebe, Ehr und Treu.

5. Ei potea pur lasciarmi
Sepolt'infra i cipressi,
O nel sasso d'Elisa, algente e dur.
E con più gloria, l'armi
Volger contro quei stessi
Cori, ch'al regno suo rubelli fur.
E in pace me lasciar,
Dopo il penar, mort'almen riposar.

Er könnte mich begraben
zwischen Zypressen lassen
oder im eisigen, harten Fels Elisas,
mit größerem Ruhm die Waffen
wohl richten gegen jene
Herzen, die seiner Herrschaft widerstanden,
und lassen mich in Frieden
nach dem erlittnen Tod wenigstens ruhn.

6. Pur se di novo vuoi,
Ch'io porti il cor piagato
Di tue quadrella, o dispietato arcier;
S'ancor da lacci tuoi
Mi vuoi pres'e legato,
E vuoi ch'avampi del tuo fuoco, ò fier,
Deh, meco almen fa sì,
Ch'arda così colei che mi ferì.

Doch wenn erneut du wünschst,
daß mir das Herz verwundet sei
von deinen Pfeilen, unbarmherzger Schütze,
wenn noch durch deine Schlingen
du mich gefangen und gebunden wünschst,
und willst, daß mich dein Brand entflammt, Grausamer,
ach, so mach wenigstens,
daß so auch brenne die, die mich verletzte.

7. E se tu vuoi ch'io canti
Nove fiamme, altri ardori
E divina beltà, scesa dal ciel,
Fa sì ch'anch'io mi vanti
D'esser, tra casti allori,
Degno di non morir sempre di gel.
Ch'i più canori augei
Io emulerei, sì dolce canterei.

Wünschst du, daß ich besinge,
neue Flammen, andres Glühen,
göttliche Schönheit, vom Himmel gestiegen,
so mach, daß auch ich mich rühmen darf,
unter den keuschen Lorbeerbäumen wert
zu sein, nicht immer Eises nur zu sterben.
Dann werde mit den wohltönendsten Vögeln
ich wetteifern und so süß gleichfalls singen.

Die Textvorlage aus der Feder eines bislang nicht zu ermittelnden Autors ist in Form einer aus jeweils acht Versen bestehenden Canzonenstrophe mit *piano-* und *tronco-*Endung konzipiert, die ganz regelmäßig in allen sieben Strophen in je drei Versgruppen gegliedert ist, von denen die ersten beiden identisch gebaut sind (7 7 11t), die letzte jedoch aus einem *settenario tronco* und einem *endecasillabo* *tronco* mit Binnenreim zusammengesetzt ist.[514] Der durchaus kunstvollen äußeren Form entspricht ein inhaltlicher Aufbau, der einem weitgehend symmetrischen Plan folgt, wie er an der Verwendung bestimmter poetologischer Schlüsselbegriffe abzulesen ist: Bereits im ersten Vers wird von der »cetra amorosa« als Metonymie für die *poesia amorosa* gesprochen, der eigentlich ein »dolce e lieto stile« (I - Vers 2) angemessen ist - bei Giambattista Marino sind in ganz ähnlicher Weise beide Aussagen im Bild der »cetra dolce e soave« zusammengezogen, die ebenfalls metaphorisch mit der *poesia amorosa* identifiziert wird.[515] In Merulas Textvorlage wird jedoch schon in der ersten Strophe ein Konflikt offenkundig, da ein süßer und froher Stil, wie er dem *aptum* der Liebeslyrik entspricht, dem inneren Zustand des Dichtersängers zuletzt völlig unangemessen war, da seine gequälte Seele »in suon funesto umile« (I - Vers 5) zu klagen und zu seufzen gezwungen und seine Stimme nichts als heiserer, müder Atem - »roca e stanca lena« (II - Vers 5) geworden war. Mit den Adjektiven »umile« und »roco« bzw. »rauco« sind für die Ebene der Klage einerseits jene Merkmale eines niederen Stils bezeichnet, auf die auch Marino zu Beginn der dritten Strophe von *Tempro la cetra e per cantar gli honori* und Monteverdi in der Widmung seines siebten Madrigalbuches angespielt hatten,[516] andererseits ist auch hier der *stile humile* mit der Affektlage der »anima tormentosa« des Dichtersängers in Verbindung gebracht, wie sie in Monteverdis achtem Madrigalbuch für das *genere molle* kennzeichnend war.

In *Su la cetra amorosa* herrscht aber nicht nur ein Konflikt zwischen den stilistischen Erfordernissen der Liebeslyrik, die der Dichtersänger auf Grund seines Zustandes weitgehend vernachlässigt hat, und dem seinen Klagen angemessenen *stile umile*, Amor ruft ihn darüber hinaus »da nova caggion« zum Singen und Spielen auf der Leier (I - Verse 7-8). Erst in der dritten und vierten Strophe wird deutlich, daß es sich dabei gleichsam um einen Ruf zu den Waffen handelt, denn Amor eröffnet dort erneut die Entscheidungsschlacht des Liebeskrieges gegen den unglücklichen Sänger und läßt seine »tromba guerriera« ertönen (IV - Vers 5), jenes Instrument, das bei Ripa wie auch bei Marino die *poesia heroica* symbolisiert hatte. Amors Ruf zu Spiel und Gesang bildet insofern eine Herausforderung an den Dichtersänger zur Auseinandersetzung mit dem hohen, erhabenen Stil heroischer Dichtung, deren Themen neben dem Liebeskrieg auch Ehre und Treue bilden (»amor«, »onor«, »fé«; IV - Vers 8) und damit zugleich die dritte Stilebene innerhalb des Gedichts bezeichnen. Die *guerra amorosa* steht zudem inhaltlich im Zentrum, da die mit den Inhalten Freude bzw. Klage verknüpften Ebenen des mittleren und niedrigen Stils unmittelbar vom jeweiligen ›Kriegs-

[514] Die letzten beiden Verse jeder Strophe sind insofern entweder als 7t 11t oder auch 7t 5t 7t mit jeweils gleichem Reimwort zu deuten, in letzterem Falle handelte es sich jedoch nicht mehr um eine Canzonenstrophe, sondern um eine freie Strophenform aus Fünf-, Sieben- und Elfsilblern; auch Leopold entschied sich dafür, *Su la cetra amorosa* unter die Canzonenstrophen aufzunehmen; vgl. Leopold (1995), Bd. II, S. 217, Nr. 1739.

[515] ATLI I (1991), S. 89.

[516] Wie bereits ausgeführt, dort vor allem in der Bedeutung eines bloßen Bescheidenheitstopos.

glück‹ des Dichtersängers in dem mit aller Heftigkeit offenbar auf Leben und Tod geführten Kampf abhängen.

Die Identifikation der drei Stilebenen ermöglicht, die fast symmetrische Konstruktion des Gedichts zu verstehen, als deren Mittelachse die vierte Strophe mit der Behandlung des Liebeskrieges anzusehen ist. Die beiden umgebenden Strophen sind der Ebene der Klage zuzurechnen, in beiden ist von jenem Grab die Rede, in dem der Dichter für die zerfetzten Überreste seines in früheren Schlachten des Liebeskrieges besiegten Herzens Ruhe zu finden hoffte. Die Klage des Dichtersängers gerät in diesen beiden Strophen gleichsam zur eigenen Totenklage, wie auch die Nennung der Zypresse[517] als Totenbaum deutlich macht - in der emblematischen Literatur findet sich in diesem Zusammenhang eine Darstellung von zwei Schwänen sowie einer Zypresse, an der eine Leier lehnt als Symbol der Totenklage.[518] Die zweite und vorletzte Strophe bilden dagegen inhaltlich weniger eine symmetrische Entsprechung - obwohl am Schluß der zweiten wie auch am Anfang der sechsten Strophe von der ›neuen‹ Liebe die Rede ist (»novo«) - sondern zeichnen eher eine immerhin mögliche Entwicklung des Gedichts von dem verzweifelt klagenden »amante infelice« der Vergangenheit über den neu entflammten Liebhaber der Gegenwart (»hora« / II - Vers 7) zu dem für den Ausgang des neuen Liebeskampfes in der Zukunft trotz bisheriger Erfahrungen nicht gänzlich hoffnungslosen Sänger der beiden Schlußstrophen. Die trotz dieses Entwicklungsgedankens strenge formale Symmetrie des Gedichts wird insbesondere in der Wortwahl der Anfangs- und Schlußstrophe noch einmal deutlich: den Schlüsselwörtern »nova caggion« sowie »al cant' e al suon« der beiden Schlußverse der ersten Strophe, stehen »ch'io canti« und »nove fiamme« in den Anfangsversen der letzten Strophe gegenüber; doch stärker noch - der »dolce e lieto stile«, wie er ganz zu Beginn in den ersten beiden Versen als der »cetra amorosa« gemäß hervorgehoben wird, könnte bei glücklichem Ausgang des neuerlichen Liebeskrieges - die »casti allori«[519] (VII - Vers 5) sind hier in doppelter Weise als Symbol des siegreich kämpfenden Heroen wie des ruhmrei-

---

[517] Bereits bei Ovid (Metamorphosen 10, 106ff.) wird die Geschichte des von Apollo geliebten Kyparissos erzählt, der versehentlich seinen Lieblingshirsch tötet und untröstlich darüber in eine Zypresse verwandelt wird; Varianten sprechen von der Tötung eines heiligen Hirsches oder bezeichnen die Verwandlung - ähnlich wie bei Dafne - als Resultat der Flucht des Knaben vor Apollo; vgl. Stichwort *Cypresse* in KP, Bd. 1, Spalten 1352-53 sowie *Kyparissos*, in KP, Bd. III, Spalten 403-04. Zu anderen emblematischen Bedeutungen der Zypresse vgl. Henkel / Schöne (1978), Spalten 215-19.

[518] Henkel / Schöne (1978), Spalte 816.

[519] Die Lorbeerbäume oder -zweige als Symbol des Sieges und Ruhmes im Leben und damit der heroischen Ebene sind dabei zugleich den Zypressen der vorangegangenen Strophe als Todessymbolen entgegengesetzt. Aufschlußreich ist, daß in der bei Johannes de Garlandia dargestellten *Rota Vergilii* - einem kreisförmigen Schema mit den Merkmalen der drei in der Dreistillehre unterschiedenen Stilebenen - sowohl *laurus* als auch *cedrus* dem heroischen Stil und dessen hier als *stylus gravis* bezeichneten Stilebene zugeordnet wurden. An der Verwendung dieser beiden Pflanzensymbole in Merulas Textvorlage zeigt sich erneut die im Zusammenhang mit Monteverdis Affektstilistik beobachtete Umdeutung des Affektbereichs von Klage und Verzweiflung zu einer gleichsam ›niederen‹ Stilebene; vgl. K. Spang, Dreistillehre, HWR, Bd. II, Spalten 939-41.

chen Dichters zu sehen[520] - seine zukünftige Erfüllung finden in einer süßen Art des Singens, die in der *Aemulatio* der »più canori augei«[521] gründet, also im nachahmenden Wetteifern mit den höchsten dichterischen und sängerischen Vorbildern - bereits Marino benutzte das Bild des Vogels als Vergleich für den Dichter[522] bzw. Dichtersänger.

Die Interpretation der Gedichtvorlage zu Merulas *Su la cetra amorosa* als auch formal scharfsinniges Spiel (*acutezza*) mit drei inhaltlich, zeitlich, emotional und stilistisch verschiedenen Ebenen wirft die Frage nach deren musikalischer Umsetzung in Merulas Vertonung[523] auf: Obwohl es sich um eine strophische Vorlage mit in allen sieben Strophen gleichbleibenden Abschnittsbildungen handelt, verwendet Merula kein strophisches Baßmodell, wie noch Monteverdi in *Tempro la cetra*, sondern mit der *Ciaccona* erneut jenes Modell, das schon in *Egli è pur troppo vero* und *No, no, ch'io non mi fido* mit unterschiedlichen allegorischen Bedeutungen begegnet war - hier allerdings in einer Variante, in der nicht die sechste Stufe wiederholt, sondern statt dessen in einem Quartfall zusätzlich die dritte Stufe vor der Kadenz eingefügt wird. In *Su la cetra amorosa* stellt der Baß weder ein Symbol für Feuer noch für Unbeständigkeit dar, sondern begleitet den Gesang des Dichtersängers durch alle Höhen und Tiefen von Hoffnung und Verzweiflung, wobei er rhythmisch und im diastematischen Verlauf unverändert bleibt, durch Wechsel der Tonart und des Tongeschlechts allerdings kein gänzlich starres Ostinato bildet, sondern in die musikalische Gestaltung der verschiedenen Ebenen einbezogen ist. Die Baßlinie wird dadurch ihrerseits zur Allegorie der *cetra amorosa*, des Instruments des Sängers als jenem Element, das gleichzeitig konstant bleibt und die unterschiedlichen stilistischen Ebenen darzustellen imstande sein soll - bereits Leopold hat davon gesprochen, daß hier »die Vorstellung von der Leier als dem Instrument der Liebe in den dezidiert ›instrumentalen‹ Ostinato-Baß umgesetzt ist«.[524]

Ähnlich wie in *No, no, ch'io non mi fido* sind auch in *Su la cetra amorosa* die Strophen dadurch voneinander abgesetzt, daß das *Ciaccona*-Modell jeweils wenigstens einmal als eine Art kurzes Interludium allein in den Instrumenten erklingt, doch wird man auch hier kaum von wirklichen ›Ritornelli‹ sprechen können, da diese Zwischenspiele bei variabler Länge zwischen einem und zwei Takten nicht nur in formaler Hinsicht keine Eigenständigkeit gegenüber den Strophen gewinnen und zudem an den verschiedenen Stellen klar zu unterscheidende Funktionen erfüllen: Eine Art kurzes Vorspiel stellt die instrumentale Ver-

---

[520] Leben und Tod symbolisieren auch die einander entgegengesetzten Lorbeerbäume (»allori«) als Embleme des Krieges- wie auch des Dichterruhmes und die Zypressen (»cipressi«) als Totenbäume.

[521] Unter den ›wohltönendsten Vögeln‹ dürften hier vor allem die Nachtigallen gemeint sein - vgl. hierzu die obige Interpretation von Merulas *Io vorrei diventar quel rosignuolo* - da Schwäne auf Grund ihres dem Bereich des Todes zugeordneten ›Schwanengesangs‹ wohl weit weniger für einen eher lieblichen Typus von Gesang stehen dürften.

[522] ATLI I (1991), S. 457.

[523] Ediert bei Leopold (1995), Bd. II, S. 89-98; sowie im Notenteil dieser Arbeit, S. 456-462.

[524] Leopold (1995), Bd. I, S. 264.

sion ebenso in den beiden Anfangstakten dar wie beim Übergang zur vierten Strophe, wo bereits die Tonart der folgenden Strophe vorweggenommen wird, zwischen zweiter und dritter sowie vierter und fünfter Textstrophe handelt es sich dagegen eher um ein Nachspiel, da dort der Tonartenwechsel erst mit Beginn der Folgestrophe eintritt. Bei den verbleibenden drei Strophenübergängen ist die Situation jedoch ambivalent: Zwischen den Strophen eins und zwei sowie sechs und sieben bleibt die Tonart unverändert, während zwischen fünfter und sechster Strophe der Wechsel der Tonart innerhalb des zweitaktigen Zwischenspiels erfolgt.

Der Eindruck einer strophischen Disposition der Komposition verliert sich jedoch weitgehend auf Grund zweier Faktoren: Einerseits sieht Merula etwa innerhalb der ersten beiden Strophen zusätzliche instrumentale Zwischenspiele auch zwischen den drei beschriebenen Binnenabschnitten vor, andererseits - und dies ist wohl noch entscheidender - ist der Tonartenplan nur teilweise an der Strophengliederung orientiert, denn es finden sich auch Veränderungen von Tonart oder Tongeschlecht zwischen den Binnenabschnitten der Strophen, in der fünften Strophe auch innerhalb des ersten Binnenabschnitts und an zwei Stellen schließlich sogar innerhalb eines Verses - wenn man den Wechsel zum abschließenden Rezitativ mit der Wiederholung des letzten Halbverses nicht hinzurechnet. Die folgende Übersicht verdeutlicht den Wechsel der Tonarten im gesamten Stücke mit Angabe der Taktzahlen und der entsprechenden Textstellen, die zudem mit den Bezeichnungen »umile«, »dolce« und »sublime« den drei verschiedenen Stilebenen der Textvorlage in den unterschiedlichen Abschnitten zugeordnet wurden. Darüberhinaus wurde der Ambitus der Gesangslinie in den entsprechenden Passagen verzeichnet sowie all diejenigen Wörter, in denen die Vertonung vom vorherrschenden Prinzip syllabischer Deklamation abweicht.

Verse[525]	**Stilebene**	**Takte**	**Tonart**	**Canto**
1. Strophe:		**32 Takte (1-32)**		
Su la cetra amorosa,	dolce	Takte 1-20	20 x C-Dur	a-g''
In **dolce** e lieto **stile**,				
Io non pensavo **mai** di più **cantar**.				
Ch'anima tormentosa	umile			g'-g''
In **suon** // **funesto** umile,		// Takte 21-24	4 x c-Moll	c'-es''
Dovea pianger mai sempre e sospirar. //		// Takt 25	1 x C-Dur	
Pur da nova caggion	dolce	Takte 26-38	13 x G-Dur	d'-e''
Chiamato son d'Amor al **cant'** e al suon.				

[525] Alle nicht syllabisch deklamierten Wörter sind im Text durch Fettdruck hervorgehoben, solche, die durch *passaggi* ausgeziert sind, zusätzlich unterstrichen.

Verse	Stilebene	Takte	Tonart	Canto
2. Strophe:		**19 Takte (33-51)**		
Io, ch'amante infelice	umile			d'-e''
Ceneri fredde a pena,				
Dal rogo, riportai l'infaust'amor, //				
Sento che più non lice,		Takte 39-44	6 x g-Moll	fis'-d''
Con roca e stanca lena,				
Narrar le fiamme antiche e'l vecchio ardor. //				
Hora che novo **sol**	dolce	Takte 45-47	3 x G-Dur	e'-d''
M'accende e vuol // ch'io di lui **canti** sol. //		// Takte 48-51	4 x C-Dur	c'-g''
3. Strophe:		**15 Takte (52-65)**		
Questa lacera spoglia	umile	Takte 52-65	14 x c-Moll	c'-g''
D'un cor trafitto ed arso,				
Miserabile arcanzo dei martir,				
Invece che l'accoglia				
Povero avello e scarso,				
Amor tiranno anche pur vuol ferir.				
Eccomi fatto egual	(heroico)			c'-g''
Scuopo al suo stral dispietato e mortal. //				
4. Strophe:		**29 Takte (66-94)**		
Io non **intesi** mai,	heroico	Takte 66-94	29 x C-Dur	c'-g''
Che si tragga di tomba				
Nemico estinto, a farli guerra più.				
E pur amor omai				
Sona guerriera tromba,				
Pur contro chi d'amor già morto fù.				
Ecco a battaglia me,				
Rapella, **ahimè**, d'amor, d'onor, di fé. //				
5. Strophe:		**21 Takte (95-115)**		
Ei potea pur **lasciarmi**	umile	Takte 95-100	6 x F-Dur	c'-c''
Sepolt'infra i **cipressi**, //				
O nel **sasso** d'Elisa, **algente** e dur.		Takte 101-115	15 x B-Dur	b-d''
E con più gloria, l'armi	(heroico)			b-f''
Volger contro quei stessi				
Cori, ch'al regno suo rubelli **fur**.				
E in **pace** me lasciar,	umile			b-c''
Dopo il penar, **mort**'almen riposar. //				

Verse	Stilebene	Takte	Tonart	Canto
6. Strophe:		**21 Takte (116-136)**		
Pur se di novo vuoi,	(heroico)	Takte 116-155	40 x F-Dur	c'-f''
Ch'io porti il **cor** piagato				
Di due quadrella, **o** dispietato arcier;				
S'ancor da lacci tuoi				
Mi vuoi pres'e legato,				
E vuoi ch'**avampi** del tuo fuoco, ò fier;				
Deh, meco almen fa sì,				
Ch'**arda** così colei che mi ferì.				
7. Strophe:		**25 Takte (137-161)**		
E se tu vuoi ch'io **canti**	dolce			e'-f''
Nove fiamme, altri ardori				
E divina beltà, scesa dal ciel,				
Fa sì ch'anch'io mi **vanti**	(heroico)			
D'esser tra casti allori,				c'-c''
Degno di non morir sempre di gel.				
Ch'i più **canori augei**	dolce			c'-c''
Io emulerei, // sì dolce **canterei.** //		// Takte 156-61	6 x C-Dur	c'-c''

Wie die Übersicht verdeutlicht, zeichnet der Tonartenplan von Merulas umfangreicher Komposition, die insgesamt 155 Durchläufe des *Ciaccona*-Modells und sechs geradtaktige, kodaartige Schlußtakte umfaßt, den symmetrischen Aufbau der Textvorlage nicht unmittelbar nach, und auch die drei bei der Interpretation der Textvorlage herausgestellten Stilebenen hat Merula nicht streng voneinander getrennt, indem er sie etwa durchgängig einem bestimmten tonartlichen Bereich zugeordnet hätte. Die Grundtonart C-Dur bildet eine Art Rahmen der Komposition, da nicht nur Anfang und Schluß, sondern auch die inhaltlich zentrale, der kriegerischen Heroik zugeordnete mittlere Strophe von ihr bestimmt werden, obwohl C-Dur damit gleichermaßen als Tonart für den süßen wie den heroischen Stil Verwendung findet. Von Anfang und Schluß abgesehen bilden innerhalb der tonartlichen Disposition die erste bis dritte und die fünfte bis siebte Strophe zwei klar voneinander abgesetzte Blöcke.

Für den ersten von ihnen sind die Bereiche von C-Dur und G-Dur für den *stile dolce* sowie im Kontrast dazu die Mollvarianten c-Moll und g-Moll bestimmend, die ausschließlich im Zusammenhang mit der Textebene der Klage bzw. dem *stile humile* (dem *genere molle* in der Terminologie Monteverdis) Verwendung finden. Im Unterschied zu den Vergleichsstellen in *No, no, ch'io non mi fido* [526] hat Merula hier nicht allein die Oberstimme bei unverändert notiertem Baß tiefalteriert, sondern auch im *Ciaccona*-Modell selbst die Wendung nach

[526] Vgl. die entsprechenden Bemerkungen bei der Interpretation des Stückes in diesem Band.

Moll durch entsprechende Akzidentienvorzeichnung vollzogen. Innerhalb der ersten Strophe ist der Wechsel der Stilebenen in der Vertonung gegenüber dem Text leicht verschoben - er wird umso überraschender und dramatisch wirksamer zwischen den syntaktisch zusammengehörigen Worten »suon« und »funesto umile« herbeigeführt, wobei das *h'* in der Oberstimme bereits am Ende des letzten C-Dur-Durchlaufs der *Ciaccona* zum *b'* alteriert ist und der c-Moll-Abschnitt auf einem Sextakkord mit tiefalterierter Terz und Sext beginnt, der nach modernem Verständnis nach As-Dur weist.

Dagegen kennt - abgesehen vom Abschluß in der Grundtonart - der zweite, die Strophen fünf bis sieben umfassende Block nur die Bereiche von F-Dur und B-Dur, wobei der letztere hier dem *stile humile* vorbehalten ist. Die sechs Takte in F-Dur zu Beginn der fünften Strophe sind wohl als ein in gewissem Sinne ›modulierender‹ Übergang zu verstehen, um den Wechsel von C-Dur nach B-Dur nicht allzu gewagt erscheinen zu lassen. Auf Grund der extrem tiefen Lage der Continuostimme im B-Dur-Teil (Takte 101-115) - auch diese läßt sich mit Monteverdis Vorstellungen von einem *stile molle* in Zusammenhang bringen - ist Merula sogar gezwungen, den ansonsten für das Baßmodell charakteristischen abschließenden Quintfall zum Grundton durch einen Quartsprung zu ersetzen. Ein Grund dafür, daß Merula innerhalb dieses zweiten Blocks nicht mehr nach Moll ausweicht, könnte gleichfalls in aufführungspraktischen Bedingtheiten zu suchen sein, da im *Ciaccona*-Modell in f-Moll mit *des* und in b-Moll mit *des* und *ges* Töne im Baß hätten vorgeschrieben werden müssen, die aus Gründen der instrumentalen Stimmungsvorgaben im Tonsystem der Zeit noch nicht frei verfügbar waren - nur in den Takten 119-120 bei den Worten »il cor piagato« deutet Merula zu Beginn der langen F-Dur-Passage durch eine vereinzelte tiefalterierte Terz in der Oberstimme einen möglichen Wechsel nach f-Moll an, doch verbleibt - wie in entsprechenden Passagen von *No, no, ch'io non mi fido* - die Baßlinie ganz unbeeindruckt von dieser Wendung der Oberstimme ihrerseits in Dur, so daß mit kleiner Sexte, verminderter Quinte und sogar verminderter Oktave in der Tat bizarre, ›falsche‹ Intervallfolgen entstehen. Bereits mit der Notierung von Tonarten wie G-Dur, c-Moll und B-Dur innerhalb einer einzigen Komposition war Merula bis an die Grenzen der Möglichkeiten zeitgenössischer Tonartendisposition gegangen, doch deutet die Stelle in den Takten 119-120 an, daß er vielleicht gerne noch darüber hinausgegangen wäre.

Auch die anderen bei Monteverdi und den genannten Theoretikern im Zusammenhang mit Überlegungen zu verschiedenen Stil- bzw. Affektebenen ins Spiel gebrachten Parameter wie Tonlage, Melodieführung, Deklamationstempo bzw. Rhythmus sowie Verzierungen spielen in *Su la cetra amorosa* für die Differenzierung zwischen den Ebenen eine wichtige Rolle. Bei der Betrachtung des Ambitus der Oberstimme in den verschiedenen Passagen läßt sich ähnlich wie bei den Tonarten keine schematische Umsetzung der bei Monteverdi anzutreffenden Vorstellung erkennen, hohe, mittlere und tiefe Lage würden unmittelbar den drei zu unterscheidenden Stilebenen entsprechen. Dagegen läßt sich im Verhältnis zwischen *Basso* und *Canto* ein auffälliges Phänomen beobachten: Häufig besitzt auch die Oberstimme - wie grundsätzlich ohnehin das *Ciaccona*-Modell - den Umfang einer Oktav, wobei eine Erweiterung des Tonraumes um einen oder auch zwei Töne nach oben oder unten bereits lange zuvor gestattet worden war. Zuweilen liegt der Tonraum der Oberstimme parallel zum Baß im Oktavabstand (bei C-Dur und c-Moll, Takte 21-24 und 156-61) bzw. Doppeloktavabstand (Takte 101-104, 107-115, 137-149 mit einer ausweitenden Verzierung in Takt 144), an anderen Stellen dagegen im Quintabstand in oktavierter (Takte 25-38, 45-47, 95-100, 149-55) oder sogar doppelt oktavierter Lage (Takte 104-106). Gelegentlich ist der Ambitus auf eine Quinte reduziert (Takte 39-45 unter Hinzunahme des unteren Leittones, sowie Takte 145-49), während an anderen Stellen die beiden beschriebenen Oktavräume für die Oberstimme gleichsam kombiniert werden, so daß diese den Ambitus einer Duodezime erreicht (Takte 1-20 mit einer zusätzlichen Unterschreitung des Tonraumes um zwei weitere Töne innerhalb einer Verzierung in Takt 15, Takte 48-95 sowie 116-136).

Mit den noch bei Zarlino beschriebenen Regeln für die korrekte stimmliche Disposition eines mehrstimmigen Satzes[527] haben die hier festzustellenden Oktavgattungen nur noch wenig gemein, auch wenn Merula hier möglicherweise bewußt mit solchen älteren Konventionen spielt. Nur in C-Dur bzw. c-Moll handelt es sich um eine im Sinne der älteren Tonsatzregeln ›klassische‹ Stimmverteilung, wobei in Oktavlage die Oberstimme als dem *Basso* paralleler *Alto*, in der Quinte darüber dagegen als *Canto* anzusehen wäre. In den Abschnitten in G-Dur bzw. g-Moll und F-Dur entspräche die korrekte Lage des *Canto* jedoch paradoxerweise der jeweils tieferen Oktavgattung in der Oberstimme (*d'-d''* in G/g sowie *c'-c''* in F), während die hohe Lage auf Grund ihrer Doppeloktavierung gegenüber dem Baß in beiden Fällen jenseits des klassischen Tonumfangs liegt. Am weitesten entfernt sich Merula von derartigen älteren Vorstellungen in der B-Dur-Passage, erstreckt sich hier doch der Tonsatz so weit wie nirgendwo sonst über die Grenzen eines herkömmlichen Ambitus hinaus: Bereits die tiefe Oktave in der Singstimme *b-b'* - es handelt sich abgesehen von der Ausweichung nach *a* in Takt 15 um die tiefste Lage in der Singstimme im gesamten Stück - stellt die Doppeloktavlage im Verhältnis zur Continuostimme dar, die obere Oktave *f'-f''* läßt sich insofern entsprechend sogar als Oktavierung der dem Baß zuzuordnenden *Canto*-Lage auffassen. Derartige Implikationen dürften als Überschreitung älterer Konventionen in der Wahrnehmung der Zeitgenossen durchaus noch eine Rolle gespielt haben.[528]

Die extreme deklamatorische und rhythmische Variabilität in der Gestaltung der Singstimme macht es schwierig, in Bezug auf die drei textlichen Ebenen

---

[527] Vgl. Zarlino ([R]1966), S. 319-21.

[528] Daß solche ungewöhnlichen Stimmdispositionen wie auch die damals noch relativ ungewöhnliche Tonart B-Dur in extrem tiefer Lage heute nicht mehr eine in gleicher Weise auffällige Wirkung besitzen, mag Leopold zu dem Urteil geführt haben, Merulas Komposition sei »nicht von durchgehend gleicher Qualität; dem einfalls- und abwechslungsreichen Beginn steht ein langer Schluß ohne neue Ideen gegenüber; die Schwierigkeit, musikalische Spannungsbögen über mehr als fünf Minuten straff zu halten, ist unübersehbar«; Leopold (1995), Bd. I, S. 264.

durchgängig von jeweils spezifischen Deklamationsprinzipien zu sprechen. Zumindest an einigen der besonders charakteristischen Stellen lassen sich die drei Ebenen dennoch auf relativ deutliche Weise hinsichtlich Deklamationstempo und Melodieführung unterscheiden, am eindeutigsten ist in dieser Hinsicht wohl die heroische Ebene gekennzeichnet: So findet sich in der mittleren *Battaglia*-Strophe (Takte 73-93) eine äußerst rasche, syllabische Deklamation in Viertel- oder sogar Achtelnoten (Takte 73-77) mit vielfach aneinandergereihten Wortwiederholungen von den Krieg betreffenden Ausdrücken wie »guerra«, »l'armi«, »sona guerriera tromba« und »à battaglia« bei gleichzeitig vorherrschender Dreiklangsmelodik - Stilmerkmale, die den Einfluß von Monteverdis heroischem *concitato genere* nicht verleugnen. Demgegenüber ist die Ebene der Klage bestimmt durch ein deutlich langsameres Deklamationstempo in Kombination mit einer Vielzahl anderer Ausdrucksmittel - der Statik langausgehaltener Notenwerte (Takte 96-99), dem Umkreisen eines Rezitationstons (Takte 39-42), langen absteigenden Melodielinien (Takte 17-25 und 63-66, auf dem Vers »E divina beltà scesa dal ciel« in den Takten 140-42 dagegen in wortausdeutender Manier), durch affektgeladene Exklamationen wie »ahime« (Takte 90-92) oder »deh« (Takte 130-31) oder durch Seufzerpausen (Takte 24 und 96). Der mittleren Ebene des »dolce e lieto stile« entspricht weniger eine besondere Deklamationsart als die Verwendung von virtuosen Verzierungen vor allem in der ersten und letzten Strophe auf einer Reihe von Schlüsselwörtern: nicht zufällig erstmals zur Kennzeichnung dieser Stilebene, als diese gleich im zweiten Vers programmatisch benannt wird (»stile« - Takt 7), und dann durchgängig immer dann, wenn vom Gesang (»canto«) im Sinne der *poesia amorosa* (Takte 13-16, 30, 48-50, 138, 154-61) und damit zusammenhängenden Bildern wie den »canori augei« (Takte 148-151), dem dichterischen Ruhm (»vantarsi« - Takt 144) oder auch dem Entbrennen in neuer Liebe (»avampare« - Takt 128, »ardere« - Takt 132 und im Zusammenhang damit wohl auch bei Sonne »sol« - Takt 46) die Rede ist. Von dieser weitgehenden Reservierung der Verzierungen für die Ebene des mittleren Stils, wie sie in ähnlicher Weise bereits bei Monteverdi anzutreffen war, weichen in der gesamten Komposition nur insgesamt drei, allerdings deutlich weniger virtuose Stellen in der fünften Strophe ab (auf »cipressi« - Takt 100, »sasso« - Takt 102 und »rubelli fur« - 109), für deren punktierte *passaggi* zunächst weder im Kontext dieser dem Klagebereich zugehörigen Strophe noch auch im Gesamtzusammenhang des Stückes eine schlüssige Deutung unmittelbar ersichtlich ist.

Größte Vielfalt und Flexibilität bestimmt vor allem die rhythmische Gestaltung von *Su la cetra amorosa*, nutzt Merula doch in höchst kunstvoller Weise die rhythmische Vieldeutigkeit des *Ciaccona*-Modells, die bereits Hermelink im Zusammenhang mit Monteverdis ein Jahr früher veröffentlichter zweistimmiger *Ciaccona*-Komposition *Zefiro torna* herausgestellt hat,[529] für unterschiedliche, zum Baß parallel verlaufende wie auch entgegengesetzte rhythmische Gestaltun-

529 Hermelink spricht geradezu von der »sphinxartige(n) Unbestimmtheit« des Modells in rhythmischer Hinsicht; vgl. Hermelink (1968), S. 326.

gen in der Oberstimme, die nur an einigen Stellen zu regelmäßigen, für eine kurze Passage bestimmenden Mustern zusammengefügt, überwiegend jedoch immer wieder abgewandelt und neu miteinander kombiniert werden.

Das wohl wichtigste dieser Muster ist trochäischer Natur mit einer Abfolge von Semibrevis und Minima sowie zwei regelmäßigen Akzenten zu Anfang und in der Mitte eines *Ciaccona*-Durchlaufs. Merula verwendet es vor allem in Zusammenhang mit der Ebene der Klage (Takte 36-38, 40-44 oder 75), doch beherrscht es auch in den Takten 51-59 den rhythmischen Duktus, wenn auch Merula hier mehrfach durch irreguläre Verschiebung einzelner Akzente einer möglichen rhythmischen Monotonie zu begegnen sucht. In den meisten der dem *stile dolce* zugehörigen *passaggi* scheint das gleiche rhythmische Muster durch, da zumeist die Semibrevis und die Minima in der Art der Verzierungen differenziert werden (Takte 13-15, 30, 46 etc.). Bisweilen wird auch das gesamte Muster um eine Minima gegenüber den üblichen Betonungen eines 6/2-Taktes verschoben (Takte 119-120 oder 143), so daß im Verhältnis zum Baß eine ganz andere rhythmische Konstellation entsteht.

In einer diminuierten Fassung mit halbierten Notenwerten umfaßt das Muster in seiner kürzesten Gestalt nur drei Semiminimen und ruft den Eindruck eines imaginären, sehr raschen Dreivierteltaktes hervor, der vor allem zur Kennzeichnung der heroischen Ebene Verwendung findet - mit vier Betonungen innerhalb eines Durchlaufs der *Ciaccona* wird an den entsprechenden Stellen zugleich die größte Verdichtung von Akzenten im gesamten Stück erreicht. Merula spielt dabei in zwei unterschiedlichen Varianten bewußt mit der Akzentambivalenz des Baßmodells: Der möglichen Lesart der *Ciaccona* mit Betonung auf den Semiminimen zu Beginn und in der Mitte des Modells korrespondieren die Akzente der Oberstimme bei »à battaglia« (Takte 87-88), einer entgegengesetzten, gegen das notierte Taktmetrum um eine Semiminima verschobenen Auffassung der Baßlinie als gleichsam fortlaufend trochäischem Rhythmus mit Längenbetonungen auf den Minimen entspricht dagegen die Deklamation des vierfach wiederholten »l'armi« in Takt 105 wie auch die Stelle bei »nove fiamme altri ardori« (Takt 139). Ein drittes wichtiges Muster beruht auf einer Aufteilung des Taktes in drei imperfekte Semibreven, die eine hemiolische Wirkung besitzen (etwa in den Takten 21-22, 72, 102, 112-113, oder 123), und von Merula fast konsequent immer dann, wenn die Semibreven nicht ihrerseits in kleinere Notenwerte aufgelöst sind, im Originaldruck durch Schwärzung markiert werden (Takte 21, 50, 112, 118, 130, 133, 141).

Die beschriebenen Muster können nicht nur beliebig untereinander kombiniert werden, wie es im fast schon regelmäßigen Wechsel zwischen trochäischen und hemiolischen Metren in den Takten 129-35 zu beobachte ist, sondern durch Einfügung zusätzlicher Akzente oder Akzentverschiebungen aufgebrochen werden. Zu den häufigsten betonten Synkopierungen zählen einerseits solche auf der zweiten Semiminima eines Taktes mit zuweilen sehr heftiger, exklamatorischer Wirkung (etwa Takte 17-18, 63, 91 etc.) und auf der achten Semiminima (etwa Takte 18, 27, 33 etc.), andererseits Akzente auf der letzten Minima, die entweder durch zusätzliche Punktierung eine besonders starke Betonung (Takte 9, 10, 28, 36, 47, 50 etc.) auf dem Anfang des Folgetaktes oder aber umgekehrt eine unbetonte Silbe an gleicher Stelle nach sich ziehen (Takte 4, 6, 7 etc.). Obwohl Merulas Komposition eine anscheinend chaotische Vielfalt metrischer und rhythmischer Veränderungen aufweist, finden sich doch Betonungen auf der vierten und zehnten Semiminima eines Taktes nur sehr selten wie in der *battaglia*-Episode innerhalb der vierten Strophe, auf der sechsten und zwölften Semiminima dagegen fehlen sie gänzlich - ein Anzeichen dafür, daß selbst die rhythmische Vieldeutigkeit des *Ciaccona*-Modells keine metrische Anarchie erlaubte. Dennoch ist die rhythmisch-deklamatorische Freiheit der Singstimme gegenüber dem *Basso* immer wieder durchaus irritierend und gehört zu den hervorstechendsten Merkmalen von Merulas Vertonung - die gerade hierin den Anschein einer gleichsam ad hoc improvisierten, instrumentalbegleiteten Rezitation zu erwecken vermag, wie sie bereits Galilei in bewußter Anlehnung an antike Vorbilder angestrebt hatte.

Die verschiedenen Parameter, die nach den Vorstellungen Monteverdis und einiger Theoretiker für die Darstellung verschiedener Affektzustände und stilistischer Ebenen jeweils in Betracht zu ziehen sind, werden in *Su la cetra amorosa* nicht durchgängig in gegenseitiger Verstärkung ihrer Wirkung gleichzeitig eingesetzt, wie dies etwa an dem beschriebenen Wechsel von *genere concitato* zum *genere molle* aus Monteverdis *Combattimento* zu beobachten war. Dies liegt zum Teil bereits daran, daß Merula mit der Wahl des *Ciaccona*-Ostinatos den *Basso* bei einem Wechsel zwischen den stilistischen Ebenen nur durch den Wechsel von Tonart und Tongeschlecht und damit partiell auch der Lage einbeziehen kann, daß demgegenüber Änderungen in Deklamationstempo, Melodieführung, Ambitus und Rhythmus allein von der Oberstimme geleistet werden müssen - Monteverdis erklärtes Ziel war es dagegen gewesen, auch die Instrumente in jeder Hinsicht in eine *imitazione unita* der Rede miteinzubeziehen.

Im Vergleich zu Monteverdi legt Merula hier ein insgesamt weitaus weniger blockhaftes Verständnis von stilistischem Ebenenwechsel an den Tag,[530] die verschiedenen Parameter zur Charakterisierung derselben werden nicht immer gleichzeitig, sondern zuweilen sukzessiv und damit steigernd eingesetzt. So findet im zweiten Abschnitt der ersten Strophe der Wechsel von C-Dur nach c-Moll und gleichzeitig eine Änderung des Ambitus der Oberstimme erst - wie beschrieben - mit erhöhter dramatischer Wirkung innerhalb des fünften Verses statt (Takte 20-21), während bereits vier Takte zuvor das Deklamationstempo zurückgenommen und die Ebene der Verzierungen für den *stile dolce* verlassen worden war. Der zweite Wechsel zur Ebene des niederen Stils wird sogar noch stärker verschliffen, da Merula sogar am Ende des vorangegangenen Abschnitts bei den

[530] Auch in Monteverdis *Ciaccona* für zwei Tenöre *Zefiro torna e di soavi accenti*, die ein Jahr vor *Su la cetra amorosa* im Druck erschien, arbeitet Monteverdi mit musikalisch wie rhythmisch unterschiedlich gestalteten, blockhaften Abschnitten, die deutlich voneinander abgesetzt sind; vgl. MGA, Bd. 9, S. 9-20.

Wiederholungen des Wortes »canto« (Takte 30-31) auf weitere *passaggi* verzichtet und jene langsamere trochäische Deklamation vorwegnimmt, die im Zusammenhang mit dem neuerlichen Wechsel nach Moll in Takt 39 zur Kennzeichnung des *stile humile* Verwendung findet - auch in diesem Fall wechselt Merula erst die Tonart, nachdem bereits drei zur Ebene der Klage gehörige Verse vorgetragen worden sind. Neben derartigen allmählich herbeigeführten Ebenenwechseln zitiert Merula zuweilen auch die zu einer Stilebene gehörigen Parameter innerhalb einer anderen - so erscheint heroische Deklamation zuweilen in einem sozusagen ›falschen‹ Kontext - mit der typischen Dreiklangsmelodik in der klagenden B-Dur-Passage auf den Worten »E con più gloria l'armi« in den Takten 104-105, mit einer bloß rascheren Deklamation angedeutet bei »Amor tiranno anco pur vuol ferir« (Takt 61). Daß zuweilen die Verwendung nur eines der genannten Parameter genügt, um einen bestimmten stilistischen Bereich zu evozieren, auch wenn die ganze Passage insgesamt einer anderen Ebene zugehört, machen auch andere Stellen deutlich, wie etwa die erwähnte, irritierende Alteration des *a'* zum *as'* in der Oberstimme innerhalb des F-Dur-Abschnitts auf den Worten »cor piagato« (Takt 120), ganz als würde erneut zur Ebene der Klage gewechselt, oder möglicherweise auch die bislang noch nicht deutbaren Verzierungen innerhalb der fünften Strophe - eventuell soll hier durch Verwendung der Merkmale eines *dolce e lieto stile* ironisch gebrochen angedeutet werden, daß auch dem Tod im Liebeskrieg eine gewisse *dolcezza* innewohnen kann.

Merula versucht in *Su la cetra amorosa*, die Möglichkeiten dichterisch-musikalischer Rezitation in einer im Kontext des zeitgenössischen Repertoires extrem zu nennenden Virtuosität und Mannigfaltigkeit darzustellen - hierzu zählen die ungewöhnliche Länge der Komposition und ein ebenso durchdachter wie moderner Tonartenplan, ein vokaler Ambitus von knapp zwei Oktaven mit raschen *passaggi* und langen Haltetönen in allen Lagen, äußerste affektive Gegensätzlichkeit und wechselnde Stilebenen sowie rhythmische Komplexität und deklamatorische Differenzierung. Die Verwendung des *Ciaccona*-Modells ermöglicht Merula jedoch zugleich eine formale Einbindung all dieser Elemente und garantiert damit den Zusammenhalt einer Komposition, deren Vielgestaltigkeit leicht jeden Rahmen hätte sprengen können. Der antikisierende Topos poetischer Rezitation zur Leier, dessen Traditionslinien in Theorie und musikalischer Praxis des 16. und frühen 17. Jahrhundert dieses Kapitel nachzuzeichnen unternahm, fand in Merulas *Ciaccona* eine ihrer letzten und zugleich wohl komplexesten musikalischen Umsetzungen.

Ein Beitrag zum Verständnis des musikalischen ›Capriccio‹ – Zur komischen Umdeutung literarischer und ikonographischer Traditionen bei Merula

In zwei Stücken aus der Solosammlung *Curtio precipitato et altri capriccij* von 1638 – *Quando gli uccelli portaranno i zoccoli* und *Curtio precipitato* – hat Merula Texte vertont, in denen seit der Antike behandelte Themen bzw. literarische Topoi in neuartiger, unerwarteter Weise aufgegriffen werden. Während die Vorlagen in Literatur und bildender Kunst gewöhnlich in ernsthafter Form zur Darstellung gelangten, erscheinen sie in Merulas Textvorlagen in beiden Fällen in komischer Umdeutung des Sujets oder der verwendeten Topik und damit z.T. in gänzlich veränderter Perspektive. Insofern können die beiden Solokompositionen von 1638 ganz im Sinne des Titels der Sammlung als *capriccij* gedeutet werden.[528]

Von besonderem Interesse ist der Umgang mit antiken Vorlagen insofern, als hierbei die Inkongruenz von hoher ›klassischer‹ Thematik und traditionell niederer, komischer Sphäre in den Texten und ihren Vertonungen gleichermaßen die Möglichkeit eines geistreichen Spiels mit Stilhöhenerwartungen und den damit verbundenen Erfordernissen eröffnet. Aus der Verknüpfung von gemäß einer Regelpoetik inkommensurablen Ebenen kann dabei ein unerwartetes Neues, eine phantasievolle Darstellung selbst von altbekannten Sujets oder Topoi in ungewöhnlicher perspektivischer Verzerrung entstehen, wofür die zeitgenössische Poetik Begriffe wie *bizzaria*, *stravaganza* und vor allem *capriccio* verwendete.[529]

In Cesare Ripas *Iconologia* werden unter dem Eintrag *capriccio* solche Menschen als *capricciosi* bezeichnet, »che con Idee dall'ordinarie de gl'altri huomini diverse fanno prender le proprie attioni, ma con la mobilità dall'una all'altra pur del medesimo genere«.[530] Abweichung vom Gewöhnlichen in Denken und Handeln und ein unsteter Wechsel verschiedener solcher außerordentlicher Ideen oder Handlungen gehören nach Ripa zum Wesen des Kapriziösen, dessen »diversità d'attioni non ordinarie« der *fantasia* entspringt.[531] Auf ganz ähnliche Weise kennzeichnet Ripa an gleicher Stelle auch das Wesen des *capriccio* in den Künsten,

[528] Der komische Dialog *La Tognada*, 1642 unter den Zusätzen zur Neuauflage der *Madrigaletti* gedruckt, gehört zwar mit seiner burlesken Anfechtung des Parisurteils auch zu jenen Stücken, die sich klassischen Themen bzw. Topoi in unerwarteter Weise nähern, doch dürfte der Dialog kaum als *capriccio* aufzufassen sein, sondern eher als Beispiel der parodistischen *travestia*.

[529] Zur Verwendung dieser Begriffe als Überschriften im zeitgenössischen Repertoire vgl. Teil 2.

[530] Ripa (1992), S. 46.

[531] Das Emblem für das Stichwort *Capriccio* zeigt einen »Giovinetto vestito di varii colori, in capo porterà un cappelletto simile al vestimento, sopra il quale vi saranno penne diverse, nella destra mano terrà un mantice, & nella sinistra un sperone«; Ripa führt aus, die vielfarbige Kleidung und Kopfbedeckung verrate die für das jugendliche Alter charakteristische Unstetigkeit, der Kopfschmuck mit den unterschiedlichen Federn verweise auf die Phantasie als Ursprung ungewöhnlicher, kapriziöser Ideen; Ripa (1992), S. 46-47.

wenn er ausführt, »per modo d'Analogia si dicono capricci le idee, che in pittura, o in musica, o in altro modo si manifestano lontane dal modo ordinario«.[532] Ein Capriccio in Malerei oder auch Musik wäre demnach gerade definiert durch seinen Ausnahmecharakter, durch eine Abweichung von traditionsgebundener Regelhaftigkeit oder ein Spiel mit inhaltlichen, formalen und stilistischen Normen, durch eine kühne Verbindung von weit Auseinanderliegendem bzw. eine ungeahnte Auflösung oder Umdeutung bekannter Zusammenhänge, kurzum durch eine kaum zu systematisierende Poetik des Unerwarteten und phantasievoll Ingeniösen, die am einzelnen Werk auf immer neue Weise einer Klärung bedarf.[533]

Wiewohl zu erwarten ist, daß auch in einer Reihe weiterer Stücke aus Merulas *Curtio precipitato et altri capriccij* unterschiedlichste Anhaltspunkte für eine umfassendere Diskussion des bislang noch sehr unzureichend erforschten Capriccio-Begriffs in der Vokalmusik der ersten Hälfte des 17. Jahrhunderts unter den dargelegten Vorzeichen anzutreffen sind,[534] sollen im folgenden nur die beiden eingangs erwähnten Stücke der Sammlung diskutiert werden, die sich unmittelbar auf klassische Themen oder Topoi zurückbeziehen lassen.

Zum Topos der verkehrten Welt

Der Topos der verkehrten Welt wird von Ernst Robert Curtius bis auf den griechischen Lyriker Archilochos zurückverfolgt, der im Zusammenhang mit einer auf den 6. April 648 v. Chr. zu datierenden Sonnenfinsternis geschrieben hatte, »nun sei nichts mehr unmöglich, da Zeus die Sonne verdunkelt habe. Niemand möge sich wundern, wenn die Tiere des Feldes ihre Nahrung mit den Delphinen tauschten (Fragment 74)«.[535] In späterer Zeit begegnet die Vorstellung einer Verkehrung der natürlichen Ordnung der Dinge dann nicht selten im Zusammenhang

---

[532] Ripa (1992), S. 46.

[533] Soeben hat eine Ausstellung zum Thema *Das Capriccio als Kunstprinzip, Zur Vorgeschichte der Moderne von Arcimboldo und Callot bis Tiepolo und Goya* den faszinierenden Versuch unternommen, wichtige Aspekte des Capriccio für die Bereiche von Malerei, Zeichnung und Graphik vom 16. bis zum 18. Jahrhundert zu erhellen. Obwohl der Begriff selbst zumindest als Titel erst weit später als in der Musik mit den *Capricci* von Jacques Callot Eingang in die bildenden Künste gefunden hat, bietet die Ausstellung auch für den Musikhistoriker eine Fülle von Anregungen. Peter Schleuning hat sich in seinem Katalogbeitrag *»Ungewöhnliche Gänge, versteckte Zierraten, sinnreiche Drehungen und Verbrämungen« Das Capriccio in der Musik* allerdings nur auf die instrumentale Spielarten des Capriccio bezogen und Vokalstücke wie die von Merula und seinen Zeitgenossen gänzlich ausgeblendet, die dem Begriff des Capriccio in den bildenden Künsten noch weit unmittelbarer verwandt sein dürften; vgl. Schleuning (1996).

[534] Insbesondere die *Canzonetta spirituale sopra alla nanna ›Hor ch'è tempo di dormire‹* gehört zum Kreis der komplexen Beispiele für Merulas Verwendung des Capriccio-Begriffs, wie im Rahmen meines Aufsatzes *»Fare la ninnananna«: Das Wiegenlied als volkstümlicher Topos in der italienischen Kunstmusik des 17. Jahrhunderts* dargestellt worden ist; vgl. Steinheuer (1997c).

[535] Vgl. Curtius ([10]1984), S. 105.

mit unerfüllbarer oder auch irregeleiteter Liebe, so auch im ersten Teil der achten Ekloge des Vergil, einer Klage des Hirten Damon, der am Tag der Hochzeit seiner Geliebten mit einem anderen freiwillig in den Tod zu gehen bereit ist. In den Versen 47-50 wird ohne direkte Nennung Medeas eine Mutter, die ihre eigenen Kinder tötet als ›exemplum‹ der unnatürlichen Grausamkeit Amors genannt: »Das Widersinnigste, Ruchloseste wird Ereignis durch die umstürzende Gewalt des Eros. Unverrückbare Verhältnisse des Lebens werden zerrüttet«.[536]

Das Thema der verkehrten Welt wird zum Topos durch das formale Prinzip einer Häufung von Adynata bzw. einer Aneinanderreihung von *impossibilia.*[537] In Vergils achter Ekloge findet sich an zwei Stellen eine derartige Reihung von Unmöglichem, und zwar in den Versen 27-28 sowie 52-56:

Ecloga VIII / 27-28

iungentur iam grypes equis, aevoque sequenti	Jetzt werden Greifen mit Pferden gepaart werden, und in künftiger Zeit
cum canibus timidi venient ad pocula dammae.	werden mit Hunden furchtsame Damhirsche zur Tränke kommen.[538]

Ecloga VIII / 52-56

nunc et ovis ultro fugiat lupus, aurea durae	Nun mag der Wolf vor den Schafen fliehen, harte
mala ferant quercus, narciso floreat alnus,	Eichen mögen goldene Äpfel tragen, Erlen voll Narzissen blühen,
pinguia corticibus sudent electra myricae,	fetten Bernstein aus ihrer Rinde Tamarisken schwitzen,
certent et cycnis ululae, sit Tityrus Orpheus,	um die Wette Käuzchen mit Schwänen singen, Tityrus Orpheus sein -
Orpheus in silvis, inter delphinas Arion.	Orpheus im Wald, unter Delphinen Arion.[539]

Anders als im Fall der ihre Kinder mordenden Mutter wird die Auflistung von *impossibilia* hier nicht als »Bösewerden einer guten, heilen Welt« beschrieben, »sondern umgekehrt im phantastischen Beginn von Dingen, die an sich höchst angenehm wären«, doch gehört für Klingner auch in dieser Form das Thema der verkehrten Welt in Vergils Ekloge zum »Ausdruck der vollkommenen Verzweiflung« des Hirten.[540] Durch die Kenntnis von Vergils Hirtengedichten wird im Mittelalter die auf der ›similitudo impossibilium‹ beruhende Reihung von Adynata zu einem wichtigen Stilprinzip, das in verschiedenen Zusammenhängen Verwen-

536 So Friedrich Klingner in seiner Interpretation der achten Ekloge; vgl. Vergil (^{2}1977), S. 143.
537 Vgl. hierzu auch Curtius (^{10}1984), S. 106.
538 Zitiert nach Vergil (^{2}1977), S. 130-33.
539 Zitiert nach Vergil (^{2}1977), S. 132-33.
540 Vgl. Vergil (^{2}1977), S. 145.

dung findet, so führt Curtius insbesondere verschiedene Beispiele für Zeitkritik und Satire an.[541]

Auch Petrarca greift in seinem *Canzoniere* in der Sestina *Non à tanti animali il mar fra l'onde* (CCXXXVII) in den letzten drei Versen der dritten Strophe auf das Prinzip der Adynata-Reihung zurück:

3. I' non ebbi già mai tranquilla notte,	Ich hatte niemals eine Nacht voll Ruhe
Ma sospirando andai mattino et sera,	und wandelte stattdessen seufzend Tag und Abend,
Poi ch'Amor femmi un cittadin de' boschi.	denn Amor machte zum Bewohner mich der Wälder.
Ben fia, prima ch'i'posi, il mar senz'onde,	Wohl wär, bevor ich Ruhe fänd, das Meer ganz ohne Wellen,
Et la sua luce avrà'l sol da la luna,	erhielte gar die Sonne Licht vom Monde,
E i fior d'april morranno in ogni piaggia.[542]	stürben die Frühlingsblumen an jedem Gestade.

Wie bereits Vergil verwendet auch Petrarca Unmöglichkeitsmetaphern im Kontext eines besonders schmerzlichen Gedichts als extreme Formulierung von Verzweiflung und endgültiger Unerfüllbarkeit eines zentralen Lebenswunsches; nach dem Vorbild des vergilschen Hirten mündet die Adynata-Reihung auch bei Petrarca in den impliziten Todeswunsch des letzten Verses der Canzone:

Sovra dure onde, al lume de la luna,	Über herben Wellen beim Licht des Mondes
Canzon, nata di notte in mezzo i boschi,	wirst du, Kanzone, geboren des nachts inmitten der Wälder,
Ricca piaggia vedrai deman da sera.[543]	morgen erblicken ein reiches Gestade des Abends.

In dem Band *Le Monde à l'envers* hat Frédérick Tristan eine große Zahl insbesondere bildlicher Zeugnisse zu verschiedenen Aspekten des Themas bis ins zwanzigste Jahrhundert hinein zusammengetragen, unter denen Motive wie die bereits zu Beginn des vierzehnten Jahrhunderts im *Roman de Fauvel* bei Gervais du Bus und Chaillou de Pesstain anzutreffende Allegorie des zum Herrn oder gar König gemachten Esels, die Umkehrung der Normalität in der Zeit des Karnevals oder deren komischer Wiederschein bei Narren, Toren und Verrückten aller Arten thematisiert werden.[544]

---

[541] Curtius ([10]1984), S. 104-108.
[542] Petrarca (1989), S. 626.
[543] Petrarca (1989), S. 628.
[544] Tristan (1980).

Sigismondo d'India ›Da l'onde del mio pianto a dietro volti‹

In der Nachfolge Vergils und Petrarcas begegnet in Italien das Prinzip der Adynata-Reihung noch in den ersten Dezennien des 17. Jahrhunderts mehrfach in Dichtungen, die von bislang nicht identifizierten Autoren vermutlich unmittelbar für eine Vertonung vorgesehen waren. Der folgende, von Sigismondo d'India vertonte Madrigaltext knüpft in der Verwendung einer Adynata-Reihung als Ausdruck verzweifelter Klage nicht nur in der Wahl der darzustellenden Situation, sondern selbst in der grammatikalischen Form unerfüllbarer Wunschsätze unmittelbar an die Tradition von Vergils Ekloge und Petrarcas Canzone an:

Da l'onde del mio pianto a dietro volti, Corrano i fiumi e i fonti; Cadano svelti, a' miei sospir, i monti, Freni suo corso, a' miei lamenti, il cielo.	Von den Wellen meines Weinens rückgewendet, sollen die Flüsse und Quellen fließen, bei meinen Seufzern sollen rasch die Berge stürzen, bei meinen Klagen soll der Himmel einhalten in seinem Lauf,
E di notturno velo, Pietoso, al mio dolor, s'ammanti il giorno, Né mai faccia ritorno Più dall'occaso in oriente il sole. Mutisi il fato a queste mie parole: La costanza è incostante, La fede è morta, Amor non è più amante.	und von nächtlichem Schleier soll sich mitleidsvoll bei meinem Schmerz der Tag verdunkeln, niemals soll wiederkehren nach ihrem Untergang im Osten die Sonne. Bei diesen meinen Worten soll sich ändern das Geschick: Die Beständigkeit ist unbeständig, die Treue ist tot, und Amor kein Liebhaber mehr.

Der unbekannte Dichter versucht in diesen Versen seine Vorbilder wohl insofern noch zu überbieten, als die Häufung von unmöglichen Naturphänomenen nun nicht auf einzelne Abschnitte oder Verse beschränkt bleibt, sondern zum ausschließlichen Konstruktionsprinzip des Madrigals erhoben wird, das schließlich in den paradoxen Formulierungen der letzten beiden Verse als Ausdruck äußerster Zerrissenheit des lyrischen Ichs kulminiert. Auch die Wahl der Form des Madrigals als eine der klassischen lyrischen Gattungen der italienischen Dichtung macht deutlich, daß die Ernsthaftigkeit des klagenden Gestus hier gänzlich ungebrochen ist.

Sigismondo d'India hat für diesen Text eine höchst ungewöhnliche musikalische Umsetzung[545] ersonnen, die in besonderer Weise die bereits im Zusammenhang mit *Cara mia cetra andianne* erläuterten Bemerkungen des Komponisten veranschaulicht, er habe in seiner ersten Solosammlung von 1609 zurückgegriffen auf »intervalli non ordinarij, passando con più novità possibili da una consonanza all'altra, seconda la varietà de i sensi delle parole« und zugleich »passaggi ordinarij homai fatti communi« vermieden[546] – d'India geht in diesem Bestreben hier an

[545] Eine moderne Edition findet sich in D'India (1989), Bd. II, S. 41-44; hier wurde die Edition des Solomadrigals im Notenteil dieser Arbeit zugrundegelegt, S. 503-504.

[546] Vgl. D'India (1989), Bd. I, S. XXXVII.

einigen Stellen so weit, daß geschlossen werden kann, er habe sich geradezu in der musikalischen Formulierung von *impossibilia* versucht.

Der Text ist als durchkomponiertes Solomadrigal gesetzt, das durch eine Aneinanderreihung kontrastierender, nicht selten madrigalistisch wortausdeutender *soggetti* charakterisiert ist und bei allen tonartlichen Brüchen innerhalb der Komposition mit dem Rahmen eines d-Moll-Klangs zu Beginn und eines G-Dur-Klangs zum Abschluß wohl noch dem plagalen achten Ton (hypermixolydisch) zuzurechnen ist. Bereits in der Vertonung des ersten Verses werden mehrere jener im Vorwort genannten Ungewöhnlichkeiten gehäuft: Nach dem anfänglichen d-Moll-Klang wird ein Sextakkord erreicht, der statt einer satztechnisch korrekten erniedrigten Sexte *b'* die ›falsche‹, nichtalterierte große Sexte *h'* in der Oberstimme aufweist, so daß auch die anschließende, ansonsten reguläre Fortschreitung zu einem Es-Dur-Klang durch Halbtonschritte in Gegenbewegung erreicht wird und damit ebenfalls eine ungewöhnliche Wirkung besitzt. Auch in der Weiterführung der Singstimme nach *a'* als übermäßiger Quarte zum Grundton *es* unterbleibt die ›korrekte‹ Alteration zum *as'*, die den Wechsel nach c-Moll weitaus logischer erscheinen ließe. Über einen Sextakkord auf *B* und einen a-Moll-Klang[547] wird schließlich F-Dur erreicht, von wo beide Stimmen - unter Auslassung eines B-Dur-Akkordes als verbindender vierter Stufe - in Parallelbewegung nach C-Dur geführt werden, mit Quartvorhalt auf der ›penultima‹ und anschließender Auflösung zur großen Terz auf der letzten Silbe des Verses, die eigentlich eine nicht ausgeführte, erneute Wendung nach F-Dur als Abschluß einer Kadenz erwarten ließe. Der Sinn dieser ›cadenza interrupta‹, die den Schlußakkord F-Dur (als Parallele zum anfänglichen d-Moll) gewissermaßen vor der Kadenzwendung vorwegnimmt und damit die musikalische Logik umkehrt, dürfte in Korrespondenz zu den vertonten Worten zu suchen sein, ist doch an dieser Stelle von der widernatürlichen Rückwärtswendung von Flüssen und Quellen die Rede.

Auch der zweite Vers holt nicht den versäumten Schlußakkord nach, sondern setzt einen A-Dur-Klang mit querständiger Wirkung gegen den abschließenden C-Dur-Klang des ersten Verses. Ungewöhnlich ist auch, daß in den folgenden beiden Mensuren die madrigalistische Darstellung des fließenden Wassers nicht der Vokalstimme anvertraut ist, die das entsprechende Wort »correre« fast widersinnigerweise auf einer langausgehaltenen Note mit anschließendem Quintfall zu singen hat - hier findet sich übrigens die einzige Stelle des Stückes, in der d'India Worte wiederholt - sondern in Läufe und *passaggi* in der Continuostimme verlagert wurde, ein im Jahre 1609 durchaus noch nicht alltägliches Phänomen und erneut als Umkehrung der gewohnten Ordnung der Dinge im expressiven Sologesang zu verstehen. Als die Singstimme dann bei dem Wort »fonti« erstmals Diminutionen auszuführen hat, handelt es sich zunächst um unsangliche, irreguläre Umspielungen einer abwärts verlaufenden, doppelt oktavierten Terzbewegung

547 Hier wie an einigen anderen Stellen scheint mir die Continuoaussetzung bei Joyce unzutreffend, vgl. D'India (1989), Bd. II, S. 41.

zum Baß (mit Ausnahme einer ›falschen‹ Sekunde auf der vierten Semiminima), die in eine Kadenzwendung nach G-Dur zu münden scheint. Doch wird auch diese wieder durch eine Semifusa-Pause in der Oberstimme abgebrochen und selbst ein neuerlicher Lauf aufwärts führt nicht auf den melodischen Zielton *d''*, sondern springt nach dem Durchlaufen einer Septime vermittels eines verminderten Quartfalls in eine ziemlich unerwartet eintretende, diesmal aber vollständige Kadenzwendung über E-Dur nach A-Dur.

Der folgende Vers bringt in der Oberstimme eine Reihung von Madrigalismen (Mensuren 7-8) - zunächst in D-Dur beginnend eine rasch fallende Linie mit dem Ambitus einer Septime bei »cadano svelti a' miei« mit einer auffälligen Wendung von G-Dur nach E-Dur unter Hochalteration des *G* zum *Gis* im Basso, dann eine Seufzerpause und ein rasches Melisma bei »sospir« und schließlich zwei Minimen in einer den »monti« angemessenen hohen Lage auf *f''*. Der dazu erklingende Sextakkord auf *A* wird mit Beginn des Folgeverses in einer querständigen Wendung bei einem erneuten verminderten Quartfall in der Oberstimme zu einem A-Dur-Klang umgedeutet, der seinerseits keinen Bestand hat, führt doch die noch auf der gleichen Silbe von »freni« erfolgende Tiefalteration in der Oberstimme - einem quasi ›bremsenden‹ Zurücknehmen der Tonhöhe in musikalischer Analogiebildung zur Wortbedeutung gleich - mit Sextakkord und Quartsextakkord über *E* im Baß nach F-Dur, das durch Quartvorhaltbildung unmittelbar nach B-Dur zu kadenzieren scheint. Doch bildet die Oberstimme statt dessen über *B* in erneut wortausdeutender Absicht auf »lamenti« einen Septimvorhalt, der anstelle einer regelgerechten Auflösung in einem raschen, exklamationsartigen Lauf mit anschließendem ›trillo‹ in höchster Lage über einen Sextakkord nach A-Dur mit einem erneuten Quartvorhalt dann schließlich - nachdem die Singstimme bereits geendet hat - zum harmonischen Ausgangspunkt der gesamten Passage D-Dur zurückkadenziert - in nur wenig mehr als vier Mensuren verwendet d'India hier ein Tonartenspektrum, das ansonsten zu dieser Zeit selbst in vollständigen Kompositionen eher eine Seltenheit darzustellen pflegte.

Die beiden folgenden Verse, die einen nächtlich verdunkelten Tag beschwören, hat d'India - beginnend mit einem Wechsel von D-Dur nach d-Moll und gleichzeitigem großem Septimfall in der Oberstimme in das unterste, dunkelste Register der Stimme verlegt, deren lange Notenwerte einen zusätzlichen Kontrast zur vorangegangenen Erregung bilden und zu einem erstaunlich düster wirkenden C-Dur-Schluß geführt werden. Die anschließende Passage beinhaltet den Wunsch des Klagenden, die Sonne möge niemals wieder aufgehen, und zeichnet in zunächst harmonisch gesehen ganz stabilen Melismen mit merkwürdig leerdrehenden Wiederholungen auf »ritorno« das Aufsteigen der Sonne zu ihrem Zenith am Himmel nach, wobei die Singstimme den Ambitus einer Duodezime durchschreitet. Doch gerät das anschließende, zunächst noch ganz entsprechend beginnende Niedersinken der Sonne nach dem Durchmessen einer Oktav abwärts schließlich gänzlich aus seiner vorgezeichneten Bahn, werden die Melismen doch unerwartet von C-Dur nach E-Dur gewendet, das wiederum eine Kadenz nach A-Dur anzukündigen scheint (Wechsel von Mensur 17 zu Mensur 18), doch stattdessen nach einem fast unschlüssig vagierenden Melisma schließlich mit einem verminderten Quintfall in der Oberstimme über D-Dur nach G-Dur kadenziert. Nach einem abrupten Wechsel der Tonart nach Es-Dur findet sich zum Schluß der Passage eine weitere dieser gleichsam ›umgeleiteten‹ Kadenzen, in diesem Fall wird auf »sole« zunächst eine Schlußwendung nach C-Dur vorbereitet, die aber stattdessen über A-Dur – bei nicht hochalterierter kleiner Sexte in der Oberstimme – nach D-Dur geführt wird.

Mit einem neuerlichen schroffen Wechsel der Tonart setzt der Schlußteil von d'Indias Vertonung daraufhin in B-Dur ein, und auf dem anschließenden Es-Dur findet sich die vielleicht ungewöhnlichste unter den ungewöhnlichen Wendungen des Stückes, erlebt doch der Es-Dur-Klang durch gleichzeitige Parallelalteration beider Stimmen – nicht ohne Grund auf dem Wort »mutissi« – eine gänzlich unerwartete Metamorphose nach E-Dur, so daß »il fato«, das sich zu Beginn des Teil in B-Dur befunden hatte, schon bald nach A-Dur gewendet erscheint (Mensuren 23-25). Auch die Unbeständigkeit der »costanza« wird durch eine falsch weitergeführte Kadenz beschrieben – die Quartvorhaltbildung über dem D-Dur-Klang läßt hier einen Abschluß in G-Dur erwarten, stattdessen wird über F-Dur schließlich nach B-Dur moduliert. Der Anfang des Schlußverses sieht dann bei »la fede« einen bemerkenswerten Wechsel von B-Dur nach E-Dur vor – hier ist das die beiden Akkorde gewissermaßen noch ›verbindende‹ Es-Dur der »mutissi«-Stelle entfallen, während die Oberstimme ganz vergleichbar um einen Halbtonschritt von *b'* nach *h'* hochalteriert wird. Auf »morta« schließlich scheint ein Kadenzieren nach A-Dur vorbereitet zu werden, doch bildet hier – parallel zur beschriebenen Stelle auf »lamenti« in Mensur 10 – die Oberstimme wiederum einen Septimvorhalt, der allerdings diesmal durch Tiefalteration zur kleinen Septime erniedrigt wird, insofern auch in einem abwärtsgerichteten Melisma aufgelöst und endlich zu einem D-Dur-Schluß geführt wird. Die Vertonung der noch verbleibenden Worte des Schlußverses »Amor non è più amante« erscheint nach dem vorangegangenen Feuerwerk melodischer wie harmonischer *impossibilia* als eine merkwürdig lapidare, vielleicht desillusionierte oder gar resignative Schlußfeststellung. Insgesamt erweist sich d'Indias Vertonung als ein Versuch, für das literarische Prinzip der Reihung von Adynata ein musikalisches Äquivalent zu entwickeln, wobei nicht selten eine aus madrigalistischer Wortausdeutung entwikkelte Metaphorik zum Einsatz kommt; doch ist vor allem der Tonsatz selbst durch die permanenten Verstöße gegen Regeln, Konventionen und Erwartungen als Häufung kompositorischer Adynata angelegt – hierzu zählen die beschriebenen ›unmöglichen‹ harmonischen Fortschreitungen, bewußt ausgelassenen Alterationen, abgebrochenen oder in eine ganz andere Richtung gewendeten Kadenzen wie auch die merkwürdigen *passaggi*, die scheinbar richtungslos vagierend in neue tonartliche Bereiche hinlenken oder springen.

Merulas ›Quando gli uccelli portaranno i zoccoli‹

Knapp 30 Jahre, nachdem Sigismondo d'India sein höchst experimentelles Solomadrigal in Druck gegeben hatte, veröffentlichte auch Merula in seiner Solosammlung von 1638 die Vertonung eines Textes, der auf dem dargestellten Prinzip einer Reihung von Adynata beruhte, doch haben sich im Vergleich zu d'Indias Werk fast alle inhaltlichen wie auch formalen Parameter in ihrer Bedeutung gewandelt:

Quando gli uccelli portaranno i zoccoli
E sù per l'aria voleran gli buffoli,
Le rose, i gigli produranno Broccoli
E le Ranocchie soneranno i zuffoli,
Il dì de Morti sarà senza moccoli,
Nera la neve e bianche le tartufoli,
I Ricchi zaperanno la cicoria,
Prima che voi m'usciate di memoria.

Quando li muti canteranno favole
E gli Tedeschi non sapran più bevere,
Li sorci piglieran le gatte gnavole
E fuggiranno i cani da le Lievere,
Quando sarà coperto il Ciel di tavole,
Amaro sarà il zuccaro e dolce il pevere,
Il Mar di Piante, i monti d'acqua carichi,
All'hora finiranno i miei ramarichi.

Quando li Grilli giocheran di scrimia
E sù le corde balleranno gl'asini,
I cacciatori diverann'la Simia
E le cipolle produranno i pampani,
Quando la Luna farà al giorno lumine
E che di gelo vestirassi il fulmine,
I dì d'agosto saran più che friggidi,
Prima ch'il pianto cessi, a questi occhi humidi.

Quando le capre canteranno musica,
Il dì di Pasqua sarà il giorno venere,
I Ciavatini leggeranno fisica
E dopo pranso si darà la cenere,
Quando gli cani non havran testicoli
E le campagne diveranno viccoli,
Al hor per te, mio volto crudelissimo,
Il cor che langue sarà felicissimo.

Erst wenn die Vögel Holzschuhe tragen,
und oben in der Luft die Büffel fliegen,
Rosen und Lilien Broccoli ansetzen,
die Frösche im Teich den Dudelsack fein blasen,
der Tag der Toten ohne Flüche sein wird,
der Schnee ganz schwarz und weiß die Trüffeln,
die Reichen die Zichorie gehn schneiden,
dann erst geht Ihr mir aus dem Sinn.

Erst wenn die Stummen ganze Epen singen,
und nicht zu saufen mehr verstehn die Deutschen,
die Mäuse sich miauende Katzen fangen,
und auch die Hunde vor den Hasen fliehen;
erst wenn bedeckt von Tischen ist der Himmel,
bitter der Zucker, süß der Pfeffer sein wird,
von Pflanzen voll das Meer, die Berge von Wasser,
dann wird mein Klagen erst ein Ende finden.

Erst wenn die Grillen sich im Fechten üben,
und auf den Seilen Esel tanzen,
die Jäger selbst zu Affen werden,
und aus den Zwiebeln Reben sprießen,
erst wenn der Mond das Tageslicht läßt leuchten,
und sich von Eis der Blitz wird überziehen,
die Tage im August ganz kalt sein werden,
dann endet erst das Weinen dieser feuchten Augen.

Erst wenn die Ziegen ganz melodisch meckern,
und Ostersonntag auf Karfreitag fällt,
wenn Scharlatane die Physikvorlesung halten,
und Asche man wird nach dem Gastmahl reichen,
wenn keine Hoden mehr die Hunde haben,
und ganze Felder Gassen werden,
erst dann, mein allzu gausames Antlitz,
wird dieses Herz, das seufzt, ganz glücklich sein.

Bereits die Form des Gedichts stellt ein Spiel mit der Tradition dar: Es handelt sich um vier *ottavarima*-Strophen, die allerdings – wie bereits die Überschrift *Canzonetta in sdrucciolo* verdeutlicht – nicht den klassischen *endecasillabo* mit *piano*-Endung verwenden, sondern mit dem *sdrucciolo*-Schluß jene charakteristische Folge von betonter ›penultima‹ als zehnter Silbe des Verses und zwei weiteren unbetonten Silben benutzt. Während die Strophenform auf ernsthafte Dichtungen wie das ›poema heroico‹ verweist, ist zugleich eine Versart verwendet, »die, wenn die Endung nicht als pastorale Chiffre in der Tradition Sannazaros verwendet wurde, seit Ariosts Komödien als ›komisches‹ Versmaß galt«.[548] Zwar hatte es bereits zuvor Parodien auf den ernsthaften Vortrag von *ottavarima*-Strophen gegeben – so etwa in der *Mascherata di Villanelle* aus Adriano Banchieris *Festino nella sera del Giovedì Grasso avanti Cena*, wo eine alte Jungfer (»una zitella«) in einer Parodie epischer Rezitation mit vokal ausgeführten ›Instrumental‹-Ritornellen von »lira« und »biobò« (Maultrommel) eine »ottava rima molto bella« vorträgt, worin die »zitella« ihre außerordentliche Schönheit preist, die einen Jüngling sogar dazu verleitete, sie sich anstelle eines Flohs (»pulce«) in seinem Bett zu wünschen[549] – doch werden in Banchieris Textvorlage keine *sdrucciolo*-Verse verwendet.[550] Bei Merulas Titel *Canzonetta in sdrucciolo* handelt es sich zudem um eine höchst ungewöhnliche, isoliert dastehende Erwähnung des Begriffs ›Canzonetta‹ im Zusammenhang mit *ottavarima*-Strophen im gesamten solistischen Repertoire,[551] gehörte dieser Strophentypus – allerdings ohne *sdrucciolo*-Endung – doch traditionell zu den im ernsthaften Madrigal und gerade nicht in der ›Canzonetta‹ verwendeten Textgattungen. So macht Merula bereits in der Wahl von Textform und Titel die Konzeption des Stückes als eines bewußt neuartigen, unerwarteten ›Capriccio‹ kenntlich.

Auch der Inhalt von *Quando gli uccelli portaranno i zoccoli* bestätigt diesen Eindruck eines spielerischen Umgangs mit der Tradition: Obwohl wie in der klassischen Adynata-Dichtung auch hier eine Liebesklage dargestellt ist, gibt nicht ein poetisch veranlagter Schäfer eines goldenen Zeitalters seinem Leid Ausdruck, einer jener edlen Hirten, die die italienische Pastoralpoesie nicht erst seit Tasso und Guarini bevölkert hatten, sondern ein vergleichsweise derber »rustico«,

---

[548] Leopold (1995), Bd. I, S. 202; vgl. hierzu auch die poetologischen Nachweise bei Leopold (1981), S. 75, Fußnote 6.

[549] Die beiden letzten Verse lauten: »Mi disse ier mattin un giovinetto: / Perchè non ho tal pulce nel mio letto?« – bei diesem Stück wie auch in einer weiteren komischen *ottavarima*-Vertonung derselben Sammlung mit der Überschrift *Li Festinanti – Non comparendo qui più mascherate* werden schematisch jeweils zwei Verse zu einer sogar in den Verzierungen in allen vier Abschnitten unveränderten musikalischen Phrase gesungen, wodurch notwendig immer wieder auch falsche Wortbetonungen entstehen. Banchieri verwendet eine solche Deklamationsweise in diesem Kontext als Zeichen für die kunstloseste Art der Handhabung derartiger musikalischer Modelle, die in ihrer äußersten Simplizität sogar noch unterhalb der in Monteverdis *L'Orfeo* anzutreffenden Ebene bäuerlichen Umgangs mit Rezitationsmodellen angesiedelt ist; vgl. Banchieri (1608), S. 7-10 und S. 56-58 sowie die entsprechenden Ausführungen zu *L'Orfeo* in diesem Kapitel.

[550] In Leopold / Steinheuers Katalog der solistischen Vokalmusik findet sich nur eine weitere Vertonung einer *ottava in sdrucciolo*, Pellegrino Possentis als Schlußstück der Sammlung von 1625 veröffentlichtes, siebenteiliges *Udite s'a ragion cotanto dolgomi* (NV 2259); darin klagt zwar auch ein Schäfer sein Liebesleid, doch ist hier kein parodistischer Unterton erkennbar; vgl. Leopold (1995), Bd. II, S. 183, Katalognummer 1220).

[551] Vgl. hierzu Leopold (1995), Bd. II, S. 176-183.

ein Bauer aus dem einfachen Volk[552], der sich mit den Jahres- und Tageszeiten, mit dem Wetter, mit Acker- und Weinbau, mit Feiertagen und Flüchen, mit störrischen Eseln, dem Meckern von Ziegen, mit Katzen und Mäusen oder dem Triebverhalten von Hunden ebenso auskennt wie mit den leeren Versprechungen von Wunderheilern und sogar den Trinkgewohnheiten der Deutschen.[553] Erst wenn diese ganze, fest verwurzelte Welt alltäglicher Erfahrung sich in ihr Gegenteil verkehren würde, könnten seine Seufzer und Klagen enden. Aus der Verknüpfung der aus der ›tradizione erudita‹ stammenden Adynata-Topik mit einer dieser im Grunde unangemessenen Metaphorik und einer bewußt niederen sprachlichen Form entsteht ein Gegensatz, auf dem die komische Wirkung des Textes beruht.[554] Diese wird durch die übertriebene Häufung von ›impossibilia‹ zusätzlich ins fast schon Groteske gesteigert: Während in d'Indias Madrigalvorlage nur fünf solcher Adynata sowie die Paradoxa der Schlußverse aneinandergereiht werden, sind es in den vier Stanzen von Merulas Vorlage insgesamt nicht weniger als siebenundzwanzig derartige, jeweils nur einen Vers füllende Unmöglichkeitsmetaphern, wobei auch hier das Gedicht mit der Gegenüberstellung der Reimwörter »crudelissimo« und »felicissimo« in den letzten beiden Versen in einem Paradoxon endet.

Offenbar hat Merulas Textvorlage ganz direkt zumindest einige ihrer Metaphern aus einer eher populären bildlich-ikonographischen Tradition übernommen, die aus der beschriebenen, klassizistisch-literarischen Adynata-Tradition hervorgegangen sein dürfte: In einem anonymen italienischen Stich vom Ende des 16. Jahrhunderts mit der Inskription *Così và il mondo alla riversa*, sind zahlreiche Adynata-Illustrationen in durchaus lehrhafter Absicht vor dem Hintergrund einer Landschaft dargestellt: nicht nur trägt ein alter Mann einen jungen, treibt ein Ochse den ins Geschirr gespannten Ochsentreiber an, wird ein Reiter von seinem Pferd bestiegen, hütet ein Wolf die Schafe, hat ein Ochse den Metzger zur Schlachtbank geführt, eine Henne den Hahn bestiegen und hat sich - ganz im Zentrum des Bildes - ein Mann in Frauenkleidern einer die Herrschaft ausübenden Frau in Männerkleidern unterworfen; auch einige der in Merulas Textvorlage aufgelisteten Adynata sind hier unverkennbar bildlich umgesetzt: So jagen Hasen und Hirsch die Hunde und eine Katze flieht vor den Mäusen (vgl. die Verse 3-4

---

[552] Mit dem Sänger in Barbara Strozzis *Instabilità di Filli* ist steht dieser bäuerliche Liebhaber auf einer sozialen Stufe.

[553] Es wäre eine eigene Untersuchung wert, wie viele dieser Metaphern sich auf zeitgenössische Sprichwörter zurückführen lassen, verweist etwa Curtius doch darauf, daß etwa Brueghels als »Niederländische Sprichwörter« bekanntes Bild eine »aus Adynata aufgebaute ›verkehrte Welt‹ bietet«; vgl. Curtius ([10]1984), S. 107.

[554] Bereits zu Beginn des ersten Gesangs von Alessandro Tassonis 1614-16 entstandenem *poema eroico-comico ›La secchia rapita‹ - ›Der geraubte Eimer‹* finden sich einzelne aus dem üblichen Kontext herausgenommene adynata-Bildungen mit gezielt komischer Absicht, wenn es in der vierten *stanza* des ersten Gesangs im Rahmen einer anscheinend konventionellen morgendlichen Naturschilderung (*alba*) im zweiten Vers heißt, »parean stellati i campi e' l ciel fiorito« oder im letzten Vers derselben Strophe »e gl'asini cantar versi d'amore«; Tassoni (1989), S. 164.

der Canzonetta).[555] Auch in weiteren zeitgenössischen Stichen finden sich vergleichbare Motive: In einem ebenfalls anonymen, *Il mondo alla riversa* überschriebenen italienischen Druck finden sich nicht nur fliegende Schweine, Löwen und Hasen (bei Merula waren es »buffali«), ein seine Lehrer unterrichtender Schüler, ein seinen Hirten scherendes Schaf oder ein Karren, der die Ochsen zieht, sondern auch eine Frauenarmee, die ein Kastell angreift, und schließlich ein Mann an der Spindel, während daneben eine Frau mit umgegürtetem Schwert steht[556] - in diesen beiden letzten Beispielen wird ein vereinzeltes Absinken von Motiven aus der gelehrten Tradition in die Popularkultur jener Zeit greifbar, denn hier haben wohl unverkennbar im einen Fall das Heer der Amazonen, im anderen Herkules und Deidamia Pate gestanden, beides Stoffe, die auch in der Oper des 17. und 18. Jahrhunderts aufgegriffen werden sollten. Anders als der erstgenannte Stich ist dieser zweite jedoch - wie noch einige weitere - in fast schon comicstripartiger Weise angeordnet, wobei die unterschiedlichen Adynata-Symbole in separaten Einzelbildumsetzungen aneinandergereiht werden.[557] Die regelmäßige, versweise Reihung der Bilder mit den pointierten, durch die *sdrucciolo*-Endungen hervorgerufenen Zäsuren in Merulas Textvorlage könnte in bewußter Anlehnung an derartige Stiche konzipiert worden sein.

Merula bezeichnet seine Vertonung[558] ausdrücklich als *Canzonetta* und bringt damit zum Ausdruck, daß auch musikalisch hier nicht wie im Falle von d'Indias Solomadrigal eine Komposition in einer hohen musikalischen Gattung zu erwarten ist, sondern daß er seine Umsetzung bewußt in die Tradition des leichteren Genres der strophischen ›Canzonetta‹ einreiht. Merula hat die Komposition in zwei mit je 42 Mensuren genau gleich lange Teile gegliedert, in denen jeweils zwei der vier Strophen zusammengefaßt werden. Wie bereits Leopold festgestellt hat, stimmen die beiden Teile bis auf die Vertonung der Schlußverse weitgehend überein,[559] doch gehen die Übereinstimmungen bei Betrachtung der Baßtöne noch weiter. Hier erweist sich, daß für jede der vier Strophen im Grunde das gleiche, aus zwölf Tönen bestehende Baßmodell Verwendung findet, also jeder der beiden Teile der Komposition bereits zweimal auf das gleiche Modell zurückgreift. Wie in den diskutierten strophischen Variationsformen bei Monteverdi gibt es bei der Verwendung der Gerüsttöne zwischen den Strophen leichte Abweichungen, am geringsten zwischen der ersten und dritten Strophe, die nur beim elften Baßton *E* voneinander abweichen (Mensuren 14-16 und 56-58), der in der dritten Strophe nicht nur gekürzt, sondern zudem von zwei gleichsam in der Mitte des Tons eingeschobenen Noten umspielt wird. In der zweiten und vierten Strophe ist dagegen jeweils vor dem dritten Ton des Baßmodells *G* ein zusätzliches *F* eingefügt, als

[555] Tristan (1980), S. 91.

[556] Vgl. den anonymen italienischen Stich nach einer als *El mondo al revés* bezeichneten Vorlage von J. Honevogt; Tristan (1980), S. 93, wiedergegeben in nebenstehender Abbildung.

[557] Tristan (1980), S. 92-94.

[558] Ediert in: Leopold (1995), Bd. II, S. 42-45; eine Edition der *Canzonetta* findet sich gleichfalls im Notenteil dieser Arbeit, S. 472-474.

[559] Leopold (1995), Bd. I, S. 202.

Seitenverkehrte italienische Kopie des Stichs *El mondo al revés* von J. Honevogt; vgl. Tristan (1980), S. 93.

sechster Ton erklingt *E* anstelle von *D*, beim achten Ton wird das *G* zum *Gis* alteriert, dem damit unter Auslassung des neunten Modelltones *d* jeweils eine leittönige Wirkung zum zehnten Ton A zukommt. Während wie in der ersten und dritten Strophe auch in der zweiten das Modell in einem A-Dur-Klang zu Ende gebracht wird - allerdings erstaunlicherweise bereits in Mensur 30, und damit zwei Verse vor dem tatsächlichen Strophenschluß - ist in der vierten Strophe vor dem elften Modellton *e* noch ein *d* eingeschoben und die Kadenz zum zwölften Ton *A* - der Sänger ist hier bis zum Abschluß des vorletzten Verses der Strophe gelangt - ganz aufgegeben. In der zweiten und vierten Strophe hat Merula dann freie Strophenschlüsse hinzukomponiert, wobei die jeweils erste Deklamation der Schlußworte wie in der ersten und dritten Strophe in A-Dur endet (Mensuren 38 und 75), die Wiederholung des letzten Versteils in der zweiten Strophe führt jedoch dann zum Abschluß der *prima parte* ebenso wie die ausführlicheren Wiederholungen der beiden Schlußverse am Ende der Komposition nach F-Dur zurück, so daß beide Teile in der Ausgangstonart enden. Diese beiden freien Schlußvarianten sind darüber hinaus jedoch weder auf den Strophenbaß bezogen noch weisen sie untereinander Ähnlichkeiten auf.

Warum verwendet Merula in seiner Komposition ein Baßmodell, wenn dieses dann doch in zwei der Strophen letztlich nicht in der Funktion eines strophischen Basses verwendet wird, da die Rezitation der Strophe hierin nicht mehr mit der Idee des Strophenbaßmodells als eines formbildenden Elements in Übereinstimmung gebracht wird? Der Baß entspricht mit seinen teilweise über mehrere Mensuren ausgehaltenen Liegenoten weniger einem Modell mit einem rhythmischen und melodischen Eigenleben (wie etwa im Falle von *Romanesca* oder *Ruggiero*), sondern eher jenen für die epische Rezitation verwendeten *Arie per cantar ottave*, deren Kennzeichen Leopold folgendermaßen beschrieben hat: »Deklamation auf einem Ton über einem einzigen Baßakkord zu Beginn des Verses, Kadenz oder doch zumindest intervallische Schritte am Ende des Verses«.[560] Auf den ersten Blick scheint genau darauf das Deklamationsprinzip in der vorliegenden *Canzonetta* zu beruhen: Alle Strophen beginnen mit der Rezitation über einem bis zu vier Mensuren ausgehaltenen F-Dur-Klang, über dem wenigstens der vollständige erste Vers, in den Strophen 1 und 3 sogar bis auf den Schluß zwei ganze Verse gesungen werden. Dabei werden die betonten Silben durch einen Dehnungsakzent hervorgehoben, auf besonders charakteristische Weise die *sdrucciolo*-Betonung an den Versenden durch die Folge punktierte Fusa, Semifusa und abschließender Semiminima, die fast alle Versschlüsse innerhalb der Komposition bestimmt. Nur an den Strophenschlüssen sowie in der zweiten Strophe an jener Stelle, wo das Baßmodell eigentlich abgeschlossen werden müßte (Mensuren 29-30) sind die Versschlüsse rhythmisch verbreitert. Darüber hinaus ist in der übergroßen Mehrzahl der Verse die vierte Silbe als zweiter standardisierter Akzent betont, manchmal zusätzlich auch die sechste Silbe (Mensuren 10-11 und 52-53), die daneben auch noch in Verbindung mit einer selteneren Betonung der zweiten

[560] Leopold (1995), Bd. I, S. 198.

Verssilbe (Mensuren 10, 21, 27 und 34) hervorgehoben wird. Nur auf dem regelmäßig wiederkehrenden »quando«-Versanfang findet sich eine Dehnung auf der Anfangssilbe (Mensuren 19, 25, 59 und 66), während an zwei parallelen Stellen abgesehen von der *sdrucciolo*-Endung im Versinnern nur die achte Silbe gedehnt und durch eine zusätzliches Melisma hervorgehoben wird (Mensuren 4 und 46 auf den Worten »voleran« und »balleranno«). Verzierungen als Abweichung vom vorherrschenden Prinzip syllabischer, am jeweiligen Versmetrum orientierter Deklamation finden sich ansonsten nur noch am Schluß der zweiten Strophe bei »i miei ramarichi« und zwar in Form von ›passaggi‹ mit expressiven verminderten Quint- und Septimfällen und zusätzlichen dissonanten Vorhaltbildungen, über die noch zu sprechen sein wird.

Im Hinblick auf die bisher beschriebenen Phänomene unterscheidet sich die Deklamation in Merulas *Canzonetta* nur unwesentlich von dem, was ansonsten aus der Praxis epischer Rezitation bekannt ist, abgesehen vielleicht von dem schon penetrant zu nennenden Insistieren auf der *sdrucciolo*-Endung als zweifellos komischem Element, das praktisch alle *impossibilia*-Metaphern zum Abschluß bringt und damit selbst zum Reihungsprinzip erhoben wird – man könnte in diesem Zusammenhang fast von musikalischer Reimbildung sprechen.[561] Ungewöhnlich ist jedoch die zum Teil äußerst rasche Deklamation in ›Semifuse‹ im Inneren vieler Verse, wie sie im Repertoire der Zeit üblicherweise – wie bereits dargestellt – dem heroischen *concitato genere* als angemessen angesehen wurde oder auch bestimmte Passagen heftiger Wut oder Erregung kennzeichnen konnte.[562] Ähnlich, wie sich die *sdrucciolo*-Ottaven zum heroischen Stil verhalten, kann aus inhaltlichen Gründen hier auch keine Darstellung wirklich heroischen Zorns gemeint sein. Die rapide Deklamation wirkt dagegen in diesem Kontext merkwürdig zwiespältig oder sogar deplaziert, wurde das Stilmittel der Adynata-Aufzählung bei Vergil und d'India doch als Ausdruck von Klage und Verzweiflung und nicht von zorniger Erregung verwendet. Es scheint fast, als hätte der sich möglicherweise tatsächlich ereifernde Sänger sich bei der Wahl seiner Stil- und Ausdrucksmittel vergriffen – ein weiterer Hinweis auf den capricciohaften Charakter des Stückes.

Ein ähnlicher Zwiespalt läßt sich auch hinsichtlich der harmonischen Gestaltung feststellen, wechselt Merula doch häufig von Vers zu Vers das Tongeschlecht zwischen Dur und Moll, ohne daß dies durch Wortausdruck motiviert erscheint: Der Beginn in F-Dur mit der anschließenden Wendung nach C-Dur – hier ist von Vögeln in Holzschuhen und fliegenden Büffeln die Rede – läßt den Hörer in der Wahl des Tongeschlechts zunächst noch im Unklaren darüber, daß er es eigentlich mit einer Klage zu tun hat – die in Mensur 4 nur im Verlauf der

---

[561] Eine vergleichbare Reimbildung findet sich in einer Reihe weiterer Kompositionen der Zeit über *sdrucciolo*-Versen, so etwa in Arrigonis Ciaccona *Uscite o gemiti* von 1635 (NV 170).

[562] Vgl. hierzu die Ausführungen zur Stilhöhenproblematik im Kapitel über die Darstellung von Dichtersängern. Als Zeichen von Wut verwendet Merula überstürzte Semifusen-Deklamation seinerseits vor allem zu Beginn des Duetts *Và, và, ch'io non ti credo* aus dem Buch von 1633; vgl. Carlotti (1983), Bd. II, S. 63-70.

Oberstimme angedeutete, im Basso jedoch unterbliebene Wendung nach d-Moll hätte hier erste Klarheit schaffen können. Der anschließende Wechsel nach g-Moll im Zusammenhang mit Rosen, an denen Broccoli wachsen werden, kommt insofern schon fast unerwartet, noch erstaunlicher ist dagegen, daß gleich im folgenden Vers bei der Nennung dudelsackspielender Frösche mit D-Dur und G-Dur erneut das Tongeschlecht wechselt, um anschließend für die Flüche am Tag der Toten eine Wendung nach d-Moll zu erfahren. Auf dem folgenden, in B-Dur beginnenden Vers springt dann die Oberstimme unvermutet in einem kleinen Sextfall von *d''* nach *fis'* ab, ohne daß im Baß die damit implizierte Wendung nach D-Dur vollzogen würde, stattdessen springt dieser verfrüht in die große Septime *G* ab, der im Zusammenhang mit weißen statt schwarzen Trüffeln wohl kaum eine unmittelbar wortausdeutende oder affektive Bedeutung zuzuschreiben ist.

Was so merkwürdig klingt und zugleich musikalisch so unmotiviert erscheint, findet seine Erklärung in einer merkwürdigen Verschiebung der harmonisch korrekten Verhältnisse zwischen Oberstimme und Baß, wie sie im weiteren Verlauf der Komposition noch häufig zu beobachten sein wird: Der D-Dur-Klang, der hier erst auf »tartuffoli« erreicht wird, hätte im Baß eigentlich bereits zwei Minimen früher gesetzt werden müssen, das vorhergehende g-Moll hätte entsprechend harmonisch korrekt bereits auf der zweiten Semiminima von Mensur 10 erklingen müssen, dann wäre eine zwar immer noch zwischen Dur und Moll changierende, ansonsten aber stimmige musikalische Deklamation entstanden. Für die Rezitation des Folgeverses in Mensur 12 wechselt ein weiteres Mal das Tongeschlecht zu einem a-Moll-Klang, und der seltsame Beginn des Schlußverses der ersten Strophe mit dem ebenfalls ziemlich unvermittelt wirkenden betonten Einsatz in der None über dem Baß, die in der Oberstimme irregulär in die Undezime *d''* geführt wird, unter der dann der *Basso* seinerseits in die Septime *E* abspringt, läßt sich ein weiteres Mal mit einer Verschiebung der korrekten Deklamation erklären, denn die Singstimme rezitiert erneut - diesmal um eine Minima verfrüht - in der neuen Tonart E-Dur. Doch ist dies hier zusätzlich dadurch verschleiert, daß die Oberstimme erstmals zu einem wirklich expressiven Klagegestus findet, wenn sie - auch bei korrekter Koordinierung der beiden Stimmen - zunächst auf der Wiederholung von »prima« und nach einem verminderten Quintfall in anklagend sich steigernden Anrufungen der unbeugsamen Geliebten (»voi, voi« - Mensur 15) erneut zur Septime aufsteigt, bis nach einem weiteren verminderten Quintfall eine konventionelle Kadenz nach A-Dur beschrieben wird.

Die Vertonung der zweiten Strophe betont zwar weniger das Schwanken zwischen Dur und Moll - hier dominieren eindeutig Dur-Klänge, die häufig in Quintenbeziehung stehen bis hin zum entlegenen H-Dur in Mensur 27 - doch die mangelnde Koordination zwischen den beiden Stimmen in harmonischer Hinsicht ist hier eher noch offensichtlicher: Sowohl in Mensur 20 als auch in Mensur 23 schreitet der Baß bei der Rezitation des neuen Verses um eine Minima verspätet fort, so daß es anstelle eines korrekten Zusammenklangs wiederum zu Einsätzen auf der Septime kommt, in Mensur 27 kostet dagegen der Sänger den Dehnungsakzent auf »amaro« um eine Fusa zu lange aus - was diesmal einen dem Wortsinn sogar durchaus entsprechenden ›bitteren‹ Septimvorhalt zu Folge hat. In den Mensuren 34 und 35 greift schließlich der Sänger bei seinen Begleitakkorden erneut ganz gehörig daneben: Anstatt - wie es notiert ist - ein *fis'* in einen B-Dur-Klang hineinzusingen, hätte das erst anschließend angeschlagene g-Moll zu diesem Zeitpunkt bereits verklungen sein und dem folgenden D-Dur Platz gemacht haben müssen. Auch bei Abschluß des Verses wird der a-Moll-Klang im Basso um eine ganze Mensur zu lang ausgehalten, so daß in der Oberstimme wiederum ein verminderter Quintfall in die Septime zum Basso die Folge ist - allerdings entspricht hier die sozusagen unfreiwillig entstehende Dissonanz ironischerweise ein weiteres Mal dem Klagegestus der Worte bei »i miei ramarichi«. Auch an anderen Stellen übt sich der Rezitator in dieser zweiten Strophe in Wortausdeutung: die süße Dur-Terz auf »dolce« als Gegensatz zum Septimvorhalt auf *amaro* und dem Quartvorhalt auf »pevere« gehören ebenso dazu wie der allzu plakative ›Wasserberg‹ mit seiner symmetrischen Dreiklangsmelodik bei »i monti d'acqua carichi« (Mensuren 28-32).

Daß es sich bei den beschriebenen Unzulänglichkeiten wohl weniger um zufällige Pannen des »rustico« bei seiner improvisierten *sdrucciolo*-Rezitation, sondern eher um fest einstudierte Fehler handelt - er selbst mag sie sogar für besonders wirkungsvolle Kunstmittel halten - macht die *seconda parte* mit der Vertonung der zwei verbleibenden Strophen deutlich, da ein Großteil der beschriebenen Seltsamkeiten nun ungerührt ein weiteres Mal vorgetragen wird. Erst bei der Rezitation der beiden, zusätzlich durch die ausgiebigen Wiederholungen hervorgehobenen Schlußverse enden derartige Ungereimtheiten - damit ist zu diesem Zeitpunkt der Komposition kaum noch zu rechnen gewesen - und der Sänger findet erstmals zu einem in seinem Klagegestus wirklich ungebrochenen musikalischen Ausdruck: Das Abwärtsschreiten des Basso bei liegender Oberstimme mit regelgerechter Fortschreitung von E-Dur über einen Sextakkord auf *dis* und einen anschließenden Septimenakkord auf *cis* mit Auflösung durch Abwärtsschreiten der Oberstimme zum Sextakkord und anschließender Kadenzierung nach A-Dur (Mensuren 73-73, die Stelle wird um eine Quarte höher transponiert in den Mensuren 79-81 wiederholt) oder auch die Septimvorhaltreihung in Mensur 82 stellen zum Abschluß überzeugende Beispiele einer nun ganz und gar ernsthaften Zeichnung der Affekte des klagenden Schäfers dar.

Das Schwanken zwischen Dur und Moll vor allem in der ersten und dritten Strophe und der häufig eher erregte als klagende Deklamationsduktus können als Zeichen einer merkwürdigen Uneindeutigkeit in der emotionalen Selbstdarstellung des Sängers verstanden werden. Diese ist gepaart damit, daß strophisches Baßmodell und gesungene Rezitation vielfach nicht zur Deckung kommen - sei es in der zweiten und vierten Strophe, wo der leicht veränderte *Basso* bereits vor Abschluß der Strophe ans Ende gelangt und somit für die verbleibenden Verse um einen frei komponierten Schluß ergänzt werden muß, sei es in der mangelhaften Koordination zwischen den Stimmen bei den Harmoniewechseln innerhalb der Strophen. In all diesen Punkten zeigt sich die zur Komik des Stückes gehörende Unvollkommenheit der Figur des ›rustico‹, denn dieser bewegt sich ganz offensichtlich auf einem unangemessenen, seinen Möglichkeiten und Fähigkeiten nicht entsprechenden Terrain. So scheint die Komposition über weite Strecken selbst als Allegorie von Unmöglichkeit angelegt: Erst wenn in einer Verkehrung der Weltordnung ein Bauer die Kunst epischer Rezitation zu beherrschen imstande wäre, die möglicherweise ihrerseits zu diesem Zeitpunkt bereits als so veraltet galt, daß sie selbst »im Jahre 1638 nurmehr noch zum Lachen«[563] war, dann könnte wohl auch das ›impossibilium‹ einer Erfüllung seiner Liebe eintreten. Immerhin gelangt jedoch der Sänger am Ende - wenn auch gewissermaßen außerhalb des Rahmens epischer Rezitation, da das zugrundeliegende Strophenmodell hier bereits beendet ist - zu einer stimmigen musikalischen Darstellung seiner Verzweiflung, die gerade nach dem komischen partiellen Scheitern seiner Deklamationsversuche umso anrührender wirkt. Eine komische Figur niederen Standes und geringer Bildung, das offenbart Merulas Vertonung, ist vielleicht nicht der Form heroischer Rezitation, jedoch sehr wohl in seiner verzweifelten Liebe letztlich nicht weniger ernsthafter und aufrichtiger Affektregungen fähig als die Ritter, Könige und Heroen der epischen Dichtung. So wird vielleicht sogar das anfängliche Lachen über den »rustico« und seine teilweise unbeholfenen Versuche, sich der Stil- und Ausdrucksmittel gelehrter Dichtungstraditionen zu bedienen, selbst am Ende zum Ausdruck einer verkehrten Welt.

Während d'Indias Madrigal einen Versuch darstellte, das literarische Prinzip der Adynata-Reihung durch vielgestaltige, an der konkreten Metaphorik des Textes entwickelte musikalische Unmöglichkeitschiffren kompositorisch adäquat nachzubilden und damit ein dem Gegenstand angemessenes ›aptum‹ mit den Mitteln des Tonsatzes zu verwirklichen, wodurch die Wirkung der Vorlage unterstrichen oder gar erhöht werden sollte, läßt Merulas *Canzonetta in sdrucciolo* sowohl im Text wie auch in dessen musikalischer Umsetzung gänzlich andere Intentionen erkennen, die - wie Merula dies selbst durch die Wahl des Titels der Sammlung von 1638 verdeutlicht - mit der eingangs erörterten zeitgenössischen Idee des ›Capriccio‹ in Zusammenhang stehen: In geistreicher, ebenso unerwarteter wie überaschend neuartiger Weise sind zu einer hohen Stilebene gehörende Stilmittel wie die Strophenform des Epos, das Prinzip einer Reihung von ›impossibilia‹ im Kontext einer Klage und die musikalische Tradition epischer Rezitation verknüpft mit der einer niederen Sphäre entstammenden Figur des »rustico«, der häufig für komische Charakterisierung verwendeten *sdrucciolo*-Endung der Verse, einer einfachen Sprachebene und derben Metaphorik sowie einer musikalischen Sprache, deren Schmuck (›ornatus‹) sich in einigen wenigen, dazu allzu simpel geratenen Madrigalismen und Wortausdeutungen erschöpft. Das Zusammentreffen dieser im Grunde inkommensurablen Welten führt nicht nur zu jenem zumindest partiellen, tragikomischen Scheitern der Rezitationsversuche des lyrischens Ichs, sondern zugleich zu der geschilderten affektiven Ambivalenz, die nur in den Schlußabschnitten beider Teile ein ungebrochenes Pathos zuläßt. Merula schafft

563 Leopold (1995), Bd. I, S. 203.

hier einen Typus von ›Capriccio‹, der nicht nur auf phantasievoller ›stravaganza‹ im beziehungsreichen Spiel mit literarischen und musikalischen Traditionen und Konventionen beruht, sondern dabei gezielt komische Wirkungen beabsichtigt.

›Curtio precipitato‹ oder das Lob eines Toren

Noch in einem anderen Stück seiner Solosammlung von 1638 hat sich Merula in bewußt spielerischem Umgang und vielleicht noch weit ungewöhnlicherer Weise mit antiker Tradition und deren Rezeption in seiner Zeit auseinandergesetzt. Welchen Stellenwert er dem großen Baßsolo *Curtio precipitato* selbst beigemessen haben muß, zeigt sich bereits daran, daß die Komposition den Druck von 1638 nicht nur eröffnet, sondern sogar den ersten Teil des Titels bildet.

Als Gestalt der römischen Volkssage gehörte Marcus Curtius zu jenen Heroen des antiken Roms, die sich in besonderer Weise um ihr Vaterland verdient gemacht hatten. Im Jahre 362 v. Chr. soll sich nach Überlieferung des Livius und anderer antiker Quellen[564] auf dem Forum ein tiefer Erdspalt geöffnet haben, der weder mit Erde aufgefüllt noch durch Hineinwerfen von Gold oder anderen Kostbarkeiten geschlossen werden konnte. Endlich hatte ein Orakel verkündet, der Spalt werde sich erst dann schließen, wenn die Römer ihr höchstes Gut geopfert hätten. Dies bezog Marcus Curtius auf die heroischen Tugenden von Tapferkeit und kriegerischem Mut, vollzog die notwendigen religiösen Riten und stürzte sich in voller Rüstung auf seinem Streitroß in den Abgrund, worauf der Spalt sich über ihm schloß und das drohende Unheil abgewendet war.[565] Marcus Curtius gehörte damit neben anderen legendären Rettern der Stadt wie Horatius Cocles, der 506 v.Chr. am *pons sublicius* einen Einfall der Etrusker in die Stadt verhindert haben soll, oder Mucius Scaevola, der im darauffolgenden Jahr die Belagerung Roms durch einen allein unternommenen Mordversuch am feindlichen Heerführer Porsenna in dessen Lager zu beenden versuchte, zu den besonders vorbildhaften Beispielen für Heldenmut und Vaterlandsliebe, die als *exempla maiorum* bezeichnet wurden. Während die meisten dieser beispielhaften Gestalten in römischer Zeit kaum in bildlichen Zeugnissen nachgewiesen werden können, sind von Gestaltungen der Curtius-Episode eine ganze Reihe von Darstellungen überliefert - so ließ Kaiser Augustus im Jahre 9 v.Chr. an der Stelle auf dem Forum, wo sich die Erdspalte der Überlieferung nach befunden haben sollte, ein Relief mit einer Darstellung der Szene aufrichten; ein weiteres Marmorrelief aus

[564] In KP sind als Quellen T. Livius, *Ab urbe condita* 7,6,1-6 sowie Varro, *De lingua latina* 5, 148ff. angegeben; vgl. KP, Bd. I, Spalte 1348; bei Moormann / Uitterhove sind zusätzlich noch Stellen bei Valerius Maximus, Plinius maior, Statius, Augustinus sowie Dionysius Halicarnassensis angeführt; vgl. Moormann / Uitterhove (1995), S. 204.

[565] Darstellung nach *Curtius Nr. 4*, KP, Bd. I, Spalte 1348; Moormann / Uitterhove (1995), S. 204 sowie Herzog Anton Ulrich-Museum (1980), S. 5.

dem ersten nachchristlichen Jahrhundert wird heute in der Villa Borghese aufbewahrt.[566]

In der nachantiken bildenden Kunst wird seit der Mitte des 15. Jahrhunderts diese spezifisch römische *exempla*-Tradition dann erneut aufgegriffen, offenbar zunächst auf bemalten Truhen (*cassoni*) vor allem in Florenz und Siena, wo sie in den Umkreis der *uomini famosi* -Zyklen in den *Palazzi Pubblici* gehören, in deren Darstellung die italienischen Stadtstaaten bewußt den Vorbildcharakter des antiken Roms und seiner Ideale betonten.[567] Im Palazzo Trinci im umbrischen Foligno ist auch Marcus Curtius unter den als Standfiguren dargestellten römischen Helden in der sogenannten ›Sala degli Imperatori‹ anzutreffen. In der Folgezeit finden diese Heroengestalten weite Verbreitung in Freskenzyklen wie etwa den Abbildungen der drei genannten Helden auf Pinturicchios um das Jahr 1500 zu datierenden Fresken in der Palazzina Della Rovere-Colonna in Rom,[568] auf Tafelbildern wie bei Refinger und in der Druckgraphik - etwa in der Serie römischer Heroen bei Goltzius[569] - oder auch in der Skulptur, wie im Falle der berühmten Reiterplastik Berninis in der Cour Napoléon des Louvre, die eigentlich Ludwig XIV. darstellen sollte, dem Sonnenkönig jedoch mißfiel und deshalb von Girardon in eine Darstellung des Marcus Curtius umgearbeitet wurde.[570] Weiterhin ist das Sujet auf italienischen Majoliken anzutreffen,[571] in Illustrationen zu den Livius-Ausgaben des 15. und 16. Jahrhunderts - diese wurden ihrerseits offenbar wieder zu Vorlagen für Freskenzyklen[572] - und sogar in den Majuskeln italienischer Buchdrucker: So beginnt etwa die Vorrede *A i lettori* von Gioseffo Zarlinos zweiter Version der *Istituzioni harmoniche*, die 1573 bei dem Sieneser Drucker Francesco dei Franceschi in Venedig erschien, mit einer figurativ geschmückten Q-Majuskel, die Marcus Curtius zeigt.[573]

Die Ikonographie der dargestellten Szene bleibt dabei in vielen Punkten konstant, wenn auch Abweichungen in mancherlei Einzelheiten festzustellen sind: Gewöhnlich wird der Moment des Sprunges selbst dargestellt, wobei Marcus Curtius einen Schimmel reitet und normalerweise in antikisierender Kriegerrüstung mit Helm und Federbusch abgebildet ist - die Braunschweiger Majolika bildet hier eine Ausnahme, da sie den Helden nur mit dem Schwert in der Hand,

---

[566] Vgl. die Abbildung in Aghion / Barbillon / Lissarrague (1994), S. 181; hier ist auch von einigen Darstellungen auf Gemmen und Lampen die Rede.

[567] Vgl. Hansen (1989), S. 133-48.

[568] Vgl. Moormann / Uitterhove (1995), S. 356 und 205.

[569] Vgl. zu Marcus Curtius die längst nicht vollständige Auflistung bei Pigler (1974), Bd. II, S. 384-85; eine Abbildung des in der Alten Pinakothek München bewahrten Bildes von Ludwig Refinger findet sich in Moormann / Uitterhove (1989), S. 99; zu Goltzius vgl. Aghion / Barbillon / Lissarrague (1994), S. 182.

[570] Mit weiterführendem Literaturhinweis bei Aghion / Barbillon / Lissarrague (1994), S. 182.

[571] Vgl. hierzu den wohl zwischen 1515-20 entstandenen Teller MAJ 837 im Herzog Anton Ulrich-Museum in Braunschweig; vgl. Herzog Anton Ulrich-Museum (1980), S. 5 sowie Farbabbildung 1 oder auch einen im Museo Correr in Venedig aufbewahrten Teller.

[572] Vgl. Moormann / Uitterhove (1995), S. 356-57.

[573] Vgl. Zarlino ([R]1966), nicht paginierte Vorrede *A i lettori*.

ansonsten aber ohne Rüstung und sogar barfuß zeigt. Die Erdspalte ist entweder wie bei Refinger oder auf der Schale des Museo Correr als düsterer Abgrund dargestellt, in einigen Fällen lodern jedoch Flammen aus ihr hervor,[574] während sie zuweilen nur angedeutet ist, wie in Veroneses berühmtem Deckengemälde im Kunsthistorischen Museum in Wien (ca. 1556) und auf der genannten Braunschweiger Majolika, wo jeweils eine spektakuläre Darstellungsperspektive von unten, gleichsam aus dem Abgrund heraus gewählt wurde. Auf einer Reihe von Bildern wird über die Zeichnung eines antikisierenden Stadtambientes hinaus zuweilen auch eine Zuschauermenge gezeigt, die wie bei Refinger in einer Schreckenspose erstarrt ist oder aber - wie auf Bernardo Strozzis Fresko der Villa Centurione-Carpaneto in Genua-Sampierdarena - weitere Elemente der Legende verkörpert. Hier wird der furchtlos sich opfernde Ritter zur Rechten von einem Mann flankiert, der sich anschickt, einen herbeigetragenen Sack voller Erde in den Abgrund zu entleeren, während zur Linken vornehme Frauen ihren Schmuck als Opfergabe in die Tiefe fallen lassen[575] - beides waren jedoch, wie die Überlieferung lehrt, vergebliche Unterfangen, die das drohende Unheil nicht von der Stadt abzuwenden vermochten, so daß sich die selbstlose Heldentat in der Bildmitte umso mehr von solch fruchtlosen Versuchen abhebt.

Die Grundlage derartiger Darstellungen in der bildenden Kunst dürfte das kontinuierliche Zurückgreifen auf die spezifisch römische *exempla*-Tradition in Historiographie und Literatur seit dem Mittelalter sein. Die Legende des Marcus Curtius wurde bereits in der weitverbreiteten Legendensammlung *Gesta romanorum* aus dem 12. Jahrhundert aufgenommen und dort durch Erweiterung der ursprünglichen Legende in eine christliche Deutungsperspektive gestellt. Im 43. Kapitel[576] ist die Rede davon, daß Curtius bereits ein ganzes Jahr vorher sein heroisches Handeln vorhergesehen habe, die Erdspalte als Öffnung der Hölle zu

[574] So auf Franceschis *Curtius*-Majuskel bei Zarlino oder auch auf einer italienischen Bronze in den Staatlichen Museen zu Berlin, vgl. Pigler (1974), Tafelband, Seite 287; dies geht auf eine mittelalterliche Beschreibung bei Magister Gregorius zurück, »der die Entstehung der Flammen damit erklärt, daß sich die Erde durch Vulkantätigkeit geöffnet habe«; Moormann / Uitterhove (1995), S. 205.

[575] Vgl. Strozzi, Bern. (1995), S. 60.

[576] »Cap. 43 (42.) - *Quod Christus clausit infernum sua passione et voluntaria morte.* In medio Roma in quodam loco aperta est semel terra et hyancia infra patuerunt. Super hoc dii sunt interrogati; responderunt: Non claudetur hec vorago, nisi aliquis voluntarie se immergat. Sed cum hoc nemini persuadere possent, dixit Marcus Anilius: Si per annum in Roma pro libitu meo me vivere sinitis, anno elapso gaudenter et voluntarie me immergam: Romani hoc audientes gavisi sunt, concorditer consenserunt et nihil sibi clauserunt. Qui rebus et uxoribus libere utens anno lapso cum nobili equo saltu precipiti se immersit et statim terra se clausit. Carissimi, Roma mundum istum signat, in cujus medio est infernus in centro, qui erat apertus ante Christi nativitatem, et infiniti homines in eo ceciderunt. Unde a diis i.e. a prophetis recepimus reponsum, quod numquam clauderetur, donec virgo pareret filium, qui pro genere humano contra diabolum pugnaret, et anima ejus cum divinitate ad infernum descenderet. Unde scire debetis, quod numquam de cetero apertus erit, nisi aliquis voluntarie per peccatum mortale aperire.« Zitiert nach: Gesta romanorum (1872), S. 341-42.

interpretieren sei, und insofern sein freiwilliger Opfertod zur Rettung Roms dem Tode Christi zur Erlösung der Menschheit analog sei.[577]

Im vierzehnten Jahrhundert ist es nicht zuletzt Francesco Petrarca, bei dem die Curtius-Legende mehrfach Erwähnung findet: Während sie in seiner historiographischen Beschreibung berühmter Männer in *De viris illustribus* gänzlich fehlt, ist die Episode in peripherer Form an zwei kurzen Stellen innerhalb von Aufzählungen im sechsten und zehnten Buch der *Epistolae Familiares*[578] anzutreffen, deren vierundzwanzigbändige Endfassung 1366 abgeschlossen wurde;[579] daneben jedoch auch im ersten Kapitel des vermutlich gegen 1352 begonnenen *Triumphus Famae*, in dem Curzio nach Manlius Torquatius und den beiden Deciern ebenfalls eine Terzine (Verse 70-72) gewidmet ist:

Poi quel Torquato, che'l figliol percusse,	Jener Torquato[580] dann, welcher den Sohn durchbohrte,
E viver orbo per amor sofferse	und kinderlos zu leben erduldet aus Liebe
Della milizia, per che orba non fusse;	zur Kriegskunst, daß diese nicht kinderlos bliebe.
L'un Decio e l'altro, che col petto aperse	Der eine Decius und der andre auch,[581] die mit der Brust
Le schiere de' nemici: o fiero voto,	der Feinde Heerscharen durchbrachen: oh stolzes Gelübde,
Che'l padre e'l figlio ad una morte offerse!	das Vater und Sohn in einem Tode opferte!
Curzio venia con lor, non men devoto,	Curzio kam mit ihnen, nicht weniger aufopferungsvoll,
Che di sé e de l'arme empié lo speco,	da mit sich selbst und mit der Waffe er den Abgrund füllte,
In mezzo il Foro orribilmente voto.[582]	der schrecklich klaffte mitten auf dem Forum.

In den Formulierungen »o fiero voto« und »non men devoto« greift Petrarca gezielt den römischen Begriff der *devotio*, der freiwilligen Selbstaufopferung auf; danach konnte in einer Schlacht »der Feldherr sich oder einen Legionär zusam-

[577] Hierzu auch Aghion / Barbillon / Lissarrague (1994), S. 181.

[578] An der ersten Stelle im zehnten Paragraph des zweiten Briefes im sechsten Buch heißt es mit Bezug auf das Forum: »Hic descendit Curtius armatus«; an der zweiten Stelle im sechzehnten Paragraph des ersten Briefes im zehnten Buch ebenfalls innerhalb einer längeren weiteren Auflistung ebenso kurz »et insolitam viventis Curtii sepulturam«; ermittelt und zitiert nach der Konkordanz der *Familiares* bei Bernardo (1994) mit den wortgenauen Referenznummern 06-02-010-0003 bzw. 10-01-016-056.

[579] Vgl. KNLL, Bd. 13, S. 178-81.

[580] Petrarca bezieht sich in dieser Strophe auf Manlius Torquatus, einen römischen Konsul des vierten vorchristlichen Jahrhunderts, der seinen eigenen Sohn zum Tode verurteilen ließ, nur weil dieser ohne seinen ausdrücklichen Befehl einen Feind getötet hatte; vgl. Aghion / Barbillon / Lissarrague (1994), S. 180.

[581] Nach Angaben in KP fand die Selbstaufopferung der beiden Decier im Zusammenhang mit zwei unterschiedlichen Schlachten statt, so daß Petrarcas Hinweis auf einen gemeinsamen Tod wohl nicht zutrifft; vgl. die Einträge unter KP, Artikel *Decius*, Nr. 5 und Nr. 6, Bd. I, Spalten 1410-11.

[582] Zitiert nach Petrarca (1975), S. 221.

men mit dem feindlichen Heer dem Untergang weihen. Der Devovierte suchte den Tod im Kampf. Nehmen die Götter an, verpflichten sie sich als Gegenleistung zur Vernichtung des Feindes.«[583] Von hierher wird verständlich, daß eine *devotio* wie die des Marcus Curtius nicht allein als private Heldentat angesehen wurde, sondern mehr noch als rituelle Handlung, die das Einverständnis der Götter voraussetzte, konnten diese doch das Opfer im vorhinein verweigern.

Petrarcas Beispiel wirkte bis ins 16. Jahrhundert nach, nicht nur in einer beiläufigen Erwähnung des Helden im zweiten Kapitel des zweiten Buches der *Hypnerotomachia Poliphili* von Francesco Colonna aus dem Jahre 1499,[584] sondern noch bei Ludovico Ariosto, der in direkter Anlehnung an die zitierte Stelle aus dem *Triumphus Famae*[585] das Beispiel des Marcus Curtius in seinen *Rime* aufgreift; wie bei Petrarca wird die Form der Terzinendichtung verwendet und parallel das Beispiel der Decier angeführt - jedoch versetzt er es in den Kontext einer Liebesdichtung. *O qual tu sia nel cielo, a cui concesso* (Nr. XVII der *Rime*) ist überschrieben mit *Per sua donna ammalata*; wenn der Poet darin der erkrankten Dame seine Bereitschaft erklärt, an ihrer Stelle den Tod auf sich zu nehmen, werden für derart männliches Verhalten eine Reihe illustrer Beispiele antiker Heroen angeführt, die bereit waren, ihr Leben für das Vaterland zu opfern, darunter auch Marcus Curtius, doch fehlt bei Ariost im Unterschied zu Petrarca jeglicher Hinweis auf den der Opferung vorausgehenden Akt der *devotio*:

E s'uom mai s'esaudi, che sia offerto poner la sua per l'altrui vita, come quel Curzio che saltò nel foro aperto;	...und wenn sich je ein Mann erfüllte, da er anbot, das seine für das Leben eines andern einzusetzen, wie jener Curtius, der in des Forums Öffnung sprang;
e Decio e il figlio del medesmo nome, che tolse de la patria tremebonda, sopra li omeri suoi tutte le some;[586]	und Decius und sein Sohn mit gleichem Namen, die von dem furchtzitternden Vaterlande auf ihre Schultern nahmen alle Bürden;

Den Vorbildcharakter, welcher der edelmütigen Handlungsweise dieses römischen Heroen beigemessen wurde, hebt noch Giovan Battista Marino hervor, wenn er mit dem folgenden Madrigal Marcus Curtius in seine zahlreiche weitere Heroen umfassende poetische Porträtsammlung von *uomini famosi* einreiht,[587] die er 1619 unter dem Titel *La Galeria* veröffentlichte:

---

[583] KP, Artikel *Devotio*, Bd. I, Spalte 1501.
[584] Vgl. LIZ, CD 2.
[585] Vgl. hierzu Ariosto (1989), S. 307, Fußnote zu den Versen 36-37.
[586] Zitiert nach Ariosto (1989), S. 307-08.
[587] Zitiert nach der Ausgabe Marino (1639), S. 112. Folgende Heroen aus der römischen Geschichte hat Marino in seine *Galeria* aufgenommen, die Zahlen in Klammern geben die Anzahl der einer Person gewidmeten Gedichte an: Cesare (4), M. Bruto, C. Cassio, Pompeo Magno (2), Catone Uticense (2), Marc Antonio, C. Macenate, Tito, Annibale (2), Scipione Africano (3), Horatio Coclite (3), Mutio Scevola (2), Curtio, M. Marcello, Sertorio, Fabritio, T. Quinto Cincinnato, Attilio Regolo, Numa Pompilio (2), Tolomeo Filadelfo, Narsete Eunuco, Belisario, Giustiniano,

Curtio	Marcus Curtius
De le ruine de la patria afflitto,	Betrübt über des Vaterlands Verderben,
L'invito Curtio l'armi, e'l destrier prese,	ergriff herausgefordert Curtius die Waffen, nahm das Roß
Et a gli Abissi, volontario, scese.	und sprang freiwillig in den Abgrund.
Tremanti, a l'atto generoso e forte,	Zitternd bei dieser starken, großmütigen Tat,
I popoli stupiro,	erstaunten die Völker,
E l'ombre impallidiro. Al gran portento,	die Schatten erbleichten. Bei diesem großen Wunder
Di spavento, gelò l'istesso Marte.	an Entsetzen gefror selbst Mars.
Con le Furie ancor Pluto	Und mit den Furien hätte noch
Havria laggiù temuto,	Pluto dort unten Furcht gefühlt,
Se non che drizzar, vide il buon Guerriero,	hätt er den guten Krieger nicht
Agli Eglisi[588] il sentiero.	den Weg zu den elysischen Gefilden wenden sehen.

Im Verständnis Marinos besteht die Vorbildhaftigkeit des Marcus Curtius in seiner Sorge um das Vaterland (*pietà de la patria*), in seiner Großmut (*generosità*) und Stärke (*fortitudine)*, Tugenden, die er in solchem Maße sein eigen nannte, daß ihm nicht nur Unsterblichkeit, ewiger Ruhm und ein Aufenthalt im Elysium gewiß waren, sondern selbst Mars, Pluto und die Furien sich davon beeindruckt zeigten. Es sind diese Tugenden, die auch Merula in der Widmung seines *Curtio precipitato* an den aus einem Cremoneser Adelsgeschlecht stammenden Giovanni Battista Barbò, »Marchese di Soresina, & Maestro di Campo della Militia nel Cremonese per la sua M.[ta] Cattolica« hervorhebt, wenn er einleitend schreibt:

> »Marco Curtio Giovane Romano, come paia corto di nome, la fama peró l'inalza alle stelle. Per pietá (sic) della Patria si dannó egli nel seno delli Empij: Ma la Religione dè grati Cittadini l'honoró qual' Idea di caritá, più degno di vita immortale, che se mai havesse provato morte. Meritó di sopravivere al sepolchro; perche sepellissi volontario prima di morire. ...«.[589]

Mit nur leicht veränderter Akzentuierung gegenüber der bei Marino angetroffenen *exempla*-Tradition stellt sich Marcus Curtius für Merula als ein Held dar, dessen aus *pietà della patria* erwachsene Vortrefflichkeit in einer durchaus christlich zu verstehenden Idee der Barmherzigkeit und Nächstenliebe (*idea di carità*) gipfelt - wie erwähnt, war bereits seit den mittelalterlichen *gesta romanorum* dessen selbstloser Opfertod zuweilen mit dem Christi am Kreuz in Beziehung gebracht worden.[590]

Costantino; es schließt sich eine Galerie mittelalterlicher Heroen mit Artù, Carlo Magno, Orlando, Gottifredo (2) und Tancredi an.

[588] Marzio Pieri deutet diese in seiner Edition der *Galeria* als »Elisi«; vgl. Marino (1979), Bd. I, S. 92.

[589] Zitiert nach dem Originaldruck NV 1829; das Vorwort ist nachgedruckt in: Padoan (1972), S. 320-321.

[590] Moormann / Uitterhove (1995), S. 205.

Merula war der erste Komponist, der sich einer musikalischen Umsetzung des Stoffes zuwandte, und auch später ist dieser nur selten überhaupt verwendet worden. Während vergleichbare römische Heroen wie Horatius Cocles oder vor allem Mucius Scaevola, die in Freskenzyklen häufig gemeinsam mit Marcus Curtius dargestellt worden waren, im 17. und 18. Jahrhundert immer wieder auch zu Helden auf der Opernbühne avancierten,[591] scheinen die Taten des Marcus Curtius für einen Opernstoff wenig tauglich gewesen zu sein. Mit Nicolò Minato, dessen *Mutio Scevola* ein Erfolgstück geworden war,[592] hatte immerhin einer der bedeutendsten Librettisten in der zweiten Hälfte des 17. Jahrhunderts die erste erhaltene Textvorlage einer *Curzio*-Oper verfaßt, und Antonio Draghi, zu dieser Zeit noch Kapellmeister der Kaiserinwitwe Eleonora Gonzaga am Wiener Hof, schrieb zu dessen *Curzio* [593] den größten Teil der Musik - die Ballettmusik stammte von Johann Heinrich Schmelzer und zwei der Arien von Kaiser Leopold I., die in der Handschrift als einzige mit einer vollständigen Streicherbegleitung niedergeschrieben wurden.[594] Eine Aufführung der Oper war anläßlich des kaiserlichen Geburtstages für den 10. August 1679[595] im Park von Schloß Laxenburg bei Wien vorgesehen, doch mußte sie wegen einer Erkrankung der Kaiserin Eleonore Magdalena Theresia von Pfalz-Neuburg verschoben werden und wurde offenbar auch nicht nachgeholt, weil der Hofstaat wegen eines Ausbruchs der Pest in Wien die Stadt verließ.[596] Weder über eine eventuelle spätere Aufführung noch auch über weitere Vertonungen von Minatos Libretto ist etwas bekannt.

Unter den wenigen späteren Adaptationen des Stoffes vor 1800 ist vor allem Paris Francesco Alghisis Oper *L'amor di Curzio per la patria* nach einem Libretto von Giulio Cesare Ciorradi zu nennen, die im Winter 1690 im venezianischen *Teatro Grimani di SS. Giovanni e Paolo* über die Bühne ging.[597] Abgesehen von einer nur dem Titel *Curtius* nach bekannten Oper, die Johann Melchior

---

[591] Stieger verzeichnet allein 12 Opern mit Mucius Scaevola als Titelheld, während Horatius Cocles wenigstens zweimal erwähnt wird, zunächst in einer Umarbeitung des *Mutio Scevola*-Librettos von Nicolò Minato, das von Alessandro Stradella als *Le gare dell'amor eroico* oder *L'Oratio* 1679 für Genua vertont wurde; noch Etienne-Nicolas Méhul brachte Anfang 1794 in Paris eine Revolutionsoper mit dem Titel *Horatius Coclès* auf ein Libretto von A. V. Arnault heraus; vgl. Stieger (1975), Titelkatalog Bd. II, S. 594 und 842, Bd. III, S. 899; Moormann / Uitterhove (1995), S. 357 und 460.

[592] Sechs Vertonungen seines Librettos werden von Stieger verzeichnet, und zwar von Francesco Cavalli (Venedig, Teatro S. Salvatore 1665), im gleichen Jahr möglicherweise von Antonio Draghi (Wien 1665), von Clemente Monari (in einer Bearbeitung von Flaminio Parisetti, Braunschweig / Wolffenbüttel 1692 - verloren), von Alessandro Scarlatti (Neapel, Teatro S. Bartolomeo 1698), von Franceso Ballarotti (Turin, 1700) sowie schließlich von Giovanni Battista Bononcini (Wien 1710); vgl. Stieger (1975), Titelkatalog Bd. II, S. 842.

[593] Eine deutsche Fassung des Librettos hat sich ebenso erhalten wie zwei Kupferstiche und die Handschrift der Partitur; vgl. Seifert (1985), S. 497 und den Eintrag bei Sartori (1991), Nr. 7009.

[594] Seifert (1985), S. 345.

[595] Angabe des Datums nach NG, Bd. 5, S. 604; Stieger nennt dagegen den 9.6.1679; vgl. Stieger (1975), Titelkatalog Bd. I, S. 290.

[596] Seifert 1985, S. 88.

[597] Sartori gibt die auftretenden Personen mit Romolo, Tatio, Flavia, Curzio, Attilio, Silvia, Claudio, Gilbo und Nicea an; vgl. Sartori (1991), Nr. 1363.

Molter 1730 für den Karlsruher Hof schrieb,[598] sind erst nach der Mitte des 18. Jahrhunderts vereinzelt weitere Versionen des Stoffes für das Musiktheater nachweisbar - ein *Dramma per musica* mit dem Titel *Curzio Cavalier Romano*, das 1753 während öffentlicher Feierlichkeiten der Stadt Lucca aufgeführt wurde,[599] ein *Marco Curzio* genanntes *Melodramma per musica* aus der Feder von Giovanni de Gamerra, das 1771 in Mailand im *Mercurio poetico per l'anno 1771* erschien, sowie ein im Jahre 1791 erneut für die Feierlichkeiten der Stadt Lucca entworfenes *Dramma per musica* gleichen Titels mit Musik von Pasquale Antonio Soffi, Antonio Puccini und Marco Santucci.[600]

Merulas Textvorlage aus der Feder eines unbekannten Dichters bietet keine dramatisierte Fassung des Geschehens für eine szenische Darstellung, sondern eine umfangreiche, eher episch angelegte Schilderung der Episode, in der die Kommentare des Erzählers den breitesten Raum einnehmen. Schon die anstelle der klassischen *ottavarima*-Strophe für epischen Vortrag gewählte Versform - *versi toscani* mit *piano*- und *sdrucciolo*-Endung - verweist darauf, daß hier keine episch-heroische Darstellung des Geschehens zu erwarten ist. Der möglicherweise populären fahrenden Sängern (*cantastorie*) des 16. und 17. Jahrhunderts nachempfundene Erzähler scheint denn auch, wie seine Sprache und seine weniger von hohen Idealen als von ganz pragmatischer Lebensklugheit geprägten Einstellungen verraten, auf den ersten Blick nicht in den Kontext erhabener akademischer Diskussionen um antike Ideale zu gehören, sondern vielmehr zum einfachen Volk, in dem sich nicht nur ganz eigene Vorstellungen entwickeln konnten, wie die, daß die Welt aus dem ursprünglichen Chaos ähnlich entstanden sein müsse wie der Käse aus der Milch und die Engel dabei die Rolle von Würmern gespielt hätten,[601] sondern man auch in Fragen von Heldenmut und Opferbereitschaft durchaus nicht immer herrschenden Idealvorstellungen nachzueifern strebte:

[598] Vgl. Häfner (1996), S. 248. Vermutlich ist Molters Werk identisch mit dem bei Stieger ohne Nennung von Librettist oder Komponist verzeichneten Werk mit dem Titel *Curtius* für Durlach im Jahre 1730; vgl. Stieger (1975), Titelkatalog, Bd. I, S. 290.
[599] Sartori nennt auch in diesem Fall die Personen - Quinto Servilio, Lucio Genuzio, Appio Claudio, Lucio Pinario, Marco Curzio, Livia und einen Chor, demgegenüber sind weder ein Librettist noch ein Komponist aufgeführt; vgl. Sartori (1991), Nr. 7010.
[600] Vgl. Sartori (1991), Nr. 14772 und 14773, Bd. IV, S. 67-68.
[601] Ginzburg (1983), S. 30 und S. 88-92.

Curtio precipitato

(Sinfonia ad immitatione d'un cavallo)

Curtio, ove vai, non far questa pazzia!

Fermati col malan che Dio ti dia,
Che se tu salti, te ne pentirai!
A che pensando stai?
Circa al gettarti a basso,
Tu ti puoi scapriciare;
Ma quanto al ritornare,
Fratello mio, sarà un difficil passo!

Non ti dar il tracollo,
Ferma, ch'in fede mia ti rompi il collo.

O quai capricci strani
Ti saltan, Musa, adosso,
Perchè ti prendi gl'impaci del Rosso,
Con voler radrizzar le gambe ai cani.
Questi schiamazzi vani,
Hor non servano a niente
Che quel matto cornuto,
Insomm'è risoluto,
Saltando, voler dar gusto à la gente.
Non gl'haver compassione,
Anzi se vol cader dagli un urtone.

Da capo a piedi armato,
A guisa d'un Ruggiero,
Con gale e con penacchi in sul' Destriero,

S'è nell'alta voragine gettato.

Povero disgratiato
Ch'humor ti venne in testa!
Io la ragione spesso,
A pensar mi son messo,
Che te c'indusse, e sol vi trovo questa:
Convien' che l'habbi fatto,
Non per altro, se non perch'eri un matto!

Forse alcuno dirammi
A la Patria smarrita
Volle sacrificar la propria vita,
Facendo attione degna d'epigrammi.

Hor questo stupir fammi,
Perchè gl'homini scaltri,
E quelli ch' hann' giuditio,

Der hinunter gestürzte Curtius

(Sinfonia in Nachahmung eines Pferdes)

Curtius, wohin willst du, mach doch nicht so eine Dummheit!
Halt ein mit dieser Krankheit, die Gott dir gab!
Denn wenn du springst, dann wirst du's noch bereuen!
Worüber denkst du denn bloß nach?
Was das Herunterstürzen betrifft,
so kannst du deine Lust ganz leicht befriedigen,
doch was die Rückkehr angeht,
mein Bruder, das wird ein ganz schön schwieriger Schritt!
Stürz dich nicht selbst in den Ruin,
halt ein, denn - bei meiner Treu - du brichst dir den Hals!

Oh, was für seltsame Launen
haben dich, Muse, überfallen,
warum bringst du dich in die Klemme wie Rosso,
indem du den Hunden die Beine gerade biegen willst?
Diese eitlen Spektakel
führen jetzt zu überhaupt nichts!
Doch dieser gehörnte Narr
ist wirklich entschlossen!
Mit seinem Sprung will er den Leuten gefallen!
Hab kein Mitleid mit ihm,
nein, wenn er fallen will, gib ihm noch einen Stoß!

Von Kopf bis Fuß bewaffnet,
nach Art eines Ruggiero,
mit Lederhelm und Federbusch hat er auf seinem Streitroß
sich in den tiefen Schlund gestürzt!

Du armer Teufel,
was für eine Laune ist dir in den Kopf gekommen!
Ich hab mich des öfteren daran gemacht,
den Grund dafür zu suchen,
der dir so etwas eingab, doch finde ich nur dies:
Daß du's getan hast, ist
nichts anderem angemessen, als daß du ein Narr warst!
Vielleicht wird jemand mir sagen
dem verlorenen Vaterland
wolle er sein eigenes Leben opfern,
indem er eine Handlung begeht, die für Epigramme taugt.
Doch läßt mich dies nun staunen,
da die klugen Leute
und die, die Urteil besitzen,

Veduto il precipitio,	nachdem sie den Sturz gesehen haben,
Stanno a vedere e fanno saltar gl'altri.	noch weitergaffen und auch noch andere springen lassen,
E in passi così brutti,	und mit derart scheußlichen Maßnahmen
Usano a dar la precedenza a tutti!	lassen sie allen den Vortritt!
S'io fossi stato all'hora,	Wenn ich in diesem Augenblick dagewesen wäre -
Vi dico il mio pensiero,	ich sag euch, was ich denke -
Non gl'havrei fatto a fé da Cavagliero,	ich hätt es nicht getan, bei der Treue eines Ritters,
E fosse andato pur Roma in mal'hora!	und wäre Rom auch ins Unglück gegangen!
Sò ch'il medesmo ancora,	Ich weiß genau, daß dasselbe
Fatto alcun altro havria.	irgendein anderer gemacht hätte;
E prima di cadere,	und bevor ich gefallen wäre,
Saria stato a vedere,	wäre ich geblieben, um zu sehen,
Come quel capitombo lo riusciva;	wie dieser Purzelbaum ihm gelungen wäre;
E d'imitarlo in vece,	und statt ihn nachzuahmen,
Havrebbe riso, poi, di chi lo fece.	hätte ich über den gelacht, der dieses getan hätte.
Che circa a quella gloria,	Und was diesen Ruhm angeht,
Dov'il lor fondamento	auf dem ihr Fundament
Fanno questi pallon' gonfii di vento,	diese windgefüllten Blasen errichten,
Com'esser nominati in un istoria,	wie etwa in einer Geschichte genannt zu sein,
È una certa boria,	so ist dieser eine gewisse Aufgeblasenheit,
Da darle la coperta;	um ihnen einen Deckel zu verpassen,
È un ente imaginario,	so ist er ein von kühnem Hirn
Di cervel temerario.	bloß eingebildetes Ding!
Ne d'esser crompo, a tanto prezzo, merta	und, um berühmt zu sein, lohnts nicht zu solchem Preis
Morire, ò sfortunato!	zu sterben, Unglückseliger!
Perchè? Per esser poscia nominato?	Warum? Um dann genannt zu werden?
Ditemi in cortesia,	Sagt mir doch bitte,
Se, mentre uno sta in Roma,	wenn einer in Rom lebt,
Un'altro in India con honor lo noma,	und ein anderer in Indien ihn mit Ehren beim Namen nennt,
Non saprei che gusto ei n'haveria,	so wüßte ich nicht, welchen Geschmack er daran finden sollte -
Nessuno in fede mia!	keinen nach meiner Überzeugung!
Che vengavi il malanno!	Das Unheil soll sie treffen!
Ch'ocorron' tante glose	Was bedarf es vieler Anmerkungen,
Quest' anime famose,	welchen Geschmack können
Che gusto ponno haver se non lo sanno?	diese berühmten Seelen dran finden, wenn sie's nicht wissen,
Poi ch' à gl' homini morti	denn den gestorbenen Menschen
Non gl'è proccacio, che gl'avisi porti.	ist es nicht mehr von Vorteil, was die Kunde bringt.
Curtio aquistossi lode	Curtius hat sich den Ruhm erworben
D'animo bravo e forte,	eines tapferen und starken Herzens
Poi che con quel saltar si diè la morte.	da er sich mit diesem Sprung den Tod gab;
Ma mentre non lo sa, che cosa gode?	doch dieweil weiß er nicht, wessen er sich erfreut,
E voi persone sode,	und Ihr, gediegene Leute,
Hor non mi state a dire,	sagt mir nun nicht,
Che tanto, poco dopo,	daß nur ein wenig später
Gli fora stato d'uopo,	er genötigt gewesen wäre,
Al suo marcio dispetto, al fin morire.	trotzdem schließlich zu sterben!
Ch'io non vi niego questo,	Ich bestreite euch dies nicht,
Ma non sarebbe morto così presto.	doch wär er nicht so früh gestorben!

Hor voi, ch' havete inteso	Nun, da ihr vernommen habt
La pazzia di costui,	die Torheit von jenem,
Ecci alcun che sia pazzo al par di lui?	gibt es noch jemand, der so töricht wäre wie er?
Ditemi pur, fra voi, chi sarà quello	Nun sagt mir denn, wer unter euch wäre derjenige
Di si poco cervello,	mit so wenig Verstand,
Che, per lasciar che dire	daß er, um dem unwissenden Volk
A la plebe ignorante,	etwas zu reden zu lassen,
Si contenta morire.	damit zufrieden wäre zu sterben,
Vadasi ad impicar pur chi n' ha voglia!	Es soll sich aufhängen, wer dazu Lust hat!
Che morirà giocondo	Soll er doch freudig sterben,
E darà, dopo se, che dire al Mondo.	und nach sich selbst der Welt noch was zu reden geben!

Allerdings täuscht der vordergründige Eindruck antiakademischer, volkstümlicher Einfachheit: Die fast einhundert Verse zählende Vorlage umfaßt mehrere Stadien von Erzählung und Kommentar, deren komische Wirkung nicht zuletzt darauf beruht, daß sie genau nach dem Muster der Beweisführung (*argumentatio*) in einer klassischen Rede aufgebaut sind:[602]

Verse 1-10	*expositio* mit *propositio*	
Verse 11-21	*ratio*	
Verse 22-25	*narratio*	
Verse 26-32	*rationis confirmatio*	
Verse 33-54	*argumentum I*	
Verse 55-65	*argumentum II*	
Verse 66-76	*exornatio*	
Verse 77-80	*peroratio*:	a) *confirmatio*
Verse 81-87		b) *rifutatio*
Verse 88-98	*conclusio*	

In einem ersten Abschnitt (Verse 1-10) führt der Sänger nicht nur unmittelbar in die zu behandelnde Geschichte ein (*expositio*), sondern formuliert gleich im ersten Vers den im Lauf der Rede zu begründenden Sachverhalt (*propositio*) der Torheit des Marcus Curtius (»pazzia« - Vers 1), die der üblicherweise anzutreffenden Einschätzung von dessen vorbildhaftem Handeln diametral entgegengesetzt ist. Da der Sänger letztere wohl auch bei seinen Zuhörern voraussetzen muß, unternimmt er geschickterweise gleich zu Beginn den Versuch, deren Wohlwollen zu gewinnen (*captatio benevolentiae*), indem er zunächst seine *compassione* mit dem heranreitenden Helden deutlich macht. Durch erregte Zurufe sucht er Curtius von seinem Vorhaben abzubringen und warnt ihn vor der Gefährlichkeit und den vielleicht unumkehrbaren Folgen seines Vorhabens.

[602] Vgl. J. Klein, Artikel *Beweis, Beweismittel*, HWR, Bd. I, besonders Spalten 1532-1533 sowie M. Kienpointner, Artikel *Confirmatio* und *Confutatio*, HWR, Bd. II, Spalten 352-357.

Ein zweiter Abschnitt (Verse 11-21) bringt bereits eine erste kurze Begründung (*ratio*) für die *propositio*, muß der Sänger sich doch eingestehen, daß seine gutgemeinten Warnungen ebenso vergeblich bleiben werden wie ein Versuch, den Hunden die Beine gerade zu biegen (Vers 14) - hier findet sich eine vereinzelte Unmöglichkeitsmetapher, wie sie in *Quando gli uccelli portaranno i zoccoli* gehäuft aufgetreten waren. Curtius sei in seiner Narrheit (Vers 17) so unbelehrbar, daß - hier wird der Grund für die Aufhebung der anfänglichen *compassio* gegeben - er keinerlei Mitleid erwarten dürfe, sondern im Gegenteil noch zusätzlich hinuntergestoßen zu werden verdiene. Vor einer ausführlichen Begründung ist nun die eigentliche Erzählung des Sturzes eingeschoben (Verse 22-25), die weniger eine ausgeschmückte Schilderung des Geschehens darstellt als die nur vier Verse umfassende lapidare Feststellung des Sachverhaltes (*narratio*), und zwar, daß Curtius - wie er auch auf den meisten der beschriebenen Bildern dargestellt ist - sich in voller Rüstung auf seinem Pferd in den Abgrund gestürzt hat.

Die verbleibenden Abschnitte umfassen mit 73 Versen fast dreiviertel des gesamten Textes und enthalten eine Erörterung der dem Publikum vorgestellten Episode in Form einer detaillierten Begründung (*rationis confirmatio*) der Torheit des Curtius, die zunächst als einzig möglicher Grund seines Handelns erneut herausgestellt (die Verse 26-32 führen auf das Wort »matto« hin) und dann mit verschiedenen Beweisgründen (*argumenta*) untermauert wird: Das erste *argumentum* legt dar, daß sich schließlich ein anderer an seiner Stelle geopfert hätte und er somit sein Leben hätte behalten können (Verse 33-54), das zweite (Verse 55-65) weist dann nach, daß Ruhm (»gloria« - Vers 55) kein sicheres Fundament für eine derart folgenreiche Entscheidung darstellen könne, denn dieser sei nichts als bloße Einbildung (»un ente imaginario« - Vers 61), deren Beständigkeit den Seifenblasen (»pallon' gonfii di vento« - Vers 55) als Symbol der Vergänglichkeit gleicht.

Als Beweggründe für die Entscheidung des Curtius werden damit Ruhmsucht und letztlich Eitelkeit benannt: Hatte es schon in Vers 19 geheißen, dieser wolle mit seinem Sprung »dar gusto a la gente«, so wird nun ausgeführt, daß auch der Wunsch, in einer Geschichte genannt zu werden (»esser nominato in un istoria« - Vers 58), vergeblicher Natur sei, denn einem Toten könne dies letztlich gleichgültig sein. Dieser Punkt wird zum Anlaß einer *exornatio*, einer »zusätzliche(n) Ausschmückung und Vertiefung der Argumentation«[603] (Verse 66-76), denn ein Toter könne weder wissen noch Vorteil daraus ziehen, ob jemand in der Heimat oder gar in fernen Ländern seinen Namen kennt (Verse 67-68) oder wie die Nachwelt seine Taten bewerten wird (Verse 71-72). Den Abschluß der Beweisführung bildet schließlich die *peroratio*, bestehend aus einer kurzen Zusammenfassung der eigenen Position in einer *confirmatio* (Verse 77-80) und einer anschließenden Widerlegung von Gegengründen (*confutationes* bzw. *refutationes* - Verse 81-87), die hier mit der rhetorischen Wendung »hor non mi state a dire« eingeleitet wird. Daß Marcus Curtius ohnehin hätte sterben müssen, stellt nach

[603] Vgl. M. Kienpointner, Artikel *Confutatio*, HWR, Bd. II, Spalte 355.

Überzeugung des Sängers nur einen unzulänglichen Einwand gegen den Vorwurf der ›pazzia‹ dar, er wäre dann zumindest nicht so früh gestorben (Verse 86-87). So kommt es nach einer ausführlichen Erörterung der Gründe und Gegengründe zu einer Konklusion (*complexio* - Verse 88-98), worin die ›pazzia‹ des ruhmreichen Helden nicht nur bestätigt, sondern sogar der Welt als warnendes *exemplum* törichter Handlungsweise vor Augen geführt wird (Verse 89-90).

Eine völlige Umwertung der Werte scheint hier vollzogen: Die römische Legende hatte gelehrt, daß heroische Tugenden wie Tapferkeit und kriegerischer Mut als höchstes Gut anzusehen seien, deren selbstloser Einsatz für das Vaterland zu ewigem Ruhm führt - gerade dafür hatten Legenden wie die von Marcus Curtius als vorbildhafte *exempla* fungiert. Der Sänger der vorliegenden Verse setzt hingegen das eigene Leben über das Wohlergehen des Vaterlandes und versucht die gepriesenen Tugenden nun ganz im Gegenteil als *vitia* zu entlarven, deren wichtigste Antriebsfeder Ruhmsucht und Eitelkeit bilden - entsprechend dem unausgesprochenen christlichen Kanon sollen die Zuhörer diese hier vermutlich sogar als Sünden auffassen. Die vorbildliche Handlungsweise wird als Torheit demaskiert, das *exemplum* in ein abschreckendes Beispiel umgedeutet.

In *Curtio precipitato* herrscht - noch weitaus stärker als in *Quando gli uccelli portaranno i zoccoli* - ein Widerspruch zwischen dem ganz an antiker Rhetorik geschulten formalen Aufbau des Textes und einem in seiner Deutung augenscheinlich vollständig auf den Kopf gestellten Inhalt: Ein erhabenes, heroisches Thema, das eigentlich eine nach Stilhöhe und Darstellungsform angemessene Umsetzung in der Tradition ernsthafter Enkomiastik beansprucht hätte, wird hier in einer scheinbar vollständigen Umdeutung antiker Ideale in sein Gegenteil verkehrt und als töricht, lasterhaft und daher niedrig umgewertet. Stattdessen werden niedrige Beweggründe wie Eigennutz oder auch Feigheit gleichsam geadelt durch eine formal den Regeln klassischer Argumentationskunst folgende Beweisführung, die hier allerdings auf Grund der Verwendung einer niederen literarischen Sprachebene gebrochen erscheint.

Der unbekannte Dichter von Merulas Textvorlage ist nicht der Erfinder einer derartigen Darstellungsperspektive, sondern folgt hier einer langen Tradition satirischer Dichtung[604] und - wie sich zeigen läßt - einem in diesem Fall sogar konkret zu benennenden Modell, dem bereits kurz nach seinem ersten Erscheinen im Jahre 1511 über ganz Europa verbreiteten *Lob der Torheit* des Erasmus von Rotterdam.[605] Angelegt ist dessen Schrift als ein paradoxes Enkomion - hier besingt kein Dichter einen preiswürdigen Menschen oder Gegenstand, sondern die personifizierte Gestalt der *stultitia* verkündet darin das Lob ihrer selbst und weist in einer an den Formen kunstgerechter Redeübung geübten *declamatio* nach, daß letztlich die ganze Welt von ihr, der Torheit, regiert wird:

---

[604] Vgl. hierzu die Einleitung von Wendelin Schmidt-Dengler, EvR, Bd. II, S. XI-XVI.

[605] Vgl. zur Verbreitungsgeschichte Augustijn (1986), S. 54-65.

»Ihr Vater ist das Geld, ihre Ammen waren Trunkenheit und Dummheit, ihre Hofdamen Eigenliebe, Schmeichelei, Vergeßlichkeit, Faulheit, Genuß, Unvernunft und Wollust. Durch diese treuen Gehilfinnen hat sie die ganze Welt unterjocht«.[606]

In allen Bereichen des menschlichen Lebens, unter allen gesellschaftlichen Gruppen sei sie anzutreffen, selbst die Weisheitsliebe der größten Philosophen und die Tugenden der vorbildlichsten Heroen erwiesen sich letztlich als Formen der allgemein herrschenden Torheit.

Unter den heroischen Toren wird bei Erasmus auch Marcus Curtius explizit erwähnt - wie bei Petrarca und später bei Ariosto parallel mit den Deciern, deren Selbstweihe (*devotio*) auch Erasmus vertraut war:

»Wer gab es dagegen den Deciern ein, sich freiwillig den Göttern der Tiefe zu weihen (*devoverent*)? Wer lockte Quintus Curtius in den Erdschlund? Es war die sinnlose Ruhmsucht (*inanis gloria*), eine gar anziehende Sirene, die freilich bei unseren Weisen im bedenklichsten Rufe steht. Sie sagen, das sei doch die vollendete Torheit, demütig, im kreideweißen Kostüm, dem Pöbel scharwenzeln, seine Gunst erkaufen, buhlen um den Beifall so vieler Dummköpfe, sich brüsten bei ihren Hochrufen, im Triumph wie ein Meerwunder sich begaffen lassen, in Erz auf dem Markte stehen; vollendete Torheit, wie man sich Namen und Titel verleihe, Knirpse von Menschen gleich Himmlischen feiere und in öffentlichem Festakt Scheusale von Tyrannen zu Göttern befördere; Unsinn sei alles, so toll, daß zum Lachen ein einziger Demokrit nicht genügte. Gewiß. Und doch – hier wachsen die Heldentaten, wie sie gar manche gewandte Feder verherrlicht; diese Torheit gründet Staaten, von ihr lebt jede Obrigkeit, lebt die Kirche, leben Feldherren, Räte und Richter – das ganze Leben ist ein Spiel der Torheit«.[607]

Auch in anderen Schriften greift Erasmus in direkter oder indirekter Form auf die *Curtius*-Legende zurück: In seinem gegen Luther gerichteten Traktat *De libero arbitrio* wird auf derartige Heldentaten – diesmal in ernsthafter Weise, aber bereits in der Wortwahl mit unverkennbarem Rückbezug auf die Stelle im *Lob der Torheit* – angespielt, wenn Erasmus zwischen rein äußerlich und sittlich guten Taten unterscheidet:

»Denn derjenige, der zur Rettung des Vaterlandes sich aus leerer Ruhmsucht (*ob inanem gloriam*) Gefahren aussetzt, vollbringt zwar eine ›äußerlich‹ gute Tat, ob sie auch sittlich gut ist, weiß ich nicht«.[608]

---

606 Augustijn (1986), S. 55-56.

607 EvR, Bd. II, S. 56-59; der Curtius unmittelbar betreffende Satz lautet im lateinischen Original: »Quid Q. Curtium in specum traxit nisi inanis gloria, dulcissima quaedam Siren, sed mirum quam a sapientibus istis damnata«.

608 EvR, Bd. IV, S. 50-51.

Der Wunsch nach Ruhm - hier nicht explizit als töricht gedeutet - ist als Ursache dafür benannt, warum Erasmus die Sittlichkeit einer solchen Handlung bezweifelt.

Um einen nach Ruhm strebenden Toren geht es zudem in den *Colloquia familiaria*, wenn im Dialog zwischen Philodoxus, einem schon seinem Namen nach ruhmbegierigen Jüngling, und dem solchem Begehren gegenüber eher skeptischen Symbolus verschiedene Möglichkeiten erörtert werden, wie jener zu Ruhm gelangen könnte. Zu den von Philodoxus im Laufe der Argumentation als unangemessen verworfenen Arten des Ruhmgewinns gehört neben unehrenhafter Berühmtheit durch Schandtaten und einem einfachen, tugendhaften Leben, das leider für sich genommen noch kein Garant für Ruhm sei, auch der folgende Vorschlag seines Gesprächspartners Symbolus:

> »Vollbringe irgendeine glänzende Tat und stirb. Dann wirst du ohne Neid mit Codrus, Menoeceus, Iphigenie, Curtius und den Deciern gepriesen werden. Nur an den Lebenden zehrt die Mißgunst, nach dem Tod hört sie auf«[609]

Philodoxus aber wendet ein, daß er derartigen Ruhm nicht begehre, da er diesen nicht einmal für kurze Zeit selbst genießen könne.

Erasmus hat seinerseits das Beispiel des Curtius und die von der gängigen Bewertung seiner heroischen Tat als *exemplum* für tugendhaftes Handeln abweichende Auffassung mit großer Wahrscheinlichkeit von dem römischen Philosophen Lorenzo Valla übernommen, dessen Schriften er in vieler Hinsicht verpflichtet ist. Dieser hatte in seiner ca. 1430-32 entstandenen Schrift *De voluptate* - revidiert unter dem Titel *De vero bono* - eine für die Zeit ungewöhnliche und höchst umstrittene Verteidigung epikureischer Auffassungen entwickelt, die auch den Schlüssel zu einem Verständnis der bei Erasmus angetroffenen Sicht bildet, und u.a. am Beispiel des Curtius erläutert:

> »Immaginiamo che questi precetti li dia uno di quei famosi antichi e, in particolare uno di quelli che morirono per la patria, evocato dall' oltretomba: per esempio; quel famoso, valorosissimo giovane, Curzio. Che gli risponderemo? Dio buono, abbiamo una risposta pronta e vera: ›Se l'hai fatto per la gloria - e così stanno le cose - la tua azione non si può più chiamare onesta‹. (...) È chiaro che non è l'›onore‹ a derivare dall'›onestà‹, bensì l'›onestà‹ dall'›onore‹ e dalla ›gloria‹, sicché questo concetto non ha nessun contenuto intrinseco. (...) Io nego che la gloria sia un nulla ed affermo invece che è cosa grande e desiderabile, purché riconosciamo che si tratta di un tipo particolare di piacere«.[610]

Tugend und Ehrbarkeit (*honestas*), den wichtigsten Begriffen der stoischen Moralphilosophie, setzt Valla in durchaus provozierender und zunächst paradox erscheinender Weise den epikureischen Begriff der Lust (*voluptas*) als zentrale Ka-

---

609 EvR, Bd. VI, S. 533.

610 Zitiert nach Erasmus (1989), Fußnote 163, S. 290-291.

tegorie moralischen Handelns entgegen. Keßler geht davon aus, daß in Vallas Auffassung

> »das zentrale Argument gegen die stoische Tugendlehre die Idealität des Tugendbegriffes selbst ist, der, weil er *per definitionem* von keinem Menschen eingelöst werden kann, ein leerer Begriff ist und deshalb weder auf die erfahrbare Realität bezogen werden kann, noch Orientierung im konkreten Handeln des Menschen zu geben vermag«.[611]

Während der stoische Tugendbegriff bei Valla als bloßer Nominalismus entlarvt wird, als eine nur aus inhaltsleeren Begriffsanalogien konstruierte Denkfigur, der keine realen, sondern nur »eingebildete und erlogene Dinge, *res imaginarias et commentitas*«,[612] entsprechen, versucht Valla diesem eine an praktischer Einlösbarkeit orientierte Moralphilosophie entgegenzusetzen, die auf einem in sinnlicher Erfahrung gründenden *voluptas*-Begriff basiert, wie er dem Menschen als »eine freudige Bewegung des Geistes und ein süßes Behagen des Leibes« auch sinnlich nachvollziehbar sei.[613] Allerdings wendet Valla diesen epikureischen Ansatz auf christliche Weise, indem er das Streben nach dem moralisch Guten mit gleichzeitigem Lustgewinn verknüpft denkt und zugleich in Übereinstimmung mit der natürlichen Ordnung sieht. Das wahrhaft Gute sei dem Menschen allerdings nicht im irdischen Dasein erreichbar, sondern werde ihm nur bei Erlangung des ewigen Lebens zuteil, und zwar als höchste überhaupt mögliche Lusterfahrung, als himmlische *voluptas*.[614]

Von dieser Auffassung her wird auch Vallas Einordnung der Curtius-Episode verständlich, denn wenn ein konkretes Motiv - der Wunsch nach Ruhm - dessen Handeln bestimmte, so kann sein Opfertod nicht auf reiner Ehrenhaftigkeit (*honestas*) beruhen, wie ein Stoiker behaupten könnte. Während von *honestas* als einem inhaltsleeren Begriff Ruhm und Ehre nicht ableitbar seien, könnten diese umgekehrt sehr wohl einen Grund von Ehrenhaftigkeit bilden, denn Ruhm gehört für Valla im Gegensatz zu *honestas* nicht zu den bloß eingebildeten, inhaltsleeren Dingen, sondern ist als eine besondere Art von Lust durchaus bedeutend und erstrebenswert.[615] Die Beweggründe des Curtius sind - so Vallas Deutung der Legende - nicht rational-abstrakter Art, entsprechen nicht höchsten sittlichen Motiven, sondern entspringen durchaus menschlichen Erwägungen, da sie den in der Natur des Menschen angelegten Begierden folgen und mit seinem Streben nach Lust in Einklang stehen.

---

[611] Eckhard Keßler in: Valla (1987), S. 38.

[612] Valla (1987), S. 43.

[613] »Huic verbo omnes, qui ubique sunt, duas res subiiciunt: laetitiam in animo commotione suavi, iocunditatem im corpore«; zitiert nach Keßler in: Valla (1987), S. 39, Fußnote 110.

[614] Gianfranco Friggo, *De voluptate*, KNLL, Bd. 16, S. 1030.

[615] Vgl. hierzu die bereits zitierte Stelle aus Vallas *De vero bono* in: Erasmus (1989), Fußnote 163, S. 290-291.

Diese epikureische Perspektive übernimmt Erasmus, wenn er in *De libero arbitrio* bezweifelt, ein Retter des Vaterlandes wie etwa Curtius habe »aus Liebe zur Tugend und zum sittlich Guten« gehandelt, sondern, von Ruhmsucht geleitet, nur eine ›äußerlich‹ gute Tat vollbracht, deren auf Vernunftgründen beruhende Sittlichkeit - wie die Stoiker sie verstanden - jedoch ungewiß sei.[616] In den *Colloquia familiaria* wird dann ein Opfertod wie der des Curtius von dem nach Ruhm strebenden Philodoxus nicht zufällig gleichfalls mit einem epikureischen Argument verworfen, daß nämlich eine solche Handlungsweise nicht mit Lustgewinn verbunden sein könne, da der Tote von dem Ruhm selbst nichts mehr habe.[617] In *Laus Stultitiae* schließlich wird ein derartiges Streben nach Ruhm selbst als eine der vielfältigen Formen menschlicher Torheit entlarvt, denn es gründet nicht in vernunftgesteuerten Erwägungen oder in sittlicher Reife, sondern wie alle auf menschlichen Beweggründen beruhenden Handlungen in unsinniger Torheit, für die das Lachen eines Demokrit nicht ausreiche.

In die Textvorlage zu Merulas *Curtio precipitato* sind auf sehr bewußte Weise viele der bei Valla und Erasmus anzutreffenden Motive eingearbeitet worden. Bereits die kunstvoll rhetorische Anlage des Textes stellt eine unmißverständliche Anleihe an das *Lob der Torheit* dar, denn auch Erasmus hatte seine gesamte Schrift in höchster Ironie als rhetorische Redeübung angelegt. Die Abhängigkeit von Erasmus tritt jedoch vor allem in der Deutung der Curtius-Episode als Torheit (›pazzia‹) deutlich zu Tage, denn auch in Merulas Text werden Ruhmsucht und Eitelkeit als zentrale Beweggründe für seinen Opfertod benannt. Die Vertrautheit des ungenannten Autors mit seinen literarischen Vorbildern erweist sich darüber hinaus an einer Reihe fast nebensächlich anmutender Bemerkungen: Wenn der Erzähler darlegt, er würde eine solche Handlungsweise nicht nachahmen - wozu eine beispielhafte Handlung eigentlich auffordern müßte - sondern im Gegenteil darüber lachen (Verse 53-54), wird auf das demokritische Lachen über die Torheit der Welt verwiesen, das auch Erasmus im Anschluß an die Erwähnung der Episode anführt.[618] Eine Anspielung auf den Nominalismus-Vorwurf Lorenzo Vallas gegen die Stoiker findet sich nur wenige Zeilen später, wenn der Erzähler den möglichen Nachruhm als »un ente imaginario / Di cervel temerario« bezeichnet (Verse 61-62) - hierbei wird jedoch Vallas Position auf nicht ganz zutreffende Weise in burlesker Verkürzung dargeboten, hatte dieser doch - wie dargelegt - Ruhm im Unterschied zum stoischen Tugendbegriff durchaus für

---

[616] EvR, Bd. IV, S. 50-51.

[617] Unmittelbar nach dem Philodoxus-Dialog legt Erasmus zum Abschluß der *Colloquia familiaria* in dem mit *Epicureus* überschriebenen Gespräch ausführlich die auf Valla zurückgehende Auffassung eines christlichen Epikureismus dar, wonach wahre Lust nicht den verderblichen sinnlichen Genüssen entspringt, die eher einem Zustand von Trunkenheit gleichen und immer mehr Schmerz als Genuß bedeuten, sondern einzig einem frommen Leben, das Gott als Ursache des höchsten Gutes zugewandt sei. Hier heißt es von Reichtümern und Ehren (*honoribus*), sie trügen »nicht zu einem angenehmen Leben bei, sondern eher zu einem sorgenvollen und ängstlichen«. Ehrgeiziges Verhalten (*ambitio*) wird mit Verliebtheit, Zorn und Geiz zu den verkehrten Begierden (*pravis cupiditatibus*) gerechnet; EvR, Bd. VI, S. 564-567.

[618] EvR, Bd. II, S. 58-59.

einen im menschlichen Streben verwurzelten, und damit nicht inhaltsleeren Begriff gehalten, als welcher er nun denunziert wird. Eine epikureische Argumentationsweise wird schließlich in Merulas Vorlage nicht nur in der bereits von Philodoxus in den *Colloquia familiaria* vertretenen Begründung gegen die von Curtius repräsentierte Art des Ruhmerwerbs aufgegriffen, wenn es heißt, Curtius könne beim Sterben nicht wissen, wessen er sich erfreue (Verse 79-80), sondern bildet in einer gewissermaßen vulgärepikureischen Variante die implizite philosophische Grundüberzeugung des Erzählers: Diese scheint auf der Maxime zu beruhen, nichts zu tun, was dem eigenen Nutzen und Wohlergehen und damit der eigenen Lust schaden könnte, da genau dies törichtes Handeln bedeuten würde – eine Haltung, der eine gewisse Bauernschläue und ganz praktisch gelebte Vernunft kaum abzusprechen sein dürfte.

Wie läßt sich nun allerdings die hier gewonnene Deutung des *Curtio precipitato* in Einklang bringen mit der zu Beginn dieses Abschnitts zitierten Stelle aus der Widmung des Druckes, in der Merula die umgekehrte Sichtweise der Episode als eines Beispiels tugendhaften Handelns in ganz ähnlicher Weise wie etwa Giovan Battista Marino vertreten hatte? Dieser Gegensatz tritt noch weitaus prononcierter zutage, wenn nicht nur der weitere Fortgang der *dedica*, sondern auch die beiden anschließenden panegyrischen Sonette hinzugezogen werden: In seiner Widmung an den Marchese Barbò versteht Merula nämlich seine eigene Komposition als ein Mittel, den aus vorbildlichem Handeln entsprungenen Ruhm des Curtius wiederzubeleben:

> »Quindi non patisce la mia Musa che giaccia in silentio trà furie discordanti, un che acquetò il furore d'Apolline irato: E con novi concerti il sottrahe dall' Inferno dell'oblivione un altro Orfeo ...«.[619]

Wenn es Merula nach Art eines neuen Orpheus gelingen sollte, Curtio und seine ruhmreichen Taten durch die Macht der Musik der ›Hölle des Vergessens‹ zu entreißen, so sei dies vor allem – so die panegyrische Wendung der *dedica* – das Verdienst des Widmungsträgers: Dieser habe, Herkules gleich, die Bewohner der Unterwelt bezwungen und Curtius in das Licht der Welt zurückgeführt – hier könnte auf einen konkreten Auftrag des Widmungsträgers oder auch auf dessen Finanzierung der Veröffentlichung angespielt sein.[620] Die von Merula in der Widmung gewählte Allegorik wird auch in den beiden Sonetten zum Lob des Komponisten wieder aufgenommen, die im Druck von 1638 unmittelbar an die *dedica* anschließen. Das erste stammt aus der Feder eines Akademikers namens Claudio Sachelli – möglicherweise ähnlich wie Roberto Poggiolini Mitglied der

[619] Zitiert nach dem Originaldruck NV 1829; siehe auch Padoan (1972), S. 320.

[620] Mit der Erwähnung des Herkules wird hier auf eine der beiden Unterweltepisoden im Leben des Halbgottes angespielt, und zwar entweder darauf, wie der antike Held den Thanatos im Kampf besiegte und so die todgeweihte Alkestis zu den Lebenden zurückbrachte, oder wie Herkules während der letzten seiner zwölf Aufgaben den Höllenhund Kerberus besiegte und von Hades die Rückkehr des Theseus erwirkte; vgl. Moormann / Uitterhove (1995), S. 328 und S. 331-332.

Bologneser *Filomusi* - und nimmt explizit auf die Vertonung des Titelstückes *Curtio precipitato* Bezug:

Sonetto.
Del Molto Ill. Signor D. Claudio
Sachelli, L'Avido.
Al Sig. Cavalier Tarquinio Merula,
per il suo Curtio.

Curtio al morir s'affretta? E tu col canto, Affrettando le note i passi aiuti, Sprona il destrier? E tu con cento acuti Colpi lo sproni, a rovinoso pianto.	Curtius beeilt sich zu sterben? Und im Gesang, da du die Noten beschleunigst, hilfst du den Schritten, spornst an das Schlachtroß? Und mit hundert hohen Schlägen spornst du ihn an zu verderblichem Leid?
Ma pietoso pur'anco, il freni alquanto; Se ben le voci tue, par ch'ei rifiuti,	Doch mitleidvoll hältst du ihn auch ein wenig auf, wenn es auch scheint, er wiese deine Mahnungen zurück,
Ei mor precipitando; e mille aiuti Ha da te, che profondi i tuoni in tanto.	so stirbt er bald im Sturz; doch tausend Hilfen hat er durch dich, da unterdessen du die Töne tiefer setzt.
Cedati pur chi, da gli oscuri Inferni, Credea goder la Donna al canto uscita,	So trete hinter dir zurück, wer schon aus dunklen Höllen der durch Gesang entlassenen Frau sich glaubte zu erfreuen
E rapirla di nuovo à i fati eterni.	und sie erneut ewigen Schicksalsmächten zu entreissen.
A più felice sorte il Ciel t'invita, Se, ne la morte altrui, te stesso eterni,	Zu glücklicherem Geschick lädt dich der Himmel ein, da du durch eines andern Tod dich selbst unsterblich machst,
E s'ella ha del tuo canto eterna vita.	und er ewiges Leben gewinnt durch deinen Gesang.

Nach den beiden Quartinen, in denen es um kompositorische Merkmale geht, auf die noch zurückzukommen sein wird, greift Sachelli in den beiden Terzinen zentrale Gedanken aus der Widmung bewußt wieder auf. Hatte Merula sich dort bereits nicht ganz unbescheiden als »un altro Orfeo« zu stilisieren versucht, so bescheinigt nun Sacchelli gar, der Komponist habe den antiken Sänger insofern noch übertroffen, als ihm das gelungen sei, woran Orpheus bei seinem Bemühen um Eurydike letztlich gescheitert war - den »fati eterni« den toten Curtio tatsächlich zu entreissen. Durch sein Werk habe Merula diesem antiken Heroen nicht nur zu neuem Ruhm und damit ewigem Leben verholfen, sondern zugleich selbst Unsterblichkeit und Ehre erlangt. Auch das zweite der panegyrischen Sonette - von Roberto Poggiolini, einem Mitglied der *Accademia dei Filomusi* in Bologna[621] - kreist mit ähnlichem Tenor ebenfalls um die heroischen Topoi Unsterblichkeit und höchster Ruhm:

---

[621] Vgl. hierzu die Ausführungen im ersten Teil dieser Arbeit im Kapitel zu Merulas Leben über seine Beziehungen nach Bologna und Imola, S. 61-65.

Sonetto Del Molto Illustre Sig. Cav.
Roberto Poggiolini, all'istesso Autore.

Canti chi vuol del Cittaredo Ebreo,	Es singe, wer will, des hebräischen Kitharoeden Ruhm,
Ch'in Saul frenò spirto al suon de i carmi;	der mit der Lieder Klang den Geist in Saul besänftigte,
Vanti pur, se prevalse il Tracio Orfeo,	man rühme nur, wenn er denn überlegen sei, den thrakischen Orpheus,
Qual suonator del plettro, à trattar l'armi.	jenen Spieler, der wie Waffen das Plektrum führte.
Siasi chi sà dell'Aracinto Atteo,	Wer auch immer weiß von dem attischen Aracinto
Mille prove cantando in cor dettarmi;	tausend Proben mir singend ins Herz einzuschreiben,
Vaglia chi può dell' Africano Anteo,	tüchtig ist auch, wer mit Lobgedichten den Afrikaner
Con encomi eternar metalli e marmi.	Antaeus[622] verewigt auf Münzen und Marmor.
Che la palma à me vien sortita intanto,	Doch die Palme wird für mich unterdessen vergeben
Per di CETRA toccarl'alto, él profondo,	für das hohe wie tiefe Spiel auf der Leier,
MERULA, ò mio TARQUINIO, offrirti il canto.	an Merula, o meinen Tarquinio, dem diesen Gesang ich entbiete,
E dir, ch'altri à te sol dato è secondo,	und sage, daß ein anderer dir nur als zweiter folgt,
E dir, che sovra altrui tu porti il vanto,	und sage, daß über andern du den Sieg davonträgst,
Miracolo il maggior, stupor del Mondo.	du größtes Wunder, du Staunen der Welt.

Poggiolini geht in seinem Lob des Komponisten sogar noch weiter als Sacchelli, setzt er Merula doch nicht nur über Orpheus, sondern ebenso über König David.[623] Bei diesem gleichsam heroischen ›Wettstreit‹ um die höchste Kunst beim Spiel auf der Leier spricht Poggiolini Merula die Siegespalme und damit die höchste Ruhmeskrone zu, denn der Komponist sei, so erfährt abschließend der Leser, nichts weniger als »Miracolo il maggior, stupor del Mondo« - das größte Wunder, ein Staunen der Welt.

Dieser letzte Vers von Poggiolinis Sonett liefert einen wichtigen Hinweis für eine Deutung der ungewöhnlichen Dichotomie des Anfangs von Merulas Solosammlung von 1638, endet das Sonett doch nicht zufällig - wie dann auch der lange Text des *Curtio precipitato* - auf dem Wort »mondo«. In besonderer Weise hat auch Merula die Vertonung dieses letzten Wortes hervorgehoben, indem er für »mondo« eine noch genau zu beschreibende, außergewöhnliche musikalische Allegorie entwirft - ein von höchster Kunstfertigkeit zeugendes musikalisches

[622] Vermutlich ist hier der libysche Riese Antaios gemeint, der von Herkules erwürgt wurde; vgl. Fritz Graf, *Antaios*, NP, Bd. I, Spalten 722-23.

[623] Unklar muß einstweilen bleiben, warum in der zweiten Strophe im Zusammenhang mit Merulas Lob als Musiker der von Herkules besiegte Afrikaner Antaios wie auch der weder in KP noch bei Moormann / Uitterhove (1995) nachzuweisende ›Aracinto Atteo‹ genannt sind - eventuell stellt dies einen Rückbezug auf die Herkules-Episode in der *dedica* dar, auf die dann auch das ansonsten kaum zu deutende implizite Wortspiel »sol dato« / »soldato« zu Beginn der Schlußstrophe zu beziehen sein könnte, allerdings wäre auch dann der Sinn dieser Anspielungen noch ungelöst.

›Wunder zum Staunen der Welt‹, um Poggiolinis Worte aufzugreifen. In der musikalischen Fassung des Schlusses seines *Curtio precipitato* sucht Merula nicht nur gleichsam den Beweis anzutreten, daß er die ihm von Poggiolini zuerkannte Palme höchsten Ruhms in der Musik auch wirklich verdient, er bezieht das Ende der Komposition und ihres Textes zugleich in einer Weise auf den Schlußvers des Sonettes und somit auf den panegyrischen Beginn des Druckes zurück, in der eine paradoxe Identität beider zum Ausdruck gebracht wird und damit in gewisser Weise sogar die Dichotomie zwischen stoischer und epikureischer Auffassung eine unerwartete Aufhebung erfährt.

Wie dies zu verstehen sein könnte, darauf hat Erasmus im *Lob der Torheit* einen Hinweis gegeben, als er die personifizierte Torheit selbst über die Möglichkeiten einer »Einsicht in das wahre Wesen der Dinge« reflektieren ließ:

> »Zunächst steht fest, daß alles auf Erden zwei Seiten hat, zwei ganz verschiedene Seiten, wie die Silene, von denen Alkibiades spricht. Was von außen Tod ist, wird Leben, von innen gesehen, und umgekehrt; was schön ist, wird unschön, was reich, wird arm, schändlich wird ruhmvoll (»quod infame, gloriosum«), gelehrt wird ungelehrt, stark wird schwach, edel wird unedel, fröhlich wird traurig, günstig wird ungünstig, freundlich wird feindlich, heilsam wird schädlich, kurz alles ist plötzlich vertauscht, sobald man den Silen aufschließt. Klingt das zu philosophisch, so will ich es für Dickköpfe handgreiflich darstellen. Nach jedermanns Urteil ist ein König ein reicher Mann und mächtiger Herr. Aber fehlt ihm der innere Reichtum und findet er nirgends Genügen, dann ist er ein armer Schlucker, und hat er sich allen Lastern verschrieben, dann ist er ein Sklave in Schimpf und Schande. So könnte ich fortfahren zu philosophieren, doch das eine Beispiel möge genügen«.[624]

Offenbar verwendet Erasmus das Beispiel der Silensfiguren in einem weiteren Sinne als Platon im *Symposion*, wo vor allem auf den Gegensatz zwischen Körper und Geist verwiesen wurde; Alkibiades vergleicht dort zu Beginn seiner Lobrede auf Sokrates den Philosophen mit derartigen Silensfiguren, da seinem häßlichen Äußeren innere Schönheit, seiner satyrnhaft auftretenden Lüsternheit tugendhaftes Handeln und seinen eher ärmlichen Lebensverhältnissen innerer Reichtum und höchste Weisheit gegenüberstehe.[625] Die Torheit bei Erasmus stellt jedoch in weit allgemeinerem Sinne fest, daß alles in vergleichbarer Weise zwei Seiten besitze: Erscheinung und Wesen der Dinge - so die Analyse der Torheit - stehen häufig in krassem Gegensatz zueinander, und wenn das törichte Theater der Welt seiner Masken beraubt werde, so werde die ganze illusionslose Nichtigkeit des Daseins offenbar. Vor allem das, was - wie etwa bei den Philosophen - als Weisheit daherkommt, erweist sich zumeist als Torheit, und vielleicht steckt in dem, was töricht erscheint, nicht selten höchste Weisheit. Dem Menschen ist -

---

[624] EvR, Bd. II, S. 60-63.

[625] Vgl. Platon, *Symposion* 215 A-B, in: PSW, Bd. II, S. 243.

so die skeptische Grundhaltung bei Erasmus - auf Grund seines Verhaftetseins in seiner Sinnlichkeit und damit im Schein der Welt wirkliche Vernunfterkenntnis ebenso unmöglich wie ein wahrhaft vernünftiges Leben. Insofern kann es Erasmus auch nicht um eine Zerstörung dieses illusionären Charakters der Welt oder gar in letzter Konsequenz um eine Abwendung vom Leben selbst gehen; Wahrheit und Trugbild sind vielmehr zwei gleichsam komplementäre Seiten derselben Sache - ganz ähnlich wie bei den doppelbödigen Silensfiguren. In seinem *Lob der Torheit* beabsichtigt Erasmus insofern weder eine Umwertung der Werte noch eine Abwertung oder gar ein Verdammen des Lebens; die Doppelbödigkeit, welche die Entlarvung des menschlichen Lebens als Torheit offensichtlich macht, dient eher dazu, schädliche Begierden als solche zu erkennen und sich von ihnen zu lösen - insofern findet sich an vielen Stellen des Buches eine Kritik an konventionellen Tugendauffassungen seiner Zeit wie auch an bestimmten gesellschaftlichen Mißständen, wenn etwa Kirche und Klerikern ihre Torheit vorgehalten wird. Ähnlich sind auch etwa auf Torheit aus Ruhmsucht basierende Heldentaten nicht schlichtweg als nichtig zu bezeichnen, denn sie können immerhin, wie Erasmus im Zusammenhang mit der Erwähnung der Curtius-Episode die personifizierte Torheit darlegen läßt, zur Gründung von Staaten führen und zur Aufrechterhaltung öffentlicher Ordnung beitragen.[626] Das *Lob von Torheit* kann insofern zuweilen auf fast paradoxe Weise als Bestätigung dessen fungieren, als dessen Umwertung es dem Anschein nach auftritt.

In ähnlicher Weise dürfte sich auch die augenscheinliche Widersprüchlichkeit zwischen Merulas Widmung und den panegyrischen Sonetten der beiden Akademiker sowie der Textvorlage des *Curtio precipitato* bei Merula deuten lassen: Wenn das Handeln des Curtio auch als Torheit gezeichnet wird, so geht es Merula und dem nicht genannten Textdichter dennoch nicht darum, Heldenmut selbst zu diskreditieren, oder Ruhm, Ehre und Unsterblichkeit als Werte bzw. Ziele tatsächlich grundsätzlich in Frage zu stellen. Dies machen die Widmung und die beiden Sonette zu Beginn des Druckes unmißverständlich deutlich, die davon in keineswegs satirischer oder auch nur gebrochener Weise künden. Die komische Unangemessenheit von antikisierender diskursiver Form des Gedichtes und eine anscheinend die römischen Ideale verspottende epikureische Haltung dienen hier auf eine paradox anmutende Weise dazu, deren moralischen Vorbildcharakter gleichzeitig nur umso schärfer und prägnanter hervortreten zu lassen: Was deutlich hervorgehoben werden soll, wird zum Scherz in sein genaues Gegenteil verkehrt.[627] Das demokritische Lachen über die Torheit des Curtius entlarvt zwar einerseits die Torheit eines in seiner Weltlichkeit befangenen, vergänglichen Dingen nachstrebenden Erdenbürgers, läßt jedoch zugleich seinen Ruhm und seine Unsterblichkeit in neuartigem, unerwartetem Lichte vielleicht noch heller erstrahlen - der ganze Beginn des Druckes ist somit konzipiert als das ausdrücklich

---

[626] EvR, Bd. II, S. 58-59.

[627] Bereits seit der Antike galt das *contrarium* als eine der möglichen Formen der Allegorie, wenn zum Spaß das Gegenteil des Gemeinten gesagt wird; vgl. hierzu W. Freytag, *Allegorie, Allegorese*, HWR, Bd. I, Spalte 333.

paradox formulierte ›Lob eines Toren‹. In letzter Konsequenz sind hier womöglich - wie bei einer Silensfigur - die gegensätzliche stoische und die epikureische Perspektive für die Deutung der Legende nur zwei Gesichter derselben Sache, zwei Weisen, die Gegensätzlichkeit und Doppelbödigkeit der Welt und das Staunen darüber zum Ausdruck zu bringen. Zugleich manifestiert sich hierin eine weitere Bedeutung des Begriffs *Capriccio*, der zumindest indirekt im Titel der Sammlung auch auf den *Curtio* ausgedehnt erscheint, wenn dort im Hinblick auf die anderen Stücke ausdrücklich von »altri capriccij‹« die Rede ist: Das unerwartet Kapriziöse beruht hier auf paradoxer Enkomiastik, die in der Kritik an der Torheit des Curtio seinen Ruhm zu erneuern und zu festigen beabsichtigt.

Die spitzfindige, höchst komplexe Ikonologie des Anfangs von Merulas Solosammlung mit der an Erasmus angelehnten, komisch gewendeten rhetorischen Ausarbeitung (*elaboratio*) eines im »Lob der Torheit« im Grunde eher peripheren Beispiels, mit ihren ebenso bewußten wie gelehrten Rückbezügen und Verweisen auf philosophische und literarische Traditionen, die in dieser Form auch vielen Zeitgenossen nicht unmittelbar verständlich gewesen sein dürften, macht es wahrscheinlich, daß *Curtio precipitato* für Kenner in einem akademischen Kontext vielleicht zu einem heute unbekannten konkreten Anlaß geschaffen worden ist. Da mit Poggiolini, dem Verfasser des zweiten der beiden panegyrischen Sonette, ein Mitglied der Bologneser *Accademia dei Filomusi* konkret benannt werden kann und Merula wenig später selbst offiziell dieser Akademie angehörte, liegt die Vermutung nahe, die Entstehung sowohl des Textes als auch der Musik und wohl auch eine erste Aufführung des *Curtio* im Umkreis dieser Vereinigung oder sogar unmittelbar im Zusammenhang mit einer von deren Sitzungen anzusetzen.

Merulas Vertonung

Merula hat die bereits beschriebene kunstvolle Form der Textvorlage des *Curtio precipitato* in seiner musikalischen Umsetzung[628] sehr genau beachtet, wie die Gliederung der Komposition zeigt, denn in fünf größeren musikalischen Teilen wird die Struktur des Textes als eine an antiken Modellen geschulte Redeübung gezielt nachgezeichnet. Das folgende Schema gibt eine Übersicht über die Abschnitte der umfangreichen Komposition mit Verweisen auf die entsprechenden Redeabschnitte unter Angabe von Taktzahlen und Umfang der musikalischen Abschnitte; darüber hinaus sind Wechsel der Taktvorzeichnungen sowie Doppelstriche und Fermaten als Hinweise auf Zäsuren innerhalb der Komposition, eine knappe Kennzeichnung als Anzeige von Änderungen in der jeweiligen Stilebene in den einzelnen Binnenabschnitten sowie die Tonarten zu Beginn und am Ende der Abschnitte aufgelistet:

[628] Eine Edition findet sich im Notenteil, S. 463-471.

TEXT[629]	ZÄSUR[630]	TAKTART / (TAKTE)	TONART	STILEBENE
I. Teil (33 Takte)		**1-33**	**g**	
propositio (Verse 1-10)				
Sinfonia ad imitatione		**C / 1-3**	**g**	**concitato**
d'un cavallo	‖ 𝄐		⇓	⇓
Curtio ove vai non far		**/ 4-5**	**g**	**recitativo**
questa pazzia!		**3 / 6-7**	**G / F**	⇓
Fermati		⇓		
col mal anche Dio ti dia,		**C / 8-13**	**B / g**	
Che se tu salti, te ne pentirai!		⇓		
A che pensando stai?				
Circa al gettarti a				
basso,				**passeggiato**
Tu ti puoi scapriciare;		**3 / 14-21**	**g / B**	**arioso**
Ma quanto al ritornare		**C / 21-33**	**G / g**	**recitativo**
Fratello mio sarà un difficil				
passo!		⇓		**passeggiato**
Non ti dar il tracollo,				**recitativo**
Ferma, ch'in fede mia ti rompi il				
collo!	𝄐			**passeggiato**
II. Teil (76 Takte)		**34-109**	**d / F**	
a) ratio (Verse 11-21)				
O quai capricci strani		**(C) / 34-37**	**d / g**	**recitativo**
Ti saltan, Musa, adosso,		⇓		⇓
Perchè ti prendi gl'impaci del Rosso,				
Con voler radrizzar le gambe ai cani?		**3 / 38-75**	**g / F**	**quasi un aria**
Questi schiamazzi vani,		⇓		⇓
Hor non servano a niente				
Che quel matto cornuto,				
Insomm'è risoluto,				
Saltando, voler dar gusto à la gente.				
Non gl'haver compassione,				
Anzi, se vol cader, dagli un urtone!				

[629] Bei Änderung der Taktart oder der Stilebene innerhalb eines Verses werden diese auf mehrere Zeilen verteilt.

[630] Ein Doppelstrich im Druck wird in der Tabelle mit ‖ gekennzeichnet, eine Fermate mit 𝄐.

TEXT	ZÄSUR	TAKTART / (TAKTE)	TONART	STILEBENE
b) narratio (Verse 22-25)				
(Sinfonia ad imitatione d'un cavallo)		**C / 76-77**	**F**	**concitato**
Da capo a piedi armato,		**3 / 78-84**	**F**	⇓
A guisa d'un Ruggiero,		⇓		
(Ruggiero - instrumental)	𝄐	**/ 84-92**	**F**	**l'aria di Ruggiero**
(Sinfonia ad imitatione d'un cavallo)		**C / 93-94**	**F**	**concitato**
(Da capo a piedi armato,		**3 / 95-109**	**F**	⇓
A guisa d'un Ruggiero,)		⇓		
Con gale e con penacchi in sul' Destriero,				
S'è nell'alta voragine				
gettato!	𝄐			**passeggiato**
III. Teil (71 Takte)		**110-180**	**c / g**	
a) rationis confirmatio (Verse 26-32)				
Povero disgratiato,		**C / 110-116**	**c / g**	**recitativo**
Ch'humor ti venne in testa!		⇓		⇓
Io la ragione spesso,				
A pensar mi son messo,				
Che te c'indusse, e sol vi trovo questa:				
Convien' che l'habbi fatto,				
Non per altro, se non perch'eri un matto!				
b) argumentum I (Verse 33-54)				
Forse alcuno dirammi,		**(C) / 116-149**	**g / g**	**(recitativo)**
A la Patria smarrita		⇓		⇓
Volle sacrificar la propria vita,				
Facendo attione degna d'epigrammi.				
Hor questo stupir fammi,				
Perchè gl'homini scaltri,				
E quelli ch'hann' giuditio,				
Veduto il precipitio,				
Stanno a vedere e fanno saltar				
gl'altri.				**passeggiato**
E in passi così brutti,				**recitativo**
Usano a dar la				
precedenza				**passeggiato**
a tutti.				**recitativo**

TEXT	ZÄSUR	TAKTART / (TAKTE)	TONART	STILEBENE
S'io fossi stato all'hora,				**(recitativo)**
Vi dico il mio pensiero,				⇓
Non gl'havrei fatto a fé da Cavagliero,				
E fosse andato pur Roma in mal'hora!				
Sò ch'il medesmo ancora,				
Fatto alcun altro havria.				
E prima di cadere,				
Saria stato a vedere,				
Come quel capitombo lo riusciva;				
E d'imitarlo in vece,				**fugato**
Havrebbe riso, poi, di chi lo				⇓
fece.				**passeggiato**
c) argumentum II (Verse 55-65)				
Che circa a quella gloria,		**(C) / 150-167**	**B / d**	**recitativo**
Dov'il lor fondamento		⇓		⇓
Fanno questi pallon' gonfii di vento,				
Com' esser nominati in un istoria,				
è una certa boria,				
Da darle la coperta;				
È un ente imaginario,				
Di cervel				
temerario!				**passeggiato**
Ne d'esser crompo, a tanto prezzo, merta				**recitativo**
Morire,				
ò				**passeggiato**
sfortunato!				**recitativo**
Perchè? Per esser poscia				
nominato?				**passeggiato**
d) exornatio (Verse 66-76)				
Ditemi in cortesia,		**(C) / 167-180**	**B / g**	**recitativo**
Se, mentre uno sta in Roma,		⇓		⇓
Un'altro in India con honor lo noma,				
Non saprei che gusto ei n'haveria,				
Nessuno in fede mia!				
Che vengavi il mal anno!				
Ch'ocorron' tante glose				
Quest'anime famose,				
Che gusto ponno haver, se non lo sanno?				
Poi ch'à gl'homini morti				
Non gl'è proccacio, che gl'avisi				
porti.	‖ 𝄐			**passeggiato**

TEXT	ZÄSUR	TAKTART / (TAKTE)	TONART	STILEBENE
IV. Teil (41 Takte)		**181-221**	**d / F**	
peroratio: (Verse 77-87)				
a) confirmatio (Verse 77-80)				
Curtio aquistossi lode		**(C) / 181-184**	**d / g**	**recitativo**
D'animo bravo e forte,		⇓		⇓
Poi che con quel saltar si diè la morte.				
Ma mentre non lo sa che cosa gode?		**3 / 185-194**	**g / g**	**arioso**
b) rifutatio (Verse 81-87)				
E voi, persone sode,		**C / 194-204**	**d / g**	**recitativo**
Hor non mi state a dire,		⇓		⇓
Che tanto, poco dopo,				
Gli fora stato d'uopo,				
Al suo marcio dispetto, al fin				
<u>morire</u>.				**passeggiato**
Ch'io non vi niego questo,		**3 / 204-221**	**B / F**	**arioso**
Ma non sarebbe morto così presto.	‖ 𝄐	⇓		⇓
V.Teil (17 Takte)		**222-238**	**D / g**	
conclusio (Verse 88-98)				
Hor voi, ch'havete inteso		**C / 222-234**	**D / g**	**recitativo**
La pazzia di costui,		⇓		⇓
Ecci alcun che sia pazzo al par di lui?				
Ditemi pur, fra voi, chi sarà quello				
Di si poco cervello,				
Che, per lasciar che dire				
A la plebe ignorante,				
Si contenta morire?				
Vadasi ad impicar pur chi n'ha voglia!				
Che morira giocondo,				
E darà, dopo se, che dire al				
<u>Mondo.</u>	‖	**(C) / 234-238**		**<u>passeggiato</u>**

Der erste Teil umfaßt neben einer nur drei Takte langen einleitenden *Sinfonia* die Vertonung der *expositio* mit den Versen 1-10 (Takte 4-33); der zweite Teil gliedert sich dagegen in zwei deutlich voneinander abgehobene Abschnitte: Zunächst folgt die *ratio* mit den Versen 11-21 (Takte 34-75) und anschließend - unter zweimaligem Rückgriff auf die diesmal nach F-Dur gewendete Anfangssinfonia - die *narratio* mit den Versen 22-25 (Takte 76-109). Im dritten Teil faßt Merula die kurze *rationis confimatio* (Takte 110-116) und das erste *argumentum* (Takte 117-149) zu einem ersten größeren Abschnitt zusammen; die beiden weiteren Abschnitte dieses Teils enthalten dann das zweite *argumentum* (Takte 150-167) sowie die *exornatio* (Takte 167-180), wobei die Wechsel zwischen den Abschnitten jeweils durch ein längeres abschließendes Melisma vorbereitet und zugleich durch einen Wechsel der Tonart markiert werden. Der vierte, die vollständige *peroratio* umfassende Teil besteht parallel zum zweiten wiederum aus zwei Binnenabschnitten (Takte 181-194 sowie 194-221), wobei der erste die *confirmatio* (Verse 77-80) und der zweite die *rifutatio* (Verse 81-88) enthält; demgegenüber ist der abschließende fünfte Teil mit der *conclusio* (Verse 89-98) in den Takten 222-243 ähnlich wie der erste Teil nicht in zusätzliche Unterabschnitte gegliedert.

Merula hat die fünf Teile der Komposition nicht generell durch eine Änderung des musikalischen Gestus etwa in Form eines für ganze Teile bestimmenden Wechsels zwischen Rezitativ und Arie bzw. Arioso voneinander abgehoben, sondern die Zäsuren zwischen den fünf großen, den wichtigsten Redeabschnitten korrespondierenden Teilen jeweils durch Setzung von Fermaten im Druck deutlich kenntlich gemacht - es ist sicherlich kein Zufall, daß sich daneben nur noch an zwei weiteren Stellen der gesamten Komposition Fermaten finden - und zwar jeweils an den Abschlüssen von zwei der rein instrumentalen Einschübe am Ende der Anfangssinfonia in Takt 3 und des *Ruggiero*-Zwischenspiels in Takt 92. Der symmetrischen Disposition der Anzahl der Abschnitte innerhalb der fünf Teile (1 / 2 / 3 / 2 / 1) steht jedoch eine ganz verschiedene Gewichtung der Teile untereinander gegenüber, in denen zudem in der musikalischen Gestaltung im Verhältnis zu den entsprechenden Abschnitten der Textvorlage die Schwerpunkte deutlich verlagert sind. So ist der letzte Teil der Komposition bei annähernd gleicher Verszahl (11 Verse) mit nur 21 Takten deutlich kürzer ausgefallen als der erste Teil (10 Verse) mit 33 Takten - die einleitende *Sinfonia* ist noch nicht einmal mitgerechnet - während der vierte Teil mit der Vertonung von gleichfalls 11 Versen sogar 41 Takte umfaßt. Die deutlichste Akzentverschiebung gegenüber der Vorlage findet jedoch im zweiten und im dritten Teil statt - während Merula für die 51 Verse im Mittelteil mit lediglich 71 Takten auskommt, werden die 15 Verse des zweiten Teils auf insgesamt 76 Takte ausgedehnt und damit mehr als jede andere Passage der Vorlage innerhalb der Vertonung aufgewertet. Diese Entscheidung des Komponisten ist insofern durchaus naheliegend, als vor allem der argumentative Gestus des dritten Teils mit der wortreichen Beweisführung sich weit weniger für eine wirkungsvolle, affektgeladene Vertonung anbietet als die schon in der Vorlage emotional nicht ganz so stark distanzierte *ratio*. Insbesondere die im Text äußerst knapp ausgefallene *narratio*, die mit der Erzählung des Sturzes die einzige Passage des Textes mit Handlungselementen und damit Möglichkeiten musikalischer Situationsschilderung enthält, ist von Merula ins Zentrum der musikalischen Darstellung gerückt worden - den nur vier Zeilen der Vorlage (Verse 22-25) entsprechen in der Komposition insgesamt 34 Takte (Takte 76-109).

Über die Bildung der Abschnitte hinaus werden dem Komponisten durch die Textvorlage keine weiteren formalen Vorgaben für die Vertonung an die Hand gegeben, denn es ist im gesamten Text weder eine regelmäßige Versanordnung oder gar Strophenbildung anzutreffen noch auch - wie in der späteren weltlichen Kantate gegen Ende des Jahrhunderts - ein zeitweiliger Wechsel zu anderen Versarten als der für *versi toscani* kennzeichnenden unregelmäßigen Folge von *settenari* und *endecasillabi* [631] - allein die Einführung einzelner Zeilen mit *sdrucciolo*-Endung innerhalb des *argumentum I* (Verse 55, 58-59, 61-62) sorgt zwischenzeitlich für eine zusätzliche Farbe und hebt - ähnlich wie bereits in *Quando gli uccelli portaranno i zoccoli* - in diesem Fall den komischen Charakter gerade desjenigen Teils der Beweisführung hervor, der implizit den Nominalismus-Vorwurf (»un ente imaginario«) enthält.

Während Merula in seiner einzigen anderen Vertonung von *versi toscani*, dem 1642 veröffentlichten Dialog *La Tognada* durchgängig einen geraden Takt verwendet, experimentiert er im *Curtio* - wie auch einige andere Komponisten seit der zweiten Hälfte der zwanziger Jahre des 17. Jahrhunderts[632] - bei der musikalischen Umsetzung dieses von der Versstruktur her formal wenig strukturierten Texttypus mit einem mehrfachen Wechsel zwischen unterschiedlich gewichteten geradtaktigen und ungeradtaktigen Passagen. Diese Taktwechsel sind allerdings nicht generell für die Bildung größerer Formteile oder auch nur der beschriebenen formalen Binnenabschnitte konstitutiv, sie sorgen eher für eine Vielfalt der Gestaltung innerhalb der Teile. Während Merula eine terminologische Kategorisierung einer solchen kompositorischen Vorgehensweise bei der Vertonung von *versi toscani* vermieden hat, versuchen einige seiner Zeitgenossen diese auf den Begriff zu bringen: So nennt etwa Giovanni Battista Fossato sein *Arsi per voi, mia vita* aus dem Jahre 1628 eine *aria variata*, während 1640 Lorenzo Corsini sein *Già di Damasco la Regina e Maga* als ein *Recitativo misto* und sein *O da le piume e 'l sonno* gar als ein *Raccontativo misto* bezeichnet[633] - Überschriften, in denen die Verschiedenartigkeit bzw. Vermischung musikalischer Gestaltungsprinzipien jeweils besonders hervorgehoben ist. Nur der Venezianer Carlo Milanuzzi und der zeitweilig ebenfalls im Veneto wirkende Giovanni Felice Sances verwen-

---

[631] Insgesamt fünf solcher *versi-toscani*-Vertonungen mit Einschüben in anderen Versmaßen sind im solistischen Repertoire nachzuweisen; vgl. Leopold (1995), Bd. II, S. 189.

[632] Vgl. hierzu die Auflistung bei Leopold (1995), Bd. II, S. 186-189; die wenigen *sdrucciolo*-Endungen von Merulas Vorlage sind bei der Erstellung des Katalogs übersehen worden, so daß der *Curtio* offenbar die einzige Vertonung von *versi toscani* mit *piano*- und *sdrucciolo*-Endung im gesamten gedruckten solistischen Repertoire darstellt, also ganz ähnlich wie bereits die *sdrucciolo-ottava ›Quando gli uccelli portaranno i zoccoli‹* eine Sonderstellung einnimmt.

[633] Leopold (1995), Bd. II, Katalognummer 1297 und 1321.

den für Vertonungen von *versi toscani* mit wechselnden Taktarten den Terminus *Cantata*, eine Bezeichnung, die in jenen Jahren überwiegend strophischen Variationsformen vorbehalten war. Sowohl in Milanuzzis *Lodato il ciel, io torno*, einer *Cantata in stile recitativo*, als auch in dem *Lamento* der eifersüchtigen Proserpina *Da più profondi orrori* bei Sances[634] sind die zumeist kurzen Passagen im Dreiertakt arioser Natur und bilden keine geschlossenen Arienformen aus. Derartige Vertonungen von *versi toscani* mit einer freien ›Mischung‹ rezitativischer und arioser Passagen ohne Bindung an eine entsprechende textliche Disposition stellen Experimente dar, die eine spätere klare Differenzierung von Rezitativen und geschlossenen Arien - sowohl in der Anlage des Textes wie auch in der Musik - noch nicht wirklich ankündigen, sondern an Traditionen willkürlich gesetzter Kontrastbildung in Madrigal und *Canzonetta* erinnern.

Nicht in allen fünf Teilen des *Curtio precipitato* ist ein Wechsel der Taktarten anzutreffen, wie die Formübersicht verdeutlicht. So ist in den 71 Takten des dritten Abschnitts ebenso wie im kurzen fünften Abschnitt mit **C** ein durchgängig geradtaktiges Metrum vorgezeichnet; dagegen überwiegen im zweiten wie im vierten Teil die Passagen in ungerader Taktart: Abgesehen vom zweiten Abschnitt des zweiten Teils, in dem nur die zweimal eingeschobene geradtaktige *Sinfonia* den Dreiertakt mit seinen Dreiklangsbrechungen im Stil des *genere concitato* über einem statischen F-Dur-Klang unterbricht, beginnen die übrigen drei Abschnitte in diesen beiden Teilen jeweils mit einer rezitativischen Passage, die nur im zweiten Abschnitt des vierten Teils auch formale Eigenständigkeit gewinnt. Die jeweils folgende Passage im ungeraden Takt ist in den drei Abschnitten auf den ersten Blick ganz unterschiedlich gestaltet: Während sie im ersten Abschnitt des zweiten Teils - ähnlich wie in der Tradition des mehrstimmigen Madrigals - aus mehreren aneinandergereihten *soggetti* zusammengesetzt ist (Takte 38-75), wird sie im ersten Abschnitt des vierten Teils aus der sequenzierenden Wiederholung der beiden Motivbestandteile eines einzigen Verses gebildet (Takte 185-194); demgegenüber sind die beiden abschließenden Verse im zweiten Abschnitt dieses Teils als Variationen über einem stufenweise immer weiter abwärtsschreitenden ostinaten Baß gestaltet - ähnlich wie in den gleichsam unendlich fortlaufenden Baßlinien in *La mia Filli è fugace* mit einigen notwendig werdenden Oktavierungen, damit der vorhandene Ambitus der Continuostimme nicht unterschritten wird (Takte 204-221). Gegenüber dieser bestimmenden Rolle der Passagen im Dreiertakt im zweiten und vierten Teil sind im ersten Teil des *Curtio* die beiden kurzen ungeradtaktigen Passagen (Takte 6-7 und 14-21) in das vorherrschende Rezitativ eingebunden und gewinnen nun umgekehrt ihrerseits in diesem Kontext kaum wirklich formbildende Eigenständigkeit.

In vielen seiner Werke ist Merula um musikalische Korrespondenzen zwischen den Formteilen und auch innerhalb der Teile selbst häufig um einheitsstiftende Lösungen bemüht, demgegenüber erscheint die charakteristische Ausdeutung einzelner Worte oder Wortgruppen in fast allen seinen Werken untergeordnet

---

[634] Katalognummern 1306 und 1317; Leopold (1995), Bd. II, S. 188.

oder ist sogar gänzlich vernachlässigt; im *Curtio precipitato* stehen diese beiden Ansätze jedoch nebeneinander: Einheitsstiftende Tendenzen sind insbesondere innerhalb der Passagen im Dreiertakt festzustellen, die in allen Teilen weitgehend auf dem gleichen, in immer neuen Varianten montierten motivischen Material basieren. Überwiegend in den rezitativischen Passagen wird demgegenüber vielfach gerade auf das nun allerdings komisch gewendete Prinzip der Einzelwortausdeutung zurückgegriffen, mit der die häufig über langausgehaltenen Akkorden in der Begleitung deklamierte Rede ausgeschmückt werden soll. Die zeitweilige Häufung derartiger Stellen, die bewußte Übertreibung wie auch die absichtsvolle Skurrilität einzelner Einfälle machen deutlich, daß dieses alte Prinzip madrigalischer Vertonung des 16. Jahrhunderts auf der Grundlage einer zum Ideal erhobenen *imitatio naturae* hier im Rahmen der auch musikalisch Gestalt gewordenen Parodie einer klassischen Rede in Merulas *Curtio precipitato* zu einem wichtigen Mittel komischer Charakterisierung umgemünzt worden ist.

Bereits der erste Teil belegt eindrücklich, wie sehr das gesamte Stück von derartigen Brechungen bestimmt sein wird: Die einleitende *Sinfonia ad imitatione d'un Cavallo* ist in der Literatur bereits mehrfach als direkte Bezugnahme auf den *Trotto di Cavallo* in Monteverdis *Combattimento* gekennzeichnet worden,[635] allerdings sind zwei Dinge bislang unerwähnt geblieben: Handelt es sich bei Monteverdi - dem heroischen Ernst der Situation in Tassos Epos angemessen - anfangs um einen eher gravitätischen Trab (*trotto*), der erst allmählich mit ansteigender Wut der Kämpfer in ein rascheres Tempo übergeht,[636] so läßt Merula das Streitroß des Curtio gleich zu Beginn des Stücks in einem schnellen Galopp heranreiten, der kaum in der Situation selbst begründet liegen dürfte, denn besondere Eile oder kriegerische Wut scheinen vom Gang der Legende her nicht geboten zu sein. Noch ungewöhnlicher ist, daß die *Sinfonia* zu Beginn des Werkes in Moll erklingt - erst im zweiten Teil wird Merula sie von g-Moll nach F-Dur gewendet erneut aufgreifen - eine Wahl des Tongeschlechtes, die nicht auf Monteverdi als Vorbild zurückzuführen ist und wohl kaum in der Idee ernstgemeinter Nachahmung eines galoppierenden Streitrosses begründet sein kann, denn höchstens bei einer traurigen Mähre wie Don Quixotes Rosinante ließe sich so etwas wie ein Galopp in Moll vorstellen. Das rasche Tempo wie auch die Wahl der Tonart dienen hier trotz der plakativen Überschrift *ad imitatione d'un Cavallo* in der *Tavola* offensichtlich nicht einer *imitatio naturae* in ernsthafter Absicht, sondern sollen einerseits bereits in den ersten Takten mit dem Mittel kapriziöser Verkehrung der üblichen Prinzipien musikalischer Naturnachahmung auf den Unernst der nachfolgenden Rede hinführen; zugleich wird jedoch mit Hilfe der *Sinfonia* eine spannungsvolle Erwartung auf die unmittelbar anschließende, allerdings durch Doppelstrich und Fermate auf dem Schluß der *Sinfonia* abgesetzte Erzählung aufgebaut und durch rasches Tempo und düsteren Tonfall eine zur Schau getragene,

---

[635] Vgl. Arnold (1985), S. 120f. sowie Leopold (1990), S. 66f.

[636] Vgl. die Takte 18-30 des *Combattimento* in MGA, Bd. VIII/1, S. 133-134 (das originale *trotto* hat Malipiero hier fälschlich in *motto* abgeändert).

auf vorgeblicher *compassione* beruhende innere Erregung des Redners suggeriert, mit der dieser zu Beginn seines Diskurses das Wohlwollen der Zuhörer zu erlangen sucht (*captatio benevolentiae*). In dieses Bild fügt sich auch, daß das Wort »pazzia« im ersten Vers - die für die gesamte folgende Rede zentrale *propositio* - in der Vertonung nicht hervorgehoben, sondern ganz im Gegenteil zu diesem Zeitpunkt noch in rascher Achteldeklamation auf unbetonter Taktzeit fast schamhaft ›verborgen‹ wird (Takt 6), während ansonsten beinahe jedes noch so unbedeutende Wort dieses Anfangs mit besonderem Nachdruck wiederholt und ausgekostet ist - eine erneute komische Umkehrung üblicher Deklamationsprinzipien. Ein Verfechter der Figurenlehre würde in der Vertonung dieser Verse gar eine Häufung von *anaphora* festzustellen imstande sein, die in ihrer Übertreibung selbst komisch wird. Doch hat Merula mit dem Wechsel zum Dreiertakt und gleichzeitiger Wendung des Tongeschlechts vom bis dahin ganz statischen g-Moll-Beginn nach G-Dur (in der Terminologie der Figurenlehre gesprochen gleichsam eine *mutatio per tonum et tempum*) eine kleinere Irritation im Satz angelegt, in der vielleicht doch ein wenig von der gemeinten ›pazzia‹ durchzuschimmern vermag.

Daß hier der Erzähler bei der Demonstration seiner rhetorischen Kunstfertigkeiten in der Ausschmückung seiner Rede wirklich nichts dem Zufall zu überlassen gewillt ist und seine zuweilen allzu wortwörtlichen Wortausdeutungen in der Tat kaum ganz wörtlich zu verstehen sein können, wird spätestens in den anschließenden Takten deutlich, wenn das Wort »salti« durch einen abgründig-gefährlichen großen Septimsprung abwärts, einen fast *salto-mortale*-artigen *saltus duriusculus* zum hier erstmals alterierten *es* ausgeschmückt wird (Takt 9), wenn unmittelbar anschließend die abgetrennte Schlußsilbe des Wortes »pentirai« eine Umdeutung zu einer wehklagenden, dreifach sich steigernden *exclamatio* erfährt (und dies wohl nur, weil die Silbe »ai« wie der Ausruf »ahi« klingt), wenn schließlich auf dem fünften Vers eine höchst wundersame *Katabasis interrupta et repetita* auskomponiert ist, die zunächst den Stufen des g-Moll-Dreiklangs entlang über den Tonraum einer Duodezime mehr in die Tiefe stürzt als hinabsteigt, um dann ausgerechnet mitten auf dem Wort »basso« wieder um eine Duodezime auf den Ausgangston *d'* zurückzuspringen und anschließend in Form eines gegen Ende noch beschleunigenden Melismas mehr als zwei Oktaven zum *C* und damit zum ersten Mal innerhalb der Komposition in die tiefste Stimmlage hinabzurasen (Takte 12-13). Für den nächsten, zweifach vorgetragenen Vers wechselt Merula erneut das Metrum und umspielt auf dem Wort »scapricciare« nicht nur - ähnlich wie in *Nò, nò, ch'io non mi fido* beobachtet - die Continuostimme in gleichsam improvisierender Weise, wobei sie immer wieder auch unterschritten wird, zum Abschluß der Achtelkette ist auch anstelle eines Sekundschrittes abwärts ein dem Wortsinn durchaus entsprechender ›kapriziöser‹ Nonenfall mit anschließender Kadenzwendung in der Singstimme vorgesehen (Takt 16), der an einige ähnlich mutwillige, aber dort wohl nicht unbedingt komisch gemeinte Übertretungen satztechnischer Konventionen in den *Madrigaletti* und den *Madrigali* von 1624 erinnert.[637]

Der Redner ist vielleicht doch noch nicht mit allen Möglichkeiten wirkungsvoller Ausschmückung seiner Rede aufs beste vertraut und insofern ein vom Standpunkt vollendeter rhetorischer Überhöhung der Rede durch Figurenschmuck aus zu Tadelnder, als er die sich bietende Gelegenheit zu einer musikalischen Auszierung des Wortes »ritornare« durch Wiederholungsfiguren schnöde in den Wind schlägt (Takte 21-22). Allerdings scheint in der Tat durch das Mittel bloßer Hochalteration des Grundtones des B-Dur-Klangs im Basso auf unerwartete Weise die Harmonik - wenn auch nur für einen Moment - zu einem Sextakkord auf *H* und damit zur nach Dur gewendeten I. Stufe ›zurückzukehren‹. Dem Sänger wiederum gelingt dann jedoch gleich anschließend ein wirklich hörenswerter »difficil passo«, der mit einem Abbrechen der Singstimme mitten im Wort anhebt – in der Sprache der Rhetorik wäre dies als *suspiratio* zu bezeichnen - während zugleich die Begleitung, anstatt von einem g-Moll-Klang nach C-Dur zu kadenzieren, zu einem Sextakkord über *es* ausweicht, dessen tiefster Ton zudem die große Septime zum vorhergehenden *d'* der Singstimme bildet. Über einer Folge von Quartfällen in gedehnten Notenwerten im Basso continuo (*es / B / F / C*) nimmt der Sänger dann die unterbrochene Silbe in einer ausgedehnten und höchst virtuosen Koloratur (*amplificatio*) bei allerdings zunächst anscheinend zielloser Melodieführung und irregulärer Phrasierung wieder auf, dabei wird erneut ein Ambitus von mehr als zwei Oktaven durchschritten (Takte 24-29). Wenn der Sänger anschließend den Reiter mit dem dreifachen, emphatisch wiederholten Ausruf »ferma« ein letztes Mal von seinem Vorhaben abzuhalten versucht, erreicht die Gesangslinie bei der dreimaligen Steigerung erstmals mit *es'* den höchsten Ton ihres Ambitus im gesamten Stück. Gegenüber der von Vertretern einer Figurenlehre als *climax* bezeichneten, schrittweise ansteigenden Wiederholungfigur ist die Emphase hier noch erheblich gesteigert, denn die Einsätze erfolgen jeweils im Quartabstand aufsteigend und in der letzten Wiederholung sind außerdem die Notenwerte noch verbreitert. Auf »ti rompi il collo« hat Merula dann in Analogie zur Wortbedeutung eine wahrhaft ›halsbrecherische‹ Koloratur vorgeschrieben, die sogar den vorhergehenden diffizilen *passaggio* an Schwierigkeit noch übertrifft und zum Abschluß des ersten Teils der Komposition nicht nur den gesamten Tonumfang der Baßstimme *C* – *es'* ausfüllt, sondern nach einem Dezimen- und einem Duodezimensprung schließlich sogar einen ersten Doppeloktavsprung *D* – *d'* vorsieht (Takte 31-33).

Der gesamte erste Teil der Komposition zeigt, daß der Sänger bestrebt ist, die Ausschmückung (*ornatus*) seiner kunstvoll aufgebauten musikalischen Rede auf die Spitze und häufig sogar ein gutes Stück darüber hinaus zu treiben. Viele der durch ironische Brechung des Prinzips madrigalistischer Einzelwortausdeutung

[637] So etwa den irritierenden Stimmtausch zwischen Baß und Tenor mit jeweiligen Oktavsprüngen im dritten Teil von *Filli, deh Filli mia vezzosa e bella* aus den Madigaletti von 1624 (Nr. 21); ein kleiner Nonenfall sogar innerhalb der Kadenzwendung findet sich in *Pur' la bocca baciai* in den Takten 22 und 26 (Nr. 54).

gewonnenen *figurae* überdehnen die rhetorische Vorstellung eines angemessenen Schmucks der Rede so sehr, daß sie fast wie eine Aneinanderreihung von allerdings im wahrsten Sinne des Wortes höchst waghalsigen musikalischen Slapsticks wirken und damit das Prinzip der Einzelwortausdeutung selbst ein gutes Stück weit ad absurdum führen. In derart gehäufter Form spielt Merula damit allerdings vor allem im ersten Teil der Komposition - vielleicht nicht zuletzt deshalb, weil hier der Aspekt halb vorgetäuschter *compassio* mit dem Helden eine Rolle spielt, mit welcher der Redner das Wohlwollen seiner Zuhörer zu gewinnen sucht und deshalb sein elaboriertestes und gewagtestes rhetorisches Arsenal in besonders konzentrierter Form einzusetzen sucht.

Neben diesem Feuerwerk überdrehter Madrigalismen und übersteigerter rhetorischer Figuren ist jedoch zugleich innerhalb dieses ersten Teiles eine sehr bewußte Planung harmonischer Fortschreitungen zu konstatieren. Sie basiert darauf, daß die hier über weite Strecken selbständig geführte Continuostimme - in den ersten Jahrzehnten des 17. Jahrhunderts bei der Komposition von vokalen Baßsoli durchaus keine Selbstverständlichkeit - häufig in einer planvollen Aneinanderreihung von Quint- und vor allem Quartsprüngen und damit trotz eines insgesamt eher langsamen harmonischen Rhythmus auf Grund langer Haltetöne in zuweilen durchaus kapriziöser Weise durch den Quintenzirkel voranschreitet. Ausgehend von g-Moll wird der Baß in einer ersten Passage nach dem bereits erwähnten Genuswechsel nach Dur in Takt 6 in Quintfällen bzw. Quartsprüngen über C-Dur, F-Dur und B-Dur geführt, um anschließend über d-Moll in die Ausgangstonart g-Moll zurückzukehren (Takte 7-10). Erst in der *Tripla*-Passage wird g-Moll wieder verlassen und zwar durch einen Sprung zur sechsten Stufe Es-Dur, um von dort aus in Quarten gleichsam hin und her pendelnd die harmonisch ziellose Progression Es-Dur, B-Dur, F-Dur, B-Dur, Es-Dur, B-Dur, F-Dur, B-Dur zu vollziehen (Takte 14-21) - keine dieser Stufen wird durch eine Kadenzwendung befestigt. Nur wenig später greift Merula dieselbe Idee erneut auf, wobei die Akkordfolge von einem Sextakkord auf Es ausgehend über B-Dur, F-Dur, C-Dur, F-Dur, B-Dur, Es-Dur (Takte 24-30) mit der Einfügung von C-Dur um einen zusätzlichen Schritt im Quintenzirkel erweitert wird. Nachdem der Es-Dur-Klang in einen Sextakkord auf *es* weitergeführt wurde, wird anschließend ein c-Moll-Akkord in Grundstellung erreicht - Merula vermeidet an dieser Stelle das bei weiterer Quartensequenzierung unvermeidliche Abweichen in leiterfremde tonartliche Bereiche wie As-Dur. Von c-Moll ausgehend hebt eine neuerliche fallende Quartensequenz mit den Mollakkorden c-Moll, g-Moll und d-Moll an, in diesem Falle deutet Merula nun am Punkt des ersten Umschlagens der Pendelbewegung den ersten Quartschritt in aufsteigender Richung einfach als Schlußkadenz des gesamten ersten Teils, in dem abgesehen von der zweiten Stufe a-Moll alle Stufen in g-Moll durchmessen wurden. Merula erbringt mit derartigen Mitteln den Nachweis, daß auch innerhalb eines Rezitativs - wo dies am wenigsten zu vermuten wäre und zudem überlagert durch die weitaus mehr in den Vordergrund tretenden Madrigalismen - genuin musikalische Erwägungen in kunstvoller Einfachheit zum konstruktiven Prinzip erhoben werden können.

Der zweite Teil der Komposition (Takte 34-109) gliedert sich mit der Vertonung der *ratio* (Takte 34-75) sowie der anschließenden *narratio* (Takte 76-109) in zwei größere Abschnitte und ist - abgesehen von einer knappen, die ersten drei Verse umfassenden rezitativischen Passage (Takte 34-37) und den beiden neuerlichen Einschüben der instrumentalen Sinfonia in die *narratio* (Takte 76-77 / 93-94) fast durchgängig durch ein ungeradtaktiges, zeitweilig durchaus kanzonettenhaftes *arioso* bestimmt. Das einleitende Rezitativ über einem lang ausgehaltenen d-Moll-Klang verzichtet auf jegliche, dem ersten Teil vergleichbare Einzelwortausdeutung und bezweckt kaum mehr als eine Einleitung zum *arioso*, dem die verbleibenden acht Verse der *ratio* korrespondieren (Takte 38-75). Auf den ersten Blick bietet dieses sich als bloße Aneinanderreihung unterschiedlicher, madrigalhaft mit je einem eigenen *soggetto* umgesetzter Verse oder Versabschnitte dar, die insgesamt fünf kürzere, unselbständige Binnenabschnitte konstituieren (Takte 38-44 / Vers 14; Takte 44-52 / Verse 15-16; Takte 52-60 / Verse 17-19; Takte 60-65 / Vers 20; Takte 66-75 / Vers 21) - doch sind diese Segmente durch vielfältige motivische Bezüge untereinander verknüpft.

Das *soggetto* für den ersten, einen einzelnen Vers umfassenden Binnenabschnitt verzichtet gänzlich darauf, sich an einer tonmalerischen Ausdeutung des Textes zu versuchen, der in einem vereinzelten *adynaton* die Unmöglichkeit hervorhebt, Hunden die Beine gerade zu biegen, und führt stattdessen einige jener im folgenden baukastenartig verwendeten Motivelemente ein, mit denen Merula während der ganzen *ratio* und dann auch in den späteren ungeradtaktigen Passagen innerhalb der Komposition spielen wird: Melodisch gesehen wird hier in den beiden unisono geführten Stimmen von g-Moll ausgehend ein Quartgang abwärts beschrieben, der sofort anschließend durch Wiederholung des Motivs von der inzwischen erreichten fünften Stufe bis zur Unterseptime bzw. zur nun erstmals in der Komposition erreichten zweiten Stufe a-Moll hinabgeführt wird, um dann - zu den verbleibenden Worten des Verses - durch schrittweisen Wiederanstieg zur fünften Stufe in eine zur ersten Stufe zurückführende Kadenz zu münden. Merula deutet hier das bereits im ersten Teil angetroffene Prinzip der Aneinanderreihung von Quartsprüngen insofern um, als er nun das Durchschreiten eines Quartraumes zum melodischen Prinzip erhebt und durch Reihung zum Durchschreiten eines Septimraumes oder auch darüber hinaus ausweitet. Rhythmisch gesehen ist diese erste Formulierung der ariosen Motivik im Dreiertakt geprägt durch die beiden auftaktigen Minimen zu Beginn, die beiden aufeinandertreffenden Betonungen auf der ersten und der zweiten Taktzeit mit sarabandenartiger Punktierung und schließlich Hemiolenbildung in der Kadenzwendung - in der gesamten Passage verdoppelt die Continuostimme nur die Gesangsstimme. Die zunächst fast wörtlich anhebende Wiederholung wird bei der Repetition des Quartganges durch Oktavierung beider Stimmen nach oben variiert, die abschliessende Kadenz führt durch geänderte melodische Fortsetzung nach Erreichen von a-Moll nun zur fünften Stufe d-Moll statt erneut nach g-Moll.

Nicht nur die folgende instrumentale Überleitung (Takte 43-44) verwendet das Anfangsmotiv von der fünften Stufe ausgehend ein weiteres Mal, Merula greift auch im ersten der beiden *soggetti* innerhalb des folgenden Binnenabschnitts im *arioso* über dem Vers »Questi schiamazzi vani« zumindest den Quartgang abwärts und die Akzentverteilung mit den beiden auftaktigen Minimen erneut auf, doch ist an die Stelle des sarabandenartigen Rhythmus nun ein ganztaktiges diatonisches Abwärtsschreiten getreten (Takte 44-46) - in fast identischer Rhythmisierung, allerdings zum Quintgang abwärts ausgeweitet, wird das Motiv zu Beginn des fünften Binnenabschnitts noch einmal bei der Textstelle »Non gl'haver no, no, no« wiederkehren (Takte 60-64), zum Terzgang abwärts verkürzt schließlich ein weiteres Mal zu Beginn des letzten der fünf Binnenabschnitte innerhalb der Vertonung der *ratio* (Takte 66-67 und 71-72). An den ersten beiden dieser genannten Stellen schreitet die Instrumentalbegleitung unter Einbeziehung einer Oktavierung in einem Oktavgang abwärts, der hier allerdings noch nicht - wie dann weitaus später im Rückgriff auf dieselbe Passage innerhalb des vierten Teils der Komposition zum Abschluß der *rifutatio* (Takte 204-21) - als ostinate Formel im Continuo strukturelle Bedeutung erlangt.

An der ersten der genannten Stellen treten ab Takt 44 erstmals innerhalb des *arioso* die beiden Stimmen auseinander und werden in Dezimen bzw. in Terzen parallel geführt, allerdings hebt mit dem erwähnten Oktavsprung des B.c. in Takt 45 zugleich eine durch fehlende Binnenrhythmisierung nur leicht verschleierte *imitatio* des Vokaleinsatzes in der Unterquinte an, die jedoch durch Hinzufügung des zusätzlichen Tones *c* bizarrerweise bei der anschließenden Textstelle »Hor non servono à niente« gleichsam in der Unterseptime fortgesetzt wird. Eine solche *imitatio* im Septimabstand kann in Analogie zum Wortsinn ›zu nichts führen‹ und um diesen Weg ins Nichts in noch weit groteskerer Weise hervorzuheben, läßt Merula die Stimme vor Erreichen des Wortes »niente« durch Abbrechen ihrer Linie buchstäblich im Nichts enden (Takt 50) - eine Art ›monodisches‹ *laceramento della poesia* im Dienste effektheischend übertriebener und deshalb wie im ersten Teil komisch gewendeter Wortausdeutung, die schließlich in der den Vers um eine Silbe verlängernde, in jeder Hinsicht unkorrekte *dialefe* bei der nachgeholten Deklamation des Wortes »niente« durch ein burleskes Insistieren auf jeder einzelnen Silbe gesteigert wird. Die Imitation in der Unterstimme erreicht genau mit dem wortausdeutenden Abreißen der Singstimme die alterierte große Unterseptime *es*, allerdings ist in diesem Fall die Wirkung - etwa im Vergleich zu der beschriebenen Stelle in Takt 24 innerhalb des Melismas bei »un difficil passo« - dadurch erheblich gemildert, daß hier die alterierte sechste Stufe nicht durch einen Sprung, sondern durch schrittweise Führung des Basses mit vorangehendem Sextakkord über *d* erreicht wird und insofern weit weniger überraschend wirkt. Während in einem ersten Durchlauf nach B-Dur kadenziert wird, läßt die getreue Wiederholung in der Unterquarte diesen zweiten Binnenabschnitt der *ratio* in F-Dur schließen, der für den weiteren Verlauf des zweiten Teils bestimmenden Tonart.

Der dritte Binnenabschnitt des Arioso stellt in einer ersten, kurzen Passage zwei der drei darin zusammengefaßten Verse vor (Takte 52-55). In der Oberstimme wird ein durch Ausweichung in die Oktave *c* verschleierter Septimgang aufwärts *c-b* beschrieben, der allerdings durch Kreuzvorzeichnung zum *fis* nicht die ansonsten anzutreffende Struktur der Überlagerung zweier Quarten aufweist, und dann anschließend an der einzigen Stelle innerhalb der gesamten *ratio*, an der Merula vom Prinzip syllabischer Deklamation abweicht und auf »cornuto« ein kurzes Melisma vorsieht - hier ist im Text die zentrale Aussage der ›pazzia‹ des Curtius erstmals mit Nachdruck ausgesprochen - in nur leicht umspielter, absteigender Form zurückgewendet, wobei der Ausgangston *c* nunmehr als gänzlich unbetonter Abschluß der Verzierungsfloskel nur gestreift wird. Der anschließende, ganz lapidar vertonte Vers verbleibt melodisch innerhalb der Quarte *c-f*, die erst im unbetonten, die Schlußwirkung abschwächenden Quartfall in der Singstimme vollständig definiert wird. Zu Beginn der gesamten Passage schreitet die Continuostimme in Akkordfolgen weiter, die erneut in Quintenbeziehungen zueinander stehen - von F-Dur über C-Dur, G-Dur, D-Dur und wieder nach G-Dur, bevor eine um einen Sextakkord auf *A* erweiterte Kadenz nach F-Dur zurückführt.

In der anschließenden Passage beschreiben beide Stimmen ein weiteres Mal im *unisono* - wegen einer fehlenden Silbe pausiert die Singstimme allerdings auf einzelnen Tönen - zur Textstelle »saltando voler« eine stufenweise abwärts sequenzierende Kette von ebenfalls abwärtsgerichteten Dreiklangsbrechungen,[638] damit ist die Idee des Hinunterspringens gleichsam auf doppelte Weise im Binnenmotiv und in dessen Sequenzierung versinnbildlicht. Akzentuiert wird das an dieser Stelle erstmals auftretende Dreiklangsmotiv während der ganzen Passage jeweils auf dem mittleren Ton, der mit dem Taktschwerpunkt zusammenfällt. Der Sequenzgang umspannt insgesamt erneut das Intervall einer Septime und ist damit auch an die Idee der Quartensequenzierung zurückgebunden, bevor eine Kadenzwendung mit hemiolischer Rhythmisierung die Passage und damit den dritten Binnenabschnitt erneut in F-Dur beschließt.

Der vierte, nur einen einzelnen Vers umfassende Binnenabschnitt der *ratio* (Takte 60-65) greift in seiner Motivik auf das Anfangs-*soggetto* im *arioso* zurück, allerdings ohne die sarabandenartige Rhythmisierung und unter Ausweitung des Quartganges zu einem Quintgang. Die Continuostimme beschreitet parallel dazu - zunächst im *unisono*, dann bei der Oberquintwiederholung des *soggetto* in der Vokalstimme im Dezimabstand - einen prinzipiell kontinuierlichen Abwärtsgang, der allerdings durch zwei Oktavierungen den Ambitus der Septime *F-e* nicht überschreitet. Anders als später in den Takten 204-221, wenn sich der ganztaktig abwärtsschreitende kleine Septimgang *F-es* zur viermal wiederholten ostinaten Formel ausweitet, bricht die Linie an dieser Stelle bereits kurz nach Beginn eines zweiten Durchgangs mit einem Quartfall ab (Takt 64), welcher der Schlußkadenz für diesen Abschnitt vorangeht. Der Septimgang selbst kann als Reduktion auf die bloße Folge der Sequenzierungsstufen für die Dreiklangsbrechungen im vorange-

[638] In *Schiera d'aspri martiri* von 1642 (Nr. 58) oder *Fiori, fiori, ò tanti fiori* von 1638 (Nr. 22) ist die verwandte Idee einer sequenzierenden Aneinanderreihung von Terzfallmotiven anzutreffen.

gangenen Abschnitt verstanden und insofern gleichfalls auf die Idee der Quartenreihung aus dem rezitativischen ersten Teil zurückbezogen werden.

Der fünfte und letzte der Binnenabschnitte innerhalb der *ratio* beginnt im Unterschied zu den bisherigen Formulierungen des schrittweise absteigenden Anfangsmotivs nicht auftaktig, sondern mit einer ganztaktigen Variante in F-Dur. Allerdings findet sich das vollständige abwärtsschreitende Quartgangmotiv innerhalb des Abschnitts nur einmal in der Continuostimme bei der Wiederholung (Takte 71-72), die auf der Unterquinte *B* zum Grundton *f* im Continuo eine perfekte Semibrevis früher anhebt als dann die Singstimme in der entsprechenden Oberquinte, wobei die Vokalstimme auch hier zu einem Terzgang verkürzt ist. Prägender als die Wiederaufnahme und erneute Umgestaltung des Anfangssoggettos ist für diesen letzten der Binnenabschnitte jedoch das Wiederaufgreifen der sequenzierenden Dreiklangsbrechungen aus dem dritten Abschnitt, die hier erneut das Hinunterspringen bzw. -stürzen Curtios vorstellen, setzen sie doch jeweils unmittelbar im Anschluß an das Wort »cader« ein. Raffiniert ist jedoch, wie Merula nun in der Singstimme aus derselben Idee und trotz weitgehender *unisono*-Führung der Stimmen ein gänzlich anderes *soggetto* formt, das aus den beiden letzten, jetzt zu Vierteln verkürzten Noten einer ersten, und den beiden ersten Noten der darauffolgenden Dreiklangsbrechung auf der nächsttieferen Stufe kombiniert ist, die zusammengenommen ein weiteres Mal den Raum einer Quart ausfüllen. Dieses neue Motiv in der Oberstimme wird nun seinerseits – unterbrochen durch längere Pausen – im Terzabstand sequenziert und weist zudem eine ganz eigenständige, neue Akzentstruktur auf, die anstelle der im dritten Binnenabschnitt betonten ersten Taktzeit nun die dritte bzw. in den hemiolischen Schlußwendungen die zweite hervorhebt. Vermutlich beabsichtigt Merula, daß an dieser Stelle die Betonungen des Continuo und der Singstimme in einen dezidierten Akzentgegensatz treten, denn wenn die Instrumentalstimme in der Tat erneut das Fallen repräsentiert, so führt die Singstimme gleichsam jene unruhigen Stöße gegen den Takt aus, zu denen der Redner die Zuhörer gleichzeitig mit den Worten »dagli un urtone« auffordert (Takte 67-71). Im letzten Binnenabschnitt werden damit die wichtigsten der musikalischen Motive für die gesamte *ratio* aus den vorangegangenen Abschnitten noch einmal auf neue Weise aufgenommen und miteinander kombiniert. Zugleich bereitet die in den rhythmischen Unregelmässigkeiten zum Ausdruck kommende Erregung auf die nachfolgende *narratio* als den zumindest musikalisch am stärksten hervorgehobenen Teil der gesamten Rede vor, deren Tonart F-Dur schon seit dem Ende des zweiten Binnenabschnitts für die *ratio* erreicht und bestimmend geblieben war.

Merula wählt für seine musikalische Schilderung in der *narratio* eine fast geschlossen zu nennende Form, die durch drei deutlich voneinander abgesetzte kompositorische Ebenen sowie deren Verknüpfungen und Wiederholungen konstituiert wird. Die erste dieser Ebenen besteht im Wiederaufgreifen der *Sinfonia ad imitatione d'un cavallo* vom Anfang der Komposition, die hier von g-Moll in das nun gar nicht mehr traurige F-Dur gewendet ist und mit ihrem raschen Tempo an dieser Stelle die unbelehrbare Entschlossenheit des von seiner ›pazzia‹ besessenen Curtio zu untermalen scheint. Der zweite dieser formalen Bausteine ist ebenfalls rein instrumentaler Natur und umfaßt die einmalige Vorstellung einer Variante des *Ruggiero*-Baßmodells, dem die Funktion eines die *narratio* in burlesker Absicht aufschiebenden Zwischenspiels zugewiesen ist, das nicht nur auf Grund seiner Ausdehnung (Takte 84-95), sondern auch einer an kaum einer anderen Stelle im gesamten *Curtio* festzustellenden melodischen Prägnanz formale Eigenständigkeit gewinnt. Die dritte Ebene wird durch eine grotesk simplifizierte Variante jener musikalisch-heroischen Stilebene konstituiert, die Merula selbst in *Su la cetra amorosa* parallel zu Monteverdi in durchaus ernsthafter Absicht formuliert hatte[639] - sollte Merula hier tatsächlich eine Monteverdi-Parodie intendiert haben, wie Leopold annimmt, so müßte es sich zugleich auch um eine Selbstparodie handeln.[640] Auffällig ist, daß in diesem Abschnitt des *Curtio* eine für das *genere concitato* kennzeichnende rasche und erregte Deklamation ebenso fehlt wie eine Bevorzugung der höchsten Lage in der Vokalstimme - Deklamationstempo und Ambitus unterscheiden sich ganz im Gegenteil nicht signifikant von der Vertonung der *ratio.* Das Repertoire musikalisch-heroischer Ausdrucksmittel ist zur komischen Charakterisierung des Helden und seines eitlen Ruhmstrebens hier reduziert auf simple Dreiklangsbrechungen und später auch Tonrepetitionen über einem statischen F-Dur-Akkord, der nur durch vereinzelte Kadenzwendungen mit einem Wechsel zu fünften Stufe kurzzeitige Unterbrechungen erfährt.

Die Form der *narratio* ist drei- bzw. vierteilig: Ein erster Abschnitt (Takte 78-84) wird gebildet durch die *Sinfonia* und die Vertonung der ersten beiden Verse, in denen der von Kopf bis Fuß bewaffnete Held mit den Mitteln jener ins Banale abgeglittenen und komisch gewordenen musikalischen Heroik beschrieben wird. Beide Versanfänge sind zu einem gemeinsamen *soggetto* in Musik gesetzt - bei »A guisa d'un Ruggiero« handelt es sich um eine taktweise ansteigende F-Dur-Dreiklangsbrechung mit einem zusätzlichen unbetonten Auftakt auf der fünften Stufe, während bei dem ersten Versbeginn »Da capo a piedi« das Motiv um den letzten der Sprünge zur Dreiklangsquinte verkürzt erscheint - allerdings wird auch im ersten Vers mit dem Auftakt der fallenden Dreiklangsbrechung auf »armato« der F-Dur-Dreiklang vervollständigt. Dieses zweite Dreiklangsmotiv für den Schluß des ersten Verses ist in mehrfacher Weise hervorgehoben: Durch seine rhythmische Gestaltung in Form von drei Minimen und die wortbedingte Akzentuierung auf der mittleren Note ist es identisch mit jenem im dritten Binnenabschnitt der *ratio* erstmals aufgetretenen Motiv, das dort stufenweise abwärts sequenziert worden war - somit stellt es ein musikalisches Bindeglied zwischen *ratio* und *narratio* dar. Im ersten und dann im dritten Abschnitt der *narratio* wird zwar dieses fallende Dreiklangsmotiv nicht wie in der *ratio* ebenfalls sequenziert, doch durch wiederholte Aneinanderreihung auf gleichbleibender Stufe emphatisch hervorgehoben - im ersten Abschnitt zunächst zweimal an seiner vom Text her angestammten Stelle am Ende des ersten Verses, dann in dreifacher Wiederho-

---

639 Vgl. die entsprechenden Ausführungen im vorangegangenen Kapitel.

640 Vgl. Leopold (1990).

lung aus dem Zusammenhang dieses Verses herausgelöst und zum selbständigen musikalisch-textlichen Baustein geworden nach der ersten Vorstellung des zweiten Verses. Anschließend an die bis auf die Dehnung der *penultima* wörtliche Wiederholung des zweiten Verses greift Merula jedoch dieses verselbständigte »armato«-Motiv nicht noch ein weiteres Mal auf, sondern läßt den zweiten Abschnitt der *narratio* mit einem instrumentalen Vortrag der *aria di Ruggiero* anschließen, der seine burleske ›raison d'être‹ einzig aus dem Schlußwort des Verses *Ruggiero* bezieht.

In diesem Kontext ist Merulas Verwendung der *aria* allerdings in mehrfacher Hinsicht als ungewöhnlich zu bezeichnen: Zunächst einmal scheint sie in gängiger wortausdeutender Absicht aufzutreten, allerdings in durchaus verquerer und kapriziöser Weise, denn weder rhetorische Metaphernbildung wie in den überdrehten *figurae* im ersten Teil noch eine bildhafte, ›ikonische‹ Ähnlichkeit der Melodie mit dem dargestellten Gegenstand spielt hier eine Rolle, zudem wird das Wort *Ruggiero* nicht gleichzeitig mit dem musikalischen Aussprechen in Noten symbolisiert, sondern erst im Anschluß daran, ganz als öffne die Nennung des Wortes nur den Vorhang für den Auftritt der nun stärker als das auszudeutende Wort selbst in den Vordergrund tretenden *aria*. Diese bezieht ihre Eignung als musikalisches Symbol für den auf den Abgrund zureitenden Curtio in seiner Ritterrüstung aus einer nichtmusikalischen Komponente, die mit ihrem damals allseits bekannten Namen als *aria di Ruggiero* oder einfach *Ruggiero* zusammenhängt. Es wird allgemein angenommen, dieser gehe auf den Anfangsvers einer berühmten *stanza* aus Ariosts *Orlando furioso* (XLIV/61) zurück, obwohl eine frühe Verbindung des Textes mit dieser konkreten Melodie nicht mehr nachzuweisen ist – vermutlich bildete diese sich in der weitgehend schriftlosen epischen Rezitation heraus. Das Melodiemodell war zweifelsohne bereits in der Mitte des 16. Jahrhunderts bekannt, denn 1553 ist ein Ausschnitt daraus bereits im Basso der *Quinta Pars* unter den »Cantos llanos que en Italia communmente llaman Tenores« im *Tratado de glosas* von Diego Ortiz nachzuweisen,[641] allerdings noch nicht in der später weitgehend standardisierten melodischen Gestalt und vor allem ohne den dann gebräuchlichen Namen. Erst zu einem Zeitpunkt, als das Modell längst fest mit dem Namen *Ruggiero* verbunden ist und als Grundlage für strophische oder halbstrophische Variationen in die Kunstmusik Eingang gefunden hat, ist die Melodie zur Vertonung von Ariosts Stanza *Ruggier qual sempre fui tal esser voglio* verwendet worden, und zwar in Antonio Cifras zweistimmiger Version aus den *Diversi Scherzi* von 1617 (NV 567). Auch Merula hat das Modell gerade in den Jahren der Entstehung des *Curtio* mehrfach verwendet, zunächst im instrumentalen Bereich in der Sammlung *Canzoni, ovvero Sonate concertate per chiesa, e camera*[642] von 1637 und dann 1640 ein weiteres Mal in der kurioserweise

---

[641] Ortiz (1936), S. 106 und 134-36.

[642] Ein andere Canzone aus dem Band trägt die Überschrift *La Ruggiera*, allerdings wird darin das Modell nicht wie üblich vollständig und als Grundlage von Variationen verwendet, es dient hier vielmehr als Ausgangspunkt für die Motivbildung der dreiteiligen *Canzona*; vgl. Merula (1978), S. 65-70.

Missa sopra L'Aria del Gran Duca[643] genannten dreistimmigen Messe, in der alle Sätze des Ordinariums entgegen der Überschrift in Wahrheit als Variationen über dem *Ruggiero*-Modell vertont sind, wie bereits Kirkendale festgestellt hat.[644]

Weitgehend standardisiert erscheint die *aria di Ruggiero* in einer Reihe von Vokalstücken seit Francesco Rasis *Vostro son, vostro fui e sarò vostro* von 1608,[645] denn bei den beiden identischen Versionen des Modells in Sigismondo d'Indias Vertonung des gleichen Textes von Bernardo Tasso aus dem darauffolgenden Jahr sowie in dem bereits erwähnten *Ruggier qual sempre fui tal esser voglio* von Antonio Cifra aus dem Jahre 1617 sind gegenüber Rasi nur einige zusätzliche Überbindungen und eine auch ansonsten häufig anzutreffende wörtliche Wiederholung der zweiten Hälfte des Modells festzustellen.[646] Merula weicht dagegen in allen Stücken, in denen er die *aria* verwendet, in jeweils unterschiedlicher Weise von dieser Standardform ab: Sowohl in der *Messa concertata* wie auch in den ersten drei Variationen der *Sonata XVIII Ruggiero* bleibt er zwar bei einer geradtaktigen Version des Modells, doch erscheint es in beiden Fassungen nicht nur auf unterschiedliche, besonders aber in der Messe erhebliche Weise rhythmisch gerafft - durch Kürzung einer Reihe von Notenwerten und Auslassung von Tonrepetitionen ist das Modell etwa in der Messe gegenüber den acht Mensuren bei Rasi auf nur vier Mensuren zusammengeschrumpft - sondern auch durch die Erhöhung der siebten Stufe zu einem nunmehr unmißverständlichen G-Dur gewendet.[647] Weitreichender sind noch die Abweichungen in den beiden Versionen aus den Variationen IV - VI der gleichen *Sonata* und dann im *Curtio*, da Merula hier jeweils die geradtaktige Disposition des Standardmodells aufgibt zugunsten einer nicht nur rhythmisch, sondern nun auch melodisch leicht geänderten Variante in ungeraden Taktarten (die Vorzeichnungen lauten 3 / 1 bzw. 3).[648] In der Tripla innerhalb der *Sonata* ist im ersten Melodiesegment nach einer punktierten Variante des Beginns die zweite Stufe *H* auf betonter Taktzeit vor die Kadenzformel IV - V - I eingefügt, der anschließende Quartgang abwärts im zweiten Segment ist vor Erreichen der fünften Stufe *d* durch Quintfall zur zweiten Stufe *A* und anschließenden Quartsprung um eine Schlußformel mit stärker dominantischer Wirkung bereichert; in der noch einmal wiederholten zweiten Hälfte der *aria* sind zwar keine weiteren melodischen Abweichungen anzuführen, doch verändern eine tänzerische, stark jambisch geprägte Rhythmisierung und die abschließende Hemiolenbildung den Charakter des Modells auch hier grundlegend.

Merula knüpft im *Curtio* ganz unmittelbar an diese eigene Umformulierung des *Ruggiero*-Modells in den letzten drei Variationen der *Sonata XVIII* aus den

---

[643] Die *Messa concertata* aus der *Arpa Davidica* von 1640 ist ediert bei Wilkinson (1978), Bd. II, S. 686-721.

[644] Vgl. Kirkendale (1972).

[645] Vgl. Rasis Version des *Basso* am Ende des Notenteils dieser Arbeit, S. 505, Beispiel Nr. 1 sowie die Edition des Stückes in: Leopold (1995), Bd. II, S. 40-41.

[646] Vgl. Notenteil, S. 505, Beispiel Nr. 2.

[647] Vgl. Notenteil, S. 505, Beispiel Nr. 3 a / b.

[648] Vgl. Notenteil, S. 505, Beispiel Nr. 3 c / d.

Canzoni, ovvero Sonate concertate per chiesa, e camera aus dem Vorjahr der Veröffentlichung seiner Solosammlung an. Der Tonhöhenverlauf entspricht - bis auf eine Transposition nach F-Dur, den Verzicht auf die dort im ersten Motiv eingefügte fünfte Stufe und eine zusätzliche Oktavierung der fünften Stufe in der Schlußkadenz - der beschriebenen Variante des *Ruggiero*-Modells aus der *Sonata*. Doch sind in der rhythmischen Einrichtung signifikante Unterschiede zu erkennen - insbesondere ist in den ersten drei der vier melodischen Phrasen ein auftaktiger durch einen ganztaktigen Anfang ersetzt, wodurch ein jambisch-tänzerischer Charakter weniger stark in den Vordergrund rückt und das Modell im *Curtio* insgesamt in einer Weise geglättet erscheint, die möglicherweise an den ebenfalls ganztaktigen Gestus des ersten Dreiklangsbrechungsmotivs im ersten Abschnitt der *narratio* angeglichen ist. Besondere Bedeutung könnte der aus der *Sonata* übernommenen melodischen Variante der zweiten Phrase innerhalb der *aria* mit der Einfügung der zweiten Stufe zukommen: Hier wird nicht nur ein aus der Standardform des *Ruggiero* sattsam bekannter Quartgang abwärts abgewandelt, wie Merula ihn zu einem der Grundmotive innerhalb der *ratio* gemacht hatte, durch Einfügung der Unterquarte *G* zum aufgeschobenen Zielton des Quartganges *d* wird zudem mit der zweiten Stufe auch jene Unterseptime zum Ausgangston *f* einbezogen, die sich gleichermaßen in der Reihung von Quartsprüngen wie auch von Quartgängen abwärts in den vorangegangenen Abschnitten des *Curtio* als konstitutiv erwiesen hatte. Da Quint- und Quartbeziehungen insgesamt den harmonischen Charakter der *aria di Ruggiero* bestimmen, ist nicht unwahrscheinlich, daß diese zusammen mit dem Prinzip der Dreiklangsbrechungen zu Beginn der *narratio* den Ausgangspunkt für die gesamte musikalische Konstruktion des *Curtio* bildet - die *narratio* wäre demnach nicht nur dem Umfang nach, sondern auch in ihrer Bedeutung für den kompositorischen Prozeß mehr als jede andere Passage des Textes aufgewertet - die Wichtigkeit der *aria* wird von Merula noch zusätzlich durch die Setzung einer Fermate über dem Schlußton unterstrichen, wie er sie ansonsten nur zur Markierung der großen musikalisch-textlichen Formteile benutzt.

Die fast arienhaft geschlossene drei- bzw. vierteilige musikalische Form der *narratio* ergibt sich aus der an den instrumentalen *Ruggiero* als zweiten Abschnitt anschließenden, leicht gekürzten Wiederholung des ersten Abschnitts mit der *Sinfonia* und der Vertonung der ersten beiden Verse, in der nur die zweimalige Wiederholung des »armato«-Motivs vom Beginn des ersten Abschnitts abweicht – es scheint fast, als habe der Erzähler durch Einfügung der *aria di Ruggiero* ein spannungserhöhendes, retardierendes Moment in seine Argumentation einbezogen, das die Wiederholung eines Teils des Gesagten zur Steigerung der Wirkung unmittelbar vor Curtios Sprung als dem dramatischen Höhepunkt noch einmal nahelegt - allerdings mag auch dies in komischer Absicht geschehen, denn was hier wiederholt wird, ist musikalisch nicht so ausdrucksvoll, daß es durch bloße Wiederholung tatsächlich an Intensität gewinnen könnte; es wird dadurch vielmehr umso stärker in seiner hohlen rhetorischen Banalität entlarvt. Als unmittelbare Weiterführung dieses dritten Abschnitts oder auch als eigenständiger vierter

Formteil läßt sich die nahtlos anschließende Vertonung der beiden verbleibenden Verse der *narratio* verstehen. Das gemeinsame *soggetto* für die Anfänge der ersten beiden Verse wird zunächst ein weiteres Mal zur Umsetzung für den Beginn des dritten Verses »Con gale e con penacchi« aufgegriffen (Takte 99-100), während für das emphatisch wiederholte Versende »in su'l Destriero« (Takte 101-105) ein rhythmisch gekürztes aufsteigendes Dreiklangsmotiv mit anschließender dreimaliger Deklamation des Wortes »Destriero« auf *c'* kennzeichnend ist, die nur bei der jeweils letzten Nennung des Streitrosses durch eine kurze Umspielung ausgeziert wird. In der Vertonung des letzten Verses »S'è nell'alta voragine gettato« (Takte 105-109) spielen dann erstmals wieder jene komisch überzogenen rhetorischen Schmuckfiguren eine Rolle, die im ersten Teil der Komposition so präsent gewesen waren und vom Ende der *narratio* her noch einmal verdeutlichen, daß auch die Dreiklangsheroik zuvor in komischer Absicht fungierte. Die erste der rhetorischen Figuren karikiert das madrigalische Prinzip der Einzelwortausdeutung in besonders drastischer Weise, denn das Wort »alto« wird in seiner wörtlichen Bedeutung ›hoch‹ mit Hilfe eines Oktavsprungs aufwärts umgesetzt, obwohl die kontextuelle Bedeutung hier das genaue Gegenteil bezeichnet, denn es ist natürlich von einem tiefen Abgrund (»alta voragine«) die Rede. In ähnlicher Weise hatten hundertfach Madrigalkomponisten vorangegangener Generationen, wenn etwa davon die Rede war, das Herz sei nicht fröhlich, durch ein fröhliches Melisma die intendierte Negation der Fröhlichkeit rhetorisch auf den Kopf gestellt, indem sie den Sinn des Einzelwortes trotz eines im Grunde widersinnigen Resultats dem der Gesamtaussage überordneten. Die zweite der Figuren auf »gettato« besteht wie bereits an einer Reihe vergleichbarer Stellen im ersten Teil in einem vier Takte umfassenden Melisma, das den Sturz des Helden in den Abgrund im Hinabeilen der Stimme durch einen Ambitus von zwei Oktaven (*c'* – *C*) nachzeichnet, ohne jedoch die Extravaganz einiger Melismen des ersten Teils zu besitzen, da große Sprünge in diesem Fall unterbleiben. Dieser auskomponierte Sturz markiert nicht nur den Abschluß des zweiten Teils mit der Vertonung von *ratio* und *narratio*, sondern zugleich ungefähr das Zentrum der gesamten Komposition (Takte 106-109 von 242 Takten).

Um die Textmengen bewältigen zu können, die in den verbleibenden weitgehend argumentativen Abschnitten noch zu vertonen sind – in der beschriebenen ersten Hälfte der Komposition ist nur ein Viertel des Textes in Musik gesetzt – wählt Merula in den folgenden drei Teilen eine überwiegend rezitativische Schreibart und setzt »ornatus« beim musikalischen Vortrag der Rede insgesamt sparsamer ein als etwa im ersten Teil. Der Beginn des dritten Teils markiert den Wechsel zur vorangegangenen *narratio* in einer vielschichtig kontrastierenden *Metabolè*: An die Stelle des *arioso* tritt nun ein Rezitativ (*mutatio per melopeiam*), die in weiten Bereichen der *ratio* und der gesamten *narratio* bestimmende Tonart F-Dur wird durch einen Wechsel nach c-Moll verlassen (*mutatio per modum vel tonum*) und zugleich wandelt sich das Tongeschlecht (*mutatio per genum*), wobei der Singstimme ein kleiner Septimsprung aufwärts in eine mittlere Tonlage zugemutet wird (*mutatio per systema*). In dem kurzen ersten, kaum wirklich musikalisch selbständigen Binnenabschnitt des dritten Teils mit der Bestätigung der *ratio* (Takte 110-116) - in der klassischen Rededisposition *rationis confirmatio* genannt - verzichtet Merula gänzlich auf Melismatik wie auch auf Figurenschmuck. Zwar scheint die Continuostimme zu Beginn dieses Abschnitts mit der Akkordfolge c-Moll / g-Moll / D-Dur unmittelbar an die Idee der Quartensequenzierung aus Teil I anzuknüpfen, doch ist diese im folgenden nicht mehr bestimmend; auch eine kurze chromatisch aufsteigende Passage im Instrumentalbaß (Takt 115) wirkt nicht formbildend, sie bereitet vielmehr die abschließende Kadenz dieses Binnenabschnitts nach g-Moll vor, die als zentrale Tonart der gesamten Komposition zugleich mit der abschließenden Bestätigung der zentralen *propositio* von der ›pazzia‹ des Curtio in den Worten »per ch'eri un matto« auch ihrerseits bestätigt wird.

Die Vertonung von *argumentum I* als dem zweiten Binnenabschnitt (Takte 117-149) setzt zunächst den kaum ausgeschmückten Rezitativgestus des vorangegangenen Abschnitts fort, doch folgt ab Takt 127 eine erneute Aneinanderreihung von wortausdeutenden *figurae*, die alle mit der Idee des Sturzes in Zusammenhang stehen: Da ist zunächst jenes abgründige Verweilen der Stimme in tiefster Lage mit zeitweiliger Unterschreitung der Continuobegleitung bei dem Vers »Veduto il precipitio« zu nennen, gleich anschließend die Dreiklangsbrechungen auf »e fanno saltar« und die erneut fast den gesamten Ambitus durcheilende Diminution auf »altri«, einem Wort, auf dem man ebensowenig ein langes Melisma erwarten würde wie im übernächsten Vers in noch weit ausgedehnterer Weise bei »precedenza« - in beiden Fällen ist wohl kaum das Wort selbst ausgedeutet, sondern im Überschwang des Ornamentierens gleichsam das Roß mit dem Reiter durchgegangen. Zwischen den beiden Melismen findet sich noch bei der Vertonung des Verses »E in passi cosí brutti« ein sehr wörtlich genommener melodischer ›passo brutto‹ in Form eines Nonenfalls (Takt 131), wie er bereits einmal in Takt 16 vorgekommen war. Auf diese neuerliche Reihung von Figuren folgt eine Passage in erregter Sechzehnteldeklamation (Takte 136-139), worauf erstmals im Rezitativ für einen Moment das melodische Motiv des Quartgangs abwärts mit anschließender Sequenzierung wirksam wird, übrigens zu einer Begleitung, die an die Quartensequenzierung im Instrumentalbaß in Teil I anknüpft (Takte 139-140). Der Schluß des ersten *argumentum* ist dann wieder der überzogenen rhetorischen Ornamentierungskunst des Redners vorbehalten: Zunächst erweist sich sein anscheinend unerschöpflicher Ideenvorrat im Zusammenhang mit Bezeichnungen für Stürzen und Fallen in den beiden Oktavfällen *f* – *F* auf »capitombo« und *c* – *C* auf »riusciva« (Takte 141-142), die eine gewisse Verwandtschaft mit der ›häßlichen‹ None aus Takt 131 aufweisen - in der *exornatio* wird ein solcher Oktavfall bei gleichzeitiger Oktavunterschreitung des Instrumentalbasses noch einmal Verwendung finden. Weit überzogener noch ist der glückliche Einfall des Redners, die Frage nach der Nachahmenswürdigkeit des Helden (*imitazione*) zum Anlaß zu nehmen für einen zumindest teilweise imitatorischen Abschnitt (Takte 143-149), der fast durchgängig in Achtelbewegung vorwärtsschreitet und keinen rezitativischen Gestus mehr aufweist. Die Passage umfaßt drei verschiedene *sog-*

getti, von denen genau genommen nur das mittlere mit seinen Dreiklangsbrechungen und Einsätzen im Abstand einer Minima im strengen Sinne imitatorisch verarbeitet wird (Takte 145-146); in den beiden vorangegangenen Takten stimmen nur die Anfangsnoten der Motive überein, die hier sogar im Abstand einer Semiminima enggeführt werden; die Continuostimme besteht aus einem diatonisch abwärts sequenzierten Quartfallmotiv, das nur an einer Stelle in dem den Ambitus einer Quarte umfassenden Oberstimmensoggetto anklingt. Im letzten der drei *soggetti* dieser Passage (Takte 147-148) wird dagegen im Continuo ein diatonisch absteigendes Viertonmotiv - beim letzten Schritt weicht es zur Quinte aus, anstatt zur Quarte fortzuschreiten, und verschleiert damit seine Bindung an das Quartgangmotiv im zweiten Teil - im Quartabstand abwärts sequenziert, die Gerüsttöne der melismatisch ausgezierten Oberstimme verlaufen im Terzabstand dazu, bevor in Takt 149 das beschriebene Motiv wie auch die Parallelität der Stimmen aufgegeben werden und die Schlußkadenz des *argumentum I* nach g-Moll vorbereitet wird.

Im *argumentum II* mit der Entlarvung des Ruhmes als einem ›ente imaginario‹ sind die einzigen von den üblichen *versi toscani piani* abweichenden Verse mit *sdrucciolo*-Endung anzutreffen, die Merula hier - ähnlich wie bereits in *Quando gli uccelli portaranno i zoccoli* - durchgängig mit der metrischen Folge einer repetierenden Folge von punktierter Fusa, Semifusa und abschließender Semiminima vertont (Takte 151, 153, 154, 156 und 160). Die Instrumentalstimme schreitet vergleichbar dem ersten Teil zeitweilig erneut in fallenden Quarten und damit in Quintrelationen voran - so in der Folge F-Dur / C-Dur / G-Dur (Takte 158-161) und anschließend bis zum Ende des Abschnitts mit B-Dur / F-Dur / C-Dur / G-Dur / D-Dur (Takte 161-167); in ähnlicher Weise sind Rückbezüge zu vorhergehenden Abschnitten auch im erneuten Aufgreifen des Quartgangmotivs in der Oberstimme zu finden (Takte 151-52, 162-164). Melismatische Figuren treten nur zuweilen in den Vordergrund, so etwa in der theatralischen Geste der *exclamatio* in Form einer *tirata* mit der Reihung zweier Oktavläufen aufwärts im Sextabstand auf »ò« (Takte 161-162), einer *coloratura* auf »temerario« (Takte 148-159), die trotz der beiden Synkopierungen weit weniger gewagt ausgefallen ist, als sie ein wirklich wagemutiges Hirn hätte ersinnen können, und schließlich die merkwürdig hohle, bei statischem Instrumentalbaß immer um die Gerüsttöne *G*, *d* und später *B* kreisende lange Sechzehntelkette auf »nominato« (Takte 164-167) zum Abschluß des *argumentum II* - möglicherweise soll damit die Vergeblichkeit eitlen Ruhmstrebens symbolisiert werden.

Die den dritten Teil des *Curtio* beschließende *exornatio* stellt inhaltlich die einem Exkurs ähnliche schmückende Ausweitung der Rede dar. Sie ist musikalisch weniger auf Grund neuartiger Figuren interessant, denn der Oktavfall *d - D* in Takt 177 stellt trotz der Unterschreitung des in der oberen Oktave verbleibenden Instrumentalbasses ebensowenig ein neues Element dar wie das virtuose Schlußmelisma, in dem noch einmal bis auf den kurz vorher erreichten unteren Grenzton *C* mit *es' - D* praktisch der gesamte Ambitus der Singstimme ausgenutzt wird. Einem musikalischen Exkurs kommt dagegen eine Passage in den Takten

171-173 gleich, da hier mangels ähnlicher Stellen innerhalb der Komposition in fast singulärer Weise von dissonanten Wendungen Gebrauch gemacht wird – dazu zählt der unvorbereitete Sprung zur Septime *es* innerhalb von F-Dur in Takt 171 ebenso wie die Einführung der alterierten kleine Sexte *as* innerhalb von c-Moll mit anschließendem Septimvorhalt in den beiden Folgetakten. Eine Abweichung vom ansonsten verwendeten tonartlichen Spektrum innerhalb der Komposition hängt ebenfalls mit dem nur in dieser Passage überhaupt anzutreffenden Ton *as* zusammen, denn in Takt 173 definiert er einen vereinzelt dastehenden f-Moll-Klang. Es ist nicht zu erkennen, daß in diesen Takten derartige musikalische Mittel aus Gründen der Textausdeutung Verwendung finden; eher dürfte Merula wegen des exkurshaften Charakters der Passage hier auch musikalisch gesehen ein fremdes Element in der Vertonung eingebracht haben. Daß die Argumentation und insofern wohl auch Merulas Vertonung innerhalb dieses dritten Teils gewisse Längen aufweist, zu der auch die immer neuen Figuren einer Ornamentik des Stürzens und Springens gehören, ist wohl nicht so sehr ein Fehler der Komposition, sondern vielmehr ein Teil des darin angewendeten parodistischen Verfahrens – welcher Zuhörer hätte nicht die sich in einem zu lang oder gar ausschweifend geratenen Vortrag einstellende Langeweile selbst kennengelernt.

Der vierte Teil des *Curtio* umfaßt die gesamte *peroratio* (Takte 181-221) mit den beiden Abschnitten der *confirmatio* (Takte 181-194) und der *rifutatio* (194-221). Nicht nur in dieser Zweiteilung ähnelt er dem zweiten Teil, er ist – wenn auch in stärkerem Maße als jener – durch den Wechsel rezitativischer und arioser Passagen im Dreiertakt gekennzeichnet, zudem greift er die in den ariosen Abschnitten der *ratio* bestimmende Motivik auf und entwickelt sie weiter. Der kurze rezitativische Beginn der *confirmatio* kadenziert nach anfänglicher fünfter Stufe d-Moll rasch nach g-Moll zurück, in der Oberstimme ist bei der Vertonung des dritten Verses nur ein neuerliches, in Dreiklangsbrechungen über einen Ambitus von zwei Oktaven springendes Motiv bemerkenswert, worin das Repertoire der für Springen und Stürzen stehenden musikalischen Figuren um eine weitere Variante bereichert ist. Das anschließende *arioso* umfaßt zur Vervollständigung der *confirmatio* nur die Vertonung eines einzelnen Verses, der allerdings nicht nur mehrfach wiederholt, sondern kurioserweise gleich zweimal vertont worden ist. Beide *soggetti* sind unmittelbar verwandt mit dem Beginn des *arioso* in der *ratio* – das zweite von ihnen ist identisch mit der ersten Variante des Quartgangmotivs aus Teil II in den Takten 38-44, auch wenn hier die Sequenzierung nicht auf dem Zielton des Quartganges, sondern eine Terz tiefer einsetzt und auch der Anschluß der hemiolischen Schlußwendung nicht durch stufenweisen Anstieg, sondern erst nach einem Quartfall erfolgt (Takte 191-193). Im ersten *soggetto* ist dagegen die später anzutreffende Betonung auf »non lo **sa**« zu einer Hervorhebung der Negation »**non** lo sa« abgewandelt, die auch eine modifizierte Führung der Melodielinie abwärts zur Folge hat – zwar wird hier erneut der Ambitus einer Septime durchschritten, doch nicht in einer Reihung von zwei Quartgängen, sondern von Quinte und Terz, bevor auch hier die gleiche hemiolische Schlußbildung wie im zweiten *soggetto* angefügt ist. Voneinander abgesetzt sind die beiden *soggetti* übrigens durch einen der seltenen Doppeloktavsprünge in der gesamten Partitur, dessen Funktion hier in einer besonders emphatischen Bekräftigung des bereits einmal in anderer Weise Gesagten liegen dürfte.

Die *rifutatio* beginnt wie bereits die in g-Moll endende *confirmatio* mit einer rezitativischen Passage in d-Moll, die ebenfalls auf einen genau kalkulierten Höhepunkt beim letzten der rezitativisch vertonten Verse zuläuft (Takte 199-204). Dort wird über *es* im Continuo ausgehend von einem Es-Dur-Klang über einen Sextakkord, der unter Alterierung der Quinte zum übermäßigen Intervall mit leittöniger Wirkung herbeigeführt wird, schließlich eine höchst seltsame *mi*-Kadenzvariante nach D-Dur mit Halbtonschritt abwärts im Instrumentalbaß bei gleichzeitigem Ganztonschritt aufwärts im Vokalbaß zur Durterz auf dem Wort »morire« vollzogen, wodurch nach der ebenfalls auftaktigen übermäßigen Quinte einen Takt zuvor nun auch eine übermäßige Prim erklingt. Der D-Dur-Klang ist jedoch noch nicht Zielpunkt der Passage, er wird vielmehr als fünfte Stufe zu g-Moll aufgefaßt, der Grundtonart, in der nach einem ausgedehnten Melisma bei der Wiederholung des Wortes »morire« das Rezitativ endet. Diese Figur durchmißt nicht nur ein weiteres Mal den Ambitus von zwei Oktaven abwärts und dürfte damit gleichfalls auf die Metaphorik des Stürzens zurückbezogen sein, sie ist weiterhin charakterisiert durch ein lombardisch punktiertes und im Terzabstand sequenziertes Quartfallmotiv, in dem ebenso wie in den anschließenden Sechzehntelfiguren die übermäßige Sekunde *fis* - *es* verwendet wird.

Die Motivik im anschließenden Dreiertakt knüpft ebenfalls an den zweiten Teil der Komposition an, und zwar an den dortigen vierten Binnenabschnitt (Takte 60-65). Der Baß schreitet hier in ganztaktiger Bewegung von *b* aus diatonisch in einer virtuell unendlichen Linie abwärts, wobei regelmäßige Oktavierungen des jeweiligen Anschlußtons nach dem am Ende auch zum Zielton erhobenen *F* ein Sprengen des auf dem Instrument möglichen Ambitus verhindern und zugleich den Eindruck eines als Ostinato wiederholten Septimgangs abwärts hervorrufen. Die Vokalstimme verläuft zunächst im *unisono*, dann überwiegend in Parallelbewegung zum Instrumentalbaß, doch sorgen insbesondere die Synkopierungen auf »ma« und zuweilen auch auf »no« für starke rhythmische Impulse. In diesen beiden *ariosi* des vierten Teils besingt der Erzähler die Überwindung der letzten Einwände gegen seine These von der ›pazzia‹ des Curtio in einer fast ausgelassen zu nennenden, triumphierenden Weise. An keiner anderen Stelle der gesamten Komposition wird wie hier am Ende der *rifutatio* der vertonte Text in ähnlich burlesker Weise aufgesplittert, um dann die Elemente des Verses »ch'io non vi niego questo« unter Hinzunahme der unablässig wiederholten Negation »no« auf immer neue Weise miteinander zu kombinieren - ein allerdings rein rhetorisches Eingehen auf einen Einzelaspekt des zuvor vorgetragenen Einwands, der dann mit dem abschließenden Vers »ma non sarebbe morto così presto« umso definitiver zurückgewiesen wird.

Der relativ kurze fünfte Teil der Komposition (Takte 222-242) enthält die *conclusio* der gesamten Rede mit der endgültigen Bestätigung der nachzuweisenden »pazzia di costui« (Vers 89), dem niemand an Torheit gleichkomme. Ähnlich wie beim Übergang vom zweiten zum dritten Teil wechselt auch hier der Charakter der Komposition vom ariosen Dreiertakt der *ostinato*-Passage mit Abschluß in F-Dur zum geradtaktig notierten Rezitativ des letzten Teils, das in D-Dur anhebt und der Vokalstimme einen übermäßigen Oktavsprung abverlangt. Anders als in den vorangegangenen beiden Teilen spielt hier mit einer allerdings signifikanten Ausnahme Einzelwortausdeutung keine Rolle; die Fortschreitungen in der Continuostimme beruhen wiederum auf sequenzartig fortschreitenden Klängen in Quintbeziehungen, zunächst D-Dur / G-Dur / C-Dur / F-Dur, dann D-Dur / g-Moll / c-Moll / g-Moll / D-Dur, darüber deklamiert die Singstimme in rascher und fast sachlich zu nennender Form die verbleibenden elf Verse des Textes. Eine der wohl ungewöhnlichsten musikalischen Erfindungen in seiner gesamten weltlichen Vokalmusik hat Merula jedoch für die Vertonung des letzten Wortes »mondo« zum Abschluß der Komposition (Takte 234-242) reserviert, mit dessen Erreichen die Quintsequenzen im Baß abbrechen und über einem orgelpunktartig gehaltenen *es* ein wahrhaft extravagantes Melisma in der Singstimme beschrieben wird. Zunächst handelt es sich um eine aus sechs Tönen bestehende, auftaktig metrisierte Sechzehntelkette mit Drehbewegung im Umfang einer Quarte, die zunächst *forte* und dann noch einmal *piano* vorgetragen wird, wobei harmonisch wohl ein Sextakkord über dem *es* im Instrumentalbaß anzunehmen ist. Bei der Wiederholung wird das Melisma nicht nur auf neun Töne und melodisch bis zur verminderten Quinte *fis* ausgeweitet, sondern auch beschleunigt, da nun den vier Vierteln im Basso sechs Viertel in der Oberstimme gegenüberstehen. Dies ist jedoch nicht in Form einer *proportio* notiert, sondern verborgen in der Bezifferung des *Basso continuo*, der mit 6 / 4 nicht nur einen Quartsextakkord, sondern auch rhythmisch gesehen die sechs Viertel der Oberstimme über den vier Vierteln im *Continuo* anzeigt - irritierend ist zudem, daß mit der Hochalteration des Schlußtons im Melisma zum *fis* zugleich ein erster, gänzlich leiterfremder Ton einbezogen wird. Im anschließenden Takt 234 ist diese Idee auf die Spitze getrieben: Das auch hier zunächst im *forte* und dann im *piano* zweifach gesungene Melisma ist nun auf fünfzehn Töne erweitert, also der Summe von sechs plus neun Tönen aus den beiden vorangegangenen Takten, wobei nicht nur das *fis* beibehalten wird, sondern die Stimme zusätzlich über die kleine Obersekunde *e* in die kleine Untersekunde *d* zum *es* der Continuostimme geführt wird. Wie die Bezifferung 9 / 4 vorschreibt, scheint Merula diesen Takt harmonisch als Quart-Nonenklang aufzufassen, wobei die vorgeschriebenen dissonierenden Töne eine zusätzliche Verrätselung beabsichtigen. Metrisch gesehen korrespondieren in diesem Takt jeweils neun Viertel in der Singstimme vier Vierteln im Instrumentalbaß, wodurch gegenüber den vorangegangenen Takten noch eine weitere Beschleunigung nahegelegt sein könnte.[649] In den verbleibenden vier Takten des Melismas kehrt Merula sozusagen zur kompositorischen Normalität zurück, indem nicht nur trotz eines erneuten Beginns in der Untersekunde die harmonischen Verhältnisse zu einem Es-Dur-Klang zurechtgerückt werden, sondern auch das

[649] Eine relativ freie Ausführung der Passage dürfte allerdings weitaus praktikabler sein.

metrische Verwirrspiel mit einer Rückkehr zum Viervierteltakt endet. An eine sequenzierend wiederholte Figur mit ausgeschriebenem *trillo* schließt sich ein letztes mäandrierend über zwei Oktaven in die Tiefe stürzendes Melisma an, in dem nochmals auf den Sprung des Curtio als dem zentralen Thema der Komposition angespielt zu sein scheint, bevor eine letzte Kadenz das Werk in g-Moll zum Abschluß bringt. In diesem höchst kunstvollen Melisma läßt Merula nicht nur ein außerordentlich dicht gearbeitetes Werk kulminieren, sondern verweist zugleich zurück auf Poggiolinis bereits vollständig zitiertes Widmungssonett, worin er selbst im letzten Vers als »Miracolo il maggior, stupor del Mondo« bezeichnet worden war. Vermutlich ist das Schlußmelisma auf »mondo« insofern nicht nur als eine weitere jener exaltiert-übertriebenen rhetorischen Figuren zu lesen, an denen die Komposition so reich ist, sondern gleichsam als Nachweis für Poggiolinis Enkomiastik als ein kompositorisches ›höchstes Wunder‹ zum Staunen der Welt.

Curtio precipitato erweist sich in der musikalischen und textlichen Analyse als ein außerordentlich vielschichtiges, geistreich paradoxes *Capriccio*, das in der Parodie einer an klassischer Rhetorik ausgerichteten Disposition der Rede die enge Vertrautheit mit dieser Tradition unter Beweis stellt, die sich jedoch sowohl in der Unangemessenheit des Gegenstandes – eben der nachzuweisenden ›pazzia‹ des Helden – wie auch im zeitweise ebenso überbordenden wie übertriebenen musikalischen Schmuck der Rede selbst ad absurdum zu führen scheint. Musikalisch richtet sich Merulas Spott über rhetorische Aufgeblasenheit insbesondere gegen das madrigalistische Prinzip der Einzelwortausdeutung, das hier nicht zuletzt in einer nicht endenwollenden, immer aufs neue kapriziös überzeichneten *variatio* aller möglichen Spielarten des Fallens, Stürzens und Springens der Lächerlichkeit preisgegeben wird. Die Verknüpfung von akademischer Gelehrsamkeit in der Form des Textes mit einer ins paradox Burleske verkehrten klassischen Thematik auf der Grundlage eines höchst komplexen ikonologischen Programms, die gerade nicht am *aptum* orientierte Verbindung von Stilhöhenebenen wie etwa im überzeichnenden Aufgreifen von Stilmitteln aus der Gattungstradition des ernsthaften Madrigals, die Merula anscheinend als musikalisches Äquivalent zu den rhetorischen Mitteln humanistischer Redeübung begreift, gepaart mit einem Scharfsinn der Erfindung, der sich im raffinierten Spiel mit einigen Grundmotiven in der gesamten, zweihundertzweiundvierzig Takte umfassenden Partitur manifestiert – all dies sind im *Curtio precipitato* Merkmale eines vokalen *Capriccio*, das in der rätselhaften Zahlenkombinatorik des Schlußmelismas seine vielleicht außergewöhnlichste Verdichtung erfährt.

Nicht weniger extravagant und kapriziös ist es jedoch, daß Merula diesem fulminanten Eröffnungsstück seiner Solosammlung von 1638 am Ende des Bandes mit *Sentirete una Canzonetta* [650] ganz bewußt eine Komposition von äußerster Kunstlosigkeit gegenüberstellt, an der genau genommen kaum eine einzige Note von Merula selbst stammt: Die Oberstimme basiert auf dem Melodiemodell der

[650] Eine Edition findet sich im Notenteil dieser Arbeit, S. 475-476.

Girometta, das hier anders als etwa der *Ruggiero* im *Curtio* so gut wie gar nicht modifiziert ist; die Begleitung durch einen unveränderlichen Bordun auf *C* in der Continuostimme kann ebensowenig als kompositorische Meisterleistung angesehen werden wie die fortlaufende, an den Basso in *La Donna è mobil verga e leggier fronda* erinnernde Achtelbewegung, die in regelmäßigem Auf und Ab den Grundton der Bordunstimme sowie obere Quinte und Oktave verwendet - einzig die instrumentale Oberstimme im *Ritornello* stellt möglicherweise eine Erfindung Merulas dar. Ebensowenig scheint der Text dieser *Canzonetta*, deren Sänger direkt der *commedia dell'arte* entsprungen sein könnte, auch nur die Spur jenes Hintersinns aufzuweisen, wie er für *Curtio precipitato* so bedeutsam ist. Der Soloband von 1638 ist insofern wohl in seiner Gesamtheit gezielt als ein von den Extremen höchster Kunstfertigkeit und äußerster Zurücknahme der Kunst gekennzeichnetes *Capriccio* konzipiert worden.

Schlußbemerkung

In den vorangegangenen Abschnitten des dritten Teils dieser Arbeit ist an Hand einer Reihe von Einzelanalysen versucht worden, die diskutierten Stücke durch Einbeziehung eines außermusikalischen Umfeldes in ihren zum Teil vielfältigen Bedeutungsschichten zu erhellen. In jedem der Abschnitte lag dabei das Augenmerk auf einem besonderen Aspekt musikalischer Poetik: Wurde im zweiten Abschnitt zunächst ein bestimmter Typus von Metaphern mit seinen emblematischen Implikationen und den entsprechenden musikalischen Umsetzungen diskutiert, so standen im dritten Abschnitt Fragen nach kompositorischen Formulierungen eines musikalischen *concettismo* im Werk Merulas im Vordergrund; der vierte Abschnitt handelte von Beispielen allegorischer Textumsetzung im Zusammenhang mit dem literarischen Topos weiblicher Unbeständigkeit, der folgende Abschnitt stellte einen Beitrag zur Entwicklung einer umfassenderen musikalischen Topik dar, wobei zentrale Kategorien einer nur indirekt zu erschließenden musikalischen Stilhöhenrhetorik geklärt werden konnten, während im sechsten Abschnitt dem wegen seines Charakters nur schwer zu definierenden Wesen des musikalischen *Capriccio* im Zusammenhang mit der komischen Umdeutung antikisierender Topoi und Themen nachgespürt wurde.

Merula erweist sich in den untersuchten Werken als ein Komponist, der in höchst erstaunlicher Weise seine Vertrautheit mit unterschiedlichsten Tendenzen der zeitgenössischen literarisch-akademischen Diskussion unter Beweis stellt – vom raffinierten *concettismo* Marinos und seiner Nachfolger über den antipetrarkistischen Hedonismus eines Simonetti, die verspielt ironische Emblematik eines Gatti, die Behandlung von poetischen Gattungs- und Stilhöhenfragen in der anonymen Dichtung von *Su la cetra amorosa*, den Akademismus von *La donna e nobil verga e leggier fronda* bis hin zur dichten, paradox enkomiastischen Rhetorik im *Curtio precipitato*. Weit über eine bloße Kenntnis solcher Zusammenhänge hinaus sucht Merula in seinen musikalischen Umsetzungen der genannten Vorlagen gleichsam unter Beweis zu stellen, daß auch die Kunst des Komponierens eine ganz eigene Stimme in der Auseinandersetzung um derartige Fragestellungen besitzen kann. Textvertonung bedeutet für Merula anders als möglicherweise für die Mehrzahl seiner Zeitgenossen nur im Ausnahmefall den Versuch einer Wort-für-Wort-Übersetzung des Textes in das Medium musikalischer Sprache, Merulas Kompositionen beanspruchen vielmehr den Rang eines eigenständigen Kommentars zu dem vertonten Text – sei es, daß eine in der Vorlage ausgesprochene oder auch nur implizierte Grundaussage zum Ausgangspunkt einer für ein ganzes Stück oder zumindest einen formalen Abschnitt bestimmenden musikalisch-allegorischen Idee wird, die sich nicht selten ostinater oder quasi-ostinater Techniken bedient, sei es, daß durch die Komposition eine zusätzliche, in der Vorlage nicht enthaltene Deutungsperspektive oder Sinnebene etabliert wird wie im Falle von *Sempre terrò memoria* oder *Io vorrei diventar quel rosignuolo*, oder auch der *acutezza* der poetischen Vorlage eine nicht minder scharfsinnige musikalische Erfindung und Konstruktion korrespondiert, wie in Merulas Vertonungen konzeptistischer Gedichtvorlagen oder in *Su la cetra amorosa*. Kaum einmal ist die musikalische Ebene auf eine bloße Abbildungs- oder Spiegelfunktion eingeschränkt, die den Text gleichsam nur im Medium der Musik verdoppeln würde – im Gegenteil: Immer wieder vermeidet Merula durch bewußte Nichtkongruenz von musikalischer und textlicher Form eine einfache Deckungsgleichheit der Aussagen, tritt durch bewußte Unangemessenheit der kompositorischen Mittel in zuweilen ironische Distanz zu Elementen der Textaussage oder versucht in der *acutezza* der musikalischen Erfindung diejenige des Textes womöglich noch zu überbieten. Dabei sind - und dies dürfte zu den überraschendsten Ergebnissen gehören - unterschiedlichste Haltungen der Komposition zur Aussage des Textes möglich, deren Extreme von affirmativer Überhöhung wie in *Su la cetra amorosa* bis zur ironischen Umwertung des Gesagten in *La donna è mobil verga e leggier fronda* und sogar zu dessen Negation in *Sempre terrò memoria* reichen können.

Mit sicherem Gespür weiß Merula dabei die in den Texten angelegten unterschiedlichen Ebenen auch in seiner musikalischen Gestaltung genau zu charakterisieren, das Komplizierte mit äußerst komplexen, das Simple mit verblüffend einfachen Mitteln darzustellen, und dabei vielfältigste Stilmittel, die der modernen Musik seiner Zeit zur Verfügung standen und an deren Erweiterung er nicht unbeteiligt war, mit virtuoser Souveränität zu handhaben. Die große pathetische Szene, der ernsthafte Ausdruck innerer Seelenzustände scheint nicht vorrangig Merulas Anliegen gewesen zu sein, auch wenn dies immer wieder einmal innerhalb einer Komposition aufleuchtet oder zuweilen - etwa in den beiden hier nicht behandelten geistlichen Stücken der Solosammlung von 1638 - auch in höchst überzeugender Weise ganz in den Vordergrund tritt. Dafür brillierte er umso mehr in allen Arten des Unernstes - von der fast heiter zu nennenden Selbstironie unglücklich Verliebter, die sich gerne an Stelle einer gefangenen Nachtigall oder gar in einen Salamander verwandelt sähen, über die skurrilen *scherzi* mit der Deklination lateinischer Pronomina,[650] die Vertonung anscheinend kunstloser, zuweilen sogar dialektaler Texte aus einer niederen Sphäre in der Nachfolge der *commedia rusticana* oder der *commedia dell'arte* in den Strophenliedern der Solosammlung von 1638 oder *capricci* wie *Curtio precipitato* oder *Quando gli uccelli portaranno i zoccoli* aus der gleichen Veröffentlichung, die mit unerwarteten Verknüpfungen gegensätzlicher Themen und poetischer Ebenen sowie der komischen Übertreibung oder Entgleisung stilistischer und rhetorischer Mittel arbeiten, bis hin zur drastischen, durchaus derben Komik in den beiden Dialogen *Satiro e Corisca*[651] und *La Tognada*, die von Zank und Streit und im ersten Fall sogar von tätlichen Auseinandersetzungen handeln.[652]

Bereits der im Kontext dieser Arbeit diskutierte Ausschnitt aus der erhaltenen weltlichen Vokalmusik Merulas macht deutlich, daß der in diesen Untersuchun-

---

[650] Vgl. hierzu Steinheuer (1997).

[651] Vgl. hierzu Steinheuer (1990).

[652] Parallelen zu dieser besonderen Vorliebe Merulas für unernste Textvorlagen finden sich seit den frühen zwanziger Jahren zunehmend auch in der Art der vertonten Texte bei Komponisten wie Marini, Valentini, Arrigoni, Pesenti, Monteverdi, Fontei oder Barbara Strozzi; offenbar wurde damit einem gewandelten Publikumsgeschmack Rechnung getragen, der nicht mehr allein durch die Tränen unglücklich verliebter Hirten Arkadiens zufriedenzustellen war.

gen eingeschlagene Weg für das Verständnis der Musikkultur in der ersten Hälfte des 17. Jahrhunderts neuartige Perspektiven zu eröffnen vermag, die nicht nur die häufig unvermuteten Implikationen einzelner Werke betreffen, sondern weit über solche Einzelergebnisse hinaus grundsätzlich den bislang noch unzureichend definierten Standort der weltlichen Vokalmusik und vermutlich der Musik ganz allgemein im Kontext der zeitgenössischen Künste und Kunstauffassungen besser verstehen helfen könnten. Gleichzeitig bietet ein solcher Ansatz die Chance, in weitaus stärkerem Maße als bisher üblich auch für die Kultur des 17. Jahrhunderts parallele interdisziplinäre Fragestellungen in Literaturwissenschaften, Kunstgeschichte, Musikwissenschaft und Philosophie zu entwickeln.

Es steht nicht nur zu erwarten, daß noch bei einer Reihe von weiteren Kompositionen Merulas ein Weiterverfolgen des an den bereits untersuchten Werken exemplifizierten Forschungsansatzes in ähnlicher Weise Früchte tragen könnte, auch bei anderen Komponisten der Zeit dürfte dies nicht aussichtslos sein, da Merulas Werk vermutlich keinen gänzlich isolierten Einzelfall darstellt. Zwar wird man aus den erörterten Beispielen kaum schließen können, daß jeder *Canzonetta* in der ersten Hälfte des 17. Jahrhunderts ein komplexes ikonologisches Programm zugrundeliegen müßte, doch mögen zumindest einzelne unter Merulas zeitgenössischen Kollegen vergleichbare Ideen verfolgt und in ihren Werken umgesetzt haben. Einiges spricht dafür, gerade im Schaffen des auch literarisch tätigen kaiserlichen Musikers und späteren Wiener Hofkapellmeisters Giovanni Valentini nach Parallelen zu Merulas Art der Textvertonung zu forschen, nicht nur, weil die beiden Komponisten in offenbar freundschaftlichem persönlichem Kontakt gestanden haben, wie Valentinis Huldigungsgedicht im Druck von Merulas *Satiro e Corisca* belegt, sondern mehr noch, weil sich im Werk Valentinis eine Reihe von kompositionstechnischen Merkmalen finden, die insbesondere in der Art der Melodiebildung, der formalen Gestaltung und dem Bemühen um musikalische Vereinheitlichung Kompositionen Merulas vergleichbar sind und darauf hindeuten, daß beide zumindest teilweise ähnliche Ziele verfolgt haben könnten – es ist zu vermuten, daß Valentini für den jungen Merula der vielleicht wichtigste Anreger auf kompositorischem Gebiet gewesen ist. Eine Klärung solcher Fragen setzt jedoch eine Aufarbeitung von Valentinis in der Vergangenheit fast vollständig vernachlässigter weltlicher Vokalmusik voraus.[654]

Für die immer noch in der Sekundärliteratur zumindest in Bezug auf die mehrstimmige Musik in der ersten Hälfte des 17. Jahrhunderts geäußerte These vom Niedergang oder gar Verfall der weltlichen vokalen Kammermusik läßt sich weder in Merulas solistischen noch in seinen mehrstimmigen Kompositionen irgendein Anhaltspunkt finden. Seine Werke sind nichts weniger als ein epigonales Fortschreiben der Tradition, sie beweisen eher das genaue Gegenteil – die lebendige Neuorientierung und erstaunliche Wandlungsfähigkeit von Gattungen, die

[654] Die Veröffentlichung des Berichts über das Internationale Symposion *Giovanni Valentini (ca. 1582-1649) – Kapellmeister am Kaiserhof*, das Anfang September 1998 in Heidelberg stattfand, wird einen ersten wichtigen Schritt in diese Richtung bedeuten.

nur dem Anschein nach ihren Zenith überschritten haben. Merulas Modernität liegt in der Verbindung neuartiger Formmodelle mit einer zuweilen höchst komplexen, nicht selten instrumental konzipierten motivischen Verflechtung, in der die Ästhetik einer vom Wortausdruck beherrschten Musik weitgehend durch einen spielerischen musikalischen Konstruktivismus abgelöst worden ist. Merulas Originalität liegt in einer musikalisch verrätselten Textausdeutung begründet, die weit weniger auf affektives Pathos als auf konzeptistische *acutezza* und ingeniöse *stravaganza* zielt - vielleicht ist das absichtsvolle und geistreiche Spiel mit Stilhöhenerwartungen und Gattungskonventionen für Merula mehr als für jeden anderen Komponisten seiner Zeit kennzeichnend - es kündigt sich bereits in den dreistimmigen *Madrigaletti* von 1624 an, wenn Texte aus der Kanzonettentradition zwar in dreistimmiger Besetzung, aber nach Art ernsthafter Madrigale vertont werden, findet seine Fortsetzung in einer kanzonettenhaften Sonettvertonung wie *Andianne a gli horti di Dameta andianne*, dem in ariosem Dreiertakt durchkomponierten Madrigal *La mia Filli è fugace* (beide aus dem ersten Madrigalbuch von 1624) oder in den Deklinationsscherzen von 1633, in denen ein völlig unangemessener Text nach Art eines klassischen mehrstimmigen Madrigals in zweiteiliger Form durchkomponiert ist, und kulminiert schließlich in den kunstvollen Paradoxien der *Capricci* des Solobuches von 1638. Die beiden im Vorwort erwähnten Epitheta aus Brescianis Bemerkung von Merulas »grande e stravagante ingegno« finden insofern ihre Bestätigung - seine Größe ist in ihrer bewußten Abwendung von der aus dem 16. Jahrhundert stammenden Tradition der *seconda pratica* von weitgehend anderer Art als die Monteverdis und zeigt, wie unzureichend und geradezu entstellend es sein kann, ein ganzes Zeitalter aus dem Werk einer einzelnen, anscheinend alles überragenden Komponistenpersönlichkeit zu deuten; Merulas *stravaganza* liegt dagegen im Übertreten solcher und anderer stilistischer oder gattungsgeschichtlicher Konventionen wie auch im spielerischen Umgang mit Traditionen und deren Umdeutung - dem Niedrigsten und Kunstlosesten mag dabei, so zeigen es die *Capricci* von 1638, ein Platz neben dem Höchsten und Rätselhaftesten zugewiesen werden. *Non omnibus clarum est* - diese für den Rätselkanon auf Merulas Porträt vermutlich vom Komponisten selbst gewählte Überschrift mag in fast programmatischer Weise auf jene ungewöhnliche *acutezza* der musikalischen Erfindung verweisen, die ganz allgemein zu den wichtigsten Kennzeichen von Merulas weltlichen Vokalwerken gehört.

Anhang

Werkübersicht

Die Drucke

OPUS	TITEL	WIDMUNGSTRÄGER	DRUCKORT	JAHR	DRUCKER
(op. 1)	*Canzoni A Quattro voci per sonare con ogni sorte de stromenti Musicali*	Gio. Pietro Ghirardello	Venedig	1615	B. Magni
(op. 2)	*Il Canoro Aprile* (verloren) *Canzonette et arie a voce sola*			1622	
(op. 3)	*Canzonette a tre voci* (verloren) (identisch mit den *Canzonette* in Vincentis Katalog von 1648?)			1623	
op. 4	*Il primo libro de madrigaletti a tre voci* (im Nachdruck von 1642 sind vier Stücke hinzugekommen, die Opuszahl ist beibehalten)	Vladislao Sigismondo Prencipe di Polonia, & Svetia	Venedig	1624	A. Vincenti
op. 5	*Il primo libro de madrigali concertati*	Sigismondo III. Re di Polonia	Venedig	1624	A. Vincenti
op. 6	*Il primo libro de motetti, e sonate*	Cesare Gonzaga Prencipe di Guastalla	Venedig	1624	A. Vincenti
(op. 7)	*Satiro e Corisca, Dialogo musicale*	Alessandro, & Gio. Pietro Bonetti	Venedig	1626	A. Vincenti
(op. 8)	*Libro secondo de concerti spirituali con alcune sonate*	Bartolomeo Sfondrati Prencipe della Accademia delli Animosi di Cremona	Venedig	1628	A. Vincenti

op. 9	*Il secondo libro delle Canzoni da suonare*		Venedig	ca. 1631-32; nur ^{2}1639	A. Vincenti
op. 10	*Madrigali et altre musiche concertate Libro secondo*	Cosimo Borbone Colonello d'Infanteria	Venedig	1633	B. Magni
op. 11	*Pegaso, opera musicale Salmi, Motetti, Suonate, e Letanie della B. V.*	Ferdinando Millini Vescovo d'Imola	Venedig	ca. 1633-37; nur ^{2}1640	A. Vincenti
op. 12	*Canzoni, overo sonate concertate per Chiesa e Camera... Libro terzo*	Gio. Battista Visconti	Venedig	1637	A. Vincenti
op. 13	*Curtio precipitato et altri Capricij Composti in diversi modi vaghi e leggiadri a voce sola. Libro secondo*	Gio. Battista Barbò Marchese di Soresina	Venedig	1638	B. Magni
(op. 14)	(? verloren)			1638/39	
op. 15	*Concerto, nel quale, Si contiene, Messe, Salmi di più sorti, Concertati in diversi modi, con Instromenti e senza*	Prelati e Canonici della Chiesa Cathedrale di Bergamo	Venedig	1639	A. Vincenti
op. 16	*Arpa Davidica ... Salmi et messa concertati con alcuni Canoni nel fine*	Luigi Grimani Vescovo di Bergamo	Venedig	1640	A. Vincenti
op. 17	*Il quarto libro delle canzoni da suonare*	Nicolò Ponzoni, Prencipe dell'Accademia Erculea	Venedig	1651	A. Vincenti
op. 18	*Il terzo libro delli salmi et messa concertati*	Evangelista Commenduli Generale dei Monaci di S. Girolamo	Venedig	1652	A. Vincenti

Werke in Sammlungen

(aufgeführt sind hier nur die Stücke, die nicht zuvor in einem von Merulas Drucken veröffentlicht wurden.
Die Bearbeitungen einzelner weltlicher Stücke sind gesondert unter der Auflistung der weltlichen Werke verzeichnet.)

L. Calvi	*Symbolae diversorum musicorum* 73 Kompositionen von 31 Komponisten von Merula: *Surge propera* (SB, Orgel) und *Salve virga Jesse* (SATB, Orgel)	Venedig	RISM 1620^2	A. Vincenti
L. Calvi	*Seconda raccolta de' sacri canti* 52 Werke von 26 Komponisten; von Merula: *Jesu dulcissime* (SATB, Bc)	Venedig	RISM 1624^2	A. Vincenti
A. Profe	*Erster Theil Geistlicher Concerten* 25 Werke von 11 Komponisten; von Merula: *O Jesu mi dulcissime* (TT oder SS, Bc)[1]	Breslau	RISM 1641^2	H. Köler
G. Rolla	*Teatro musicale de concerti ecclesiastici* 44 Werke von 18 Komponisten von Merula: Nr. 7 *Omnes consurgite* (CC, Bc), Nr. 22 *Regina caeli laetare* (CCA oder CCB, Bc), Nr. 23 *Salve Regina* (CAT, Bc), Nr. 24 *Alma redemptoris mater* (CCB, Bc), Nr. 39 *Beatus vir qui inventus* (CATB, Bc)	Mailand	RISM 1649^1	G. Rolla
G. Casati	*Raccolta di motetti* 9 Werke von 7 Komponisten von Merula: *Quanti mercenarii* (B, Bc) und *Cenantibus illis* (TB, Bc)[2]	Venedig	RISM 1651^2	F. Magni

[1] Wilkinson hat die beiden Kontrafakta in Profes dritter Sammlung, RISM 1642^4, das Kontrafaktum in Profes *Corollarium*, RISM 1649^6, und die dreistimmige Umarbeitung einer Aria aus dem *Curtio precipitato* in RISM 1657^1 unzutreffend als eigenständige Werke des Komponisten angesehen; die Anzahl der geistlichen Vokalkompositionen verringert sich dadurch und durch weitere Unstimmigkeiten in Wilkinson Zählung auf 113 gegenüber den bei Wilkinson angegebenen 121; vgl Wilkinson (1978), S. 108-112 sowie in dieser Arbeit Teil II, S. 86, Fußnote 89.

[2] RISM 1651^2 geht fälschlich davon aus, es gehörten nur zwei Stimmbücher zu diesem Druck (C und Bc), doch ist der Druck in dieser Form unvollständig, die fehlenden Stimmbücher existieren in der Universitätsbibliothek Wrocław (neben C noch T und B, Signatur 50231 Muz/Mus 39), so daß die beiden Stücke von Merula vollständig erhalten sind.

Werke im Manuskript[3]

Bologna (I-Bc), MS Q 45	D'autori romani musica volgare e latina, tomo secondo, darin von Merula: *Spirate ò venti* (S, Bc)[4]
Gdansk (PL-GD), Ms. Joh. 406	darin von Merula: Nr. 10, Kyrie und Gloria einer *Missa à 12 vel 17* (genauer: 11 vel 16); Besetzung: CCATB (Soli), 5 voci ripieni (Chor) e 6 Strom. 2 Cornetti, Bombardo e Fagotto, Bassa Viola, Violone, Basso pro Organo. Bearbeitung durch Gottfried Nauwerck, Februar 1689.[5]
Kremsier (CZ-KR), Ms. XVI.10, fol. 9r.-44r.	anonyme Umarbeitungen von geistlichen Werken Merulas für große Besetzungen[6]: *Lauda Jerusalem Dominum* (STB, Bc) aus: *Arpa Davidica* 1640 für: STB+A (Soli), SATB ripieno, (2 Viol., 3Trom.), Bc *Messa concertata sopra l'aria del Gran Duca* (STB, Bc) aus: *Arpa Davidica* 1640 für: STB+A (Soli), SATB ripieno, (2 Viol., 3Trom.), Bc *Magnificat* (STB, Bc), aus: *Arpa Davidica* 1640 für: STB+A (Soli), SATB ripieno, (2 Viol., 3Trom.), Bc

[3] Hier sind nur Werke aufgeführt, die nicht in zeitgenössischen Drucken vorliegen; auch Bearbeitungen von Merulas Canzonen für Tasteninstrumente wurden nicht aufgenommen. Bei einem Andante C-Dur für Cembalo, überschrieben als *Pièce italienne / de M.r Merolla* im Manuskript VM21.R295 der Newberry Library, Chicago, dürfte es höchst unwahrscheinlich sein, daß es sich – wie dort vermutet – um ein Werk Merulas handelt, die französische Handschrift mit dem Titel *Recueil / De plusieurs pièces de / Clavecin. / De differents Auteurs / a Paris* dürfte aus der Zeit um die Mitte des 18. Jahrhunderts stammen, und enthält ansonsten nur Werke zeitgenössischer Komponisten wie Fr. Couperin, Rameau, Daquin, Dandrieu, Balbastre, Wagenseil, Händel, D. Scarlatti?, Fiocco oder Galuppi (Nachweis über RS Hollis # AAB5912 / sco).

[4] Wilkinson vertritt die irrige Ansicht, es handle sich um einen italienischen Text, der Text ist jedoch eindeutig lateinisch, Wilkinson (1978), S. 111.

[5] Anna Szweykowska danke ich für die Mitteilung der genauen Besetzungsangabe. Im Rahmen der der vorliegenden Arbeit konnte die Handschrift nicht mit den gedruckten Messen Merulas verglichen werden; eine Edition ist angekündigt in: *Sub Sole Sarmatiae. Early Music in Poland* (Zygmunt Szweykowski, Hrsg.), Krakow, Musica Jagiellonica.

[6] Während der Vorbereitungen des Heidelberger Symposiums zu Giovanni Valentini im September 1998 identifizierte mein Kollege Gunther Morche einige bisher als anonym geltende Stücke einer in Kremsier aufbewahrten Handschrift als Bearbeitungen von lateinischen Werken Merulas für eine umfangreiche Besetzung mit konzertierenden Solostimmen, Ripienostimmen und einem Chor mit Posaunen und Streichern; vgl. hierzu Otto (1977), S. 198.

Altdorf Urner Staatsarchiv (CH-ALus), Ms. 1-3	(Clavierstücke) darin von Merula: 18 bisher unbekannte Werke: Zwei Stücke ohne Titel, Praeambulum, Canona, Toccata, Introitus, Echo, Fantasie, 5 Sarabanden, 3 Arien, 2 Gavotten[7]
Zentralbibliothek Solothurn (CH-SO), Ms. S 609, f 5^r – 9^v	(Orgelwerke) darin von Merula: 4 bisher unbekannte Werke: Versetta 1^{mi} toni pro Kyrie in dupl(icibus), Versus 2us ejusdem toni, Toccata del 1 tuono, Prosequitur Genus Cromaticum 1^{mi} toni.[8]
Bologna (I-Bc), DD/53	Varij Autori. Toccate e Sonate per Cembalo[9] von Merula: *Sonata cromatica*
Berlin (D-Bds), Vol. A2	Lübbenauer Orgeltabulatur darin von Merula bis zu 8 Werke für Tasteninstrumente: *Capriccio cromatico*, *Toccata del secondo tono*, 3 *Canzone* (Zuschreibung wahrscheinlich), 3 *Intonazioni cromatiche* (Zuschreibung problematisch)
Assisi, Sacro Convento (I-Ac)	Partitura d'organo darin von Merula: *Canzone*
Ravenna, Bibl. Comunale Classense (I-RAc), Ms. 545	Intavolatura d'organo darin von Merula: *Canzone*

[7] Der Hinweis auf diese Clavierstücke wurde mir freundlicherweise von der Zentralredaktion RISM in Frankfurt gegeben, die Katalognummer von RISM in der Schweiz für dieses Manuskript lautet Ms. 10600-10602 (Sammelhandschrift); eine Aufschrift besagt, daß dieses Manuskript sich zeitweilig im Franziskanerkloster in Solothurn befunden hat: Insernio Bibliotheco Fr. Minorum S: Francisci Conventualium Solodorensium 1682 (RISM A/II 400055951).

[8] Dieses Manuskript wird erstmals ausführlich beschrieben von François Seydoux in: Seydoux (1997), wo auch Faksimiles der vier Stücke von Merula abgedruckt sind; das Manuskript wurde im Jahre 1656, also noch zu Lebzeiten Merulas, von Jo(annis): Victoris Ruossingeri angelegt und enthält neben einer Stimmanleitung für die Orgel auch Werke von Jacob Banwart, der 1650 und 1652 die beiden Deklinationsscherzi von Merula in der Sammlung *Teutsche … kurtzweilige Tafelmusik* RISM 1650^{10} und 1652^4 in Konstanz nachgedruckt hatte; vgl. Steinheuer (1997a), S. 168-169. Da auch dieses wie das vorangehend aufgeführte Altdorfer Manuskript im 17. Jahrundert in Solothurn nachweisbar ist, ist ein Zusammenhang der beiden Handschriften nicht unwahrscheinlich.

[9] Zu den im folgenden aufgeführten Werken für Tasteninstrumente vgl. die Einleitung zur Edition der Orgel- und Cembalowerke in Merula (1978a), S. V.

Die weltliche Vokalmusik

Erhaltene Drucke und ihre Nachdrucke

1624a – op. 4

Il Primo Libro / de Madrigaletti / a tre voci / Con la Partitura da potersi cantare con l'istro-/mento, senza. (*sic*) / Di Tarquinio Merula / Organista di chiesa, e Camera del Serenis-/simo, & Invitissimo Rè di Polonia, / e Suetia, &c. / Servitore, e Musico di Camera del Serenissimo Prencipe / di Polonia, e Suetia. / Opera Quarta. / Novamente composta, & data in luce. / Dedicata all'istesso Serenissimo Prencipe suo / Signore, e Patron Clementissimo. / In Venetia, / Appresso Alessandro Vincenti. MDCXXIIII (RISM M 2344).

Nachdruck 1642 (mit Erweiterungen)

Il Primo Libro / de Madrigaletti / A tre voci, del Cavalier Merula / Maestro di Capella, & Organista nel Duomo di Bergamo / Opera Quarta, / Novellamente, Ristampata, Et corretta; Con l'Agiunta del Basso Continuo, & altri Madrigali Con-/certati, & un Dialogo nel fine detto la Tognada. / In Venetia, Appresso Alessandro Vincenti. MDCXXXXII (RISM M 2345).

1624b – op. 5

Il Primo Libro / de Madrigali / Concertati / A Quattro, Cinque, Sei, Sette, & Otto / Voci, con il suo Basso Continuo / Di Tarquinio Merula / Organista di Chiesa, e Camera del Serenissimo, & / Invitissimo Rè di Polonia, e Suetia, &c. / Opera Quinta. / Novamente composta, & data in luce. / Dedicata all'istesso Serenissimo Rè suo / Signore, e Patron Clementissimo. / In Venetia, / Appresso Alessandro Vincenti. MDCXXIIII (RISM M 2346).

1626 – (op. 7)

Satiro, / e Corisca, / Dialogo Musicale / a due Voci / del Cavalier Tarquinio / Merula. / Nuovamente composto, & dato in luce / con Privilegio / Alli Molto Illustri Signori Alessandro, & Gio: Pietro Bonetti. / In Venetia, / Appresso Alessandro Vincenti / MDCXXVI (RISM M 2347).

1633 – op. 10

Madrigali / et altre Musiche concertate / A 1.2.3.4.5. voci. Libro Secondo / del Cavalier Tarquinio Merula / Maestro di Capella nella chiesa Maggiore di / S. Maria di Bergomo (*sic*). / Opera Decima, Dedicata, / Al Illustr.mo Sig.r (*sic*) Cosimo Borbone / De Marchesi, del Monte, Colonello d'infanteria Italia-/na, del Conseglio (*sic*) di guerra, per la Sereniss. / Repub. di Venetia, & Governator / di Bergamo. / Novamente Stampati Con Privilegio. / In Venetia MDCXXXIII. / Appresso Bartholomeo Magni (RISM M 2348).

Nachdruck 1635:

Musiche / Concertate / Et altri Madrigali à 1.2.3.4.5. voci. / Libro Secondo. / Con Basso Continuo. Opera Decima. / Del Cavalier Tarquinio Merula / Maestro di Capella nella Chiesa Maggiore / di S. Maria di Bergomo (*sic*). / Con Privilegio. / In Venetia MDCXXXV. Appresso Bartholomeo Magni (RISM M 2349).

Nachdruck 1644:

(Titel stimmt bis auf die Jahreszahl mit dem ersten Nachdruck 1635 überein) (RISM M 2350)

1638 – op. 13

Curtio / Precipitato / Et altri Capricij Composti in diversi modi / vaghi e leggiadri à voce sola. / Libro secondo. Opera XIII / del cavalier Tarquinio / Merula / Dedicati / all'Ill.mo Signor Gio: Batistta (*sic*) Barbó / Marchese di Soresina, & Maestro di Campo / della Militia nel Cremonese per sua / M.ta Cattolica. / Con Licenza de Superiori & Privilegio / In Venetia MDCXXXVIII / Appresso Bartolomeo Magni (RISM M 2351).

Verlorene Werke

1622 – (op. 2) – **Il Canoro Aprile, Canzonette et arie a voce sola**.
nach Giuseppe Bresciani, in: Ms. Bresciani 28, Libreria Civica della Biblioteca Governativa, Cremona (o.J., ca. 1624-26).
zitiert nach Pontiroli (1964), S.166/67.

1623 – (op. 3) – **Canzonette a tre voci**
nach Giuseppe Bresciani, in: Ms. Bresciani 28, Libreria Civica della Biblioteca Governativa, Cremona (o.J., ca. 1624-26).
zitiert nach Pontiroli (1964), S.166/67.
(möglicherweise identisch mit den im Katalog von A. Vincenti als Nr. 8 angezeigten »Canzonette di *Tarquinio Merula*«[10]).

1638/39 – ?
(ein Band mit weltlicher oder geistlicher Vokalmusik, möglicherweise identisch mit den im Katalog von A. Vincenti als Nr. 8 angezeigten »Canzonette di *Tarquinio Merula*«).

1644
4 Szenen aus dem 1. Akt zur Oper *La finta savia* (vgl. die gesonderte Auflistung der Szenen auf den folgenden Seiten).

ohne Jahr (aber 1660 zu datieren)
Hor ch'in sen di bella pace – *Canzonetta* – »con le principali voci della Città, e Sinfonie di viole«
(nur Text überliefert in: Pontiroli (1964), S. 176-77).
Scherzi pur fiamma vivace – *Canzonetta* – »a due chori di voci con viole tramezzate«
(nur Text überliefert in: Pontiroli (1964), S.177-78).

---

[10] Der Band ist angekündigt unter der Rubrik *XXVI. Madrigali, e Canzonette a 3 e 4 voci.* und ist mit Sicherheit nicht identisch mit den *Madrigaletti* von 1624a bzw. 1642, denn um diese muß es sich bei dem folgenden Eintrag in der Rubrik *XXVII. Madrigali a due a 3 et 4 voci.* gehandelt haben: *41. Tarquinio Merula a 3 con agionta ristampati*, vgl. Vincenti ([R]1960), separat paginierter Anhang S. 22-23. Bonta vermutete in seiner Liste der Werke Merulas – allerdings ohne Kenntnis von Brescianis Aufzeichnungen – es könne sich bei dem ersten der beiden Einträge um das fehlende op. 14 handeln; vgl. Stephen Bonta, *Merula, Tarquinio*, NG, Bd. 12, S. 193.

›La finta savia‹

Libretto: Giulio Strozzi; Musik: Filiberto Laurenzi, Arcangelo Crivelli,[11] Benedetto Ferrari, Alessandro Leardini, Tarquinio Merula und Vincenzo Tozzi, Venedig 1644[12]

Prologo (Laurenzi)

Protasi overo azzione prima

	KOMPONIST		ERHALTENE NUMMERN VON LAURENZI
1. Szene	Laurenzi	daraus:	*Ben si vede, che fuggito* (Aretusa – Sängerin: Anna Renzi) *La schiva, la ritrosa* (Aventina – Sängerin: Anna Valerii)
2. Szene	Laurenzi		
3. Szene	**Merula**		
4. Szene	**Merula**		
5. Szene	**Merula**		
6. Szene	Crivelli / Laurenzi	daraus:	Canzonetta: *O come, ò come in fretta* (Numitore – Sänger: Stefano Costa)
	Vincenzo Tozzi	daraus:	Canzonetta (gedacht als Alternative zu Laurenzis *Canzonetta* des Numitore)
7. Szene	Laurenzi	daraus:	*Se mi coglie Amor mio danno* (Aretusa – Sängerin: Anna Renzi)
8. Szene	Laurenzi		
9. Szene	Laurenzi		
10. Szene	**Merula**		
11. Szene	Laurenzi	daraus:	*Nuove leggi e nuove emende* (Corbacchio – Sänger: Rabacchio)
12. Szene	**Merula**		
13. Szene	Laurenzi		

[11] Osthoff vermutet, daß Arcangelo Crivelli identisch ist mit Giovanni Battista Crivelli, Kapellmeister an *S. Maria Maggiore* in Bergamo; Osthoff (1976), S. 175, Fußnote 8.

[12] Überblick über die Komponisten der einzelnen Szenen nach den Angaben im Libretto sowie über die erhaltenen Teile von Laurenzi, veröffentlicht mit einer Widmung vom 10. Februar des gleichen Jahres als Ariensammlung, die offenbar in unmittelbarem Zusammenhang mit den Aufführungen im Karneval in Druck gegeben wurde; (NV 1482), Venedig 1643(=1644).

Canzonetta cantata per Intermezzo (Komponist nicht genannt); alternativ: Alessandro Leardini (für eine Aufführung ohne Ballett gedacht)

Epitasi overo azzione seconda

	KOMPONIST		ERHALTENE NUMMERN VON LAURENZI
1. Szene	Laurenzi	daraus:	*Tante armi inventate* (Corbacchio – Sänger: Rabacchio)
2. Szene	Crivelli		
3. Szene	Crivelli		
4. Szene	Laurenzi	daraus:	*Amata mi trovo* (Aretusa – Sängerin: Anna Renzi)
5. Szene	Laurenzi		
6. Szene	Laurenzi		
7. Szene	Laurenzi		
8. Szene	Laurenzi		
9. Szene	Laurenzi		
10. Szene	Laurenzi (einschließlich der 5 *Canzonette*)	daraus:	Canzonetta: *Sovra il dorso di Giove* (Aretusa – Sängerin: Anna Renzi) Canzonetta: *Per far nascere un Chirone* (Pillira – Sängerin: Anna Renzi) Canzonetta: *Stolta Melanto ignuda* (Melanto – Sängerin: Anna Renzi) Canzonetta: *Su l'erba fiorita* (Proserpina – Sängerin: Anna Renzi) Canzonetta: *Spero, aspetto e non viene* (Aretusa? – Sängerin: Anna Renzi)
11. Szene	Laurenzi	daraus:	*Troppe forze hà la beltà* (Aretusa – gesungen von Anna Renzi)
12. Szene	Laurenzi	daraus:	*Dalle nevi del mio volto* (Aventina – gesungen von Anna Valerii)
13. Szene	Laurenzi		
14. Szene	Laurenzi		

Canzonetta cantata per Intermezzo (Komponist nicht genannt); alternativ: Alessandro Leardini (für eine Aufführung ohne Ballett gedacht)

Catastrofe overo terza, et ultima azzione

	KOMPONIST	ERHALTENE NUMMERN VON LAURENZI[13]
1. Szene	Ferrari	
2. Szene	Ferrari	
3. Szene	Laurenzi	
4. Szene	Laurenzi	
5. Szene	Laurenzi	
6. Szene	Laurenzi	
7. Szene	Laurenzi	
8. Szene	Ferrari	
9. Szene	Ferrari	
10. Szene	Laurenzi	

[13] Eine Erklärung für den auffälligen Umstand, daß gerade aus der *Catastrofe* keine Ausschnitte in Laurenzis Ariensammlung aufgenommen wurden, obwohl er auch davon den größten Teil vertont hat, könnte vor allem mit dem offenbar auf einen Verkauf während der Aufführungen zielenden oder zumindest in unmittelbarem Zusammenhang damit stehenden Zeitpunkt der Drucklegung des Bandes zu tun haben – möglicherweise waren bis kurz vor der Aufführung noch gar nicht alle Teile der Partitur fertiggestellt; vgl. hierzu auch die Ausführungen von Wolfgang Osthoff in: Osthoff (1976).

Nachdrucke einzelner Werke in Sammlungen[14]

1643 a) (RISM K 557[15])

Intermedium / MUSICO-PO / LITICUM, / Ternis, quaternis & senis vocibus, / variorum Authorum collectum / A / Johanne Kindermanno, / Norimb. ad D. Egid. Organistâ, / Bassus generalis. (Zeichen des Druckers) Norimbergae / Typis Johannis Friderici Sartorii, Sumptibus / Wolfgangi Endteri. / Anno Salutis MDCXXXXIII.
darin: *Nominativo hic haec hoc*
Nominativo quis vel qui quae quod

1643 b) ehemals Pr. Stb. Berlin, zitiert nach Moser ([R]1966), S. 32.

Musicalischer Zeitver / treiber. / Ein feines von allerhand köstlicher Sa- / chen zusammen gewärmtes / blindes Aepffel Koch / und neugesotten / mit hültzern Pfeifen wolabgerierter Gsott Haber Brein / sampt andern mehr Special-Tractamenten / den Liebhabenden Musicis, bey einer wolfor- / mirten / fürnemblich mit guten Wein gespickter vertreulicher Colla- / tion / unter anderm Confect wol für / zutragen / und aufzusetzen: / Von unterschiedlichen Nudl und Kochlender wolumbge- / rippelten Autoribus unlaengst auß einer alten No-/ cken Pfannen auffs new herauß gebacken. 1643
darin: *Nominativo hic haec hoc*
Nominativo quis vel qui quae quod

1655 (RISM 1655[4]; erweiterter Neudruck von 1643)

Musicalischer Zeitvertreiber ... aufs Neu zum andermahl herausgebacken / und mit an- / dern neuen Stucken augirt. Nuernberg / Gedruckt und verlegt / bey Michael Endter / Im Jahr M. DC. LV.
darin: *Nominativo hic haec hoc*
Nominativo quis vel qui quae quod

[14] Eine vollständige Auflistung des Inhalts der in dieser Tabelle aufgeführten Werke findet sich in: Steinheuer (1997a), S. 168-169.
[15] Irrigerweise ist der Band im RISM unter den Werken Kindermanns und nicht unter den Sammeldrucken verzeichnet; ein vollständiges Exemplar des Druckes befindet sich unter der Signatur B. 108.a in GB-Lbm.

1650 (RISM 1650^{10})

Teutsche newe kurtzweilige Tafel Music von Gesprächen / Dialogen, Quodlibeten und andern doch erbarn einlauffenden Schnitzen unnd Schnacken auff jetzt im Schwung gehende newe italianische Manier mit zwoen dreyen un vier Stimmen newlichest componiert, durch Jacobum a Via, der Music Liebhabern. Opus extraordinarium. Konstanz am Bodensee, Johann Geng, MDCL (Jacobus a Via = Jacob Banwart)

darin: *Nominativo hic haec hoc*

Nominativo quis vel qui quae quod

(RISM 1652^{4}; erweiterter Nachdruck von 1650^{10})

Teutsche / Mit New componierten Stucken und / Couranten gemehrte kurtzweilige / Tafel Music / von / Gesprächen / Dialogen, Quod / libeten und andern / doch erbarn einlauf- / fenden Schnitzen unnd Schnacken / auff jetzt im / Schwung gehende newe Italianische Manier mit / Zwyen / Dreyen und Vier Stimmen / newlichest componiert / Authore (Jacob Banwart), Gedruckt zu Constanz am Bo- / densee / bey Johann Geng. / Anno M. DC. LII.

darin: *Nominativo hic haec hoc*

Nominativo quis vel qui quae quod

Geistliche Umtextierungen weltlicher Vokalwerke[16]

aus dem Druck 1633:

Cogli, Dori gentile (Poggiolini)	Breslau 1642 (RISM 1642^{4})	Ambrosius Profe, *3. Theil*	zwei Texte: *Ich beschwere euch alle*; *Laudem Deo dicentes*
Tempesta di dolcezza (Marino)	Breslau 1642 (RISM 1642^{4})	Ambrosius Profe, *3. Theil*	zwei Texte: *Wie lieblich, wie freundlich*; *Venite ad me omnes*
Chi prende amor a gioco (–)	Breslau 1649 (RISM 1649^{6})	Ambrosius Profe, *Corollarium*	zwei Texte: *Auff, auff ihr Heiden Völcker alle*; *Sein Gnad und Wahrheit ewig währet*[17]

aus dem Druck 1638:

Quando volsi l'altra sera (–) 1v, Bc	Mailand 1657 (RISM 1657^{1})	Carlo Francesco Rolla, *Canzonette spirituali, e morali*[18]	Lauda (3vv) mit drei Texten: *Guarda guarda peccatore*; *Festa festa peccatore* (*per la concettione*); *Festa festa peccatore* (*per la natività*)
Chi vuol ch'io m'inamori (–) 1v, Bc	Mailand 1657 (RISM 1657^{1})	Carlo Francesco Rolla, *Canzonette spirituali, e morali*	Zitate verwendet in Lauda (3vv): *Non s'arriva alle Stelle*
Menti lingua bugiarda (–) 1v, Bc	Mailand 1657 (RISM 1657^{1})	Carlo Francesco Rolla *Canzonette spirituali, e morali*	Zitate verwendet in Lauda (3vv): *O duro cor crudel*

[16] Aus Merula Drucken 1624a, 1624b, 1626 und 1642 sind derzeit keine geistlichen Umtextierungen nachweisbar.
[17] Zu Profes Umarbeitungen vergleichbarer italienischer Vorlagen vgl. Steinheuer (1992).
[18] Zu einigen anderen Stücken dieser Sammlung vgl. Steinheuer (1997b).

Abschriften einzelner Werke

1624b:

Immortal Margherita	(Fragment) Ms. Oxford Christ Church Mus. 21, ca. 1635-1665 (RISM A/II, 970002117), S. 368-371.
La mia Clori è brunetta	Ms. Oxford Christ Church Mus. 21, ca. 1635-1665 (RISM A/II, 970002117), S. 366-368.

1633:

Chi prende amor per gioco	Ms. Partitur London British Museum (Eitner Nachträge Nr.: 2190)
Con nobil arte di secretezza	Ms. London British Museum (Eitner Nachträge Nr.: 2.183)
Egli è pur troppo vero	Ms. London British Museum (Eitner Nachträge Nr.: 2.185)
Nominativo hic haec hoc	1) 1649 in: Recueil de plusieurs Pièces Sainctes et Mottets et Plaisanteries composez en musique par monsieur Carissimi, Tome I-II; F – Pc Rés.F. 934.A.-B.; S. 263-78. – Hier als Werk Carissimis. 2) Ms. des 18. Jahrhunderts in 5 Stimmbüchern: Miscella Musica M 14, f. 74'-75', Schreiber Girolamo Chiti?; hier unter der Überschrift ›motetto‹(!). 3) Sammelhandschrift von Edmund Thomas Warren (ca. 1730-1794): Madrigals &c. by the most eminent Authors between the years 1500 & 1650; GB Lam MS 150, S. 73-86; Partitur; Überschrift: Sigr. Tarquinio Merula / 1650 (RISM A/II, 800159599) 4) Ms. Partitur London British Museum (Eitner Nachträge Nr.: 2.192) Burney??
Nominativo quis quel (!) qui	Ms Partitur London British Museum (Eitner Nachträge Nr.: 2.192)
Se desiate o bella diva	Ms. Partitur London British Museum (Eitner Nachträge Nr.: 2.190)

Alphabetisches Verzeichnis der weltlichen Vokalwerke

Werke mit italienischem Text

1. VERS (BESETZUNG/ÜBERSCHRIFT)	DRUCK	DICHTER	TEXTFORM / REIME	TAKTARTEN	FORM	PARALLEL
1) *Amo l'è ver, nol niego* (C,T, 2Vln, Bc / –)	1633	–	Canzonenstrophe (abBcC / 3s)	C;3;C;3;C;3;C; C;C;Ritornell C	3d	–
2) *Amor, ride il cor mio* (C,A,B / Bc 1642 / –)	1624a	–	Madrigal (aAbB)	C	d	–
3) *Andianne à gli horti di Dameta andianne* (C,C,T,B, Bc / A 2 & à 4 ad imitatione d'uno del Sig. L.M.)	1624b	–	Sonett (ABBA ABBA CDC DCD)	C	4d	–
(Im Inhaltsverzeichnis lautet der Titel: *Andianne a premer latte a coglier fiori*)		Marino (1614)	dort: Madrigal (AabBCC)			(7x)
4) *Ardeste un tempo io arsi* (C,C,A,T,B, Bc / –)	1624b	nach Cebà (1611)	Madrigal (aBBCDC / DEE)	C	2d	–
5) *Belle ha le perle il mare* (C,A,T,B, Bc / –)	1633	Petracci (1611)	Madrigal (abBacCDD)	C	d	1x

1. VERS (BESETZUNG/ÜBERSCHRIFT)	DRUCK	DICHTER	TEXTFORM / REIME	TAKTARTEN	FORM	PARALLEL
6) *Bianca neve, o Bianca, m'avventaste* (C,B, Bc / –)	1633	–	Sonett (ABBA ABBA CDC DCD)	C	d	–
7) *Canta Urania la parte* (C,A,T,B, Bc / –)	1624b	Rinaldi (1588)	Madrigal (abBCdeCfF)	C;3;C	d	–
8) *Cara diletta aurora* (C,C,A,A,T,T,B, Bc / –)	1624b	Contarini (1611)	Madrigal (aBbaCdDcEE)	C	d	–
9) *Che nove arti son queste?* (C,A,T,B, Bc / –)	1624b	Marino (1614)	Madrigal (abbCdCDEE)	C / Baß C	d	1x
10) *Chi prende amor a gioco* (C,A,B, 2Vln, Bc / sopra la chiccona)	1633	–	Canzonenstrophe (aabB / 3s)	C3/Rit.C3;C	s	5x
11) *Chi vuol ch'io m'inamori* (C, Bc / Canzonetta Spirituale)	1638	–	Canzonenstrophe pt (ab_tab_tccdeE / 3s)	C	s	1x
12) *Cogli, Dori gentile* (C,A, Bc / –)	1633	Poggiolini (–)	5 7 11 ($abBcde_5eafF$)	C	d	–
13) *Con le perle mordaci* (C,A,T,B, Bc / –)	1624b	Petracci (1611)	Madrigal (aBBccDD)	C	d	–
14) *Con nobil arte* (C, Bc / –) (vgl. *Folle chi spera*)	1633	–	5 5 6 6t 6 6 6t 6 6 6 7 pt oder: 10 12t 6 12t 6 3 3 6 7 ($a_{10}b_{12t}c_6b_{12t}c_6e_3e_3f_6f$ / 2s)	C3	2d = 2s	–

1. VERS (BESETZUNG/ÜBERSCHRIFT)	DRUCK	DICHTER	TEXTFORM / REIME	TAKTARTEN	FORM	PARALLEL
15) *Curtio ove vai? non far questa pazzia* (B, Bc / –)	1638	–	Versi toscani (ps)	C;C;3;C;3;C;3; C;3;C;3;C;3;C; 3;C	(3)d	–
16) *Di costei bello è il nome* (C,A,T,Q,B, Bc / –)	1624b	Rinaldi (1611)	Madrigal (abAbCCDD)	C	d	1x
17) *Disse Tirsi a Licori* (C,A,T / Bc 1642 / –)	1624a	–	Canzonenstrophe (aAbB / cCaA / = 2s)	C3	2d	1x ?
18) *Egli è pur troppo vero* (C,C, Bc / –)	1633	Gatti (1604)	Madrigal (abBAcCDDeE)	C;3;C	d	–
19) *El me tira notte e dì* (C, Bc / –)	1638	–	8t 5 5 5 5 7 5 pt ($a_{8t}b_5b_5c_5c_5dd_5$ / 4s)	C3	s	–
20) *Feritevi, ferite* (C,A,T,B, Bc / –)	1624b	Marino (1614)	Madrigal (abaBCcadD)	C	d	16x
21) *Filli, deh Filli mia, vezzosa e bella* (C,A,B / Bc 1642 / –)	1624a	–	11 11 9 11 (AAb_9B / 3s)	C;3;C;C;C	3d	–
22) *Fiori, fiori ò quanti fiori* (C oder T, Bc / –)	1638	–	8 8 8 8 8 8 6 6 6 6 6 7 / 4s ($a_8b_8b_8c_8a_8a_8d_6e_6e_6d_6a_6a_7$)	C3	4d aber s	–

1. VERS (BESETZUNG/ÜBERSCHRIFT)	DRUCK	DICHTER	TEXTFORM / REIME	TAKTARTEN	FORM	PARALLEL
23) *Folle chi spera* (C, Bc / risposta) (vgl.: *Con nobil arte*)	1633	–	5 5 6 6t 6 6 6t 6 6 6 7 pt oder: 10 12_t 6 12_t 6 3 3 6 7 ($a_{10}b_{12t}c_6b_{12t}c_6e_3e_3f_6f_7$ / 2s)	O 3/1	2d = 2s	–
24) *Folle è ben che si crede* (C oder T, Bc / –)	1638	–	7 10 10 11 7 7 10t 10t pt ($ab_{10}b_{10}Accd_{10t}d_{10t}$ / 3s)	C3	s	–
25) *Fuggan gli sdegni, le noie ei pianti* (C,A,B / Bc 1642 / –)	1624a	–	Madrigal (AabB)	C	d	–
26) *Fuggì dal tuo bel viso* (C,C,A,T,T,B, Bc / –)	1624b	Cebà (1596)	Madrigal (aBbccdD)	C	d	–
27) *Fuggio quel disleale* (C,A,T,B, Bc / –)	1624b	Marino	Madrigal (aBbcCddeE)	C	d	1x+2x
28) *Hor ch'è tempo di dormire* (C, Bc / Canzonetta spirituale sopra alla nanna)	1638	–	Ottonari pt /12s (8 8 8t 8t / 8 8t (Refrain)/ 4 x 8 8 8 8 / 8 8t (Refrain) / 6 x 8 8 8 8 / 1 x 8t 8t 8 8; $a_8a_8b_{8(t)}b_{8(t)}$ / Refrain c_8b_{8t})	C3;C	d	–
29) *Hor chi vidde di me più fortunato* (C,A,T / Bc 1642 / –)	1624a	–	Endecasillabi (AABB / 3s)	C	3d	–
30) *Immortal Margarita* (C,A,T,B, Bc / –)	1624b	Rinaldi (1611)	Madrigal (abbCcaDD)	C	d	–

1. VERS (BESETZUNG/ÜBERSCHRIFT)	DRUCK	DICHTER	TEXTFORM / REIME	TAKTARTEN	FORM	PARALLEL
31) *Io vorrei diventar quel rosignuolo* (C,C,B, Bc / –)	1642	–	Ottava (ABABABCC)	C	1 Ott / d	–
32) *La donna è mobil verga e leggier fronda* (C,C, (Violone), Bc / A 3 Doi Canti, e Violone, & anco senza (si può far senza))	1642	–	Sonett (ABBA ABBA CDC DCD)	C	d	–
33) *La mia Clori e brunetta* (C,A,T,B, Bc / –)	1624b	Celiano (1611)	Madrigal (aaBbCdD)	C	d	6x
34) *La mia Filli e fugace* (C,A,T,B, Bc / –)	1624b	Rinaldi (1611)	Madrigal (aBbcAcDdCeE)	O 3	d	1x
35) *La novella ferita* (C,C, Bc / –)	1633	Cremonini (1607)	Madrigal (abCbCDdEE)	C	d	3x
36) *Lidia ben che m'aletti* (C,A, Bc / sopra la ciacona)	1633	–	Canzonenstrophe (ababcddC / 3s)	C3;C;3;C;3;C	d	–
37) *Menti lingua bugiarda* (C, Bc / –)	1638	–	Canzonenstrophe (aBAcDEE / 4s)	C	4d	–
38) *Mentre in sogno giacea m'apparve amore* (C,A,B / Bc 1642 / –)	1624a	–	11 11 7 3 11 11 (abbc$_3$dd / 2s)	C	2d	–
39) *Mi diè Clori un narciso* (C,A,T,B, Bc / –)	1624b	Fiamma (1611)	Madrigal (abABcCDD)	C;3;(C);3;(C); 3;(C)	d	1x

1. VERS (BESETZUNG/ÜBERSCHRIFT)	DRUCK	DICHTER	TEXTFORM / REIME	TAKTARTEN	FORM	PARALLEL
40) *Misero pur quel petto* (C,A,B / Bc 1642 / –)	1624a	–	Madrigal (aAbB)	C	d	–
41) *Non celar tanta gioia* (C,A,B / Bc 1642 / –)	1624a	–	7 11 8 (aBb_8)	C;3	d	–
42) *Non ha'l regno d'amor* (C, Bc / –)	1638	–	7t 10t 10t 10t 10t ($a_{7t}b_{10t}c_{10t}d_{10t}e_{10t}$ mit Binnenreimen / 4s)	C	s	–
43) *Non ha maggio seren cotanti fiori* (C,A, 2Vln, Bc / –)	1633	–	Endecasillabi (AABBCC / 3s)	C;C;C;C;C	2s+ 1s	–
44) *Non mi chiedete ò fidi amici* (C, Bc / Canzonetta)	1638	–	9 9 8 8 8t 7t pt ($a_9b_9a_8b_8c_{8t}c_{7t}$ / 4s)	C	s	–
45) *No, no, ch'io non mi fido* (C,B, Bc / sopra la ciaccona)	1633	–	Canzonenstrophe (abba(a)CC / 4s)	C3;C	d	–
46) *Non sol rose e viole* (C,C,A,T – C,A,T,B, Bc / –)	1624b	Galletti (1611)	Madrigal (abAbcbDCEdE)	C	d	–
47) *Non un bacio vorrei* (C,C, Bc / –)	1633	Poggiolini (–)	Madrigal (abAbccDd)	C	d	–
48) *Nova saetta mi trapassa il core* (C,A,B / Bc 1642 / –)	1624a	–	Canzonenstrophe (AbB / 3s)	C	3d	3x

1. VERS (BESETZUNG/ÜBERSCHRIFT)	DRUCK	DICHTER	TEXTFORM / REIME	TAKTARTEN	FORM	PARALLEL
49) *O bella man che con sì bei trapunti* (C,C, Bc / –)	1633	Gatti (1604)	Madrigal (AbcbCdD)	C	d	–
50) *O conza lavez e colder e Padel* (C oder T, Bc / –)	1638	–	11 12 11 12 12 (Dialekt / ohne Reim / 5s)	C	s	–
51) *Ohimè, son morta. Ed io son vivo. Torna* (C,B, Bc / Satiro, e Corisca, Dialogo musicale)	1626	Guarini (Pastor fido, II / 6, Verse 840-1007)	Endecasillabi	C	d	1x
52) *O mia Nisa, o mio cor, mentr'io vagheggio* (C,A,T,B, Bc / –)	1624b	Andreini (1609)	Madrigal (AbaCbC)	C	d	–
53) *Paride, voglio il Pomo* (C,A,B, Bc / La Tognada / Dialogo)	1642	–	versi toscani (nur teilw. gereimt)	C	9d	–
54) *Pur la bocca baciai* ((C),T,T,B, Bc / A 4 & à 3. senza Canto)	1624b	–	Madrigal (aabBccdD)	C	d	1x
55) *Quando gli uccelli porteranno i zoccoli* (C, Bc / Canzonetta in sdrucciolo)	1638	–	Sdrucciolo-Ottaven (AsBsAsBsAsBsCsCs / 4s)	C	4 Ott / 2d	–
56) *Quand'io volsi l'altra sera* (C, Bc / –)	1638	–	Ottonari pt ($a_8b_{8t}a_8b_{8t}c_8c_8$ / 8s)	C3	s	–

1. VERS (BESETZUNG/ÜBERSCHRIFT)	DRUCK	DICHTER	TEXTFORM / REIME	TAKTARTEN	FORM	PARALLEL
57) *Questo da te vorrei, spirto gentile* (C,T,B, Bc / –)	1633	–	Endecasillabi (ABBA ABBA CDE)	C	d	–
58) *Schiera d'aspri martiri* (T,T,B, Bc / –)	1642	Chiabrera (1609)	Madrigal (aBBcDcDdB(B))	C	d	6x
59) *Se desiate* (C,A, Bc / –)	1633	–	Quinari pt ($a_5b_5b_5c_5d_{5t}a_5c_5c_5d_{5t}$ / 4s)	C3	s	1x
60) *Sempre lieta gioconda e brillante* (C oder T, Bc, / –)	1638	–	Decasillabi ($a_{10}b_{10}a_{10}b_{10}b_{10}c_{10}c_{10}$ / 4s)	C	s	
61) *Sempre terrò memoria* (C,T,B, Bc / –)	1633	Simonetti (1590)	Madrigal (abBacCdd)	C	d	–
62) *Sentirete una Canzonetta* (C, Bc / –)	1638	–	9 6t 10t 10t 10t pt ($a_9b_{6t}c_{10t}d_{10t}d_{10t}$ / 5s)	C	s	–
63) *Solca la nave mia* (C,A,B / Bc 1642 / –)	1624a	–	Canzonenstrophe (aAbB / 4s)	C	4d	–
64) *Su la cetra amorosa* (C, Bc / aria in ceccona (*sic*))	1633	–	Canzonenstrophe pt ($abC_tabC_td_tD_t$ / 7s)	C3;C	d	–
65) *Tempesta di dolcezza* (C,A,T,B, Bc / –)	1633	Marino (1614)	Madrigal (abCcBCdD)	C3;C	d	7x

1. VERS (BESETZUNG/ÜBERSCHRIFT)	DRUCK	DICHTER	TEXTFORM / REIME	TAKTARTEN	FORM	PARALLEL
66) *Tosco, tosco non foco* (C,A,T,B, Bc / –)	1624b	Marino (1614)	Madrigal (abBCaB)	C	d	1x
67) *Tu dormi, o fiero amore* (C,C,A,T,T,B, Bc / –)	1624b	Moro (1600)	Madrigal (abBccA)	C	d	–
68) *Un bambin che va alla scuola* (C, Bc)	1638	–	Ottonari pt ($a_8b_{8t}a_8b_{8t}c_8d_{8t}c_8d_{8t}$ / 4s)	C3	s	–
69) *Un bianco animaletto* (C,C,B, Bc / sopra il basso di *Tra tutte*)	1633	Simonetti (1590)	Madrigal (aBBAaCC)	C3	d	–
70) *Un inferno son io* (C,A,T,B, Bc / –)	1624b	Marino (1614)	Madrigal (aBcDdcbBAa)	C	d	4x
71) *Un pastorel nato non so* (C oder T, Bc / –)	1638	–	9t 7 9t 7 11 12t pt ($a_{9t}ba_{9t}bBc_{12t}$ / 5s)	C	s	–
72) *Và, và, ch'io non ti credo* (A,T, Bc / –)	1633	–	Madrigal (abbCcDD)	C	d	1x
73) *Voi che per altri ardete* (T,T, Bc / –)	1633	–	Madrigal (aAbbCC)	C	d	–
74) *Voi sete bella, ma fugace e presta* (C,A,T,B, Bc / –)	1624b	Tasso (–)	Madrigal (AbBcC)	C	d	6x

Lateinische Werke mit weltlichem Charakter

1. VERS (BESETZUNG/ÜBERSCHRIFT)	DRUCK	DICHTER	TEXTFORM / REIME	TAKTARTEN	FORM	PARALLEL
75) *Nominativo hic haec hoc* (C,A,T,B, Bc / –)	1633	–	Latein/freie Form pts (11t 11 11t 11t 4s 11t 10 5t 11t 6t – ungereimt)	C3;C;3;C	(2)d	–
76) *Nominativo quis vel qui quae quod* (C,A,T,B, Bc / –)	1633	–	Latein/freie Form pts (7t 7t 6 5 11t 10t 4s 9t 10 7 9t 8 – ungereimt)	C;3;C	(2)d	–

Verzeichnis der Werke nach Textformen gegliedert

TEXTFORM	JAHR	1. VERS	BESETZUNG	DICHTER	ÜBERSCHRIFTEN
Madrigal	1624a	Amor, ride il cor mio	3vv (Bc)	–	Madrigaletti / –
		Fuggan gli sdegni, le noie ei pianti	3vv (Bc)	–	Madrigaletti / –
		Misero pur quel petto	3vv (Bc)	–	Madrigaletti / –
	1624b	Ardeste un tempo io arsi	5vv, Bc	nach Cebà	Madrigali concertati / –
		Canta Urania la parte	4vv, Bc	Rinaldi	Madrigali concertati / –
		Cara diletta aurora	7vv, Bc	Contarini	Madrigali concertati / –
		Che nove arti son queste?	4vv, Bc	Marino	Madrigali concertati / –
		Con le perle mordaci	4vv, Bc	Petracci	Madrigali concertati / –
		Di costei bello è il nome	5vv, Bc	Rinaldi	Madrigali concertati / –
		Feritevi, ferite	4vv, Bc	Marino	Madrigali concertati / –
		Fuggi dal tuo bel viso	6vv, Bc	Cebà	Madrigali concertati / –
		Fuggio quel disleale	4vv, Bc	Marino	Madrigali concertati / –
		Immortal Margarita	4vv, Bc	Rinaldi	Madrigali concertati / –
		La mia Clori è brunetta	4vv, Bc	Celiano	Madrigali concertati / –
		La mia Filli è fugace	4vv, Bc	Rinaldi	Madrigali concertati / –
		Mi diè Clori un Narciso	4vv, Bc	Fiamma	Madrigali concertati / –
		Non sol rose e viole	8vv, Bc	Galletti	Madrigali concertati / –
		O mia Nisa, o mio cor, mentr'io	4vv, Bc	Andreini	Madrigali concertati / –
		Pur la bocca baciai	3 oder 4vv, Bc	–	Madrigali concertati / –
		Tosco, tosco non foco	4vv, Bc	Marino	Madrigali concertati / –
		Tu dormi, o fiero amore	6vv, Bc	Moro	Madrigali concertati / –
		Un inferno son io	4vv, Bc	Marino	Madrigali concertati / –
		Voi sete bella ma fugace e presta	4vv, Bc	Tasso	Madrigali concertati / –

TEXTFORM	JAHR	1. VERS	BESETZUNG	DICHTER	ÜBERSCHRIFTEN Sammlung / Titel
(Madrigal)	1633	Belle ha le perle il mar	4vv, Bc	Petracci	Madrigali e Musiche concertate / –
		Egli è pur troppo vero	2vv, Bc	Gatti	Madrigali e Musiche concertate / –
		La novella ferita	2vv, Bc	Cremonini	Madrigali e Musiche concertate / –
		Non un bacio vorrei	2vv, Bc	Poggiolini	Madrigali e Musiche concertate / –
		O bella man che con sì bei trapunti	2vv, Bc	Gatti	Madrigali e Musiche concertate / –
		Sempre terrò memoria	3vv, Bc	Simonetti	Madrigali e Musiche concertate / –
		Tempesta di dolcezza	4vv, Bc	Marino	Madrigali e Musiche concertate / –
		Un bianco animaletto	3vv, Bc	Simonetti	Madrigali e Musiche concertate / sopra il basso di *Tra tutte*
		Và, và, ch'io non ti credo	2vv, Bc	–	Madrigali e Musiche concertate / –
		Voi che per altri ardete	2vv, Bc	–	Madrigali e Musiche concertate / –
	1642	Schiera d'aspri martiri	3vv, Bc	Chiabrera	Madrigale concertato / –
Sonett	1624b	Andianne à gli horti di Dameta andianne	4vv, Bc	(nach Marino?)	Madrigali concertati / –
	1633	Bianca neve, o Bianca m'avventaste	2vv, Bc	–	Madrigali e Musiche concertate / –
	1642	La donna è mobil verga e leggier fronda	2vv, Vl., Bc	–	Madrigale concertato / –
Ottava	1638	Quando gli uccelli portaranno i zoccoli (Sdrucciolootaven)	1v, Bc	–	Capricci / Canzonetta in sdrucciolo
	1642	Io vorrei diventar quel rosignuolo	3vv, Bc	–	Madrigale concertato / –
Versi toscani	1638	Curtio, ove vai? non far questa pazzia – **ps**	1v, Bc	–	Capricci / –
	1642	Paride, voglio il Pomo	3vv, Bc	–	Dialogo / La Tognada

TEXTFORM	JAHR	1. VERS	BESETZUNG	DICHTER	ÜBERSCHRIFTEN Sammlung / Titel
Canzonenstrophe	1624a	Disse Tirsi a Licori	3vv (Bc)	–	Madrigaletti / –
		Nova saetta mi trapassa il core	3vv (Bc)	–	Madrigaletti / –
		Solca la nave mia	3vv (Bc)	–	Madrigaletti / –
	1633	Amo l'è ver, nol niego	2vv, 2 Vl., Bc	–	Madrigali – Musiche concertate / –
		Chi prende amor a gioco	3vv, 2 Vl., Bc (Ciaccona)	–	Madrigali – Musiche concertate / –
		Lidia ben che m'aletti	2vv, Bc (Ciaccona)	–	Madrigali – Musiche concertate / –
		No, no ch'io non mi fido	2vv, Bc (Ciaccona)	–	Madrigali – Musiche concertate / –
		Su la cetra amorosa – **pt**	1v, Bc (Ciaccona)	–	Madrigali – Musiche concertate / Aria
	1638	Chi vuol ch'io m'inamori – **pt**	1v, Bc	–	Capricci / Canzonetta spirituale
		Menti lingua bugiarda	1v, Bc	–	Capricci / –
Quinari	1633	Se desiate – **pt**	2vv, Bc	–	Madrigali – Musiche concertate / –
Ottonari	1638	Hor ch'è tempo di dormire – **pt**	1v, Bc	–	Capricci / Canzonetta spirituale
		Quand'io volsi l'altra sera – **pt**	1v, Bc	–	Capricci / –
		Un bambin che va alla scuola – **pt**	1v, Bc	–	Capricci / –
Decasillabi	1638	Sempre lieta e gioconda e brillante	1v, Bc	–	Capricci / –

TEXTFORM	JAHR	1. VERS	BESETZUNG	DICHTER	ÜBERSCHRIFTEN Sammlung / Titel
Endecasillabi	1624a	Hor chi vidde di me più fortunato	3vv (Bc)	–	Madrigaletti / –
	1627	Ohimè, son morta. Ed io son vivo. Torna	2vv, Bc	Guarini	Dialogo musicale / Satiro, e Corisca
	1633	Non ha maggio seren cotanti fiori	2vv, 2 Vl., Bc	–	Madrigali – Musiche concertate / –
		Questo da te vorrei, spirto gentile	3vv, Bc	–	Madrigali – Musiche concertate / –
Zwei Versarten					
7 10	1638	Non ha'l regno d'amor – **pt**	1v, Bc	–	Capricci / –
9 11	1624a	Filli, deh Filli mia, vezzosa e bella	3vv (Bc)	–	Madrigaletti / –
11 12	1638	O conza lavez e colder e Padel	1v, Bc	–	Capricci / –
Drei Versarten					
3 7 11	1624a	Mentre in sogno giacea m'apparve amore	3vv (Bc)	–	Madrigaletti / –
5 6 7	1633	Con nobil arte – **pt**	1v, Bc	–	Madrigali – Musiche concertate / –
		Folle chi spera – **pt**	1v, Bc –	–	Madrigali – Musiche concertate / –
5 7 8	1638	El me tira notte e dì – **pt**	1v, Bc	–	Capricci / –
5 7 11	1633	Cogli, Dori gentile	2vv, Bc	Poggiolini	Madrigali – Musiche concertate / –
6 7 8	1638	Fiori, fiori ò quanti fiori	1v, Bc	–	Capricci / –
6 9 10	1638	Sentirete una Canzonetta – **pt**	1v, Bc	–	Capricci / –
7 8 9	1638	Non mi chiedete ò fidi amici – **pt**	1v, Bc	–	Capricci / Canzonetta
7 8 11	1624a	Non celar tanta gioia	3vv (Bc)	–	Madrigaletti / –
7 10 11	1638	Folle è ben che si crede – **pt**	1v, Bc	–	Capricci / –

TEXTFORM	JAHR	1. VERS	BESETZUNG	DICHTER	ÜBERSCHRIFTEN Sammlung / Titel
Vier Versarten					
7 9 11 12	1638	Un pastorell nato non so – **pt**	1v, Bc	–	Capricci / –
Freie Formen (Lateinisch)	1633	Nominativo hic haec hoc – **pts**	4vv, Bc	–	Madrigali – Musiche concertate / –
		Nominativo quis vel qui quae quod – **pts**	4vv, Bc	–	Madrigali – Musiche concertate / –

Parallelvertonungen der von Merula verwendeten Texte:

ANFANGSVERS	JAHR	VOCI	KOMPONIST	KURZTITEL	KOMMENTAR
1624a					
Disse Tirsi a Licori	1591[1]	6vv	Filippo de Monte	7. Libro (NV 799)	Identität fraglich / unvollständig
(–)					
Nova saetta mi trapassa il core	1593	3vv	Lodovico Bellanda	Canzonette (NV 289)	
(–)	1603	3vv	Tommaso Pecci	Canzonette (NV 2153)	
	1606	3vv	Orindio Bartolini	Canzonette et Arie (NV 254)	
1624b					
Andianne à gli horti di Dameta andianne					
Parodie zu:					
Andianne a premer latte a coglier fiori	1607	5vv	Pomponio Nenna	6. Libro (NV 2023)	
(Marino)	1607	5vv	Crescenzio Salzilli	1. Libro (NV 2537)	unvollständig
	1608	5vv	Vincenzo Liberti	1. Libro (NV 1511)	
	1611	5vv	Sigismondo d'India	2. Libro (NV 826)	
	1613	3vv	Antonio Cifra	Diversi Scherzi (NV 564)	
	1617	5vv	Giuseppe Palazotto-Tagliavia	1. Libro (NV 2087)	
	1620	1v	Claudio Saracini	Terze Musiche (NV 2556)	

[1] Die Jahreszahlen der nach dem jeweiligen Vergleichsstück von Merula erschienenen Vertonungen sind fett gedruckt.

ANFANGSVERS	JAHR	VOCI	KOMPONIST	KURZTITEL	KOMMENTAR
Canta Urania la parte (Rinaldi)	1596	5vv	Rodiano Barera 1. Vs. *Canta Laura la parte*	1. Libro (NV 246)	
	1606	2vv	Domenico Brunetti 1. Vs. *Canta Euterpe la parte*	L'Euterpe (NV 436)	
Che nove arti son queste (Marino)	1618	5vv	Antonio Summonte	1. Libro (NV 2693bis)	unvollständig
Di costei bello è il nome (Rinaldi)	1600	5vv	Francesco Eredi	1. Libro (NV 891)	unvollständig
Feritevi, ferite (Marino)	1604	5vv	Ascanio Mayone	Madrigali (NV 1760)	
	1607	5vv	Giovanni Priuli	2. Libro (NV 2281)	
	1610	5vv	Alessandro Scialla	1. Libro (NV 2592)	
	1610	5vv	Salomone Rossi	4. Libro (NV 2454)	
	1611	5vv	Heinrich Schütz	Madrigali (NV 2589)	
	1611	5vv	Sigismondo d'India	2. Libro (NV 826)	
	1614	1v	Claudio Saracini	Musiche (NV 2554)	
	1615	5vv	Francesco Pasquali	[Madrigali, 1.Libro] (NV 2143)	unvollständig
	1620	2vv	Carlo Milanuzzi	Aurea corona (NV 1848)	unvollständig
	1620	2vv	Bizarro Accademico	Trastulli estivi (NV 371)	unvollständig
	1623	2v	Pasquali[2] in: Maggio fiorito G.B. Rocchigiani	(RISM 1623[8])	
	1625	5vv	Alessandro Capece	3. Libro (NV 481)	
	1627	2vv	Francesco Pasquali	Madrigali (NV 2145)	

[2] Whenham verweist darauf, das Stück bei Rocchigiani sei eine Variante von Pasquali 1627; da Pasquali dort angibt (NV 481), diese Komposition sei bereits zuvor in einer Sammlung veröffentlicht worden, dürfte er auch der Komponist der Fassung in RISM 1623[8] sein; Whenham (1982), Bd. 2, S. 103.

ANFANGSVERS	JAHR	VOCI	KOMPONIST	KURZTITEL	KOMMENTAR
(*Feritevi, ferite*)	**1627**	2vv	Giovanni Ceresini	Madrigali concertati (NV 547)	
	1640	3vv	Giovanni Maria Costa	1. Libro Madrigali (NV 644)	
	1675	3vv	G.B. Bianchi	Madrigali (NV 357)	
	?	3vv	Alessandro Stradella	(Manuskript)	
Fuggiò quel disleale (Marino)	1616	5vv	Sigismondo d'India	5. Libro (NV 829)	
	1622	5vv	Salomone Rossi	5. Libro (NV 2456)	unvollständig
	1675	3vv	G.B. Bianchi	Madrigali (NV 357)	
La mia Clori è brunetta (Celiano)	1596	4vv	Bartolomeo Ratti	Ghirlanda (NV 2319)	unvollständig
	1598	5vv	Luca Marenzio	8. Libro (NV 1637)	
	1599	4vv	Ottavio Bargagni (Marenzio)	Canzonette, Arie et Madrigali, (NV 248)	unvollständig?
	1611	3vv	Bernardino Borlasca	Canzonette (NV 405)	
	1622	3vv	Alessandro Grandi	Madrigali concertati (NV 1277)	
	1656	3vv	Pompeo Natali	Madrigali (NV 2010)	verloren?
Variante: *La mia Fillide è brunetta*	**1641**	1v	Antonio Rigatti	Musiche diverse (NV 2346)	
La mia Filli è fugace (Rinaldi)	**1640**	2vv	Francesco Vignali	1. Libro (NV 2903)	
Mi diè Clori un narciso (Fiamma)	**1678**	5vv	Giovanni Maria Bononcini	Madrigali (NV 397)	
Pur la bocca bacai (–)	1615	3vv	Sisto Visconte	Le sirene (NV 2933)	

ANFANGSVERS	JAHR	VOCI	KOMPONIST	KURZTITEL	KOMMENTAR
Tosco non foco è quel ch'io sento al core	1613	1v	Giulio Cesare Romano	Fuggilotio (NV 2361bis)	
(Marino)	1616	5vv	Sigismondo d'India	4. Libro (NV 828)	
Un inferno son io	1607	4vv	Giovanni Ceresini	1. Libro (NV 546)	
(Marino)	1617	4vv	Pietro Pace	Madrigali (NV 2078)	
	1622	6vv	Giovanni Priuli	Musiche concertate (NV 2283)	unvollständig
	1628	3vv	G.B. Locatello	1. Libro (NV 1516)	unvollständig
Voi sete bella, ma fugace e presta	1591	5vv	Stefano Felis	6. Libro (NV 925) - 4 Str.	
(Tasso)	1600	5vv	Cornelis Schuyt	1. Libro (NV 2591) - 4 Str.	
	1601	6vv	Antonio Il Verso	2. Libro (NV 1336)	unvollständig
	1605	5vv	Marco da Gagliano	3. Libro (NV 1580) - 2 Str.	
	1616	5vv	Scipione Lacorcia	2. Libro (NV 1365)	
	1625	5vv	Alessandro Capece	3. Libro (NV 481)	

1626

ANFANGSVERS	JAHR	VOCI	KOMPONIST	KURZTITEL	KOMMENTAR
Ohimè, son morta. Ed io son vivo. Torna (Satiro e Corisca) (Guarini)	1622	2vv / 6vv	Giovanni Valentini	Musiche a doi voci (NV 2783)	

ANFANGSVERS	JAHR	VOCI	KOMPONIST	KURZTITEL	KOMMENTAR
1633					
Belle ha le perle il mare (Petracci)	**1653**	3vv	Carlo Cechelli	in: Florido de Silvestris, Florido concento (RISM 1653^4)	
Chi prende amor a gioco (–)	1607	5vv	Pomponio Nenna	6. Libro (NV 2023)	
	1615	5vv	Antonio Cifra	Madrigali (NV 571)	
	1617	3vv	Giuseppe Olivieri	La Turca armoniosa (NV 2051)	
	1620	3vv	Richard Dering	Canzonette (NV 814)	
	1634	1v	Lazaro Valvasensi	Secondo Giardino (NV 2792)	
La novella ferita (Cremonini)	1604	5vv	Gerolamo Ghisuaglio	2. Libro (NV 1186)	
	1607	5vv	Pietro Maria Marsolo	3. Libro (NV 1729)	unvollständig
	1617	3vv	Bartolomeo Barbarino	Madrigali (NV 239)	
Lidia ben che m'alletti (–)					
TEXTPARAPHRASE: *Margarita ben che m'alletti* (–)	**1634**	1v	Lazaro Valvasensi	Secondo Giardino (NV 2792)	
Se desiate (–)	1629	1v	Francesco Manelli	Ciaccone et Arie (NV 1567)	unvollständig

ANFANGSVERS	JAHR	VOCI	KOMPONIST	KURZTITEL	KOMMENTAR
Tempesta di dolcezza (Marino)	1607	5vv	Crescenzio Salzilli	1. Libro (NV 2537)	unvollständig
	1609	5vv	Gabriello Puliti	2. Libro (NV 2288)	
	1611	2vv	Marc-Antonio Negri	Affetti amorosi (NV 2015)	
	1611	5vv	Sigismondo d'India	2. Libro (NV 826)	
	1614	1v	Claudio Saracini	Musiche (NV 2554)	
	1620	1v	Ottavio Valera	in: Francesco Rognoni, Selva di vari passaggi	
	1623	1v	Johann Nauwach	Arie passegiate (NV 2012)	
	1625	3vv	Leonard de Hodemont	Villanelli (NV 1317)	
Và, và, ch'io non ti credo (-)	**1634**	1v	Lazaro Valvasensi	Secondo Giardino (NV 2792)	

1638

ANFANGSVERS	JAHR	VOCI	KOMPONIST	KURZTITEL	KOMMENTAR
Chi vuol ch'io m'inamori (-)	**1641**	3vv / 2Vln	Claudio Monteverdi	Selva Morale (NV 1955)	

1642 (Erweiterungen zu 1624a)

ANFANGSVERS	JAHR	VOCI	KOMPONIST	KURZTITEL	KOMMENTAR
Schiera d'aspri martiri (Chiabrera)	1608	1v	Francesco Rasi	Vaghezze di musica (NV 2316)	
	1611	5vv	Sigismondo d'India	2. Libro (NV 826)	
	1614	4vv	Pietro Maria Marsolo	Li Madrigali a 4 (NV 1733)	
	1615	5vv	Flaminio Comanedo	2. Libro (NV 604)	
	1616	5vv	Giovanni Valentini	2. Libro (NV 2781)	
	1633	1v	Giovanni Battista Camarella	Madrigali et arie (NV 466)	

Notenteil

CHE NOVE ARTI SON QUESTE

Tarquinio Merula, 1624 b
Text: G.B. Marini

1) Taktvorzeichnung im Basso und im B.c. weicht von den anderen Stimmen ab.

1) Im Original fehlt eine ganze Note, nach der B.c.-Stimme ergänzt.

36
C na,] Con que - ste brac - cia un dì da - to mi si - a, Di far ca - te -
A -] Con que - ste brac - cia un dì da - to mi si - a, Di far ca - te -
T que - ste brac - - - cia un dì da - to mi si - a, Di far ca -
B na,] Con que - ste brac - cia un dì da - to mi si - a, Di far ca - te - na a
Bc
42
C - na a la ca - te - na mi - a, Di far ca - te - na a la ca - te - na
A na a la ca - te - na mi - a, [Di far ca - te - na a la ca -
T te - na a la ca - te - na mi - a, [Di far ca - te - na a la ca -
B la ca - te - na mi - - - - a, [Di far ca - te - na a la ca -
Bc
47
C mi - a, [Di far ca - te - na a la ca - te - na mi - a.]
A te - na mi - a,] Di far ca - te - na a la ca - te - na mi - a.
T te - na mi - a,] Di far ca - te - na a la ca - te - na mi - a.
B te - na mi - - - - a.]
Bc

LA MIA FILLI È FUGACE

Tarquinio Merula, 1624b
Text: Cesare Rinaldi

1) sic!

13
ge, [es - sa mi strug - ge,] [es - sa mi strug - ge,] La
[La se - guo e non la giun - go,] [La
se - - guo e non la giun - go, es - sa mi strug - ge, [es - sa mi strug -
do,
15
se - guo e non la giun - go, es - sa mi strug - ge,
se - guo e non la giun - go,] es - sa mi strug -
ge] Fug - gen - do, es - sa mi strug - ge,
La se - guo e non la giun - go, es - sa mi strug -
17
[es - sa mi strug - ge,] [es - sa mi strug -
ge, [es - sa mi strug - ge] Fug - gen - do,
[es - sa mi strug - ge,] [es - sa mi strug -
ge, [es - sa mi strug - ge] Fug - gen - do,
19
ge] Fug-gen - do, e— sem - pre— fug - ge, [e— sem - pre— fug - ge,]
e mai non par - te, non par - te, [e mai non par - te, non
ge] Fug-gen - do, e— sem - pre— fug - ge, [e— sem - pre—
e mai non par - te, non par - te, [e mai non
C
A
T
B
Bc

22
C
e mai non par - te, non par - te, [e mai non par - te, non par - te]
A
par - te] e— sem - pre— fug - ge, [e— sem - pre— fug - ge,] [e— sem - pre—
T
fug - - - - ge,] e mai non par - te, non par - te, [e mai non par - te, non
B
par - te, non par - te] e— sem - pre— fug - ge, [e— sem - pre— fug - ge,]
Bc
25
e— sem - pre— fug - ge. Lun - ge ogn' hor la ri - mi - ro,
fug - ge,] [e— sem - pre— fug - ge.] Lun-ge ogn' hor la ri -
par - te] e— sem - pre— fug - - - - - - ge. Lun-ge ogn'
[e— sem - pre— fug - ge.] Lun-ge ogn' hor la ri - mi - ro,
28
[Lun-ge ogn' hor la ri - mi-ro,] lun - ge no, [lun - ge no] ch'è pre - sen - te,
mi-ro, [Lun-ge ogn' hor la ri - mi - ro,] Lun - ge no ch'è pre - sen - te
hor la ri - mi - ro, [Lun-ge ogn' hor la ri - mi - ro,] Lun - ge
[Lun-ge ogn' hor la ri - mi-ro,] Lun - ge no, [lun - ge no] ch'è pre -
32
Lun - ge no ch'è pre - sen - te e me - - - co gia - - - - -
e——— me - - - co gia - - - - - - - - -
no ch'è pre - sen - te. Fug - ge pur ch'io la mi - - - ro, Re - sta pur ch'io la sen -
sen - te. Fug - ge pur ch'io la mi - - - ro, Re - sta pur ch'io la sen - - - - -
4 3

36
C
ce. Fug - ge pur ch'io la mi - - - ro, Re - sta pur ch'io la sen - - - - - to,
A
ce. Fug - ge pur ch'io la mi - - - ro, Re - sta pur ch'io la sen - to, Fug - ge
T
to, e me - - - co gia - - - - - - ce.
B
to, e me - - - co gia - - - - - - - ce. Fug - ge
Bc
2
40
Re - sta pur, [Re - sta pur] ch'io la sen - to.
pur ch'io la mi - - - ro, Re - sta pur ch'io la sen - - - - to.
Fug - ge pur ch'io la mi - - - ro, Re - sta pur ch'io la sen - to. Ah
pur ch'io la mi - - - ro, Re - sta pur ch'io la sen - - - - - - to. Ah
5 4 4 3
44
Ah dub - - bio a - - ma - - -
dub - - bio a - - - ma - - - - - - re, [Ah dub - - - bio a - ma -
dub - - bio a - ma - - - - - re, al fug - gi - re, al fug - gi - re, al fug - gi - re, al re -
2 2 6 ♯ ♯ 6 4 6 4 6 4
48
Ah dub - - bio a - - ma - - - - - re, al fug - gi - re, al re -
- re, al fug - gi - re, al re - sta - re, [al fug - gi - re, al re - sta - re,
- re,] [Ah dub - - - bio a - - ma - - - - - re,] al fug -
sta - re, re - - - - - - - - - - - - - sta - - - - - -
♯ 5 6 6 5 5 4 4 3 ♯

52
C
sta - re, [al fug - gi - re, al re - sta - re,] al re - sta - - re,
A
Al re - sta - re, al fug - gi - re, Al re -
T
gi - re, al re - sta - re, al fug - gi - re, al re - sta - - - - re, Al re - sta - re, al fug -
B
- - - - - - - - - - - - - - - - - - re,
Bc
6 4 4 3
55
Al re - sta - re, al fug - gi - - - re ogn' hor so - spi - ro, so -
sta - re, al fug - gi - - - re ogn' hor so - spi - ro, so - spi - - ro,
gi - - re, [Al re - sta - re, al fug - gi - - re]
Al re - sta - re, al fug - gi - - - re ogn' hor so -
6 6 6 3♯ 6 5
58
spi - ro, [ogn' hor so - spi - ro, so - spi - ro.] Fug - ge el - la,
[ogn' hor so - spi - ro, so - spi - ro.]
ogn' hor so - spi - ro, so - spi - - - - - ro. Scio - gli tu il dub - bio, A - mo - - - re,
spi - ro, so - spi - - - - - - - - - ro. Fug -
♯ 4 4 3
62
[Fug - ge el - la,] [Fug - ge el - - -
Scio - gli tu il dub - bio, A - mo - - - re, Fug - ge el - la,
Fug - ge el - la, [Fug - ge el - la,] [Fug - ge el -
ge el - la, Scio - gli tu il dub - bio, A - mo - - - re,

66
C
la,] re - sta, io se - guo e l'ho nel
A
Fug - - - ge el - - - - - la, re - sta, io se - guo e
T
la,] re - sta,
B
Fug - - - ge el - la, re - sta,
Bc
69
C
co - re, [io se - guo e l'ho nel co - re,]
A
l'ho nel co - re, [io se - guo e l'ho nel co - re,] [io se - guo e
T
io se - guo e l'ho nel co - re, [io se - guo e l'ho nel co - re,]
B
io se - guo e l'ho nel co - re, [io se - guo e l'ho nel
Bc
72
C
[io se - guo e l'ho nel co - re,] e l'ho nel co - re, io se - guo e
A
l'ho nel co - re, e l'ho nel co - re,] e l'ho nel co - re,
T
[e se - guo e l'ho nel co - re,] e l'ho nel co - re,
B
co - re,] e l'ho nel co - re, e l'ho nel co - re, e l'ho nel
Bc
75
C
l'ho nel co - re, nel co - - - - - - - re.
A
io se - guo l'ho nel co - re, nel co - - - - re.
B
co - - - - - - - - - - - - - - - re.
T
io se - guo e l'ho nel co - re, nel co - - - - re.
Bc

NO, NO, CH'IO NON MI FIDO

Tarquinio Merula, 1633

Sopra la Ciacona

1) In der Vorlage hat der Cantus folgende rhythmische Werte: [rhythmic notation] ; angeglichen nach Basso Takt 17.

18
C
co e fo - glia al ven - - - - - - - - - - - - - - to, e fo - glia al ven-
B
co e fo - glia al ven - - - - - - - - - - - - - - to, e fo - glia al ven-
Bc
21
to.
2. No, no, no, no, no, no, no, no, che più non cre -
to.
24
do, no, no, no, no, no, che più non cre - do Ai det - ti, ai giu - ra - men -
27
ti, Ai, ai so - spi - - - - - - ri, ai la - men - ti, Che fin - ti, o -
30
- gnor, o - - - gnor li ve - do. No, no, no, no, no, no,
33
no, che più, che più non cre - do.
Can - gia don - na pen - sier o - gni mo - men -

Can - gia don - na pen - sier o - gni mo-men - to, [Can - gia don - na pen -
to, Can - gia don - na pen -
sier o - gni mo-men - to,] Ne - ve al sol, ce-ra al fo - co e fo - glia al ven - - - - - -
sier o - gni mo-men - to, Ne - ve al sol, ce-ra al fo - co e fo - glia al ven - - - - - -
- - - - - - - - - to, e fo-glia al ven - to.
- - - - - - - - - to, e fo-glia al ven - to.
3. Sì, sì, sì, sì, sì, sì, ch'io ti co-no - sco, Sì, sì, sì, ch'io ti co-no - sco
Or sei lu - pa, or a-gnel - la, Or sei lam - po, or sei stel - la; Col dol - ce
mi - - - - - - sci il to - sco. Sì, sì, sì, sì, sì, sì, sì, ch'io ti co-no -

1) In der Vorlage: 𝅝 ▬ , gemäß T 21 geändert.

70
C
to, Ne - ve al sol, ce - ra al fo - co e fo -
B
to, Ne - ve al sol, ce - ra al fo - co e fo -
Bc
72
C
- glia al ven - to.
B
- glia al ven - to.
Bc

EGLI È PUR TROPPO VERO

Tarquinio Merula, 1633
Text: Alessandro Gatti

C I
C II
Bc
e-sca ha ilcor di-giu-no aschi - vo, ha il cor di-giu-no a schi - vo, ha il cor di-giu-no a schi - - - vo,
ha il cor di-giu-no aschi - vo, E ch'ogn'un e-sca ha il cor di-giu-no a schi - vo, ha il cor di-giu-no a schi-
- ha il cor di - giu - no a schi - - - vo. Ma l'a - ria, ch'è mio ci -
vo, ha il cor di - giu - no a schi - vo. Ma l'a - ria, ch'è mio ci -
- bo u - ni - co ve - ro, È quel - la del tuo vi - - - so, Ch'è l'am-bro-sia qua giù,
- bo u - ni - co ve - ro, È quel - la del tuo vi - - - so, Ch'è l'am-bro-sia qua
ch'è l'am - bro - sia qua giù, [ch'è l'am - bro - sia qua giù] del pa - ra -
giù, del pa - ra - di - - - so, ch'è l'am - bro - sia qua giù,
di - - - so, ch'è l'am - bro - sia qua giù, [ch'è l'am - bro - sia qua giù] del pa - ra - di - - - -
[ch'è l'am - bro - sia qua giù,] [ch'è l'am - bro - sia qua giù] del pa - - - - - - ra - - - -

1) Bezifferung in der Vorlage: 6 5.

31
C I
re, Che sa - la - man-dra, che sa - la - man - dra io fos - - - - - - si an - co del co -
C II
re,]
Bc
34
C I
re,
C II
Che sa - la - man-dra, [che sa - la - man - dra] io fos - - - - - - si an - co del co -
Bc
37
C I
io fos - - - - - - si an - - co del co - - - - re,
C II
re, io fos - - - - - - si an - - co del co - - - - re,
Bc
40
C I
re, an - co del co - - - - re.
C II
re, an - co del co - - - - re.
Bc

SEMPRE TERRÒ MEMORIA

Tarquinio Merula, 1633
Text: Cesare Simonetti, 1590

9
C
T
Quand' ha - ve - sti vit - to - ria, vit - to - ria, vit - to - ria, vit - to - ria, A - mor, di
B
le,
Bc
10
Quand'ha-ve-sti vit-to-ria,vit-to-ria,vit - to-ria, A-mor, di ri-gid' al - ma,
ri-gid' al - ma,
Sem-pre ter - rò me -
Sem-pre ter - rò me - mo - ria Del dì se-sto d'A-pri - le, Quand' ha-ve-sti vit-
5 6 5
12
mo - - - - ria Del dì se - - - sto d'A - pri - - - - -
to - ria, vit - to - ria, vit - to - ria, vit - to - ria, A - mor, di ri - gid' al -
6 6 5 4 3
13
Quand' ha - ve - sti vit - to - ria, vit - to - ria, A - mor, di ri - gid' al - -
le,
ma, Quand' ha - ve - sti vit - to - ria, vit - to - ria, A - mor, di

14
C
T
B
Bc
- - - ma, Quand' ha - ve - sti vit - to - ria, vit - to - ria, A - mor, di
Quand' ha - ve - sti vit - to - ria, vit - to - ria, A - mor, Quand' ha - ve - sti vit - to - ria, vit - to - ria, A -
ri - gid' al - - - ma, Quand' ha - ve - sti vit - to - ria, vit - to - ria, A -
6 6 6 6 6 6 5 6
15
ri - gid' al - - - ma Di lei, che d'al - te - rez - za ha - vé la pal -
mor, di ri - gid' al - ma Di lei, che d'al - te - rez - za ha - vé la pal - ma,
mor, di ri - gid' al - ma
4 3 ♯ ♭ ♭ ♯
17
ma, Di lei, che d'al - te - rez - za ha - vé, [Di lei, che d'al - te - rez - za ha - vé] la pal -
Sem - - - pre ter - rò me - mo - ria Del dì se - sto d'A -
Di lei, che d'al - te - rez - za ha - vé la pal - ma, Di lei, che d'al - te - rez - za ha - vé la
6
19
- - - ma, Di lei, che d'al - te - rez - za ha - vé la pal - ma!
pri - - le, Di lei, che d'al - te - rez - za ha - vé, che d'al - te - rez - za ha - vé la pal - ma! Gior - no se -
pal - - ma, [Di lei, che d'al - te - rez - za ha - vé,] ha - vé la pal - ma!
4 3 6 6 6 6 6 6 5 6 4 3

21
C
Sia tu sem-pre be-a-to, [Sia tu sem-pre be-a - to,
T
re-no, a-ma - to, Sia tu sem - pre be - a - to, [Sia tu sem-pre be-a - -
B
Gior - no se - re-no, a-ma - to, [Gior - no se -
Bc
23
-] Gior-no se - re-no, a-ma - to, Sia tu sem-pre be - a - to, Gior -
to,] [Sia tu sem-pre be - a - to,] Gior - no se - re-no, a-ma -
re-no, a-ma - to,] Sia tu sem - pre be - a - - - to, [Sia tu sem-pre be - a -
25
no se - re-no, a-ma - to, Sia tu sem-pre be - a - to, [Sia tu sem-pre be-a - to, [Sia
to, Sia tu sem-pre be - a - to, Sia tu sem-pre be - a - - - - to, [Sia tu sem-
to,] Gior - no se - re - no, a-ma - to, Sia tu sem-pre be - a - to,
27
tu sem - pre be - a - to, [Sia tu sem - pre be - a - - - to.]
pre be - a - to,] [Sia tu sem - pre be - a - - - - - - to.]
Sia tu sem - pre be - a - - - - - - - - to.

UN BIANCO ANIMALETTO

Tarquinio Merula, 1633
Text: Cesare Simonetti, 1590

sopra il Basso di "Tra tutte"

12
C I
C II
B
Bc
ra,
ò trop-po in-si-pi-do, [ò trop-po in-si-pi-
ra,
ò trop-po in-si-pi-do, [ò trop-po in-si-pi-
to, ò trop-po in-si-pi-do, [ò trop-po in-si - pi - do, ò trop-po in-si-pi-do_____] di-let-to,
15
do, ò trop-po in - si - pi - do_____] di - let - to,
do, ò trop-po in - si - pi - do_____] di - let - to,
ò trop-po in-si-pi-do, [ò trop-po in-si - pi - do, ò trop-po in-si - pi - do_____] di-let-
18
Gra - to a lui, [Gra - to a lui, Gra - to a lui] ci - bo e - let - to, Gra - to a lui, [Gra-
Gra - to a lui, [Gra - to a lui, Gra - to a lui] ci - bo e - let - to, Gra - to a lui, Gra - to a lui,
to, Gra - to a lui, [Gra - to a lui, Gra - to a
21
- to a lui, Gra - to a lui] ci - bo e - let - to, ci - bo e - let - to,
Gra - to a lui] ci - bo e - let - to, Gra - to a lui] ci - bo e - let - to,
lui, Gra - to a lui] ci - bo e - let - to, Gra - to a lui, ci - bo e - let - to, E a me da, che sì l'ho-no-ro e
24
E a me da, che sì l'ho-no-ro e van-to, Sospir, Sospir per ci -
E a me da, che sì l'ho-no-ro e
van-to, So-spir, So-spir per ci - bo e per be-van - da pian - - - to, e per be-van - da pian - - -

27
C I
C II
B
Bc
bo e per be-van-da pian - - to, e per be-van-da pian - to,
van-to, So-spir, So-spir per ci - bo e per be-van-da pian - to,
to,
E a me da, che sì l'ho-no-ro e
30
van-to, So-spir, So-spir per ci - bo, So-spir, [So-spir] per ci - bo e per be-van-da pian -
33
E a me da, che sì l'ho-no-ro e van-to, So-spir, So-spir per ci - bo e per be-van - da,
E a me da, che sì l'ho-no-ro e van-to, So-spir, E a me da, che sì l'ho-no-ro e
to, E a me da, che sì l'ho-no-ro e van-to, So-spir,
36
e per be-van-da pian - - to, [e per be-van-da pian - to,]
van-to, So-spir, So-spir per ci - bo e per be-van-da, pian - - to,
E a me da, che sì l'ho-no-ro e van-to, So-spir, [So-spir] per ci - bo, E a me da, che sì l'ho-no-ro e
39
[e per be-van-da pian - to, e per be-van-da pian - to.]
e per be-van-da, [e per be-van-da] pian - to, e per be-van-da pian - to.
van-to, Sos-pir, [So-spir] per ci - bo e per be-van-da, e per be-van-da pian - to, pian - to.

SU LA CETRA AMOROSA

Tarquinio Merula, 1633

Aria à voce sola in Cecona

1) im Original: e''.

pre e so - spi - rar.
Pur da no - - - va cag - gion Chia-ma - to son d'A - mor al can -
to, d'A-mor al can - to, al cant' e al suon.
2. Io ch'a - man - - - - te in-fe - li - ce Ce - ne - ri fred - de a pe -
na, Dal ro - go ri - por - tai l'in - fau - st'a - mor,
Sen - - - - to che più non li - - - ce, Con ro - - ca e stan - - ca
le - - - na, Nar - rar le fiam - me an - ti - che e 'l vec - chio ar -
dor. Ho-ra che no-vo sol M' ac-cen-de, M' ac-cen-de e

1) Sic, vielleicht: "arcano".

mai, Ne - - - mi - co e - stin - to, a far - li guer-ra, guer-ra, guer - ra, guer - ra, guer -
ra, a far - li guer-ra, guer-ra, guer - ra, guer - ra, guer - ra più, più, più, più,
più, a far - li guer - ra, guer - ra, guer - ra, guer - ra, guer - ra, a far - li guer - ra, guer - ra, guer - ra, guer - ra, guer - ra
più, più, più, più, più, E pur a - mor o - mai So - na guer - rie - ra, So - na guer - rie - ra, So - na guer - rie -
ra, guer-rie - ra trom - ba, E pur a - mor o - mai So - na guer-rie - ra, So - na guer-rie - ra, So - na guer-rie - ra, guer-rie - ra trom -
ba, Pur con - tro chi d' a-mor, pur con - tro chi d a - mor già mor - to fù. Ec -
co a bat - ta - glia, a bat - ta - glia, a bat - ta - glia, a bat - ta - glia, a bat - ta - glia, a bat - ta - glia, a bat - ta - glia, a bat -
ta - - - glia me, Ra - pel - la, ahi - - - - mè, ahi - - - - - - - -

92
C
Bc
mè, d' a - mor, d' o-nor, di fé.
96
5. Ei po - tea pur la - sciar - - - - - - mi Se - - polt'
100
in - - - fra i ci - pres - - - - - - - - - si, O nel
103
sas - - - - - - so d' E - li - sa, al - gen - te e dur. E con più glo -
106
ria, l 'ar - mi, l' ar - mi, l' ar - mi, l' ar - mi Vol - ger con - tro quei stes - si, quei stes - si Co -
109
ri, ch 'al re - gno suo ru - bel - li fur, ru - bel - li
111
fur. E in pa - ce me la - sciar, Do - po il pe - nar, mort' al -
115
men ri - po - sar.

6. Pur se di nuo - vo vuo - i, Ch' io por - ti il cor pia - ga - to, il cor
pia - ga - to Di tue qua-drel - la, o, o, o di-spie-ta -
to, o di-spie-ta-to ar - cier; S' an - cor da lac - - ci
tuoi Mi vuoi pres' e le - ga - to, E vuoi ch'a-vam - - - -
pi del tuo fuo - co, ò fier. Deh, me - co al - men fa
sì, Ch' ar - - - - - - da, Ch' ar - da co - sì co - lei che,
co - lei che mi fe - rì. 7. E se tu
vuoi ch' io can - - - - - ti No - ve fiam - me, al - tri ar-do - ri E di - vi - - na bel -

142
C
tà, sce - sa dal ciel, Fa sì, Fa sì ch' anch' io mi van -
Bc
145
ti, ch' anch' io mi van - ti D' es - ser, tra ca - sti al - lo -
147
ri, De - gno di non mo - rir sem - - - - pre, sem - - - pre di
150
gel. Ch'i più ca-no - - - - - - - - - - - - ri au - gei Io
153
e - mu - le-rei, sì dol-ce can - te - rei, can - te -
156
rei, sì dol - ce
159
can - - - - - - - - - - - - - - - - - - te - re - - - i.
8 7 6 5
6 5
5 4 3

CURTIO PRECIPITATO [1]

Tarquinio Merula, 1638

1) Die Taktsetzung folgt den irregulären Vorgaben des Originals.

fi-cil pas
so! Non ti dar il tra-col-lo, Fer - ma, Fer -
ma, Fer - ma, ch'in fe - de mi - a ti rom-pi il col
lo.
O quai ca-pri - ci stra - ni Ti sal -
-tan, Mu-sa, a-dos-so, Per-chè ti pren-di gl'im-pa - ci del Ros - so, Con vo - ler ra - driz-
zar, [Con vo - ler ra - driz - zar] le gam-be ai ca - ni. Con vo - ler ra - driz - zar, [Con vo - ler ra - driz-
zar] le gam-be ai ca - ni,
Que-sti, Que - sti schia-maz - zi va - ni, Hor non
ser - va-no a, a ni - en - te, ni - en - te. Hor non ser - va-no a, a ni -

en-te, ni-en - te — Che quel mat-to, quel mat-to cor-nu - - - to, — In-som-m'è ri - so-lu-to, Sal-
tan-do, vo-ler, [Sal - tan-do, vo-ler,] [Sal - tan-do, vo-ler] dar gu-sto à la gen - te. Non gl'ha-ver, [Non gl'ha -
ver,] no, no, no, no, Non gl'ha-ver, [Non gl'ha - ver,] no, no, no, no, no, Non gl'ha-ver com-pas - sio - ne,
An - zi se vol ca - der da-gli, da - gli, [da-gli, da - gli,] [da-gli, da -
gli,] da-gli un ur - to - ne, An - zi se vol ca - der da-gli, da - gli, da-gli, da -
gli, da-gli un ur - to - ne.
Da ca - po a
pie - di ar - ma - to, ar - ma - to, A gui - sa d'un Rug - gie - ro, ar - ma - to, ar - ma - to, ar - ma - to, A
gui - sa d'un Rug - gie - ro,
Ruggiero

Sinfonia
Da ca - po a pie - di ar - ma - to, ar - ma - to, ar - ma - to, A gui - sa d'un Rug - gie - ro, Con ga - le e
con pe - nac - chi in sul' De - strie - ro, De - strie - ro, De - strie - - - ro, in sul' De - strie - ro, De - strie - ro, De -
strie - - ro, S'è nell' al - ta vo - ra - gi - ne get - ta - - - - - - - - - - - - - - to.
Po - ve - ro dis - gra - tia - to Ch'hu - mor ti ven - ne in te - sta! Io la ra - gio - ne spes - so, A pen - sar mi son
mes - so, Che te c'in - dus - se, e sol vi tro - vo que - sta: Con - vien' che l'hab - bi
fat - to, Non per al - tro, se non perch' e - ri un mat - to!
For - se al - cu - no di -
ram - mi A la Pa - tri - a smar - ri - ta Vol - le sa - cri - fi - car la pro - pria vi - ta,

122
B
Bc
Fa - cen - do at - tio - ne deg - na d'e - pi - gram - mi. Hor que - sto stu-pir
4 3
125
fam-mi, Per-chè gl'ho-mi-ni scal - tri, E quel-li ch' hann' giu-di - ti-o, Ve - du - to il pre - ci -
128
pi - ti - o, Stan-no a ve - de-re e fan-no sal-tar gl' al
131
tri. E in pas - si co - sì brut - ti, U - sa-no a dar la pre - ce -
4 3
133
den - za a tut -
135
ti! S'io fos - si sta-to all' ho - ra, Vi di - co il mio pen - sie - ro, Non gl'ha-vrei
137
fat - to a fé, a fé, a fé da Ca - va - glie - ro, E fos-se an-da - to pur Ro - ma in mal'
4 3
139
ho - ra! Sò ch'il me-des - mo an-co-ra, Fat - to al-cun al-tro ha-vri-a. E pri-ma di ca-de-re, Sa-ria

141
B
Bc
sta - to a ve-de - re, Co-me quel ca - pi - tom - bo lo ri - u - sci - va; E d' i - mi - tar - lo in ve -
144
ce, [E d' i - mi - tar - lo in ve - ce,] Hav - reb - be ri - so, poi, [Hav - reb - be ri - so, poi,]
147
di chi lo fe - - - ce,
4 3
150
Che cir-ca a quel-la glo - ri - a, Dov' il lor fon - da - men - to Fan-no que-sti pal-lon' gon - fii di ven - to,
153
Com'es-ser no-mi-na - ti in un i - sto - ri - a, È u - na cer - ta bo - ri - a, Da dar - le la co -
156
per - ta; È un en - te i-ma-gi-na - ri-o, Di cer - vel te - me - ra -
159
- ri-o. Ne d'es-ser crom-po, a tan-to prez-zo, mer - ta Mo-ri-re, ò,
162
ò sfor-tu-na - to! Per-chè? Per es - ser po-scia no-mi-na -

165
B
Bc
167
to? Di-te-mi in cor-te-si-a, Se, men-tre u-no sta in Ro-ma, Un' al-tro in In-dia
170
con ho-nor lo no-ma, Non sa-prei che gu-sto ei n'ha-ve-ri-a, Nes-su-no in fe-de mi-
173
a! Che ven-ga-vi il mal-an-no! Ch'o-cor-ron' tan-te glo-se Quest' a-ni-me fa-mo-se, Che
176
gu-sto pon-no ha-ver se non lo san-no? Poi ch'à gl'ho-mi-ni mor-ti Non gl'è proc-ca-cio, che gl'a-vi-si
179
por- ti. Cur-tio a-qui-stos-si
182
lo-de D'a-ni-mo bra-vo e for-te, Poi che con quel sal-tar si diè la mor-te. Ma men-tre non lo sa,
4 3
187
non lo sa, che co-sa go-de, Ma men-tre non lo sa, non lo sa, che co-sa go-

191
B
de, non lo sa, non lo sa, [non lo sa, non lo sa,] che co - sa go - de? E voi, voi, voi, voi
Bc
196
per-so-ne so - de, Hor non mi sta - te a di - re, Che tan - to, po - co do - po, Gli fo - ra
199
sta - to d'uo - po, Al suo mar - cio dis - pet - to, al - fin mo - ri - re, mo -
202
- - - - - - - - - - - - - - ri - re. Ch'io non vi nie - go, no, no, no,
207
non vi nie - go, no, no, no, que - sto, Ma non sa - reb - be, no, no, no, mor - to, no, co - sì
212
pre - sto, Ma, Ma non vi nie - go, non nie - go, Ma que - sto non nie - go, Ma non sa -
217
reb - be, no, no, no, mor - to, no, co - sì pre - sto, no, co - sì pre - sto.
222
Hor voi, ch'ha-ve-te in-te - so La paz-zia di co-stu - i, Ec-ci al - cun che sia paz - zo al par di

225
B
lu - i? Di - te-mi pur, fra voi, chi sa-rà quel-lo Di si po-co cer-vel-lo, Che, per la -
Bc
229
sciar che di - re A la ple-be ig-no - ran - te, Si con-ten - ta mo-ri - re.
231
Va-da-si ad im-pi-car pur chi n'ha vo-glia! Che mo-ri-rà gio-con-do E da-rà, do-po se, che
234
forte
piano
di - re al Mon -
237
tr
239
do.

QUANDO GLI UCELLI PORTARANNO I ZOCCOLI Tarquinio Merula, 1638

27
C
A - ma - ro sa - rà il zuc - ca - ro e dol - ce il pe - - - ve -
Bc
5 6 5
30
re, Il Mar di Pian - te, i mon - ti d'ac-qua ca - ri - chi, All' ho - ra, all' ho -
35
- ra fi - ni - ran - no, fi - ni - ran - no i miei ra - ma - - - - - - ri - chi,
39
i miei ra - - - ma - - - - - - - - - ri - chi.
7 6
5 4
4 3
43 Seconda Parte
3. Quan - do li Gril - li gio - che - ran di scri - mi - a E sù le cor - de bal - le - ran - - - - - no
47
gl'a - si - ni, I cac - cia - to - ri di - ve - rann' la Si - mi - a E le ci - pol - le pro - du - ran - no i
50
pam - pa - ni, Quan - do la Lu - na fa - rà al gior - no lu - mi - ne E che di ge - lo
53
ve - sti - ras - si il ful - mi - ne, I dì d'a - go - sto sa - ran più che frig - gi - di, Pri - ma, pri - ma ch'il

pian-to ces - si, a que-sti oc-chi hu - mi - di.
4. Quan - do le ca - pre can-te-ran-no mu - si-ca,
Il dì di Pa - squa sa-rà il gior-no ve - ne-re,
I Cia-va - ti - ni leg - ge - ran - no
fi - si-ca E do - po pran - so si da - rà la ce - ne - re,
Quan - do gli ca - ni
non ha-vran te - sti - co-li E le cam-pa - gne di - ve-ran-no vic - co-li,
Al hor per te, [Al
hor per te,] mio vol - - - to cru - de - lis - si-mo,
Il cor che lan - - - gue sa-rà fe - li-cis -
- si - mo, Al hor per te, Al hor per te, mio vol - - - to cru-de-lis - si-mo,
Il cor che lan - - - - gue sa - rà fe - li-cis - - - - - si - mo,
Il cor che lan - gue sa-rà fe - li-cis - - - - - - si - - - mo.

SENTIRETE UNA CANZONETTA

Tarquinio Merula, 1638

1. Sentirete una canzonetta
Sopra al bel bocchin
Del mio vago e dispietato Amor,
Ch'ogn'hor nel cor mi tormenta e fa
Sospirare per sua gran beltà.

Höret nun ein feines Liedlein
über jenes hübsche Mündchen
meines grausam süßen Liebchens,
das mir stets quält das Herz und mich seufzen
macht für seine große Schönheit.

2. Sentirete un soave canto
Sopra al bel nasin
Del mio vago e dispietato Amor,
Ch'ogn'hor nel cor mi tormenta e fa
Sospirare per sua gran beltà.

Höret nun süßen Gesang
über jenes hübsche Näschen
meines grausam süßen Liebchens,
das mir stets quält das Herz und mich seufzen
macht für seine große Schönheit.

3. Sentirete la doglia acerba
Che mi fa morir
Per il vago e dolce caro ben,
Ch'ogn'hor nel cor mi tormenta e fa
Sospirare per sua gran beltà.

Höret nun den herben Schmerz,
der mich Todes sterben macht
für das süße teure Lieb,
das mir stets quält das Herz und mich seufzen
macht für seine große Schönheit.

4. Sentirete d'amor la piaga
Che mi fa languir
Per un ciglio dispietato e fer,
Ch'ogn'hor d'ardor mi tormenta e fa
Sospirare, ma non ha pietà.

Höret von der Liebeswunde,
die mich ganz vergehen läßt
für so grausam wilde Braue,
die mich stets quält durch Glühn und mich seufzen
macht, jedoch kein Mitleid kennt.

5. Sentirete per chioma d'oro
Che son giunto al fin
Belle treccie, ma spietate sì,
Ch'ogn'hor il cor m'allacciate, ohimè,
Che ne godo, ma no sò perchè.

Höret nun von goldnen Haaren
- auf daß ich zum Ende komme -
schönen Zöpfen ohn Erbarmen,
die mir stets so das Herz, weh umgarnen,
daß ich froh bin, doch nicht weiß warum.

IO VORREI DIVENTAR QUEL ROSIGNUOLO

Tarquinio Merula, 1642

1) Im Original eine Achtelnote zuviel.

46
C I
C II
B
Bc
sì pia - ni - - - no; Io ti rac-con-te-rei qual sia il mio duo - - lo,
largo
Io ti rac-con-te - rei qual sia il mio duo - - - lo,
piano
Io ti rac-con-te -
sia il mio duo - - lo, Con so-a - ve ga - rir, co - sì pia - ni - - -
50
Io ti rac-con-te-rei, [Io ti rac-con-te-rei] qual
rei, [Io ti rac - con-te - rei] qual sia il mio duo - - - lo, Io ti rac-con-te-rei qual
piano
no, Con so - a - ve ga-rir, Con so - a - ve ga - rir, co - sì pia - ni - - - no,
54
sia il mio duo - - - lo, Con so - a - ve ga-rir, Con so - a - ve ga-rir,
sia il mio duo - - - - lo, Con so - a - ve ga-rir, Con so - a - ve ga-
Con so-a - ve ga - rir, [Con so-a - ve ga - rir,
57
piano
presto
Con so-a - ve ga - rir, co - sì pia - ni - - - no; E
rir, co - sì pia - ni - - - no;
- Con so-a - ve ga-rir,] co - sì pia - ni - - - no;
presto

62
C I
C II
B
Bc
tu con la tua man, [E tu con la tua man] vez - zo - - - sa, vez-zo - - - - sa, vez - zo-sa e bian - ca,
presto
D'ac -
7 ♯ 6 5 ♯ ♯ 6 ♯ 6
67
E tu con la tua man, [E tu con la tua man] vez-
ca-rez-zar-mi mai, [D'ac - ca-rez-zar-mi mai,] mai, mai sa - re - sti stan - ca.
mai, mai sa - re - sti stan - ca, sa - re - sti stan - ca, sa-
7 6 7 ♯ 6 ♯ 6 5 ♯
72
zo - - - - sa, E tu con la tua man vez - zo - - - - sa, vez - zo-sa e bian - ca, D'ac -
E tu con la tua man vez-zo - - - - sa, vez-zo - - - - sa e bian - ca,
re - sti stan - ca, [sa - re - sti stan - ca,]
♯ ♯ ♯ 6 ♯ ♯ ♯
76
ca - rez - zar - mi mai, mai, mai, [mai,mai] sa - re - sti stan - ca,
E tu con la tua man vez-zo - - -
D'ac - ca - rez - zar - mi mai sa - re - sti stan - ca, E tu con la tua man vez -
6 6 5 6 7 6 5 ♯

1) Pause fehlt im Original

LA DONNA È MOBIL

Tarquinio Merula, 1642

26
C II
Vlo Bc
– de l'on - da, Sta - - - bi - le di fer-mez - - za, a par
30
C I
3. Al'al-trui del' al - trui sen-za ri - te - gno, In-gor-da,
C II
– de l'on - da. 3. Al'al-trui del' al - trui sen-za ri - te - gno, in - sa -
6 5 6
34
in-gor-da, in-sa-tia-bi - le, im-pru - den - - - te, Par - to im-per-fet -
tia-bi-le, in-sa - tia-bi-le, im-pru-den - - - - - - te, Par - to im-per-fet -
6
39
to, [Par - to im-per - fet-to] de la vi - ta in - de - - - gno.
to, [Par - to im-per - fet-to] de la vi-ta in-de - - - - - - gno. 4. Di non sa - no giu -
6
43
im-pa - ti - en - te, [im - pa - ti - en - te,] Di non sa - no giu-di - tio im -
di - tio, [Di non sa - no giu-di-tio, Di non sa - no giu-di-tio] im -
6 5

47
C I
pa - ti - en - te, In - fi - ne, i la di - rei fra - gil so - ste - gno,
C II
pa - ti - en - te, In fi - ne, i la di-
Vlo Bc
51
i la di - rei, [i la di - rei] fra - gil so - ste - gno, Da - to, Da - to,
rei fra - gil so - ste - gno, i la di - rei fra - gil so - ste - gno, Da - to, Da - to, per sua sven-
55
[Da - to, Da - to,] per sua sven - tu - ra, a l'huom pru - den - te, per sua sven-
tu - ra, a l'huom pru - den - te, Da - to, Da - to, per sua sven - tu - ra, a l'huom pru - den -
59
tu - ra, a l'huom pru - den - te, Da - to, Da - to, Da - to, Da - to, per sua sven - tu - ra,
te, per sua sven - tu - ra, a l'huom pru - den - te, Da - to, Da - to, Da - to, Da - to, per sua sven-
63
largo
[per sua sven - tu - ra,] a l'huom pru - den - te, a l'huom pru - den - - - te.
tu - ra, per sua sven - tu - ra, a l'huom pru - den - te, a l'huom pru - den - - - - - te.

DOLCISSIMI LEGAMI

Claudio Monteverdi, 1590 / 1607

1) Die Taktvorzeichnung im Canto weicht von den anderen Stimmen ab.

10
C
gò da scherz' e non mi scio - glie; Co - sì e - gli dun - que scherz' e co - sì co - glie, Co -
Q
- z'e non mi scio - - - - glie; Co -
A
e non mi scio - - - - glie; Co - sì e - gli dun - que scherz' e co - sì co - glie, Co -
T
e non mi scio - - - - glie; Co - sì e - gli dun - que scherz' e co - sì co - glie,
B
non mi scio - - - - glie; Co -
13
C
sì e - gli dun - que scherz' e co - sì co - glie? Co - sì l'al - me le - ga - te,
Q
sì e - gli dun - que scherz' e co - sì co - glie? Co - sì l'al - me le - ga - te, Co - sì
A
sì e - gli dun - que scherz' e co - sì co - glie? Co - sì l'al - me le - ga -
T
Co - sì l'al - me le - ga - te,
B
sì e - gli dun - que scherz' e co - sì co - - glie?
16
C
- Co - sì l'al - me le - ga - te So - no ne le ca -
Q
l'al - me le - ga - te, Co - sì l'al - me le - ga - te So - no ne
A
te, Co - sì l'al - me le - ga - te So - no ne
T
Co - sì l'al - me le - ga - te So - no ne
B
Co - sì l'al - me le - ga - te

19
C
Q
A
T
B
- te - ne in - si - di - o - - - se. Al-men, chi
le ca - te - ne, So - no ne le ca - te - ne in - si - di - o - - - se. Al-men, chi
le ca - te - ne, So - no ne le ca - te - ne in - si - di - o - se. Al-men, chi
le ca - te - ne, So - no ne le ca - te - ne in - si - - - di - o - se. Al-men, chi
So - no ne le ca - te - ne in - si - di - o - - - se.
23
sì m'al - lac - cia, Al - men, chi sì m'al - lac - cia, Mi le - ga an - cor,
sì m'al - lac - cia, Al - men, chi sì m'al - lac - cia, Mi le - ga an - cor,
sì m'al - lac - - - cia, Al - men, chi sì m'al - lac - cia, Mi le - ga an - cor, Mi le - ga an -
sì m'al - lac - cia, Al - men, chi sì m'al - lac - cia, Mi
Al - men, chi sì m'al - lac - cia, Mi le - ga an - cor, Mi le -
26
Mi le - ga an - cor, Mi le - ga an - cor, Mi le - ga an - cor fra quel - le
Mi le - ga an - cor, Mi le - ga an - cor fra quel - le
cor, Mi le - - - ga an-cor fra quel - le dol -
- le - ga an - cor, Mi le - ga an - cor fra quel - le dol -
ga an-cor, Mi le - - ga an - cor fra quel - le dol - ci brac -

29
C
dol - ci brac - cia, Al - men, chi sì m'al - lac - cia, Al - men, chi sì m'al - lac - cia,
Q
dol - ci brac - cia, Al - men, chi sì m'al - lac - cia, Al - men, chi sì m'al - lac - cia, Mi
A
ci brac - cia, Al - men, chi sì m'al - lac - - - cia, Al - men, chi sì m'al - lac - cia, Mi
T
- ci brac - cia, Al - men, chi sì m'al - lac - cia, Al - men, chi sì m'al - lac - cia,
B
- - - - cia, Al - men, chi sì m'al - lac - cia, Mi
32
C
Mi le - ga an - cor, Mi le - ga an-cor, Mi le-ga an - cor, Mi
Q
- le - ga an-cor, Mi le - ga an - cor, Mi le -
A
- le - ga an-cor, Mi le - ga an-cor, Mi le - ga ancor,
T
Mi le - ga an-cor, Mi le-ga an -
B
- le - ga an-cor, Mi le - ga an-cor, Mi le - ga an-cor fra
35
C
- le - ga an-cor, Mi le - ga an - cor fra quel - le dol - ci brac - cia.
Q
ga an-cor, Mi le-ga an-cor fra quel - le dol-ci brac - cia.
A
Mi le - ga an-cor fra quel - le dol - - - ci brac - cia.
T
cor, Mi le - ga an - cor fra quel - le dol - ci brac - cia.
B
quel - le dol - ci brac - - - - - - - - - - - - - - cia.

LA MIA FILLI È FUGACE

Francesco Vignali, 1640
Text: Cesare Rinaldi

1) im Druck fälschlich: ♩.

giun - - go, La se - guo e non la giun-go, e non la giun - go,
non la giun - go, La se - guo e non la giun-go, e non la giun - - - - - go,
es - sa mi strug - - - ge Fug-gen - - - - do,
es - sa mi strug - - - - ge, es - sa mi strug - - - - ge Fug-gen - -
e mai non par-te e sem-pre fug - ge,— e mai non par - te e sem - pre—
do, e mai non par-te e sem-pre fug - ge,— [e mai non par-te e sem-pre
fug - ge, e mai non par-te e sem-pre fug - ge,— [e mai non par-te e sem - pre
fug - ge,]— [e mai non par - te e sem - pre—
fug - ge,]— e mai non par - te, [e mai non par - te] e sem - pre
fug - - - ge,] e mai non par - te, [e mai non par - te] e sem - pre
fug - - - - - - ge. Lun-ge
fug - - - - - ge. Lun - ge ogn'— hor, Lunge ogn' hor la ri - mi -

1) im Druck fälschlich "remiro".

78
C
T
Bc
Scio - gli tu il dub - bio, A - mo - re, io se - guo e l'ho nel co -
Scio - gli tu il dub - bio, A - mo - re, Fug - ge el - la, re - sta,
82
re, Scio - gli tu il dub - bio, A - mo - re, Scio - gli tu il dub - bio, A -
io se - guo l'ho nel co - - - re, Fug - g' el - la, re - sta,
85
mo - re, io se - guo e l'ho nel co - - - - re, Fug - g' el - la, re - sta,
Scio - gli tu il dub - bio, A - mo - re, Fug - g' el - la, re - sta, io
6
6 5
88
Fug - g' el - la, re - sta, Scio - gli tu il dub - - - bio, A - mo - re,
se - guo e l'ho nel co - - - - re, Fug - g' el - la, re - sta, Fug - g' el - la, re - sta,
91
Fug - g' el - la re - - sta io se - guo e l'ho nel co - - - - re.
io se - guo e l'ho nel co - - - - - - - - - - re.

INSTABILITÀ DI FILLI

Barbara Stozzi, 1657

1) Akzidentien im Original: ♯ und ♮.

2) 3) Beide Viertelnoten sind im Original jeweils als zwei Achtelnoten notiert.

Filli mia che mi ferì, Io non sò, che pensier hà; Mai non seguita due dì Ad amarmi, come fà. Un giorno è tutta mia, Ch'ancor mi donaria, Se foss'in suo poter tutto il perù; Poi l'altro dì non mi conosce più. Ha nel cervello Un mulinello, Che sempre gira: S'ell'è pietosa un dì, l'altro s'adira.	Von Filli, die mich verwundet hat, weiß ich nicht, was sie denkt, niemals ist sie zwei Tage lang gleich darin, mich zu lieben, wie sie es tut. Einen Tag ist sie ganz die Meine, so daß sie mir schenkte das ganze Peru, wenn es in ihrer Macht stünde, am nächsten Tag kennt sie mich dann nicht mehr. In ihrem Kopf hat sie 'ne kleine Mühle, die sich immer dreht, erbarmt sie sich an einem Tag, so zürnt sie am nächsten.
Non mai ferma in un tenor, Suol mancar spesso di fè;, E se un giorno è tutta amor Tutta sdegno poi l'altr'è. Con strana bizzaria, Par che l'astrologia Ne goda essercitar la sua beltà, Così per luna il suo cervel ne và. È la mia bella, Per me una stella, Mai sempre errante: E s'è stabil un dì, l'altro è incostante.	Nie bleibt sie standhaft bei ihrer Meinung häufiger pflegt es ihr an Glauben zu mangeln, und wenn sie an einem Tag ganz Liebe ist, so ist sie am nächsten ganz Verachtung. Mit merkwürdiger Seltsamkeit scheint es, als ob die Astrologie sich daran freut, ihre Schönheit zu quälen, so sehr geht ihr Sinn mit dem Mond. Sie ist meine Schöne, für mich wie ein Stern, der immer umherschweift - ist sie einen Tag beständig, so am nächsten unbeständig.

CARA MIA CETRA

Sigismondo d'India, 1609

TEMPRO LA CETRA

Claudio Monteverdi, 1619
Text: Giovan Battista Marino

1) Taktsetzung abweichend von der im Bc-Stimmbuch vereinheitlicht.
2) Der Tenore im Tenor-Stimmbuch weicht stellenweise von dem im Basso continuo-Stimmbuch ab.

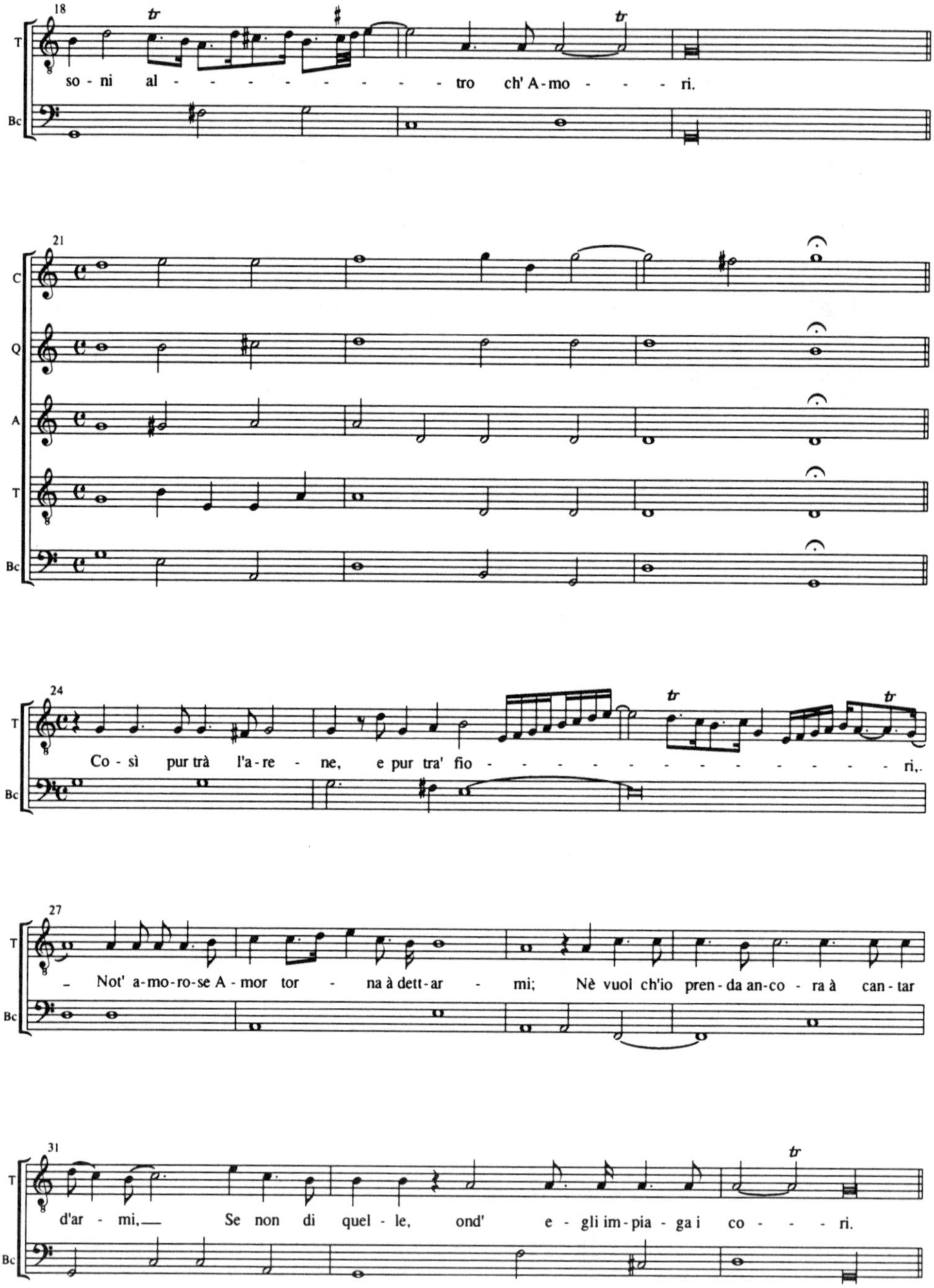
18
T
so - ni al - - - - - - - - - - tro ch' A - mo - - - - ri.
Bc
21
C
Q
A
T
Bc
24
T
Co - sì pur trà l'a - re - ne, e pur tra' fio - - - - - - - - - - - - - - - - ri,.
Bc
27
T
Not' a - mo - ro - se A - mor tor - na à dett - ar - mi; Nè vuol ch'io pren - da an - co - ra à can - tar
Bc
31
T
d'ar - mi, Se non di quel - le, ond' e - gli im - pia - ga i co - - - - ri.
Bc

1) Im Tenorstimmbuch lautet der Text an dieser Stelle im Unterschied zum Marino "lira", was im Kontext des Gedichtes jedoch unverständlich ist.

49
Rie - de à i te - ne - ri scher - zi; e dol - ce in - tan - to Lo Dio
52
guer - - - - - - rier, tem - pran - do i fe - - - - - - - - - - - - -
54
- - - - - - - - - - - - - - - - ri sde - gni, In grem - bo à
56
Ci - the - rea, dor - ma al tuo can - to, dor - - - - - - - - - ma al tuo can - to.
61
66
T
Bc
C
Q
A
tr

1) - 2) Im Tenorstimmbuch fehlt dieser Teil. Die Ergänzung folgt Malipiero, MGA Bd. 7 S. 6/7.

82
C
Q
A
T
Bc
85
88
91

DA L'ONDE DEL MIO PIANTO

Sigismondo d'India, 1609

1) im Original e".

L'ARIA DI RUGGIERO

Versionen des Baßmodells

1. Francesco Rasi, 1608 *Vostro son, vostro fui e sarò vostro*

2. Sigismondo d'India, 1609 *Vostro son, vostro fui e sarò vostro*

(Version bei Antonio Cifra, 1617 *Ruggier qual sempre fui tal esser voglio* identisch mit der von d'India)

3. Versionen bei Merula a) *Sonata XVIII Ruggiero*, 1637

b) *Messa concertata*, 1640

c) *Curtio precipitato*, 1638

Literaturverzeichnis[1]

Verzeichnis der Abkürzungen:

BMSI	Sartori, Claudio, *Bibliografia della musica strumentale italiana stampata in Italia fino al 1700*, Olschki, Florenz, 1952, (= Bd. 1); *Aggiunte e correzioni con nuovi indici*, Olschki, Florenz, 1968 (= Bd. 2).
CMF	Beccherini, Bianca, *Catalogo dei manoscritti musicali della Biblioteca Nazionale di Firenze*, Bärenreiter, Kassel etc., 1959.
CMM	*Corpus Mensurabilis Musicae*, Carapetyan, Armen (Hrsg.), American Institute of Musicology, Hänssler Verlag, Stuttgart, 1947ff.
C3	*Incipitario della lirica italiana dei secoli XV-XX*, Carboni, Fabio (Hrsg.), Biblioteca Vaticana, Fondo Vaticano Latino, Città del Vaticano, 1982.
DBI	*Dizionario Biografico degli Italiani*, Istituto della Enciclopedia Italiana, fondata da Giovanni Treccani degli Alfieri, Rom, 1960ff.
DIT	*Dizionario delle lingue Italiana e Tedesca, Parte prima, Italiano - Tedesco*, Vladimiro Macchi (Hrsg.), *I Grandi Dizionari Sansoni*, Brandstetter / Sansoni, Wiesbaden / Florenz / Rom, ²1989.
DTÖ	*Denkmäler der Tonkunst in Österreich*, Akademische Druck- und Verlagsanstalt, Graz / Wien.
EdS	*Enciclopedia dello spettacolo*, D'Amico, Silvio (Hrsg.), Unedi - Unione Editoriale, Rom, 1954 (ᴿ1975).
EvR	Erasmus von Rotterdam, *Ausgewählte Schriften*, Welzig, Werner (Hrsg.), Wissenschaftliche Buchgesellschaft, Darmstadt, 1967ff.
GdMT	*Geschichte der Musiktheorie*, Zaminer, Frieder (Hrsg.), Wissenschaftliche Buchgesellschaft, Darmstadt, 1984ff.
HmT	*Handwörterbuch der musikalischen Terminologie*, Loseblattsammlung, Eggebrecht, Hans-Heinrich (Hrsg.), Franz Steiner Verlag, Stuttgart, o.J.
HSW	Hans Leo Hassler, *Sämtliche Werke*, Crosby, Russel C. (Hrsg.), Breitkopf & Härtel, Wiesbaden, 1961ff.
HWR	*Historisches Wörterbuch der Rhetorik*, Ueding, Gerd (Hrsg.), Niemeyer / Wissenschaftliche Buchgesellschaft, Tübingen / Darmstadt, 1992ff.
IBI	*Indice Biografico Italiano*, Nappo, Tommaso / Noto, Paolo (Hrsg.), Mikrofichekatalog und Index, K.G. Saur, München etc., 1993.
IF	*I manoscritti italiani della Biblioteca Nazionale di Firenze*, Bartoli, Adolfo (Hrsg.), Codici Magliabecchiani, Rom, 1879-1885.
IIM	*Italian Instrumental Music of the Sixteenth and Early Seventeenth Centuries*, Ladewig, James (Hrsg.), Garland, New York / London, 1995.
IUPI	*Incipitario unificato della poesia italiana*, Santagata, Marco (Hrsg.), Edizioni Panini, Ferrara / Modena, 1988.
I1-101	*Inventari dei manoscritti delle Biblioteche d'Italia*, Mazzatinti, Giuseppe (Hrsg. für Bde. 1-13), Sorbelli, Albano (Bde. 14-75), Ferrari, Luigi (Bde. 76ff.), Forlì, seit 1890.
LCI	*Lexikon der christlichen Ikonographie*, Herder, Rom / Freiburg / Basel / Wien, 1970, Sonderausgabe 1994.
LIS	Sartori, Claudio, *I libretti italiani a stampa dalle origini al 1800, Catalago analitico*, Bertola & Locatelli Editori, Cuneo, 1990.

[1] Lexikonartikel wurden nicht eigens in das Literaturverzeichnis aufgenommen, sondern finden sich im fortlaufenden Text mit entsprechendem Nachweis in den Fußnoten. Bei den Literaturhinweisen im Text wurden nur dann abgekürzte Vornamen hinzugefügt, wenn Gleichheit des Nachnamens bei unterschiedlichen Autoren vorlag. Mehrere Veröffentlichungen eines Autors mit gleicher Jahreszahl werden durch Hinzufügung von Buchstaben unterschieden.

LIZ	*Letteratura Italiana Zanichelli in CD-Rom*, Pasquale Stoppelli / Eugenio Picchi (Hrsg.), o.O., (1998).
LMA	*Lexikon des Mittelalters*, Artemis, München / Zürich, 1980ff.
KNLL	*Kindlers Neues Literatur Lexikon*, Jens, Walter (Hrsg.), Kindler, München, 1988-1992.
KP	*Der Kleine Pauly*, Sonderausgabe dtv, München, 1979.
MGA	Claudio Monteverdi, *Tutte le opere*, Malipiero, Gian Francesco (Hrsg.), Asolo 1926-42, revidierte zweite Auflage, Universal Edition, Wien, ^{2}1957.
MGG-I	*Die Musik in Geschichte und Gegenwart*, Blume, Friedrich (Hrsg.), Bärenreiter, Kassel / Basel, 1949ff., Sonderausgabe dtv / Bärenreiter, München / Kassel, 1989.
MGG-II	*Die Musik in Geschichte und Gegenwart*, Finscher, Ludwig (Hrsg.), Bärenreiter / Metzler, Kassel etc. / Stuttgart etc., 1994ff.
NG	*The New Grove Dictionary of Music and Musicians*, Sadie, Stanley (Hrsg.), Macmillan Publishers, London, 1980.
NGO	*The New Grove's Dictionary of Opera*, Sadie, Stanley (Hrsg.), Macmillan Publishers, London, 1992.
NHM	*Neues Handbuch der Musikwissenschaft*, Dahlhaus, Carl, weitergeführt von Danuser, Hermann (Hrsg.), Laaber Verlag, Laaber, 1980-1995.
NP	*Der Neue Pauly, Enzyklopädie der Antike*, Cancik, Hubert / Schneider, Helmuth (Hrsg.), Metzler, Stuttgart / Weimar, 1996ff.
NSA	Heinrich Schütz, *Neue Ausgabe sämtlicher Werke*, hrsg. im Auftrag der Neuen Schütz-Gesellschaft, Bärenreiter, Kassel etc., 1955ff.
NV	*Il Nuovo Vogel, Bibliografia della musica italiana vocale profana pubblicata dal 1500 al 1700*, Vogel, Emil / Einstein, Alfred / Lesure, François / Sartori, Claudio (Hrsg.), Staderni-Minkoff Editori, Pomezia, 1977.
PSW	Platon, *Sämtliche Werke*, Otto, Walter F. / Grassi, Ernesto / Plamböck, Gert (Hrsg.), Rowohlts Klassiker der Literatur und Wissenschaft, Reinbek, 1957.
P1	*I codici Palatini della R. Biblioteca Nazionale di Firenze*, Gentile, Luigi (Hrsg.), Rom, 1890-1899.
RISM	*Répertoire International des Sources Musicales*, Internationale Gesellschaft für Musikwissenschaft / Internationale Vereinigung der Musikbibliotheken, Henle, München / Duisburg, 1960ff., sowie Bärenreiter, Kassel etc., 1971ff.
RMLS	*Riemann Musiklexikon, Sachteil*, Gurlitt, Willibald / Eggebrecht, Hans-Heinrich (Hrsg.), Schott, Mainz, ^{12}1967.

Verzeichnis der benutzten Literatur:

Accademia Nazionale dei Lincei (1996): Accademia Nazionale dei Lincei, *Monteverdi: recitativo in monodia e polifonia*, Bericht über den Kongreß am 9.3.1995, Rom, Accademia Nazionale dei Lincei, 1996.

Adrio (1962): Adrio, Adam, *Ambrosius Profe als Herausgeber der italienischen Musik seiner Zeit*, in: Festschrift Karl Gustav Fellerer, Gustav Bosse Verlag, Regensburg, 1962, S. 20-27.

Aghion / Barbillon / Lissarrague (1994): Aghion, Irène / Barbillon, Claire / Lissarrague, François, *Héros et Dieux de l'Antiquité, Guide iconographique*, Flammarion, Paris, 1994.

Alciatus (^{R}1991): Alciatus, Andreas, *Emblematum Libellus*, Nachdruck der Ausgabe Paris 1542, mit einer Einleitung von August Buck, Wissenschaftliche Buchgesellschaft, Darmstadt, 1991.

Ademollo (1888): Ademollo, Alessandro, *La bell'Adriana ed altre virtuose del suo tempo*, Città di Castello, 1888.

Aldrich (1966): Aldrich, Putnam, *Rhythm in Seventeenth-Century Italian Monody*, Dent, London, 1966.

Allen (1982): Allen, David Geoffrey, *The Five-Part Madrigals of Stradella*, in: Chigiana 39, Nuova Serie 19, 1982, S. 155-189.

Allsop (1992): Allsop, Peter, *The Italian ›Trio‹ Sonata - From ist Origins Until Corelli*, Clarendon Press, Oxford, 1992.

Ancona (^{2}1906): d'Ancona, Alessandro, *La poesia popolare italiana*, 2. Aufl., Leghorn, 1906.

Apel (1983): Apel, Willi, *Die italienische Violinmusik im 17. Jahrhundert*, Beihefte zum Archiv für Musikwissenschaft 21, Franz Steiner Verlag, Wiesbaden, 1983.

Apfel (1968): Apfel, Ernst, *Zur Frage des Rhythmus in der italienischen Monodie des 17. Jahrhunderts*, in: Die Musikforschung 21, 1968, S. 473-481.

Apfel (1974): ders., *Grundlagen einer Geschichte der Satztechnik, Teil II: Polyphonie und Monodie, Voraussetzungen und Folgen des Wandels um 1600*, Saarbrücken, 1974.

Apfel (1976): ders., *Grundlagen einer Geschichte der Satztechnik, Teil III: Untersuchungen zu Entstehung und Frühgeschichte des Ostinato in der komponierten Mehrstimmigkeit*, Saarbrücken, 1976.

Apfel (1977): ders., *Entwurf eines Verzeichnisses aller Ostinato-Stücke, zu: Grundlagen einer Geschichte der Satztechnik*, Saarbrücken, 1977.

Arcimboldo (1983): Arcimboldo, Giuseppe, *Figurinen, Kostüme und Entwürfe für höfische Feste*, Beyer, Andreas (Hrsg.), Insel Verlag, Frankfurt am Main, 1983.

Arisi (1741): Arisi, Francesco, *Cremona Literata seu In Cremonenses Doctrinis, ac Literariis Dignitatibus*, apud Petrum Ricchini, Cremona, 1741.

Ariosto (1989): Ariosto, Ludovico, *Opere, Volume terzo*, Unione Tipografico-Editrice Torino, Turin, 1989.

Arlt (1986): Arlt, Wulf, *Der Prolog des ›Orfeo‹ als Lehrstück der Aufführungspraxis*, in: Finscher, Ludwig (Hrsg.:), Festschrift Reinhold Hammerstein zum 70. Geburtstag, Laaber Verlag, Laaber, 1986, S. 35-51.

Arnold (1985): Arnold, Denis, *Monteverdi: Some Colleagues and Pupils*, in: ders. / Fortune, Nigel, *The New Monteverdi Companion*, London, 1985, S. 107-124.

ATLI I (1991): *Archivio Tematico della Lirica Italiana I, Giovan Battista Marino, La Lira*, Besomi, Ottavio / Hauser, Janina / Sopranzi, Giovanni (Hrsg.), Olms, Hildesheim etc., 1991.

ATLI II (1994): *Archivio Tematico della Lirica Italiana II. 1-3, Torquato Tasso, Le Rime*, Besomi, Ottavio / Hauser, Janina / Sopranzi, Giovanni (Hrsg.), Olms, Hildesheim etc., 1994.

ATLI III (1995): *Archivio Tematico della Lirica Italiana III. 1-2, Ludovico Ariosto, Pietro Bembo, Giovanni Della Casa, Le Rime*, Besomi, Ottavio / Hauser, Janina / Sopranzi, Giovanni (Hrsg.), Olms, Hildesheim etc., 1995.

Augustijn (1986): Augustijn, Cornelis, *Erasmus von Rotterdam, Leben - Werk - Wirkung*, dt. von Marga E. Baumer, C.H. Beck, München, 1986.

Baldi (1970): Baldi, Laura, *La musica vocale profana di Tarquinio Merula*, Tesi di laurea, Università Cattolica di Milano, Mailand, 1970 (unveröffentlicht).

Balsano / Haar (1981): Balsano, Maria Antonella / Haar, James, *L'Ariosto in musica*, in: Balsano, Maria Antonella *L'Ariosto, la musica, i musicisti*, Olschki, Florenz, 1981, S. 47-88.

Balsano (1997): dies., *Vade, mane, redi. Noterelle su alcuni madrigali di Schütz, d'India e Monteverdi*, in: Leopold, Silke / Steinheuer, Joachim (Hrsg.), *Claudio Monteverdi und die Folgen*, Kongreßbericht Detmold 1993, Bärenreiter, Kassel, 1998, S. 245-265.

Banchieri (1939): Banchieri, Adriano, *Festino nella sera del giovedì grasso avanti cena*, Somma, Bonaventura (Hrsg.), *Capolavori polifonici del secolo XVI*, Bd. 1, Edizioni A. De Santis, Rom, 1939.

Banchieri (1971): Banchieri, Adriano, *Vivezze di Flora e Primavera, Cantate, Recitate e Concertate con cinque voci nello spinetto, o chitarrone (1622)*, Piatelli, Elio (Hrsg.), *Capolavori polifonici del secolo XVI »Bonaventura Somma«*, Bd. 12, Edizioni A. De Santis, Rom, 1971.

Barblan (1962): Barblan, Guglielmo, *I ›Rognoni‹ musicisti milanesi tra il 1500 e il 1600*, in: Joseph Schmidt-Görg (Hrsg.), *Anthony van Hoboken, Festschrift zum 75. Geburtstag*, B. Schott's Söhne Mainz 1962, S. 19-28.

Baron (1968): Baron, John H., *Monody, A Study in Terminology*, in: The Musical Quarterly 54, 1968, S. 462-474.

Bartel (1985): Bartel, Dietrich, *Handbuch der musikalischen Figurenlehre*, Laaber Verlag, Laaber, 1985.

Bennett (1985): Bennett, Lawrence (Hrsg.), *Cantatas by Filippo Vismarri, Carlo Capellini, Antonio Draghi, Giovanni Battista Pederzuoli, Carlo Agostino Badia*, in: *The Italian Cantata in the Seventeenth Century*, Bd. 16, Garland, New York / London, 1985.

Bernardo (1994): Bernardo, Aldo S., *A Concordance to the ›Familiares‹ of Francesco Petrarca*, Antenore, Padua, 1994.

Bialostocki (1979): Bialostocki, Jan, *Skizze einer Geschichte der beabsichtigten und der interpretierenden Ikonographie*, in: Kaemmerling, Ekkehard - *Ikonographie und Ikonologie, Theorien - Entwicklung - Probleme*, DuMont, Köln, 1979, S. 15-63.

Bianchi / Russo (1993): Bianchi, Fulvio / Russo, Paolo (Hrsg.), *La scelta della misura, Gabriello Chiabrera: l'altro fuoco del barocco italiano*, Atti del Convegno di -studi su Gabriello Chiabrera nel 350o anniversario della morte, Savona, 3-6.11.1988, Edizioni Costa & Nolan, Genua, 1993.

Bianconi (1968): Bianconi, Lorenzo, *Struttura poetica e struttura musicale nei madrigali di Monteverdi*, in: Monterosso, Raffaello (Hrsg.), *Claudio Monteverdi e il suo tempo, Relazioni e communicazioni*, Venedig, Mantua und Cremona 3.-7. Mai 1968, o.O./o.J., S. 335-348.

Bianconi (1982): ders., *Il Seicento*, Storia della Musica 4, E.D.T. Edizioni, Turin, 1982.

Bielitz (1986): Bielitz, Martin, *Zum Verhältnis von Form und Semantik in der Musik von Monteverdi*, in: Finscher, Ludwig (Hrsg.), Festschrift Reinhold Hammerstein zum 70. Geburtstag, Laaber Verlag, Laaber, 1986, S. 53-121.

Blackburn (1994): Blackburn, Bonnie J., *Thomas Crecquillon's ›Salamander‹: An Italian Import*, in: Gmeinwieser, Siegfried / Hiley, David / Riedlbauer, Jörg (Hrsg.) - *Musicologia Humana - Studies in Honor of Warren and Ursula Kirkendale*, Olschki, Florenz, 1994, S. 125-138.

Bontempi (^{R}1970): Bontempi, Giovanni Andrea Angelini, *Il Paride*, Melchior Bergen, Dresden 1662, Reprint Forni, Bologna, 1970.

Bottini (1994): Bottini, Vittorio, *Il tempio dell'Incoronata in Lodi*, edizioni lodigraf, Lodi, 1994.

Boyden (1957): Boyden, David B., *When is a Concerto not a Concerto?*, in: Musical Quarterly 43, 1957, S. 220-232.

Bracelli (1981): Bracelli, Giovanni Battista, *Bizzarie di varie figure*, Faksimile der Ausgabe Florenz 1624, Uhl, Nördlingen 1981.

Bracciolini (1828): Bracciolini, Francesco, *Lo scherno degli Dei*, in: Raccolta di Poeti Classici Italiani Antichi e Moderni 72, Società Tipografica de' Classici Italiani, Mailand 1828.

Braun (1982): Braun, Werner, *Der Stilwandel in der Musik um 1600*, Wissenschaftliche Buchgesellschaft, Darmstadt, 1982.

Braun (1995): ders., *»Amor docet musicam«: Emblematik und Musiktheater*, in: Schaal, Susanne / Seedorf, Thomas / Splitt, Gerhard, *Musikalisches Welttheater*, Festschrift Rolf Dammann zum 65. Geburtstag, Laaber Verlag, Laaber, 1995, S. 85-96.

Brough (1989): Brough, Delma, *Polish Seventeenth-Century Church Music: With Reference to the Influence of Historical, Political, and Social Conditions*, Garland, Outstanding Dissertations in Music from British Universities, New York / London, 1989.

Brunelli (1921): Brunelli, Bruno, *I teatri di Padova*, Libreria Angelo Draghi, Padova, 1921.

Buck (1972): Buck, August / Heitmann, Klaus / Mettmann, Walter, *Dichtungslehren der Romania aus der Zeit der Renaissance und des Barock*, Athenäum, Frankfurt am Main, 1972.

Buff (1973): Buff, Iva Moore, *The Chamber Duets and Trios of Carissimi*, Dissertation Eastman School of Music / University of Rochester, 1973, UMI Microfilms.

Butchart (1979): Butchart, David S., *The Madrigal in Florence, 1560-1630*, Dissertation University of Oxford, 1979.

Butchart (1982): ders., *I Madrigali di Marco da Gagliano*, in: Civiltà musicale medicea 1, Olschki, Florenz, 1982.

Caccini (^{R}1973): Caccini, Giulio, *Le Nuove Musiche*, Florenz 1602, Reprint Broude Brothers, New York, 1973.

Caccini (^{R}1976): ders., *L'Euridice*, Florenz 1600, Reprint Forni, Bologna, 1976.

Caccini (^{2}1982): ders., *Le Nuove Musiche*, Hitchcock, H. Wiley (Hrsg.), Recent Researches in the Music of the Baroque Era, Bd. 9, A-R Editions, Madison, ^{2}1982.

Calcaterra (1977): Calcaterra, Carlo, *›Feria sexta aprilis‹. La data sacra nel ›Canzoniere‹ del Petrarca*, in: Martinelli, Bortolo (Hrsg.), *Petrarca e il Ventoso*, Minerva Italica, Bergamo, 1977, S. 103-148.

Camerarius (1661): Camerarius, Joachim, *Symbolorum & Emblematum ex Animalibus quadrupedis desumtorum Centuria altera collecta*, Frankfurt 1661.

Candidus (1993): Candidus, Petrus, *Einhorn und Nachtigall, Die 200 schönsten Miniaturen aus dem Tierbuch des Petrus Candidus*, Stuttgart / Zürich, 1993.

Cardamone (1982): Cardamone, Donna G., *Madrigali a Tre et Arie Napolitane: A Typographical and Repertorial Study*, in: Journal of the American Musicological Society, Bd. 35, 1982, S. 436-481.

Carlotti (1983): Carlotti, Valeria, *Tarquinio Merula: Musiche concertate et altri madrigali a 1.2.3.4.5. voci, libro secondo (Venezia 1635),* Tesi di Diploma, Università degli Studi di Pavia, Scuola di Paleografia e Filologia Musicale, Anno Accademico 1982-83, 2 Bde (unveröffentlicht).

Carlotti (1986): dies., *Il secondo libro di madrigali concertati di Tarquinio Merula,* in: Nuova Rivista Musicale Italiana XX/1986, S. 339-386.

Carter (1983): Carter, Tim, *A Florentine Wedding of 1608,* in: Acta Musicologica 55, 1983, S. 89-107.

Carter (1989): ders., *Jacopo Peri 1561-1633, His Life and Works,* 2 Bde., Garland, New York / London, 1989.

Carter (1992): ders., *Music in Late Renaissance & Early Baroque Italy,* Batsford, London, 1992.

Carter (1993): ders., *›An Air New and Grateful to the Ear‹: The Concept of Aria in Late Renaissance and Early Baroque Italy,* in: Music Analysis 12/2, 1993, S. 127-145.

Carter (1995): ders., *Resemblance and Representation: Towards a New Aesthetic in the Music of Monteverdi,* in: Fenlon, Iain / Carter, Tim, *Con che soavità, Studies in Italian Opera, Song, and Dance, 1580-1740,* Clarendon Press, Oxford, 1995, S. 118-134.

Castiglione (1986): Castiglione, Baldessar, *Das Buch vom Hofmann,* dt. Übersetzung von Fritz Baumgart, dtv, München, 1986.

Cecchi (1992): Cecchi, Paolo, *Le «Cantade a voce sola» (1633) di Giovanni Felice Sances,* in: Rassegna Veneta di Studi Musicali, V-VI, 1989/90, Cleup Editore, Padova, 1992, S. 137-180.

Cessac (1988): Cessac, Catherine, *Marc-Antoine Charpentier,* Fayard, Paris, 1988.

Cesti (1973): Cesti, Antonio, *Orontea,* Holmes, William (Hrsg.), The Wellesley Edition, Bd. 11, Wellesly College, 1973.

Chegai (1993): Chegai, Andrea, *Le Novelette a sei voci di Simone Balsamino: Prime Musiche su ›Aminta‹ di Torquato Tasso,* Olschki, Florenz, 1993.

Chew (1993): Chew, Geoffrey, *The Platonic Agenda of Monteverdi's Seconda Pratica: A Case Study from the Eighth Book of Madrigals,* in: Music Analysis 12/2, 1993, S. 147-168.

Ciacchi (1993): Ciacchi, Linda Mary, *Rhythm, Text, and Formal Design in the Ostinato Madrigals of Claudio Monteverdi,* Dissertation Yale University 1993, UMI Microfilms.

Città di Sofonisba (1994): *La Città di Sofonisba, Vita urbana à Cremona tra XVI e XVII secolo,* (ohne Hrsg.), Mostra documentaria, Cremona 1994, Leonardo Arte, (Cremona), 1994.

Clark (1966): Clark, Willene B., *The Vocal Music of Biagio Marini (c. 1598-1665),* Dissertation Yale University 1966, UMI Microfilms.

Coker (1972): Coker, Wilson, *Music & Meaning, A Theoretical Introduction to Musical Aesthetics,* The Free Press, New York / London, 1972.

Colzani (1971): Colzani, Alberto, *La musica vocale sacra di Tarquinio Merula,* Tesi di laurea, Università Cattolica di Milano, Mailand, 1971 (unveröffentlicht).

Colzani (1987/88): ders., *I »Musici spirituali concerti« di Tarquinio Merula,* in: Colzani, Alberto u.a., *La musica sacra in Lombardia nella prima metà del Seicento,* Atti del convegno internazionale di Studi, Como 31.5.-2.6.1985, Como, 1987/88, S. 195-220.

Coro Polifonico Cremonese (1989): Coro Polifonico Cremonese, *Musica e Musicisti nel Duomo di Cremona, Documenti e testimonianze dal XV al XVII secolo* (ohne Hrsg.), Ausstellungskatalog, Cremona, 1989.

Corradini (1997): Corradini, Nicolò, *Primo Libro de Canzoni francese a 4 & alcune Sonate (1624),* Antonella Soana (Hrsg.), Bottega discantica, Mailand 1997.

Corradini (1998): ders., *Ricercari con Fughe negli 8 toni gregoriani (1615)*, Marco Fracassi (Hrsg.), Bottega discantica, Mailand 1998.

Crinò (1960): Crinò, Anna Maria, *Virtuose di canto e poeti a Roma e a Firenze nella prima metà del Seicento*, in: Studi seicenteschi, Bd. 1, 1960, S. 175-193.

Curtius ([10]1984): Curtius, Ernst Robert, *Europäische Literatur und lateinisches Mittelalter*, Francke Verlag, Bern / München, 1984.

Dahlhaus (1960): Dahlhaus, Carl, *Zur Theorie des Tactus im 16. Jahrhundert*, in: Archiv für Musikwissenschaft 17, 1960, S. 22-39.

Dahlhaus (1961): ders., *Zur Entstehung des modernen Taktsystems im 17. Jahrhundert*, in: Archiv für Musikwissenschaft 18, 1961, S. 223-240.

Dahlhaus (1962): ders., *Domenico Belli und der chromatische Kontrapunkt um 1600*, in: Die Musikforschung 15, 1962, S. 315-340.

Dahlhaus (1968): ders., *Untersuchungen über die Entstehung der harmonischen Tonalität*, Kassel 1968, 2/1988.

Dahlhaus (1974): ders., *Zur Rhythmik und Metrik um 1600*, in: Apfel, Ernst und Dahlhaus, Carl, *Studien zur Theorie und Geschichte der musikalischen Rhythmik und Metrik*, München, 1974, Bd. 1, S. 273-290.

Dahlhaus (1974a) ders., *Gesualdos manieristische Dissonanztechnik*, in: Hübschen, H. / Moser, D.-R. (Hrsg.), *Convivium musicorum* - Festschrift Wolfgang Boetticher, Berlin, 1974, S. 34-43.

Dahlhaus (1986): ders., *Seconda pratica und musikalische Figurenlehre*, in: Finscher, Ludwig (Hrsg.), *Claudio Monteverdi*, Festschrift Reinhold Hammerstein zum 70 Geburtstag, Laaber Verlag, Laaber, 1986, S. 141-150.

DeFord (1981): DeFord, Ruth I., *The Evolution of Rhythmic Style in Italian Secular Music of the Late Sixteenth Century*, in: Studi musicali 10, 1981, S. 43-74.

DeFord (1985): dies., *Musical Relationships between the Italian Madrigal and the Light Genre in the Sixteenth Century*, in: Musica Disciplina 39, 1985, S. 107-168.

DeFord (1987): dies., *The Influence of the Madrigal on Canzonetta Texts in the Late Sixteenth Century*, in: Acta Musicologica 59, 1987, S. 127-151.

Deacon (1990): Deacon, Theodore Ralph, *The Comic Intrusion: An Analysis of the Origins and Function of the Comedic Elements in Giovanni Francesco Busenello and Claudio Monteverdi's »L'Incoronazione di Poppea«*, Dissertation University of Washington, 1990, UMI Microfilms.

Delfino / Rosa Barezzani (1995): Delfino, Antonio / Rosa Barezzani, Maria Teresa, *Marc' Antonio Ingegneri e la musica a Cremona nel secondo Cinquecento*, Atti della Giornata di studi, Cremona 27.11.1992, LMI, Lucca, 1995.

Della Porta (1990): Della Porta, Pier Maurizio / Genovesi, Ezio, *The Figure of the Shepherd-Musician from the late Middle Ages to the Renaissance: Some Iconographical Examples from Central Italy*, in: Imago Musicae VII, 1990, S. 25-39.

Di Luca (1993): Di Luca, Claudia, *Pio Enea II Obizzi promotore di spettacoli musicali fra Padova e Ferrara*, in: *Seicento inesplorato*, Atti del III. Convegno internazionale sulla musica in area lombardo-padana del secolo XVII, A.M.I.S., Como, 1993, S. 497-508.

D'India (1989): D'India, Sigismondo, *Le musiche a una e due voci Libri I, II, III, IV e V (1609-23)*, Joyce, John (Hrsg.), Olschki, Florenz, 1989.

Doni ([R]1974): Doni, Giovanni Battista, *Lyra Barberina*, Gori, Anton Francesco / Passeri, Giovanni Battista (Hrsg.), Florenz 1763, Reprint Bologna, 1974.

Dotti (1987): Dotti, Ugo, *Vita di Petrarca*, Editori Laterza, Rom / Bari, 1987.

Drebes (1991): Drebes, Gerald, *Monteverdis ›Kontrastprinzip‹, die Vorrede zu seinem 8. Madrigalbuch und das ›Genre* (sic) *concitato‹*, in: Musiktheorie 6/1, 1991, S. 29-42.

Dubowy (1990): Dubowy, Norbert, *»Una nuova foggia di componimenti«, Sulla formazione dei caratteri del testo nella cantata italiana*, in: *La cantata da camera nel barocco italiano*, I quaderni della Civica Scuola di Musica 19-20, 1990, S. 9-18.

Dürr (1958): Dürr, Walter, *Zum Verhältnis von Wort und Ton im Rhythmus des Cinquecento-Madrigals*, in: Archiv für Musikwissenschaft 15, 1958, S. 89-100.

Dürr (1964): ders., *Auftakt und Taktschlag in der Musik um 1600*, in: von Dadelsen, Georg und Holschneider, Andreas (Hrsg.:), Festschrift Walter Gerstenberg, Möseler, Wolffenbüttel und Zürich, 1964, S. 26-36.

Dürr (1986): ders., *Sprachliche und musikalische Determinanten in der Monodie, Beobachtungen an Monteverdis Orfeo*, in: Finscher, Ludwig, *Claudio Monteverdi*, Festschrift Reinhold Hammerstein zum 70. Geburtstag, Laaber Verlag, Laaber, 1986, S.151-162.

Dumont (1989): Dumont, Sara E., *German Secular Polyphonic Song in Printed Editions 1570-1630, Italian Influences on the Poetry and Music*, Garland, New York und London, 1989.

Durante (1989): Durante, Elio / Martellotti, Anna, *Don Angelo Grillo O.S.B. alias Livio Celiano - Poeta per musica del secolo decimosesto*, Archivum Musicum, Florenz, 1989.

Duval-Wirth (1977): Duval-Wirth, Geneviève, *Fonction de la metaphore et du mythe chez quelques auteurs du XVIIe siècle italien*, in: Studi secenteschi 18, 1977, S. 81-104.

Ehrmann (1989): Ehrmann, Sabine, *Claudio Monteverdi: Die Grundbegriffe seines musiktheoretischen Denkens*, Centaurus-Verlagsgesellschaft, Pfaffenweiler, 1989.

Einstein (1912): Einstein, Albert, *Die Aria di Ruggiero*, in: Sammelbände der Internationalen Musikgesellschaft 13, 1911-12, S. 444-454.

Einstein (1934): ders., *Das Madrigal zum Doppelgebrauch*, in: Acta musicologica 6, 1934, S. 110-16.

Einstein (1943): ders., *Narrative rhythm in the Madrigal*, in: The Musical Quarterly 29, 1943, S.475-484.

Einstein (^{R}1970): ders., *The Italian Madrigal*, Princeton 1949, Reprint 1970, 3 Bände.

Elwert (1984): Elwert, W. Theodor, *Italienische Metrik*, Franz Steiner Verlag, Wiesbaden, 1984.

Erasmus (1989): Erasmus von Rotterdam, *Elogio della follia*, Biblioteca Universale Rizzoli, Mailand, 1989.

Esquival-Heinemann (1993): Esquival-Heinemann, Barbara P., *Don Quijote's Sally into the World of Opera / Libretti between 1680 and 1976*, Peter Lang, New York etc., 1993.

Fabbri (1977): Fabbri, Paolo, *Storia e preistoria dell'opera a Varsavia: Il passagio per Mantova di Ladislao, Principe di Polonia*, in: Quadrivium 18, 1977, S. 144-146.

Fabbri (1982): Fabbri, Paolo, *Il soggiorno veneziano di Ladislao Principe di Polonia: un incontro con Claudio Monteverdi*, in: Subsidia musica veneta 3, 1982, S. 27-52.

Fabbri (1985): ders., *Monteverdi*, E.D.T. Edizioni, Turin, 1985.

Fabbri (1995): ders., *On the Origin of an Operatic Topos: The Mad-Scene*, in: Fenlon, Iain / Carter, Tim, *Con che soavità, Studies in Italian Opera, Song, and Dance, 1580-1740*, Clarendon Press, Oxford, 1995, S. 157-195.

Fabris (1987): Fabris, Dinko, *Generi e fonti della musica sacra a Napoli nel Seicento*, in: *La musica a Napoli durante il Seicento*, Atti del Convegno Internazionale di Studi, Napoli, 11-14 aprile 1985, Edizioni Torre d'Orfeo, Roma, 1987, S. 415-454.

Fenlon (1992): Fenlon, Iain / Miller, Peter N., *The Song of the Soul: Understanding Poppea*, Royal Musical Association, London, 1992.

Ferragina (1987): Ferragina, Santa Maria Assunta, *Gli strumenti musicali nell'opera di Giovan Battista Marino*, Tesi di laurea, Storia della musica: Scuola di Paleografia e Filologia Musicale, U. Pavia, 1987.

Ferrari (1947): Ferarri, Luigi, *Onomasticon, Repertorio biobibliografico degli scrittori italiani dal 1501 al 1850*, Biblioteca Veneta, Hoepli, Mailand, 1947.

Ferrari-Barassi (1970): Ferrari-Barassi, Elena, *La tradizione della moresca e uno sconosciuto ballo del cinquecento*, Rivista italiana di musicologia 5, 1970, S. 37-60.

Ferrari-Barassi (1971): dies., *A proposito di alcuni bassi ostinati del periodo rinascimentale e barocco*, in: Quadrivium 12, 1971, S. 347-364.

Ferrari-Barassi (1972): dies., *Tarquinio Merula e il dialogo di »Satiro e Corisca«*, in: Anuario Musical 27, 1972, S. 131-146.

Fiorentini (1989): Fiorentini, Roberto, *La musica nella Cattedrale di Cremona nei sec. XVI e XVII*, in: Coro Polifonico Cremonese, *Musica e musicisti nel Duomo di Cremona*, Katalog Cremona, 1989, S. 27-47.

Föcking (1994): Föcking, Marc, *Rime sacre und die Genese des barocken Stils, Untersuchungen zur Stilgeschichte geistlicher Lyrik in Italien 1536-1614*, Franz Steiner Verlag, Stuttgart, 1994.

Forchert (1985): Forchert, Arno, *Musik und Rhetorik im Barock*, in: Schütz-Jahrbuch 7 / 8, 1985/86, S. 5-21.

Fortune (1953): Fortune, Nigel, *Italian Monody from 1600 to 1635: an Introductory Survey*, in: Musical Quarterly 39, 1953, S. 171-95.

Fortune (1954): ders., *Italian Secular Song from 1600-1635: The Origins and Development of Accompanied Monody*, Dissertation University of Cambridge, 1954.

Fortune (1967): ders., *Duet and Trio in Monteverdi*, The Musical Times 108, 1967, S. 417-419.

Fortune (1968): ders., *Solo Song and Cantata*, in: The New Oxford History of Music, Bd. 4, Oxford University Press, London etc., 1968, S. 140-180.

Frati (1925): Frati, Lodovico, *Per la storia della musica in Bologna nel secolo XVII*, in: Rivista Musicale Italiana 32, 1925, S. 544-565.

Fridericus (1613): Fridericus, Johannes - *Emblemata Othonis Vaeni*, Frankfurt am Main, 1613.

Gagliano ([R]1970): Gagliano, Marco da, *La Dafne*, Florenz 1608, Reprint Forni, Bologna, 1970.

Galilei ([R]1967): Galilei, Vincenzo, *Dialogo della Musica Antica et della Moderna*, Florenz, 1581, Reprint Broude Brothers, New York, 1967.

Gallico (1979): Gallico, Claudio, *Monteverdi. Poesia musicale, teatro e musica sacra*, Einaudi, Turin, 1979.

Geck (1965): Geck, Martin, *Die Vokalmusik Dietrich Buxtehudes und der frühe Pietismus*, Bärenreiter, Kassel etc., 1965.

Gerritsen / van Melle (1993): Gerritsen, W.P. / van Melle, A.G. - *Van Aiol tot de Zwaanritter, Personages uit de middeleeuwse verhaalkunst en hun voortleven in literatur, theater en beeldende kunst*, Sun, Nijmegen, 1993.

Gesta romanorum (1872): *Gesta romanorum*, Oesterley, Hermann (Hrsg.), Weidmannsche Buchhandlung, Berlin, 1872.

Ghisi (1958): Ghisi, Federico, *Le composizioni vocali umoristiche di Giacomo Carissimi*, in: Revue belge de musicologie 12, 1958, S. 67-70.

Ghisi ([R]1970): *Alle fonti della monodia*, Turin, 1940; Reprint A.M.I.S., Bologna, 1970.

Ghisi (1970a): Ghisi, Federico, *Cronistoria delle visite a Firenze nel 1624 e 1634 dei principi di Polonia Ladislao Sigismondo e Alessandro*, in: Quadrivium 11, 1970, S. 191-197.

Giazotto (1984): Giazotto, Remo, *Giovanni Pierluigi da Palestrina, Quinzio Solini, Tarquinio Merula: Cinque Documenti inediti*, in: Nuova Rivista Musicale Italiana 18, 1984, S. 625-630.

Giazzi / Manfredini (1994): Giazzi, Emilio / Manfredini, Simone, *Tarquinio Merula musicista nella Cremona degli Anguissola*, Capella Musicale della Cattedrale di Cremona / Lions Club Cremona »Duomo«, Cremona 1994.

Gibelli (1974): Gibelli, Vittorio, *La musica strumentale lombarda in Polonia e Tarquinio Merula,* in: Vecchi, Giuseppe, *Primo incontro con la musica italiana in Polonia*, Bologna, 1974, S. 163-171.

Ginzburg (1983): Ginzburg, Carlo, *Der Käse und die Würmer, Die Welt eines Müllers um 1600*, dt. von Karl F. Hauber, Syndikat / EVA, Frankfurt am Main, 1983.

Gombrich ([2]1978): Gombrich, Ernst H., *Symbolic Images, Studies in the Art of the Renaissance II*, Phaidon, Oxford, 1972, [2]1978.

Goodman (1976): Goodman, Nelson, *Languages of Art*, Hackett Publishing, Indianapolis, 1976.

Goosen (1990): Goosen, Louis - *Van Abraham tot Zacharia, Thema's uit het Oude Testament in religie, beeldende kunst, literatur, muziek en theater*, Sun, Nijmegen, 1990.

Gregorio (1971): Gregorio, Vincenzo de, *Il tempo, la morte e la bellezza nella lirica barocca*, in: Studi secenteschi 12, 1971, S. 177-206.

Grillo (1608): Grillo, Angelo, *Poesie sacre del Molto R.P. Abbate D. Angelo Grillo*, Bernardo Giunti, Gio. Batt. Ciotti Sanese et compagni, Venedig, 1608.

Groth (1989): Groth, Renate, *Italienische Musiktheorie im 17. Jahrhundert*, in: GdMT, Bd. 7, *Italienische Musiktheorie im 16. und 17. Jahrhundert, Antikenrezeption und Satzlehre*, Darmstadt, 1989, S. 307-379.

Guidobaldi (1990): Guidobaldi, Nicoletta, *Images of Music in Cesare Ripa's »Iconologia«*, in: Imago Musicae 7, 1990, S. 41-68.

Guizzi (1990): Guizzi, Febo, *The Sounds of »povertà contenta«: Cityscape, Landscape, Soundscape, and Musical Portraiture in Italian Genre Painting of the 17th and 18th Centuries*, in: Imago Musicae 7, 1990, S. 115-147.

Haar (1981): James Haar, *Arie per cantar stanze ariostesche*, in: L'Ariosto, la musica e i musicisti, hrsg. von Maria Antonella Balsano, Quaderni della Rivista italiana di musicologia 5, Florenz, 1981, S. 31-46.

Haar (1983): ders., *The ›Madrigale arioso‹: A Mid-Century Development in the Cinquecento Madrigal*, in: Studi musicali 12/2, 1983, S. 203-219.

Hall (1978): Hall, Frederick A., *The Polyphonic Italian Madrigal 1638-1745*, Dissertation University of Toronto, 1978.

Häfner (1996): Häfner, Klaus, *Johann Melchior Molter (1696-1765) in seiner Zeit, Dokumente und Bilder zu Leben und Werk*, Selbstverlag der Badischen Landesbibliothek Karlsruhe, Karlsruhe 1996.

Hammerstein (1962): Hammerstein, Reinhold, *Die Musik der Engel*, Francke Verlag, Bern / München 1962.

Hammerstein (1974): ders., *Diabolus in musica, Studien zur Ikonographie der Musik im Mittelalter*, Francke Verlag, Bern / München, 1974.

Hammerstein (1980): ders., *Tanz und Musik des Todes, Die mittelalterlichen Totentänze und ihr Nachleben*, Francke Verlag, Bern / München, 1980.

Hammerstein (1980a): ders., *Macht und Klang, Tönende Automaten als Realität und Fiktion in der alten und mittelalterlichen Welt*, Francke Verlag, Bern, 1980.

Hammerstein (1984): ders., *Musik und bildende Kunst, Zur Theorie und Geschichte ihrer Beziehungen*, in: Imago Musicae 1, 1984, S. 1-28.

Hammerstein (1986): ders., *Versuch über die Form im Madrigal Monteverdis*, in: Finscher, Ludwig (Hrsg.:), Festschrift Reinhold Hammerstein zum 70. Geburtstag, Laaber Verlag, Laaber, 1986, S. 9-33.

Hammerstein (1994): ders., *Von gerissenen Saiten und singenden Zikaden, Studien zur Emblematik der Musik*, Francke Verlag, Tübingen / Basel, 1994.

Hammond (1994): Hammond, Frederick, *Music & Spectacle in Baroque Rome, Barberini Patronage under Urban VIII*, Yale University Press, New Haven / London, 1994.

Hanning (1992): Hanning, Barbara Russano, *Monteverdi's Three Genera: A Study in Terminology*, in: Hanning, Barbara R. / Baker, Nancy K., *Musical Humanism and Its Legacy: Essays in Honor of Claude V. Palisca*, Pendragon Press, Stuyvesant N.Y., 1992, S. 145-170.

Hansen (1989): Hansen, Dorothee, *Antike Helden als ›causae‹, Ein gemaltes Programm im Palazzo Pubblico von Siena*, in: *Malerei und Stadtkultur in der Dantezeit, Die Argumentation der Bilder*, Belting, Hans / Blume, Dieter (Hrsg.), Hirmer Verlag, München, 1989, S. 133-148.

Heckmann (1953): Heckmann, Harald, *Der Takt in der Musiklehre des 17. Jahrhunderts*, in: Archiv für Musikwissenschaft 10, 1953, S. 116-139.

Heckmann (1994): ders., *Vorwort*, in: Heckmann, Harald / Holl, Monika / Marx, Hans Joachim (Hrsg.), *Musikalische Ikonographie*, Laaber Verlag, Laaber, 1994; S. 9-13.

Heckscher (1979): Heckscher, William S., *Die Genesis der Ikonologie*, in: Kaemmerling, Ekkehard - *Ikonographie und Ikonologie, Theorien - Entwicklung - Probleme*, DuMont, Köln, 1979, S. 112-164.

Henkel / Schöne (1978): Henkel, Arthur / Schöne, Albrecht (Hrsg.), *Emblemata, Handbuch zur Sinnbildkunst des XVI. und XVII. Jahrhunderts*, Metzler, Stuttgart, 1967; Sonderausgabe 1978; Taschenbuchausgabe 1996.

Hermelink (1959): Hermelink, Siegfreid, *Rhythmische Strukturen in der Musik von Heinrich Schütz*, in: Archiv für Musikwissenschaft 16, 1959, S. 378-90.

Hermelink (1968): ders., *Das rhythmische Gefüge in Monteverdis Ciaccona »Zeffiro torna«*, in: Monterosso, Raffaello (Hrsg.), *Claudio Monteverdi e il suo tempo*, Relazioni e communicazioni, Venedig, Mantua und Cremona 3.-7. Mai 1968, o.O./o.J., S. 323-334.

Herzog Anton Ulrich-Museum (1980): Herzog Anton Ulrich-Museum (Hrsg.), *Italienische Majolika*, Bilderhefte des Herzog Anton Ulrich-Museums, Heft 6, Braunschweig, 1980.

Holzer (1994): Holzer, Robert R., *»Ma invan la tento et impossibil parmi,« or How ›guerrieri‹ are Monteverdi's ›madrigali guerrieri‹?*, in: Guardiani, Francesco (Hrsg.), *The Sense of Marino, Literature, Fine Arts and Music of the Italian Baroque*, Legas, New York / Ottawa / Toronto 1994, S. 429-450.

Horsley (1978): Horsley, Imogen, *Monteverdi's Use of Borrowed Material in ›Sfogava con le stelle‹*, in: Music and Letters 59, 1978, S. 316-328.

Houle (1987): Houle, George, *Meter in Music, 1600-1800; Performance, Perception, and Notation*; Indiana University Press, Bloomington / Indianapolis, 1987.

Hudson (1982): Hudson, Richard, *The Folia, the Saraband, the Passacaglia, and the Chaconne, The Historical Evolution of Four Forms that originated in Music for the Five-Course Spanish Guitar*, American Institute of Musicology, Hänssler Verlag, Stuttgart, 1982, Bd. 1-4.

Hudson (1986): ders., *The Allemande, the Balletto and the Tanz*, Cambridge, 1986.

Hunsley-Knowlton (1983): Hunsley-Knowlton, Karen M., *The Secular Works of Antonio Brunelli*, Dissertation Kent State University, 1983, UMI Microfilms.

Ingegneri (1994): Ingegneri, Marc' Antonio, *Il terzo libro dei madrigali a cinque voci*, Mangani, Marco (Hrsg.), in: *Opera omnia*, Serie II, Bd. III, Libreria Musicale Italiana, Lucca, 1994.

Jarzebski (1989): Jarzebski, Adam, *Opera omnia*, Rutkowska, Wanda (Hrsg.), Monumenta Musicae in Polonia, Serie A, Krakow, 1989.

Kaden (1981): Kaden, Christian, *Vorwort zu einer Semiotik der Musik*, in: Goldschmidt, Harry / Knepler, Georg (Hrsg.), *Musikästhetik in der Diskussion, Vorträge und Diskussionen*, Deutscher Verlag für Musik, Leipzig, 1981, S. 153-197.

Kaemmerling (1979): Kaemmerling, Ekkehard, *Ikonographie und Ikonologie, Theorien - Entwicklung - Probleme*, DuMont, Köln, 1979.

Kanduth (1973): Kanduth, Erika, *Die Texte zu G. Valentinis Druck von 1622*, in: Einleitung zur Edition, DTÖ, Bd. 125, Graz / Wien, 1973, S. IX-XII.

Kapp (1992): Kapp, Volker (Hrsg.), *Italienische Literaturgeschichte*, Verlag J.B. Metzler, Stuttgart / Weimar, 1992.

Karbusicky (1990): Karbusicky, Vladimir (Hrsg.), *Sinn und Bedeutung in der Musik, Texte zur Entwicklung des musiksemiotischen Denkens*, Wissenschaftliche Buchgesellschaft, Darmstadt, 1990.

Kirkendale (1972): Kirkendale, Warren, *L'Aria di Fiorenza, id est Il Ballo del Gran Duca*, Florenz, 1972.

Kirkendale (1972a): ders., *Franceschina, Girometta, and their Companions in a Madrigal »a diversi linguaggi« by Luca Marenzio and Orazio Vecchi*, in: Acta Musicologica 44, 1972, S. 181-235.

Kirkendale (1993): ders., *The Court Musicians in Florence during the Principate of the Medici*, Olschki, Florenz, 1993.

Koch (1990): Koch, Klaus-Dietrich - *Die Aeneis als Opernsujet*, Universitätsverlag Konstanz, Konstanz, 1990.

Krahn (1995): Krahn, Volker, *›Von allen Seiten schön‹, Bronzen der Renaissance und des Barock*, Wilhelm von Bode zum 150. Geburtstag, Ausstellungskatalog, Edition Braus, Berlin, 1995.

Kunze (1972): Kunze, Stefan - *Don Giovanni vor Mozart*, W. Fink Verlag, München, 1972.

Kurtzman (1993): Kurtzman, Jeffrey, *A Taxonomic and Affective Analysis of Monteverdi's ›Hor che'l ciel e la terra‹*, in: Music Analysis 12/2, 1993, S. 169-195.

Lange (1968) Lange, Klaus Peter, *Theoretiker des literarischen Manierismus. Tesauros und Pellegrinis Lehre der »acutezza« oder von der Macht der Sprache*, W. Fink Verlag, München, 1968.

Laki (1989): Laki, Peter, *The Madrigals of Giambattista Marini and their Settings for Solo Voice (1602-1640)*, Dissertation University of Pennsylvania, 1989, UMI Microfilms.

La May (1986): La May, Thomasin K., *Imitazione in Monteverdi's Canzonettas and the Madrigals, Books I-III*, Dissertation, University of Michigan, 1986, UMI Microfilms.

Lancetti (1820): Lancetti, Vincenzo, *Biografia Cremonese*, Cremona, 1820, Reprint Forni, Bologna, ^{R}1970.

Lasso (1982): *Orlando di Lasso - Musik der Renaissance am Münchener Fürstenhof*, Ausstellungskatalog München 1982.

Lausberg (1960): Lausberg, Heinrich, *Handbuch der literarischen Rhetorik*, Max Hueber Verlag, München, 1960.

Lausberg (1963): ders., *Elemente der literarischen Rhetorik*, Max Hueber Verlag, München, 1963.

La Via (1994): La Via, Stefano, *Il lamento di Venere abbandonata, Tiziano e Cipriano de Rore*, Libreria Musicale Italiana, Lucca, 1994.

Leopold (1979): Leopold, Silke, *Madrigali sulle egloghe sdrucciole di Jacopo Sannazaro, Struttura poetica e forma musicale*, in: Rivista italiana di musicologia 14, 1979, S. 75-127.

Leopold (1981): dies., *Die Hierarchie Arkadiens, Soziale Strukturen in den frühen Pastoralopern und ihre Ausdrucksformen*, in: Schweizer Jahrbuch für

Musikwissenschaft / Annales Suisses de Musicologie, Neue Folge Bd. 1, 1981, S. 71-92.

Leopold (1986): dies., *Lyra Orphei*, in: Finscher, Ludwig (Hrsg.), Festschrift Reinhold Hammerstein zum 70. Geburtstag, Laaber Verlag, Laaber, 1986, S. 337-345.

Leopold (1990): dies., *Curtio Precipitato - Claudio Parodiato*, in: Caldwell, John u.a., *The Well Enchanting Skill, Music, Poetry, and Drama in the Culture of the Renaissance*, Essays in Honor of F.W. Sternfeld, Clarendon Press, Oxford, 1990, S. 65-76.

Leopold (^{2}1993): dies., *Claudio Monteverdi und seine Zeit*, Laaber Verlag, Laaber, 1982, ^{2}1993.

Leopold (1994): dies., *Die Harfe in der frühen Oper*, in: Aspects of the Historical Harp, Proceedings of the International Historical Harp Symposium, Utrecht 1992, STIMU, Utrecht, 1994, S. 31-42.

Leopold (1995): dies., *Al Modo d'Orfeo, Dichtung und Musik im italienischen Sologesang des frühen 17. Jahrhunderts*, Analecta Musicologica, Bd. 29/I-II, 1995; darin unter Mitabeit von Joachim Steinheuer entstanden, *Katalog der gedruckten solistischen Vokalmusik (1601-1644)*, Bd. II, S. 129-395.

Leopold (1997): Leopold, Silke, *Die Vanitas-Idee in der Musik des frühen 17. Jahrhunderts*, in: Fleming, Victoria von, Sonderheft *Aspekte der Gegenreformation*, Bericht über das Symposium Darmstadt Februar 1994, in: Zeitsprünge, Forschungen zur Frühen Neuzeit, Bd. 1, Heft 3/4, 1997, S. 645-669.

Leuchtmann (1976): Leuchtmann, Horst, *Orlando di Lasso - Sein Leben*, Wiesbaden 1976.

Levine (1991): Levine, David A., *Die Kunst der »Bamboccianti«: Themen, Quellen und Bedeutung*, in: Levine, David A. und Mai, Ekkehard, *I Bamboccianti - Niederländische Malerrebellen im Rom des Barock*, Ausstellungskatalog, Köln, 1991, S. 14-33.

Lovato (1992): Lovato, Antonio, *Tarquinio Merula »musico« di Giorgio Cornaro Vescoco di Padova (1642-1663)*, in: Rassegna Veneta di Studi Musicali V-VI, 1989/90, Cleup Editore, Padova, 1992, S. 181-202.

Lowinsky (1969): Lowinsky, Edward E., *Ockeghem's Canon for Thirty-six Voices: An Essay in Musical Iconography*, in: Reese, Gustav / Snow, Robert J. (Hrsg.), *Essays in Musicology in Honor of Dragan Plamenac on his 70th Birthday*, University of Pittsburgh Press, Pittsburgh, 1969, S. 155-180.

Luppi (1993): Luppi, Andrea, *La metafora musicale nelle »Dicerie sacre« di Giovan Battista Marino*, in: *Seicento inesplorato*, Atti del III Convegno internazionale sulla musica in area lombardo-padana del secolo XVII, A.M.I.S., Como, 1993, S. 593-612.

Mabbett (1989): Mabbett, Margaret L., *The Italian Madrigal 1620 - 1655*, Dissertation University of London, 1989 (unveröffentlicht).

Mabbett (1994): dies., *Le conessioni stilistiche tra l'Ottavo Libro di Monteverdi ed il Madrigale ›Avant-Garde‹ a Vienna*, in: Colzani, Alberto / Luppi, Andrea / Padoan, Maurizio, *Il madrigale oltre il madrigale*, Atti del IV Convegno internazionale sulla musica italiana nel secolo XVII, Lenno - Como, 28-30 giugno 1991, A.M.I.S., Como, 1994, S. 73-103.

MacNeil (1994): MacNeal, Anne Elisabeth, *Music and the Life and Work of Isabella Andreini: Humanistic Attitudes toward Music, Poetry, and Theatre during the Late Sixteenth and Early Seventeenth Centuries*, Dissertation University of Chicago, 1994, UMI Microfilms.

Maggs (1975): Maggs, John Anderson, *The Secular Music of Alessandro Grandi*, Dissertation University of Michigan, 1975, UMI Microfilms.

Mai / Rees (1996): Mai, Ekkehard / Rees, Joachim, *Das Capriccio als Kunstprinzip, Zur Vorgeschichte der Moderne von Arcimboldo und Callot bis Tiepolo und Goya*, Ausstellungskatalog Köln, Zürich, Wien 1996/97, Skira Editore, Mailand, 1996.

Maier (1618): Maier, Michael, *Atlanta fugiens*, Oppenheim 1618.

Mamiano (1620): Mamiano, Giovanni Battista, *Rime del Conte Gio. Battista Mamiano* ..., Venedig, 1620.

Mangani (1992): Mangani, Marco, *Le canzoni della »Lira« del Marino nelle stampe musicali del '600*, in: Rassegna Veneta di Studi Musicali V-VI, 1989/90, Cleup Editore, Padua, 1992, S. 75-101.

Maragoni (1982): Maragoni, Gian Piero, *Discorsi sul Marino heroico*, Zara, Parma, 1982.

Marchetti (1960): Marchetti, Italiano, *Note sulla poesia rusticale*, in: Studi seicenteschi 1, 1960, S. 61-88.

Marenzio (1978): Luca Marenzio, *Opera omnia*, Bd. IV, Meier, Bernhard / Jackson, Roland (Hrsg.), CMM 72, American Institute of Musicology, Hänssler Verlag, Stuttgart, 1978.

Marino (1639): Marino, Giovan Battista, *La Galeria del Cavalier Marino. Distinta in Pitture & Sculture in Ritratti*, Terza Impressione Ricorretta, Dal Ciotti, Venetia, 1639.

Marino (1675): ders., *La Lira, Rime del Cavalier Marino*, Nicolò Pezzana, Venedig, 1675.

Marino (1979): ders., *La Galeria*, Pieri, Marzio (Hrsg.), Liviana Editrice, Padua, 1979.

Marino (1982): ders., *Amori*, Martini, Alessandro (Hrsg.), Biblioteca Universale Rizzoli, Mailand, 1982.

Marino (1987): ders., *Rime amorose*, Besomi, Ottavio / Martini, Alessandro (Hrsg.), Edizioni Panini, Ferrara / Modena, 1987.

Marino (1988): ders., *Rime marittime*, Besomi, Ottavio / Marchi, Costanzo / Martini, Alessandro (Hrsg.), Edizioni Panini, Ferrara / Modena, 1988.

Marino (1993): ders., *La Sampogna*, De Maldé, Vania (Hrsg.), Fondazione Pietro Bembo / Ugo Guanda Editore, Parma 1993.

Marino (1995): ders., *La Sferza* e *Il Tempio*, Maragoni, Gian Piero (Hrsg.), Beniamino Vignola Editore, Rom, 1995.

Mariño Ferro (1996): Mariño Ferro, Xosé Ramón, *Symboles animaux. Un dictionnaire des représentations et croyances en Occident*, Girard, Christine / Grenet, Gérard (Übersetzung), Desclée de Brouwer, Paris, 1996

Markowsky (1995): Markowsky, Jens, *Struktur, Funktion und Bedeutung musikalischer Zeichen in der Matthäus-Passion, SWV 479, von Heinrich Schütz*, Heinrich-Schütz-Haus Bad Köstritz, Bad Köstritz, 1995.

Marozzi (1989): Marozzi, Laura, *Tomaso Bigone e la musica sacra a Lodi*, in: *Tradizione e stile*, Atti del II convegno internazionale di studi sul tema: La musica sacra in area lombardo-padana nella seconda metà del '600, A.M.I.S., Como, 1989, S. 111-122.

Martinelli (1977): Martinelli, Bortolo, *Petrarca e il Ventoso*, Minerva Italica, Bergamo etc., 1977.

Massaro / Cattin (1983): Massaro, Maria Nevilla / Cattin, Giulio, *La musica e le istituzioni musicali nelle città di Terraferma*, in: Arnaldi, Girolamo / Pastore Stocchi, Manlio – Storia della Cultura Veneta, Bd. 4/1, Il Seicento, Vicenza, Neri Pozza Editore 1983, S. 449-454.

Mayer Brown (1965) Mayer Brown, Howard, *Instrumental Music printed before 1600, A Bibliography*, Harvard University Press, Cambridge Ma., 1965.

Mayer Brown (1972): ders. / Lascelle, Joan, *Musical Iconography: A Manual for Cataloguing Musical Subjects in Western Art before 1800*, Harvard University Press, Cambridge Ma., 1972.

Mayer Brown (1982): ders., *Emulation, Competition, and Homage: Imitation and Theories of Imitation in the Renaissance*, Journal of the American Musicological Society, Bd. 35, 1982, S. 1-48.

Maylender (1926-30): Maylender, Michele, *Storia delle Accademie d'Italia*, Capelli Editore Bologna 1926-30, Reprint Forni, Bologna, o.J.

McClary (1976): McClary, Susan, *The Transition from Modal to Tonal Organization in the Works of Monteverdi*, Dissertation, Harvard University 1976, UMI Microfilms.

Mei (1602): Mei, Girolamo, *Discorso sopra la Musica Antica et Moderna*, Venedig 1602, Reprint hrsg. von Giuseppe Massera, Forni, Bologna, o.J.

Mei (^{2}1977): ders., *Letters on Ancient and Modern Music to Vincenzo Galilei and Giovanni Bardi*, Palisca, Claude V. (Hrsg.), American Institute of Musicology, Hänssler-Verlag, Neuenhausen-Stuttgart, ^{2}1977.

Meier, A. (1990): Meier, Andreas, *Faustlibretti*, Peter Lang, Frankfurt etc., 1990.

Meier, B. (1974): Meier, Bernhard, *Die Tonarten der klassischen Vokalpolyphonie nach den Quellen dargestellt*, Utrecht, 1974.

Meier, B. (1992): ders., *Alte Tonarten dargestellt an der Instrumentalmusik des 16. und 17. Jahrhunderts*, Bärenreiter Studienbücher Musik, Kassel, 1992.

Menesto (1980): Menesto, Enrico, *Le laude drammatiche di Iacopone da Todi: Fonti e struttura*, in: Amministrazione Provinciale di Viterbo / Centro di Studi sul Teatro Medioevale e Rinascimentale (Hrsg.), *Le laudi drammatiche umbre delle origini*, Atti del V Convegno di Studio, Viterbo, 1980.

Merula, P. (1620): Merula, Pellegrino, *Libro di Casa di me Don Peregrino Merula (et Nicolò) 1620*, Archivio di Stato di Cremona, Consorzio dell' Immacolata Concezione della Beata Vergine Maria detto comunemente ›della Donna‹, Corpi soppressi b 78, 2.8 (sotto la lettera N° 2 at N° 8).

Merula, T. (^{R}1969): Merula, Tarquinio, *Canzoni overo Sonate Concertate per Camera e Chiesa, Libro terzo op. 12*, Venedig, 1637, Reprint Bologna, 1969.

Merula, T. (1974-78): ders., *Opere complete di Tarquinio Merula, I - Musica Strumentale*, Bd. I-III, Sutkowski, Adam (Hrsg.) Institute of Medieval Music, Brooklyn, New York, 1974-1978.

Merula, T. (1978): ders., *Sonate concertate overo Sonate Concertate per Camera e Chiesa, Libro terzo op. 12*, Venedig 1637, Mosconi, Andrea (Hrsg.), *Il Seicento musicale italiano*, Bd. 1, Pro musica studium, Rom, 1978.

Merula, T. (1978a): ders., *Composizioni per organo e cembalo*, Curtis, Alan (Hrsg.), Paideia und Bärenreiter, Brescia / Kassel, 1978.

Miller (1972): Miller, C.A., *Jerome Cardan on Gombert, Phinot and Carpentras*, Musical Quarterly 58, 1972, S. 412-419.

Minardi (1982): Minardi, Gian Paolo, *G.B. Marino e il madrigale »Feritevi, ferite viperette« di Stradella*, in: Chigiana 39, Nuova Serie 19, 1982, S. 191-200.

Mischiati (1971): Mischiati, Oscar, *Adriano Banchieri (1568-1634) - Profilo biografico e bibliografia delle opere*, in: Conservatorio di Musica G.B. Martini, Bologna, Annuario 1965-1970, Casa Editrice Pàtron, Bologna 1971, S. 37-201.

Mischiati (1984): ders., *Indici, cataloghi e avvisi degli editori e librai musicali italiani dal 1591 al 1798*, Olschki, Florenz, 1984.

Monterosso (1949): Monterosso, Raffaello, *Mostra bibliografica dei musicisti cremonesi*, Annali della Biblioteca Governativa e Libreria Civica di Cremona 2, Cremona, 1949.

Monteverdi (^{R}1972): Monteverdi, Claudio, *L'Orfeo, Favola in musica*, Venedig 1615, Reprint Gregg, Westmead, 1972.

Monteverdi (1989): Monteverdi, Claudio, *Briefe*, Stevens, Denis (Hrsg.), Ehrmann, Sabine / Henschen, Hans-Horst (Übersetzung), Piper, München, 1989.

Moormann / Uitterhoeve (1987): Moormann, Eric M. / Uitterhoeve, Wilfried - *Van Achilleus tot Zeus, Thema's uit de klassieke mythologie in literatur, muziek, beeldende kunst en theater*, Sun, Nijmegen, 1987.

Moormann / Uitterhoeve (1989): Moormann, Eric M. / Uitterhoeve, Wilfried - *Van Alexander tot Zenobia, Thema's uit de klassieke geschiedenis in literatur, muziek, beeldende kunst en theater*, Sun, Nijmegen, 1989.

Moormann / Uitterhoeve (1995): Moormann, Eric M. / Uitterhoeve, Wilfried, *Lexikon der antiken Gestalten mit ihrem Fortleben in Kunst, Dichtung und Musik*, Alfred Kröner, Stuttgart, 1995.

Morche (1992): Morche, Gunther, *Motette und Madrigal im 17. Jahrhundert*, in: Schneider, Herbert / Winkler, Heinz-Jürgen (Hrsg.), Die Motette, Beiträge zu ihrer Gattungsgeschichte, Schott, Mainz, 1992, S. 217-241.

Morelli (1990): Morelli, Arnaldo, *Il Seicento*, in: Durante, Sergio und Petrobelli, Pierluigi, *Storia della musica al Santo di Padova*, Neri Pozza Editore, Vicenza, 1990, S. 93-106.

Morini (1930); Morini, Nestore, *La R. Accademia Filarmonica di Bologna, Monografia storica*, L. Capelli Editore, Bologna, 1930.

Moroni (1860): Moroni, Gaetano, *Dizionario di erudizione storico-ecclesiastica*, Bd. 99, Venedig, 1860.

Morsanuto (1991): Morsanuto, Tiziana, *Giovanni Giacomo Arrigoni (1597-1675): un compositore seicentesco fra Venezia, Vienna ed Udine*, Dissertation Università degli Studi di Pavia, Scuola di Paleografia e Filologia Musicale, Cremona, 1991.

Moser (^{R}1966): Moser, Hans-Joachim, *Corydon - Das ist: Geschichte des mehrstimmigen Liedes und Quodlibets im Barock*, Litolff Verlag, Braunschweig, 1933; Reprint Olms, Hildesheim etc., 1966.

Moser (1954): ders., *Heinrich Schütz - Sein Leben und Werk*, Bärenreiter, Kassel etc., 1954, S. 550-559.

Neumann (1955): Neumann, Friedrich-Heinrich, *Die Theorie des Rezitativs im 17. und 18. Jahrhundert unter besonderer Berücksichtigung des deutschen Musikschrifttums des 18. Jahrhunderts*, Dissertation, Göttingen, 1955.

Neven (1970): Neven, Armand, *L'Arpicordo*, Acta Musicologica 42, 1970, S. 230-235.

Okayama (1992): Okayama,Yassu, *The Ripa Index. Personifications and their Attributes in Five Editions of the Iconologia*, Davaco Publishers, Doornspijk, 1992.

Ortiz (1936): Ortiz, Diego, *Tratado de glosas sobre clausulas y otros generos de puntos en la musica de violones, Roma 1553*, Schneider, Max (Hrsg.), Kassel, Bärenreiter, 1936.

Ossi (1988): Ossi, Massimo Michele, *›L'Armonia raddoppiata‹: On Claudio Monteverdi's ›Zefiro torna‹, Heinrich Schütz's ›Es steh Gott auf‹, and other early Seventeenth-Century ›Ciaccone‹*, in: Studi musicali 17, 1988, S. 225-253.

Ossi (1989): ders., *Claudio Monteverdi's ›concertato‹ Technique and its Role in the Development of his Musical Thought*, Dissertation Harvard University, 1989, UMI Microfilms.

Osthoff (1960): Osthoff, Wolfgang, *Das dramatische Spätwerk Claudio Monteverdis*, Hans Schneider, Tutzing, 1960.

Osthoff (1969): ders., *Theatergesang und darstellende Musik in der italienischen Renaissance*, Hans Schneider, Tutzing, 1969.

Osthoff (1976): ders., *Filiberto Laurenzis Musik zu »La finta savia« im Zusammenhang der frühvenezianischen Oper*, in: Muraro, Maria Teresa, *Venezia e il Melodramma nel Seicento*, Olschki, Florenz, 1976, S. 173-197.

Otto (1977): Otto, Craig A., *The Liechtenstein Music Collection on Microfilm at Syracuse University, Syracuse*, New York, 1977.

Padoan (1972): Padoan, Maurizio, *Tarquinio Merula nelle fonti documentarie,* in: *Contributi e studi di liturgia e musica nella regione padana*, A.M.I.S., Bologna, 1972, S. 229-329.

Padoan (1983): ders., *La Musica in S. Maria Maggiore a Bergamo nel periodo di Giovanni Cavaccio (1598-1626),* A.M.I.S., Como, 1983.

Padoan (1985): ders., *Sulla struttura degli ultimi motetti vocali-strumentali di Alessandro Grandi,* in: Rivista internazionale di musica sacra 6, 1985, S. 7-66.

Padoan (1990): ders., *Un modello esemplare di mediazione nell'Italia del nord: S. Maria Maggiore a Bergamo negli anni 1630-1657,* in: Rivista internazionale di musica sacra 11, 1990, S. 115-157.

Palisca (1960): Palisca, Claude V., *Vincenzo Galilei and Some Links between »Pseudo-Monody« and Monody,* in: The Musical Quarterly 46, 1960, S. 344-360.

Palisca (1963): ders., *Musical Asides in the Diplomatic Correspondance of Emilio de' Cavalieri,* in: The Musical Quarterly 49, 1963, S. 339-355.

Palisca (1968): ders., *The Alterati of Florence, Pioneers in the Theory of Dramatic Music,* in: Austin, William W. (Hrsg.), *New Looks at Italian Opera,* Essays in Honor of Donald J. Grout, Cornell University Press, Ithaca / New York, 1968, S. 9-39.

Palisca (1972): ders., *The »Camerata Fiorentina«: a Reappraisal,* in: Studi musicali, Bd. 1/1972, S. 203-236.

Palisca (1972a): ders., *Marco Scacchi's Defense of Modern Music (1649),* in: Berman, Laurence (Hrsg.), *Words and Music: The Scholar's View ...* in Honor of A. Tillman Merritt, Cambridge, Mass., 1972, S. 189-235.

Palisca (1981): ders., *G.B. Doni's »Lyra Barberina«, Commentary and Iconographical Study; Facsimile Edition with Critical Notes,* Quadrivium 22, Bd. 2, 1981.

Palisca (1985) ders., *Humanism in Italian Renaissance Musical Thought,* Yale University Press, New Haven / London, 1985.

Palisca (1989): ders., *Die Jahrzehnte um 1600 in Italien,* in: GdMT, Bd. 7, *Italienische Musiktheorie im 16. und 17. Jahrhundert,* Wissenschaftliche Buchgesellschaft, Darmstadt, 1989.

Palisca (1989a): ders., *The Florentine Camerata: Documentary Studies and Translations,* Yale University Press, New Haven, 1989.

Panofsky (^{2}1972): Panofsky, Erwin, *Studies in Iconology,* Oxford University Press, Oxford, 1939, Paperback Icon Editions, New York etc., 1972.

Panofsky (^{2}1972a): ders., *Renaissance and Renascences in Western Art,* Almquvist & Wiksells, Gebers Forlag, Stockholm 1960, Icon Editions, New York, 1972.

Panofsky (1975): ders., *Sinn und Deutung in der bildenden Kunst,* DuMont, Köln 1975; Dt. Version von *Meaning in the Visual Arts,* New York, 1957.

Pari (1970): Pari, Claudio, *Il Lamento d'Arianna, Quarto libro dei Madrigali a 5 voci,* Carapezza, Paolo Emilio (Hrsg.), in: Musiche Rinascimentali Siciliane I, Edizioni De Santis, Rom 1970.

Patalas (1995): Patalas, Aleksandra, *An Unknown »Missa ›Ave Maris Stella‹« by Asprilio Pacelli,* in: Musica Jagellonica 1, 1995, S. 23-50.

Pederzuoli (1985): Pederzuoli, Giovanni Battista, *Cantatas,* in: *The Italian Cantata in the Seventeenth Century,* Bd. 16, *Cantatas by Filippo Vismarri, Carlo Capellini, Antonio Draghi, Giovanni Battista Pederzuoli, Carlo Agostino Badia,* Lawrence Bennett (Hrsg.), Garland, New York / London, 1985.

Pellegrini (1972): Pellegrini, Vincenzo, *Canzoni de intavolatura d'organo fatte alla francese,* Lynn, Robert B. (Hrsg.), Corpus of Early Keyboard Music Bd. 35, American Institute of Musicology, 1972.

Pelplin (1970): *The Pelplin Tablature*, Antiquitates Musicae in Polonia, Bd. VIII, Instrumental Compositions (Transcriptions), Warsaw University Press, Warschau, 1970.

Peri ([R]1969): Peri, Jacopo, *Le Musiche ... Sopra L'Euridice*, Florenz 1600, Reprint Forni, Bologna, 1969.

Petrarca (1975): Petrarca, Francesco, *Opere*, Sansoni Editrice, Florenz, 1975.

Petrarca (1990): ders., *Canzoniere*, nach einer Interlinearübersetzung von Geraldine Gabor in dt. Verse gebracht von Ernst-Jürgen Dreyer, Stroemfeld / Roter Stern Verlag, Basel / Frankfurt am Main, 1990.

Petrobelli (1965): Petrobelli, Pierluigi, *L'»Ermiona« di Pio Enea degli Obizzi e i primi spettacoli d'opera veneziani*, in: Quaderni della Rassegna Musicale 3, 1965, S. 125-141.

Petrocchi (1969): Petrocchi, Giorgio, *Società contadina e società borghese nel teatro di Michelangelo Buonarroti il Giovane*, Atti del Convegno sul tema *›La poesia rusticana nel Rinascimento‹*, in: Problemi attuali di scienza e di cultura, Accademia Nazionale dei Lincei, Bd. 129, Rom 1969, S. 223-232.

Petrucci (1935): Petrucci, Ottaviano, *Frottole, Buch I und IV, Nach den Erstlings=Drucken von 1504 und 1505 (?)*, Schwarz, Rudolf (Hrsg.), Publikationen Älterer Musik 8, 1933-1935, Breitkopf & Härtel, Leipzig 1935.

Physiologus (1987): Physiologus, *Naturkunde in frühchristlicher Deutung*, Übersetzung der griechischen Fassung von Ursula Treu, Werner Dausien, Hanau, 1987.

Pigler ([2]1974): Pigler, A., *Barockthemen - Eine Auswahl von Verzeichnissen zur Ikonographie des 17. und 18. Jahrhunderts*, Budapest, [2]1974.

Piperno (1991): Piperno, Franco, *›Concerto‹ e ›concertato‹ nella musica strumentale italiana del secolo decimosettimo*, in: Recercare: Journal for the Study and Practice of Early Music 3, 1991, S. 169-202.

Pirotta (1968): Pirotta, Nino, *Early Opera and Aria*, in: Austin, William W. (Hrsg.), *New Looks at Italian Opera: Essays in Honor of Donald J. Grout*, Cornell University Press, Ithaca, 1968, S. 39-107; revidierte Fassung in: Pirotta, Nino, *Music and Theatre from Poliziano to Monteverdi*, Cambridge University Press, Cambridge, 1981, S. 237-280.

Pirotta (1984): Pirotta, Nino, *Music and Culture in Italy from the Middle Ages to the Baroque*, Harvard University Press, Cambridge, Massachusetts / London, 1984.

Poggi Salani (1969): Poggi Salani, Teresa, *La lingua rusticana di Michelangelo il Giovane, Cenni di esemplificazione nella ›Tancia‹*, Atti del Convegno sul tema *›La poesia rusticana nel Rinascimento‹*, in: Problemi attuali di scienza e di cultura 129, Accademia Nazionale dei Lincei, Rom 1969, S. 233-244.

Pontiroli (1964): Pontiroli, Giuseppe, *Notizie di musicisti cremonesi dei secoli XVI e XVII*, in: Bollettino Storico Cremonese 22, 1961-64, S. 149-192.

Popinigis / Szlagowska (1990): Popinigis, Danuta / Szlagowska, Danuta, *Musicalia Gedanenses, Rekopisy muzyczne z XVI i XVII wieku w zbiorach Biblioteki Gdanskiej Polskiej Akademii Nauk, Katalog / The 16th and 17th Century Musical Manuscripts in the Gdansk Library of the Polish Academy of Science, Catalogue*, Gdansk, 1990.

Porcelli (1968): Porcelli, Bruno, *Il senso del molteplice nel »Pentamerone«*, in: Studi seicenteschi 9, 1968, S. 33-57.

Porter (1965): Porter, William V., *Peri and Corsi's ›Dafne‹: Some New Discoveries and Observations*, in: Journal of the American Musicological Society 18, 1965, S. 170-196.

Powers (1981): Powers, Harold S., *Tonal Types and Modal Categories in Renaissance Polyphony*, in: Journal of the American Musicological Society 34, 1981, S. 428-470.

Porter (1995): ders., *Lamenti recitativi da camera*, in: Fenlon, Iain / Carter, Tim, *Con che soavità, Studies in Italian Opera, Song, and Dance, 1580-1740*, Clarendon Press, Oxford, 1995, S. 73-110.

Privitera (1990): Privitera, Massimo, *Democrito a teatro, Le poetiche di Orazio Vecchi e le allegorie malinchoniche*, Tesi di dottorato, Università degli studi di Bologna, 1989-90 (unveröffentlicht).

Przybyszewska-Jarminska (1995): Przybyszewska-Jarminska, Barbara, *The Sacred Dramatic Dialogue in Seventeenth-Century Poland*, in: Musica Iagellonica 1, 1995, S. 7-21.

Quagliati (1996): Quagliati, Paolo, *Il primo libro de' madrigali a quattro voci*, Cohen, Judith (Hrsg.), Recent Researches in the Music of the Baroque Era 79, A-R Editions, Madison, 1996.

Raschl (1968): Raschl, Erich, *Die weltlichen Vokalwerke des Giovanni Felice Sances (ca. 1600-1679)*, Dissertation Graz, 1968.

Rauschning (1931): Rauschning, Hermann, *Geschichte der Musik und Musikpflege in Danzig*, Danzig, 1931.

Redlich (1932): Redlich, Hans F., *Claudio Monteverdi – ein formgeschichtlicher Versuch*, Bd. 1, *Das Madrigalwerk*, Adler, Berlin, 1932.

Reid (1993): Reid, Jane Davidson / Rohmann, Chris, *The Oxford Guide to Classical Mythology in the Arts, 1300-1990s*, Oxford University Press, New York / Oxford, 1993.

Riemann (1904-13): Riemann, Hugo, *Handbuch der Musikgeschichte*, Breitkopf & Härtel, Leipzig, 1904-1913.

Riemann (1910): ders., *Basso ostinato und Basso quasi ostinato*, in: Festschrift Rochus Freiherr von Liliencron, Leipzig, 1910, S. 193-202.

Ripa (1992): Ripa, Cesare, *Iconologia*, Buscaroli, Piero (Hrsg.), Mailand, 1992.

Rizzolino (1991): Rizzolino, Salvatore, *Alcune figure teologiche mariane nella poesia dell'ultimo Cinquecento e del Seicento*, in: Studi seicenteschi 32, 1991, S. 231-266.

Roche (1966): Roche, Jerome, *Music at S. Maria Maggiore, Bergamo, 1614-1643*, in: Music and Letters 47, 1966, S. 296-312.

Roche (1984): ders., *North Italian Church Music in the Age of Monteverdi*, Clarendon Press, Oxford, 1984.

Roche (1988): ders., *Cross-Currents in Milanese Church Music in the 1640s: Giorgio Rolla's Anthology ›Teatro Musicale‹ (1649)*, in: Colzani, A. / Luppi, A. / Padoan, M. (Hrsg.:), *La musica sacra in Lombardia nella prima metà del Seicento*, A.M.I.S., Como, 1987/88, S. 11-30.

Roche (^{2}1990): ders., *The Madrigal*, London, 1972; Oxford / New York, ^{2}1990.

Roche (1993): ders., *On the Border between Motet and Spiritual Madrigal: Early 17th-Century Books that mix Motets and Vernacular Settings*, in: *Seicento inesplorato*, Atti del III Convegno internazionale sulla musica in area lombardo-padana del secolo XVII, A.M.I.S., Como, 1993, S. 303-317.

Roche (1994): ders., *Antonio Rigatti and His ›Musiche concertate‹ of 1636*, in: *Il madrigale oltre il madrigale, Dal Barocco al Novecento: destino di una forma e problemi di analisi*, Atti del IV Convegno internazionale sulla musica italiana nel secolo XVII, A.M.I.S., Como, 1994, S. 137-158.

Rorke (1984): Rorke, Margaret Ann, *Sacred Contrafacta of Monteverdis Madrigals and Cardinal Borromeo's Milan*, in: Music & Letters 65, 1984, S. 168-175.

Rorke (1988): Rorke, Margaret Ann, *St. Mary Magdalen: A Painting, a Poem, and a Madrigal*, in: *Music from the Middle Ages through the Twentieth Century: Essays in Honor of Gwynn S. McPeek*, New York, Gordon / Breach, 1988, S. 112-129.

Rosand (1979): Rosand, Ellen, *The Descending Tetrachord: An Emblem of Lament*, Musical Quarterly 55, 1979, S. 346-359.

Rosand (1991): dies., *Opera in Seventeenth-Century Venice, The Creation of a Genre*, The University of California Press, Berkeley etc., 1991.

Rosand (1992): dies., *Operatic Madness: a Challenge to Convention*, in: Scher, Steven Paul (Hrsg.), *Music and Text: Critical Inquiries*, Cambridge University Press, Cambridge etc., 1992, S. 241-287.

Rose (1966): Rose, Gloria, *Polyphonic Italian Madrigals of the Seventeenth Century*, in: Music and Letters 47, 1966, S. 153-159.

Rossi (1995): Rossi, Salomone, *Complete Works*, Don Harrán (Hrsg.), Corpus Mensurabilis Musicae 100, Bde. 1-5, American Institute of Musicology, Hänssler Verlag, Neuhausen, 1995.

Saffiotti (1994): Saffiotti, Tito, *Le ninne nanne italiane*, Einaudi, Turin, 1994.

Santoli (1940): Santoli, Vittorio, *I Canti popolari italiani*, Florenz, 1940.

Santoro (1968): Santoro, Elia, *L'Accademia degli Animosi, La rinascita dell'antica istituzione secondo gli statuti del 1607*, in: Bollettino Storico Cremonese 23, 1965-68, S. 266-272.

Sartori (1948): Sartori, Claudio, *Bibliografia delle opere musicali stampate da Ottaviano Petrucci*, Olschki, Florenz 1948.

Sartori (1968): ders., *La prima diva della lirica italiana: Anna Renzi*, in: Nuova Rivista Musicale Italiana 2, 1968, S. 430-452.

Sartori (1975): ders., *Giacomo Carissimi, Catalogo delle opere attribuite*, Finarte, Mailand, 1975.

Saunders (1995): Saunders, Stephen, *Cross, Sword, and Lyre, Sacred Music at the Imperial Court of Ferdinand II of Habsburg (1619-1637)*, Clarendon Press, Oxford, 1995.

Schaal (1993): Schaal, Susanne, *Musica Scenica, Die Operntheorie des Giovanni Battista Doni*, Peter Lang, Frankfurt etc., 1993.

Schering (1941): Schering, Arnold, *Das Symbol in der Musik*, mit einem Nachwort von Willibald Gurlitt, Köhler & Amelang, Leipzig, 1941.

Scherliess (1974): Scherliess, Volker, *Notizen zur musikalischen Ikonographie I: Gestimmte Instrumente als Harmonie-Allegorie*, in: Analecta Musicologica 14, 1974, S. 1-16.

Schleier (1992): Schleier, Mary Newcome, *Kunst in der Republik Genua 1528-1815*, Ausstellungskatalog Schirn Kunsthalle, Frankfurt, 1992.

Schmitz (1910): Schmitz, Eugen, *Zur Geschichte des italienischen Continuo-Madrigals im 17. Jahrhundert*, in: Sammelbände der Internationalen Musikgesellschaft 11, 1909/10, S. 509-528.

Schmitz (^{2}1955) ders., *Geschichte der weltlichen Solokantate*, Leipzig, 1914, ^{2}1955.

Schneider (1980): Schneider, Reinhard, *Semiotik der Musik*, Wilhelm Fink Verlag, München 1980.

Schöne (1968): Schöne, Albrecht, *Emblematik und Drama im Zeitalter des Barock*, C. H. Beck, München, ^{2}1968.

Schulz-Buschhaus (1969): Schulz-Buschhaus, Ulrich, *Das Madrigal. Zur Stilgeschichte der italienischen Lyrik zwischen Renaissance und Barock*, Gehlen, Bad Homburg, 1969.

Schubert (1982): Schubert, Franz, *Lieder*, Bd. 3, Teil a; Dürr, Walther (Hrsg.), 1982, in: *Neue Ausgabe sämtlicher Werke*, Internationale Schubert-Gesellschaft (Hrsg.), Bärenreiter, Kassel etc., 1967ff.

Schulze (1978): Schulze, Joachim, *Formale Themen in Gian Battista Marinos »Lira«*, Grüner, Amsterdam, 1978.

Schuyt (1984): Schuyt, Cornelis, *Opera, Fasciculus I, Il Primo Libro de Madrigali a cinque voci (1600) u.a.*, Annegarn, Alfons (Hrsg.), in: Monumenta Musica Neerlandica, Bd. X-1, Amsterdam, 1984.

Schweinitz (1988): Schweinitz, Bolko (Hrsg.) - *Die Reise des Kronprinzen Wladyslaw Wasa in die Länder Westeuropas in den Jahren 1624/1625*, München, 1988.

Seifert (1985): Seifert, Herbert, *Die Oper am Wiener Kaiserhof im 17. Jahrhundert*, Hans Schneider, Tutzing, 1985.

Seifert (1998): *Monteverdi und die Habsburger*, in: Leopold, Silke / Steinheuer, Joachim (Hrsg.), *Claudio Monteverdi und die Folgen*, Kongreßbericht Detmold 1993, Bärenreiter, Kassel etc., 1998, S. 77-92.

Seiffert (1891): Seiffert, Max, *Paul Siefert (1586-1666) - Biografische Skizze*, in: Vierteljahrsschrift für Musikwissenschaft 7, 1891, S. 397-428.

Selfridge-Field (1975): Selfridge-Field, Eleanor, *Venetian Instrumental Music from Gabrieli to Vivaldi*, Basil Blackwell, Oxford, 1975.

Seydoux (1997): Seydoux, François, *La sorprendente scoperta d'una fonte musicale manoscritta del XVII secolo*, in: L'organo 31, 1997, S. 117-148.

Simon / Gidrol (1973): Simon, R. / Gidrol, D., *Appunti sulle relazioni tra l'opera poetica di G.B. Marino e la musica del suo tempo*, in: Studi secenteschi 14, 1973, S. 82-187.

Smith (1979): Smith, Douglas Alton, *On the origin of the Chitarrone*, Journal of the American Musicological Society 32, 1979, S. 440-462.

Solerti (R1969a): Solerti, Angelo, *Le origini del melodramma*, Turin, 1903, Reprint Hildesheim, Olms, 1969.

Solerti (R1969b): ders., *Musica, Ballo e Drammatica alla Corte Medicea dal 1600 al 1637*, Florenz 1905, Reprint Forni, Bologna, 1969.

Solerti (R1976): ders., *Gli albori del melodramma*, Turin, 1903, Reprint 3 Bde. in einem Bd., Forni, Bologna, 1976.

Sommi Picenardi (1997): Sommi Picenardi, Giorgio, *Dizionario biografico dei musicisti e fabbricatori di strumenti musicali cremonesi*, mit Anmerkungen von Cesare Zambelloni, in: Albert Dunning (Hrsg.), Studi sulla storia della musica in Lombardia I, Brepols 1997.

Sopart (1981): Sopart, Andreas, *Claudio Monteverdis ›Scherzi musicali‹ (1607) und ihre Beziehungen zum ›Scherzo‹-Begriff in der italienischen Barocklyrik*, in: Archiv für Musikwissenschaft 38, 1981, S. 227-34.

Staiti (1990): Staiti, Nico, *Satyrs and Shepherds: Musical Instruments within Mythological and Sylvan Scenes in Italian Arts*, in: Imago Musicae 7, 1990, S. 69-113.

Steinheuer (1990): Steinheuer, Joachim, *Die Satyr-Szenen aus Giovanni Battista Guarinis ›Pastor fido‹ und ihre Vertonungen im frühen 17. Jahrhundert*, Magisterarbeit, TU Berlin 1990 (unveröffentlicht).

Steinheuer (1992): ders., *Musik durch Sprache gewandelt - Umschmieden und Umtextieren vom Minnesang bis Mozart*, in: Leopold, Silke (Hrsg.), *Musikalische Metamorphosen*, Bärenreiter, Kassel 1992, S. 32-47.

Steinheuer (1995): ders., *An Impressive career, The secular cantata between 1620 and 1750*, in: Programmbuch Holland Festival Oude Muziek Utrecht, 1995, S. 55-65.

Steinheuer (1997a) ders., *Die Tradition des Quodlibet in Deutschland - Zum italienischen Einfluß auf das deutsche Gesellschaftslied während der ersten Hälfte des 17. Jahrhunderts*, in: *Relazioni musicali tra Italia e Germania nell'età barocca*, Atti del VI Convegno internazionale 1995, A.M.I.S., Como 1997, S. 137-170.

Steinheuer (1997b) ders., *Poverello che farai - Musik als Vehikel gegenreformatorischer Bestrebungen*, in: Fleming, Victoria von, Sonderheft *Aspekte der Gegenreformation*, Bericht über das Symposium Darmstadt Februar 1994; in: Zeitsprünge, Forschungen zur Frühen Neuzeit, Bd. 1, Heft 3/4, 1997, S. 602-626.

Steinheuer (1997c): ders., »*Fare la ninnananna*«: *Das Wiegenlied als volkstümlicher Topos in der italienischen Kunstmusik des 17. Jahrhunderts*, in: Recercare IX, 1997, S. 49-96.

Steinheuer (1998): ders., *Zur musikdramatischen Umsetzung epischer Texte bei Monteverdi und seinen italienischen Zeitgenossen*, in: *Claudio Monteverdi und die Folgen*, Kongreßbericht Detmold 1993, Bärenreiter, Kassel, 1998, S. 191-213.

Sternfeld (1993): Sternfeld, Frederick W., *The Birth of Opera*, Clarendon Press, Oxford, 1993.

Stieger (1975): Stieger, Franz, *Opernlexikon*, Hans Schneider, Tutzing, 1975.

Strohm (1967): Strohm, Reinhard, *Osservazioni su »Tempro la cetra«*, in: Rivista Italiana di Musicologia 2, 1967, S. 357-364.

Strozzi, Barb. (1986): Strozzi, Barbara, *Cantatas by Barbara Strozzi 1619-ca. 1664*, in: *The Italian Cantata in the Seventeenth Century*, Bd. 5, Garland, New York / London, 1986.

Strozzi, Bern. (1995): *Bernardo Strozzi, Genova 1581/82 - Venezia 1644*, Algeri, Giuliana (Hrsg.), Katalog der Ausstellung Genova, Palazzo Ducale 1995, Electa, Mailand, 1995.

Strozzi, G. (1643): Strozzi, Giulio, *La finta savia*, Druck des Librettos, Venedig 1643; Biblioteca Nazionale di San Marco Venezia, Signatur: Drammatica 911.1.

Sweelinck (1990): Sweelinck, Jan Pieterszoon, *The Secular Vocal Works and Miscellanea*, Verhoeven, Annette (Hrsg.), Bd. VII / 2, in: *Opera omnia*, Editio altera quam edendam curavit, Vereniging voor Nederlandse Muziekgeschiedenis, Amsterdam, 1990.

Szweykowska (1972): Szweykowska, Anna, *Virgilio Puccitelli e l'opera italiana alla corte di Ladislao IV di Polonia*, in: Rivista Italiana di Musicologia 7, 1972/2, S. 182-195.

Szweykowska (1974): dies., *I musici italiani in Polonia nel sec. XVII*, in: *Primo incontro con la musica italiana in Polonia*, Bologna, 1974, S. 137-151.

Szweykowska (1978): dies., *Un dramma per le nozze regali*, in: *Virgilio Pucitelli e il teatro per musica nella Polonia di Ladislao*, San Severino Marche, 1978, S. 159-166.

Szweykowska (1984): dies., *Sulle analogie fra melodrammi polacchi e veneziani negli anni quaranta del secolo*, in: *Vita teatrale in Italia e Polonia*, Warschau, 1984, S. 177-183.

Szweykowska (1998): dies., *Monteverdi in Polen*, in: Leopold, Silke / Steinheuer, Joachim (Hrsg.), *Claudio Monteverdi und die Folgen*, Kongreßbericht Detmold 1993, Bärenreiter, Kassel, 1998, S. 93-104.

Szweykowska / Szweykowski (1989): dies. / Szweykowski, Zygmunt, *Un'opera ignota di G.G.Kapsberger in onore del Principe Vladislao Wasa*, in: G. Cavallini (Hrsg.), *Studi in onore di G. Vecchi*, Mucchi Editore, Modena, 1989, S. 221-232.

Szweykowska / Szweykowski (1997): dies., *Włosi w kapeli królewskiej polskich wasów (Italians in the Chapel Royal of the Polish Vasa kings)*, Musica Iagiellonica, Acta Musicologica Universitatis Cracoviensis III, Krakau, 1997.

Szweykowski (1975): Szweykowski, Zygmunt M., *Le messe di Giovanni Francesco Anerio ed il loro rapporto con l'attività del compositore in Polonia*, in: Quadrivium 16, 1975, S. 145-152.

Szweykowski (1977): ders., *Il problema della musica scritta per i drammi di Puccitelli*, in: Quadrivium 18, 1977, S. 159-168.

Szweykowski (1978): ders., *La musica per i drammi di Virgilio Puccitelli*, in: *Virgilio Puccitelli e il Teatro per musica nella Polonia di Ladislao IV*, San Severino Marche, 1978, S. 167-186.

Szweykowski (1979): Vorwort zu Scacchi, Marco, *Madrygaly na zespol wokalny i basso continuo*, Polskie Wydawnictwo Muzyczne, PWM Edition, Krakau, 1979, S. XXI-XXX.

Tasini (1990): Tasini, Francesco, *Stravaganze, capricci e bizzarrie: una proposta di decodifica*, in: Quadrivium, Nuova serie 1990/I, S. 83-102.

Tasso (1963): Tasso, Torquato, *Opere*, Maier, Bruno (Hrsg.), Mailand, 1963.

Tasso (1977): ders., *Scritti sull'arte poetica*, Mazzali, Ettore (Hrsg.), Einaudi, Turin, 1977.

Tasso (1978): ders., *Werke und Briefe*, übersetzt und eingeleitet von Emil Staiger, Winkler, München, 1978.

Tassoni (1989): Tassoni, Alessandro, *La secchia rapita e scritti poetici*, Puliati, Pietro (Hrsg.), *Opere di Alessandro Tassoni*, Bd. 2, Edizioni Panini, Modena, 1989.

Testi (1972): Testi, Flavio, *La Musica Italiana nel Seicento,* Mailand, 1972.

Tomlinson (1987): Tomlinson, Gary, *Monteverdi and the End of Renaissance*, Berkeley, 1987.

Tomlinson (1993): ders., *Music in Renaissance Magic, Towards a Historiography of Others*, University of Chicago Press, Chicago / London, 1993

Tristan (1980) Tristan, Frédérick, *Le monde à l'envers*, Hachette, Paris, 1980.

Unger (1941): Unger, Hans-Heinrich, *Die Beziehungen zwischen Musik und Rhetorik im 16.-18. Jahrhundert*, Konrad Triltsch Verlag, Würzburg, 1941.

Valla (1987): Valla, Lorenzo, *Über den freien Willen - De libero arbitrio*, Keßler, Eckhard (Hrsg.), Humanistische Bibliothek, W. Fink Verlag, München, 1987.

Van der Meer (1977): Van der Meer, John Henry, *Das Arpicordo-Problem nochmals erörtert*, Acta Musicologica 49, S. 275-279.

Van Veen ([R]1970): Van Veen, Otto, *Amorvm Emblemata, Figvris Aeneis Incisa*, Emblematisches Cabinet, Bd. 2, Reprint Olms, Hildesheim / New York, 1970.

Vassalli (1988): Vassalli, Antonio, *Il Tasso in musica e la trasmissione dei testi: alcuni esempi*, in: Balsano, Antonella / Walker, Thomas, *Tasso, la musica, e i musicisti*, Olschki, Florenz, 1988, S. 45-90.

Vassalli (1993): ders., *Chiabrera, la musica, e i musicisti: le rime amorose*, in: Bianchi, Fulvio / Russo, Paolo, *La scelta della misura, Gabriello Chiabrera: l'altro fuoco del barocco italiano*, Atti del Convegno di studi su Gabriello Chiabrera nel 350° anniversario della morte, Savona, 3-6.11.1988, Edizioni Costa & Nolan, Genua, 1993, S. 353-369.

Vecchi, G. (1969): Vecchi, Giuseppe, *Le accademie musicali del primo Seicento e Monteverdi a Bologna*, A.M.I.S., Bologna, 1969.

Vecchi, G. (1977): ders., *Il madrigale concertante e Tarquinio Merula a Varsavia*, in: Quadrivium 18, 1977, S. 155-186 (unpaginierte musikalische Anhänge).

Vecchi, O. (1993): Vecchi, Orazio, *The Four-Voice Canzonettas With Original Texts and Contrafacta by Valentin Haussmann and Others*, DeFord, Ruth I. (Hrsg.), Recent Researches in the Music of the Renaissance, Bde. 92/93, A-R Editions, Madison, 1993.

Verardo Tieri (1976): Verardo Tieri, Guglielmina, *Il Theatro Novissimo, storia di »mutationi, macchine, musiche«*, Nuova Rivista Musicale Italiana 10/4, 1976, S. 555-595.

Vergil ([2]1977): Vergil, *Bucolica - Hirtengedichte*, übersetzt und eingeleitet von Friedrich Klingner, Artemis, Zürich 1967, dtv, München, 1977.

Vincenti ([R]1960): Vincenti, Alessandro, *Indice di tutte le opere di musica che si trovano nella stampa della Pigna di Alessandro Vincenti*, in: Beilage zu Monatshefte für Musikgeschichte 15, 1883; Reprint A. Schnase, Scorsdale, New York 1960, hier im Anhang zu Bd. 14, 1882, mit eigener Paginierung (S. 1-50) im Anschluß an Seite 199.

Vitali (1980): Vitali, Carlo, *Una lettera vivaldiana perduta e ritrovata, un inedito monteverdiano del 1630 e altri carteggi di musicisti celebri, ovvero Splendori e nefandezze del collezionismo di autografi*, in: Nuova Rivista Musicale Italiana 3, 1980, S. 404-412.

Vogel (1978): Vogel, Martin, *Chiron der Kentaur mit der Kithara*, Verlag für systematische Musikwissenschaft, Bonn-Bad Godesberg, 1978.

Walker (1986): Walker, D(aniel) P(ickering), *Musique des Intermèdes de ›La Pellegrina‹, Les Fêtes de Florence - 1589*, Éditions du CNRS, Paris, 1986.

Walther, J.G. (1732): Walther, Johann Gottfried, *Musikalisches Lexikon oder musikalische Bibliothek*, 1732.

Walther, L. (1940): Walther, L., *Die Ostinato-Technik in den Chaconne- und Arien-Formen des 17. und 18. Jahrhunderts*, Würzburg, 1940.

Watkins (1995): Watkins, Glenn E., *D'India the Peripatetic*, in: Fenlon, Iain / Carter, Tim, *Con che soavità, Studies in Italian Opera, Song, and Dance, 1580-1740*, Clarendon Press, Oxford 1995, S. 41-72.

Watkins / La May (1986): Watkins, Glenn E. / La May, Thomasin K., *›Imitatio‹ and ›Emulatio‹: Changing Concepts of Originality in the Madrigals of Gesualdo and Monteverdi in the 1590s*, in: Fischer, Ludwig (Hrsg.), Festschrift Reinhold Hammerstein zum 70. Geburtstag, Laaber Verlag, Laaber 1986, S. 453-87.

Weaver (1958): Weaver, Robert Lamar, *Florentine Comic Operas of the Seventeenth Century*, Dissertation University of North Carolina, Chapel Hill, 1958, UMI Microfilms.

Weaver / Weaver (1978): ders. / Weaver, Norma Wright, *A Chronology of Music in the Florentine Theatre 1590-1750*, Detroit, 1978.

Wendland (1976): Wendland, John, *›Madre non mi far Monaca‹: The Biography of a Renaissance Folksong*, in: Acta Musicologica 48, 1976, S. 185-204.

Wernli (1981): Wernli, Andreas, *Studien zum literarischen und musikalischen Werk Adriano Banchieris (1568-1634)*, Bern / Stuttgart, 1981.

Westlund (1977): Westlund, Paul Harry, *An Edition and Analysis of three Masses by Tarquinio Merula*, Dissertation University of Illinois, Urbana Champaign, 1977, UMI-Microfilms.

Whenham (^{2}1982): Whenham, John, *Duet and Dialogue in the Age of Monteverdi*, Dissertation, Oxford 1978; revidierte Fassung in: *Studies in British Musicology*, Bd. 7, UMI, Ann Arbor, 1982.

Whenham (1995): ders., *›Aria‹ in the Madrigals of Giovanni Rovetta*, in: Fenlon, Iain / Carter, Tim, *Con che soavità, Studies in Italian Opera, Song, and Dance, 1580-1740*, Clarendon Press, Oxford, 1995, S. 135-156.

Wiering (1995): Wiering, Frans, *The Languages of the Modes, Studies in the History of Polyphonic Modality*, Dissertation Universität Amsterdam 1995, Selbstverlag, Breukelen, 1995.

Wilkinson (1978): Wilkinson, Christopher, *The Sacred Music of Tarquinio Merula*, Phil. Dissertation Musicology, Rutgers University 1978, UMI Microfilms.

Winternitz (1972): Winternitz, Emanuel, *The Iconology of Music: Potentials and Pitfalls*, in: Brook, Barry S. / Downes, Edward O.D. / Van Solkema, Sherman (Hrsg.), *Perspectives in Musicology*, W.W. Norton, New York, 1972, S. 80-90.

Winternitz (^{2}1979): ders., *Musical Instruments and their Symbolism in Western Art, Studies in Musical Iconology*, Yale University Press, New Haven / London, 1967 (^{2}1979).

Wiora (1983): Wiora, Walter, *Das musikalische Kunstwerk*, Hans Schneider, Tutzing, 1983.

Witzenmann (1970): Witzenmann, Wolfgang, *Domenico Mazzocchi (1592-1665), Dokumente und Interpretationen*, Analecta musicologica, Bd. 8, Köln, 1970.

Wolf (1992): Wolf, Uwe, *Notation und Aufführungspraxis, Studien zum Wandel von Notenschrift und Notenbild in italienischen Musikdrucken der Jahre 1571-1630*, Merseburger, Kassel, 1992.

Young (1999): Young, Crawford, *Laute und Lautenmusik bis zum Anfang des 16. Jahrhunderts, Ein Forschungsbericht 100 Jahre nach Oswald Körte*, in: Linde, Hans-Martin / Rapp, Regula, *Provokation und Tradition, Erfahrungen mit der Alten Musik*, Metzler, Stuttgart, 1999.

Zacconi ([R]1982): Zacconi, Lodovico, *Prattica di Musica (1595) / Prattica di Musica, Seconda parte (1622)*, Reprint Olms, Hildesheim etc., 1982.

Zarlino ([R]1966): Zarlino, Gioseffo, *Le Istitutioni Harmoniche*, Venedig 1573, Reprint Gregg Press, Ridgewood, N. J., 1966.

Zimmermann, F.B. (1980): Zimmermann, Franklin B., *Air: A Catchword for New Concepts in Seventeenth Century English Music Theory*, in: Hill, John Walter (Hrsg.), Studies in Musicology in Honor of Otto E. Albrecht, Bärenreiter, Kassel, 1980, S. 142-157.

Zimmermann, M. (1995): Zimmermann, Margarete, *Vom Streit der Geschlechter. Die französische und italienische Querelle des Femmes des 15. bis 17. Jahrhunderts*, in: Baumgärtel, Bettina / Neysters, Silvia (Hrsg.), *Die Galerie der starken Frauen. Die Heldin in der französischen und italienischen Kunst des 17. Jahrhunderts*, Ausstellungskatalog Düsseldorf / Darmstadt 1995/96, Klinkhardt und Biermann, Düsseldorf, 1995, S. 14-33.

Zizzo (1984): Zizzo, Giuseppina, *La Basilica di Santa Maria Maggiore in Bergamo*, Bergamo, 1984.

Register